산상수훈 재조명

산상수훈
재조명

하나님의 영광을 위한
그리스도인의 삶

| 도지원 지음 |

아가페

추천의 글

———

목회 현장에서 자주 설교하며 다양한 설교를 듣지만, 가장 감화력 있는 설교는 성경의 본래 의미를 명료하게 드러내고 그 의미를 우리가 사는 현실에 잘 전달해 주는 설교다. 이런 면에서 도지원 목사의 『산상수훈 재조명』은 진리에 목마른 성도들에게 단비 같은 역할을 할 것으로 의심치 않는다.

저자는 성경 원저자의 의도를(the intent of the original author) 잘 드러냈다. 문맥적 의미에 충실했을 뿐 아니라, 특정 표현의 의미를 드러내는 데 있어 사전적인 의미 혹은 단편적 의미에 만족하지 않고, 원저자가 마태복음 전체에서 어떻게 그 의미를 사용했는지 살핀다. 그리고 해석의 지평을 마태복음에만 한정하지 않고 성경 전체로 확대해 다른 본문과 유기적으로 연관 지음으로써 상호 텍스트성 의미(intertextuality)를 풍성하게 드러냈다. 이렇게 드러낸 주해적 의미를 교리적 차원에서 재점검하고, 그 의미를 현대 독자들에게 바른 삶의 진리로 제시해 준다.

이 책은 산상수훈의 깊은 의미를 알려줄 뿐 아니라, 성경을 어떻게 읽어야 하는지 해석 방법도 가르쳐준다. 진리의 말씀을 사모하는 마음으로 저자의 글을 따라가다 보면, 성경 이해의 지평이 더 크게 열릴 것이다. 오늘날 '값싼 복음'으로 퇴색된 교리가 본서를 통해 더 확실하게 빛을 발하게 되리라 믿어 의심치 않는다.

_ 김동윤(런던 한빛교회 담임목사)

　미국 트리니티 복음주의 신학교의 카슨 박사는 "목회자는 신학자가 되어야 하고 신학자는 목회자가 되어야 한다"고 강조했다. 존경하는 도지원 목사님이 바로 그런 모범을 보여주었다. 분주한 목회 사역을 감당하면서도 연구를 게을리하지 않는 도 목사님은 안정된 의사의 삶을 포기하고 목회자로 헌신했다. 의사로 살며 몸에 밴 치밀함이 여기저기 엿보인다. 무엇보다 이 책은 신학적으로 건전하고 탄탄하다. 산상수훈은 사실 해석하기가 쉽지 않은 본문이 적지 않은데, 저자는 놀라울 정도로 균형 잡히고 통찰력 있는 견해를 이끌어내고 있다. 이는 본문에 대한 치열한 연구가 아니고는 불가능하다.

　나는 신약학자로 이 책을 읽으며 여러 차례 놀라지 않을 수 없었다. 청교도적 개혁주의의 향기가 깊이 배어 있으면서도 최근의 산상수훈 연구도 꿰뚫고 있기 때문이다. 고전과 현대가 교차 되어 매우 신선한 느낌을 제공한다. 이 책을 읽다 보면, 저자의 논리에 점점 깊이 빠져드는 것을 느낀다. 마치 깊은 산 속 옹달샘에서 흘러나오는 맑은 샘물을 마시는 것 같다. 저자의 풍부한 독서량은 설교를 더욱 설득력 있게 한다. 외유내강인 저자에게는 조용하면서도 흔들리지 않는 힘이 있다. 그래서 설교에 깊은 감화력이 있고, 강해설교의 탁월한 본이 된다. 잃어

버린 한국 교회의 신뢰도를 회복하고 교회를 든든하게 세워야 할 이때, 이 책은 시대적 요청에 적실하게 부응한다. 이 책을 서재에 들여놓기를 강력히 추천한다.

_ 김추성(합동신학대학원대학교 신약학 교수)

　　도지원 목사님의 책『산상수훈 재조명』의 출간은 한국 교회에 큰 복이 될 것이다. 이 책은 현대까지 산상수훈을 가장 잘 해설했다고 평가받는 영국의 청교도 토머스 왓슨이 쓴『팔복』(The Beatitudes)에 견줄 만하다. 예수님이 가르치신 복음의 핵심을 개혁주의 신학 전통에 근거하여 심도 있게 해설하고 있으며, 성경으로 성경을 해석하고자 했던 (Scripturae scriptura interpretum) 칼빈과 청교도의 성경 해석 전통에도 충실하다. 또 성경 본문의 단어 의미를 성경 전체를 관통하며 해석하고, 단문을 사용해 누구나 쉽게 읽을 수 있게 설명한다. 이 책이 개혁파 교회들이 선호하던 평이체(plain style)를 성경 해설의 원리로 채용하여, 신학자는 물론 성경과 신학에 대한 전문적인 지식이 없는 평신도도 부담 없이 읽을 수 있게 한 점도 큰 장점이다. 이처럼 귀한 산상수훈 해설서의 출간을 축하하며, 예수 그리스도의 교훈을 올바로 깨닫기 원하는 모든 이들에게 일독을 권한다.

_ 오덕교(햇불트리니티신학대학원대학교 총장)

　　인도의 수상을 지낸 간디는 기독교인을 좋아하지 않았지만, 예수의 산상수훈을 좋아해 매일 아침 읽었다고 한다. 간디는 산상수훈을 어떤 의미로 받아들였을까? 아마도 도덕률로 생각하고 그렇게 지키는 것이 최고의 도덕적 삶이라고 생각했던 것 같다.

과연 예수께서 '너희가 이렇게 살면 최고의 삶이니 그렇게 살도록 노력하라'는 의도로 산상수훈을 말씀하셨을까? 산 위에서 베푼 가르침에 대해 실제로 그 가르침이 어떤 뜻인지 피상적으로 알고 있는 것은 비신자들만이 아니다. 신자들도 좋은 교훈 정도로 생각하고 그렇게 살도록 노력하면 되는 정도로 알고 있다.

마태는 예수의 공생애 기간 중의 가르침을 모아 정리하여, 그가 전한 복음서의 전반부에 배치했다. 그것은 '회개하라 천국이 가까이 왔다'는 외침에 이어지는 것으로, 천국 백성이 어떤 존재적 변화를 갖는지 강조하고자 하는 의도가 있다. 그러므로 산상수훈은 피상적인 교훈으로 읽으면 큰 오해를 낳게 되며, "주여 주여" 한다고 천국에 들어가는 것이 아니라는 경고에 걸리게 된다.

『산상수훈 재조명』은 그런 면에서 기독교인들의 내면(회개한 사람의 변화에서 나오는 삶의 근원)을 밝히는 조명이 될 것이다. 마태복음 마지막 장의 지상명령은 산상수훈을 바르게 이해하고 그 삶을 살아낼 제자들에게 주어졌다는 점에서, 성도뿐 아니라 선교 지망생이나 현장 사역자도 꼭 읽어보아야 할 것이다.

_ 우상두(한국 OMF 이사장)

Contents

I. 들어가며

II. 그리스도인의 특성

정체성

III. 그리스도인의 행실

외식

염려

비판과 기도

IV. 그리스도인에게 주는 경고

V. 나가며

머리말

———

산상수훈에서 핵심 되는 단어 하나를 고르라면 그것은 의(義)다. 이 단어는 산상수훈의 요소마다 다섯 번 나타난다. 그런데 이 의는 사도 바울이 말한 믿음의 의와 혼동되기도 한다. 이와 관련하여 우리는 바울이 믿음의 의뿐 아니라 행실의 의도 말한 것을 기억할 필요가 있다. 그는 믿음의 의를 가리켜 '의의 선물'로 표현했다. "한 사람의 범죄로 말미암아 사망이 그 한 사람을 통하여 왕 노릇 하였은즉 더욱 은혜와 의의 선물을 넘치게 받는 자들은 한 분 예수 그리스도를 통하여 생명 안에서 왕 노릇 하리로다"(롬 5:17). 이 '의의 선물'은 바로 앞에서 언급한 '의롭다 하심'(롬 5:16)을 가리킨다. 그에 비해 행실의 의를 가리켜 '의의 열매'로 표현했다. "예수 그리스도로 말미암아 의의 열매가 가득하여 하나님의 영광과 찬송이 되기를 원하노라"(빌 1:11). 이때 '의의 열매'는 '의에서 나온 열매'라기보다 '의로 이루어진 열매'를 말한다(엡 5:9 참조). 이것은 그리스도인의 행실을 가리키는 표현이다. 산상수훈이 말하는 의는 '의의 선물'이 아니라 '의의 열매'다.

이처럼 산상수훈은 '의의 열매', 즉 그리스도인의 행실을 다룬다. 이것이 중요한 것은, 바울이 말한 대로 의의 열매가 가득하면 하나님의 영광과 찬송이 되기 때문이다. 사도 베드로 역시 이렇게 말했다. "너희가 이방인 중에서 행실을 선하게 가져 너희를 악행한다고 비방하는 자들로 하여금 너희 선한 일을 보고 오시는 날에 하나님께 영광을 돌리게 하려 함이라"(벧전 2:12). 이 점은 산상수훈에 나타난 예수님의 말씀에서도 똑같이 발견된다. "이같이 너희 빛을 사람 앞에 비취게 하여 저희로 너희 착한 행실을 보고 하늘에 계신 너희 아버지께 영광을 돌리게 하라"(마 5:16). 이렇게 하나님께 영광을 돌리는 것은 세상에 대한 교회의 영향력을 의미한다. 그리스도인은 행실을 통해 세상에 영향을 줌으로써 하나님의 영광이 되기 때문이다.

그런데 오늘날 교회는 이러한 행실의 영향력을 잃어버렸다. 흔히 생각하듯이 많은 신도 수, 크고 웅장한 예배당, 이를 뒷받침할 만한 재정 능력이 세상에 영향을 줌으로써 하나님께 영광을 돌리는 것은 아니다. 오직 그리스도인다운 행실로써 영향을 줄 때만이 하나님께 영광을 돌리게 되는 것이다. 비록 교회가 세상에 자랑할 것이 많다고 하더라도 '의의 열매'가 없으면 모든 것이 소용 없게 된다. 반면에 교회가 작고 보잘것없다 하더라도 '의의 열매'가 있으면 상황은 달라진다. 종종 우리가 놓치는 사실이 있다. 교회의 탁월함은 멋진 시설과 문화적 적응력에 있는 게 아니라 그리스도인다운 행실과 이를 가능하게 하는 성경의 교리에 있다.

이런 점에서 그리스도인들로부터 끊임없이 터져 나오는 추문은 안타깝기만 하다. 이런 현상은 목회자, 찬양 사역자, 일반 신자들을 가리지 않는다. 이렇게 된 데는 우리가 간과해서는 안 될 교회 안의 시대적 흐름이 존재한다. 많은 사람이 기독교를 위안의 종교로 생각한다. 그들은 치유와 번영을 추구함으로써 개인의 행복을 얻으려고 한다. 이 과정에서 기독교가 하나님 앞에서 경건을 추구하는 삶의 종교라는 사실은 희미해지고 만다. 그 결과 교회가 세상에서 영향력을 잃고 하나님께 영광을 돌리지 못하게 되었다. 물론 개인의 행복도 중요하다. 그러나 그것은 어디까지나 하나님의 영광이라는 궁극적 목적을 추구하는 가운데 얻는 것이어야 한다.

그러면 이제 우리는 어떻게 해야 할까? 그 답은 분명하다. 우리는 세상에서 그리스도인다운 행실을 보여줌으로써 하나님께 영광을 돌려야 한다. 이를 위해 산상수훈에 나타난 예수님의 가르침에 끊임없이 주목해야 한다. 그럴 때 우리는 진정한 행복을 알게 될 것이다. 예수님이 말씀하셨다. "너희는 먼저 그의 나라와 그의 의를 구하라 그리하면 이 모든 것을 너희에게 더하시리라"(마 6:33).

"그런즉 너희는 먼저 그의 나라와 그의 의를 구하라
그리하면 이 모든 것을 너희에게 더하시리라"

_ 마 6:33

Sermon on the Mount

I

들어가며

1

회개와 산상수훈

이 때부터 예수께서 비로소 전파하여 이르시되
회개하라 천국이 가까이 왔느니라 하시더라

_마 4:17

———

산상수훈(山上垂訓)이 누구에게 무엇을 말한 것인지 알려면 그 문맥을 살펴야 한다. 예수님은 산상수훈을 가르치기 전에 먼저 복음을 전파하셨다. 이 복음은 "회개하라 천국이 가까이 왔느니라"는 내용이다. 따라서 산상수훈은 회개를 전제로 한다.

회개의 의미

1517년 10월 31일(만성절 전날) 마틴 루터는 비텐베르크 성채 교회당 문에 95개조 논제를 게시했다. 그 첫째 조항은 이렇다. "우리의 주님이시며 스승이신 예수 그리스도께서 '회개하라'고 말씀하셨을 때, 그는 신자들의 삶 전체가 참회(penitence)의 삶이 되어야 할 것을 요구하셨다."[01] 여기에 대해 싱클레어 퍼거슨은 이런 사실을 알려준다.

---

01 John Dillenberger, *Martin Luther: Selections from His Writings*, 『루터 선집』, 이형기 역(파주: CH북스, 2017), p.572.

루터는 인본주의 학자 에라스무스에 의하여 출간된 헬라어 신약성경의 신국판을 공부하고 있었다. 이 연구를 통해 그는 교회에서 공식적으로 사용되던 라틴어 성경이 마태복음 4장 17절의 "회개하라"(Poenitentiam agite)를 "고해성사를 하라"로 잘못 해석하였고, 예수님의 의도를 완전히 왜곡하고 있다는 것을 깨닫게 되었다. 루터는 복음이 참회의 행위가 아니라 마음의 근본적인 변화를 요청하고 있으며, 삶을 깊은 변화로 이끌게 될 것이라고 이해하였다. 후에 그는 자신의 교구목사 요하네스 스타우피츠(Johannes Staupitz)에게 이 놀라운 발견에 대하여 다음과 같이 편지를 보냈다. "저는 헬라어가 말하는 마음의 근본적인 변화가 아니라 라틴어가 말하는 행위를 더 강조하는 자들이 틀렸다고 감히 말씀드리고 싶습니다."[02]

이처럼 회개는 한 순간의 행위가 아니라 전 생애를 특징짓는 마음의 근본적인 변화다. 칼빈도 이렇게 말했다.

그러나 실로 이런 회복은 한 날이나 한 해, 어느 한순간에 완전하게 되지 않는다. 하나님은 계속적이기는 하나 때때로 아주 늦은 걸음으로 택함받은 자들에게서 육체의 부패를 지워내고, 그들의 불결함을 씻어 깨끗하게 하며, 그들을 자기의 성전으로 삼고자 거룩하게 구별하신다. 이를 위해 그는 그들의 마음을 새롭게 해서 진정한 정결함에 이르게 하신다. 그리하여 그들은 일생 동안 회개 가운데 훈련받게 되며 그 전쟁이 오직 죽음의 때에 끝이 나리라는 것을

---

02 Sinclair Ferguson, *The Grace of Repentance*, 『진짜 회심』, 우상현 역(고양: 우리시대, 2012), pp.17-18.

알게 된다.[03]

이런 점에서 그리스도인의 삶은 전체가 회개의 삶이어야 한다. 이것이 예수님이 전파하신 회개하라는 말씀의 의미다. 구원파에서는 구원받은 후에는 회개할 필요가 없다고 주장한다. 오히려 계속되는 회개는 구원받지 못한 증거라고 말한다. 그러나 신분상으로는 최초의 회개를 통해 죄 사함을 받더라도, 삶에서는 반복적인 회개를 통해 죄 사함을 받는 것이 필요하다. 그리스도인에게는 구원을 위한 최초의 회개뿐 아니라 성화를 위한 계속되는 회개가 있어야 한다.

그러면 예수님이 전파하신 "회개하라"는 말씀을 살펴보자. 마태는 이렇게 기록했다. "이 때부터 예수께서 비로소 전파하여 이르시되 회개하라 천국이 가까이 왔느니라 하시더라"(마 4:17). 여기서 "이 때부터"는 예수님의 공생애가 시작된 때를 의미한다. 이 말 앞에 이런 설명이 나오기 때문이다. "예수께서 요한이 잡혔음을 들으시고 갈릴리로 물러가셨다가 나사렛을 떠나 스불론과 납달리 지경 해변에 있는 가버나움에 가서 사시니 이는 선지자 이사야를 통하여 하신 말씀을 이루려 하심이라 일렀으되 스불론 땅과 납달리 땅과 요단 강 저편 해변 길과 이방의 갈릴리여 흑암에 앉은 백성이 큰 빛을 보았고 사망의 땅과 그늘에 앉은 자들에게 빛이 비치었도다 하였느니라"(마 4:12-16). 이와 함께 "비로소"('시작했다'는 말의 번역)라는 말도 중요하다. 이것은 예수님이 회개하라는 말씀을 이후로도 계속 전파하신 것을 의미하기 때문이다. 이처럼 회개하라는 말씀은 예수님이 공생애 기간 내내 전파하신 내용이다.

---

03 Ioannes Calvinus, *Institutio christianae religionis*, 『기독교 강요』 3권, 문병호 역(서울: 생명의말씀사, 2020), p.136.

천국이 가까이 왔느니라

그런데 예수님은 회개하라고 하실 때 그 이유를 이렇게 말씀하셨다. "천국이 가까이 왔느니라." 이때 "가까이 왔느니라"는 완료시제다. 이런 경우가 여기 말고 마태복음에 한 번 더 나온다. "이에 제자들에게 오사 이르시되 이제는 자고 쉬라 보라 때가 가까이 왔으니 인자가 죄인의 손에 팔리느니라 일어나라 함께 가자 보라 나를 파는 자가 가까이 왔느니라 말씀하실 때에 열둘 중의 하나인 유다가 왔는데"(마 26:45-47). 여기서 "때가 가까이 왔으니"는 "인자가 죄인의 손에 팔리느니라"(현재형)와 연결된다. 또 "나를 파는 자가 가까이 왔느니라"는 "말씀하실 때에 열둘 중의 하나인 유다가 왔는데"와 연결된다. 이것은 완료시제로 쓰인 "가까이 왔느니라"가 아직 미래에 속한 사건이 아니라 현재 일어나고 있는 사건임을 보여준다.

그래서 마가는 같은 사실을 이렇게 기록했다. "요한이 잡힌 후 예수께서 갈릴리에 오셔서 하나님의 복음을 전파하여 이르시되 때가 찼고 하나님의 나라가 가까이 왔으니 회개하고 복음을 믿으라 하시더라"(막 1:14-15). 여기서 "때가 찼고"는 성취를 의미한다. 이것은 하나님의 나라가 가까이 왔다는 말이 현재 일어나고 있는 사건임을 보여준다.

그러면 "가까이 왔느니라"는 무슨 의미일까? C. H. 다드는 이 말을 예수님이 말씀하신 "임하였다"(왔다)는 말과 같은 의미로 이해한다. "그러나 내가 하나님의 성령을 힘입어 귀신을 쫓아내는 것이면 하나님의 나라가 이미 너희에게 임하였느니라"(마 12:28). 그러나 "가까이 왔느니라"는 "임하였다"(왔다)와 다른 의미임이 분명하다. 예루살렘에 가까이 온 것은 아직 예루살렘에 들어간 것이 아니다. "그들이 예루살렘에 가까이 가서 … 예수께서 예루살렘에 들어가시니"(마 21:1, 10). 열매 거둘 때가 가까운 것은 아직 열매 때는 아니다. "열매 거둘 때가 가까우매 그 열매를 받으려고 자기 종들을 농부들에게 보내니 … 포도원은 제 때에 열매를 바칠 만한 다른 농부들에게 세로 줄지니이다"(마 21:34, 41).

그렇다면 "가까이 왔느니라"는 무슨 의미일까? 예수님은 무슨 의미로 이 말을 사용하셨을까? 이 말은 예수님 자신과 관련이 있다. 여기에 대해 D. A. 카슨은 이렇게 말한다.

모호한 "가까이 왔느니라"(3:2; 4:17)는 "나라"의 역동적 의미와 함께 하나의 일정한 주제를 위해 우리를 준비시킨다: 그 나라는 예수님과 그의 설교와 이적들과 함께 왔으며, 그것은 그의 죽음과 부활과 함께 왔으며, 그것은 이 시대의 마지막에 올 것이다.

따라서 예수님이 "천국이 가까이 왔느니라"고 전파하신 것은 이런 의미에서다. 예수님 자신이 공생애의 시작과 함께 천국 복음을 전파하셨다는 것이다. "예수께서 온 갈릴리에 두루 다니사 그들의 회당에서 가르치시며 천국 복음을 전파하시며 백성 중의 모든 병과 모든 약한 것을 고치시니"(마 4:23).

마태는 세례 요한도 예수님과 같은 말씀을 전파한 것으로 기록했다. "그 때에 세례 요한이 이르러 유대 광야에서 전파하여 말하되 회개하라 천국이 가까이 왔느니라 하였으니"(마 3:1-2). 세례 요한이 "천국이 가까이 왔느니라"고 전파한 것은 이런 의미에서다. 예수님이 이미 이 땅에 왕으로 오셨다는 것이다. 마태복음 1장은 다윗 왕의 자손으로 오신 예수 그리스도의 족보를 보여준다. 예수님이 왕으로 오심은 주의 사자가 요셉에게 한 말에서도 암시된다. "아들을 낳으리니 이름을 예수라 하라 이는 그가 자기 백성을 그들의 죄에서 구원할 자이심이라"(마 1:21). 이와 함께 마태복음 2장은 동방박사들이 예수님을 가리켜 "유대인의 왕으로 나신 이"라고 부른 것을 보여준다.

또 마태는 예수님이 제자들도 같은 말씀을 전파하게 하신 것으로 기록했다. "가면서 전파하여 말하되 천국이 가까이 왔다 하고 병든 자를 고치며 죽은 자를 살리며 나병환자를 깨끗하게 하며 귀신을 쫓아내되 너희가 거저 받았으니 거저 주라"(마 10:7-8). 그런데 마가는 이때 제자들도 회개하라고 전파한 것을 기록했다. "제자들이 나가서 회개하라 전파하고 많은 귀신을 쫓아내며 많은 병자에게 기름을 발라 고치더라"(막 6:12-13). 이 경우 제자들이 "천국이 가까이 왔다"고 전파한 것은 이런 의미에서다. 예수님이 그들에게 천국의 권능을 주셨다는 것이다. "예수께서 그의 열두 제자를 부르사 더러운 귀신을 쫓아내며 모든 병과 모든 약한 것을 고치는 권능을 주시니라"(마 10:1).

이처럼 예수님의 오심으로 인해 천국이 가까이 온 것이다. 그러기에 이 사실 앞에 사람들은 회개로 반응해야 한다. "회개하라 천국이 가까이 왔느니라." 그래서 그 후로도 회개의 요청은 예수님의 고난과 죽음, 부활과 승천으로 인해 천국이 가까이 온 사실과 관련되어 있다. "또 이르시되 이같이 그리스도가 고난을 받고 제삼일에 죽은 자 가운데서 살아날 것과 또 그의 이름으로 죄 사함을 받게 하는 회개가 예루살렘에서 시작하여 모든 족속에게 전파될 것이 기록되었으니"(눅 24:46-47). "그런즉 이스라엘 온 집은 확실히 알지니 너희가 십자가에 못 박은 이 예수를 하나님이 주와 그리스도가 되게 하셨느니라 하니라 그들이 이 말을 듣고 마음에 찔려 베드로와 다른 사도들에게 물어 이르되 형제들아 우리가 어찌할꼬 하거늘 베드로가 이르되 너희가 회개하여 각각 예수 그리스도의 이름으로 세례를 받고 죄 사함을 받으라"(행 2:36-38). "그러나 하나님이 모든 선지자의 입을 통하여 자기의 그리스도께서 고난 받으실 일을 미리 알게 하신 것을 이와 같이 이루셨느니라 그러므로 너희가 회개하고 돌이켜 너희 죄 없이 함을 받으라"(행 3:18-19). "이스라엘에게 회개함과 죄 사함을 주시려고 그를 오른손으로 높이사 임금과 구주로 삼으셨느니라"(행 5:31). "알지 못하던 시대에는 하나님이 간과하셨거니와 이제는 어디든지 사람에게 다 명하사 회개하라 하셨으니 이는 정하신 사람으로 하여금 천하를 공의로 심판할 날을 작정하시고 이에 그를 죽은 자 가운데서 다시 살리신 것으로 모든 사람에게 믿을 만한 증거를 주셨음이니라"(행 17:30-31). 사람들은 예수님의 오심으로 천국이 가까이 온 사실 앞에 회개로 반응해야 한다.

회개와 천국을 소유한 자의 행실

그런데 회개할 때 천국이 가까이 온 것이 아니라 천국이 임하게 된다. 천국이 회개한 사람 안에 들어오게 되는 것이다. 그래서 이어지는 산상수훈에는 이런 표현이 나온다. "심령이 가난한 자는 복이 있나니 천국이 그들의 것임이요 … 의를 위하여 박해를 받은 자는 복이 있나니 천국이 그들의 것임이라"(마 5:3, 10). 따라서 산상수훈은 회개한 사람이 어떻게 살아야 하는지에 대한 내용이다. 이것은 천국을 소유한 자의 행실을 보여준다. 회개와 산상수훈의 이러한 관계는 마태의 세심한 기록을 통해 나타난다. 마태는 산상수훈의 기록을 "예수께서 무리를 보시고 산에 올라가"라는 말로 시작한다. 그런데 원문에는 "그리고 무리를 보시고 그가 산에 올라가"라고 되어 있다. 이와 함께 한글 성경에서 4장 20, 22, 23절에 나온 "예수"는 전부 "그"로 번역해야 한다. 이때 "그"는 4장 17절에 나온 "예수"를 가리킨다. "이 때부터 예수께서 비로소 전파하여 이르시되 회개하라 천국이 가까이 왔느니라 하시더라." 이 사실은 마태가 산상수훈을 4장 17절부터 이어지는 문맥 속에서 기록한 것임을 나타낸다. 그는 산상수훈을 회개에 뒤따르는 행실이 어떠해야 하는지 보여준 것으로 제시한다.

이 회개는 믿음과 구별할 수 있으나 분리할 수는 없다. 진정한 회개는 믿음을 수반하고, 진정한 믿음은 회개를 수반한다. 사람이 죄에서 돌이키는 것은 그리스도께로 향하기 위함이기 때문이다. 죄에서 돌이키기만 하고 그리스도께로 향하지 않거나, 죄에서 돌이킴이 없이 그리스도께로 향하는 것은 없다. 그래서 회개와 믿음은 종종 함께 언급된다(막 1:15; 행 19:4; 20:21; 히 6:1).

따라서 회개 없는 믿음은 행실의 변화를 가져올 수 없다. 죄에서 돌이킴이 없는 믿음은 행실의 변화로 이어질 수 없기 때문이다. 진정한 회개는 행실의 변화로 나타나야 한다. 그래서 세례 요한은 많은 바리새인과 사두개인이 세례 베푸는 데 오는 것을 보고 "회개에 합당한 열매를 맺으라"(마 3:8)고 말했다. 또 사도 바울은 자신의 사역을 "회개하고 하나님께로 돌아와서 회개에 합당한 일을 하라 전한"(행 26:20) 것으로 말했다.

이러한 회개에는 죄 사함이 주어진다(눅 24:47; 행 2:38; 3:19; 5:31; 8:22). 이와 함께 회개한 사람은 생명, 구원, 진리의 지식에 이르게 된다(행 11:18; 고후 7:10; 딤후 2:25). 그러나 회개하지 않은 사람에게는 심판이 임한다. 예수님은 회개하지 않은 사람에게 임할 심판을 거듭 경고하셨다(마 11:20-22; 12:41; 눅 13:2-5). 사도들도 회개하지 않으면 심판받게 될 것을 경고했다(롬 2:4-5; 벧후 3:9).

이런 점에서 회개는 중차대한 문제가 아닐 수 없다. 그래서 예수님은 이 땅에 오신 목적을 죄인을 회개시키기 위함이라고 말씀하셨다. "내가 의인을 부르러 온 것이 아니요 죄인을 불러 회개시키러 왔노라"(눅 5:32). 그리고 죄인 하나가 회개하는 것이 얼마나 기쁜 일인지 말씀하셨다. "내가 너희에게 이르노니 이와 같이 죄인 한 사람이 회개하면 하늘에서는 회개할 것 없는 의인 아흔아홉으로 말미암아 기뻐하는 것보다 더하리라 … 내가 너희에게 이르노니 이와 같이 죄인 한 사람이 회개하면 하나님의 사자들 앞에 기쁨이 되느니라"(눅 15:7, 10).

변화된 행실은 언제나 회개로부터 시작된다. 산상수훈은 이렇게 변화된 행실이 어떠해야 하는지 말한 것이다. 회개하지 않는 사람에게 산상수훈은 소용이 없다.

2

무리와 제자들

**예수께서 무리를 보시고 산에 올라가 앉으시니
제자들이 나아온지라 입을 열어 가르쳐 이르시되**

_ 마 5:1-2

마태복음에는 예수님이 행하신 주요 설교가 다섯 개 들어 있다. 여기에는 산상수훈이라고 불리는 5-7장 외에 10장, 13장, 18장, 24-25장이 포함된다. 이것은 각 설교 뒤에 나타나는 일정한 공식을 통해 식별이 가능하다. "예수께서 이 말씀을 마치시매"(7:28), "예수께서 열두 제자에게 명하기를 마치시고"(11:1), "예수께서 이 모든 비유를 마치신 후에"(13:53), "예수께서 이 말씀을 마치시고"(19:1), "예수께서 이 말씀을 다 마치시고"(26:1).

그런데 이 설교 다섯 개는 마태가 예수님의 실제 설교를 그대로 받아쓴 것이 아니다. 마태가 예수님의 가르침을 주제별로 추려 엮은 것이다. 이 사실은 각 설교의 내용이 다른 공관복음에 흩어져 있다는 점에서 확인된다. 프랑스에 따르면, 마태복음 5-7장의 내용 가운데 대략 27%는 누가복음 6장 20-49절에 나오고, 33%는 누가복음의 다른 곳에 나오며, 5%는 마가복음에 나오고, 나머지 35%는 마가복음이나 누가복음에는 나오지 않는다.[04] 이것은 마태복음 5-7장이 예수님이 한 번에 설교한 내용이 아니라, 하나의 주제에 대한 예수님의 설교를 추려 엮은 것임을 의미한다. 이처럼 마태는 우리에게 예수님의 가르침을 체계적으로 전해 준다.

그러면 마태복음 5-7장의 주제는 무엇일까? 다시 말하면, 마태가 산상수훈을 통해 전하고자 하는 것은 무엇일까? 여기에 대해 역사적으로 다양한 견해가 있어 왔다. 중세에 토머스 아퀴나스(13C)는 산상수훈의 모든 내용이 신자들에게 적용 가능한 것은 아니라는 견해를 나타냈다. 그는 산상수훈 가운데 모든 신자가 반드시 지켜야 할 내용과, 수도사처럼 보다 헌신된 소수의 사람들이 자발적으로 지킬 수 있는 내용을 구분했다. 이러한 가르침은 로마 가톨릭의 기본적인 견해가 되었다. 그에 비해 마틴 루터(16C)는 산상수훈을 율법과 같이 아예 불가능한 요구라고 보았다. 산상수훈은 신자들이 실천할 수 없는 이상적인 윤리를 제시한 것이라는 견해다. 이 경우 산상수훈의 목적은 신자들을 윤리적인 절망을 통해 은혜로 몰아가기 위함이다. 또 어떤 세대주의자들에게 산상수훈은 특정한 세대의 유대인을 위한 것이다. 이 경우 산상수훈은 오늘날 신자들에게 적용될 수 있는 게 아니다.

그리고 보시고

그러나 이러한 견해는 마태가 산상수훈을 기록한 문맥에 비추어 볼

---

04   R. T. France, *The Gospel of Matthew (NICNT)* (Grand Rapids: Eerdmans, 2007), 154-55.

때 지지받을 수 없다. 마태는 산상수훈이 주어진 정황을 설명할 때 이런 말로 시작한다. "예수께서 무리를 보시고." 이때 마태는 앞에서 말한 내용을 염두에 두고 있음이 분명하다. 우선 "무리"라는 말은 앞에 나온 "수많은 무리"를 가리킨다. "갈릴리와 데가볼리와 예루살렘과 유대와 요단 강 건너편에서 수많은 무리가 따르니라"(마 4:25). 그다음 "예수께서 보시고"라는 말은 "그리고(이제) 보시고"라고 번역해야 한다. 원문에는 "그리고(이제)"라는 접속사가 있지만 "예수"라는 말은 없다.

여기서 우리는 마태가 사용한 "그리고(이제) 보시고"(이돈 데)라는 말에 주목할 필요가 있다. 마태복음에는 이 말이 다섯 번 나온다. 중요한 것은, 이 말이 단순히 현상적으로 보는 것을 말하지 않는다는 점이다. 이 말은 겉으로 드러난 것을 보는 것을 말하지 않는다. 이 말은 이면과 속내를 보는 것을 의미한다. 그래서 사람을 본다면 그것은 사람의 외모와 행동이 아니라 사람의 생각, 의도, 동기를 보는 것이다. 그러면 '이돈 데'라는 말이 사용된 경우를 보자.

1. "요한이 많은 바리새인들과 사두개인들이 세례 베푸는 데로 오는 것을 보고"(3:7상). 이 말씀 앞에는 이런 내용이 나온다. "이 때에 예루살렘과 온 유대와 요단 강 사방에서 다 그에게 나아와 자기들의 죄를 자복하고 요단 강에서 그에게 세례를 받더니"(3:5-6). 따라서 모든 사람이 세례 요한에게 세례를 받으려고 오는 가운데 "많은 바리새인들과 사두개인들"도 세례 베푸는 데 온 것이다.

이때 세례 요한이 본 것은 단지 많은 바리새인들과 사두개인들의 행동이 아니다. 요한은 겉으로 드러나지 않은 그들의 생각과 동기를 본 것이다. 그래서 그들을 향해 이렇게 말한 것이다. "독사의 자식들아 누가 너희를 가르쳐 임박한 진노를 피하라 하더냐 그러므로 회개에 합당한 열매를 맺고 속으로 아브라함이 우리 조상이라고 생각하지 말라 내가 너희에게 이르노니 하나님이 능히 이 돌들로도 아브라함의 자손이 되게 하시리라 이미 도끼가 나무 뿌리에 놓였으니 좋은 열매를 맺지 아니하는 나무마다 찍혀 불에 던져지리라"(3:7하-10). 세례 요한은 회개하지 않고도 심판을 피할 수 있다고 생각한 바리새인들과 사두개인들을 책망한 것이다.

2. "예수께서 무리가 자기를 에워싸는 것을 보시고"(8:18상). 이 말씀 앞에는 이런 내용이 나온다. "저물매 사람들이 귀신 들린 자를 많이 데리고 예수께 오거늘 예수께서 말씀으로 귀신들을 쫓아내시고 병든 자들을 다 고치시니 이는 선지자 이사야를 통하여 하신 말씀에 우리의 연약한 것을 친히 담당하시고 병을 짊어지셨도다 함을 이루려 하심이더라"(8:16-17). 따라서 무리가 예수님을 에워싸는 현상이 벌어진 것은 그들이 예수님의 병 고치심을 보았기 때문이다. 이때 예수님이 본 것은 단지 자기를 에워싸는 무리의 모습이 아니다. 예수님은 그런 무리의 동기를 보신 것이다. 그래서 예수님은 그들의 요구를 뿌리치신 것이다. "건너편으로 가기를 명하시니라"(8:18하).

3. "무리를 보시고"(9:36상). 이때 예수님이 무리를 보신 것은 단지 그들의 외모를 보신 게 아님이 분명하다. 왜냐하면 바로 뒤에 이런 설명이 이어지기 때문이다. "불쌍히 여기시니 이는 그들이 목자 없는 양과 같이 고생하며 기진함이라"(9:36하). 예수님은 목자 없는 양과 같이 고생하며 기진한 그들의 내적 상태를 보신 것이다.

4. "빌라도가 아무 성과도 없이 도리어 민란이 나려는 것을 보고"(27:24상). 이때 빌라도가 본 것은 단지 폭동을 일으킬 것 같은 무리의 모습이 아니다. 그가 본 것은 예수를 십자가에 못 박아 죽이려는 무리

의 의도다. 그래서 그는 이런 반응을 보인 것이다. "물을 가져다가 무리 앞에서 손을 씻으며 이르되 이 사람의 피에 대하여 나는 무죄하니 너희가 당하라"(27:24하).

이처럼 마태는 접속사와 함께 '보다'(이돈 데)라는 말을 써서 겉으로 드러난 모습이 아니라 드러나지 않은 속마음을 본 것을 나타낸다. 따라서 본문에서 "예수께서 무리를 보신" 것도 마찬가지다.

그러면 이때 예수께서 보신 것은 무엇이었을까? 본문 바로 앞에는 이런 내용이 나온다. "그의 소문이 온 수리아에 퍼진지라 사람들이 모든 앓는 자 곧 각종 병에 걸려서 고통당하는 자, 귀신 들린 자, 간질하는 자, 중풍병자들을 데려오니 그들을 고치시더라 갈릴리와 데가볼리와 예루살렘과 유대와 요단 강 건너편에서 수많은 무리가 (그를) 따르니라"(4:24-25). 여기서 무리가 예수님을 따른 이유는 분명하다. 그 이유는 예수님이 병자들을 고치셨기 때문이다("고치시더라" 다음에 25절은 "그리고"라는 접속사로 시작된다). 따라서 예수님이 보신 것은 자기 유익을 위해 예수님을 따르는 무리의 자의적 동기다.

이것은 앞에서 네 명의 어부, 베드로와 안드레, 야고보와 요한이 예수님을 따른 것과 비교된다. "갈릴리 해변에 다니시다가 두 형제 곧 베드로라 하는 시몬과 그의 형제 안드레가 바다에 그물 던지는 것을 보시니 그들은 어부라 말씀하시되 나를 따라오라 내가 너희를 사람을 낚는 어부가 되게 하리라 하시니 그들이 곧 그물을 버려 두고 예수를 따르니라 거기서 더 가시다가 다른 두 형제 곧 세베대의 아들 야고보와 그의 형제 요한이 그의 아버지 세베대와 함께 배에서 그물 깁는 것을 보시고 부르시니 그들이 곧 배와 아버지를 버려 두고 예수를 따르니라"(4:18-22). 여기에도 "예수(그)를 따르니라"라는 동일한 표현이 나온다. 이 어부들이 예수를 따른 것은 무리와 같다. 그렇지만 이 어부들이 예수님을 따른 이유는 무리가 예수님을 따른 이유와 분명히 다르다. 이들은 예수님이 병자를 고치셨기 때문에 따른 게 아니다. 예수님이 부르셨기 때문에 따른 것이다.

이처럼 무리와 네 명의 어부를 비교할 때, 예수님을 따른 것은 같으나 그 동기는 다르다. 네 명의 어부가 예수님을 따른 동기는 예수님께 대한 순종이다. 그들은 예수님의 부르심에 대한 응답으로 예수님을 따른 것이다. 그러나 무리가 예수님을 따른 동기는 예수님께 대한 순종이 아니다. 그들은 예수님의 부르심 없이 자의적으로 예수님을 따른 것이다. 그러므로 마태가 "예수께서 무리를 보시고"라고 말할 때, 예수님은 자기를 따른 무리의 자의적 동기를 보신 것이다.

회개와 순종

그러면 이처럼 예수님을 따른 것은 같은데 그 동기가 다른 이유는 무엇일까? 왜 어떤 사람에게는 예수님의 부르심이 있는 반면, 다른 사람에게는 그런 부르심이 없을까? 왜 어떤 사람은 순종의 동기로 예수님을 따르고, 다른 사람은 자의적 동기로 예수님을 따르게 된 것일까? 마태는 이 차이가 생긴 이유를 4장 17절에서 보여준다. "이 때부터 예수께서 비로소 전파하여 이르시되 회개하라 천국이 가까이 왔느니라 하시더라."

예수님을 따른 동기가 순종이냐 아니냐의 차이는 여기서 생긴다. 예수님이 전파하신 "회개하라 천국이 가까이 왔느니라"는 말씀을 듣고 회개한 사람은 순종할 수 있다. 따라서 그에게는 예수님을 따르라는 부르심이 주어진다(눅 5:1-11 참조). 그러나 회개하지 않은 사람은 순종할 수 없다. 따라서 그에게는 예수님을 따르라는 부르심이 주어지지 않는다.

이것이 바로 마태복음 8장 19-22절에 나오는 한 서기관과 제자의 차이다. 한 서기관은 예수님께 이렇게 말했다. "선생님이여 어디로 가시든지 저는 따르리이다." 이렇게 무조건 예수님을 따르겠다는 서기관에 대해 예수님의 대답은 이렇다. "여우도 굴이 있고 공중의 새도 거처가 있으되 인자는 머리 둘 곳이 없다." 그에 비해 제자는 예수님께 이렇게 말했다. "주여 내가 먼저 가서 내 아버지를 장사하게 허락하옵소서." 이렇게 주저하고 머뭇거리는 제자에 대해 예수님의 대답은 이렇다. "죽은 자들이 그들의 죽은 자들을 장사하게 하고 너는 나를 따르라."

그러면 예수님은 왜 무조건 예수님을 따르겠다는 서기관은 만류하시고, 주저하고 머뭇거리는 제자에게는 예수님을 따르라고 하신 것일까? 그 이유는 서기관은 회개하지 않았지만 제자는 회개했기 때문이다. 회개한 제자만이 예수님을 따르라는 부르심에 순종할 수 있는 것이다. 그래서 예수님은 회개하지 않은 부자 청년에게 이렇게 말씀하셨다. "네가 온전하고자 할진대 가서 네 소유를 팔아 가난한 자들에게 주라 그리하면 하늘에서 보화가 네게 있으리라 그리고 와서 나를 따르라"(마 19:21). 이것은 먼저 회개한 후에 예수님을 따르라는 말씀이다. 결국 그는 예수님을 따르지 못했는데, 그 이유는 회개하지 않았기 때문이다.

바로 이런 차이 때문에 마태는 회개하여 순종할 수 있는 사람을 그렇지 않은 "무리"와 구분한다. 그래서 마태는 본문에서 처음으로 그들을 가리켜 "제자들"이라고 부른다. 주목할 것은 이것이다. 산상수훈은 무리가 아닌 바로 이 제자들에게 예수님이 주신 가르침이라는 사실이다. "예수께서 무리를 보시고 산에 올라가 앉으시니 제자들이 나아온지라 입을 열어 가르쳐 이르시되." 이것을 원문대로 다시 번역하면 이렇게 된다. "예수께서[그리고] 무리를 보시고 (그가) 산에 올라가셨다. (그리고 그가) 앉으시니 (그의) 제자들이 (그에게) 나아왔다. (그리고 그의) 입을 열어 (그들을) 가르쳐 이르시되."

여기 마태가 말한 "산"은 특정한 산을 가리키지 않는다. 그것은 갈릴리 호수 북쪽과 서쪽의 산지를 가리킨다(마 14:23; 15:29; 28:16). 따라서 누가가 산상수훈과 병행하는 설교(눅 6:20-49)의 배경을 "평지"(눅 6:17)라고 말한 것은 고원 지대를 말한 것으로 보면 된다. 예수님이 무리를 보시고 산에 올라가신 이유는 제자들을 가르치기 위함이다. 그래서 마태는 산에서 벌어진 광경을 말할 때 특히 예수님과 제자들에게 초점을 맞춘다. "그리고 그가 앉으시니 그의 제자들이 그에게 나아왔다. 그리고 그의 입을 열어 그들을 가르쳐 가라사대." 주목할 것은, 마태가 예수님이 가르치신 대상을 무리가 아닌 제자들로 분명히 한 점이다.

여기에는 중요한 이유가 있다. 제자들은 무리와 달리 회개한 사람으로서 순종할 수 있기 때문이다. 그들은 산상수훈이 보여주는 윤리적 요구에 순종할 수 있다. 그러므로 산상수훈을 일부 사람에게만 적용하거나 아예 불가능한 요구라고 보는 견해는 지지받을 수 없다. 예수님은 제자들이 산상수훈에 나타난 그분의 가르침에 순종할 것을 기대하신 것이다.

이것은 우리에게도 적용된다. 우리가 산상수훈을 읽는 목적은 그 가르침에 순종하기 위함이다. 우리의 회개는 산상수훈의 가르침에 순종하는 것으로 나타나야 한다.

천국의 윤리

그러므로 마태가 산상수훈을 통해 전하고자 하는 것, 즉 산상수훈의 주제는 이것이다. 그것은 회개한 사람이 어떻게 살아야 하는지에 답을 제공하는 것이다. 여기서 산상수훈은 단순한 윤리적 가르침이 아니라는 점을 명심해야 한다. 회개는 "회개하라 천국이 가까이 왔느니라"는 말씀에 대한 응답이기 때문이다. 회개한 사람은 천국의 통치에 복종한 사람이다. 따라서 회개한 사람의 삶은 하나님의 통치에 대한 복종의 표현이어야 한다. 이런 점에서 산상수훈은 단순한 윤리가 아니라 천국의 윤리를 말한다고 할 수 있다. 다시 말하면, 산상수훈은 하나님의 통치를 받는 삶이 어떠해야 하는지를 보여준다.

마태는 천국, 즉 하나님의 통치가 왕으로 오신 예수 그리스도를 통해 드러났다고 말한다. 따라서 마태가 "그의 제자들"이라고 말한 것은 중요하다. 왜냐하면 예수님은 단순한 선생이 아니기 때문이다. 예수님은 왕의 권위를 지닌 선생이시다. 예수님이 "앉으신" 것은 권위 있는 가르침의 자세다(마 13:2; 24:3; 26:55, 23:2 참조). 그래서 마태는 산상수훈 마지막에서 예수님의 가르침에 대한 무리의 반응을 이렇게 기록한다. "예수께서 이 말씀을 마치시매 무리들이 그의 가르치심에 놀라니 이는 그 가르치시는 것이 권위 있는 자와 같고 그들의 서기관들과 같지 아니함일러라"(마 7:28-29).

우리는 예수님의 제자로서 그분의 가르침이 지닌 권위를 인식하고 있는가? 천국의 제자도는 왕이신 예수님의 권위를 인정하는 데서부터 시작된다. 우리는 어떤가?

"마태가 산상수훈을 통해 전하고자 하는 것,
즉 산상수훈의 주제는 회개한 사람이
어떻게 살아야 하는지에 답을 제공하는 것이다."

Sermon on the Mount

II

그리스도인의 특성

3

영적 가난

심령이 가난한 자는 복이 있나니 천국이 그들의 것임이요

_ 마 5:3

산상수훈은 "… 자는 복이 있나니"라는 형식을 사용한 이른바 팔복 (마 5:3-10)으로 시작된다. 이것은 회개한 사람으로서 그리스도인의 정체성을 보여준다. 그 첫 번째 내용이 이것이다. "심령이 가난한 자는 복이 있나니 천국이 그들의 것임이요." 여기서 우리가 살펴보아야 할 것은 두 가지다. 하나는 "심령이 가난한 자"의 의미다. 또 하나는 "심령이 가난한 자는 복이 있는" 이유다.

자신을 바라보는 왜곡된 태도

먼저 "심령이 가난한 자"의 의미가 아닌 것부터 생각해 보자. 심령이 가난한 자는 경제적으로 가난한 자를 의미하지 않는다. 예수님은 돈 없는 사람이 복이 있다고 말씀하신 게 아니다. 여기서 마태의 기록은 누가의 기록과 다르다. "너희 가난한 자는 복이 있나니 하나님의 나라가 너희 것임이요"(눅 6:20). 누가는 그냥 "가난한 자"라고 말함으로써 경제적으로 가난한 자를 염두에 둔다. 그는 경제적으로 가난한 자가 자기 소유를 의지하지 않기 때문에 하나님의 나라를 얻기 쉽다는 점에 초점을 맞춘다. 그러나 마태는 누가와 달리 "심령이"라는 말을 추가함으로써 경제적으로 가난한 자를 의미하지 않는다.

또 심령이 가난한 자는 마음이 가난한 자를 의미하지 않는다. 우리가 보통 말하는 마음이 가난한 자는 마음을 비우고 욕심을 버린 자를 가리킨다. 그런데 마태는 본문에서 8절의 "마음"과 다른 "영"이라는 말을 사용한다(여기서 "심령"이라는 번역은 오해의 소지가 있다). 마태가 말한 것은 심령이 가난한 자이지 마음이 가난한 자가 아니다. 이 점에서 우리가 가진 찬송가 427장의 가사는 부정확하다. "맘 가난한 사람 복이 있나니 천국이 그들의 것임이요." 따라서 먼저 분명히 할 것은 이것이다. 심령이 가난한 자는 그 사람의 실제 상태를 묘사한 것이 아니다. 물질적으로든 정신적으로든 실제 가난한 자를 의미하지 않는다.

그러면 "심령이 가난한 자"의 의미는 무엇일까? 심령이 가난한 자는 영적으로 가난한 자를 의미한다. 이것은 자신에 대해 올바른 태도를 가진 자를 말한다. 이것은 실제 상태가 아니라, 자신을 바라보는 태도와 자세를 묘사한 것이다. 그래서 이것은 자기가 자기를 보는 자아상의 문제와 연결된다. 심령이 가난한 자는 성경적 자아상을 나타낸다고 할 수 있다.

성경을 보면, 죄인의 문제는 그가 처한 실제 상태만이 아니다. 자신을 바라보는 태도 또한 문제다. 예를 들어보자. 요한복음 9장 39-41절에는 이런 말씀이 나온다. "예수께서 이르시되 내가 심판하러 이 세상에 왔으니 보지 못하는 자들은 보게 하고 보는 자들은 맹인이 되게 하려 함이라 하시니 바리새인 중에 예수와 함께 있던 자들이 이 말씀을 듣고 이르되 우리도 맹인인가 예수께서 이르시되 너희가 맹인이 되었더라면 죄가 없으려니와 본다고 하니 너희 죄가 그대로 있느니라." 여기서 예수님이 지적하신 바리새인의 문제는 이것이다. 그들은 보지 못하는 영적 소경일 뿐 아니라 스스로 본다고 생각하는 것이다. 보지 못하는 실제 상태도 문제지만, 더 큰 문제는 스스로 본다고 생각하는 왜곡된 태도다.

또 로마서 1장 22절에는 구원받지 못한 이방인의 상태에 대한 이런 말씀이 나온다. "스스로 지혜 있다 하나 어리석게 되어." 여기서 바울이 지적한 이방인의 문제는 이것이다. 그들은 어리석게 되었을 뿐 아니라 스스로 지혜 있다 하는 것이다. 어리석게 된 실제 상태도 문제지만, 더 큰 문제는 그런 자신을 지혜 있다고 생각하는 왜곡된 태도다.

누가복음 8장 18절에는 예수님의 이런 말씀이 나온다. "그러므로 너희가 어떻게 들을까 스스로 삼가라 누구든지 있는 자는 받겠고 없는 자는 그 있는 줄로 아는 것까지도 빼앗기리라." 이때 "있는 자"와 "없는 자"는 하나님의 계시에 대한 것이다. 여기서 예수님이 경고하신 사람의 문제는 우선 그에게 하나님의 계시가 없다는 점이다. 그렇지만 더 큰 문제는 그런 자신을 바라볼 때 하나님의 계시가 "있는 줄로 아는" 왜곡된 태도다.

갈라디아서 6장 3절에는 이런 내용이 나온다. "만일 누가 아무 것도 되지 못하고 된 줄로 생각하면 스스로 속임이라." 여기서 바울이 말하는 사람의 문제는, 우선 그가 아무것도 되지 못한 자라는 점이다. 그런데 더 큰 문제는 그런 자신을 바라볼 때 된 줄로 생각하는 점이다. 실제 상태도 문제지만 자신을 바라보는 왜곡된 태도가 더 문제다.

요한계시록 3장 17절에는 라오디게아교회에 대해 이런 말씀이 나온다. "네가 말하기를 나는 부자라 부요하여 부족한 것이 없다 하나 네 곤고한 것과 가련한 것과 가난한 것과 눈 먼 것과 벌거벗은 것을 알지 못하는도다." 라오디게아교회의 문제는 곤고하고, 가련하고, 가난하고, 눈 멀고, 벌거벗은 것이다. 그렇지만 더 큰 문제는 그런 자신을 바라볼 때 "나는 부자라 부요하여 부족한 것이 없다" 하는 왜곡된 태도다.

끝으로 마가복음 2장 16-17절에는 이런 말씀이 나온다. "바리새인의 서기관들이 예수께서 죄인 및 세리들과 함께 잡수시는 것을 보고 그의 제자들에게 이르되 어찌하여 세리 및 죄인들과 함께 먹는가 예수께서 들으시고 그들에게 이르시되 건강한 자에게는 의사가 쓸 데 없고 병든 자에게라야 쓸 데 있느니라 나는 의인을 부르러 온 것이 아니요 죄인을 부르러 왔노라 하시니라." 여기서 예수님이 지적하신 바리새인의 문제는 이것이다. 죄인과 세리들 앞에서 스스로 의인이라고 생각하는 그들도 사실은 죄인이라는 것이다. 그들의 문제는 죄인인 실제 상태뿐 아니라 자신을 의인으로 생각하는 왜곡된 태도에 있다.

이처럼 죄인은 실제 상태도 문제지만, 자신을 바라보는 왜곡된 태도가 더 큰 문제다. 사실 자신을 바라보는 왜곡된 태도는, 죄 때문에 인간이 안게 된 문제의 핵심이다. 자신을 왜곡되게 바라보는 것이야말로 죄의 근간을 이룬다. 심령이 가난한 자는 바로 여기에 대한 것이다. 이것은 실제 상태가 아니라 자신을 바라보는 태도를 묘사한 것이다.

놀랍게도 마틴 로이드 존스는 이 말의 의미를 간파했다. 그는 심령의 가난함은 "한 사람의 자신에 대한 태도"(a man's attitude towards himself)[05]라고 말했다.

---

05 D. Martyn Lloyd-Jones, *Studies in the Sermon on the Mount* (Grand Rapids: Eerdmans, 1971), 44.

하나님 앞에서 자신의 실상을 보는 것

그리스도인(제자)이 된다는 것은 자신을 바라보는 왜곡된 태도가 바뀌는 것을 의미한다. 그 변화는 하나님 앞에서 자신의 실상을 봄으로써 일어난다. 자신을 바라보는 새로운 눈이 열리는 것이다. 그리스도인(제자)이 될 때 그 사람은 심령이 가난한 자가 된다. 예를 들어보자. 고린도전서 3장 18절에는 이런 말씀이 나온다. "아무도 자신을 속이지 말라 너희 중에 누구든지 이 세상에서 지혜 있는 줄로 생각하거든 어리석은 자가 되라 그리하여야 지혜로운 자가 되리라." 그러면 이때 "어리석은 자가 되라"는 말은 무슨 뜻일까? 실제로 그런 사람이 되라는 뜻일까? 물론 아니다. 이 말에 대한 해석의 단서는 바로 앞에 있다. "지혜 있는 줄로 생각하거든." 여기서 바울이 다루는 것은 자신을 어떻게 생각하는지의 문제다. 따라서 어리석은 자가 되라는 말도 그런 식으로 이해해야 한다. 그 말은 실제로 미련한 사람이 되라는 게 아니라, 자신을 미련한 자로 생각하라는 뜻이다. 그래서 이와 함께 19절상반절에는 이런 말씀이 나온다. "이 세상 지혜는 하나님께 어리석은 것이니." 이것은 미련하다는 평가의 기준이 하나님임을 나타낸다. 그러므로 "어리석은 자가 되라"는 말은 하나님이 보실 때 자신이 미련한 자임을 생각하라(깨달으라)는 말이다. 이것은 하나님께서 나를 보시는 것처럼 내가 나를 보는 것을 말하고, 절대적인 관점에서 나를 보는 것을 말한다. 이것이 심령이 가난한 자의 모습이다.

또 시편 73편 22절에는 이런 말씀이 있다. "내가 이같이 우매 무지함으로 주 앞에 짐승이오나." 이 시편 기자는 자신을 가리켜 우매 무지하다고 말한다. 그러면 그는 실제로 남보다 우매 무지하기 때문에 이렇게 말한 것일까? 아니다. 그는 바로 뒤에 이런 말을 추가한다. "주 앞에 짐승이오나." 그는 하나님 앞에서 자신이 짐승처럼 우매 무지한 자임을 말한 것이다. 이것이 심령이 가난한 자의 모습이다.

창세기 18장 27절에서 아브라함은 하나님께 이런 말씀을 드린다. "나는 티끌이나 재와 같사오나 감히 주께 아뢰나이다." 그런데 22절에는 이 대화가 시작된 상황을 보여주는 설명이 나온다. "아브라함은 여호와 앞에 그대로 섰더니." 따라서 아브라함은 하나님 앞에서 자신이 티끌이나 재 같은 존재임을 말한 것이다. 아브라함은 심령이 가난한 자다.

고린도후서 12장 11-12절에서 사도 바울은 이렇게 말한다. "내가 어리석은 자가 되었으나 너희가 억지로 시킨 것이니 나는 너희에게 칭찬을 받아야 마땅하도다 내가 아무 것도 아니나 지극히 크다는 사도들보다 조금도 부족하지 아니하니라 사도의 표가 된 것은 내가 너희 가운데서 모든 참음과 표적과 기사와 능력을 행한 것이라." 이것은 바울이 고린도교회를 향해 자신의 사도직을 변호한 내용이다. 그는 이런 말로 자신의 사도직을 변호한다. "나는 너희에게 칭찬을 받아야 마땅하도다 … 지극히 크다는 사도들보다 조금도 부족하지 아니하니라 사도의 표가 된 것은 내가 너희 가운데서 모든 참음과 표적과 기사와 능력을 행한 것이라." 그런데 이렇게 사도의 면모를 자랑하는 가운데 그는 자신을 어떻게 생각하는지 밝힌다. "내가 아무 것도 아니나"(even though I am nothing). 그는 사람들 앞에서 자신이 얼마나 큰 사도인지를 말하면서도, 하나님 앞에서 아무것도 아닌 자신의 실상을 말한 것이다. 사도 바울은 심령이 가난한 자다.

또 누가복음 18장에는 성전에 올라가서 기도한 바리새인과 세리의 비유가 나온다. 이때 바리새인은 이렇게 기도했다. "바리새인은 서서 따로 기도하여 이르되 하나님이여 나는 다른 사람들 곧 토색, 불의, 간음을 하는 자들과 같지 아니하고 이 세리와도 같지 아니함을 감사하나이다 나는 이레에 두 번씩 금식하고 또 소득의 십일조를 드리나이다 하고"(눅 18:11-12). 그에 비해 세리는 이렇게 기도했다. "세리는 멀리 서서 감히 눈을 들어 하늘을 쳐다보지도 못하고 다만 가슴을 치며 이르되 하나님이여 불쌍히 여기소서 나는 죄인이로소이다 하였느니라"(눅 18:13). 주목할 것은 두 사람의 기도에 나타난 자신을 바라보는 태도다. 바리새인은 상대적인 관점에서 자신을 본다. 그래서 그는 세리와 "따로" 기도하면서 "나는 다른 사람들 곧 토색, 불의, 간음을 하는 자들과 같지 아니하고 이 세리와도 같지 아니함을 감사하나이다"라고 말했다. 그는 자신을 도덕적 종교적으로 훌륭한 사람이라고 본 것이다. 그러나 세리는 자신을 "죄인"으로 본다. 그는 하나님 앞에서 또는 절대적인 관점에서 자신을 보았을 뿐이다. 기도하는 그의 자세가 그 점을 말해 준다. "감히 눈을 들어 하늘을 쳐다보지도 못하고 다만 가슴을 치며." 그는 심령이 가난한 자다.

이처럼 심령이 가난한 자는 하나님을 인식하기 시작하면서 자신을 바라보는 왜곡된 태도가 바뀐 사람이다. 그는 하나님 앞에서 자신의 실상을 보게 된 것이다. 조나단 에드워즈는 여기에 대해 이렇게 말한다.

심령이 가난한 자는 자신의 작음과 약함과 가난을 느끼는 사람이다. 그는 위대하신 여호와의 위대함, 그 영광과 권세를 본다. 그래서 그것을 볼 때 그는 자신의 눈에 얼마나 하찮은 존재로 떨어지고 마는가! 그는 경탄하고 놀란 눈으로 하나님의 권세와 영광과 뛰어난 아름다움을 보고서 감미로운 놀라움으로 충만해진 후에, 그의 눈을 내부로 자신에게 돌려서 그가 얼마나 작고, 비참하고, 무력한 피조물인가를 알게 될 때, 그는 이 위대하신 하나님의 존전에서 얼마나 겸손해지고, 자신에 대해 얼마나 비천한 생각이 들고, 얼마나 자신을 무시하게 되는가! 그래서 자신은 하나님과 같은 영광스러운 분이 조금이라도 주목해야 할 가치가 없는 자임을 알게 된다.[06]

그러므로 심령이 가난한 자는 주께서 나를 보시는 것처럼 내가 나를 보는 사람, 즉 절대적 관점에서 자신을 보는 사람이다. 즉, 자신을 바라보는 왜곡된 태도가 바뀐 사람이다.

심령이 가난한 자의 실제 모습

이것은 실제적으로 두 가지를 의미한다. 첫째, 심령이 가난한 자는 자기 기준으로 자기를 보는 사람이 아니다. 고린도후서 10장 12절에서 바울은 이렇게 말한다. "우리는 자기를 칭찬하는 어떤 자와 더불어 감히 짝하며 비교할 수 없노라 그러나 그들이 자기로써 자기를 헤아리고 자기로써 자기를 비교하니 지혜가 없도다." 여기서 바울은 "자기를 칭찬하는 어떤 자"에 대해 말한다. 그들은 자기의 기준으로 자기를 보는 사람이다. "그들이 자기로써 자기를 헤아리고 자기로써 자기를 비교하니." 그러면서 18절에서 결론적으로 이렇게 말한다. "옳다 인정함을

---

06 http://edwards.yale.edu/archive?path=aHR0cDovL2Vkd2FyZHMueWFsZS5lZHUvY2dpL
WJpbi9uZXdwaGlsby9nZXRvYmplY3QucGw/Yy45OjE2LndqZW8=

받는 자는 자기를 칭찬하는 자가 아니요 오직 주께서 칭찬하시는 자니라." 당신은 자기의 기준으로 자기를 보고 있지 않는가? 그래서 당신의 마음은 자만심(스스로 자랑하는 마음)으로 가득 차 있지 않는가?

둘째, 심령이 가난한 자는 다른 사람의 기준으로 자기를 보는 사람이 아니다. 누가복음 16장 14-15절에는 이런 말씀이 나온다. "바리새인들은 돈을 좋아하는 자들이라 이 모든 것을 듣고 비웃거늘 예수께서 이르시되 너희는 사람 앞에서 스스로 옳다 하는 자들이나 너희 마음을 하나님께서 아시나니 사람 중에 높임을 받는 그것은 하나님 앞에 미움을 받는 것이니라." 여기서 예수님은 바리새인들이 하나님의 기준으로 자기를 보지 못하고 사람들의 기준으로 자기를 보는 어리석음을 책망하신다. 당신은 다른 사람의 기준으로 자기를 보고 있지 않는가? 그래서 당신의 마음은 열등감과 우월감에 사로잡히곤 하지 않는가?

사도 바울은 고린도전서 4장 3-4절에서 이렇게 말한다. "너희에게나 다른 사람에게나 판단 받는 것이 내게는 매우 작은 일이라 나도 나를 판단하지 아니하노니 내가 자책할 아무 것도 깨닫지 못하나 이로 말미암아 의롭다 함을 얻지 못하노라 다만 나를 심판하실 이는 주시니라." 사도 바울에게는 다른 사람이 자기를 어떻게 보는지는 중요하지 않다. "너희에게나 다른 사람에게나 판단 받는 것이 내게는 매우 작은 일이라." 바울은 남이 자기를 칭찬하든지 비난하든지 거기에 별로 신경쓰지 않는다. 또 자기가 자기를 어떻게 보는지도 중요하지 않다. "나도 나를 판단하지 아니하노니." 그에게 중요한 것은 오직 주께서 자기를 어떻게 보시느냐 하는 것이다. "다만 나를 심판하실 이는 주시니라." 이것이 심령이 가난한 자의 모습이다.

심령이 가난한 자는 하나님 앞에서 자신을 보게 된 사람이다. 다시 말하면, 하나님이 보시는 것처럼 자신을 보는 사람이다. 그래서 자신이 얼마나 무지하고, 보잘것없고, 어리석고, 가난하고, 죄 많은 존재인지 깨달은 사람이다. 따라서 그는 겸손할 수밖에 없는 사람이다. 만일 당신의 말과 행동에서 자만심이 드러난다면, 당신은 심령이 가난한 자의 의미를 아직 잘 모르는 것이다. 만일 당신이 쉽게 우월감이나 열등감에 사로잡힌다면, 당신은 아직 심령이 가난한 자의 의미를 잘 모르는 것이다.

4

심령이 가난한 자는 복이 있나니

심령이 가난한 자는 복이 있나니 천국이 그들의 것임이요

_마 5:3

예수님의 말씀에 따르면, 심령이 가난한 자가 복이 있는 이유는 천국이 그들의 것이기 때문이다. 그러면 이때 "천국이 그들의 것임이요" 라는 말은 무슨 의미일까? 이 말은 천국의 통치에 복종함으로써 그 백성에게 주어지는 혜택을 누린다는 의미다. 그렇다면 예수님의 말씀은 이렇게 이해되어야 한다. 심령이 가난한 자는 영적 가난과 별도로 천국을 소유하기 때문에 복이 있는 것이 아니라, 영적 가난을 통해 천국을 누리기 때문에 복이 있는 것이다. 영적 가난은 천국의 통치에 복종할 때 주어지는 혜택인 것이다.

앞에서 보았듯이, 제자들은 "회개하라 천국이 가까이 왔느니라"는 말씀에 반응한 사람들이다. 그들은 천국의 통치에 복종함으로써 회개한 사람들이다. 영적 가난은 이러한 제자들에게 주어진 혜택이다. 그들은 회개하기 전에는 자신을 보는 왜곡된 태도로 살아왔으나, 회개한 후에 하나님 앞에서 자신의 실상을 보게 된 것이다. 이 점에서 제자들은 현재 천국을 누리는 것이다. 이것이 "천국이 그들의 것임이요"(현재형 동사)의 의미다.

현재 천국을 누리는 심령의 가난

그렇다면 영적 가난은 어떤 점에서 현재 천국을 누리는 것일까? 첫째, 영적 가난은 4절 이하의 모습을 수반한다는 점에서 현재 천국을 누리는 것이다. 예수님이 말씀하신 팔복에는 논리적 순서가 존재한다. 그래서 영적 가난은 논리적으로 애통함을 수반한다. 예를 들어, 바리새인과 세리의 비유에 등장하는 세리의 모습이 그렇다. "세리는 멀리 서서 감히 눈을 들어 하늘을 쳐다보지도 못하고 다만 가슴을 치며 이르되 하나님이여 불쌍히 여기소서 나는 죄인이로소이다 하였느니라"(눅 18:13). 세리는 하나님 앞에서 자신이 죄인임을 보았을 때 "가슴을 치며" 말했다. "하나님이여 (나를) 불쌍히 여기소서." 세리에게 영적 가난은 애통함을 가져왔다. 또 애통함은 논리적으로 온유함을 수반한다. 자신의 가련한 모습에 애통하는 사람은 남을 대하는 태도가 온유해질 수밖에 없다. 이처럼 영적 가난은 애통함, 온유함, 의에 주리고 목마름, 긍휼히 여김, 마음의 청결, 화평하게 함, 의를 위하여 박해를 받음 등을 수반한다. 이런 점에서 영적 가난은 현재 천국을 누리는 것이다.

건전한 자아상

둘째, 영적 가난은 건전한 자아상을 갖게 한다는 점에서 현재 천국을 누리는 것이다. 영적 가난은 하나님의 기준에서, 절대적인 관점에서 자신을 보는 것이다. 이러한 영적 가난은 자기 기준에서 자기를 보는 것을 막아 준다. 그래서 심령이 가난한 자는 자만심에 빠지지 않게 된다. 마태복음 19장에 나오는 부자 청년과 예수님의 대화를 생각해 보라. 그 청년은 예수님께 물었다. "선생님이여 내가 무슨 선한 일을 하여야 영생을 얻으리이까." 그러자 예수님은 물음에 대답하기 전 이렇게 말씀하셨다. "어찌하여 선한 일을 내게 묻느냐 선한 이는 오직 한 분이시니라." 청년이 자기 기준으로 '선하다'는 말을 사용했다면, 예수님은 하나님의 기준으로 말씀하셨다. 이 부자 청년에게 하나님의 기준으로 자기를 보는 눈은 아직 열리지 않았다. 그는 심령이 가난한 자가 아니었다.

그러기에 그는 계속되는 대화에서 자만심에 차 있는 모습을 보일 수밖에 없었다. 예수님이 "네가 생명에 들어가려면 계명들을 지키라"고 하시자 그는 물었다. "어느 계명이오니이까." 예수님이 대답하셨다. "살인하지 말라, 간음하지 말라, 도둑질하지 말라, 거짓 증언 하지 말라, 네 부모를 공경하라, 네 이웃을 네 자신과 같이 사랑하라 하신 것이니라." 그러자 청년은 말했다. "이 모든 것을 내가 지키었사온대 아직도 무엇이 부족하니이까." 그의 자만심은 이렇게 적나라하게 드러나고 말았다. 이때 예수님은 이런 말씀으로 그의 자만심을 건드리셨다. "네가 온전하고자 할진대 가서 네 소유를 팔아 가난한 자들에게 주라 그리하면 하늘에서 보화가 네게 있으리라 그리고 와서 나를 따르라." 예수님은 마치 이렇게 말씀하신 것과 같다. '네게는 부족한 게 있다. 그것이 무엇인지 내가 보여주겠다.' 결국 그는 예수님을 좇는 제자가 되지 못했다. "그 청년이 재물이 많으므로 이 말씀을 듣고 근심하며 가니라." 이처럼 부자 청년은 영적 가난이 없었기에 자만심에 빠질 수밖에 없었다.

또 영적 가난은 다른 사람의 기준으로 자기를 보는 것도 막아 준다. 다른 사람의 기준으로 자신을 보면 비교의식과 경쟁심에서 자유로울 수 없고, 열등감과 우월감에 사로잡히게 된다. 자기보다 나은 사람 앞에서는 열등감을 느끼고, 자기보다 못한 사람 앞에서는 우월감을 느끼는 일이 반복된다.

그런데 영적 가난은 이러한 열등감과 우월감에서 근본적으로 벗어나게 한다. 하나님의 기준으로 자기를 보게 되면 상대적인 우열은 사라지기 때문이다. 이것은 마치 비행기에서 내려다볼 때 빌딩 높이가 의미 없는 것과 같다. 부자나 가난한 자나 하나님 앞에서는 다 가난한 존재일 뿐이다. "부한 자는 자기의 낮아짐을 자랑할지니 이는 그가 풀의 꽃과 같이 지나감이라 해가 돋고 뜨거운 바람이 불어 풀을 말리면 꽃이 떨어져 그 모양의 아름다움이 없어지나니 부한 자도 그 행하는 일에 이와 같이 쇠잔하리라"(약 1:10-11). 권력을 가진 자나 못 가진 자나 하나님 앞에서는 다 미약한 존재일 뿐이다. 일류 대학을 나온 사람이나 삼류 대학을 나온 사람이나 하나님 앞에서는 다 무지한 존재일 뿐이다. 고급 외제차를 모는 사람이나 소형차를 모는 사람이나 하나님 앞에서는 다 초라한 존재일 뿐이다.

이처럼 영적 가난은 건전한 자아상을 갖게 함으로써 자만심에 빠지거나 열등감과 우월감에 사로잡히는 것을 막아준다. 이런 점에서 영적 가난은 현재 천국을 누리는 것이다.

기도의 동기

셋째, 영적 가난은 기도의 동기를 유발한다는 점에서 현재 천국을 누리는 것이다. 영적 가난은 하나님 앞에서 자신의 실상을 보는 것이다. 이것은 자신이 피조된 존재이며, 더 나아가 죄로 타락한 존재임을 깨닫는 것이다. 따라서 영적 가난은 자신이 창조주이며 구속주이신 하나님께 전적으로 의존하는 존재임을 깨닫는 것이다. 이것은 결과적으로 기도의 동기를 유발한다.

브루스 웨어는 기도가 코람데오(하나님 앞에서)의 삶이라는 점을 이렇게 설명한다.

하나님이 기도를 정하신 한 가지 중요하고 중대한 이유는 우리를 자신에게 이끌고, 우리가 자신을 얼마나 절실하게 필요로 하는지 알게 하고, 자신이 우리에게 전부라는 사실을 잊지 않고 깨닫도록 하기 위한 장치라는 데 있다. 우리는 약하지만 하나님은 강하시다. 우리는 어리석지만 하나님은 지혜로우시다. 우리는 믿을 만한 존재가 못 되지만 하나님은 신실하시다. 우리는 무지하지만 하나님은 모든 것을 아신다. 우리는 가난하고 공허하지만 하나님은 부요하고 충만하시다.[07]

이처럼 영적 가난을 기도로 표현하게 하셨고, 따라서 영적 가난은 기도의 동기를 유발한다. 이런 점에서 영적 가난은 현재 천국을 누리는 것이다.

---

07 Bruce A. Ware, *God's Greater Glory*, 『더 큰 하나님의 영광』, 김귀탁 역(서울: 부흥과개혁사, 2008), p.251.

소명의 기초

넷째, 영적 가난은 소명의 기초가 된다는 점에서 현재 천국을 누리는 것이다. 하나님이 이렇게 하시는 데는 중요한 이유가 있다. 그것은 소명을 받은 이유가 그 사람 자신에게 있지 않음을 알게 하기 위함이다. 그래야 자신을 자랑하지 않고 하나님을 자랑하게 된다.

사도행전 7장 22-25절에는 모세에 대한 이런 말씀이 있다. "모세가 애굽 사람의 모든 지혜를 배워 그의 말과 하는 일들이 능하더라 나이가 사십이 되매 그 형제 이스라엘 자손을 돌볼 생각이 나더니 한 사람이 원통한 일 당함을 보고 보호하여 압제 받는 자를 위하여 원수를 갚아 애굽 사람을 쳐 죽이니라 그는 그의 형제들이 하나님께서 자기의 손을 통하여 구원해 주시는 것을 깨달으리라고 생각하였으나 그들이 깨닫지 못하였더라." 모세는 나이 사십이 되어 자신의 능력으로 동족을 구원하려고 나서지만 결국 실패한다. 하나님은 그렇게 자신만만한 모세를 부르시지 않았다.

그 후 모세는 미디안 땅에서 나그네로서 사십 년을 살아야 했다. 그런 다음에야 하나님은 호렙산 떨기나무 불꽃 가운데서 모세를 불러 이스라엘을 애굽에서 구원하게 하신다. 그런데 출애굽기 3장은 이러한 모세의 소명이 있기 전 벌어진 광경을 보여준다. "여호와의 사자가 떨기나무 가운데로부터 나오는 불꽃 안에서 그에게 나타나시니라 그가 보니 떨기나무에 불이 붙었으나 그 떨기나무가 사라지지 아니하는지라 이에 모세가 이르되 내가 돌이켜 가서 이 큰 광경을 보리라 떨기나무가 어찌하여 타지 아니하는고 하니 그 때에 여호와께서 그가 보려고 돌이켜 오는 것을 보신지라 하나님이 떨기나무 가운데서 그를 불러 이

르시되 모세야 모세야 하시매 그가 이르되 내가 여기 있나이다 하나님
이 이르시되 이리로 가까이 오지 말라 네가 선 곳은 거룩한 땅이니 네
발에서 신을 벗으라 또 이르시되 나는 네 조상의 하나님이니 아브라함
의 하나님, 이삭의 하나님, 야곱의 하나님이니라 모세가 하나님 뵈옵기
를 두려워하여 얼굴을 가리매"(출 3:2-6). 여기서 모세는 자신이 거룩한
하나님을 가까이 할 수 없고, 그분 앞에서 신을 벗어야 하는 존재임을
깨닫는다. 그는 거룩한 하나님의 위엄 앞에서 자신의 모습을 본 것이
다. 그래서 성경은 그가 보인 반응을 이렇게 말한다. "모세가 하나님 뵈
옵기를 두려워하여 얼굴을 가리매." 모세는 심령이 가난한 자가 된 것
이다. 그리고 하나님은 그런 모세를 부르신 것이다. 이처럼 영적 가난
은 소명의 기초가 된다.

이사야 6장에는 이사야가 선지자로서 소명을 받는 장면이 나온다.
그는 "내가 누구를 보내며 누가 우리를 위하여 갈꼬"라는 주의 목소리
를 듣고 이렇게 답한다. "내가 여기 있나이다 나를 보내소서"(사 6:8). 그
런데 주목할 것은 이러한 소명을 받기 전 이사야는 심령이 가난한 자
가 되었다는 사실이다. 그는 웃시야 왕이 죽던 해에 자기가 본 환상을
이렇게 묘사한다. "주께서 높이 들린 보좌에 앉으셨는데 그의 옷자락은
성전에 가득하였고 스랍들이 모시고 섰는데 각기 여섯 날개가 있어 그
둘로는 자기의 얼굴을 가리었고 그 둘로는 자기의 발을 가리었고 그
둘로는 날며 서로 불러 이르되 거룩하다 거룩하다 거룩하다 만군의 여
호와여 그의 영광이 온 땅에 충만하도다"(사 6:1-3). 그런 다음 그는 이
환상을 본 자기의 반응을 이렇게 말한다. "그 때에 내가 말하되 화로다
나여 망하게 되었도다 나는 입술이 부정한 사람이요 나는 입술이 부
정한 백성 중에 거주하면서 만군의 여호와이신 왕을 뵈었음이로다"(사

6:5). 여기에 대해 R. C. 스프로울은 이렇게 말한다.

성경에서 순전한 인격을 대표하는 사람을 꼽으라면, 아모스의 아들 이사야를 들 수 있다. 그는 온전하고 흠이 없는 사람이었다. 그와 동시대 사람들은 그를 민족 가운데 가장 의로운 사람으로 여겼다. 그는 미덕의 전형으로 존경받았다. 그런데 그가 갑자기 거룩하신 하나님을 뵙게 되었다. 그리고 그 순간 그의 자긍심은 산산조각 나고 말았다. 한순간에 그는 거룩함의 절대 기준이신 하나님의 눈앞에 발가벗겨지듯 온전히 드러나게 되었다. 다른 사람들과 비교할 때, 이사야는 자신의 고귀한 인품에 긍지를 느낄 수 있었다. 그러나 궁극적인 기준에 자신을 비춰 보는 순간, 그는 도덕적으로나 영적으로나 완전히 파괴되고 말았다. 그는 산산이 해체되고 부서졌다. 순전한 인격이라 자부했던 마음이 완전히 사라졌다.[08]

이사야는 이렇게 심령이 가난한 자가 되었다. 그리고 하나님은 그런 이사야의 죄를 사하시고 그를 선지자로 부르셨다. 이처럼 영적 가난은 소명의 기초가 된다.

누가복음 5장 8-10절에는 베드로가 소명을 받은 장면이 기록되어 있다. "시몬 베드로가 이를 보고 예수의 무릎 아래에 엎드려 이르되 주여 나를 떠나소서 나는 죄인이로소이다 하니 이는 자기 및 자기와 함께 있는 모든 사람이 고기 잡힌 것으로 말미암아 놀라고 세베대의 아들로서 시몬의 동업자인 야고보와 요한도 놀랐음이라 예수께서 시몬

---

08 R. C. Sproul, *The Holiness of God*, 『하나님의 거룩하심』, 조계광 역 (서울: 지평서원, 2013), p.42.

에게 이르시되 무서워하지 말라 이제 후로는 네가 사람을 취하리라 하시니."

베드로는 예수님 말씀대로 깊은 데로 가서 그물을 내렸을 때 아주 많은 고기를 잡았다. 누가는 "고기를 잡은 것이 심히 많아 그물이 찢어지는지라 … 두 배에 채우매 잠기게 되었더라"(눅 5:6-7)고 말한다. 베드로는 예수님의 영광을 보는 순간 자신의 실상을 깨달았다. 그래서 "예수의 무릎 아래에 엎드려" 말했다. "주여 나를 떠나소서 나는 죄인이로소이다." 그는 심령이 가난한 자가 된 것이다. 그랬을 때 예수님은 그에게 사명을 주셨다. "무서워하지 말라 이제 후로는 네가 사람을 취하리라." 이처럼 영적 가난은 소명의 기초가 된다.

사도행전 9장에는 사울이 소명 받은 장면이 기록되어 있다. 그런데 거기에는 사울이 아나니아를 통해 소명을 받기 전에 일어난 일도 기록되어 있다. "사울이 길을 가다가 다메섹에 가까이 이르더니 홀연히 하늘로부터 빛이 그를 둘러 비추는지라 땅에 엎드려 들으매 소리가 있어 이르시되 사울아 사울아 네가 어찌하여 나를 박해하느냐 하시거늘 대답하되 주여 누구시니이까 이르시되 나는 네가 박해하는 예수라 너는 일어나 시내로 들어가라 네가 행할 것을 네게 이를 자가 있느니라 하시니 같이 가던 사람들은 소리만 듣고 아무도 보지 못하여 말을 못하고 서 있더라 사울이 땅에서 일어나 눈은 떴으나 아무 것도 보지 못하고 사람의 손에 끌려 다메섹으로 들어가서 사흘 동안 보지 못하고 먹지도 마시지도 아니하니라"(행 9:3-9). 이것은 예수님이 사울에게 나타나신 것을 말한다. 이 사건을 통해 사울은 자신이 예수님을 핍박하는 자였음을 깨달았다. 그는 하나님 앞에서 자신이 얼마나 큰 죄인인지 알게 된 것이다. 그는 심령이 가난한 자가 되었다. 그리고 예수님은 그런 사울에게 아나니아를 통해서 사명을 주신다.

바울은 나중에 디모데전서 1장 12-15절에서 이렇게 말한다. "나를 능하게 하신 그리스도 예수 우리 주께 내가 감사함은 나를 충성되이 여겨 내게 직분을 맡기심이니 내가 전에는 비방자요 박해자요 폭행자였으나 도리어 긍휼을 입은 것은 내가 믿지 아니할 때에 알지 못하고 행하였음이라 우리 주의 은혜가 그리스도 예수 안에 있는 믿음과 사랑과 함께 넘치도록 풍성하였도다 미쁘다 모든 사람이 받을 만한 이 말이여 그리스도 예수께서 죄인을 구원하시려고 세상에 임하셨다 하였도다 죄인 중에 내가 괴수니라." 여기서 "죄인 중에 내가 괴수니라"는 말은 그가 "비방자요 박해자요 폭행자"였다는 사실에 기인한다. 이렇게 바울이 하나님 앞에서 자신의 실상을 보게 되었을 때 예수님은 그에게 직분을 맡기셨다. 이처럼 영적 가난은 소명의 기초가 된다.

정리하면 영적 가난은 4절 이하의 모습을 수반하고, 건전한 자아상을 갖게 하고, 기도의 동기를 유발하며, 소명의 기초가 된다는 점에서 현재 천국을 누리는 것이다. 이것이 심령이 가난한 자가 복이 있는 이유다.

두 가지 도전

본문의 말씀은 예수님의 제자들에게 두 가지 도전을 던진다. 첫째, 우리는 하나님 아는 것을 무엇보다 우선에 두는가? 왜냐하면 영적 가난은 하나님을 아는 것을 전제하기 때문이다. 만일 영적 가난을 원한다면 우리는 하나님을 알기 위해 힘써야 한다. 칼빈은 『기독교강요』를 이런 내용으로 시작한다. "하나님을 아는 것과 자신을 아는 것은 연결되어 있다." 그러고는 이것을 차례대로 설명한다. "자신을 아는 것 없이 하나님을 아는 것은 없다." "하나님을 아는 것 없이 자신을 아는 것은 없다." "하나님의 위엄 앞에서의 인간." 여기서 그가 말하는 결론적인 추론은 이렇다. "인간은 자신을 하나님의 위엄과 비교하기까지는 자신의 비천한 상태에 대한 자각에 의해 결코 충분히 영향 받고 감동되지 않는다."[09] 인간은 자신을 하나님의 위엄과 비교할 때 심령이 가난한 자가 된다.

우리는 하나님이 얼마나 지혜로우신지 알게 되면 자신이 얼마나 어리석은지 보게 된다. 우리는 하나님이 얼마나 강하신지 알게 되면 자신이 얼마나 약한지 보게 된다. 우리는 하나님이 얼마나 능하신지 알게 되면 자신이 얼마나 무능한지 보게 된다. 우리는 하나님이 얼마나 부요하신지 알게 되면 자신이 얼마나 가난한지 보게 된다. 우리는 하나님이 얼마나 의로우신지 알게 되면 자신이 얼마나 불의한지 보게 된다. 그러므로 영적 가난을 위해서는 하나님을 아는 것이 무엇보다 우선되어야 한다.

둘째, 우리는 신앙성숙의 척도를 영적 가난에 두는가? 우리는 하나님을 아는 만큼 자신을 알게 된다. 우리가 하나님의 지혜의 높이를 더 알게 되면 자신의 미련의 깊이도 그 만큼 더 알게 된다. 우리가 하나님의 의의 완전을 더 알게 되면 자기 죄의 부패도 그 만큼 더 알게 된다. 따라서 진정한 신앙성숙의 척도는 우리가 얼마나 심령이 가난한 자가 되는지에 있다.

---

09   John Calvin, *Institutes of the Christian Religion*, trans., Ford L. Battles (Philadelphia: Westminster, 1960), 35-39.

조나단 에드워즈는 회심한 이듬해부터 자신의 경건훈련을 위해 결심문을 작성했다. 그리고 그 결심문대로 살려고 애썼다. 그런데 성숙해진 후 자신의 초기 시절을 돌아보며 이렇게 반성했다. "이후에 그랬던 것과 달리, 그때는 나 자신이 모든 방면에서 극도로 미약하고 무능하다는 사실과, 측량할 수 없고 그 끝을 알 수 없을 만큼 심각하고 은밀한 부패와 기만이 내 마음속에 있다는 사실을 내가 겪은 경험을 통해 터득하지 못했다."[10] 조나단 에드워즈는 성숙해졌을 때, 초기에 알지 못했던 자기의 깊은 무가치함과 영적 필요를 보게 된 것이다.

그러므로 신앙성숙의 진정한 척도는 여기에 있다. 나는 하나님 앞에서 내 무가치한 실상을 이전보다 더 잘 보게 되었는가?

---

10 Kyle Strobel, *Formed for the Glory of God*, 윤석인 역, 『조나단 에드워즈가 보여준 영적 성숙의 길』
    (서울: 부흥과개혁사, 2014), p.136에서 재인용.

5

애통하는 자는 복이 있나니

애통하는 자는 복이 있나니 그들이 위로를 받을 것임이요

_마 5:4

팔복의 두 번째 내용에서 우리가 먼저 살펴볼 것은 "애통하는 자"의 의미다. "애통하는 자는 복이 있나니"라고 말할 때 애통하는 자는 누구를 가리키는 것일까? 애통하다는 말은 마음이 슬픈 상태를 가리킨다 (실제 상태에 대한 묘사). 이 말은 종종 '울다'라는 말과 함께 사용되어 마음의 슬픔을 나타낸다. 우는 행동은 마음의 슬픔에서 비롯되기 때문이다. 본문과 병행을 이루는 누가복음 6장 21절하반절은 이렇게 되어 있다. "지금 우는 자는 복이 있나니 너희가 웃을 것임이요." 애통하는 자 대신 "우는 자"라고 되어 있다. 그런데 이와 대조를 이루는 누가복음 6장 25절하반절은 '울다'라는 말에 '애통하다'라는 말을 추가한다. "화 있을진저 너희 지금 웃는 자여 너희가 애통하며 울리로다." 따라서 누가가 말한 우는 자 역시 애통하는, 즉 마음이 슬픈 자임이 드러난다.

애통하는 자

그러면 예수님이 복이 있다고 말씀하신 애통하는 자는 누구를 가리키는 것일까? 모든 애통하는 자가 복이 있는 것일까? 이때 문제가 되는 것은 애통하는 이유다. 일반적으로 애통하는 이유는 자신이 원통한 일을 당하거나 남이 당한 불쌍한 일을 보기 때문이다. 여기에는 자신이든 남이든 겪게 되는 상실의 아픔이 존재한다. 그것은 건강과 생명, 돈과 재산, 지위와 명예, 가족과 행복을 잃게 되는 상실의 아픔이다.

예를 들면, 창세기 37장에는 요셉이 죽은 줄 알고 야곱이 애통하는 장면이 나온다. "자기 옷을 찢고 굵은 베로 허리를 묶고 오래도록 그의 아들을 위하여 애통하니 그의 모든 자녀가 위로하되 그가 그 위로를 받지 아니하여 이르되 내가 슬퍼하며 스올로 내려가 아들에게로 가리라 하고 그의 아버지가 그를 위하여 울었더라"(창 37:34-35). 요한계시록 18장에는 바벨론의 멸망으로 상인들이 애통하는 장면이 나온다. "땅의 상인들이 그를 위하여 울고 애통하는 것은 다시 그들의 상품을 사는 자가 없음이라"(계 18:11). "바벨론으로 말미암아 치부한 이 상품의 상인들이 그의 고통을 무서워하여 멀리 서서 울고 애통하여"(계 18:15). "모든 선장과 각처를 다니는 선객들과 선원들과 바다에서 일하는 자들이 … 티끌을 자기 머리에 뿌리고 울며 애통하여 외쳐 이르되 화 있도다 화 있도다 이 큰 성이여 바다에서 배 부리는 모든 자들이 너의 보배로운 상품으로 치부하였더니 한 시간에 망하였도다"(계 18:17, 19).

그런데 이러한 상실의 아픔 때문에 애통하는 것은 그리스도인이든 아니든 상관이 없다. 그에 비해 본문에서 예수님이 말씀하신 애통하는 것은 그리스도인에게만 국한된다. 왜냐하면 산상수훈은 예수님이 무리가 아닌 제자들에게 말씀하신 것이기 때문이다. 마태는 처음에 이 점을 분명히 했다(마 5:1-2). 따라서 예수님이 말씀하신 애통하는 자는 예수님의 제자들로 국한된다.

마태는 이 사실을 한 번 더 확인시킨다. 마태복음에는 예수님이 '애통하다'는 말을 사용하신 경우가 한 번 더 나오기 때문이다. "예수께서 그들에게 이르시되 혼인집 손님들이 신랑과 함께 있을 동안에 슬퍼할(=애통할) 수 있느냐 그러나 신랑을 빼앗길 날이 이르리니 그 때에는 금식할 것이니라"(마 9:15). 이것은 마가나 누가의 기록과 다르다. 마태는 마가나 누가가 사용한 '금식하다'라는 말 대신에 '슬퍼하다'(애통하다)라는 말을 사용했다. 이 경우 금식의 행동은 마음의 슬픔에서 비롯되었기 때문이다.

주목할 것은 예수님이 누구에게 '슬퍼하다'(애통하다)라는 말을 사용하셨는가 하는 것이다. 문맥을 보면 요한의 제자들이 먼저 예수님께 물었다. "우리와 바리새인들은 금식하는데 어찌하여 당신의 제자들은 금식하지 아니하나이까"(마 9:14). 예수님이 대답하셨다. "혼인집 손님들이 신랑과 함께 있을 동안에 슬퍼할 수 있느냐 그러나 신랑을 빼앗길 날이 이르리니 그 때에는 금식할 것이니라." 예수님은 제자들을 "혼인집 손님들"로, 자신을 "신랑"으로 비유하셨다. 그렇게 함으로써 제자들을 요한의 제자들이나 바리새인들과 구분하셨다.

이처럼 예수님은 자기 제자들에게 국한해 '슬퍼하다'(애통하다)라는 말을 사용하셨다. 본문에서도 마찬가지다. "애통하는 자는 복이 있나니"는 예수님의 제자들, 즉 그리스도인에게만 해당된다.

애통하는 이유

그렇다면 이 경우 예수님의 제자들, 즉 그리스도인이 애통하는 이유는 무엇일까? 그것은 그들에게 있는 심령의 가난, 즉 영적 가난 때문이다. 그들은 하나님 앞에서 자신의 실상을 보게 되어 애통하는 것이다. 따라서 그들이 애통하는 이유는 하나님 앞에서 보게 된 자신의 가련함에 있다. 이 가련함의 이유는 그들이 병들거나 가난하거나 실패하거나 불행해서가 아니다. 그들이 하나님께 죄를 지은 죄인이기 때문이다. 그들의 슬픔은 바로 자기 죄에 대한 슬픔이다. 성경에는 이런 의미에서 애통하는 자가 여러 번 등장한다.

우선 바리새인과 세리의 비유에 등장하는 세리가 그렇다. "세리는 멀리 서서 감히 눈을 들어 하늘을 쳐다보지도 못하고 다만 가슴을 치며 이르되 하나님이여 불쌍히 여기소서 나는 죄인이로소이다 하였느니라"(눅 18:13). 세리는 하나님 앞에서 자신이 죄인임을 보았을 때 "가슴을 치며" 말했다. "하나님이여 (나를) 불쌍히 여기소서."

또 환상 중에 하나님의 거룩하심을 본 이사야가 그렇다. "그 때에 내가 말하되 화로다 나여 망하게 되었도다 나는 입술이 부정한 사람이요 나는 입술이 부정한 백성 중에 거주하면서 만군의 여호와이신 왕을 뵈었음이로다"(사 6:5). 이사야는 하나님 앞에서 자신의 부정함을 보았을 때 이렇게 말할 수밖에 없었다. "화로다 나여 망하게 되었도다."

예수님을 부인했던 죄에서 돌이킨 베드로도 그렇다. "주께서 돌이켜 베드로를 보시니 베드로가 주의 말씀 곧 오늘 닭 울기 전에 네가 세 번 나를 부인하리라 하심이 생각나서 밖에 나가서 심히 통곡하니라"(눅 22:61-62). 여기서 누가는 "주"(호 퀴리오스)라는 말을 쓴다. 이와 함께 "오늘 닭 울기 전에 네가 세 번 나를 부인하리라"는 말씀도 "주의 말씀"이라고 했다. 이 "주"라는 말은 부활하고 승천하신 예수님을 가리키는 존칭이다. 이것은 하나님이신 예수님의 권위를 나타내기 위해 누가 사용한 말이다. 그렇다면 베드로는 이 순간만큼은 하나님 앞에서 자신의 실상을 깨닫고 밖에 나가 심히 통곡한 것이다. 베드로는 예수님을 부인한 죄를 깊이 뉘우치고 슬퍼한 것이다.

또 야고보가 말한 겸손한 자가 그렇다. 야고보는 하나님이 겸손한 자에게 은혜를 주신다는 말씀을 인용하면서 이렇게 권면한다. "하나님을 가까이하라 그리하면 너희를 가까이하시리라 죄인들아 손을 깨끗이 하라 두 마음을 품은 자들아 마음을 성결하게 하라 슬퍼하며 애통하며 울지어다 너희 웃음을 애통으로, 너희 즐거움을 근심으로 바꿀지어다 주 앞에서 낮추라 그리하면 주께서 너희를 높이시리라"(약 4:8-10). 여기서 "슬퍼하며 애통하며 울지어다"라는 명령 앞뒤로 "하나님을 가까이하라"는 명령과 "주 앞에서 낮추라"는 명령이 나온다. 이 경우 애통하는 것은 하나님 앞에서 자신의 실상을 보게 된 것과 관련이 있다.

그런데 예수님의 제자들은 자기 죄에 대해 슬퍼할 뿐 아니라 다른 사람의 죄에 대해서도 슬퍼한다. 그들은 하나님 앞에서 자신뿐 아니라 다른 사람의 실상을 보기 때문이다. 성경은 이런 예로서 여러 사람을 보여준다.

우선 사도 바울이 있다. "내가 여러 번 너희에게 말하였거니와 이제도 눈물을 흘리며 말하노니 여러 사람들이 그리스도의 십자가의 원수로 행하느니라"(빌 3:18). "또 내가 다시 갈 때에 내 하나님이 나를 너희 앞에서 낮추실까 두려워하고 또 내가 전에 죄를 지은 여러 사람의 그 행한 바 더러움과 음란함과 호색함을 회개하지 아니함 때문에 슬퍼할까(=애통할까) 두려워하노라"(고후 12:21). "너희 중에 심지어 음행이 있다 함을 들으니 그런 음행은 이방인 중에서도 없는 것이라 누가 그 아버지의 아내를 취하였다 하는도다 그리하고도 너희가 오히려 교만하여져서 어찌하여 통한히 여기지(=애통하지) 아니하고 그 일 행한 자를 너희 중에서 쫓아내지 아니하였느냐 내가 실로 몸으로는 떠나 있으나 영으로는 함께 있어서 거기 있는 것 같이 이런 일 행한 자를 이미 판단하였노라 주 예수의 이름으로 너희가 내 영과 함께 모여서 우리 주 예수의 능력으로 이런 자를 사탄에게 내주었으니 이는 육신은 멸하고 영은 주 예수의 날에 구원을 받게 하려 함이라"(고전 5:1-5).

또 시편 기자도 좋은 예가 된다. "그들이 주의 법을 지키지 아니하므로 내 눈물이 시냇물 같이 흐르나이다"(시 119:136). "주의 말씀을 지키지 아니하는 거짓된 자들을 내가 보고 슬퍼하였나이다"(시 119:158). 여기에 예레미야도 추가된다. "너희가 이를 듣지 아니하면 나의 심령이 너희 교만으로 말미암아 은밀한 곳에서 울 것이며 여호와의 양 떼가 사로잡힘으로 말미암아 눈물을 흘려 통곡하리라"(렘 13:17). 또 에스겔이 언급한 예루살렘의 경건한 자도 있다. "여호와께서 이르시되 너는 예루살렘 성읍 중에 순행하여 그 가운데에서 행하는 모든 가증한 일로 말미암아 탄식하며 우는 자의 이마에 표를 그리라 하시고"(겔 9:4).

아우구스티누스의 어머니 모니카는 방종과 오류에 빠져 살던 아들을 위해 오랜 동안 눈물로 기도했다. 아우구스티누스는 이렇게 기록했다. "하나님 당신으로부터 받았던 신앙과 영의 빛으로 비추어볼 때, 내 어머니의 눈에는 내가 죽었던 것으로 보였습니다. … 나의 어머니는 탄원하는 기도 시간 내내, 하나님 당신 앞에서 내 문제를 두고 대성통곡하는 일을 결코 멈추지 않았습니다."[11] 그녀는 하나님 앞에서 자기 아들의 실상을 보고 애통하는 자가 된 것이다.

당신에게도 죄에 대한 이런 슬픔과 애통함이 있는가? 만일 이런 애통함이 없다면, 당신에게 영적 가난이 없기 때문이 아닐까? 당신은 하나님 앞에서 자신과 다른 사람의 실상을 보게 될 때 애통하는 자가 될 것이다.

애통하는 자가 받는 위로

그다음 살펴볼 것은 애통하는 자가 복이 있는 이유다. 예수님의 말씀에 따르면 애통하는 자가 복이 있는 이유는 "그들이 위로를 받을 것"이기 때문이다. "애통하는 자는 복이 있나니 그들이 위로를 받을 것임이요."

여기서 우리가 주목해야 할 사항은 두 가지다. 하나는 "위로를 받을 것임이요"라는 말이 수동태로 표현된 점이다. 이것은 애통하는 자를 위로하는 분이 하나님이심을 의미한다. 마태복음에는 '위로하다'는 말이 사용된 경우가 한 번 더 나온다. "라마에서 슬퍼하며 크게 통곡하는 소리가 들리니 라헬이 그 자식을 위하여 애곡하는 것이라 그가 자식이 없으므로 위로 받기를 거절하였도다 함이 이루어졌느니라"(마 2:18). 이것은 마태가 예레미야의 말을 인용한 것이다. 이 경우에도 '위로하다'는 말은 수동태로 사용되었다.

---

11 Augustine, *Confessions and Enchiridion*, 『아우구스티누스: 고백록과 신앙편람』, 원성현, 조용석, 백충현 역(서울: 두란노아카데미, 2011), pp.134, 136.

그런데 인용한 내용을 예레미야의 문맥에서 살펴보면 위로하는 분이 하나님이심이 분명히 드러난다. 하나님은 이스라엘이 바벨론 포로에서 돌아올 것에 대해 말씀하셨다. "그 때에 처녀는 춤추며 즐거워하겠고 청년과 노인은 함께 즐거워하리니 내가 그들의 슬픔을 돌려서 즐겁게 하며 그들을 위로하여 그들의 근심으로부터 기쁨을 얻게 할 것임이라 내가 기름으로 제사장들의 마음을 흡족하게 하며 내 복으로 내 백성을 만족하게 하리라 여호와의 말씀이니라 여호와께서 이와 같이 말씀하시니라 라마에서 슬퍼하며 통곡하는 소리가 들리니 라헬이 그 자식 때문에 애곡하는 것이라 그가 자식이 없어져서 위로 받기를 거절하는도다 여호와께서 이와 같이 말씀하시니라 네 울음 소리와 네 눈물을 멈추어라 네 일에 삯을 받을 것인즉 그들이 그의 대적의 땅에서 돌아오리라 여호와의 말씀이니라 너의 장래에 소망이 있을 것이라 너의 자녀가 자기들의 지경으로 돌아오리라 여호와의 말씀이니라"(렘 31:13-17).

따라서 본문에서도 수동태로 사용된 '위로하다'는 말은 하나님께서 위로하시는 것으로 이해되어야 한다. 이 사실은 이사야 61장 1-3절에서도 확인된다. "주 여호와의 영이 내게 내리셨으니 이는 여호와께서 내게 기름을 부으사 가난한 자에게 아름다운 소식을 전하게 하려 하심이라 나를 보내사 마음이 상한 자를 고치며 포로된 자에게 자유를, 갇힌 자에게 놓임을 선포하며 여호와의 은혜의 해와 우리 하나님의 보복의 날을 선포하여 모든 슬픈 자를 위로하되 무릇 시온에서 슬퍼하는 자에게 화관을 주어 그 재를 대신하며 기쁨의 기름으로 그 슬픔을 대신하며 찬송의 옷으로 그 근심을 대신하시고 그들이 의의 나무 곧 여호와께서 심으신 그 영광을 나타낼 자라 일컬음을 받게 하려 하심이라." 이것은 여호와께서 그의 종인 메시아를 통해 위로하실 것을 말한다.

또 하나 주목해야 할 사실은 "위로를 받을 것임이요"라는 말이 미래형으로 표현된 점이다. 이것은 위로의 약속을 의미한다. 이 약속은 궁극적으로 영원한 세계에서 이루어질 것이다. 이 땅에서 죄에 대해 애통하며 사는 성도는 영원한 세계에서 하나님의 위로를 받게 될 것이다. 그러나 팔복의 처음과 마지막이 "천국이 그들의 것임이요"(현재형)라고 되어 있는 것을 감안하면, 죄에 대해 애통하며 사는 성도는 이 땅에서도 하나님의 위로를 받을 것이다.

앞에서 말한 아우구스티누스의 회심이야기는 유명하다. 그는 회심할 무렵 정욕의 쇠사슬과 세상사에 대한 염려에서 벗어나려고 몸부림치고 있었다. 그런데 어느 날 "들고 읽으라"(톨레 레게)는 소리를 듣고 성경을 펴서 첫눈에 들어온 구절을 읽었다. "…방탕하거나 술 취하지 말며 음란하거나 호색하지 말며 다투거나 시기하지 말고 오직 주 예수 그리스도로 옷 입고 정욕을 위하여 육신의 일을 도모하지 말라"(롬 13:13-14). 그때 즉시 충만한 확신을 얻었고 변화된 그리스도인이 되었다.

그런데 이 이야기에서 우리가 간과하는 사실이 있다. 바로 아우구스티누스가 "들고 읽으라"는 소리를 듣게 된 상황이다. 그는 그 상황을 이렇게 기록한다.

나의 깊은 생각이 내 영혼의 심연을 파헤치고 나의 모든 불행을 찾아내어 마음의 눈앞에 쌓아 놓았을 때 눈물의 홍수를 동반한 큰 폭풍이 내 마음속에서 일어났습니다. … 나는 그 죄악으로 인해 아직도 꽉 묶여 있는 것 같이 느껴졌습니다. 그래서 나는 애처로운 목소리로 당신에게 부르짖기를 '언제까지입니까? 내일입니까? 왜 지금은 아닙니까? 왜 이 순간에 나의 불결함이 끝나지 않습니까?'

나는 이렇게 말하고 내가 지은 죄에 대하여 마음으로부터 통회하면서 울고 있었습니다. 그때였습니다. 갑자기 이웃집에서 들려오는 말소리가 있었습니다. 그 말소리가 소년의 것인지 소녀의 것인지 나는 확실히 알 수 없었으나 계속 노래로 반복되었던 말은 '들고 읽으라'는 것이었습니다.[12]

아우구스티누스는 자기 죄에 대해 슬퍼하던 상황에서 그 소리를 듣고 회심한 것이다. 하나님이 죄로 인해 애통하는 그에게 위로를 베푸신 것이다.

그리고 이 사실을 듣게 된 그의 어머니 모니카도 마찬가지였다. 그는 또 이렇게 적었다. "최종적으로 당신은 어머니의 슬픔을 기쁨으로 바꾸어주셨습니다."[13] 아우구스티누스와 어머니 모니카는 "애통하는 자는 복이 있나니 그들이 위로를 받을 것임이요"의 의미를 알게 된 것이다. 이처럼 자신과 다른 사람의 죄에 대해 애통하는 자는 하나님의 위로를 경험하게 된다. 따라서 우리가 위로와 기쁨을 주시는 하나님의 은혜를 잘 모르는 데는 이유가 있다. 우리에게 죄에 대한 슬픔과 애통함이 없기 때문이다. 리처드 십스는 말했다.

---

12 Augustine, 『아우구스티누스: 고백록과 신앙편람』, pp.283-84.

13 Augustine, 『아우구스티누스: 고백록과 신앙편람』, p.285.

(죄에 대한) 비탄과 슬픔의 주된 목적은 우리가 죄의 모든 만족보
다 그리스도 안에 있는 하나님의 은혜와 자비를 더 소중히 여기도
록 만드는 것이다. … 하나님이 죄를 쓰게 만드시는 것은 그리스도
가 달콤하게 되게 하기 위함이다. 비탄과 슬픔이라는 그 수단은 충
분히 우리를 그리스도께로 데려와서 머물게 한다.[14]

따라서 우리가 죄에 대한 슬픔과 애통함을 모르면 하나님의 위로와
기쁨도 모를 수밖에 없다. 왜 우리의 삶이 잘 변하지 않는 것일까? 왜
우리의 삶이 세상 사람과 다르지 않은 것일까? 여기에 그 이유가 있다.
우리는 죄에 대한 슬픔과 애통함을 잘 모르기 때문이다. 조나단 에드워
즈는 이렇게 말한다.

성도들과 위선자들 사이에 있는 한 가지 큰 차이는 성도들의 기
쁨과 위로에는 특별하게 죄에 대한 경건한 슬픔과 애통함을 동반
한다는 사실에 있다. 성도들은 처음 회심할 때도 죄를 슬퍼할 뿐
아니라, 회심하여 그들의 기쁨이 자리 잡은 뒤에도 죄를 여전히 슬
퍼한다.[15]

반대로 죄에 대한 슬픔과 애통함이 클수록 우리가 얻는 위로와 기쁨
도 그만큼 커진다. 다윗은 "죄가 나의 머리털보다 많으므로 내가 낙심

---

14 Richard Sibbes, "The Soul's Conflict with Itself, and Victory over Itself by Faith," in *Works
    of Richard Sibbes*, ed. Alexander Grosart, 7vols. (repr., Edinburgh: The Banner of Truth
    Trust, 1979), 1:235.

15 Jonathan Edwards, *The Works of Jonathan Edwards Vol. 2: Religious Affections*, 『신앙감정
    론』, 정성욱 역(서울: 부흥과개혁사, 2005), p.517.

하였음이니이다"(시 40:12)라고 말했다. 바울은 "죄인 중에 내가 괴수니라"(딤전 1:15)고 말했다. 그런 만큼 그들이 경험한 위로와 기쁨도 컸다. 조나단 에드워즈도 비슷한 말을 했다.

이 마을에 살게 된 이후, 나는 나 자신의 죄와 악에 대해서 심각하게 깨닫는 일이 많았다. 너무나 자주 큰 소리로 엉엉 울거나 때로는 오랜 시간 동안 그랬다. 그래서 자주 억지로 입을 꽉 다물고 있지 않으면 안 되었다. 회심하기 이전보다 더 내 마음의 더러움과 완악함을 크게 깨달았다. 만약 하나님이 나를 취조하신다면 태초부터 지금까지 존재한 모든 인류 가운데 가장 나쁜 사람이라고 하실 것이다. 그리고는 지옥 가장 밑바닥에 내려가게 될 것이다.[16]

그가 자기 죄에 대해 느낀 슬픔과 애통함은 남달랐다. 그런 만큼 그가 경험한 위로와 기쁨도 남달리 컸다.

---

16 Iain Murray, *Jonathan Edwards: A New Biography*, 『조나단 에드워즈: 삶과 신앙』, 윤상문, 전광규 역(서울: 이레서원, 2005), pp.168-169에서 재인용.

6
온유한 자는 복이 있나니

온유한 자는 복이 있나니 그들이 땅을 기업으로 받을 것임이요

_ 마 5:5

예수님이 말씀하신 팔복의 세 번째 내용이다. 그러면 "온유한 자"가 누구인지부터 살펴보자.

온유한 자

여기서 예수님이 팔복을 말씀하신 순서에 다시 주목할 필요가 있다. 예수님은 제일 먼저 "심령이 가난한 자"를 말씀하셨다. 이것은 하나님 앞에서 자신의 실상을 보게 된 사람을 말한다. 그다음, 예수님은 "애통하는 자"를 말씀하셨다. 이것은 하나님 앞에서 자신의 실상을 보게 된 결과 자신의 죄와 더 나아가 다른 사람의 죄에 대해 슬퍼하는 사람을 말한다. 그리고 세 번째 예수님은 "온유한 자"를 말씀하셨다. 이것은 자신과 다른 사람의 죄에 대해 슬퍼하기 때문에 다른 사람을 대하는 태도가 달라진 사람을 말한다.

이처럼 온유함은 다른 사람과의 관계 속에서 나타나는 태도를 묘사한다. 그것은 하나님 앞에서 자신도 다른 사람과 마찬가지로 죄인임을 인식한 데서 갖게 되는 태도다. "형제들아 사람이 만일 무슨 범죄한 일이 드러나거든 신령한 너희는 온유한 심령으로 그러한 자를 바로잡고 너 자신을 살펴보아 너도 시험을 받을까 두려워하라"(갈 6:1). "아무도 비방하지 말며 다투지 말며 관용하며 범사에 온유함을 모든 사람에게 나타낼 것을 기억하게 하라 우리도 전에는 어리석은 자요 순종하지 아니한 자요 속은 자요 여러 가지 정욕과 행락에 종 노릇 한 자요 악독과 투기를 일삼은 자요 가증스러운 자요 피차 미워한 자였으나"(딛 3:2-3). "너희 마음에 그리스도를 주로 삼아 거룩하게 하고 너희 속에 있는 소망에 관한 이유를 묻는 자에게는 대답할 것을 항상 준비하되 온유와 두려움으로 하고"(벧전 3:15). 따라서 온유한 자는 다른 사람에 대해 사납고 거칠고 가혹한 태도를 취하지 않는다.

이러한 온유함은 성내는 것과 반대다. "사람이 성내는 것이 하나님의 의를 이루지 못함이라 그러므로 모든 더러운 것과 넘치는 악을 내버리고 너희 영혼을 능히 구원할 바 마음에 심어진 말씀을 온유함으로 받으라"(약 1:20-21). 또 온유함은 시기와 다툼과도 대비된다. "너희 중에 지혜와 총명이 있는 자가 누구냐 그는 선행으로 말미암아 지혜의 온유함으로 그 행함을 보일지니라 그러나 너희 마음 속에 독한 시기와 다툼이 있으면 자랑하지 말라 진리를 거슬러 거짓말하지 말라"(약 3:13-14).

반면 온유함은 겸손과 연결된다. "모든 겸손과 온유로 하고 오래 참음으로 사랑 가운데서 서로 용납하고"(엡 4:2). "그러므로 너희는 하나님이 택하사 거룩하고 사랑 받는 자처럼 긍휼과 자비와 겸손과 온유와 오래 참음을 옷 입고"(골 3:12). 또 온유함은 관용과 연결된다. "너희를 대면하면 유순하고 떠나 있으면 너희에 대하여 담대한 나 바울은 이제 그리스도의 온유와 관용으로 친히 너희를 권하고"(고후 10:1). "아무도 비방하지 말며 다투지 말며 관용하며 범사에 온유함을 모든 사람에게 나타낼 것을 기억하게 하라"(딛 3:2). 또 온유함은 사랑과 연결된다. "너희가 무엇을 원하느냐 내가 매를 가지고 너희에게 나아가랴 사랑과 온유한 마음으로 나아가랴"(고전 4:21). 온유함은 안정함(고요함, 조용함)과도 연결된다. "너희의 단장은 머리를 꾸미고 금을 차고 아름다운 옷을 입는 외모로 하지 말고 오직 마음에 숨은 사람을 온유하고 안정한 심령의 썩지 아니할 것으로 하라 이는 하나님 앞에 값진 것이니라"(벧전 3:3-4).

따라서 온유한 자는 다른 사람에 대해 성내거나 시기하고 다투는 대신, 겸손으로 사랑과 관용을 조용히 베푸는 사람이라고 할 수 있다.

온유하신 그리스도

주목할 것은 이러한 온유함이 그리스도의 성품이라는 사실이다. "그리스도의 온유와 관용으로"(고후 10:1). 마태는 특히 이 점을 잘 보여준다. 왜냐하면 두 번이나 그리스도께서 온유하신 것을 말하기 때문이다. "나는 마음이 온유하고 겸손하니 나의 멍에를 메고 내게 배우라 그리하면 너희 마음이 쉼을 얻으리니"(마 11:29). "시온 딸에게 이르기를 네 왕이 네게 임하나니 그는 겸손하여(=온유하여) 나귀, 곧 멍에 메는 짐승의 새끼를 탔도다 하라 하였느니라"(마 21:5). 그러므로 온유한 자는 그리스도를 닮은 사람이다.

이때 그리스도의 온유함은 그분의 겸손함에서 비롯된 것이다. "나는 마음이 온유하고 겸손하니." 이 그리스도의 겸손은 십자가의 죽음에서 절정에 달했다. "사람의 모양으로 나타나사 자기를 낮추시고 죽기까지 복종하셨으니 곧 십자가에 죽으심이라"(빌 2:8). 그리스도는 죄가 없음에도 겸손히 죄인을 대신해 십자가에서 죽으셨다. 사도 바울은 그 사실을 이렇게 말한다. "하나님이 죄를 알지도 못하신 이를 우리를 대신하여 죄로 삼으신 것은"(고후 5:21상). 사도 베드로도 같은 사실을 말했다. "그리스도께서도 단번에 죄를 위하여 죽으사 의인으로서 불의한 자를 대신하셨으니"(벧전 3:18상).

이처럼 그리스도는 우리와 달리 죄가 없으시고, 따라서 자기 죄 때문에 슬퍼하실 필요도 없다. 그러나 그리스도는 죄인을 대신해 죽기까지 스스로 낮아지셨다. 그래서 그분은 죄인을 대할 때 온유하셨다. "욕을 당하시되 맞대어 욕하지 아니하시고 고난을 당하시되 위협하지 아니하시고 오직 공의로 심판하시는 이에게 부탁하시며"(벧전 2:23). "그가 곤욕을 당하여 괴로울 때에도 그의 입을 열지 아니하였음이여 마치 도수장으로 끌려 가는 어린 양과 털 깎는 자 앞에서 잠잠한 양 같이 그의 입을 열지 아니하였도다"(사 53:7). 여기서 그리스도의 온유한 성품은 어린 양의 모습으로 비유된다. 그래서 예레미야도 자신의 온유한 성품을 어린 양에 비유해 말한 적이 있다. "나는 끌려서 도살당하러 가는 순한 어린 양과 같으므로 그들이 나를 해하려고 꾀하기를 우리가 그 나무와 열매를 함께 박멸하자 그를 살아 있는 자의 땅에서 끊어서 그의 이름이 다시 기억되지 못하게 하자 함을 내가 알지 못하였나이다"(렘 11:19).

온유한 자의 특성

이제 온유한 자가 어떤 사람인지에 대해 몇 가지 기억할 필요가 있다. 첫째, 온유한 자는 회개한 자로서 애통하는 자가 된 예수님의 제자들을 가리킨다. 따라서 모든 그리스도인은 온유한 자로서 세상 사람과 구별되어야 한다. 이런 점에서 바울은 디모데에게 이렇게 권면한다. "주의 종은 마땅히 다투지 아니하고 모든 사람에 대하여 온유하며 가르치기를 잘하며 참으며 거역하는 자를 온유함으로 훈계할지니 혹 하나님이 그들에게 회개함을 주사 진리를 알게 하실까 하며"(딤후 2:24-25). 주의 종은 거역하는 자를 대할 때 온유함을 통해 그와 다르다는 점을 보여주어야 한다. 온유함은 모든 그리스도인의 특성이기 때문이다.

조나단 에드워즈는 "양 같고 비둘기 같은 심령과 기질"이야말로 "그리스도인의 마음 가운데 참되고 두드러진 성향"[17]이라고 말한다. 이 온유함은 성령의 열매다. "오직 성령의 열매는 사랑과 희락과 화평과 오래 참음과 자비와 양선과 충성과 온유와 절제니 이 같은 것을 금지할 법이 없느니라"(갈 5:22-23). 데인 오틀런드는 성경이 온유함을 성령의 은사가 아닌 열매로 말한 점을 지적한다. 이것은 온유함이 모든 그리스도인의 덕목임을 의미한다.[18]

둘째, 온유한 자는 하나님 앞에서 다른 사람과 마찬가지로 자기도 죄인임을 인식하는 겸손한 자다. 그러하기에 겸손한 자만이 온유한 자가 될 수 있다. 오만한 자는 결코 온유한 자가 될 수 없다. 조나단 에드

---

17 Dane C. Ortlund, *Edwards of the Christian Life: Alive to the Beauty of God* (Wheaton, IL; Crossway, 2014), 89에서 재인용.

18 앞의 책, p. 91.

워즈는 이렇게 말한다.

아무것도 우리 자신의 극도의 무가치와 비참, 그리고 하나님의
동정, 참음과 용서에 대해 우리가 갖는 무한한 필요에 대한 감각보
다 자비, 참음, 오래 참음, 관용과 용서의 사랑스러운 성향들을 더
크게 촉진시키는 것은 없다.[19]

그는 우리가 다른 무엇보다도 하나님 앞에서 자신의 실상을 자각하
고 겸손해질 때(즉, 심령이 가난한 자와 애통하는 자가 될 때) 더욱 온유한
자가 됨을 말한 것이다.

셋째, 온유한 자는 그리스도를 닮은 자다. 그리스도는 수고하고 무
거운 짐진 자들을 부르실 때 특히 그분의 온유함을 본받으라고 하신다.
"수고하고 무거운 짐 진 자들아 다 내게로 오라 내가 너희를 쉬게 하리
라 (그런 다음 어떻게 쉬게 할 것인지 말씀하신다) 나는 마음이 온유하고 겸
손하니 나의 멍에를 메고 내게 배우라 그리하면 너희 마음이 쉼을 얻
으리니"(마 11:28-29). 예수님이 그분의 마음에 대해 배우라고 하신 것
은 이 온유함과 겸손함뿐이다.

땅을 기업으로 받을 것임

그다음 온유한 자가 복이 있는 이유를 살펴보자. 그 이유는 그들이

---

19 앞의 책, pp. 92-93에서 재인용.

땅을 기업으로 받을 것이기 때문이다. "온유한 자는 복이 있나니 그들이 땅을 기업으로 받을 것임이요."

그러면 땅을 기업으로 받는다는 것은 무슨 뜻일까? 우선 '기업으로 받다'는 말부터 살펴보자. 앞에 나온 '위로를 받다'는 말은 수동형으로 쓰여 하나님의 약속을 나타낸다. 그에 비해 '기업으로 받다'는 말은 능동형으로 쓰였지만 역시 하나님의 약속을 나타낸다.

예수님의 이 말씀은 시편 37편 11절에서 온 것이다. "그러나 온유한 자들은 땅을 차지하며(=기업으로 받으며) 풍성한 화평으로 즐거워하리로다"(시 37:11). 다윗이 쓴 이 시편은 이렇게 시작된다. "악을 행하는 자들 때문에 불평하지 말며 불의를 행하는 자들을 시기하지 말지어다"(1절). 이렇게 말하는 이유는 그들이 악을 행하는데도 형통하기 때문이다. 그래서 다윗은 이렇게 말한다. "여호와 앞에 잠잠하고 참고 기다리라 자기 길이 형통하며 악한 꾀를 이루는 자 때문에 불평하지 말지어다 분을 그치고 노를 버리며 불평하지 말라 오히려 악을 만들 뿐이라"(7-8절). 여기서도 온유한 자는 불평하고 투기하거나 분을 내고 노를 발하는 사람과 대비된다.

그러면서 다윗은 악인의 형통에 대해 불평하지 말라는 근거를 밝힌다. 그것은 하나님이 주시는 결말 때문이다. 다윗은 이 결말에 대해 거듭해서 말한다. "진실로 악을 행하는 자들은 끊어질 것이나 여호와를 소망하는 자들은 땅을 차지하리로다"(9절). "주의 복을 받은 자들은 땅을 차지하고 주의 저주를 받은 자들은 끊어지리로다"(22절). "… 악인의 자손은 끊어지리로다 의인이 땅을 차지함이여 거기서 영원히 살리로다"(28-29절). "여호와를 바라고 그의 도를 지키라 그리하면 (가) 네가 땅을 차지하게 하실 것이라 악인이 끊어질 때에 네가 똑똑히 보리로다"(34절). 그런데 다윗은 마지막으로 34절에서 땅을 차지하게 하는 분이 하나님이심을 분명히 밝힌다. 따라서 온유한 자가 땅을 차지할 거라는 말씀은 하나님의 약속으로 이해되어야 한다. 이처럼 '기업으로 받다'는 말은 능동형으로 쓰였지만 하나님의 약속을 나타낸다.

그다음 "땅"이라는 말을 살펴보자. 시편 37편에서 다윗은 온유한 자가 차지할 땅을 가리켜 "기업"이라 부른다. "여호와께서 온전한 자의 날을 아시나니 그들의 기업은 영원하리로다"(18절). 이 땅은 하나님께서 아브라함에게 기업으로 주기로 약속하신 가나안 땅을 말한다. "너보다 강대한 여러 민족을 네 앞에서 쫓아내고 너를 그들의 땅으로 인도하여 들여서 그것을 네게 기업으로 주려 하심이 오늘과 같으니라"(신 4:38).

그런데 하나님이 주시기로 약속하신 기업은 지리적인 가나안 땅 자체가 아니다. 그 땅은 상징일 뿐 실제로는 하늘에 있는 기업을 가리킨다. 이 사실은 신약성경에서 분명히 드러난다. 스데반은 아브라함에 대해 이렇게 말했다. "그러나 여기서 발 붙일 만한 땅도 유업으로 주지 아니하시고 다만 이 땅을 아직 자식도 없는 그와 그의 후손에게 소유로 주신다고 약속하셨으며"(행 7:5). 이와 관련하여 히브리서 기자는 아브라함이 약속으로 받은 기업(유업)이 무엇인지 밝힌다. "믿음으로 그가 이방의 땅에 있는 것 같이 약속의 땅에 거류하여 동일한 약속을 유업으로 함께 받은 이삭 및 야곱과 더불어 장막에 거하였으니 이는 그가 하나님이 계획하시고 지으실 터가 있는 성을 바랐음이라 … 이 사람들은 다 믿음을 따라 죽었으며 약속을 받지 못하였으되 그것들을 멀리서 보고 환영하며 또 땅에서는 외국인과 나그네임을 증언하였으니 그들이 이같이 말하는 것은 자기들이 본향 찾는 자임을 나타냄이라 그들이 나온 바 본향을 생각하였더라면 돌아갈 기회가 있었으려니와 그들이 이제는 더 나은 본향을 사모하니 곧 하늘에 있는 것이라 이러므로 하나님이 그들의 하나님이라 일컬음 받으심을 부끄러워하지 아니하시고 그들을 위하여 한 성을 예비하셨느니라"(히 11:9-10, 13-16).

이처럼 시편 37편에서 다윗이 말한 땅은 지리적인 가나안 땅으로 상징되는 하늘에 있는 기업을 의미한다. 따라서 땅을 기업으로 받는다는 것은 이 땅에서 얻게 될 것을 뜻하지 않는다. 그것은 하늘의 기업을 얻게 될 것을 의미한다.

또 이 사실은 마태가 '기업으로 받다'(클레이로노메오)는 말을 사용하는 방식에서도 드러난다. 그는 이 말을 이 땅에 속한 것과 관련해 사용하지 않는다. 그는 이 말을 하늘에 속한 것과 관련해서 사용한다. "또 내 이름을 위하여 집이나 형제나 자매나 부모나 자식이나 전토를 버린 자마다 여러 배를 받고 또 영생을 상속하리라(클레이로노메오)"(마 19:29). "그 때에 임금이 그 오른편에 있는 자들에게 이르시되 내 아버지께 복 받을 자들이여 나아와 창세로부터 너희를 위하여 예비된 나라를 상속받으라(클레이로노메오)"(마 25:34).

사실 신약성경에서 '기업으로 받다'(클레이로노메오)는 말은 전부 이런 방식으로 사용된다. 하나님의 나라를 유업으로 받다(고전 6:9, 10; 15:50; 갈 5:21), 구원을 기업으로 받다(히 1:14), 약속을 기업으로 받다(히 6:12), 축복(아브라함의 복과 관련된 이삭의 축복)을 기업으로 받다(히 12:17), 복(고난을 통해 얻게 될 영광)을 유업으로 받다(벧전 3:9), 새 창조에 속한 모든 것("이것들")을 유업으로 얻다(계 21:7). 이처럼 땅을 기업으로 받는다는 것은 하늘의 기업을 얻게 될 것을 뜻한다.

마지막으로 '기업으로 받는다'는 말은 미래시제로 되어 있다. 따라서 온유한 자가 땅을 기업으로 받는 것은 미래에 이루어질 약속이다.

즉, 온유한 자가 하늘의 기업을 얻게 되는 것은 종말에 가서 이루어질 것이다. 그러나 이것은 현재 이 땅에서도 이미 경험하기 시작한 것이다. 성경은 우리가 장래에 이루어질 기업의 약속을 이미 이 땅에서 맛보기 시작한다고 말한다.

사도 바울은 이 사실을 성령의 보증이라는 표현을 사용해 설명한다. 보증은 할부금의 첫 지불액을 가리킨다. 그것은 앞으로 주어질 나머지 금액을 보증하는 역할을 한다. 따라서 성령의 보증은 우리가 현재 성령을 통해 미래에 얻게 될 것을 미리 맛보고 확신하는 것이라고 할 수 있다. "그가 또한 우리에게 인치시고 보증으로 우리 마음에 성령을 주셨느니라"(고후 1:22). "곧 이것을 우리에게 이루게 하시고 보증으로 성령을 우리에게 주신 이는 하나님이시니라"(고후 5:5). "… 그 안에서 또한 믿어 약속의 성령으로 인치심을 받았으니 이는 우리 기업의 보증이 되사 그 얻으신 것을 속량하시고 그의 영광을 찬송하게 하려 하심이라"(엡 1:13-14). 이처럼 온유한 자가 땅을 기업으로 받을 것이다. 이것은 틀림없는 하나님의 약속이다.

의에 주리고 목마른 자는 복이 있나니

의에 주리고 목마른 자는 복이 있나니 그들이 배부를 것임이요

_마 5:6

팔복의 네 번째 내용이다. "의에 주리고 목마른 자는 복이 있나니 그들이 배부를 것임이요." 여기 "의에 주리고 목마른 자"가 나온다. 그러면 예수님은 어떤 사람을 이렇게 부르신 것일까?

마태복음의 의

우선 예수님이 어떤 의미로 "의"라는 말을 사용하셨는지 살펴보자. 여기서 해석은 크게 둘로 나뉜다. 의가 제자들의 행실을 가리키느냐, 아니면 하나님의 행동을 가리키느냐 하는 것이다.

의가 하나님의 행동을 가리킨다고 보는 경우는 두 가지다. 하나는 의가 '세상에서 하나님의 공의가 실현되는 것'을 의미한다고 볼 때다. 이 경우 앞에 나온 가난한 자나 애통하는 자나 온유한 자는 모두 세상에서 불의 때문에 고통당하는 자로 간주된다. 따라서 의에 주리고 목마른 자는 세상에서 하나님의 공의가 실현되어 불의 때문에 고통당하는 자가 해방되기를 갈망하는 사람들이다. 그런데 이러한 해석의 문제는 가난한 자나 애통하는 자나 온유한 자의 영적인 성격을 간과한 점이다.

또 하나는 의가 '하나님 앞에서 의로 여기심을 받는 것'을 의미한다고 볼 때다. 이 경우 의는 바울이 말한 칭의의 의로서 하나님 앞에서 의로운 상태를 나타낸다. 따라서 의에 주리고 목마른 자는 하나님께서 자신을 의롭다고 칭해 주시기를 갈망하는 사람들이다. 그런데 이러한 해석의 문제는 예수님이 말씀하신 의를 바울이 설명한 칭의의 교리에 비추어 이해한 점이다. 사실 의에 주리고 목마른 자는 이미 하나님 앞에서 의로 여기심을 받은 자들이다.

여기서 주목할 것은, 마태복음에는 의가 일곱 번 나오는데 모두 예수님이 사용하셨다는 사실이다. 중요한 것은 예수님이 의를 '세상에서 하나님의 공의가 실현되는 것'이나 '하나님 앞에서 의로 여기심을 받는 것'이라는 의미로 사용하신 적이 없다는 점이다. 다시 말하면, 예수님은 의를 하나님의 행동을 가리켜 사용하신 적이 없다. 그러면 예수님은 어떤 의미로 의를 사용하셨을까? 예수님은 '하나님의 요구[뜻]대로 행하는 것'이라는 의미로 사용하셨다.

먼저 예수님이 자신과 세례 요한에 대해 이 말을 어떤 의미로 사용하셨는지 살펴보자. "예수께서 대답하여 이르시되 이제 허락하라 우리가 이와 같이 하여 모든 의를 이루는 것이 합당하니라 하시니 이에 요한이 허락하는지라"(마 3:15). 이것은 세례 요한이 자신에게 세례를 받으시려는 예수님을 말리자 예수님이 보인 반응이다. 여기서 예수님은 자신이 요한에게 세례받는 행위를 가리켜 "모든 의를 이루는 것"이라고 말씀하셨다. 이것은 요한이 베푼 세례가 하나님의 요구이기 때문이다. 이때 의는 '하나님의 요구대로 행하는 것'을 의미한다.

"요한이 의의 도로 너희에게 왔거늘 너희는 그를 믿지 아니하였으되 세리와 창녀는 믿었으며 너희는 이것을 보고도 끝내 뉘우쳐 믿지 아니하였도다"(마 21:32). 이것은 요한의 세례가 하늘로서 온 것을 부인한 대제사장들과 백성의 장로들에게 예수님이 하신 말씀이다. 여기서 "의의 도"는 요한이 전한 메시지의 내용을 가리킨다. 그런데 요한이 전한 메시지는 회개와 그 열매에 대한 것이다. "요한이 많은 바리새인들과 사두개인들이 세례 베푸는 데로 오는 것을 보고 이르되 독사의 자식들아 누가 너희를 가르쳐 임박한 진노를 피하라 하더냐 그러므로 회개에 합당한 열매를 맺고 속으로 아브라함이 우리 조상이라고 생각하지 말라 내가 너희에게 이르노니 하나님이 능히 이 돌들로도 아브라함의 자손이 되게 하시리라 이미 도끼가 나무 뿌리에 놓였으니 좋은 열매를 맺지 아니하는 나무마다 찍혀 불에 던져지리라"(마 3:7-10). 따라서 "의의 도"라고 할 때 의는 '하나님의 요구대로 행하는 것'을 의미한다.

예수님이 그의 제자들에 대해서는 이 말을 어떤 의미로 사용하셨는지 살펴보자. 예수님은 산상수훈에서 이 말을 본문 외에 네 번 더 사용하셨다.

1. "의를 위하여 박해를 받은 자는 복이 있나니 천국이 그들의 것임이라"(마 5:10). 이때 의가 하나님의 행동을 의미한다고 보기는 어렵다. 왜냐하면 제자들이 박해를 받은 이유는 그들의 행실에 있는 것이지 하나님의 행동에 있는 것이 아니기 때문이다. 그렇다면 여기서 의는 제자들의 행실을 가리키는 것이고 '하나님의 요구대로 행하는 것'을 의미한다.

2. "내가 너희에게 이르노니 너희 의가 서기관과 바리새인보다 더 낫지 못하면 결코 천국에 들어가지 못하리라"(마 5:20). 여기서 예수님

은 제자들의 의와 서기관과 바리새인의 의를 비교하신다. 이때 제자들의 의는 계명을 행하는 그들의 행실을 가리킨다. 왜냐하면 예수님이 바로 앞에서 이렇게 말씀하셨기 때문이다. "그러므로 누구든지 이 계명 중의 지극히 작은 것 하나라도 버리고 또 그같이 사람을 가르치는 자는 천국에서 지극히 작다 일컬음을 받을 것이요 누구든지 이를 행하며 가르치는 자는 천국에서 크다 일컬음을 받으리라"(마 5:19). 또 서기관과 바리새인의 의는 계명을 행하지만 결함이 있는 그들의 행실을 가리킨다. 이러한 서기관과 바리새인의 행실은 마태복음 23장에 잘 나타나 있다. "서기관들과 바리새인들이 모세의 자리에 앉았으니 그러므로 무엇이든지 그들이 말하는 바는 행하고 지키되 그들이 하는 행위는 본받지 말라 그들은 말만 하고 행하지 아니하며 또 무거운 짐을 묶어 사람의 어깨에 지우되 자기는 이것을 한 손가락으로도 움직이려 하지 아니하며 그들의 모든 행위를 사람에게 보이고자 하나니 곧 그 경문 띠를 넓게 하며 옷술을 길게 하고 잔치의 윗자리와 회당의 높은 자리와 시장에서 문안 받는 것과 사람에게 랍비라 칭함을 받는 것을 좋아하느니라"(마 23:2-7). 따라서 예수님은 의를 제자들의 행실과 관련해 '하나님의 요구대로 행하는 것'이라는 의미로 사용하셨다.

3. "사람에게 보이려고 그들 앞에서 너희 의를 행하지 않도록 주의하라 그리하지 아니하면 하늘에 계신 너희 아버지께 상을 받지 못하느니라"(마 6:1). 여기서 의는 뒤에 나오는 구제, 기도, 금식 같은 제자들의 행실을 가리킴이 분명하다. 이 경우 의는 '하나님의 요구대로 행하는 것'을 의미한다.

4. "그런즉 너희는 먼저 그의 나라와 그의 의를 구하라 그리하면 이 모든 것을 너희에게 더하시리라"(마 6:33). 여기서 "그의 의"는 "그의 나

라" 다음에 연결되어 나타난다. 이것은 "그의 의"가 "그의 나라"와 결부되어 주어지는 것임을 의미한다. 즉, 그의 의는 하나님의 통치에 복종함으로써 주어지는 의를 말한다. 따라서 그의 의는 하나님의 속성으로서 의가 아니라 하나님으로부터 나오는 의를 말한다. 제자들이 구해야 하는 의는 그들 자신에게서 나오는 것이 아니다. 그것은 하나님에게서 나오는 것으로서 그들의 행실과 관련된 것이다. 이때 의는 '하나님의 요구대로 행하는 것'을 의미한다.

이처럼 마태복음에서 예수님이 사용하신 의는 하나님의 행동이 아니라 사람의 행실을 가리키고 '하나님의 요구대로 행하는 것'을 의미한다. 특히 산상수훈에서 그 말은 언제나 제자들의 행실을 가리키는 것으로 사용된다. 그렇다면 본문에서도 예수님은 이 말을 제자들의 행실을 가리켜 '하나님의 요구대로 행하는 것'이라는 의미로 사용하신 것으로 보아야 한다. 다시 말하면, 예수님은 의를 제자들의 행실과 관련해서 윤리적 의미로 사용하신 것이다.

의에 주리고 목마른 자

그러면 예수님이 말씀하신 의에 주리고 목마른 자는 어떤 사람을 가리킬까? 여기 "주리고 목마른"이라는 표현은 근본적인 갈망을 나타낸다. 그만큼 이 갈망은 깊고 강하다. 그래서 시편 기자는 하나님께 대한 갈망을 이런 식으로 표현했다. "하나님이여 사슴이 시냇물을 찾기에 갈급함 같이 내 영혼이 주를 찾기에 갈급하니이다 내 영혼이 하나님 곧 살아 계시는 하나님을 갈망하나니 내가 어느 때에 나아가서 하나님의 얼굴을 뵈올까"(시 42:1-2). "하나님이여 주는 나의 하나님이시라 내가 간절히 주를 찾되 물이 없어 마르고 황폐한 땅에서 내 영혼이 주를 갈망하며 내 육체가 주를 앙모하나이다"(시 63:1). 또 마귀가 사십 일을 금식하신 후에 주리신 예수님을 시험할 때, 예수님은 하나님의 말씀에 대한 갈망을 이런 식으로 말씀하셨다. "기록되었으되 사람이 떡으로만 살 것이 아니요 하나님의 입으로부터 나오는 모든 말씀으로 살 것이라 하였느니라"(마 4:4).

따라서 의에 주리고 목마른 자는 예수님의 제자로서 '하나님의 요구대로 행하려는' 갈망을 가진 사람이다. 여기서 우리는 예수님이 팔복을 말씀하신 순서를 다시 살펴볼 필요가 있다. 맨 처음 예수님은 심령이 가난한 자를 말씀하셨다. 그는 하나님 앞에서 자신의 실상을 보게 된 사람이다. 그다음 애통하는 자를 말씀하셨다. 그는 하나님 앞에서 자신의 실상을 보게 된 결과, 자기의 죄와 더 나아가 다른 사람의 죄에 대해 슬퍼하는 사람이다. 세 번째로 온유한 자를 말씀하셨다. 그는 자신과 다른 사람의 죄에 대해 슬퍼하기 때문에 다른 사람을 대하는 태도가 달라진 사람이다.

그런데 네 번째로 예수님은 의에 주리고 목마른 자를 말씀하신다. 앞에서 예수님이 제자들의 부정적인 실상을 놓고 말씀하셨다면, 이제부터 예수님은 제자들의 긍정적인 특성을 놓고 말씀하신다. 그 첫 번째 특성이 의에 주리고 목마른 것이다. 예수님의 제자들은 '하나님의 요구대로 행하려는' 갈망을 갖게 되는 것이다.

누가복음 19장에 나오는 삭개오를 보자. 그는 세리장으로서 부자가 된 사람이다. 따라서 그가 부당한 방법으로 축재했을 것을 짐작할 수 있다. 그래서 예수님이 그의 집에 가셨을 때 뭇사람은 이렇게 수군거

렸다. "저가 죄인의 집에 유하러 들어갔도다." 그러나 그가 예수님을 만나 구원을 얻었을 때 그에게는 새로운 갈망이 생겼다. 그는 자기 집에 오신 예수님께 이렇게 말씀드린다. "주여 보시옵소서 내 소유의 절반을 가난한 자들에게 주겠사오며 만일 누구의 것을 속여 빼앗은 일이 있으면 네 갑절이나 갚겠나이다." 그는 이제 '하나님의 요구대로 행하려는' 갈망을 갖게 된 것이다. 그는 의에 주리고 목마른 자가 된 것이다.

우리도 그리스도인이 될 때 의에 주리고 목마른 자가 된다. 그때 우리는 '하나님의 요구대로 행하려는' 새로운 갈망을 갖게 된다. 그래서 바울은 그리스도인을 향해 이렇게 권면했다. "도둑질하는 자는 다시 도둑질하지 말고 돌이켜 가난한 자에게 구제할 수 있도록 자기 손으로 수고하여 선한 일을 하라"(엡 4:28). 바울이 도둑질하지 말라고만 말하지 않고 구제하라고 말한 이유가 여기 있다. 그리스도인은 새롭게 의에 주리고 목마른 특성을 갖게 되기 때문이다. '하나님의 요구대로 행하려는' 갈망을 갖게 되는 것이다.

예수님이 사용하신 "주리고 목마른"이라는 말은 현재형으로 되어 있다. 이것은 의, 즉 하나님의 요구대로 행하는 것에 대한 지속적인 갈망을 뜻한다. 그리스도인이 될 때 우리의 행실이 다 변하는 것은 아니다. 죄책의 문제는 다 해결되지만, 죄의 오염의 문제는 남아 있다. 그래서 부패한 본성을 가진 우리는 때로 믿기 전의 행실로 돌아갈 수 있다. 그런데 분명히 달라지는 것이 있다. 그것은 하나님의 요구대로 행하는 것에 대한 지속적인 갈망을 갖게 되는 것이다. 이 갈망은 다른 말로 하면 성화에 대한 갈망이다.

당신 안에 이 갈망이 있는가? 그리스도인이 된다는 것은 갈망이 바뀌는 것을 의미한다. 당신은 지금 무엇을 갈망하는가? 당신은 그리스도인이라고 하면서도 여전히 세상의 부귀영화에 주리고 목마른 자가 아닌가? 당신은 지금 돈을 갈망하고 있지 않은가? 예수님은 '행복에 주리고 목마른 자'를 말씀하신 것도 아니다. 예수님이 말씀하신 것은 의에 주리고 목마른 자다. 만일 당신이 그리스도인이라면, 당신은 근본적으로 새로운 갈망을 갖게 될 것이다. 그것은 하나님의 요구대로 행하려는 갈망, 성화에 대한 갈망이다.

의에 주리고 목마른 자가 복이 있는 이유

예수님은 이러한 갈망을 가진 자, 즉 의에 주리고 목마른 자가 복이 있다고 말씀하신다. 그러면서 그 이유를 이렇게 말씀하신다. "그들이 배부를 것임이요." 여기서 "배부를 것임이요"는 수동태로 되어 있다. 이것은 제자들 스스로 얻게 될 것을 말하지 않는다. 제자들이 하나님에게서 얻게 될 것을 말한다. 즉, 의에 대한 제자들의 굶주림과 목마름은 스스로 채울 수 없고, 오직 하나님에 의해 채워질 것이다.

의에 주리고 목마른 자가 복이 있는 이유가 여기 있다. 그들은 스스로 애쓰고 노력해서 의에 대한 자신의 갈망을 채워야 하는 게 아니다. 그들에게는 이 갈망을 채우시겠다는 하나님의 약속이 있다. "그들이 배부를 것임이요." 죄인이 자신의 노력으로 의로 여기심을 받는 것이 아니듯, 그리스도인은 자신의 노력으로 거룩함에 이르는 것이 아니다. 칭의가 하나님의 은혜이듯 성화 역시 하나님의 은혜다.

이 사실은 이미 "너희는 먼저 그의 나라와 그의 의를 구하라"는 말씀에서도 확인되었다. 예수님은 "그의 의"라고 말씀하심으로써 제자들이 구하는 의가 "그"(하나님)로부터 주어질 것임을 나타내셨다.

일찍이 이사야는 하나님께서 자기 백성의 행실에서 의가 나타나게 하실 것을 이렇게 말했다. "무릇 시온에서 슬퍼하는 자에게 화관을 주어 그 재를 대신하며 기쁨의 기름으로 그 슬픔을 대신하며 찬송의 옷으로 그 근심을 대신하시고 그들이 의의 나무 곧 여호와께서 심으신 그 영광을 나타낼 자라 일컬음을 받게 하려 하심이라 … 땅이 싹을 내며 동산이 거기 뿌린 것을 움돋게 함 같이 주 여호와께서 공의와 찬송을 모든 나라 앞에 솟아나게 하시리라"(사 61:3, 11).

사도 바울은 그리스도인의 행실에서 나타나는 의가 성부, 성자, 성령 삼위 하나님에 의한 것임을 말한다. "하나님을 따라 의와 진리의 거룩함으로 지으심을 받은 새 사람을 입으라"(엡 4:24). 하나님은 중생을 통해 의와 거룩함이라는 윤리적 특성을 갖게 하심으로써 그리스도인이 그러한 특성을 삶으로 드러내는 것을 가능하게 하신다. "예수 그리스도로 말미암아 의의 열매가 가득하여 하나님의 영광과 찬송이 되기를 원하노라"(빌 1:11). 이것은 빌립보교회 성도들을 위한 바울의 기도다. 여기서 그들에게 의의 열매가 가득하게 하시는 분은 예수 그리스도시다. "하나님의 나라는 먹는 것과 마시는 것이 아니요 오직 성령 안에 있는 의와 평강과 희락이라"(롬 14:17). 여기서 의는 성령 안에서 얻게 되는 것이다.

그러므로 의에 주리고 목마른 자는 이러한 하나님의 사역을 기대할 수 있다. 그리스도인이 하나님의 요구대로 행하려는 갈망, 성화에 대한 갈망을 가질 때, 하나님은 그 갈망을 만족시켜주신다. 그런데 이 갈망은 한 번의 만족으로 사라지지 않는다. 이 갈망이 채워지면 채워질수록 그 사람은 더 갈망하게 된다. 그래서 그는 여전히 의에 주리고 목마른 자로 살아가게 된다. 우리도 그럴 것이다.

이 갈망이 궁극적으로 채워지는 것은 주님이 재림하실 때일 것이다. 그때 "그들이 배부를 것임이요"라는 약속은 완전히 성취될 것이다. "우리는 그의 약속대로 의가 있는 곳인 새 하늘과 새 땅을 바라보도다 그러므로 사랑하는 자들아 너희가 이것을 바라보나니 주 앞에서 점도 없고 흠도 없이 평강 가운데서 나타나기를 힘쓰라"(벧후 3:13-14). "평강의 하나님이 친히 너희를 온전히 거룩하게 하시고 또 너희의 온 영과 혼과 몸이 우리 주 예수 그리스도께서 강림하실 때에 흠 없게 보전되기를 원하노라 너희를 부르시는 이는 미쁘시니 그가 또한 이루시리라"(살전 5:23-24).

8
긍휼히 여기는 자는 복이 있나니

긍휼히 여기는 자는 복이 있나니 그들이 긍휼히 여김을 받을 것임이요

_마 5:7

예수님이 말씀하신 팔복의 다섯 번째 내용이다. 여기서 예수님은 제자들이 지닌 특성 중 하나로서 긍휼히 여기는 것을 말씀하신다. 그러면 긍휼히 여기는 것은 어떤 것일까?

오늘날 우리 사회는 긍휼히 여기는 것이 어떤 것인지 제대로 알지 못한다. 더군다나 긍휼히 여기는 것은 결코 우리 사회의 미덕일 수 없다. 이것은 사실 당연한 것이다. 사도 바울은 하나님을 모르는 이방인의 죄악상 가운데 하나로 "무자비한[긍휼히 여기지 않는] 자"(롬 1:31)를 언급했다. 우리 사회는 사실상 무자비한[긍휼히 여기지 않는] 사회다. 그런데 교회에서도 긍휼히 여기는 것은 특별한 사람에게만 요구되는 덕목인 것 같다. 이것은 교회가 긍휼히 여기는 것이 어떤 것인지 잘 모르기 때문이다.

하나님의 긍휼

성경을 보면 긍휼히 여기는 것은 일차적으로 하나님의 속성으로 나타난다. 여러 구절 중 한두 군데만 예를 들면 이렇다. "그러나 주여 주는 긍휼히 여기시며 은혜를 베푸시며 노하기를 더디하시며 인자와 진실이 풍성하신 하나님이시오니"(시 86:15). "모세에게 이르시되 내가 긍휼히 여길 자를 긍휼히 여기고 불쌍히 여길 자를 불쌍히 여기리라 하셨으니 그런즉 원하는 자로 말미암음도 아니요 달음박질하는 자로 말미암음도 아니요 오직 긍휼히 여기시는 하나님으로 말미암음이니라"(롬 9:15-16).

특히 복음서에서 예수 그리스도는 긍휼히 여기신 하나님으로 나타난다. 마가복음에서 예수님이 거라사 지방의 귀신 들린 사람을 고쳐주신 이야기는 이렇게 끝난다. "예수께서 배에 오르실 때에 귀신 들렸던 사람이 함께 있기를 간구하였으나 허락하지 아니하시고 그에게 이르시되 집으로 돌아가 주께서 네게 어떻게 큰 일을 행하사 너를 불쌍히 [긍휼히] 여기신 것을 네 가족에게 알리라 하시니 그가 가서 예수께서 자기에게 어떻게 큰 일 행하셨는지를 데가볼리에 전파하니 모든 사람이 놀랍게 여기더라"(막 5:18-20). 이때 "주"는 하나님을 가리킨다. 누가는 같은 사실을 이렇게 기록했다. "하나님이 네게 어떻게 큰 일을 행하셨는지를"(눅 8:39). 여기서 예수님은 거라사 지방의 귀신 들린 사람을 긍휼히 여기신 하나님으로 나타난다.

누가는 예수님이 문둥병자 열 명을 고쳐주신 장면을 이렇게 기록한다. "소리를 높여 이르되 예수 선생님이여 우리를 불쌍히[긍휼히] 여기소서 하거늘 보시고 이르시되 가서 제사장들에게 너희 몸을 보이라 하셨더니 그들이 가다가 깨끗함을 받은지라 그 중의 한 사람이 자기가 나은 것을 보고 큰 소리로 하나님께 영광을 돌리며 돌아와 예수의 발 아래에 엎드리어 감사하니 그는 사마리아 사람이라"(눅 17:13-16). 여기서 예수님은 문둥병자 열 명을 긍휼히 여기신 하나님으로 나타난다.

또 누가복음에서 예수님이 여리고의 소경을 고쳐주신 장면은 이렇다. "맹인이 외쳐 이르되 다윗의 자손 예수여 나를 불쌍히 여기소서 하거늘 앞서 가는 자들이 그를 꾸짖어 잠잠하라 하되 그가 더욱 크게 소리 질러 다윗의 자손이여 나를 불쌍히 여기소서 하는지라 예수께서 머물러 서서 명하여 데려오라 하셨더니 그가 가까이 오매 물어 이르시되 네게 무엇을 하여 주기를 원하느냐 이르되 주여 보기를 원하나이다 예수께서 그에게 이르시되 보라 네 믿음이 너를 구원하였느니라 하시매 곧 보게 되어 하나님께 영광을 돌리며 예수를 따르니 백성이 다 이를 보고 하나님을 찬양하니라"(눅 18:38-43). 여기서 예수님은 여리고의 소경을 긍휼히 여기신 하나님으로 나타난다.

이처럼 긍휼히 여기는 것은 원래 하나님의 속성으로서 '비참에 처한 사람들에 대한 그분의 선하심'을 의미한다. 긍휼히 여기는 것의 핵심은 그 대상이 비참한 상태에 있음을 전제하는 것이다. "오직 하나님은 긍휼하시므로 죄악을 덮어 주시어 멸망시키지 아니하시고 그의 진노를 여러 번 돌이키시며 그의 모든 분을 다 쏟아 내지 아니하셨으니 그들은 육체이며 가고 다시 돌아오지 못하는 바람임을 기억하셨음이라"(시 78:38-39). "엘리사벳이 잉태를 못하므로 그들에게 자식이 없고 두 사람의 나이가 많더라 … 엘리사벳이 해산할 기한이 차서 아들을 낳으니 이웃과 친족이 주께서 그를 크게 긍휼히 여기심을 듣고 함께 즐거워하더라"(눅 1:7, 57-58). "그가 병들어 죽게 되었으나 하나님이 그를 긍휼히 여기셨고 그뿐 아니라 또 나를 긍휼히 여기사 내 근심 위에 근심을 면하게 하셨느니라"(빌 2:27). "내가 전에는 비방자요 박해자요 폭행자였으나 도리어 긍휼을 입은 것은 내가 믿지 아니할 때에 알지 못하고 행하였음이라"(딤전 1:13). "그러므로 그가 범사에 형제들과 같이 되심이 마땅하도다 이는 하나님의 일에 자비하고[긍휼하고] 신실한 대제사장이 되어 백성의 죄를 속량하려 하심이라 그가 시험을 받아 고난을 당하셨은즉 시험 받는 자들을 능히 도우실 수 있느니라"(히 2:17-18).

제자들의 긍휼

따라서 예수님이 제자들이 지닌 특성 중 하나로 언급하신 긍휼히 여기는 것은, 이러한 하나님의 속성에서 비롯된 것이다. 그것은 비참에 처한 사람들에 대한 그들의 선함을 의미하는 것으로, 하나님을 닮은 것이다.

그런데 마태복음에서 두드러진 사실은, 마태가 예수님을 긍휼히 여기는 분으로 강조한 점이다. 마태만 예수님을 긍휼히 여기는 분으로 기록한 경우가 세 번 있다. 하나는 예수님이 두 소경을 긍휼히 여기셔서 볼 수 있게 해 주신 경우다. "예수께서 거기에서 떠나가실새 두 맹인이 따라오며 소리 질러 이르되 다윗의 자손이여 우리를 불쌍히 여기소서 (긍휼히 여기소서) 하더니 … 이에 예수께서 그들의 눈을 만지시며 이르시되 너희 믿음대로 되라 하시니 그 눈들이 밝아진지라"(마 9:27, 29-30 상). 또 하나는 예수님이 가나안 여자를 불쌍히 여기셔서 그의 딸을 고쳐주신 경우다. "가나안 여자 하나가 그 지경에서 나와서 소리 질러 이르되 주 다윗의 자손이여 나를 불쌍히 여기소서 내 딸이 흉악하게 귀신 들렸나이다 하되 … 이에 예수께서 대답하여 이르시되 여자여 네 믿음이 크도다 네 소원대로 되리라 하시니 그 때로부터 그의 딸이 나으니라"(마 15:22, 28). 마지막은 예수님이 한 아비의 요청으로 그의 아들을 불쌍히 여기셔서 고쳐주신 경우다. "그들이 무리에게 이르매 한 사람이 예수께 와서 꿇어 엎드려 이르되 주여 내 아들을 불쌍히 여기소서 그가 간질로 심히 고생하여 자주 불에도 넘어지며 물에도 넘어지는지라 … 이에 예수께서 꾸짖으시니 귀신이 나가고 아이가 그 때부터 나으니라"(마 17:14-15, 18). 이처럼 마태는 예수님이 긍휼히 여기는 분임을 특히 강조한다.

반면 마태는 예수님이 긍휼이 없는 서기관이나 바리새인을 책망하신 사실도 강조한다. 이런 경우 역시 마태복음에 세 번 나온다. "바리새인들이 보고 그의 제자들에게 이르되 어찌하여 너희 선생은 세리와 죄인들과 함께 잡수시느냐 예수께서 들으시고 이르시되 건강한 자에게는 의사가 쓸 데 없고 병든 자에게라야 쓸 데 있느니라 너희는 가서 내가 긍휼을 원하고 제사를 원하지 아니하노라 하신 뜻이 무엇인지 배우라 나는 의인을 부르러 온 것이 아니요 죄인을 부르러 왔노라 하시니라"(마 9:11-13). "그 때에 예수께서 안식일에 밀밭 사이로 가실새 제자들이 시장하여 이삭을 잘라 먹으니 바리새인들이 보고 예수께 말하되 보시오 당신의 제자들이 안식일에 하지 못할 일을 하나이다 … 나는 자비(긍휼)를 원하고 제사를 원하지 아니하노라 하신 뜻을 너희가 알았더라면 무죄한 자를 정죄하지 아니하였으리라"(마 12:1-2, 7). "화 있을진저 외식하는 서기관들과 바리새인들이여 너희가 박하와 회향과 근채의 십일조는 드리되 율법의 더 중한 바 정의와 긍휼과 믿음은 버렸도다 그러나 이것도 행하고 저것도 버리지 말아야 할지니라"(마 23:23).

마태가 이러한 강조를 통해 우리에게 전달하고 싶은 내용은 이것이다. 예수님의 제자들은 긍휼히 여기는 것에서 서기관이나 바리새인과 달라야 한다는 것이다. 이것이 뒤에 나오는 "너희 의가 서기관과 바리새인보다 더 낫지 못하면"이라는 말 속에 내포된 의미다. 여기서 우리는 "의에 주리고 목마른 자" 다음에 "긍휼히 여기는 자"가 오는 이유를 알게 된다. 그 이유는 긍휼히 여기는 것이 의에 포함되기 때문이다. 다시 말하면, 긍휼히 여기는 것은 하나님의 요구에 부합하는 행실이다.

이 사실은 누가복음 10장에 나오는 한 율법사와 예수님의 대화에서 잘 나타난다. 한 율법사가 예수님을 시험하여 물었다. "선생님 내가 무엇을 하여야 영생을 얻으리이까." 그 의도를 아신 예수님은 그에게 되물으셨다. "율법에 무엇이라 기록되었으며 네가 어떻게 읽느냐." 율법사가 대답했다. "네 마음을 다하며 목숨을 다하며 힘을 다하며 뜻을 다하여 주 너의 하나님을 사랑하고 또한 네 이웃을 네 자신 같이 사랑하라 하였나이다." (그는 율법에 나타난 하나님의 요구를 알고 있었다.) 그때 예수님이 말씀하셨다. "네 대답이 옳도다 이를 행하라 그러면 살리라."

율법사는 자기를 옳게 보이려고 예수님께 또 물었다. "그러면 내 이웃이 누구니이까." 그 의도를 아신 예수님이 한 비유를 말씀하셨는데 요지는 이렇다. 강도 만난 자를 제사장은 피하여 지나가고 레위인도 피하여 지나갔지만, 사마리아인은 불쌍히 여겨 치료해 주고 돌보아주었다는 것이다. 그런 다음 예수님은 율법사에게 되물으셨다. "네 생각에는 이 세 사람 중에 누가 강도 만난 자의 이웃이 되겠느냐." 그가 대답했다. "자비(긍휼)를 베푼 자니이다." (그는 이웃을 자기가 아닌 남을 중심으로 새롭게 이해한 것이다.) 그때 예수님이 말씀하셨다. "가서 너도 이와 같이 하라."

여기서 예수님이 전하시고 싶은 요지는 분명하다. 긍휼히 여기는 것
[자비를 베푸는 것]이 하나님의 요구에 부합하는 행실, 즉 의라는 것이다.
그러므로 예수님의 제자인 우리가 긍휼히 여기는 자로 나타나야 하는
것은 매우 중요하다. 그것은 긍휼히 여기는 것이 인간의 도덕이나 종교
에서 비롯되는 것이 아니라 하나님의 속성에서 비롯되며, 그분의 요구
에 부합하는 것이기 때문이다. 그러므로 우리는 예수님의 제자로서 비
참에 처한 사람을 돌보아야 한다. 우리는 무지와 가난과 질병과 고독
속에서 아파하는 사람에게 관심을 갖고 도움을 베풀기 위해 노력해야
한다. 여기에는 세계 여러 나라의 재난당한 사람들도 포함된다.

특히 우리가 긍휼히 여기는 자로서 관심을 가져야 할 대상은 죄로
인해 비참함 속에서 살아가는 영혼들이다. 우리는 그들에게 복음을 전
하기 위해 힘써야 한다. 우리가 전도하는 것은 죄로 인해 비참에 처한
영혼을 긍휼히 여기기 때문이다.

긍휼히 여기는 자가 복이 있는 이유

예수님의 말씀에 따르면, 긍휼히 여기는 자가 복이 있는 이유는 이
렇다. "그들이 긍휼히 여김을 받을 것임이요." 이때 "긍휼히 여김을 받
을 것임이요"는 수동태로 되어 있다. 따라서 이것은 하나님에 의해 긍
휼히 여김을 받을 것이라는 의미다.

그러나 이 말씀을 오해해서는 안 된다. "긍휼히 여기는 자는 복이 있
나니 그들이 긍휼히 여김을 받을 것임이요." 이 말씀은 제자들이 긍휼

히 여기기 때문에 하나님이 그들을 긍휼히 여기실 거라는 의미가 아니다. 예수님은 제자들에게 하나님의 긍휼을 얻기 위해 긍휼히 여기라고 말씀하신 게 아니다. 예수님은 긍휼히 여기는 자가 받게 될 상급을 말씀하신 게 아니다.

그러면 예수님은 무슨 뜻으로 이 말씀을 하신 것일까? 긍휼히 여기는 자는 이미 하나님께 긍휼히 여김을 받은 자로서, 앞으로도 긍휼히 여김을 받을 것이다. 제자들은 이미 하나님이 긍휼히 여기셔서 구원받은 자들이다. 성경은 여러 곳에서 이 사실을 말해 준다. "주의 백성에게 그 죄 사함으로 말미암는 구원을 알게 하리니 이는 우리 하나님의 긍휼로 인함이라"(눅 1:77-78상). "또한 영광 받기로 예비하신 바 긍휼의 그릇에 대하여 그 영광의 풍성함을 알게 하고자 하셨을지라도 무슨 말을 하리요 이 그릇은 우리니 곧 유대인 중에서뿐 아니라 이방인 중에서도 부르신 자니라"(롬 9:23-24). "너희가 전에는 하나님께 순종하지 아니하더니 이스라엘이 순종하지 아니함으로 이제 긍휼을 입었는지라 이와 같이 이 사람들이 순종하지 아니하니 이는 너희에게 베푸시는 긍휼로 이제 그들도 긍휼을 얻게 하려 하심이라 하나님이 모든 사람을 순종하지 아니하는 가운데 가두어 두심은 모든 사람에게 긍휼을 베풀려 하심이로다"(롬 11:30-32). "긍휼이 풍성하신 하나님이 우리를 사랑하신 그 큰 사랑을 인하여 허물로 죽은 우리를 그리스도와 함께 살리셨고 (너희는 은혜로 구원을 받은 것이라)"(엡 2:4-5). "그러나 내가 긍휼을 입은 까닭은 예수 그리스도께서 내게 먼저 일체 오래 참으심을 보이사 후에 주를 믿어 영생 얻는 자들에게 본이 되게 하려 하심이라"(딤전1:16). "우리를 구원하시되 우리가 행한 바 의로운 행위로 말미암지 아니하고 오직 그의 긍휼하심을 따라 중생의 씻음과 성령의 새롭게 하심으로 하셨나니"(딛 3:5). "우리 주 예수 그리스도의 아버지 하나님을 찬송하리로다 그의 많으신 긍휼대로 예수 그리스도를 죽은 자 가운데서 부활하게 하심으로 말미암아 우리를 거듭나게 하사 산 소망이 있게 하시며"(벧전 1:3). "너희가 전에는 백성이 아니더니 이제는 하나님의 백성이요 전에는 긍휼을 얻지 못하였더니 이제는 긍휼을 얻은 자니라"(벧전 2:10).

이렇게 하나님이 긍휼히 여기셔서 구원받은 제자들이라면 그들이 남을 긍휼히 여기는 것은 마땅하다. 예수님은 이 사실을 빚진 자의 비유(마 18:23-34)로 말씀하셨다. 어떤 임금이 그 종들과 결산할 때 일만 달란트 빚진 자를 데려왔다. 갚을 것이 없는 그 종은 빚을 갚으라는 주인의 요구에 다 갚을 테니 참아 달라고 빌었다. 결국 주인은 그를 불쌍히 여겨 그 빚을 탕감해 주었다. 그런데 그 종이 나가서 자기에게 백 데나리온 빚진 동료를 만나 빚을 갚으라고 요구했다. 그 동료가 다 갚을 테니 참아 달라고 빌었지만, 그 종은 그를 옥에 가두었다. 이 사실을 알게 된 주인은 그 종을 불러다 말했다. "악한 종아 네가 빌기에 내가 네 빚을 전부 탕감하여 주었거늘 내가 너를 불쌍히 여김과 같이 너도 네 동료를 불쌍히 여김이 마땅하지 아니하냐"(마 18:32-33). 그러고는 노하여 그 종을 옥졸들에게 넘겼다.

이 비유의 핵심은 분명하다. 주인이 불쌍히[긍휼히] 여겨서 빚을 탕감받은 종이라면, 그가 자기에게 빚진 동료를 불쌍히[긍휼히] 여기는 것은 마땅하다는 것이다. 이때 그 종이 자기 동료를 긍휼히 여기는 것은 그가 이미 주인에게 긍휼히 여김을 받았기 때문이다. 마찬가지로 제자들이 긍휼히 여기는 것은 그들이 이미 하나님께 긍휼히 여김을 받은 표시로서, 그들이 앞으로도 긍휼히 여김을 받을 것을 의미한다. 예수님은 이런 의미에서 말씀하신 것이다.

이처럼 남을 긍휼히 여기는 제자들에게는 하나님이 긍휼히 여기실 거라는 약속이 있다. 이 약속은 이 땅에서도 이루어질 것이다. 그래서 히브리서 기자는 이렇게 말했다. "우리에게 있는 대제사장은 우리의 연약함을 동정하지 못하실 이가 아니요 모든 일에 우리와 똑같이 시험을 받으신 이로되 죄는 없으시니라 그러므로 우리는 긍휼하심을 받고 때를 따라 돕는 은혜를 얻기 위하여 은혜의 보좌 앞에 담대히 나아갈 것이니라"(히 4:15-16).

그러나 이 약속은 특히 마지막 심판 때 이루어질 것이다. 그래서 사도 바울은 오네시보로에 대해 이렇게 말했다. "아시아에 있는 모든 사람이 나를 버린 이 일을 네가 아나니 그 중에는 부겔로와 허모게네도 있느니라 원하건대 주께서 오네시보로의 집에 긍휼을 베푸시옵소서 그가 나를 자주 격려해 주고 내가 사슬에 매인 것을 부끄러워하지 아니하고 로마에 있을 때에 나를 부지런히 찾아와 만났음이라 (원하건대 주께서 그로 하여금 그 날에 주의 긍휼을 입게 하여 주옵소서) 또 그가 에베소에서 많이 봉사한 것을 네가 잘 아느니라"(딤후 1:15-18). 아시아에 있는 모든 사람이 바울을 버린 상황에서도 오네시보로는 사슬에 매여 비참한 처지에 있던 바울을 긍휼히 여겼다. 그러기에 바울은 주께서 이 땅에서뿐 아니라 심판 날에 그를 긍휼히 여겨주시기를 기원했다.

또 현재 남을 긍휼히 여기는 자가 아니라면 이 약속은 심판 날에 그와 상관이 없을 것이다. 그래서 야고보는 이렇게 말한다. "긍휼을 행하지 아니하는 자에게는 긍휼 없는 심판이 있으리라 긍휼은 심판을 이기고 자랑하느니라"(약 2:13). 여기서 긍휼은 마음의 태도일 뿐 아니라 행실로 나타나는 것이다. 반대로 현재 남을 긍휼히 여기는 자라면, 이 약속은 심판 날에 그에게 이루어질 것이다. 그래서 유다서에는 이런 말씀이 나온다. "하나님의 사랑 안에서 자신을 지키며 영생에 이르도록 우리 주 예수 그리스도의 긍휼을 기다리라 어떤 의심하는 자들을 긍휼히 여기라 또 어떤 자를 불에서 끌어내어 구원하라 또 어떤 자를 그 육체로 더럽힌 옷까지도 미워하되 두려움으로 긍휼히 여기라"(유 1:21-23).

이처럼 긍휼히 여기는 것은 인간이 자연적으로 지닌 특성이 아니다. 그것은 오직 하나님께 긍휼히 여김을 받은 제자들만이 지닌 특성이다. 그것은 위로부터 오는 특성이다. "오직 위로부터 난 지혜는 첫째 성결하고 다음에 화평하고 관용하고 양순하며 긍휼과 선한 열매가 가득하고 편견과 거짓이 없나니"(약 3:17). 그래서 제자들은 남을 긍휼히 여김으로써 자신이 하나님께 긍휼히 여김받을 것을 안다. 따라서 우리가 현재 남을 긍휼히 여기는 것은 우리의 미래에 매우 중요한 의미를 갖는다.

9
마음이 청결한 자는 복이 있나니

마음이 청결한 자는 복이 있나니 그들이 하나님을 볼 것임이요

_ 마 5:8

이제 예수님이 말씀하신 팔복의 여섯 번째 내용을 살펴볼 차례다. 그러면 "마음이 청결한 자"는 어떤 사람인가부터 생각해 보자.

마음이 청결한 자

마태복음에는 예수님이 "마음"이라는 말을 부정적으로 사용하신 경우가 있다. 이것은 모두 바리새인이나 서기관과 관련된 경우다. 이때 마음은 악의 온상으로 묘사된다. "내가 너희에게 이르노니 너희 의가 서기관과 바리새인보다 더 낫지 못하면 결코 천국에 들어가지 못하리라 … 또 간음하지 말라 하였다는 것을 너희가 들었으나 나는 너희에게 이르노니 음욕을 품고 여자를 보는 자마다 마음에 이미 간음하였느니라"(마 5:20, 27-28). "어떤 서기관들이 속으로 이르되 이 사람이 신성을 모독하도다 예수께서 그 생각을 아시고 이르시되 너희가 어찌하여 마음에 악한 생각을 하느냐"(마 9:3-4). "바리새인들은 듣고 이르되 이가 귀신의 왕 바알세불을 힘입지 않고는 귀신을 쫓아내지 못하느니라 하거늘 … 독사의 자식들아 너희는 악하니 어떻게 선한 말을 할 수 있느냐 이는 마음에 가득한 것을 입으로 말함이라"(마 12:24, 34). "이에 제자들이 나아와 이르되 바리새인들이 이 말씀을 듣고 걸림이 된 줄 아시나이까 … 입에서 나오는 것들은 마음에서 나오나니 이것이야말로 사람을 더럽게 하느니라 마음에서 나오는 것은 악한 생각과 살인과 간음과 음란과 도둑질과 거짓 증언과 비방이니 이런 것들이 사람을 더럽게 하는 것이요 씻지 않은 손으로 먹는 것은 사람을 더럽게 하지 못하느니라"(마 15:12, 18-20).

특히 마지막 경우에 강조된 것은 마음에서 나오는 것이 사람을 더럽게 한다는 것이다. 여기서 문제는 '더러운 손'(씻지 않은 손)이 아니라 '더러운 마음'인 것이다. 그래서 마태복음 23장 25-26절에서 예수님은 서기관들과 바리새인들을 이런 말로 책망하셨다. "화 있을진저 외식하는 서기관들과 바리새인들이여 잔과 대접의 겉은 깨끗이 하되 그 안에는 탐욕과 방탕으로 가득하게 하는도다 눈 먼 바리새인이여 너는 먼저 안을 깨끗이 하라 그리하면 겉도 깨끗하리라." 예수님이 책망하신 서기관들과 바리새인들의 문제는 이것이다. 그들은 겉(손)은 깨끗이 하지만 안(마음)은 탐욕과 방탕으로 가득하게 한다는 것이다. 따라서 예수님은 그들에게 탐욕과 방탕으로 가득한 안(마음)의 청결을 요구하신다. 예수님은 마음의 도덕적 청결을 요구하신 것이다.

이 사실에 비추어 볼 때, 예수님이 말씀하신 마음이 청결한 자는 외적 의식적 청결이 아닌 마음의 도덕적 청결을 지닌 사람이다. 예수님은 바로 이 점이 제자들이 지닌 특성 중 하나라고 말씀하신 것이다.

이러한 특성은 시편 24편에서 말한 "손이 깨끗하며 마음이 청결한"

자의 특성과 같다. "여호와의 산에 오를 자가 누구며 그의 거룩한 곳에 설 자가 누구인가 곧 손이 깨끗하며 마음이 청결하며 뜻을 허탄한 데에 두지 아니하며 거짓 맹세하지 아니하는 자로다"(시 24:3-4). 여기서 시편 기자는 "손이 깨끗하며 마음이 청결한" 자를 이런 말로 설명한다. "뜻을 허탄한 데에 두지 아니하며 거짓 맹세하지 아니하는 자로다." 이것은 우상숭배를 멀리하고 정직하게 행하는 사람을 말한다. 따라서 시편 기자가 말한 손이 깨끗하며 마음이 청결한 자 역시 마음의 도덕적 청결을 지닌 사람을 말한다.

그러면 제자들은 어떻게 마음이 청결한 자가 된 것일까? 그 과정을 단계별로 설명하면 이렇다.

1. 타락한 인간의 마음은 원래 도덕적으로 청결하지 않다. "내가 내 마음을 정하게 하였다 내 죄를 깨끗하게 하였다 할 자가 누구냐"(잠 20:9). "그러므로 하나님께서 그들을 마음의 정욕대로 더러움에 내버려 두사 그들의 몸을 서로 욕되게 하게 하셨으니"(롬 1:24).

2. 이러한 인간의 마음은 하나님이 성령을 통해 믿음으로 청결하게 하신다. "많은 변론이 있은 후에 베드로가 일어나 말하되 형제들아 너희도 알거니와 하나님이 이방인들로 내 입에서 복음의 말씀을 들어 믿게 하시려고 오래 전부터 너희 가운데서 나를 택하시고 또 마음을 아시는 하나님이 우리에게와 같이 그들에게도 성령을 주어 증언하시고 믿음으로 그들의 마음을 깨끗이 하사 그들이나 우리나 차별하지 아니하셨느니라"(행 15:7-9). 여기서 믿음의 효력은 거룩하게 하는 것이다. 그래서 "청결한 마음과 선한 양심"은 "거짓이 없는 믿음"과 연결되며, "사랑"으로 나타난다. "이 교훈의 목적은 청결한 마음과 선한 양심과 거짓이 없는 믿음에서 나오는 사랑이거늘"(딤전 1:5). "이와 같이 집사들도

정중하고 일구이언을 하지 아니하고 술에 인박히지 아니하고 더러운 이를 탐하지 아니하고 깨끗한 양심에 믿음의 비밀을 가진 자라야 할지니"(딤전 3:8-9). "내가 밤낮 간구하는 가운데 쉬지 않고 너를 생각하여 청결한 양심으로 조상적부터 섬겨 오는 하나님께 감사하고 네 눈물을 생각하여 너 보기를 원함은 내 기쁨이 가득하게 하려 함이니 이는 네 속에 거짓이 없는 믿음이 있음을 생각함이라 이 믿음은 먼저 네 외조모 로이스와 네 어머니 유니게 속에 있더니 네 속에도 있는 줄을 확신하노라"(딤후 1:3-5).

반대로 더러운 마음과 양심은 믿지 않음과 연결되며, 하나님을 부인하는 행위로 나타난다. "깨끗한 자들에게는 모든 것이 깨끗하나 더럽고 믿지 아니하는 자들에게는 아무 것도 깨끗한 것이 없고 오직 그들의 마음과 양심이 더러운지라 그들이 하나님을 시인하나 행위로는 부인하니 가증한 자요 복종하지 아니하는 자요 모든 선한 일을 버리는 자니라"(딛 1:15-16). 이처럼 믿음의 효력은 거룩하게 하는 것이다.

3. 그러면 믿음은 어떻게 거룩하게 하는 것일까? 믿음은 그리스도와의 연합을 통해 거룩하게 한다. "그가 우리를 대신하여 자신을 주심은 모든 불법에서 우리를 속량하시고 우리를 깨끗하게 하사 선한 일을 열심히 하는 자기 백성이 되게 하려 하심이라"(딛 2:14). 여기서 "우리"는 믿는 자를 가리킨다. 이때 믿음은 그리스도와의 연합을 통해 거룩하게 하는 효력이 있다.

이 사실은 성경의 다른 곳에서도 확인된다. "남편들아 아내 사랑하기를 그리스도께서 교회를 사랑하시고 그 교회를 위하여 자신을 주심 같이 하라 이는 곧 (교회를) 물로 씻어 말씀으로 깨끗하게 하사 거룩하게 하시고"(엡 5:25-26). 교회는 믿음으로 그리스도와 연합함으로써 거룩하게 된다.

"우리가 마음에 뿌림을 받아 악한 양심으로부터 벗어나고 몸은 맑은 물로 씻음을 받았으니 참 마음과 온전한 믿음으로 하나님께 나아가자" (히 10:22). 이것은 에스겔 36장 25-26절의 말씀과 관련이 있다. "맑은 물을 너희에게 뿌려서 너희로 정결하게 하되 곧 너희 모든 더러운 것에서와 모든 우상 숭배에서 너희를 정결하게 할 것이며 또 새 영을 너희 속에 두고 새 마음을 너희에게 주되 너희 육신에서 굳은 마음을 제거하고 부드러운 마음을 줄 것이며." 이것은 성령의 역사로 말미암아 몸도 마음도 정결케 되는 것을 말한다. 이것은 히브리서 9장 13-14절에서 말한 성령의 역사와 같은 것이다. "염소와 황소의 피와 및 암송아지의 재를 부정한 자에게 뿌려 그 육체를 정결하게 하여 거룩하게 하거든 하물며 영원하신 성령으로 말미암아 흠 없는 자기를 하나님께 드린 그리스도의 피가 어찌 너희 양심을 죽은 행실에서 깨끗하게 하고 살아 계신 하나님을 섬기게 하지 못하겠느냐."

그러므로 예수님이 말씀하신 마음이 청결한 자는, 하나님이 성령을 통해 믿음으로 그 마음을 청결하게 하신 사람이다. 여기에 그리스도인의 특성이 존재한다. 그리스도인의 특성은 단지 겉으로 드러난 도덕적 행실에 있지 않다. 그리스도인의 특성은 겉으로 드러난 도덕적 행실의 근원이 되는 마음에 있다. 그것은 믿음으로 그리스도와 연합함으로써 거룩하게 된 마음이다.

그러므로 이러한 마음을 지니는 것이야말로 우리를 세상 사람과 구분하는 것임을 잊지 말라. 그리스도인의 정체성은 단지 겉으로 드러난 종교적 도덕적 행실만으로 세워지지 않는다. 그리스도인의 정체성은 도덕적 행실이 마음이 청결한데서 비롯된 것일 때 비로소 세워진다. 오늘날 우리 사회에서 교회의 정체성이 약화된 이유는 여기 있다. 교회의 구성원인 우리가 마음이 청결한 자임을 보여주지 못하고 있는 것이다. 우리는 교회의 구성원으로서 마음이 청결한 자인가? 우리는 믿음으로 그리스도와 연합되어 마음의 도덕적 청결을 지닌 사람인가? 그래서 우리의 행실은 이런 그리스도인다운 마음에서 나오고 있는가?

　그러기에 성경은 그리스도인의 외적 행동에 대해서만 말하지 않는다. 성경은 그리스도인의 외적 행동과 함께 근원이 되는 마음에 대해서도 말한다. "내가 내 마음을 깨끗하게 하며 내 손을 씻어 무죄하다 한 것이 실로 헛되도다"(시 73:13). "하나님께 감사하리로다 너희가 본래 죄의 종이더니 너희에게 전하여 준 바 교훈의 본을 마음으로 순종하여 죄로부터 해방되어 의에게 종이 되었느니라"(롬 6:17-18). "또한 너는 청년의 정욕을 피하고 주를 깨끗한 마음으로 부르는 자들과 함께 의와 믿음과 사랑과 화평을 따르라"(딤후 2:22). "하나님 아버지 앞에서 정결하고 더러움이 없는 경건은 곧 고아와 과부를 그 환난중에 돌보고 또 자기를 지켜 세속에 물들지 아니하는 그것이니라"(약 1:27). "하나님을 가까이하라 그리하면 너희를 가까이하시리라 죄인들아 손을 깨끗이 하라 두 마음을 품은 자들아 마음을 성결하게 하라"(약 4:8). "너희가 진리를 순종함으로 너희 영혼을 깨끗하게 하여 거짓이 없이 형제를 사랑하기에 이르렀으니 (깨끗한) 마음으로 뜨겁게 서로 사랑하라"(벧전 1:22). "또 내가 사망으로 그의 자녀를 죽이리니 모든 교회가 나는 사람의 뜻과 마음을 살피는 자인 줄 알지라 내가 너희 각 사람의 행위대로 갚아 주리라"(계 2:23).

마음이 청결한 자가 복이 있는 이유

마음이 청결한 자가 복이 있는 이유를 생각해 보자. 그 이유는 이렇다. "그들이 하나님을 볼 것임이요." 그러면 이때 하나님을 본다는 것은 무슨 뜻일까?

분명한 사실은, 인간은 이 땅에 사는 동안 하나님을 결코 볼 수 없다는 것이다. "또 이르시되 네가 내 얼굴을 보지 못하리니 나를 보고 살 자가 없음이니라 … 손을 거두리니 네가 내 등을 볼 것이요 얼굴은 보지 못하리라"(출 33:20, 23). "본래 하나님을 본 사람이 없으되"(요 1:18). "이는 아버지를 본 자가 있다는 것이 아니니라 오직 하나님에게서 온 자만 아버지를 보았느니라"(요 6:46). "영원하신 왕 곧 썩지 아니하고 보이지 아니하고 홀로 하나이신 하나님께 존귀와 영광이 영원무궁하도록 있을지어다 아멘"(딤전 1:17). "오직 그에게만 죽지 아니함이 있고 가까이 가지 못할 빛에 거하시고 어떤 사람도 보지 못하였고 또 볼 수 없는 이시니 그에게 존귀와 영원한 권능을 돌릴지어다 아멘"(딤전 6:16). "어느 때나 하나님을 본 사람이 없으되"(요일 4:12).

그래서 그리스도인은 이 땅에 사는 동안 보는 것이 아닌 믿음으로 살아가야 한다. "그러므로 우리가 항상 담대하여 몸으로 있을 때에는 주와 따로 있는 줄을 아노니 이는 우리가 믿음으로 행하고 보는 것으로 행하지 아니함이로라"(고후 5:6-7). "믿음으로 애굽을 떠나 왕의 노함을 무서워하지 아니하고 곧 보이지 아니하는 자를 보는 것 같이 하여 참았으며"(히 11:27).

그렇다면 "그들이 하나님을 볼 것임이요"라는 말씀은 장래의 소망을 가리킨다. 장차 성도들이 하나님을 보는 날이 올 것이다. "나는 의로운 중에 주의 얼굴을 뵈오리니 깰 때에 주의 형상으로 만족하리이다"(시 17:15). "우리가 지금은 거울로 보는 것 같이 희미하나 그 때에는 얼굴과 얼굴을 대하여 볼 것이요 지금은 내가 부분적으로 아나 그 때에는 주께서 나를 아신 것 같이 내가 온전히 알리라"(고전 13:12). "사랑하는 자들아 우리가 지금은 하나님의 자녀라 장래에 어떻게 될지는 아직 나타나지 아니하였으나 그가 나타나시면 우리가 그와 같을 줄을 아는 것은 그의 참모습 그대로 볼 것이기 때문이니"(요일 3:2). "그의 얼굴을 볼 터이요 그의 이름도 그들의 이마에 있으리라"(계 22:4).

이처럼 성도는 현재 이 땅에 사는 동안 하나님을 볼 수 없지만, 언젠가 하나님을 보는 날이 이를 거라는 소망을 갖고 살아간다. 이 소망이 마음이 청결한 자가 복이 있는 이유다. 장차 하나님을 볼 거라는 소망보다 더 복된 것은 없다.

그런데 이 소망이 마음이 청결한 자가 복이 있는 이유의 전부는 아니다. 왜냐하면 이 소망은 필연적으로 현재 이 땅의 삶에 영향을 미치기 때문이다. 마음이 청결한 자가 장차 하나님을 볼 것이라는 소망은 현재 이 땅의 삶에서 마음이 더욱 청결한 자가 되도록 힘쓰게 하는 경향이 있다. "사랑하는 자들아 우리가 지금은 하나님의 자녀라 장래에 어떻게 될지는 아직 나타나지 아니하였으나 그가 나타나시면 우리가 그와 같을 줄을 아는 것은 그의 참모습 그대로 볼 것이기 때문이니 주를 향하여 이 소망을 가진 자마다 그의 깨끗하심과 같이 자기를 깨끗하게 하느니라"(요일 3:2-3). "여호와는 의로우사 의로운 일을 좋아하시나니 정직한 자는 그의 얼굴을 뵈오리로다"(시 11:7). "모든 사람과 더불어 화평함과 거룩함을 따르라 이것이 없이는 아무도 주를 보지 못하리라"(히 12:14).

이처럼 장차 하나님을 볼 거라는 소망은 그 자체가 복된 것일 뿐 아니라, 그 소망이 현재의 삶에서 성화를 촉진시키는 점 또한 복된 것이다. 성도는 이 소망 때문에 현재의 삶을 세상 사람과 다르게 사는 것이다. "하나님께서 각 사람에게 그 행한 대로 보응하시되 참고 선을 행하여 영광과 존귀와 썩지 아니함을 구하는 자에게는 영생으로 하시고"(롬 2:6-7). "우리를 양육하시되 경건하지 않은 것과 이 세상 정욕을 다 버리고 신중함과 의로움과 경건함으로 이 세상에 살고 복스러운 소망과 우리의 크신 하나님 구주 예수 그리스도의 영광이 나타나심을 기다리게 하셨으니"(딛 2:12-13). "이 모든 것이 이렇게 풀어지리니 너희가 어떠한 사람이 되어야 마땅하냐 거룩한 행실과 경건함으로 하나님의 날이 임하기를 바라보고 간절히 사모하라 그 날에 하늘이 불에 타서 풀어지고 물질이 뜨거운 불에 녹아지려니와 우리는 그의 약속대로 의가 있는 곳인 새 하늘과 새 땅을 바라보도다"(벧후 3:11-13). 만일 이 장래의 소망이 약화되면 현재 성화의 삶도 약화될 것이다.

10

화평하게 하는 자는 복이 있나니

화평하게 하는 자는 복이 있나니
그들이 하나님의 아들이라 일컬음을 받을 것임이요

_ 마 5:9

우리는 "화평하게 하는 자"라고 하면, 사이가 나쁜 두 사람이나 집단을 화해시키는 사람, 또는 자신이 다른 사람과 사이좋게 평화롭게 지내는 사람, 또는 전쟁을 반대하고 평화를 옹호하는 사람을 생각하기 쉽다. 그런데 예수님이 말씀하신 화평하게 하는 자가 어떤 사람인지 알려면 그 말부터 살펴볼 필요가 있다.

화평하게 하는 자

"화평하게 하는 자(들)"(οἱ εἰρηποιοιο)에서 "화평하게 하는"은 '화평'(εἰρήνη)이라는 말과 '만들다'(ποιέω)라는 말의 합성어다. 그래서 화평하게 하는 자는 영어로 하면 the peacemakers가 된다. 그런데 이 화평하게 하는 자는 성경의 다른 곳에는 나타나지 않는다. 단지 이와 비슷한 표현이 야고보서 3장 18절에 나올 뿐이다. "화평하게 하는 자들(τοῖς ποιοῦσιν εἰρήνην)은 화평으로 심어 의의 열매를 거두느니라." 이때 "화평하게 하는"은 '화평'(εἰρήνη)과 '만들다'(ποιέω)라는 두 단어로 구성된 표현이다. 그래서 직역하면 '화평을 만드는 자들'이라고 할 수 있다.

주목할 사실은 이러한 단어나 표현이 예수님께도 똑같이 사용되었다는 점이다. 본문에 나오는 "화평하게 하는"이라는 단어는 예수님께도 사용되었다. "그의 십자가의 피로 화평을 이루사(εἰρηνοποιέω) 만물 곧 땅에 있는 것들이나 하늘에 있는 것들이 그로 말미암아 자기와 화목하게 되기를 기뻐하심이라 전에 악한 행실로 멀리 떠나 마음으로 원수가 되었던 너희를 이제는 그의 육체의 죽음으로 말미암아 화목하게 하사"(골 1:20-22상). 이때 "화평을 이루사"는 하나님과 인간 사이의 원수 된 관계를 전제한다.

또 야고보서 3장 18절에 나오는 "화평하게 하는"이라는 표현도 예수님께 사용되었다. "그는 우리의 화평이신지라 둘로 하나를 만드사 원수 된 것 곧 중간에 막힌 담을 자기 육체로 허시고 법조문으로 된 계명의 율법을 폐하셨으니 이는 이 둘로 자기 안에서 한 새 사람을 지어 화평하게 하시고(ποιέω εἰρήνη)"(엡 2:14-15). 이때 "화평하게 하시고"라는 표현은 유대인과 이방인 사이의 원수 된 관계를 전제한다.

이처럼 본문의 "화평하게 하는"이나 야고보서 3장 18절의 "화평하게 하는"이라는 표현은 원래 예수님께 사용된 것으로 둘 다 원수 된 관계를 전제하는 말이다. 따라서 예수님이 말씀하신 화평하게 하는 자는 단지 사이가 나쁜 두 사람이나 집단을 화해시키는 사람, 자신이 남과 사이좋게 평화롭게 지내는 사람, 전쟁을 반대하고 평화를 옹호하는 사람 등을 말하지 않는다. 그 대신 예수님이 말씀하신 화평하게 하는 자는 원수 된 관계 속에서 적극적으로 평화를 이루는 사람을 말한다. 여기에는 원수를 미워하지 않고 사랑하는 것, 즉 원수를 갚지 않고 용서하고 화해하는 것이 수반된다.

이것은 뒤에 오는 산상수훈의 말씀과 연결된다. "또 네 이웃을 사랑하고 네 원수를 미워하라 하였다는 것을 너희가 들었으나 나는 너희에게 이르노니 너희 원수를 사랑하며 너희를 박해하는 자를 위하여 기도하라"(마 5:43-44). 그러면 이렇게 원수를 사랑하며 핍박하는 자를 위하여 기도하는 사람은 누구일까? 그들은 바로 화평하게 하는 자다. 화평하게 하는 자는 미움과 적의가 가득한 세상에서 적극적으로 평화를 이루는 사람이다. 이런 점에서 그들은 '평화를 만드는 사람들'(peacemakers)이다.

그리스도인이 바로 이런 사람들이다. 그리스도인은 원수에게 복수하지 않고 오히려 원수를 선대함으로써 평화를 이루는 사람들이다. 예수님이 앞에서 언급하신 온유한 자는 하나님 앞에서 죄인에게 갖는 그리스도인의 특성을 말한다. 그다음 긍휼히 여기는 자는 비참[곤경]에 처한 사람에게 갖는 그리스도인의 특성을 말한다. 그에 비해 화평하게 하는 자는 자신에게 해악을 끼친 사람에게 갖는 그리스도인의 특성을 말한다. 따라서 화평하게 하는 것은 그리스도인의 특성 중에서도 아주 적극적인 면을 나타낸다.

그래서 사도 바울은 성도들에게 이렇게 말했다. "아무에게도 악을 악으로 갚지 말고 모든 사람 앞에서 선한 일을 도모하라 할 수 있거든 너희로서는 모든 사람과 더불어 화목하라 내 사랑하는 자들아 너희가 친히 원수를 갚지 말고 하나님의 진노하심에 맡기라 기록되었으되 원수 갚는 것이 내게 있으니 내가 갚으리라고 주께서 말씀하시니라 네 원수가 주리거든 먹이고 목마르거든 마시게 하라 그리함으로 네가 숯불을 그 머리에 쌓아 놓으리라 악에게 지지 말고 선으로 악을 이기라"

(롬 12:17-21).

사도 베드로 역시 성도들에게 이렇게 말했다. "악을 악으로, 욕을 욕으로 갚지 말고 도리어 복을 빌라 이를 위하여 너희가 부르심을 받았으니 이는 복을 이어받게 하려 하심이라 그러므로 생명을 사랑하고 좋은 날 보기를 원하는 자는 혀를 금하여 악한 말을 그치며 그 입술로 거짓을 말하지 말고 악에서 떠나 선을 행하고 화평을 구하며 그것을 따르라 주의 눈은 의인을 향하시고 그의 귀는 의인의 간구에 기울이시되 주의 얼굴은 악행하는 자들을 대하시느니라 하였느니라"(벧전 3:9-12). 사도 바울이나 사도 베드로가 말한 것은 이것이다. 그리스도인은 자신에게 해악을 끼친 사람에게 복수하기보다 오히려 선을 베풂으로 평화를 이루라는 것이다.

이처럼 예수님이 말씀하신 화평하게 하는 자는 적대적인 사람과 적극적으로 평화를 이루는 사람이다. 요셉이 그랬다. 자신을 애굽에 팔아 버린 형들에게 보복하지 않았다. 오히려 형들을 진심으로 용서했고 그들에게 선을 행했다. "요셉의 형제들이 그들의 아버지가 죽었음을 보고 말하되 요셉이 혹시 우리를 미워하여 우리가 그에게 행한 모든 악을 다 갚지나 아니할까 하고 요셉에게 말을 전하여 이르되 당신의 아버지가 돌아가시기 전에 명령하여 이르시기를 너희는 이같이 요셉에게 이르라 네 형들이 네게 악을 행하였을지라도 이제 바라건대 그들의 허물과 죄를 용서하라 하셨나니 당신 아버지의 하나님의 종들인 우리 죄를 이제 용서하소서 하매 요셉이 그들이 그에게 하는 말을 들을 때에 울었더라 그의 형들이 또 친히 와서 요셉의 앞에 엎드려 이르되 우리는 당신의 종들이니이다 요셉이 그들에게 이르되 두려워하지 마소서 내가 하나님을 대신하리이까 당신들은 나를 해하려 하였으나 하나님은 그것을 선으로 바꾸사 오늘과 같이 많은 백성의 생명을 구원하게 하시려 하셨나니 당신들은 두려워하지 마소서 내가 당신들과 당신들의 자녀를 기르리이다 하고 그들을 간곡한 말로 위로하였더라"(창 50:15-21). 요셉은 진정 화평하게 하는 자(peacemaker)였다.

다윗도 그랬던 사람이다. 그는 자기의 원수인 사울을 죽일 수 있었음에도 두 번이나 살려주었다. 사울은 다윗이 첫 번째 자기를 살려주었을 때 그에게 말했다. "나는 너를 학대하되 너는 나를 선대하니 너는 나보다 의롭도다 네가 나 선대한 것을 오늘 나타냈나니 여호와께서 나를 네 손에 넘기셨으나 네가 나를 죽이지 아니하였도다 사람이 그의 원수를 만나면 그를 평안히 가게 하겠느냐 네가 오늘 내게 행한 일로 말미암아 여호와께서 네게 선으로 갚으시기를 원하노라"(삼상 24:17-19). 다윗은 사울에게 원수를 갚지 않았다. 그 역시 화평하게 하는 자(peace-maker)였다.

신약성경에 오면 화평하게 하는 자로서 스데반이 있다. 그는 자기를 돌로 치는 사람들을 위해 기도했다. "그들이 돌로 스데반을 치니 스데반이 부르짖어 이르되 주 예수여 내 영혼을 받으시옵소서 하고 무릎을 꿇고 크게 불러 이르되 주여 이 죄를 그들에게 돌리지 마옵소서 이 말을 하고 자니라"(행 7:59-60). 스데반은 자기를 핍박하는 자들을 위하여 기도한 화평하게 하는 자(peacemaker)였다.

사도 바울도 화평하게 하는 자(peacemaker)였다. 그는 자기를 버린 사람들을 위해 기도했다. "내가 처음 변명할 때에 나와 함께 한 자가 하나도 없고 다 나를 버렸으나 그들에게 허물을 돌리지 않기를 원하노라"(딤후 4:16).

스데반이나 사도 바울이 이렇게 자기에게 해를 입힌 사람들을 위해 기도한 것은 예수님을 본받은 것이다. 예수님은 자기를 십자가에 못 박은 사람들을 위해 이렇게 기도하셨다. "아버지 저들을 사하여 주옵소서 자기들이 하는 것을 알지 못함이니이다"(눅 23:34). 예수님 자신이 화평하게 하는 자였다. 그래서 예수님은 자신을 좇는 제자들도 화평하게 하는 자라고 말씀하셨다.

우리는 예수님의 제자로서 화평하게 하는 자인가? 원수를 미워하여 원수 갚으려 하고, 악을 악으로 갚으려 하지는 않는가? 또 그렇게 하는 것이 당연하다고 생각하지는 않는가? 원수를 사랑하여 용서하고 화해함으로써 적극적으로 평화를 이루려고 하는가? 우리는 적대적인 세상에서 평화를 만드는 사람인가? 우리에게는 화평하게 하는 특성이 있는가?

앞에서 보았듯, 화평하게 하는 것은 원래 하나님의 특성이고 예수 그리스도의 특성이다. 이러한 특성은 인간이 본디 타고난 것이 아니다. 이러한 특성은 그리스도인이 될 때 주어지는 것이다. 예수님이 마음이 청결한 자 다음에 화평하게 하는 자를 말씀하신 것에 주목하라. 하나님께서 믿음으로 마음을 깨끗하게 하시지 않으면, 원수에게 보복하지 않고 오히려 선을 행하는 것은 불가능하다.

따라서 여기서 말하는 평화는 세상이 말하는 평화와 다르다. 성경이 말하는 평화는 거룩함이 전제된 평화다. "소금은 좋은 것이로되 만일 소금이 그 맛을 잃으면 무엇으로 이를 짜게 하리요 너희 속에 소금을 두고 서로 화목하라[평화하라] 하시니라"(막 9:50). "모든 사람과 더불어 화평함과 거룩함을 따르라 이것이 없이는 아무도 주를 보지 못하리라"(히 12:14). "오직 위로부터 난 지혜는 첫째 성결하고 다음에 화평하고 관용하고 양순하며 긍휼과 선한 열매가 가득하고 편견과 거짓이 없나니"(약 3:17).

화평케 하는 자가 복이 있는 이유

화평하게 하는 자가 복이 있는 이유를 생각해 보자. 예수님은 그 이유를 이렇게 말씀하셨다. "그들이 하나님의 아들이라 일컬음을 받을 것임이요." 이때도 "일컬음을 받을 것임이요"라는 말은 수동태로 되어 있다. 그래서 이 말씀은 하나님에 의해서 그들이 하나님의 아들이라 일컬음을 받을 것임을 의미한다.

그러면 이때 "하나님의 아들(들)"은 무엇을 의미할까? 구원받은 자의 신분을 의미할까? 물론 그런 의미로 사용된 경우가 있다(롬 9:26; 갈 3:26). 그런데 그런 의미에서라면 제자들은 이미 하나님의 아들이다. 그래서 예수님은 그들에게 "하늘에 계신 너희 아버지"라는 표현을 반복해서 사용하셨다(마 5:16, 45, 48). 따라서 그런 의미에서 그들이 하나님의 아들이라 일컬음을 받을 것이라는 말은 성립되지 않는다.

또 '일컬음을 받다'는 구원받은 자의 신분에 대한 선언을 말하지 않는다. 이 말은 구원받은 자의 삶에 대한 평가를 말한다. 이 말이 산상수훈에서 사용된 경우가 한 번 더 있다. "그러므로 누구든지 이 계명 중의 지극히 작은 것 하나라도 버리고 또 그같이 사람을 가르치는 자는 천국에서 지극히 작다 일컬음을 받을 것이요 누구든지 이를 행하며 가르치는 자는 천국에서 크다 일컬음을 받으리라"(마 5:19). 여기서도 '일컬음을 받다'라는 말은 구원받은 자의 삶에 대한 평가를 말한다.

그렇다면 본문에서 예수님이 말씀하신 "하나님의 아들(들)"은 무엇을 의미할까? 그것은 구원받은 자의 삶을 의미한다. 다시 말하면, '하나님의 특성을 지닌 자들'을 뜻한다. 마태복음에서 "…의 아들들"이라는 표현은 그런 의미로 사용된다. "그 나라의 본 자손들[아들들]"(8:12), "혼인집 손님들[아들들]"(9:15), "천국의 아들들 … 악한 자의 아들들" (13:38), "선지자를 죽인 자의 자손[아들들]"(23:31).

물론 하나님의 아들이 이런 의미로 사용된 경우도 있다. "무릇 하나님의 영으로 인도함을 받는 사람은 곧 하나님의 아들이라"(롬 8:14). 따라서 예수님의 말씀은 이런 뜻이다. 화평하게 하는 자들은 하나님께 하나님의 특성을 지닌 자들로 평가받을 것이다.

이러한 이해는 뒤에 오는 산상수훈의 말씀과 일치한다. "나는 너희에게 이르노니 너희 원수를 사랑하며 너희를 박해하는 자를 위하여 기도하라 이같이 한즉 하늘에 계신 너희 아버지의 아들(들)이 되리니 이는 하나님이 그 해를 악인과 선인에게 비추시며 비를 의로운 자와 불의한 자에게 내려주심이라 너희가 너희를 사랑하는 자를 사랑하면 무슨 상이 있으리요 세리도 이같이 아니하느냐 또 너희가 너희 형제에게만 문안하면 남보다 더하는 것이 무엇이냐 이방인들도 이같이 아니하느냐 그러므로 하늘에 계신 너희 아버지의 온전하심과 같이 너희도 온전하라"(마 5:44-48). 여기 "하늘에 계신 너희 아버지의 아들(들)이 되리니"라는 말이 나온다. 이 말은 원수를 사랑하며 핍박하는 자를 위하여 기도함으로써, 하늘에 계신 아버지의 특성을 지닌 사람들이 된다는 의미다. 이 사실은 "하늘에 계신 너희 아버지의 온전하심과 같이 너희도 온전하라"는 말씀에서 더욱 분명하게 드러난다.

그러므로 화평하게 하는 자가 복이 있는 이유는, 그들이 하나님과 같은 특성을 지닌 자로 평가받을 거라는 사실이다. 이것은 화평하게 하는 자가 하나님을 닮은 자로서 칭찬받게 될 것을 의미한다. 자신에게 악을 행하여 해를 입힌 사람에게 복수하지 않고 오히려 선을 행하여 평화를 이루는 것보다 하나님의 특성을 더 잘 보여주는 것은 없다.

하나님은 이런 식으로 우리를 구원하셨다. "여호와께서 내게 이르시되 이스라엘 자손이 다른 신을 섬기고 건포도 과자를 즐길지라도 여호와가 그들을 사랑하나니 너는 또 가서 타인의 사랑을 받아 음녀가 된 그 여자를 사랑하라 하시기로"(호 3:1). "곧 우리가 원수 되었을 때에 그의 아들의 죽으심으로 말미암아 하나님과 화목하게 되었은즉"(롬 5:10). "아버지의 살림을 창녀들과 함께 삼켜 버린 이 아들이 돌아오매 이를 위하여 살진 송아지를 잡으셨나이다"(눅 15:30). 화평하게 하는 것이 죄인인 우리를 구원하신 하나님의 방식이다.

"그들이 하나님의 아들이라 일컬음을 받을 것임이요." 구원받은 자의 삶에 대한 이러한 칭찬은 궁극적으로 주님이 다시 오실 때 주어질 것이다. 그때 하나님은 각 사람이 행한 대로 갚으실 것이기 때문이다. "인자가 아버지의 영광으로 그 천사들과 함께 오리니 그 때에 각 사람이 행한 대로 갚으리라"(마 16:27). "하나님께서 각 사람에게 그 행한 대로 보응하시되"(롬 2:6). "이는 우리가 다 반드시 그리스도의 심판대 앞에 나타나게 되어 각각 선악간에 그 몸으로 행한 것을 따라 받으려 함이라"(고후 5:10). "보라 내가 속히 오리니 내가 줄 상이 내게 있어 각 사람에게 그가 행한 대로 갚아 주리라"(계 22:12). "화평하게 하는 자는 복이 있나니 그들이 하나님의 아들이라 일컬음을 받을 것임이요."

11

의를 위하여 박해를 받은 자는 복이 있나니

의를 위하여 박해를 받은 자는 복이 있나니 천국이 그들의 것임이라

_ 마 5:10

예수님이 말씀하신 팔복의 마지막 내용이다. 여기서 예수님은 제자들을 가리켜 "의를 위하여 박해를 받은 자"로 묘사하셨다. 그러면 의를 위하여 박해를 받은 자는 어떤 사람일까?

의를 위하여 박해를 받은 자

우선 살펴볼 것은 의를 위하여 박해를 받은 자는 앞의 내용 가운데 이미 내포되어 있다는 사실이다. 6절에서 예수님은 "의에 주리고 목마른 자"를 말씀하셨다. 거기에 '의'라는 말이 나온다. 또 9절에서 예수님은 "화평하게 하는 자"를 말씀하셨다. 거기서 화평하게 하는 자는 원수된 관계를 전제한 것이다. "박해를 받은" 것은 이러한 원수 된 관계를 나타낸다. 따라서 본문의 "의를 위하여 박해를 받은 자"는 앞의 내용 가운데 이미 내포된 사실이다.

이처럼 팔복의 마지막 내용은 단지 그리스도인의 여러 특성 중 하나를 말한 게 아니다. 이 내용은 앞에서 말한 그리스도인의 특성에서부터 초래된 것을 말한다. 앞에서 말한 일곱 가지 내용이 그리스도인의 일 차적 특성이라면, 마지막 여덟 번째 내용은 그 특성에서 비롯된 이차적 특성이라고 할 수 있다.

이와 관련하여 주목할 것은 "박해를 받은"이라는 말이 완료시제로 되어 있는 점이다. 이것은 앞에서 현재시제가 사용된 것과 구별된다. 4 절의 "애통하는"과 6절의 "주리고 목마른"은 모두 현재시제로 되어 있 다. 그런데 본문의 "박해를 받은"은 앞에서와 달리 완료시제로 되어 있 다. 이것은 의도적인 변화다. 완료시제는 과거의 행동에서 초래된 현 재의 상태를 나타낸다. 그래서 한글 성경은 현재시제와 구분하기 위해 '박해를 받는'이라고 하지 않고 '박해를 받은'이라고 한 것이다. 만일 현 재 박해받고 있는 사실만을 말하려고 했다면 현재시제가 사용되었을 것이다. 그러나 앞선 행동의 결과로 현재 박해받고 있는 것을 말하려고 한 것이기에 완료시제를 쓴 것이다.

그렇다면 이것은 무엇을 의미할까? 이것은 앞에서 예수님이 말씀하 신 "의에 주리고 목마른" "긍휼히 여기는" "마음이 청결한" "화평하게 하 는" 등의 결과로 현재 박해받는 것을 의미한다. 예수님은 단지 현재 박 해받고 있는 사실만이 아니라, 그것이 앞서 말씀하신 그리스도인의 특 성에서 비롯된 것임을 나타내기 위해 완료시제를 사용하신 것이다. 따 라서 예수님이 말씀하신 팔복의 여덟 번째 내용은 단지 그리스도인의 여러 특성 중 하나가 아니라, 그리스도인의 특성에서 초래된 또 하나의 특성인 것이다. 이처럼 팔복의 마지막 내용은 앞의 내용을 전제한다.

우리가 그리스도인의 특성을 지닐 때 박해는 필연적이다. 박해는 특 별한 그리스도인에게만 주어지는 것이 아니다. 그리스도인이라면 누구나 박해받는 것이 당연하다. 그래서 사도 바울은 디모데에게 이렇게 말했다. "그리스도 예수 안에서 경건하게 살려고 하는 사람은 모두 박해를 받을 것입니다"(딤후 3:12, 새번역).

성경은 여러 곳에서 그리스도인이 받는 박해의 당위성을 말해 준다. "제자들의 마음을 굳게 하여 이 믿음에 머물러 있으라 권하고 또 우리가 하나님의 나라에 들어가려면 많은 환난을 겪어야 할 것이라 하고"(행 14:22). "아무도 이 여러 환난 중에 흔들리지 않게 하려 함이라 우리가 이것을 위하여 세움 받은 줄을 너희가 친히 알리라 우리가 너희와 함께 있을 때에 장차 받을 환난을 너희에게 미리 말하였는데 과연 그렇게 된 것을 너희가 아느니라"(살전 3:3-4). "예수께서 이르시되 내가 진실로 너희에게 이르노니 나와 복음을 위하여 집이나 형제나 자매나 어머니나 아버지나 자식이나 전토를 버린 자는 현세에 있어 집과 형제와 자매와 어머니와 자식과 전토를 백 배나 받되 박해를 겸하여 받고 내세에 영생을 받지 못할 자가 없느니라"(막 10:29-30). "자녀이면 또한 상속자 곧 하나님의 상속자요 그리스도와 함께 한 상속자니 우리가 그와 함께 영광을 받기 위하여 고난도 함께 받아야 할 것이니라"(롬 8:17). "무슨 일에든지 대적하는 자들 때문에 두려워하지 아니하는 이 일을 듣고자 함이라 이것이 그들에게는 멸망의 증거요 너희에게는 구원의 증거니 이는 하나님께로부터 난 것이라 그리스도를 위하여 너희에게 은혜를 주신 것은 다만 그를 믿을 뿐 아니라 또한 그를 위하여 고난도 받게 하려 하심이라 너희에게도 그와 같은 싸움이 있으니 너희가 내 안에서 본 바요 이제도 내 안에서 듣는 바니라"(빌 1:28-30).

그래서 예수님은 열두 제자를 전도하러 보내실 때 이렇게 말씀하셨다. "사람들을 삼가라 그들이 너희를 공회에 넘겨주겠고 그들의 회당에서 채찍질하리라 또 너희가 나로 말미암아 총독들과 임금들 앞에 끌려가리니 이는 그들과 이방인들에게 증거가 되게 하려 하심이라 … 장차 형제가 형제를, 아버지가 자식을 죽는 데에 내주며 자식들이 부모를 대적하여 죽게 하리라 또 너희가 내 이름으로 말미암아 모든 사람에게 미움을 받을 것이나 끝까지 견디는 자는 구원을 얻으리라 이 동네에서 너희를 박해하거든 저 동네로 피하라 내가 진실로 너희에게 이르노니 이스라엘의 모든 동네를 다 다니지 못하여서 인자가 오리라"(마 10:17-18, 21-23).

이처럼 우리가 그리스도인의 특성을 지닐 때 박해는 필연적이다. 따라서 우리가 그리스도인의 특성을 잃게 되면 박해가 사라지는 것은 당연하다. 우리가 그리스도 예수 안에서 경건하게 살려고 하지 않는데 박해를 받을 리 만무하다. 예수님은 이렇게 경고하셨다. "모든 사람이 너희를 칭찬하면 화가 있도다 그들의 조상들이 거짓 선지자들에게 이와 같이 하였느니라"(눅 6:26). 그러므로 우리에게 박해가 사라지고 오히려 모든 사람이 칭찬하는 상황은 위험하다. 그것은 우리가 그리스도인의 특성을 잃어버린 것을 의미하기 때문이다.

그렇다고 일부러 핍박을 받으려고 할 필요는 없다. "박해를 받은"이라는 말은 수동태로 되어 있다. 그리스도인은 원하지 않아도 세상의 박해를 받을 수밖에 없다. 여기에는 이유가 있다. 예수님은 그 이유를 "의를 위하여"라고 말씀하셨다.

이때 의는 앞서 의에 주리고 목마른 자와 같은 의미로 이해함이 마땅하다. 이미 살펴본 대로, 마태복음에는 의가 일곱 번 나온다. 이것은 모두 예수님이 사용하신 것이다. 예수님은 이 말을 일관되게 윤리적 의미로 사용하셨다. 의는 사람의 행실에 대한 것으로 하나님의 요구대로 행한다는 의미다. 그래서 산상수훈에서 이 말은 제자들의 의로운 행실을 가리킨다. 따라서 본문에서 예수님이 말씀하신 것은 이런 뜻이다. 예수님의 제자들은 하나님의 요구대로 행하는 의 때문에 핍박 받은 사람들이다. 다시 말하면, 그리스도인들은 그들의 의로운 행실 때문에 핍박 받은 사람들이다.

마태복음에는 여기에 대한 좋은 예가 소개되어 있다. 마태복음 23장에서 예수님은 서기관들과 바리새인들에게 이렇게 말씀하셨다. "화 있을진저 외식하는 서기관들과 바리새인들이여 너희는 선지자들의 무덤을 만들고 의인들의 비석을 꾸미며 이르되 만일 우리가 조상 때에 있었더라면 우리는 그들이 선지자의 피를 흘리는 데 참여하지 아니하였으리라 하니 그러면 너희가 선지자를 죽인 자의 자손임을 스스로 증명함이로다 너희가 너희 조상의 분량을 채우라 뱀들아 독사의 새끼들아 너희가 어떻게 지옥의 판결을 피하겠느냐 그러므로 내가 너희에게 선지자들과 지혜 있는 자들과 서기관들을 보내매 너희가 그 중에서 더러는 죽이거나 십자가에 못 박고 그 중에서 더러는 너희 회당에서 채찍질하고 이 동네에서 저 동네로 따라다니며 박해하리라 그러므로 의인 아벨의 피로부터 성전과 제단 사이에서 너희가 죽인 바라갸의 아들 사가랴의 피까지 땅 위에서 흘린 의로운 피가 다 너희에게 돌아가리라 내가 진실로 너희에게 이르노니 이것이 다 이 세대에 돌아가리라"(마 23:29-36).

여기 보면, 예수님은 서기관들과 바리새인들이 그의 제자들을 박해할 것을 말씀하셨다. 이때 마태가 강조한 것은 서기관들과 바리새인들이 제자들을 박해하는 이유다. 그것은 그들의 조상들이 선지자들을 박해했던 이유와 같다. 그 이유는 선지자들의 의다. 그래서 마태는 누가와 달리 "선지자들의 무덤"과 함께 "의인들의 비석"을 언급했다. 또 그는 누가와 달리 "아벨" 앞에 "의인"이라는 말을 추가했고, "의로운 피"라는 말도 추가했다. 마태는 서기관들과 바리새인들이 박해하는 이유가 제자들의 의 때문임을 강조한 것이다.

마태는 이것을 의가 없는 서기관들과 바리새인들의 상태와 대조시킨다. "이와 같이 너희도 겉으로는 사람에게 옳게 보이되 안으로는 외식과 불법이 가득하도다"(마 23:28). 여기 "옳게"라는 말은 '의롭게'라는 말이다. 서기관들과 바리새인들은 의로운 척하지만 사실은 그렇지 않다는 것이다. 실제로 서기관들과 바리새인들은 의를 거부한 자들이다. "요한이 의의 도로 너희에게 왔거늘 너희는 그를 믿지 아니하였으되 세리와 창녀는 믿었으며 너희는 이것을 보고도 끝내 뉘우쳐 믿지 아니하였도다"(마 21:32).

그렇다면 마태가 우리에게 보여주는 것은 이런 사실이다. 서기관들과 바리새인들에게는 의가 없다. 그들의 행실은 전혀 의롭지 않다. 그러나 예수님의 제자들에게는 의가 있다. 그들의 행실은 의롭다. 여기서 서기관들과 바리새인들이 예수님의 제자들을 박해하는 이유가 나타난다. 그것은 자기들의 행실은 의롭지 않은데 제자들의 행실은 의로운 것이다. 그래서 제자들의 의가 서기관들과 바리새인들의 의가 없는 실상을 드러내고 정죄하는 것이다. 그렇기 때문에 그들은 예수님의 제자들을 싫어하고 미워할 수밖에 없고 박해하는 것이다. 이것은 빛으로 오신 예수님이 세상에서 미움 받으신 이유와 같다. "악을 행하는 자마다 빛을 미워하여 빛으로 오지 아니하나니 이는 그 행위가 드러날까 함이요"(요 3:20).

이처럼 그리스도인이 세상에서 박해를 받는 이유는 그들의 의 때문이다. 이 사실은 가인이 아벨을 박해한 데서부터 나타났다. "가인 같이 하지 말라 그는 악한 자에게 속하여 그 아우를 죽였으니 어떤 이유로 죽였느냐 자기의 행위는 악하고 그의 아우의 행위는 의로움이라"(요일 3:12). 여호와께서 아벨과 그 제물을 열납하신 것은 아벨의 행실이 의롭기 때문이었다. "믿음으로 아벨은 가인보다 더 나은 제사를 하나님께 드림으로 의로운 자라 하시는 증거를 얻었으니 하나님이 그 예물에 대하여 증언하심이라"(히 11:4). 아벨의 이러한 행위는 가인의 악한 행위를 드러내고 정죄했다. 그래서 가인은 아벨을 미워하여 박해한 것이다.

이처럼 그리스도인의 의, 즉 의로운 행실은 세상 사람의 의가 없는 실상을 드러내고 폭로한다. 그래서 사도 바울은 에베소서 5장 11절에서 이렇게 말한 것이다. "너희는 열매 없는 어둠의 일에 참여하지 말고 도리어 책망하라." 이때 "책망하라"는 '드러내다'(폭로하다) 또는 '정죄하다'라는 뜻이다. 그리스도인이 빛의 자녀들처럼 행함으로써 세상 사람의 어두운 삶을 드러내라는 것이다. 왜냐하면 모든 착함과 의로움과 진실함에 있는 빛의 열매에 의해 열매 없는 어둠의 일이 드러나기 때문이다. 다시 말하면, 그리스도인의 삶이 지닌 윤리성이 세상 사람의 삶이 지닌 비윤리성을 드러내기 때문이다.

그러므로 그리스도인은 세상에서 의 때문에 박해받지 않을 수 없다. 그리스도인은 이 점에서 세상과 다르기 때문이다. 그래서 예수님은 이렇게 말씀하셨다. "너희가 세상에 속하였으면 세상이 자기의 것을 사랑할 것이나 너희는 세상에 속한 자가 아니요 도리어 내가 너희를 세상에서 택하였기 때문에 세상이 너희를 미워하느니라"(요 15:19).

의를 위하여 박해받은 자가 복이 있는 이유

이제 "의를 위하여 박해를 받은 자"가 복이 있는 이유를 살펴보자. 예수님은 그 이유를 이렇게 말씀하셨다. "천국이 그들의 것임이라." 이 것은 앞에서 심령이 가난한 자가 복이 있는 이유와 같다. "심령이 가난한 자는 복이 있나니 천국이 그들의 것임이요"(마 5:3). 이처럼 예수님은 팔복의 처음과 마지막에 같은 내용을 말씀하셨다. 이로써 예수님은 팔복의 모든 내용이 사실상 하나임을 보여주셨다. 따라서 팔복이 묘사하는 그리스도인의 복은 천국을 소유한 자의 복이라고 할 수 있다.

그러면 이때 "천국이 그들의 것임이라"는 무슨 의미일까? 이 말은 천국의 통치에 복종함으로써 그 백성에게 주어지는 혜택을 누린다는 의미다. 그렇다면 예수님의 말씀은 이렇게 이해해야 한다. 의를 위하여 박해를 받은 자는 의로 인한 박해와 별도로 천국을 소유하기 때문에 복이 있는 것이 아니라, 의로 인한 박해를 통해 천국을 누리기 때문에 복이 있는 것이다. 의로 인한 박해는 천국의 통치에 복종할 때 주어지는 혜택인 셈이다.

앞에서 보았듯, 제자들은 "회개하라 천국이 가까이 왔느니라"는 말씀에 반응한 사람들이다. 그들은 천국의 통치에 복종하여 회개한 사람인 것이다. 의로 인한 박해는 이러한 제자들에게 주어진 혜택이다. 그들은 회개하기 전에 그리스도인을 박해한 자로 살아 왔으나 회개한 후에 오히려 세상에서 박해를 받은 자가 된 것이다. 그러므로 제자들이 의로 인해 박해를 받은 것은 현재 천국을 누리는 것이다. 이것이 "천국이 그들의 것임이라"(현재형 동사)는 말의 의미다.

그러면 왜 의를 위하여 박해를 받은 것이 현재 천국을 누리는 것일까? 그 이유는 의를 위하여 박해를 받은 것이 구원의 최종적인 증거가 되기 때문이다. 그래서 사도 바울은 이렇게 말했다. "다만 이뿐 아니라 우리가 환난 중에도 즐거워하나니 이는 환난은 인내를, 인내는 연단을, 연단은 소망을 이루는 줄 앎이로다"(롬 5:3-4). "그러므로 너희가 견디고 있는 모든 박해와 환난 중에서 너희 인내와 믿음으로 말미암아 하나님의 여러 교회에서 우리가 친히 자랑하노라 이는 하나님의 공의로운 심판의 표요 너희로 하여금 하나님의 나라에 합당한 자로 여김을 받게 하려 함이니 그 나라를 위하여 너희가 또한 고난을 받느니라"(살후 1:4-5).

또 사도 베드로는 이렇게 말했다. "그러나 의를 위하여 고난을 받으면 복 있는 자니 그들이 두려워하는 것을 두려워하지 말며 근심하지 말고 너희 마음에 그리스도를 주로 삼아 거룩하게 하고 너희 속에 있는 소망에 관한 이유를 묻는 자에게는 대답할 것을 항상 준비하되 온유와 두려움으로 하고"(벧전 3:14-15). "오히려 너희가 그리스도의 고난에 참여하는 것으로 즐거워하라 이는 그의 영광을 나타내실 때에 너희로 즐거워하고 기뻐하게 하려 함이라 너희가 그리스도의 이름으로 치욕을 당하면 복 있는 자로다 영광의 영 곧 하나님의 영이 너희 위에 계심이라"(벧전 4:13-14).

12

기뻐하고 즐거워하라

나로 말미암아 너희를 욕하고 박해하고 거짓으로 너희를 거슬러
모든 악한 말을 할 때에는 너희에게 복이 있나니 기뻐하고 즐거워하라
하늘에서 너희의 상이 큼이라 너희 전에 있던 선지자들도 이같이 박해하였느니라

_ 마 5:11-12

본문의 형식은 이렇다. 먼저 누가 복이 있는지 말하고("너희에게 복이 있나니"), 그다음 복이 있는 이유를 밝힌다("하늘에서 너희의 상이 큼이라"). 이처럼 본문은 형식상 팔복과 유사하다. 그래서 본문은 아홉 번째 복으로 간주되기도 한다. 그러나 본문의 내용은 새로운 복을 말한 게 아니라 여덟 번째 복을 확대한 것이다. 본문은 여덟 번째 복과 마찬가지로 박해에 대해 말한다. "나로 말미암아 너희를 욕하고 박해하고 거짓으로 너희를 거슬러 모든 악한 말을 할 때에는 … 너희 전에 있던 선지자들도 이같이 박해하였느니라." 이처럼 본문은 내용상 앞에 나온 팔복과 연결된다.

그런데 본문이 앞에 나온 팔복과 다른 점이 있다. 바로 본문이 제자들에 대해서만 말하지 않는다는 점이다. 본문은 제자들뿐 아니라 그들을 박해하는 사람들에 대해서 말한다. "나로 말미암아 (그들이) 너희를 욕하고 박해하고 거짓으로 너희를 거슬러 모든 악한 말을 할 때에는 … (그들이) 너희 전에 있던 선지자들도 이같이 박해하였느니라." 그래서 제자들은 2인칭 복수("너희")로, 그들을 박해하는 사람들은 3인칭 복

수("그들")로 표현된다. 이 점에서 본문은 뒤에 오는 13-16절의 내용과 연결된다. 거기서도 제자들은 "너희"로, 그들 주위의 사람들은 "그들"로 표현된다.

박해에 대한 제자들의 반응

따라서 본문은 제자들이 그들을 박해하는 사람들 속에서 취해야 할 모습에 초점을 맞춘다. 제자들은 박해하는 사람들에게 어떤 반응을 보여야 할까? 예수님은 이에 대해 이렇게 말씀하셨다. "기뻐하고(카이로) 즐거워하라(아갈리아오)." 예수님이 이렇게 비슷한 말을 겹쳐 사용하신 것은 강조를 나타낸다. 이러한 표현은 장차 나타날 그리스도의 영광에 대한 기쁨을 말할 때 사용된다. "오히려 너희가 그리스도의 고난에 참여하는 것으로 즐거워하라 이는 그의 영광을 나타내실 때에 너희로 즐거워하고(카이로) 기뻐하게(아갈리아오) 하려 함이라"(벧전 4:13). 또 이러한 표현은 장차 있을 어린 양의 혼인 잔치에서의 기쁨을 말할 때 사용된다. "우리가 즐거워하고(카이로) 크게 기뻐하며(아갈리아오) 그에게 영광을 돌리세 어린 양의 혼인 기약이 이르렀고 그의 아내가 자신을 준비하였으므로"(계 19:7). 이처럼 예수님이 말씀하신 것은 강조된 기쁨이다.

제자들은 그들을 박해하는 사람들에게 이런 기쁨의 반응을 보여야 한다. 이것은 매우 역설적이다. 그러나 이것이 사실이다. 예수님의 제자들은 그들을 박해하는 사람들에게 이런 기쁨의 반응을 보이곤 했다. 사도행전에는 이러한 제자들의 모습이 나타난다. "그들이 옳게 여겨 사도들을 불러들여 채찍질하며 예수의 이름으로 말하는 것을 금하고 놓으니 사도들은 그 이름을 위하여 능욕 받는 일에 합당한 자로 여기심을 기뻐하면서 공회 앞을 떠나니라"(행 5:40-41). "이에 유대인들이 경건한 귀부인들과 그 시내 유력자들을 선동하여 바울과 바나바를 박해하게 하여 그 지역에서 쫓아내니 두 사람이 그들을 향하여 발의 티끌을 떨어 버리고 이고니온으로 가거늘 제자들은 기쁨과 성령이 충만하니라"(행 13:50-52). "무리가 일제히 일어나 고발하니 상관들이 옷을 찢어 벗기고 매로 치라 하여 많이 친 후에 옥에 가두고 간수에게 명하여 든든히 지키라 하니 그가 이러한 명령을 받아 그들을 깊은 옥에 가두고 그 발을 차꼬에 든든히 채웠더니 한밤중에 바울과 실라가 기도하고 하나님을 찬송하매 죄수들이 듣더라"(행 16:22-25).

사도 바울은 박해 속에서 복음을 받아들인 데살로니가 성도들에게 이렇게 썼다. "또 너희는 많은 환난 가운데서 성령의 기쁨으로 말씀을 받아 우리와 주를 본받은 자가 되었으니 … 형제들아 너희가 그리스도 예수 안에서 유대에 있는 하나님의 교회들을 본받은 자 되었으니 그들이 유대인들에게 고난을 받음과 같이 너희도 너희 동족에게서 동일한 고난을 받았느니라"(살전 1:6; 2:14). 그런데 누구보다도 박해 속에서 기뻐하는 모습을 보인 사람은 사도 바울 자신이다. "만일 너희 믿음의 제물과 섬김 위에 내가 나를 전제로 드릴지라도 나는 기뻐하고 너희 무리와 함께 기뻐하리니"(빌 2:17). "나는 이제 너희를 위하여 받는 괴로움을 기뻐하고 그리스도의 남은 고난을 그의 몸된 교회를 위하여 내 육체에 채우노라"(골 1:24). 또 사도 베드로는 박해받는 성도들에게 이렇게 썼다. "그러므로 너희가 이제 여러 가지 시험으로 말미암아 잠깐 근심하게 되지 않을 수 없으나 오히려 크게 기뻐하는도다"(벧전 1:6).

하늘의 상

이처럼 예수님의 제자는 박해하는 사람들 속에서 기뻐하고 즐거워하는 모습을 보여야 한다. 그러면 예수님의 제자들이 박해 속에서도 이런 모습을 보일 수 있는 이유는 무엇일까? 예수님은 그 이유를 이렇게 말씀하셨다. "하늘에서 너희의 상이 큼이라."

마태복음에서 하늘은 하나님을 가리키는 표현이다. 마태는 '하나님의 나라'보다 '하늘나라'(천국)라는 말을 선호한다. 또 마태는 '하나님(너희, 우리, 내) 아버지' 대신 '하늘에 계신 (너희, 우리, 내) 아버지'라는 말을 사용한다. 따라서 예수님이 말씀하신 제자들의 상은 하나님이 주시는 것이다. 이것은 6장 1절의 "하늘에 계신 너희 아버지께 상을 받지 못하느니라"는 말씀과 일치한다.

중요한 것은 이것이다. 예수님은 제자들의 상이 무엇인지 말씀하시지 않았지만, 그들의 상이 크다고 하셨다. 그래서 제자들은 이러한 상을 생각할 때, 그들이 받는 어떤 박해 속에서도 기뻐하고 즐거워할 수 있는 것이다. 다시 말하면, 제자들이 장차 받게 될 상은 현재 받는 박해를 능가할 것이기 때문에, 어떤 박해 속에서도 기뻐하고 즐거워할 수 있는 것이다. 예수님은 이 사실을 이렇게 보여주셨다. "나로 말미암아 너희를 욕하고 박해하고 거짓으로 너희를 거슬러 모든 악한 말을 할 때에는 너희에게 복이 있나니 … 하늘에서 너희의 상이 큼이라."

우리는 여기에 대한 실례를 히브리서에서 발견할 수 있다. 먼저 성도들의 예가 있다. "전날에 너희가 빛을 받은 후에 고난의 큰 싸움을 견디어 낸 것을 생각하라 혹은 비방과 환난으로써 사람에게 구경거리가 되고 혹은 이런 형편에 있는 자들과 사귀는 자가 되었으니 너희가 간힌 자를 동정하고 너희 소유를 빼앗기는 것도 기쁘게 당한 것은 더 낫고 영구한 소유가 있는 줄 앎이라 그러므로 너희 담대함을 버리지 말라 이것이 큰 상을 얻게 하느니라"(히 10:32-35). 성도들은 "더 낫고 영구한 소유"가 있음을 알았기에 소유를 빼앗기는 것도 기쁘게 당한 것이다.

그다음 모세의 예가 있다. "믿음으로 모세는 장성하여 바로의 공주의 아들이라 칭함 받기를 거절하고 도리어 하나님의 백성과 함께 고난 받기를 잠시 죄악의 낙을 누리는 것보다 더 좋아하고 그리스도를 위하여 받는 수모를 애굽의 모든 보화보다 더 큰 재물로 여겼으니 이는 상 주심을 바라봄이라"(히 11:24-26). 모세는 장차 받게 될 상이 현재의 고난과 수모를 능가하는 것임을 알았기에 고난과 수모를 기꺼이 받은 것이다.

마지막으로 무엇보다 중요한 것은 예수 그리스도의 예다. "믿음의 주요 또 온전하게 하시는 이인 예수를 바라보자 그는 그 앞에 있는 기쁨을 위하여 십자가를 참으사 부끄러움을 개의치 아니하시더니 하나님 보좌 우편에 앉으셨느니라"(히 12:2). 예수님은 하나님 보좌 우편에 앉을 것에 비하면 십자가에서 당하는 부끄러움은 무시할 수 있었다.

이처럼 우리가 박해 속에서 기뻐하고 즐거워할 수 있는 이유는 여기 있다. 우리가 장차 받게 될 상은 우리가 현재 받는 박해를 능가하기 때문이다. "하늘에서 너희의 상이 큼이라."

이와 관련해 우리가 주목할 것이 있다. 마태가 제자들이 받는 박해를 이런 말로 설명한 점이다. "나로 말미암아 너희를 욕하고 박해하고 거짓으로 너희를 거슬러 모든 악한 말을 할 때에는."

우선 마태는 앞에서 말한 "의를 위하여"라는 말을 "나로 말미암아"로 바꾼다. 마태복음에는 예수님께서 제자들이 박해받는 이유를 "나로 말미암아"라고 말씀하신 곳이 더 있다. 예수님은 열두 제자를 전도하러 보내시면서 이렇게 말씀하셨다. "또 너희가 나로 말미암아 총독들과 임금들 앞에 끌려가리니 이는 그들과 이방인들에게 증거가 되게 하려 하심이라"(마 10:18). "자기 목숨을 얻는 자는 잃을 것이요 나를 위하여(=나로 말미암아) 자기 목숨을 잃는 자는 얻으리라"(마 10:39). 또 예수님은 제자들에게 자신의 고난과 죽음, 그리고 부활을 처음으로 가르치면서 이렇게 말씀하셨다. "누구든지 제 목숨을 구원하고자 하면 잃을 것이요 누구든지 나를 위하여(=나로 말미암아) 제 목숨을 잃으면 찾으리라"(마 16:25). 이처럼 제자들이 박해받는 이유는 예수님 때문이다.

그다음 마태는 사람들이 제자들을 박해하는 것을 세 가지로 묘사한다. 그것은 '욕하다' '박해하다' '거짓으로 너희를 거슬러 모든 악한 말을 하다' 등이다. 그런데 이 세 가지 묘사는 사람들이 예수님을 박해한 것을 말할 때 사용된 것과 같다.

- 욕하다: "함께 십자가에 못 박힌 강도들도 이와 같이 욕하더라"(마 27:44)
- 박해하다: "그러므로 안식일에 이러한 일을 행하신다 하여 유대인들이 예수를 박해하게 된지라"(요 5:16)
- 거짓으로 너희를 거슬러 모든 악한 말을 하다: 이것은 예수님이 귀신 들려 눈멀고 벙어리 된 자를 고쳐주셨을 때 바리새인들이 한 말과 관련이 있다. 그때 바리새인들은 예수님에 대해 이렇게 말했다. "이가 귀신의 왕 바알세불을 힘입지 않고는 귀신을 쫓아내지 못하느니라"(마 12:24). 그러자 여기에 대해 예

수님은 이렇게 말씀하셨다. "또 누구든지 말로 인자를 거역하면 사하심을 얻되 누구든지 말로 성령을 거역하면 이 세상과 오는 세상에서도 사하심을 얻지 못하리라 나무도 좋고 열매도 좋다 하든지 나무도 좋지 않고 열매도 좋지 않다 하든지 하라 그 열매로 나무를 아느니라 독사의 자식들아 너희는 악하니 어떻게 선한 말을 할 수 있느냐 이는 마음에 가득한 것을 입으로 말함이라"(마 12:32-34). 예수님은 바리새인들이 예수님을 거스려 악한 말을 한 것을 지적하신 것이다. 그런데 예수님은 제자들도 동일한 일을 겪을 거라고 말씀하셨다. "제자가 그 선생보다, 또는 종이 그 상전보다 높지 못하나니 제자가 그 선생 같고 종이 그 상전 같으면 족하도다 집 주인을 바알세불이라 하였거든 하물며 그 집 사람들이랴"(마 10:24-25)

따라서 마태가 강조한 것은 이것이다. 제자들이 받는 박해는 단순한 박해가 아니라는 것이다. 그 박해는 예수님이 받으신 박해와 같다는 것이다. 우선 박해의 이유가 같다. "나로 말미암아." 또 박해의 방법이 같다. "너희를 욕하고 박해하고 거짓으로 너희를 거슬러 모든 악한 말을 할." 그러므로 제자들이 받는 박해는 그리스도가 받으신 박해에 참여하는 것이다.

그렇다면 제자들이 받게 될 상 역시 그리스도와 무관하지 않다. 왜냐하면 그리스도는 박해를 받으신 후에 영광을 받으셨기 때문이다. "그리스도가 이런 고난을 받고 자기의 영광에 들어가야 할 것이 아니냐 하시고"(눅 24:26). "사람의 모양으로 나타나사 자기를 낮추시고 죽기까지 복종하셨으니 곧 십자가에 죽으심이라 이러므로 하나님이 그를 지

극히 높여 모든 이름 위에 뛰어난 이름을 주사"(빌 2:8-9). "자기 속에
계신 그리스도의 영이 그 받으실 고난과 후에 받으실 영광을 미리 증
언하여 누구를 또는 어떠한 때를 지시하시는지 상고하니라"(벧전 1:11).
"죽음의 고난 받으심으로 말미암아 영광과 존귀로 관을 쓰신 예수"(히
2:9). "그는 그 앞에 있는 기쁨을 위하여 십자가를 참으사 부끄러움을
개의치 아니하시더니 하나님 보좌 우편에 앉으셨느니라"(히 12:2).

따라서 제자들은 그리스도가 받으신 박해에 참여함으로써 그리스도
의 영광에도 참여하게 된다. "자녀이면 또한 상속자 곧 하나님의 상속
자요 그리스도와 함께 한 상속자니 우리가 그와 함께 영광을 받기 위
하여 고난도 함께 받아야 할 것이니라"(롬 8:17). "참으면 또한 함께 왕
노릇 할 것이요 우리가 주를 부인하면 주도 우리를 부인하실 것이라"
(딤후 2:12). "너희 중 장로들에게 권하노니 나는 함께 장로 된 자요 그
리스도의 고난의 증인이요 나타날 영광에 참여할 자니라"(벧전 5:1). "또
내가 보좌들을 보니 거기에 앉은 자들이 있어 심판하는 권세를 받았더
라 또 내가 보니 예수를 증언함과 하나님의 말씀 때문에 목 베임을 당
한 자들의 영혼들과 또 짐승과 그의 우상에게 경배하지 아니하고 그들
의 이마와 손에 그의 표를 받지 아니한 자들이 살아서 그리스도와 더
불어 천 년 동안 왕 노릇 하니"(계 20:4).

그래서 사도 베드로는 우리가 박해를 받을 때 가져야 할 태도에 대
해 이렇게 말한다. "사랑하는 자들아 너희를 연단하려고 오는 불 시험
을 이상한 일 당하는 것 같이 이상히 여기지 말고 오히려 너희가 그리
스도의 고난에 참여하는 것으로 즐거워하라 이는 그의 영광을 나타내
실 때에 너희로 즐거워하고 기뻐하게 하려 함이라 너희가 그리스도의
이름으로 치욕을 당하면 복 있는 자로다 영광의 영 곧 하나님의 영이

너희 위에 계심이라 너희 중에 누구든지 살인이나 도둑질이나 악행이나 남의 일을 간섭하는 자로 고난을 받지 말려니와 만일 그리스도인으로 고난을 받으면 부끄러워하지 말고 도리어 그 이름으로 하나님께 영광을 돌리라"(벧전 4:12-16).

그런데 예수님은 여기에 이런 말씀을 추가하셨다. "(그들이) 너희 전에 있던 선지자들도 이같이 박해하였느니라." 사람들이 선지자를 박해했다는 사실은 포도원 농부의 비유에서도 나타난다. "열매 거둘 때가 가까우매 그 열매를 받으려고 자기 종들을 농부들에게 보내니 농부들이 종들을 잡아 하나는 심히 때리고 하나는 죽이고 하나는 돌로 쳤거늘 다시 다른 종들을 처음보다 많이 보내니 그들에게도 그렇게 하였는지라"(마 21:34-36). 또 이 사실은 서기관들과 바리새인들을 향한 책망에서도 나타난다. "화 있을진저 외식하는 서기관들과 바리새인들이여 너희는 선지자들의 무덤을 만들고 의인들의 비석을 꾸미며 이르되 만일 우리가 조상 때에 있었더라면 우리는 그들이 선지자의 피를 흘리는 데 참여하지 아니하였으리라 하니"(마 23:29-30).

스데반은 유대인들에게 박해받아 죽임을 당하기 전 이렇게 말했다. "너희 조상들이 선지자들 중의 누구를 박해하지 아니하였느냐 의인이 오시리라 예고한 자들을 그들이 죽였고 이제 너희는 그 의인을 잡아 준 자요 살인한 자가 되나니"(행 7:52). 사람들은 이렇게 선지자들을 박해했지만, 거짓 선지자들은 칭찬했다. "모든 사람이 너희를 칭찬하면 화가 있도다 그들의 조상들이 거짓 선지자들에게 이와 같이 하였느니라"(눅 6:26). 이런 점에서 박해는 선지자들의 표지가 된다.

마찬가지로 박해는 제자들의 표지가 된다. "세상이 너희를 미워하면 너희보다 먼저 나를 미워한 줄을 알라 너희가 세상에 속하였으면 세상이 자기의 것을 사랑할 것이나 너희는 세상에 속한 자가 아니요 도리어 내가 너희를 세상에서 택하였기 때문에 세상이 너희를 미워하느니라 내가 너희에게 종이 주인보다 더 크지 못하다 한 말을 기억하라 사람들이 나를 박해하였은즉 너희도 박해할 것이요 내 말을 지켰은즉 너희 말도 지킬 것이라"(요 15:18-20). "내가 아버지의 말씀을 그들에게 주었사오매 세상이 그들을 미워하였사오니 이는 내가 세상에 속하지 아니함 같이 그들도 세상에 속하지 아니함으로 인함이니이다"(요 17:14).

박해는 오늘 우리가 예수님의 제자 된 표지다. 바울은 갈라디아서에서 박해에 대해 여러 번(1:13, 23; 4:29; 5:11; 6:12) 언급한 다음 자신에 대해 이렇게 말한다. "이 후로는 누구든지 나를 괴롭게 하지 말라 내가 내 몸에 예수의 흔적을 지니고 있노라"(갈 6:17).

13
세상의 소금

너희는 세상의 소금이니 소금이 만일 그 맛을 잃으면 무엇으로 짜게 하리요 후에는 아무 쓸 데 없어 다만 밖에 버려져 사람에게 밟힐 뿐이니라

_ 마 5:13

마태에 따르면, 예수님이 산에서 가르치실 때 맨 처음 제자들의 특성(정체성)을 말씀하셨다. 그것이 이른바 팔복의 말씀이다. 그 내용은 "심령이 가난한 자"에 대한 것으로 시작해 "의를 위하여 박해를 받은 자"에 대한 것으로 끝난다. 이 마지막 내용과 관련해 예수님은 제자들이 그들을 박해하는 사람에게 어떤 반응을 보일 것인지 말씀하셨다. 그것이 "기뻐하고 즐거워하라"는 말씀이다. 그 이유는 제자들이 받을 상이 그들이 받는 박해를 능가하기 때문이다. 예수님은 그 사실을 이렇게 말씀하셨다. "하늘에서 너희의 상이 큼이라." 그런 다음, 예수님은 제자들의 관심을 그들 외부로 돌리게 하셨다. 그것이 "너희는 세상의 소금이니"라는 말씀이고, "너희는 세상의 빛이라"는 말씀이다. 여기 "세상의 소금이니"라고 할 때 세상은 '땅'이라는 말인데, 뒤에 오는 '세상'과 같은 의미로 볼 수 있다. 땅이나 세상은 일반적으로 인간 사회 전체를 가리킨다.

따라서 "너희는 세상의 소금이니"라고 할 때, 예수님이 말씀하신 것은 제자들이 인간 사회 속에서 갖는 역할 또는 사명이다. 제자들이 존재하는 목적은 그들 자신에게 있지 않다. 그 목적은 인간 사회 전체에 있다. 제자들은 자신이 아니라 세상을 위해 존재한다. 마틴 루터는 그 사실을 이렇게 말했다. "소금은 혼자 소금이 아니다. 그것은 스스로 소금을 칠 수 없다."[20] 또 존 웨슬리는 이와 관련해 이렇게 말했다. "기독교는 본질적으로 사회적 종교다."[21]

이 사실은 예수님이 이미 말씀하신 제자들의 특성과 관련 있다. 제자들의 특성은 수직적 차원에서 하나님과 자신에 대한 것만 있는 것이 아니다. 수평적 차원에서 다른 사람들에 대한 것도 있다. "온유한 자"는 다른 사람을 대하는 제자들의 특성을 말한다. "긍휼히 여기는 자" 역시 다른 사람을 대하는 제자들의 특성을 말한 것이다. "화평하게 하는 자"도 마찬가지다. 물론 이러한 특성은 하나님과 자신을 대하는 특성과 무관하지 않다. 중요한 것은, 제자들의 특성이 하나님과 자신을 대하는 것에서만 나타나지 않고 다른 사람을 대하는 데서도 나타난다는 점이다.

소금의 유용성

그래서 예수님은 제자들이 자신이 아니라 세상을 위해 존재한다고 말씀하신 것이다. 그것이 "너희는 세상의 소금이니"라는 말씀의 의미

---

20 W. D. Davies and D. C. Allison Jr., *A Critical and Exegetical Commentary on the Gospel According to Saint Matthew*, ICC (Edinburgh: Clark, 1988), 1:473에서 재인용.

21 John Wesley, *The Sermon on the Mount According to J. Wesley*, 『웨슬리가 전한 산상수훈』, 양재훈 역(서울: kmc, 2015), p.123.

다. 여기서 우리는 소금의 의미에 대해 살펴볼 필요가 있다. 그것은 세상에서 제자들이 갖는 역할과 사명을 말해 주기 때문이다.

밝혀진 바로는 소금의 용도는 아주 다양하다. 그 가운데 가장 대표적인 용도 두 가지가 있다. 하나는 맛을 내는 것이고, 또 하나는 부패를 막는 것이다. 그런데 이 두 가지를 명확히 구분하기는 어렵다. 두 가지는 모두 소금의 짠맛에서 나오기 때문이다. 결국 어느 쪽이든 예수님이 말씀하신 것은 소금이 갖는 필수적인 유용성이다. 소금이 없는 세상은 상상할 수 없다. 마찬가지로 제자들이 없는 세상도 상상할 수 없다. 제자들은 그들의 특성으로 인해 세상에서 필수적으로 유용한 존재다. 그래서 예수님은 이렇게 말씀하셨다. "너희는 세상의 소금이니." 예수님은 다른 곳에서도 제자들의 특성을 소금의 맛으로 비유하셨다.

1. 마가복음 9장 50절 말씀이다. "소금은 좋은 것이로되 만일 소금이 그 맛을 잃으면 무엇으로 이를 짜게 하리요 너희 속에 소금을 두고 서로 화목하라 하시니라." 이때 소금의 맛은 앞에 나온 내용에서 드러난다. "만일 네 손이 너를 범죄하게 하거든 찍어버리라 장애인으로 영생에 들어가는 것이 두 손을 가지고 지옥 곧 꺼지지 않는 불에 들어가는 것보다 나으니라 (없음) 만일 네 발이 너를 범죄하게 하거든 찍어버리라 다리 저는 자로 영생에 들어가는 것이 두 발을 가지고 지옥에 던져지는 것보다 나으니라 (없음) 만일 네 눈이 너를 범죄하게 하거든 빼버리라 한 눈으로 하나님의 나라에 들어가는 것이 두 눈을 가지고 지옥에 던져지는 것보다 나으니라 거기에서는 구더기도 죽지 않고 불도 꺼지지 아니하느니라 사람마다 불로써 소금 치듯 함을 받으리라"(막 9:43-49). 이 말씀에 따르면, 소금의 맛은 손이 범죄하게 하면 찍어버리고, 발이 범죄하게 하면 찍어버리고, 눈이 범죄하게 하면 빼어버리는

데 있다. 여기서 제자들의 특성이 드러난다. 그것은 범죄하지 않으려는 단호한 자세다.

2. 누가복음 14장 34-35절 말씀이다. "소금이 좋은 것이나 소금도 만일 그 맛을 잃으면 무엇으로 짜게 하리요 땅에도, 거름에도 쓸 데 없어 내버리느니라 들을 귀가 있는 자는 들을지어다 하시니라." 이때 소금의 맛은 역시 앞에 나온 내용에서 드러난다. "너희 중의 누가 망대를 세우고자 할진대 자기의 가진 것이 준공하기까지에 족할는지 먼저 앉아 그 비용을 계산하지 아니하겠느냐 그렇게 아니하여 그 기초만 쌓고 능히 이루지 못하면 보는 자가 다 비웃어 이르되 이 사람이 공사를 시작하고 능히 이루지 못하였다 하리라 또 어떤 임금이 다른 임금과 싸우러 갈 때에 먼저 앉아 일만 명으로써 저 이만 명을 거느리고 오는 자를 대적할 수 있을까 헤아리지 아니하겠느냐 만일 못할 터이면 그가 아직 멀리 있을 때에 사신을 보내어 화친을 청할지니라 이와 같이 너희 중의 누구든지 자기의 모든 소유를 버리지 아니하면 능히 내 제자가 되지 못하리라"(눅 14:28-33). 이 말씀에 따르면, 소금의 맛은 제자로서 자기의 모든 소유를 버리는 데 있다. 여기서 제자들의 특성이 드러난다. 그것은 제자로서 어떤 대가라도 치르려는 헌신적 자세다.

사도 바울도 제자들의 특성을 소금의 맛으로 비유한 적이 있다. "너희 말을 항상 은혜 가운데서 소금으로 맛을 냄과 같이 하라 그리하면 각 사람에게 마땅히 대답할 것을 알리라"(골 4:6). 바울은 항상 은혜 가운데 말하는 것을 "소금으로 맛을 냄"에 비유한다. 이때 소금의 맛은 말을 항상 은혜롭게 하는 데 있다. 여기서 제자들의 특성은 말로써 다른 사람에게 은혜를 끼치려는 신중한 자세다. 이것은 바울이 에베소서에서 말한 내용이기도 하다. "무릇 더러운 말은 너희 입 밖에도 내지 말고 오직 덕을 세우는 데 소용되는 대로 선한 말을 하여 듣는 자들에게 은혜를 끼치게 하라"(엡 4:29).

그러면 본문에서 예수님이 말씀하신 소금의 맛은 어디 있는 것일까? 그것은 앞에 나온 팔복의 말씀에 나타나 있다. 팔복의 말씀에 따르면, 소금의 맛은 심령이 가난한, 애통하는, 온유한, 의에 주리고 목마른, 긍휼히 여기는, 마음이 청결한, 화평하게 하는, 의를 위하여 박해를 받은 데 있다. 여기서 제자들의 특성이 드러난다. 그것은 다른 말로 하면 천국을 소유한 자, 즉 천국 백성의 특성이다. 왜냐하면 예수님은 팔복의 처음과 마지막에서 제자들의 특성을 천국을 소유한 자에 대한 것으로 말씀하셨기 때문이다(마 5:3, 10).

제자들이 세상에서 필수적으로 유용한 존재인 것은 바로 이 점에서다. 제자들은 천국 백성의 특성을 지녔기에 예수님이 그들을 가리켜 "너희는 세상의 소금이니"라고 말씀하신 것이다. 제자들은 세상이 갖지 못한 것을 가졌고, 세상이 줄 수 없는 것을 주기 때문에 세상의 소금인 것이다. 만일 제자들도 세상이 가진 것을 가졌을 뿐이고, 세상이 줄 수 있는 것을 주는 것뿐이라면, 그들은 세상의 소금일 수 없다.

그렇다면 우리가 성공하고 출세하는 것, 부자가 되고 행복해지는 것, 쉼과 치유를 얻는 것 등으로는 세상의 소금일 수 없다. 세상도 나름대로 그러한 것을 갖고 있고 줄 수 있기 때문이다. 만일 교회가 돈과 권력으로 세상에 기여할 수 있다고 생각한다면 큰 오산이다. 교회가 세상에 기여할 수 있다면, 그것은 교회가 팔복에 나타난 천국 백성의 특성을 보여줄 때다. 그때 교회는 세상의 소금인 것이다.

그러므로 우리가 세상에 영향을 끼치기 위해 중요한 것은, 예수님이 말씀하신 팔복의 내용처럼 천국 백성의 특성을 지닌 자인가 하는 것이다. 우리는 심령이 가난한 자인가? 우리는 하나님 앞에서 자신의 실상을 보게 된 사람인가? 다시 말하면, 우리는 하나님이 우리를 보시는 것처럼 자신을 보는 사람인가? 우리는 애통하는 자인가? 우리는 하나님 앞에서 자신의 실상을 보게 된 결과, 자신과 다른 사람의 죄에 대해 슬퍼하는 사람인가? 우리는 온유한 자인가? 우리는 자신과 다른 사람의 죄에 대해 슬퍼하기 때문에 다른 사람을 대하는 태도가 달라진 사람인가? 우리는 의에 주리고 목마른 자인가? 우리는 하나님의 요구대로 행하려는 갈망, 성화에 대한 갈망이 있는 사람인가? 우리는 긍휼히 여기는 자인가? 우리는 의에 속한 것으로서 비참에 처한 사람들에 대한 선함이 있는 사람인가? 우리는 마음이 청결한 자인가? 우리는 믿음으로 그리스도와 연합함으로써 마음이 거룩하게 된 사람인가? 우리는 화평하게 하는 자인가? 우리는 예수님처럼 원수 된 관계 속에서 적극적으로 평화를 이루는 사람인가? 우리는 의를 위하여 핍박을 받은 자인가? 우리는 앞에서 말한 심령이 가난한, 애통하는, 온유한, 의에 주리고 목마른, 긍휼히 여기는, 마음이 청결한, 화평하게 하는 등의 결과로 핍박을 받은 사람인가?

만일 우리가 그러한 사람이라면 우리는 세상의 소금이다. 우리는 예수님의 제자로서 또는 천국 백성으로서 갖는 특성을 통해 세상에 유익을 끼치게 되는 것이다.

예를 들어보자. 오늘 우리 사회에서 정의는 무슨 일을 했든지 기소당하지만 않으면 그만이고, 기소당하더라도 무죄 판결을 받기만 하면 문제가 없다는 식이다. 물론 여기에는 권력과 여론의 압력이 작용하고, 검사나 판사가 정의롭지 못한 경우도 많은 게 사실인 것 같다. 그래서 어떻게든 법의 단죄를 피하기만 하면 괜찮다는 인식이 우리 사회에 널리 퍼져 있다.

그러나 예수님이 말씀하신 제자들의 특성은 이런 인식과는 거리가 한참 멀다. 그들은 의에 주리고 목마른 자이고, 마음이 청결한 자이고, 의를 위하여 핍박을 받은 자다. 그렇다면 제자들은 세상 사람과 얼마나 다른가! 이런 점에서 그들은 세상의 소금이다. 그들이 없다면 세상은 진정한 의가 무엇인지 알 수 있을까? 그들이 없다면 세상은 과연 진정한 사회의 정의를 말할 수 있을까?

맛을 잃은 소금

그런데 문제는 제자들이 세상에서 그 특성을 보여주지 못하는 것이다. 그래서 본문에서 예수님은 제자들에게 경고를 추가하셨다. "소금이 만일 그 맛을 잃으면 무엇으로 짜게 하리요 후에는 아무 쓸 데 없어 다만 밖에 버려져 사람에게 밟힐 뿐이니라." 이것은 제자들이 그들의 특성을 잃게 될 경우에 대한 경고다. 제자들의 특성은 그들에게 독특한 것이다. 다시 말하면, 팔복에 나타난 천국 백성의 특성은 제자들에게서만 볼 수 있다. 따라서 그들이 이러한 특성을 잃는 것은 매우 심각한 상황이다. 예수님은 그것을 이렇게 말씀하셨다. "소금이 만일 그 맛을 잃으면 무엇으로 짜게 하리요."

더 나아가 소금이 그 맛을 잃으면 더 이상 아무 데도 쓸데없는 것이 되고 만다. 그래서 예수님은 또 말씀하셨다. "후에는 아무 쓸 데 없어 다만 밖에 버려져 사람에게 밟힐 뿐이니라." 그러므로 소금이 쓸데 있는 것은 오직 그 맛을 잃지 않을 때다. 제자들이 세상의 소금인 것은 제자로서의 특성을 잃지 않을 때다. 이것은 오늘날 교회에 중요한 의미를 갖는다. 교회가 쓸데 있는 것은 교회가 천국 백성의 특성을 잃지 않을 때다. 만일 교회가 천국 백성의 특성을 잃게 되면, 교회는 더 이상 아무 데도 쓸데없는 것이 되고 만다.

이런 점에서 중요한 것은 교회의 규모나 수가 아니다. 물론 이 말이 한 영혼을 중요하게 여기지 않는 태도를 합리화하는 것이 되어서는 안 된다. 그렇지만 세상에서 교회의 역할과 사명을 생각할 때, 중요한 것은 교회가 지닌 천국 백성의 특성이다. 비록 규모가 작은 교회라 하더 라도 천국 백성의 특성을 잃지 않으면 사회에 영향을 끼치게 된다. 그러나 아무리 규모가 큰 교회라 하더라도 천국 백성의 특성을 잃으면 사회에 대한 영향력을 잃고 만다. 오히려 사회의 지탄을 받게 된다. 이 것은 천국 백성의 특성을 잃은 교회가 세상에서 받게 될 심판이다. "너 희는 세상의 소금이니"라고 말씀하시면서 예수님이 강조하신 것은, 제 자들이 천국 백성의 특성을 잃지 않을 때 세상의 소금으로서 사명을 다하게 된다는 사실이다.

따라서 교회는 무엇보다 교인들이 천국 백성의 특성을 함양하도록 힘써야 한다. 교회가 일차적으로 힘써야 할 것은 자선 사업이 아니다. 우리 사회의 정치, 경제, 사회 문제를 해결하는 데 나서는 것도 아니다. 교회는 이런 식으로 세상에 영향을 끼치도록 부름받지 않았다. 교회는 무엇보다 먼저 천국 복음을 전하고, 그로 인해 한 사람을 천국 백성으로 세움으로써 세상에 영향을 끼쳐야 한다. 천국 백성의 특성을 지닌 제자들이 있는 곳마다 세상은 그들의 영향을 받는다. 제자들은 그들만 이 지닌 특성으로 세상을 개혁하고 변화시킨다. 이것이 본문을 말씀하 신 예수님의 의도다.

앞에서 살펴본 대로, 예수님이 제자들의 특성을 소금으로 비유하신 경우는 세 번 있다. 그런데 세 번 모두 소금이 맛을 잃게 될 것에 대해 경고하셨다. "소금이 만일 그 맛을 잃으면 무엇으로 짜게 하리요 후에는 아무 쓸데없어 다만 밖에 버려져 사람에게 밟힐 뿐이니라"(마 5:13). "만일 소금이 그 맛을 잃으면 무엇으로 이를 짜게 하리요"(막 9:50). "소금도 만일 그 맛을 잃으면 무엇으로 짜게 하리요 땅에도, 거름에도 쓸데없어 내버리느니라 들을 귀가 있는 자는 들을지어다"(눅 14:34-35).

그런 만큼 오늘 우리는 이 경고를 진지하게 받아들여야 한다. 우리는 스스로 물어야 한다. 우리는 삶 속에서 예수님을 좇는 제자인가? 우리는 팔복에 묘사된 제자들의 특성을 지닌 사람인가? 우리는 천국 백성의 특성을 지닌 사람인가?

14

세상의 빛

**너희는 세상의 빛이라 산 위에 있는 동네가 숨겨지지 못할 것이요
사람이 등불을 켜서 말 아래에 두지 아니하고 등경 위에 두나니
이러므로 집 안 모든 사람에게 비치느니라**

_마 5:14-15

본문에서 예수님은 제자들을 가리켜 말씀하신다. "너희는 세상의 빛
이라." 이것은 "너희는 세상의 소금이니"라는 말씀과 함께 제자들의 사
명을 나타낸다.

앞에서 살펴본 대로, 예수님은 소금의 은유로써 제자들의 특성을 묘
사하셨다. 그것은 팔복에 나타난 천국 백성의 특성을 가리킨다. 여기에
는 심령이 가난하고, 애통하고, 온유하고, 의에 주리고 목마르고, 긍휼
히 여기고, 마음이 청결하고, 화평케 하고, 의를 위하여 핍박을 받은 것
이 포함된다. 제자들은 이러한 천국 백성의 특성 때문에 소금처럼 세상
에 없어서는 안 될 유용한 존재다. 하나님은 제자들이 이러한 특성으로
세상에 영향을 미치게 하신다. 이런 점에서 제자들은 세상의 소금으로
서 사명을 갖는다.

그러므로 "너희는 세상의 소금이니"라는 말씀을 들을 때 중요한 것
은, 우리가 팔복에 나타난 천국 백성의 특성을 함양하고 지키는 것이
다. 그것은 우리가 소유한 천국의 통치를 받는 만큼 이루어질 것이다.
이런 점에서 우리에게는 여전히 천국 복음이 필요하다.

빛의 사명

그런데 본문에서 예수님은 다시 빛의 은유로써 제자들의 특성을 묘사하신다. "너희는 세상의 빛이라." 그러면 빛이 가리키는 제자들의 특성은 무엇일까?

먼저 주목할 것은, 마태가 빛의 은유를 이미 앞에서 사용했다는 사실이다. "흑암에 앉은 백성이 큰 빛을 보았고 사망의 땅과 그늘에 앉은 자들에게 빛이 비치었도다 하였느니라"(마 4:16). 이것은 마태가 메시아에 대한 이사야의 예언을 인용한 것이다. 마태는 예수님이 갈릴리 가버나움에 가서 사신 것을 이사야 9장 2절의 예언이 성취된 것으로 본다. 여기서 빛은 메시아의 특성을 가리킨다. 메시아는 세상에 오실 때 빛으로 오실 것이다. 그렇다면 메시아의 사명은 이 빛과 관련이 있다.

실제로 이사야는 메시아의 사명에 대해 이런 내용을 기록했다. "나 여호와가 의로 너를 불렀은즉 내가 네 손을 잡아 너를 보호하며 너를 세워 백성의 언약과 이방의 빛이 되게 하리니"(사 42:6). "그가 이르시되 네가 나의 종이 되어 야곱의 지파들을 일으키며 이스라엘 중에 보전된 자를 돌아오게 할 것은 매우 쉬운 일이라 내가 또 너를 이방의 빛으로 삼아 나의 구원을 베풀어서 땅 끝까지 이르게 하리라"(사 49:6). 하나님은 메시아의 사명을 "이방(=열방)의 빛"으로 말씀하신 것이다.

그래서 신약성경은 메시아로 오신 예수님의 사명을 이방의 빛으로 말한다. 시므온은 성전에서 아기 예수를 안고 하나님을 찬송하며 이렇게 말했다. "내 눈이 주의 구원을 보았사오니 이는 만민 앞에 예비하신 것이요 이방을 비추는 빛이요 주의 백성 이스라엘의 영광이니이다"(눅 2:30-32). 또 예수님 자신은 이렇게 말씀하셨다. "나는 세상의 빛이니 나를 따르는 자는 어둠에 다니지 아니하고 생명의 빛을 얻으리라"(요 8:12). "내가 세상에 있는 동안에는 세상의 빛이로라"(요 9:5). "나는 빛으로 세상에 왔나니 무릇 나를 믿는 자로 어둠에 거하지 않게 하려 함이로라"(요 12:46).

이처럼 빛은 메시아로 오신 예수님의 특성을 가리킨다. 그래서 그분의 사명은 "이방(열방)의 빛" 또는 "세상의 빛"으로 묘사된다. 주목할 것은, 마태가 빛의 은유를 이미 앞에서 예수님께 사용했다는 사실이다. 그래서 본문에서 제자들에 대해 사용한 빛의 은유는 앞에서 예수님께 사용한 빛의 은유와 연결된다. 그렇다면 본문에서 빛이 가리키는 제자들의 특성은 앞에서 빛이 가리키는 예수님의 특성과 다르지 않다. 그리고 세상의 빛으로서 제자들의 사명 역시 예수님의 사명과 다르지 않다.

이 점은 이사야의 예언에서도 나타난다. 이사야는 시온이 미래에 얻게 될 영광을 내다보고 이렇게 말했다. "일어나라 빛을 발하라 이는 네 빛이 이르렀고 여호와의 영광이 네 위에 임하였음이니라 보라 어둠이 땅을 덮을 것이며 캄캄함이 만민을 가리려니와 오직 여호와께서 네 위에 임하실 것이며 그의 영광이 네 위에 나타나리니 나라들은 네 빛으로, 왕들은 비치는 네 광명으로 나아오리라"(사 60:1-3). 여기서 시온이 빛을 발하는 것은 메시아를 통해 그의 빛이 이르렀기 때문이다. 그래서 시온의 사명은 "나라들은 네 빛으로 나아오리라"는 말로 묘사된다. 이것은 "이방(=열방)의 빛"인 메시아의 사명과 같다.

그러면 빛과 관련된 예수님의 사명은 구체적으로 무엇일까? 마태는 4장 16절에서 빛의 은유를 예수님께 사용한 다음 이어서 4장 17절에 이렇게 기록했다. "이때부터 예수께서 비로소 전파하여 이르시되 회개하라 천국이 가까이 왔느니라 하시더라." 여기서 "이때"는 예수님이 가버나움에 살면서 이사야의 이 예언이 성취된 때를 가리킨다. "흑암에 앉은 백성이 큰 빛을 보았고 사망의 땅과 그늘에 앉은 자들에게 빛이 비치었도다 하였느니라"(마 4:16). 따라서 마태는 4장 16절의 빛이 비친 것과 4장 17절의 예수님이 천국 복음을 전파하기 시작하신 것을 연결한 것이다. 여기서 빛과 관련된 예수님의 사명이 드러난다. 그것은 천국 복음을 전파하는 것이다.

그렇다면 "너희는 세상의 빛이라"고 할 때 제자들의 사명 역시 천국 복음을 전파하는 것이다. 성경은 제자들의 사명이 예수님의 사명처럼 천국 복음을 전파하는 것임을 보여준다.

1. "바울과 바나바가 담대히 말하여 이르되 하나님의 말씀을 마땅히 먼저 너희에게 전할 것이로되 너희가 그것을 버리고 영생을 얻기에 합당하지 않은 자로 자처하기로 우리가 이방인에게로 향하노라 주께서 이같이 우리에게 명하시되 내가 너를 이방의 빛으로 삼아 너로 땅 끝까지 구원하게 하리라 하셨느니라 하니"(행 13:46-47). 이것은 비시디아 안디옥에서 바울과 바나바가 유대인들에게 보인 반응이다. 이때 바울과 바나바는 메시아의 사명을 말한 이사야 49장 6절을 자신들의 사명에 대한 것으로 말했다. 왜냐하면 그들의 사명은 메시아로 오신 예수님의 사명과 같기 때문이다. 그 사명은 하나님의 말씀, 즉 복음을 전하는 것이다.

2. "주께서 이르시되 나는 네가 박해하는 예수라 일어나 너의 발로 서라 내가 네게 나타난 것은 곧 네가 나를 본 일과 장차 내가 네게 나타날 일에 너로 종과 증인을 삼으려 함이니 이스라엘과 이방인들에게서 내가 너를 구원하여 그들에게 보내어 그 눈을 뜨게 하여 어둠에서 빛으로, 사탄의 권세에서 하나님께로 돌아오게 하고 죄 사함과 나를 믿어

거룩하게 된 무리 가운데서 기업을 얻게 하리라 하더이다 아그립바 왕이여 그러므로 하늘에서 보이신 것을 내가 거스르지 아니하고 먼저 다메섹과 예루살렘에 있는 사람과 유대 온 땅과 이방인에게까지 회개하고 하나님께로 돌아와서 회개에 합당한 일을 하라 전하므로 유대인들이 성전에서 나를 잡아 죽이고자 하였으나 하나님의 도우심을 받아 내가 오늘까지 서서 높고 낮은 사람 앞에서 증언하는 것은 선지자들과 모세가 반드시 되리라고 말한 것밖에 없으니 곧 그리스도가 고난을 받으실 것과 죽은 자 가운데서 먼저 다시 살아나사 이스라엘과 이방인들에게 빛을 전하시리라 함이니이다 하니라"(행 26:15하-23). 이것은 사도 바울이 아그립바 왕 앞에서 자신을 변호한 내용이다. 여기서 바울은 자신이 이스라엘과 이방인들에게 전하는 복음의 내용을 둘로 요약한다. 하나는 그리스도의 고난이고("그리스도가 고난을 받으실 것"), 또 하나는 그리스도의 전도다("죽은 자 가운데서 먼저 다시 살아나사 이스라엘과 이방인들에게 빛을 전하시리라"). 이때 바울의 사명과 그리스도의 사명은 빛을 전하는 것(복음을 전하는 것)으로서 같다(위의 밑줄 참조).

세상의 빛에 함축된 내용

이처럼 제자들의 사명은 예수님의 사명처럼 천국 복음을 전파하는 것이다. 이것이 "너희는 세상의 빛이라"는 말씀에 담긴 의미다. 여기에는 몇 가지 실제적인 내용이 함축되어 있다.

1. 세상은 어둠에 처해 있다. "빛이 어둠에 비치되 어둠이 깨닫지 못하더라"(요 1:5). "이 어둠의 세상 주관자들"(엡 6:12). "흑암에 앉은 백성

이 큰 빛을 보았고 사망의 땅과 그늘에 앉은 자들에게 빛이 비치었도 다 하였느니라"(마 4:16). "이로써 돋는 해가 위로부터 우리에게 임하여 어둠과 죽음의 그늘에 앉은 자에게 비치고"(눅 1:78-79).

왜 그럴까? 하나님은 빛이시다. "우리가 그에게서 듣고 너희에게 전하는 소식은 이것이니 곧 하나님은 빛이시라 그에게는 어둠이 조금도 없으시다는 것이니라"(요일 1:5). 따라서 어둠은 하나님을 떠난 결과다. 아무리 과학기술이 발전한 오늘날이라고 해도 이 사실은 조금도 달라지지 않는다.

2. 그리스도인(제자들)만이 빛에 속한다. "너희에게 아직 빛이 있을 동안에 빛을 믿으라 그리하면 빛의 아들이 되리라"(요 12:36). "나는 빛으로 세상에 왔나니 무릇 나를 믿는 자로 어둠에 거하지 않게 하려 함이로라"(요 12:46). "우리로 하여금 빛 가운데서 성도의 기업의 부분을 얻기에 합당하게 하신 아버지께 감사하게 하시기를 원하노라 그가 우리를 흑암의 권세에서 건져내사 그의 사랑의 아들의 나라로 옮기셨으니 그 아들 안에서 우리가 속량 곧 죄 사함을 얻었도다"(골 1:12-14). "너희는 다 빛의 아들이요 낮의 아들이라 우리가 밤이나 어둠에 속하지 아니하나니"(살전 5:5). "너희는 믿지 않는 자와 멍에를 함께 메지 말라 의와 불법이 어찌 함께 하며 빛과 어둠이 어찌 사귀며"(고후 6:14). "그러나 너희는 택하신 족속이요 왕 같은 제사장들이요 거룩한 나라요 그의 소유가 된 백성이니 이는 너희를 어두운 데서 불러 내어 그의 기이한 빛에 들어가게 하신 이의 아름다운 덕을 선포하게 하려 하심이라"(벧전 2:9).

3. 그리스도인(제자들)은 빛에 속할 뿐 아니라 그들 자신이 세상의 빛이다. "너희가 전에는 어둠이더니 이제는 주 안에서 빛이라 빛의 자

녀들처럼 행하라"(엡 5:8). 특별한 그리스도인들만이 세상의 빛이 아니라 모든 그리스도인이 세상의 빛이다. 여기서 중요한 것은 세상의 빛이신 예수님과의 연합이다.

4. 세상의 빛으로서 그리스도인은 어둠을 드러내고 새롭게 변화시키는 일을 한다. 이것은 세상의 빛으로서 예수님이 하시는 일과 같다. 그 일은 이중적이다. "그 정죄는 이것이니 곧 빛이 세상에 왔으되 사람들이 자기 행위가 악하므로 빛보다 어둠을 더 사랑한 것이니라 악을 행하는 자마다 빛을 미워하여 빛으로 오지 아니하나니 이는 그 행위가 드러날까 함이요(이것은 빛의 드러내는, 폭로하는 효과를 말한다) 진리를 따르는 자는 빛으로 오나니 이는 그 행위가 하나님 안에서 행한 것임을 나타내려 함이라(이것은 빛의 변화시키는, 회심케 하는 효과를 말한다) 하시니라"(요 3:19-21).

세상의 빛으로서 그리스도인이 하는 일 역시 이중적이다. "너희는 열매 없는 어둠의 일에 참여하지 말고 도리어 책망하라 그들이 은밀히 행하는 것들은 말하기도 부끄러운 것들이라 그러나 책망을 받는 모든 것은 빛으로 말미암아 드러나나니 드러나는 것마다 빛이니라 그러므로 이르시기를 잠자는 자여 깨어서 죽은 자들 가운데서 일어나라 그리스도께서 너에게 비추이시리라 하셨느니라"(엡 5:11-14).

그리스도인이 열매 없는 어둠의 일을 책망할(드러낼, 폭로할) 때 두 가지 일이 일어난다. 하나는 감추어져 있던 열매 없는 어둠의 일의 실체가 드러난다. 그것이 "책망을 받는 모든 것은 빛으로 말미암아 드러나나니"라는 말의 의미다. 또 하나는 열매 없는 어둠의 일을 행하는 사람이 변화되는 것이다. 그것이 "드러나는 것마다 빛이니라"는 말의 의미다. 이 말은 회심을 가리킨다.

5. 그리스도인(제자들)은 세상의 소금이며 빛이다. 소금이 일반적인 사명이라면, 빛은 구원의 사명이다. 세상에서 그리스도인의 사명은 사회적 책임과 복음 전도로 요약될 수 있다.

15

착한 행실과 하나님의 영광

너희는 세상의 빛이라 산 위에 있는 동네가 숨겨지지 못할 것이요
사람이 등불을 켜서 말 아래에 두지 아니하고 등경 위에 두나니
이러므로 집 안 모든 사람에게 비치느니라 이같이 너희 빛이 사람 앞에 비치게 하여
그들로 너희 착한 행실을 보고 하늘에 계신 너희 아버지께 영광을 돌리게 하라

_ 마 5:14-16

"너희는 세상의 소금이니"라는 말씀에는 이런 설명이 추가되어 있다. "소금이 만일 그 맛을 잃으면 무엇으로 짜게 하리요 후에는 아무 쓸데없어 다만 밖에 버려져 사람에게 밟힐 뿐이니라." 이것은 소금이 맛을 잃을 경우에 대한 경고다.

마찬가지로 "너희는 세상의 빛이라"는 말씀에도 이런 추가 설명이 달려 있다. "산 위에 있는 동네가 숨겨지지 못할 것이요 사람이 등불을 켜서 말 아래에 두지 아니하고 등경 위에 두나니 이러므로 집 안 모든 사람에게 비치느니라 이같이 너희 빛이 사람 앞에 비치게 하여 그들로 너희 착한 행실을 보고 하늘에 계신 너희 아버지께 영광을 돌리게 하라." 그러면 이것은 무엇을 말한 것일까?

산 위에 있는 동네

여기서 예수님은 두 가지 은유를 말씀하신다. 첫째, "산 위에 있는 동네"다. "산 위에 있는 동네가 숨겨지지 못할 것이요"(14절하). 이때 산 위에 있는 동네는 물론 제자들을 가리킨다. 예수님이 제자들을 가리켜 이렇게 부르신 이유는 그들이 천국을 소유했기 때문이다. 이런 점에서 제자들은 산 위에 있는 동네처럼 눈에 띄는 존재다. 그러기에 세상에서 숨겨지지 못할 것이다. 다시 말하면, 세상 사람들은 제자들을 주목하고 관찰할 것이다.

그래서 제자들의 행실이 중요하다. 세상 사람들이 주목하고 관찰하는 것은 결국 제자들의 행실이기 때문이다. 세상 사람들이 제자들의 외모나 재능이나 학식을 주목하고 관찰하는 게 아니다. 제자들의 말을 주목하고 관찰하는 것도 아니다. 제자들의 삶, 즉 그들의 행실을 주목하고 관찰하는 것이다.

이처럼 그리스도인으로서 우리의 행실은 세상 사람들에게 중요하다. 우리의 행실을 보고 우리를 알 것이기 때문이다. 우리의 행실은 세상 사람들이 우리를 들여다보는 창이다. 세상 사람들은 우리의 행실을 보고 비방하기도 하고 칭찬하기도 할 것이다.

그래서 옛날 느헤미야는 가난한 동족에게 높은 이자를 취한 귀족과 민장들을 꾸짖으며 이렇게 말했다. "내가 또 이르기를 너희의 소행이 좋지 못하도다 우리의 대적 이방 사람의 비방을 생각하고 우리 하나님을 경외하는 가운데 행할 것이 아니냐"(느 5:9). 사도 바울은 고린도교회에 이렇게 말했다. "이것을 조심함은 우리가 맡은 이 거액의 연보에 대하여 아무도 우리를 비방하지 못하게 하려 함이니 이는 우리가 주 앞에서뿐 아니라 사람 앞에서도 선한 일에 조심하려 함이라"(고후 8:20-21). 또 바울은 감독의 자격을 이렇게 말했다. "또한 외인에게서도 선한 증거를 얻은 자라야 할지니 비방과 마귀의 올무에 빠질까 염려하라"(딤전 3:7). 바울은 디도에게 젊은 남자들과 관련해 이렇게 말했다. "범사에 네 자신이 선한 일의 본을 보이며 교훈에 부패하지 아니함과 단정함과 책망할 것이 없는 바른 말을 하게 하라 이는 대적하는 자로 하여금 부끄러워 우리를 악하다 할 것이 없게 하려 함이라"(딛 2:7-8). 또 그는 디도에게 이렇게 말하기도 했다. "이 말이 미쁘도다 원하건대 너는 이 여러 것에 대하여 굳세게 말하라 이는 하나님을 믿는 자들로 하여금 조심하여 선한 일을 힘쓰게 하려 함이라 이것은 아름다우며 사람들에게 유익하니라"(딛 3:8). 이처럼 제자들은 산 위에 있는 동네처럼 숨기지 못할 존재다. 그러기에 세상 사람들이 주목하고 관찰하는 그들의 행실은 중요하다.

등불

그래서 예수님은 두 번째 "등불"의 은유를 말씀하셨다. "사람이 등불을 켜서 말 아래에 두지 아니하고 등경 위에 두나니 이러므로 집 안 모든 사람에게 비치느니라"(15절). 여기서 강조한 것은 등불을 켜는 목적이다. 그 목적은 등불의 빛이 집 안 모든 사람에게 비치게 하는 것이다. 그러기 위해 등불은 켜서 말 아래에 두지 않고 등경 위에 둔다.

그러면 이 은유는 무엇을 말하려는 것일까? 복음서를 보면, 예수님의 말씀에서 등불의 은유는 상황에 따라 다양한 의미로 사용된다. "또 그들에게 이르시되 사람이 등불을 가져오는 것은 말 아래에나 평상 아래에 두려 함이냐 등경 위에 두려 함이 아니냐 드러내려 하지 않고는 숨긴 것이 없고 나타내려 하지 않고는 감추인 것이 없느니라"(막 4:21-

22). "누구든지 등불을 켜서 그릇으로 덮거나 평상 아래에 두지 아니하고 등경 위에 두나니 이는 들어가는 자들로 그 빛을 보게 하려 함이라 숨은 것이 장차 드러나지 아니할 것이 없고 감추인 것이 장차 알려지고 나타나지 않을 것이 없느니라"(눅 8:16-17). 이것은 예수님이 제자들에게 씨 뿌리는 자의 비유를 설명하신 후 하신 말씀이다. 여기서 등불의 은유는 계시를 말하기 위한 것이다.

"누구든지 등불을 켜서 움 속에나 말 아래에 두지 아니하고 등경 위에 두나니 이는 들어가는 자로 그 빛을 보게 하려 함이라 네 몸의 등불은 눈이라 네 눈이 성하면 온 몸이 밝을 것이요 만일 나쁘면 네 몸도 어두우리라 그러므로 네 속에 있는 빛이 어둡지 아니한가 보라 네 온 몸이 밝아 조금도 어두운 데가 없으면 등불의 빛이 너를 비출 때와 같이 온전히 밝으리라 하시니라"(눅 11:33-36). 이것은 예수님이 요나의 전도를 듣고 회개한 니느웨 사람들을 언급하신 다음 하신 말씀이다. 여기서 등불의 은유는 계시에 대한 반응을 말하기 위한 것이다.

그렇다면 본문에서 등불의 은유는 무엇을 말하기 위한 것일까? 그것은 이 은유에 이어지는 16절 말씀을 보면 알 수 있다. "이같이 너희 빛이 사람 앞에 비치게 하여 그들로 너희 착한 행실을 보고 하늘에 계신 너희 아버지께 영광을 돌리게 하라." 여기서 "이같이"라는 말은 '앞에 나온 등불의 은유와 같은 방식으로'라는 의미다. 사람이 등불을 켜서 말 아래에 두지 않고 등경 위에 둠으로써 집 안 모든 사람에게 비치게 하는 것처럼, 제자들은 세상의 빛으로서 "착한 행실"로 그들의 빛을 "사람 앞에 비치게" 해야 한다. 따라서 본문에서 등불의 은유는 제자들의 행실이 사람들에게 미치는 효과를 말하기 위한 것이다.

우선 주목할 것은 예수님의 말씀이 보여주는 공적인 차원이다. 예수님은 "너희 빛 ⋯ 너희 착한 행실 ⋯ 너희 아버지"라고 말씀하셨다. 예수님은 사적인 차원에서 제자들의 행실을 말씀하신 게 아니다. 따라서 제자들이 세상의 빛으로서 사명을 감당하려면 개인의 거룩한 삶만으로는 부족하다. 교회는 공적인 차원에서 거룩한 삶으로 세상에 영향을 미쳐야 한다.

이런 점에서 나 혼자 거룩한 삶을 사는 것으로 만족해서는 안 된다. 내 옆의 다른 형제가 사는 삶에도 관심을 가져야 한다. 그래서 다른 형제의 악한 행실을 보면 충고하고 착한 행실을 보면 격려해야 한다. "서로 돌아보아 사랑과 선행을 격려하며"(히 10:24).

또 우리 교회에만 관심을 가져서도 안 된다. 옆의 다른 교회에도 관심을 가져야 한다. 그것은 다른 교회의 악한 행실을 볼 때 기도하고, 할 수 있다면 충고하는 것을 의미한다. 왜 남의 교회 일에 간섭하느냐고 말하는 것은 교회의 사명이 갖는 공적인 차원을 망각한 것이다. 우리는 오늘날 한국 교회가 보여주는 악한 행실에 무관심하지 않은지 돌아봐야 한다. 교회는 공적인 차원에서 세상의 빛으로서 사명을 감당할 것이기 때문이다.

착한 행실

예수님이 말씀하신 세상의 빛으로서 교회의 사명은 천국 복음을 전파하는 것이다. 그런데 예수님은 제자들이 어떻게 그 사명을 수행해야 할지 말씀하셨다. 바로 너희 빛이 사람 앞에 비치게 하라는 것이다. 이 말씀에 따르면, 그리스도인인 우리는 빛을 가지고 있는 데 머물러서는 안 된다. 가진 빛을 적극적으로 다른 사람에게 비치게 해야 한다. 그것이 세상의 빛에 함축된 의미다.

그러면 "너희 빛이 사람 앞에 비치게 하여"라는 말씀은 실제로 무엇을 의미할까? 그것은 '착한 행실로 천국 복음을 전파하라'는 것이다. "너희 빛이 사람 앞에 비치게 하여 그들로 너희 착한 행실을 보고." 우리가 세상에 천국 복음을 전파하는 방법은 착한 행실이다. 물론 말로 복음을 전파하는 것이 필요하지만, 그것만으로는 효과가 없다. 교회가 착한 행실로 천국 복음을 전파할 때 세상에 강력한 영향을 미친다. 일반적으로 우리가 하는 말이 있다. "행동이 말보다 더 크게 말한다." 우리가 말로 복음을 전하려고 아무리 애를 써도, 그래서 복음을 광고하고, 전도지를 나눠 주고, 전도집회를 연다고 해도, 우리의 착한 행실이 뒷받침해 주지 못하면 그러한 노력은 별 효과를 거둘 수 없을 것이다. 세상을 향한 우리의 노력은 세상이 우리의 착한 행실을 볼 때 열매를 거둔다. 사도행전을 보면, 예루살렘교회가 천국 복음을 전파하는 데 있어 세상에 영향을 미친 방식은 착한 행실이었다. 누가는 이 사실을 두 번이나 기록했다. "믿는 사람이 다 함께 있어 모든 물건을 서로 통용하고 또 재산과 소유를 팔아 각 사람의 필요를 따라 나눠 주며 날마다 마음을 같이하여 성전에 모이기를 힘쓰고 집에서 떡을 떼며 기쁨과 순전한 마음으로 음식을 먹고 하나님을 찬미하며 또 온 백성에게 <u>칭송을 받으니 주께서 구원 받는 사람을 날마다 더하게 하시니라</u>"(행 2:44-47). 여기 "온 백성에게 칭송을 받으니"는 그들이 믿는 사람들의 착한 행실을 보았음을 나타낸다. 그 결과 구원받는 사람이 늘어나게 되었다. "믿는 사람이 다 마음을 같이하여 솔로몬 행각에 모이고 그 나머지는 감히 그들과 상종하는 사람이 없으나 <u>백성이 칭송하더라</u> 믿고 주께로 나아오는 자가 더 많으니 남녀의 큰 무리더라"(행 5:12하-14). 초기 기독교는 믿는 사람들의 착한 행실로 세상의 빛으로서의 사명을 수행했다.

또 사도 베드로는 믿는 아내가 어떻게 믿지 않는 남편을 구원하게 되는지를 말한다. "아내들아 이와 같이 자기 남편에게 순종하라 이는 혹 말씀을 순종하지 않는 자라도 말로 말미암지 않고 그 아내의 행실로 말미암아 구원을 받게 하려 함이니 너희의 두려워하며 정결한 행실을 봄이라"(벧전 3:1-2). 믿지 않는 남편이 구원을 얻는 것은 믿는 아내의 말이 아니라 착한 행실을 통해서다.

그래서 사도 바울은 빌립보교회에 이렇게 말했다. "모든 일을 원망과 시비가 없이 하라 이는 너희가 흠이 없고 순전하여 어그러지고 거스르는 세대 가운데서 하나님의 흠 없는 자녀로 세상에서 그들 가운데 빛들로 나타내며 생명의 말씀을 밝혀 나의 달음질이 헛되지 아니하고 수고도 헛되지 아니함으로 그리스도의 날에 내가 자랑할 것이 있게 하려 함이라"(빌 2:14-16). 여기서 "너희가 흠이 없고 순전하여 어그러지고 거스르는 세대 가운데서 하나님의 흠 없는 자녀로"는 빌립보교회가 세상과 구별된 삶을 살아야 함을 말한다. 그러나 바울의 관심은 여기 머물지 않고 한 걸음 더 나아간다. 그것이 "세상에서 그들 가운데 빛들로 나타내며 생명의 말씀을 밝혀"라는 말이다. 이것은 빌립보교회가 감당해야 할 복음 전도의 사명을 말한다. 여기서 중요한 것은 이것이다. 빌립보교회는 그들의 구별된 삶(착한 행실)을 통해 복음 전도의 사명을 감당해야 한다는 것이다.

오늘 우리가 회복해야 할 것이 이것이다. 우리는 복음 전도의 사명을 수행하기 위해 전도대를 조직하고 다양한 전도 프로그램을 도입한다. 그런데 세상 사람들의 눈에 비친 우리의 행실에는 별로 신경 쓰지 않는다. 그래서 전도를 위해 애쓰면서도 사회의 지탄을 받는 현실은 달라지지 않고 있다. 그 결과 복음은 사회적 영향력을 잃고 있다. 이제 우리가 힘써야 할 것은 분명하다. "산 위에 있는 동네"로서 세상 사람들의 눈에 비친 우리의 행실을 바로잡는 것이다. 우리는 회개하고 천국의 통치에 복종한 자로 살아야 한다. 우리가 믿고 고백하는 복음에 어울리는 삶을 보여주어야 한다. "오직 너희는 그리스도의 복음에 합당하게 생활하라"(빌 1:27상).

하나님의 영광

예수님은 "너희 빛이 사람 앞에 비치게 하여"라는 말씀의 실제적 의미를 설명하실 때, "그들로 너희 착한 행실을 보고" 다음에 "하늘에 계신 너희 아버지께 영광을 돌리게 하라"는 내용을 추가하셨다. 이것은 제자들이 세상 사람들에게 보여주는 착한 행실의 동기를 나타낸다. 그 동기는 하나님의 영광이다. 대개 사람들은 착한 행실을 통해 자신의 영광을 구한다. 그러나 제자들은 착한 행실로 자신의 영광이 아닌 하나님의 영광을 구한다. 그러므로 예수님이 말씀하신 착한 행실은 세상 사람들이 흔히 말하는 착한 행실과 동기가 다르다.

우리가 세상의 빛으로서 사명을 수행하는 것은 하나님의 영광이 동기가 되는 착한 행실을 통해서다. 그래서 사도 바울은 고린도교회에 이렇게 말했다. "그런즉 너희가 먹든지 마시든지 무엇을 하든지 다 하나님의 영광을 위하여 하라 유대인에게나 헬라인에게나 하나님의 교회에나 거치는 자가 되지 말고 나와 같이 모든 일에 모든 사람을 기쁘게 하여 자신의 유익을 구하지 아니하고 많은 사람의 유익을 구하여 그들로 구원을 받게 하라"(고전 10:31-33).

이렇게 하나님의 영광이 착한 행실의 동기가 되는 데는 이유가 있다. 그것은 착한 행실이 제자들 자신이 아니라 하나님에게서 비롯된 것이기 때문이다. 여기서 우리는 예수님이 "하늘에 계신 너희 아버지"를 처음 사용하신 것에 주목할 필요가 있다. 이 말은 그 뒤로 산상수훈에서 일곱 번 더 나타난다(마 5:45, 48; 6:1, 14, 26, 32; 7:11). 이와 함께 "하늘에 계신 우리 아버지"(마 6:9) 또는 "너희 아버지"(마 6:8, 15) 또는 "네 아버지"(마 6:4, 6, 18)라는 말도 나타난다. 산상수훈에서 예수님은 하나님이 아버지 되심을 강조한다.

그런데 이러한 하나님이 아버지 되심은 하나님으로부터의 출생을 전제로 한다. "영접하는 자 곧 그 이름을 믿는 자들에게는 하나님의 자녀가 되는 권세를 주셨으니 이는 혈통으로나 육정으로나 사람의 뜻으로 나지 아니하고 오직 하나님께로부터 난 자들이니라"(요 1:12-13). 이러한 하나님으로부터의 출생을 중생이라고 부른다. 따라서 예수님이 제자들에게 "하늘에 계신 너희 아버지"라고 말씀하신 것은 그들에게 중생이 일어났음을 나타낸다. 그것은 전적으로 하나님이 하신 일이다.

그러므로 "그들로 너희 착한 행실을 보고 하늘에 계신 너희 아버지께 영광을 돌리게 하라"는 말씀은, 제자들의 착한 행실이 하나님이 그들의 아버지 되심에서 비롯된 것임을 의미한다. 다시 말하면, 제자들의 착한 행실 뒤에는 그들을 중생케 하신 하나님이 계신다는 의미다. 제자들은 하나님에 의한 중생의 결과로서 착한 행실을 나타낸 것이다. 요한일서는 중생의 결과가 삶에서 어떻게 나타나는지 잘 보여준다. "너희가 그가 의로우신 줄을 알면 의를 행하는 자마다 그에게서 난 줄을 알리라"(요일 2:29). "하나님께로부터 난 자마다 죄를 짓지 아니하나니 이는 하나님의 씨가 그의 속에 거함이요 그도 범죄하지 못하는 것은 하나님께로부터 났음이라"(3:9). "사랑하는 자들아 우리가 서로 사랑하자 사랑은 하나님께 속한 것이니 사랑하는 자마다 하나님으로부터 나서 하나님을 알고"(4:7). "예수께서 그리스도이심을 믿는 자마다 하나님께로부터 난 자니 또한 낳으신 이를 사랑하는 자마다 그에게서 난 자를 사랑하느니라"(5:1). "무릇 하나님께로부터 난 자마다 세상을 이기느니라 세상을 이기는 승리는 이것이니 우리의 믿음이니라"(5:4). "하나님께로부터 난 자는 다 범죄하지 아니하는 줄을 우리가 아노라 하나님께로부터 나신 자가 그를 지키시매 악한 자가 그를 만지지도 못하느니라"(5:18).

이처럼 제자들의 착한 행실은 그들을 중생케 하신 하나님에게서 비롯된 것이다. 따라서 예수님은 제자들에게 이렇게 말씀하신 것이다. "그들로 너희 착한 행실을 보고 하늘에 계신 너희 아버지께 영광을 돌리게 하라." 사도 베드로도 이와 유사한 말을 했다. "너희가 이방인 중에서 행실을 선하게 가져 너희를 악행한다고 비방하는 자들로 하여금 너희 선한 일(=착한 행실)을 보고 오시는 날에 하나님께 영광을 돌리게 하려 함이라"(벧전 2:12). 차이가 있다면 베드로는 그리스도인의 착한 행실을 종말론적인 하나님의 영광을 위한 것으로 말했다.

우리의 착한 행실은 동기가 무엇인가? 자신의 영광인가, 아니면 하나님의 영광인가? 착한 행실은 우리의 구원이 아니라 하나님의 영광을 위해 필요하다.

Sermon on the Mount

III
그리스도인의 행실

16

율법과 선지자를
완전하게 하려고 오신 그리스도

내가 율법이나 선지자를 폐하러 온 줄로 생각하지 말라
폐하러 온 것이 아니요 완전하게 하려 함이라

_마 5:17

산상수훈은 그리스도인의 정체성과 사명에 대한 말씀으로 시작된다. 팔복에 대한 말씀은 그리스도인의 정체성을 말해 준다. 땅의 소금과 세상의 빛에 대한 말씀은 그리스도인의 사명을 말해 준다. 그런데 그리스도인이 세상의 빛으로서 사명을 수행하는 것은 착한 행실을 통해서다. "이같이 너희 빛이 사람 앞에 비치게 하여 그들로 너희 착한 행실을 보고 하늘에 계신 너희 아버지께 영광을 돌리게 하라."

그렇다면 무엇이 착한 행실일까? 우리는 어디서 착한 행실에 대한 규범을 찾을 수 있을까? 여기서 예수님은 율법을 언급하신다. "내가 율법이나 선지자를 폐하러 온 줄로 생각하지 말라 폐하러 온 것이 아니요 완전하게 하려 함이라." 예수님은 착한 행실에 대한 규범으로서 율법을 말씀하신다.

예수님과 구약성경

이때 예수님은 먼저 이렇게 말씀하셨다. "내가 율법이나 선지자를 폐하러 온 줄로 생각하지 말라." 여기서 "생각하지 말라"는 오해할 가능성을 두고 하신 말씀이다. 같은 형식의 말씀이 10장 34절에도 나온다. "내가 세상에 화평을 주러 온 줄로 생각하지 말라 화평이 아니요 검을 주러 왔노라." 이 내용을 누가는 이렇게 기록했다. "내가 세상에 화평을 주려고 온 줄로 아느냐 내가 너희에게 이르노니 아니라 도리어 분쟁하게 하려 함이로라"(눅 12:51). 이것은 제자들이 오해할 가능성을 염두에 두신 말씀이다.

그러면 본문에서 예수님이 염두에 두신 오해의 가능성은 무엇일까? 그것은 예수님이 율법이나 선지자를 폐하러 온 줄로 생각하는 것이다. 이때 "율법이나 선지자"는 구약성경을 가리킨다. 이 경우 율법은 십계명으로 요약되는 도덕법이 아니라 이른바 모세오경을 말한다. 그리고 선지자는 율법 외에 구약성경의 나머지 부분을 말한다.

그래서 신약성경은 구약성경을 가리켜 종종 "율법과 선지자"로 말하곤 한다. "그러므로 무엇이든지 남에게 대접을 받고자 하는 대로 너희도 남을 대접하라 이것이 율법이요 선지자니라"(마 7:12). "모든 선지자와 율법이 예언한 것은 요한까지니"(마 11:13). "이 두 계명이 온 율법과 선지자의 강령이니라"(마 22:40). "빌립이 나다나엘을 찾아 이르되 모세가 율법에 기록하였고 여러 선지자가 기록한 그이를 우리가 만났으니 요셉의 아들 나사렛 예수니라"(요 1:45). "율법과 선지자의 글을 읽은 후에 회당장들이 사람을 보내어 물어 이르되 형제들아 만일 백성을 권할 말이 있거든 말하라 하니"(행 13:15). "그러나 이것을 당신께 고백하리이다 나는 그들이 이단이라 하는 도를 따라 조상의 하나님을 섬기고 율법과 선지자들의 글에 기록된 것을 다 믿으며"(행 24:14). "그들이 날짜를 정하고 그가 유숙하는 집에 많이 오니 바울이 아침부터 저녁까지 강론하여 하나님의 나라를 증언하고 모세의 율법과 선지자의 말을 가지고 예수에 대하여 권하더라"(행 28:23). "이제는 율법 외에 하나님의 한 의가 나타났으니 율법과 선지자들에게 증거를 받은 것이라"(롬 3:21).

그런데 본문에서 예수님은 율법과 선지자가 아니라 "율법이나 선지자"라고 하셨다. 이것은 예수님이 구약성경의 어떤 부분도 폐하러 오신 게 아님을 강조하기 위함이다. 여기서 '폐하다'는 '파괴하다' 또는 '폐지하다'라는 의미다. 그래서 마태는 이 말을 성전의 파괴를 말할 때 사용했다. "대답하여 이르시되 너희가 이 모든 것을 보지 못하느냐 내가 진실로 너희에게 이르노니 돌 하나도 돌 위에 남지 않고 다 무너뜨려지리라"(마 24:2). "이르되 이 사람의 말이 내가 하나님의 성전을 헐고 사흘 동안에 지을 수 있다 하더라 하니"(마 26:61). "이르되 성전을 헐고 사흘에 짓는 자여 네가 만일 하나님의 아들이어든 자기를 구원하고 십자가에서 내려오라 하며"(마 27:40).

그러나 이 말을 비유적으로 쓰면 '폐지하다'라는 의미가 된다. 그것은 더 이상 효력을 가질 수 없음을 말한다. "이제 내가 너희에게 말하노니 이 사람들을 상관하지 말고 버려 두라 이 사상과 이 소행이 사람으로부터 났으면 무너질 것이요 만일 하나님께로부터 났으면 너희가 그들을 무너뜨릴 수 없겠고 도리어 하나님을 대적하는 자가 될까 하노라 하니"(행 5:38-39). "음식으로 말미암아 하나님의 사업을 무너지게 하지 말라 만물이 다 깨끗하되 거리낌으로 먹는 사람에게는 악한 것이라"(롬

14:20). "만일 내가 헐었던 것을 다시 세우면 내가 나를 범법한 자로 만드는 것이라 내가 율법으로 말미암아 율법에 대하여 죽었나니 이는 하나님에 대하여 살려 함이라"(갈 2:18-19).

따라서 예수님이 율법이나 선지자를 폐하러 오신 게 아님은 이런 뜻이다. 예수님은 구약성경이 더 이상 효력을 가질 수 없게 하려고 오신 게 아니라는 것이다. 그렇다면 구약성경은 여전히 유효하다. 구약성경의 권위는 시퍼렇게 살아 있다. 따라서 구약성경을 하나님의 말씀으로 보지 않는 모든 시도는 배격되어야 한다.

율법과 선지자를 완전하게 하신 분으로서 예수님의 권위

그런 다음 예수님은 자신이 오신 목적을 분명히 밝히신다. "폐하러 온 것이 아니요 완전하게 하려 함이라." 이때 예수님은 '폐하다'와 대조적으로 '완전하게 하다'(플레이로오)라는 말을 사용하셨다. 그러면 예수님이 율법과 선지자를 완전하게 하려고 오신 것은 무엇을 의미할까?

우선 주목할 게 있다. 예수님은 율법만 말씀하시지 않고 율법과 선지자를 말씀하셨다. 그런데 마태는 예수님이 오셔서 선지자를 완전하게 하신 것을 특히 강조한다. 그는 열 번이나 예수님이 오셔서 선지자를 '완전하게 하신'(이루신) 경우를 언급한다.

①사 7:14 "이 모든 일이 된 것은 주께서 선지자로 하신 말씀을 이루려 하심이니 이르시되 보라 처녀가 잉태하여 아들을 낳을 것이요 그

의 이름은 임마누엘이라 하리라 하셨으니 이를 번역한즉 하나님이 우리와 함께 계시다 함이라"(마 1:22-23).

②호 11:1 "헤롯이 죽기까지 거기 있었으니 이는 주께서 선지자를 통하여 말씀하신 바 애굽으로부터 내 아들을 불렀다 함을 이루려 하심이라"(마 2:15).

③ 렘 31:15 "이에 선지자 예레미야를 통하여 말씀하신 바 라마에서 슬퍼하며 크게 통곡하는 소리가 들리니 라헬이 그 자식을 위하여 애곡하는 것이라 그가 자식이 없으므로 위로 받기를 거절하였도다 함이 이루어졌느니라"(마 2:17-18).

④인용 출처 불명 "나사렛이란 동네에 가서 사니 이는 선지자로 하신 말씀에 나사렛 사람이라 칭하리라 하심을 이루려 함이러라"(마 2:23).

⑤사 9:1-2 "이는 선지자 이사야를 통하여 하신 말씀을 이루려 하심이라 일렀으되 스불론 땅과 납달리 땅과 요단 강 저편 해변 길과 이방의 갈릴리여 흑암에 앉은 백성이 큰 빛을 보았고 사망의 땅과 그늘에 앉은 자들에게 빛이 비치었도다 하였느니라"(마 4:14-16).

⑥사 53:4 "이는 선지자 이사야를 통하여 하신 말씀에 우리의 연약한 것을 친히 담당하시고 병을 짊어지셨도다 함을 이루려 하심이더라"(마 8:17).

⑦사 42:1-4 "이는 선지자 이사야를 통하여 말씀하신 바 보라 내가 택한 종 곧 내 마음에 기뻐하는 바 내가 사랑하는 자로다 내가 내 영을 그에게 줄 터이니 그가 심판을 이방에 알게 하리라 그는 다투지도 아니하며 들레지도 아니하리니 아무도 길에서 그 소리를 듣지 못하리라 상한 갈대를 꺾지 아니하며 꺼져가는 심지를 끄지 아니하기를 심판하

여 이길 때까지 하리니 또한 이방들이 그의 이름을 바라리라 함을 이루려 하심이니라"(마 12:17-21).

⑧ 시 78:2 "이는 선지자를 통하여 말씀하신 바 내가 입을 열어 비유로 말하고 창세부터 감추인 것들을 드러내리라 함을 이루려 하심이라"(마 13:35).

⑨ 사 62:11; 슥 9:9 "이는 선지자를 통하여 하신 말씀을 이루려 하심이라 일렀으되 시온 딸에게 이르기를 네 왕이 네게 임하나니 그는 겸손하여 나귀, 곧 멍에 메는 짐승의 새끼를 탔도다 하라 하였느니라"(마 21:4-5).

⑩ 슥 11:13 "이에 선지자 예레미야를 통하여 하신 말씀이 이루어졌나니 일렀으되 그들이 그 가격 매겨진 자 곧 이스라엘 자손 중에서 가격 매긴 자의 가격 곧 은 삼십을 가지고 토기장이의 밭 값으로 주었으니 이는 주께서 내게 명하신 바와 같으니라 하였더라"(마 27:9-10).

그 외에 이런 말씀도 있다. "내가 만일 그렇게 하면 이런 일이 있으리라 한 성경이 어떻게 이루어지겠느냐 하시더라 그 때에 예수께서 무리에게 말씀하시되 너희가 강도를 잡는 것 같이 칼과 몽치를 가지고 나를 잡으러 나왔느냐 내가 날마다 성전에 앉아 가르쳤으되 너희가 나를 잡지 아니하였도다 그러나 이렇게 된 것은 다 선지자들의 글을 이루려 함이니라 하시더라 이에 제자들이 다 예수를 버리고 도망하니라"(마 26:54-56).

이처럼 예수님이 오셔서 선지자를 완전하게 하신(이루신) 것은 예수님을 통해 선지자의 예언이 성취된 것을 의미한다. 그렇다면 예수님이 오셔서 율법을 완전하게 하신 것도 마찬가지 의미를 갖는다. 예수님을 통해 율법의 예언이 성취된 것이다.

실제로 예수님은 이렇게 말씀하셨다. "모든 선지자와 율법이 예언한 것은 요한까지니"(마 11:13). 이 말씀에 따르면, 선지자뿐 아니라 율법도 예언한 것으로 되어 있다. 율법은 말로만 예언한 게 아니다. 율법의 규정과 제도 역시 예표로서 예언의 성격을 띤다. "율법은 장차 올 좋은 일의 그림자일 뿐이요"(히 10:1)는 율법이 갖는 이러한 예언적 성격을 보여준다. 예를 들면, 유월절 제사제도는 십자가에서 희생제물로 돌아가실 그리스도를 예언한 것이다. "우리의 유월절 양 곧 그리스도께서 희생되셨느니라"(고전 5:7). 그래서 사도 베드로는 구약성경의 내용을 가리켜 "성경의 모든 예언"이라고 말했다. "먼저 알 것은 성경의 모든 예언은 사사로이 풀 것이 아니니"(벧후 1:20). 구약성경은 예언의 책이다. 이 예언은 그리스도와 천국을 통해 성취된다. 그 시작을 알리는 것이 세례 요한의 등장이다.

따라서 예수님이 율법과 선지자를 완전하게 하려고 왔다는 것은 이런 뜻이다. 예수님은 율법과 선지자의 예언을 성취하려고 왔다는 것이다. 예수님은 율법과 선지자가 미리 가리키던 분이다. 그분이 마침내 오셨다. 이제 예수님은 율법과 선지자를 완전하게 하신 분으로서 궁극적 권위를 갖는다. 그리고 그 권위로써 가르치신다. 그 내용이 본문 뒤로 이어진다. 그것은 반복해서 나타나는 "내가 너희에게 이르노니"라는 말로써 주어진다(18, 20, 22, 26, 28, 32, 34, 39, 44절). 그러므로 제자들은 이 권위 있는 가르침에 따라 율법을 이해하고 행동해야 한다.

예수님과 제자들의 사명

여기서 '내가 … 하려고 왔다'는 표현을 살펴볼 필요가 있다. 그것은 예수님이 자신의 사명을 말할 때 사용하신 것이다. "나는 의인을 부르러 온 것이 아니요 죄인을 부르러 왔노라"(마 9:13하). "내가 세상에 화평을 주러 온 줄로 생각하지 말라 화평이 아니요 검을 주러 왔노라 내가 온 것은 사람이 그 아버지와, 딸이 어머니와, 며느리가 시어머니와 불화하게 하려 함이니"(마 10:34-35). "인자가 온 것은 섬김을 받으려 함이 아니라 도리어 섬기려 하고 자기 목숨을 많은 사람의 대속물로 주려 함이니라"(마 20:28).

예수님이 이렇게 자신의 사명을 말씀하신 의도는 제자들의 사명을 깨우치기 위함이다.

1. "나는 의인을 부르러 온 것이 아니요 죄인을 부르러 왔노라"(마 9:13하). 이 말씀 앞에는 이런 내용이 나온다. "예수께서 마태의 집에서 앉아 음식을 잡수실 때에 많은 세리와 죄인들이 와서 예수와 그의 제자들과 함께 앉았더니 바리새인들이 보고 그의 제자들에게 이르되 어찌하여 너희 선생은 세리와 죄인들과 함께 잡수시느냐 예수께서 들으시고 이르시되 건강한 자에게는 의사가 쓸 데 없고 병든 자에게라야 쓸 데 있느니라 너희는 가서 내가 긍휼을 원하고 제사를 원하지 아니하노라 하신 뜻이 무엇인지 배우라"(마 9:10-13상). 여기서 마태는 "예수와 그의 제자들"이라고 말한다. 그리고 바리새인들은 그 제자들에게 이렇게 말한다. "어찌하여 너희 선생은 세리와 죄인들과 함께 잡수시느냐." 중요한 것은 예수님과 제자들이 하나로 간주된다는 사실이다. 이 상황에서 예수님은 바리새인들의 비난에 답하시면서 자신의 사명을 말

씀하신다. "나는 의인을 부르러 온 것이 아니요 죄인을 부르러 왔노라."
이것은 제자들에게 죄인을 부르는 전도의 사명을 깨우치기 위함이다.

2. "내가 세상에 화평을 주러 온 줄로 생각하지 말라 화평이 아니요
검을 주러 왔노라 내가 온 것은 사람이 그 아버지와, 딸이 어머니와, 며
느리가 시어머니와 불화하게 하려 함이니"(마 10:34-35). 이 말씀 뒤에
는 이런 내용이 이어진다. "사람의 원수가 자기 집안 식구리라 아버지
나 어머니를 나보다 더 사랑하는 자는 내게 합당하지 아니하고 아들이
나 딸을 나보다 더 사랑하는 자도 내게 합당하지 아니하며 또 자기 십
자가를 지고 나를 따르지 않는 자도 내게 합당하지 아니하니라 자기
목숨을 얻는 자는 잃을 것이요 나를 위하여 자기 목숨을 잃는 자는 얻
으리라"(마 10:36-39). 36절은 "그리고"라는 접속사로 시작된다. 예수님
은 자신의 사명이 가져올 결과를 "사람의 원수가 자기 집안 식구리라"
고 말씀하신 것이다. 예수님은 제자들이 이런 상황에서 자기 십자가를
져야 할 것을 말씀하셨다. 이 경우 예수님이 자신의 사명을 말씀하신
의도는 제자들에게 자기희생의 사명을 깨우치기 위함이다.

3. "인자가 온 것은 섬김을 받으려 함이 아니라 도리어 섬기려 하고
자기 목숨을 많은 사람의 대속물로 주려 함이니라"(마 20:28). 이 말씀
앞에는 이런 내용이 나온다. 세베대의 아들 야고보와 요한의 어미가 예
수님께 와서 자기의 두 아들을 주의 나라에서 주의 좌우편에 앉게 해
달라고 요청했을 때, 열 제자가 듣고 그들에 대해 분히 여겼다. 그러자
예수님이 제자들을 불러다가 말씀하셨다. "이방인의 집권자들이 그들
을 임의로 주관하고 그 고관들이 그들에게 권세를 부리는 줄을 너희가
알거니와 너희 중에는 그렇지 않아야 하나니 너희 중에 누구든지 크고
자 하는 자는 너희를 섬기는 자가 되고 너희 중에 누구든지 으뜸이 되

고자 하는 자는 너희의 종이 되어야 하리라"(마 20:25-27). 그런 다음 예수님은 자신의 사명을 말씀하셨다. "인자가 온 것은 섬김을 받으려 함이 아니라 도리어 섬기려 하고 자기 목숨을 많은 사람의 대속물로 주려 함이니라." 이것은 제자들에게 섬김의 사명을 깨우치기 위함이다.

그렇다면 본문에서 예수님이 자신의 사명을 말씀하신 의도는 무엇일까? 우리가 살펴본 대로, 예수님은 앞에서 "땅의 소금"과 "세상의 빛"으로서 제자들의 사명에 대해 말씀하셨다. 특히 16절에서 세상의 빛으로서 제자들의 사명을 이렇게 설명하셨다. "이같이 너희 빛이 사람 앞에 비치게 하여 그들로 너희 착한 행실을 보고 하늘에 계신 너희 아버지께 영광을 돌리게 하라." 그런 다음 예수님은 자신의 사명을 말씀하셨다. "내가 율법이나 선지자를 폐하러 온 줄로 생각하지 말라 폐하러 온 것이 아니요 완전하게 하려 함이라." 이것은 착한 행실을 통해 그들의 빛을 사람 앞에 비치게 해야 할 제자들의 사명을 깨우치기 위함이다.

그러면 제자들이 착한 행실로 그들의 빛을 사람 앞에 비치게 하려면 어떻게 해야 할까? 율법과 선지자를 완전하게 하려고 오신 예수님의 사명은 여기에 대해 무엇을 말하는 것일까? 제자들이 착한 행실로 그들의 빛을 사람 앞에 비치게 하려면, 율법과 선지자를 완전하게 하신 분으로서 예수님의 권위 있는 가르침을 따라야 한다. 그것은 서기관과 바리새인의 문자적인 율법 준수가 아닌 율법에 담긴 하나님의 뜻을 더 깊은 차원에서 좇는 것이다. R. C. 스프로울은 그런 삶을 이렇게 표현했다. "우리는 단지 겉으로만 '세상과 동떨어진 삶'을 추구하는 것이 아니라 초월적인 탁월함을 추구하라고 부르심을 받았다."[22]

---

22 Sproul, 『하나님의 거룩하심』, p.194.

17

율법과 제자의 삶

진실로 너희에게 이르노니 천지가 없어지기 전에는 율법의 일점 일획도
결코 없어지지 아니하고 다 이루리라 그러므로 누구든지 이 계명 중의
지극히 작은 것 하나라도 버리고 또 그같이 사람을 가르치는 자는
천국에서 지극히 작다 일컬음을 받을 것이요
누구든지 이를 행하며 가르치는 자는 천국에서 크다 일컬음을 받으리라

_ 마 5:18-19

앞에서 예수님은 자신의 사명에 대해 "내가 율법이나 선지자를 폐하러 온 줄로 생각하지 말라 폐하러 온 것이 아니요 완전하게 하려 함이라"(마 5:17)고 말씀하셨다. 예수님의 사명은 율법과 선지자를 완전하게 하는 것이다. 이때 '완전하게 하다'는 예언의 성취를 의미한다. 이 사실은 마태가 선지자의 예언이 성취된 것을 말할 때 공식처럼 이 말을 사용한 것에서 드러난다. 마태는 예수님의 오심으로 선지자의 예언이 성취된 것을 열 번이나 말한다.

그러면 율법과 선지자의 예언은 예수님의 오심으로 모두 성취된 것일까? 만일 그렇다면 율법과 선지자의 예언적 기능은 다한 것이 될 것이다. 그런데 예수님은 이어서 18절에 이런 설명을 추가하신다. "진실로 너희에게 이르노니 천지가 없어지기 전에는 율법의 일점 일획도 결코 없어지지 아니하고 다 이루리라."

우선 주목할 것은 "진실로 너희에게 이르노니"라는 말이다. 이 말은 마태복음에만 삼십 번 나온다. 예수님은 말씀하시는 내용의 중요성을 강조할 때마다 이 말을 사용하셨다. 그런데 본문에는 여기에 접속사(가

르)가 들어 있다. 마태복음에는 이런 경우가 세 번 더 있다. 모두 앞의 내용을 설명하려고 할 때다. "이 동네에서 너희를 박해하거든 저 동네로 피하라 내가 진실로 너희에게 이르노니 이스라엘의 모든 동네를 다 다니지 못하여서 인자가 오리라"(마 10:23). "그러나 너희 눈은 봄으로, 너희 귀는 들음으로 복이 있도다 내가 진실로 너희에게 이르노니 많은 선지자와 의인이 너희가 보는 것들을 보고자 하여도 보지 못하였고 너희가 듣는 것들을 듣고자 하여도 듣지 못하였느니라"(마 13:16-17). "이르시되 너희 믿음이 작은 까닭이니라 진실로 너희에게 이르노니 만일 너희에게 믿음이 겨자씨 한 알 만큼만 있어도 이 산을 명하여 여기서 저기로 옮겨지라 하면 옮겨질 것이요 또 너희가 못할 것이 없으리라"(마 17:20).

이것은 본문에서도 마찬가지다. 18절은 앞의 내용을 설명하기 위한 것이다. 그런데 여기서 예수님은 앞에서와 달리 율법에 대해서만 말씀하신다. 예수님의 관심이 제자들의 착한 행실, 제자들의 삶에 있기 때문이다. 제자들의 삶은 율법과 관련이 있다. 그래서 예수님은 율법의 계명과 관련된 그들의 삶과 그들의 의에 대해 말씀하시려는 것이다.

천지가 없어지기 전에는

예수님이 앞에서 말씀하신 율법과 선지자는 예수님의 오심으로 성취된 예언을 담고 있다. 그런데 율법과 선지자는 예수님의 오심 너머의 일에 대한 예언도 담고 있다. 그래서 본문에서 율법에 대한 말씀은 "천지가 없어지기 전에는"으로 시작된다. 이 말은 '천지가 없어질 때까지'

를 의미한다.

우리는 이것이 불가능한 일을 말한 것이라고 생각할 수 있다. 예수님이 율법의 영원성을 말하려고 그런 말을 사용하셨을 거라고 보는 것이다. 왜냐하면 구약성경에는 천지가 영원한 것처럼 말한 곳이 있기 때문이다. 예를 들면, 시편에 이런 말씀이 나온다. "하늘의 하늘도 그를 찬양하며 하늘 위에 있는 물들도 그를 찬양할지어다 그것들이 여호와의 이름을 찬양함은 그가 명령하시므로 지음을 받았음이로다 그가 또 그것들을 영원히 세우시고 폐하지 못할 명령을 정하셨도다"(시 148:4-6). 전도서에 이런 말씀도 있다. "한 세대는 가고 한 세대는 오되 땅은 영원히 있도다"(전 1:4).

그러나 성경에는 이와 달리 천지가 없어질 것으로 말한 곳이 있다. "주께서 옛적에 땅의 기초를 놓으셨사오며 하늘도 주의 손으로 지으신 바니이다 천지는 없어지려니와 주는 영존하시겠고 그것들은 다 옷 같이 낡으리니 의복 같이 바꾸시면 바뀌려니와"(시 102:25-26). 특히 마태복음 24장 35절 "천지는 없어질지언정 내 말은 없어지지 아니하리라"는 천지가 없어질 것을 분명히 말한다. 따라서 본문에서 예수님은 불가능한 일이 아니라 앞으로 일어날 일을 말씀하신 것이다. 그것은 세상의 종말을 가리킨다. 그것은 마태가 말한 "세상 끝(날)"(마 13:39, 40, 49; 24:3; 28:20) 또는 "세상이 새롭게 될"(마 19:28) 때를 말한다. 따라서 예수님은 세상의 종말이 올 때까지 율법의 일점 일획도 없어지지 아니하고 반드시 다 이룰 것을 말씀하신 것이다.

이때 예수님은 율법이 없어지지 않을 것을 두 가지로 강조하셨다. 하나는 "율법의 일점 일획도"라는 표현이다. 여기 "점"으로 번역된 말은 히브리어 알파벳의 가장 작은 글자, 즉 '요드'(ʹ)를 가리킨다. "획"도 이와 비슷하게 히브리어의 작은 글자이거나 표시 또는 비슷한 글자를 구분해 주는 작은 부분을 가리킨다. 율법은 아주 작은 부분까지도 없어지지 않을 것이다. 또 하나는 "결코"라는 표현이다. 이것은 이중부정을 번역한 말이다. 율법은 결코 없어지지 않을 것이다. 따라서 예수님은 세상의 종말이 올 때까지 율법의 아주 작은 부분도 결코 없어지지 않을 것을 강조하셨다. 이것은 앞서 예수님이 율법과 선지자를 폐하러 온 것이 아니라고 하신 이유를 설명해 준다.

그러면 "다 이루리라"는 무엇을 말한 것일까? 이것은 원문대로 번역하면 '다 이루기까지'다. 예수님은 "천지가 없어질 때까지"에 덧붙여서 말씀하신 것이다. 여기 '이루다'는 예언의 성취를 가리킨다. 그 예가 마태복음 24장 34절 "내가 진실로 너희에게 말하노니 이 세대가 지나가기 전에 이 일이 다 일어나리라"에 나온다. 이것은 예수님이 종말의 사건을 예언하신 후 하신 말씀이다. 이때 "일어나리라"는 그러한 예언의 성취를 가리킨다. 따라서 본문에서도 예수님은 "이루리라"는 말로써 예언의 성취를 가리키신 것이다. 여기서 "다"라는 말은 율법이 예언한 모든 내용을 포함한다. 그래서 "다 이루리라"는 '율법이 예언한 모든 내용이 성취될 때까지'가 될 것이다. 그러므로 예수님의 말씀을 정리하면, 세상의 종말이 올 때까지 율법은 아주 작은 부분까지도 결코 없어지지 않을 것이다. 그리고 세상의 종말이 올 때까지라는 말은 율법이 예언한 모든 내용이 성취될 때까지를 의미한다.

예수님이 이 말씀을 하신 데는 이유가 있다. 앞서 예수님이 율법과 선지자를 완전케 하러 온 것이라는 점을 설명하기 위함이다. 예수님은 율법과 선지자의 예언을 성취하려고 오셨다. 그런데 그 예언은 예수님의 오심으로 다 성취된 것이 아니다. 그 예언이 다 성취되는 때는 세상의 종말이 올 때다. 그렇기 때문에 율법과 선지자는 그 예언적 기능을 다한 것이 아니며, 따라서 율법과 선지자의 예언적 기능은 지금도 여전히 유효하다.

이처럼 17-18절에서 예수님은 구약성경의 예언적 기능을 확증하셨다. 그 기능은 세상의 종말까지 계속될 것이다. 이 사실은 오늘 우리가 갖고 있는 신약성경에까지 확대해서 적용될 수 있다.

이처럼 성경의 예언적 기능은 세상의 종말까지 유효하다. 사도 베드로는 그 점을 이렇게 말했다. "또 우리에게는 더 확실한 예언이 있어 어두운 데를 비추는 등불과 같으니 날이 새어 샛별이 너희 마음에 떠오르기까지 너희가 이것을 주의하는 것이 옳으니라"(벧후 1:19). 해가 떠오르면 등불은 더 이상 필요 없게 된다. 마찬가지로 세상의 종말이 와서 우리가 영원히 주님과 함께 있으면 성경의 예언적 기능은 더 이상 필요 없게 된다. 그때는 우리가 성경을 통해 알던 하나님을 직접 뵙게 될 것이기 때문이다.

그래서 사도 바울은 이렇게 말했다. "우리는 부분적으로 알고 부분적으로 예언하니 온전한 것이 올 때에는 부분적으로 하던 것이 폐하리라 내가 어렸을 때에는 말하는 것이 어린 아이와 같고 깨닫는 것이 어린 아이와 같고 생각하는 것이 어린 아이와 같다가 장성한 사람이 되어서는 어린 아이의 일을 버렸노라 우리가 지금은 거울로 보는 것 같이 희미하나 그 때에는 얼굴과 얼굴을 대하여 볼 것이요 지금은 내가 부분적으로 아나 그 때에는 주께서 나를 아신 것 같이 내가 온전히 알리라"(고전 13:9-12).

삶의 규범으로서 율법의 기능

여기서 우리는 율법폐기론이라 부르는 주장을 살펴볼 필요가 있다. 이 주장은 16세기의 청교도들과 관련해서 나왔다. 청교도들은 구원의 열매로서 경건한 삶을 특히 강조했다. 그래서 분명한 율법관을 견지했다. 그것은 율법의 기능이 회심의 과정에서 죄를 깨닫게 할 뿐 아니라 회심 후에 성화를 이루게 한다는 견해였다. 이러한 청교도들의 율법관에 반대해 등장한 것이 이른바 율법폐기론이다. 그 주장은, 그리스도께서 죄의 형벌을 당하셨을 뿐 아니라 율법의 적극적 요구도 충족시키셨으므로, 그리스도를 믿은 신자는 율법을 지킬 의무에서 자유롭다는 것이다. 따라서 이것은 사실상 신자에게 율법이 폐기된 것이라는 주장이다.

어느 면에서 이 주장은 사실이다. 신자에게 율법의 정죄하는 기능은 그리스도의 십자가 때문에 더 이상 유효하지 않기 때문이다. 그러나 신자에게 삶의 규범으로서 율법의 기능은 폐기된 것이 아니다. 본문에서 예수님이 말씀하신 것은 바로 이 점이다. 율법은 삶의 규범으로서 신자에게 여전히 유효하다.

그래서 예수님은 제자들이 이 사실 앞에 어떻게 반응해야 할지 말씀하신다. "그러므로 누구든지 이 계명 중의 지극히 작은 것 하나라도 버리고 또 그같이 사람을 가르치는 자는 천국에서 지극히 작다 일컬음을 받을 것이요 누구든지 이를 행하며 가르치는 자는 천국에서 크다 일컬음을 받으리라"(19절). "그러므로"는 이 구절을 앞의 내용과 연결시킨다. 예수님은 앞에서 말한 대로, 구약성경의 예언적 기능이 여전히 유효하다는 사실에 기초해서 제자들에게 말씀하신 것이다.

여기서 예수님은 두 부류의 사람을 대조해 말씀하신다. 한 부류는 "누구든지 이 계명 중의 지극히 작은 것 하나라도 버리고 또 그같이 사람을 가르치는 자"이고, 다른 부류는 "누구든지 이를 행하며 가르치는 자"다. 여기서 주목할 것은 두 부류 모두 "가르치는 자"라는 사실이다. 이것은 뒤에 언급할 서기관과 바리새인이 율법을 가르치는 자라는 점을 의식한 말씀이다. 따라서 예수님의 관심은 제자들의 가르침에 있고 행실에 있지 않다. 중요한 것은 그 가르침이 어떤 가르침이냐는 것이다. 이 사실은 첫 부류의 사람에게서 잘 나타난다. "그같이"라는 말을 사용해 그 가르침의 성격을 강조하기 때문이다.

"그같이"는 앞에 나온 "이 계명 중의 지극히 작은 것 하나라도 버리고"를 가리킨다. 여기서 "이 계명"은 18절에서 말한 "율법"의 계명이다. 그래서 "이 계명 중의 지극히 작은 것 하나"는 "율법의 일점 일획"과 의미상 통한다. 또 "버리고"(루오)는 17절에 사용된 '폐하다'(카타루오)와 유사하다. 실제로 이 말이 그런 의미로 사용된 예도 있다. "모세의 율법을 범하지(개역한글, 폐하지-루오) 아니하려고 사람이 안식일에도 할례를 받는 일이 있거든 내가 안식일에 사람의 전신을 건전하게 한 것으로 너희가 내게 노여워하느냐"(요 7:23). "예수께서 이르시되 너희 율법에 기록된 바 내가 너희를 신이라 하였노라 하지 아니하였느냐 성경은 폐하지(루오) 못하나니 하나님의 말씀을 받은 사람들을 신이라 하셨거든"(요 10:34-35). 따라서 여기서 예수님의 관심은 계명을 순종하지 않는 행실이 아니라, 계명을 무시하는 태도에 있다. 예수님이 말씀하신 첫 부류의 사람은 바로 이런 태도를 가지고 가르치는 자다.

현재의 삶과 마지막 심판

예수님은 이런 사람에 대해 이렇게 말씀하신다. "천국에서 지극히 작다 일컬음을 받을 것이요." 여기서 "천국에서"는 이 사람이 천국에서 배제되지 않을 것임을 나타낸다. 이 사람이 구원받은 사람인 것만은 분명하다. 따라서 예수님은 구원받은 사실에 대한 평가를 말씀하신 게 아니다. 예수님은 마지막 심판 때 주어질 구원받은 자의 삶에 대한 평가를 말씀하신 것이다. "일컬음을 받을 것이요"는 앞에서도 이런 의미로 쓰였다. "화평하게 하는 자는 복이 있나니 그들이 하나님의 아들이라 일컬음을 받을 것임이요"(마 5:9).

주목할 것은 현재의 삶과 마지막 심판 때의 평가가 연결되어 있다는 사실이다. 예수님이 "지극히 작다"는 말로 그 둘을 의도적으로 연결해 놓으셨기 때문이다. "누구든지 이 계명 중의 지극히 작은 것 하나라도 버리고 또 그같이 사람을 가르치는 자는 천국에서 지극히 작다 일컬음을 받을 것이요." 만일 그런 의도가 아니라면, 뒤에 오는 "천국에서 크다 일컬음을 받으리라"는 말에 비추어 볼 때, 예수님은 "천국에서 작다 일컬음을 받을 것이요"라고 말씀하셨을 것이다.

이처럼 현재의 삶과 마지막 심판 때의 평가는 연결되어 있다. 따라서 마지막 날에 있을 하나님의 심판을 의식하는 것은 현재의 삶에 영향을 미친다. 마지막 하나님의 심판을 의식하지 않으면, 현재 우리의 삶은 흐트러질 수밖에 없다. 중요한 것은 이것이다. 하나님은 단지 "가르치는" 행실만을 보지 않으시고, 그 이면에 있는 태도를 보고 판단하실 것이다. 그러므로 우리의 태도가 어떤지 스스로 살펴야 한다. 우리는 율법의 계명을 조금이라도 무시하고 있지 않은가?

예수님이 말씀하신 둘째 부류의 사람은 "(이를) 행하며 가르치는 자"다. 예수님은 '이 계명 중에 지극히 작은 것 하나라도 버리지 않고 가르치는 자'라고 하지 않으셨다. 그 대신 "행하며 가르치는 자"라고 말씀하셨다. '이 계명 중의 지극히 작은 것 하나라도 버리지 않는' 태도는 행하는 행실로 나타나기 때문이다.

우리가 율법의 기능이 유효함을 인정한다면 계명대로 행할 것이다. 사실 율법의 권위를 인식하는 만큼 그 계명에 순종한다. 우리가 계명에 순종하지 않는 것은 하나님의 말씀으로서 율법의 권위를 인식하지 못하기 때문이다.

예수님은 율법의 기능이 유효함을 인식하고, 그 계명대로 행하는 사람에 대해 이렇게 말씀하신다. "천국에서 크다 일컬음을 받으리라." 이로써 예수님은 제자들이 둘째 부류의 사람이 될 것을 권장하신다. 그러한 사람은 삶의 규칙으로서 율법의 기능을 인식하고 그 계명대로 행하는 사람이다.

18

천국의 의

내가 너희에게 이르노니 너희 의가 서기관과 바리새인보다 더 낫지 못하면 결코 천국에 들어가지 못하리라

_ 마 5:20

이 내용은 바로 앞의 19절과 비교할 때 중요한 차이가 있다. 19절은 현재의 삶과 관련해 장차 천국에서 받게 될 평가를 다룬다. 그때 구원받은 자들은 그들의 삶에 따라 다른 평가를 받을 것이다. 여기서 초점은 제자들이 구원받은 자로서 어떻게 살아야 하는지에 있다. 이것을 말해 주는 것이 바로 율법이다.

그에 비해 20절은 현재의 삶과 관련해 장차 천국에 들어갈 자격을 다룬다. 천국에 들어갈 자들은 그렇지 못한 자들과 현재 다른 삶을 살아야 한다. 여기서 초점은 제자들이 천국에 들어가려면 어떻게 살아야 하는지에 있다. 이때 요구되는 것이 바로 천국의 의다.

예수님은 본문을 이렇게 시작하신다. "내가 너희에게 이르노니." 이것은 18절에 사용된 "진실로 (내가) 너희에게 이르노니"에서 "진실로"를 뺀 것이다. 이것 역시 강조를 나타낸다. 18절에서 예수님이 강조하신 내용은 "천지가 없어지기 전에는 율법의 일점 일획도 결코 없어지지 아니하고 다 이루리라"는 것이다. 여기서 주목할 부분은 "율법의 일점 일획도 결코 없어지지 아니하고"라는 표현이다. 이것은 17절에서 말한 대로 예수님이 율법과 선지자를 폐하러 온 줄로 생각하는 사람들을 염두에 둔 말씀이다. 결국 예수님 말씀의 요지는, 율법의 일점 일획도 결코 없어지지 않을 것이기 때문에 예수님이 율법과 선지자를 폐하러 온 줄로 생각해서는 안 된다는 것이다. 이처럼 18절은 17절에 대한 설명이다. 그래서 18절의 "진실로 (내가) 너희에게 이르노니"에는 이러한 연결을 보여주는 접속사가 들어 있다.

그에 비해 본문에서 예수님이 강조하신 내용은 "너희 의가 서기관과 바리새인보다 더 낫지 못하면 결코 천국에 들어가지 못하리라"는 것이다. 여기서 주목할 부분은 "결코 천국에 들어가지 못하리라"다. 이때 "결코"는 18절에서와 마찬가지로 강조를 나타낸다. 이것은 19절에서 말한 대로 계명을 행하는 자가 천국에서 크다 일컬음을 받으리라는 것을 오해할 사람들을 염두에 둔 말씀이다. 결국 예수님 말씀의 요지는, 서기관과 바리새인처럼 단지 계명을 행한다고 해서 천국에 들어갈 줄로 오해해서는 안 된다는 것이다. 이처럼 20절은 19절에 대한 설명이다. 이렇게 "내가 너희에게 이르노니"에는 역시 이러한 연결을 보여주는 접속사가 들어 있다.

율법주의의 위험

여기서 예수님의 말씀이 새로운 방향으로 전개되기 시작함을 알 수 있다. 17-19절에서 예수님은 율법을 폐지하려는 사람들을 의식하고 말씀하신다. 그들은 19절에서 말한 대로 "누구든지 이 계명 중의 지극히 작은 것 하나라도 버리고 또 그같이 사람을 가르치는 자"를 말한다.

그런데 20절에서 예수님은 단지 율법을 행하므로 천국에 들어갈 줄로 오해하는 사람들을 의식하고 말씀하신다. 그들은 서기관과 바리새인 같은 사람이다. 예수님이 앞에서는 반율법주의(율법폐기론)의 위험에 대해 말씀하신 것이라면, 본문에서는 율법주의의 위험에 대해 말씀하신 것이다. 전자가 방종이 문제라면, 후자는 외식이 문제다. 이처럼 그리스도인의 삶에서 문제가 되는 것은 방종과 외식이다. 우리는 율법을 무시함으로써 방종에 빠져서도 안 되고, 율법의 문자적 준수에 만족함으로써 외식에 빠져서도 안 된다.

사도 바울은 그리스도인의 삶이 방종에 빠지지 않는 길을 가르쳐 준다. 그 길은 사랑으로 서로 종노릇함으로써 율법을 이루는 것이다. "형제들아 너희가 자유를 위하여 부르심을 입었으나 그러나 그 자유로 육체의 기회를 삼지 말고 오직 사랑으로 서로 종노릇 하라 온 율법은 네 이웃 사랑하기를 네 자신 같이 하라 하신 한 말씀에서 이루어졌나니"(갈 5:13-14). 사도 베드로 역시 그리스도인의 방종을 막는 길을 보여준다. 그 길은 우리가 하나님의 종과 같이 진정한 의미에서 율법을 행하는 것이다. "너희는 자유가 있으나 그 자유로 악을 가리는 데 쓰지 말고 오직 하나님의 종과 같이 하라"(벧전 2:16). 이처럼 그리스도인의 자유는 방종을 위한 자유가 아니라, 진정한 의미의 율법 준수를 위한 자유다.

그러면 그리스도인의 삶이 율법주의의 위험, 즉 외식에 빠지지 않는 길은 무엇일까? 본문에서 예수님은 그 위험을 이렇게 표현하신다. "너희 의가 서기관과 바리새인보다 더 낫지 못하면." 여기서 서기관과 바리새인은 마태복음에서 처음 나온다. 각각 이미 앞에서 언급한 적이 있다. 서기관은 마태복음 2장 4절에 나온다. "왕이 모든 대제사장과 백성의 서기관들을 모아 그리스도가 어디서 나겠느냐 물으니." 서기관은 구약성경에 능통한 전문가다. 학자들은 대체로 그들을 할라카라 부르는 율법의 해설과 적용에 관한 전문가로 본다. 그들은 백성을 가르치는 위치에 있는 사람이다. "이는 그 가르치시는 것이 권위 있는 자와 같고 그들의 서기관들과 같지 아니함일러라"(마 7:29).

바리새인도 마태복음 3장 7절에 나온다. "요한이 많은 바리새인들과 사두개인들이 세례 베푸는 데로 오는 것을 보고 이르되 독사의 자식들아 누가 너희를 가르쳐 임박한 진노를 피하라 하더냐." 바리새인은 유대교 내의 한 분파를 말한다. 학자들은 그들을 유대교 내의 개혁운동가들로 본다. 그들은 율법의 세심한 실천에 힘쓰며 의식적 정결, 십일조, 안식일 등의 준수를 강조했다. 이 같은 사실은 바리새인과 세리의 비유에 등장하는 바리새인의 모습에서 잘 나타난다. "바리새인은 서서 따로 기도하여 이르되 하나님이여 나는 다른 사람들 곧 토색, 불의, 간음을 하는 자들과 같지 아니하고 이 세리와도 같지 아니함을 감사하나이다 나는 이레에 두 번씩 금식하고 또 소득의 십일조를 드리나이다 하고"(눅 18:11-12).

이처럼 서기관이 직업적인 전문가 집단이라면, 바리새인은 유대교 내의 한 분파다. 그런데 서기관과 바리새인은 율법에 관해 실제 관심사가 일치했다. 그래서 서기관 중에 바리새인의 운동에 가담하는 경우가 많았다. 이런 점에서 본문에는 서기관과 바리새인이 함께 언급된다.

예수님이 그들을 언급하신 의도는 제자들의 의를 그들의 의와 비교하기 위함이다. 예수님은 제자들에게 이렇게 말씀하셨다. "너희 의가 서기관과 바리새인보다 더 낫지 못하면." 여기 의가 나온다. 마태복음에는 이 말이 일곱 번 나오는데, 모두 예수님이 사용하셨다. 예수님은 이 말을 줄곧 윤리적 의미로 사용하셨다. 따라서 "너희 의" 즉 제자들의 의는 계명을 행하는 행실을 가리킨다. 그래서 예수님은 19절에서 "누구든지 이를 행하며 가르치는 자"를 말한 다음, 본문에서 "너희 의"를 말씀하신 것이다. 또 서기관과 바리새인의 의는 계명을 행하지만 결함이 있는 그들의 행실을 가리킨다. 이러한 서기관과 바리새인의 행실은 마태복음 15장과 23장에 잘 나타나 있다.

서기관과 바리새인의 의

그러면 거기에 드러난 서기관과 바리새인의 의는 어떤 것일까? 먼저 마태복음 15장을 보자.

그때에 바리새인과 서기관들이 예루살렘으로부터 예수께 나아와 이르되 당신의 제자들이 어찌하여 장로들의 전통을 범하나이까 떡 먹을 때에 손을 씻지 아니하나이다 대답하여 이르시되 너희는 어찌하여 너희의 전통으로 하나님의 계명을 범하느냐 하나님이 이르셨으되 네 부모를 공경하라 하시고 또 아버지나 어머니를 비방하는 자는 반드시 죽임을 당하리라 하셨거늘 너희는 이르되 누구든지 아버지에게나 어머니에게 말하기를 내가 드려 유익하게 할 것이 하나님께 드림이 되었다고 하기만 하면 그 부모를 공경할 것이 없다 하여 너희의 전통으로 하나님의 말씀을 폐하는도다 외식하는 자들아 이사야가 너희에 관하여 잘 예언하였도다 일렀으되 이 백성이 입술로는 나를 공경하되 마음은 내게서 멀도다 사람의 계명으로 교훈을 삼아 가르치니 나를 헛되이 경배하는도다 하였느니라 하시고 … 입으로 들어가는 모든 것은 배로 들어가서 뒤로 내버려지는 줄 알지 못하느냐 입에서 나오는 것들은 마음에서 나오나니 이것이야말로 사람을 더럽게 하느니라 마음에서 나오는 것은 악한 생각과 살인과 간음과 음란과 도둑질과 거짓 증언과 비방이니 이런 것들이 사람을 더럽게 하는 것이요 씻지 않은 손으로 먹는 것은 사람을 더럽게 하지 못하느니라(1-9절, 17-20절)

여기서 "장로들의 전통"이나 "사람의 계명"은 율법을 준수하기 위해 만든 규정을 말한다. 그런데 바리새인과 서기관들은 이러한 규정을 통해 오히려 "하나님의 계명"이나 "하나님의 말씀", 즉 율법을 범했다. 그들은 겉만 꾸미려고 할 뿐 마음에는 관심이 없었다. 그들은 겉으로는 하나님을 존경하지만 속으로는 그렇지 않았다. 겉은 깨끗이 하면서도 속은 그렇게 하지 않은 것이다. 그래서 예수님은 그들을 가리켜 "외식하는 자들"이라고 말씀하셨다. 외식이 서기관과 바리새인의 문제인 것이다. 그다음, 마태복음 23장을 보자.

서기관들과 바리새인들이 모세의 자리에 앉았으니 그러므로 무엇이든지 그들이 말하는 바는 행하고 지키되 그들이 하는 행위는 본받지 말라 그들은 말만 하고 행하지 아니하며 또 무거운 짐을 묶어 사람의 어깨에 지우되 자기는 이것을 한 손가락으로도 움직이려 하지 아니하며 그들의 모든 행위를 사람에게 보이고자 하나니 곧 그 경문 띠를 넓게 하며 옷술을 길게 하고 잔치의 윗자리와 회당의 높은 자리와 시장에서 문안 받는 것과 사람에게 랍비라 칭함을 받는 것을 좋아하느니라 … 화 있을진저 외식하는 서기관들과 바리새인들이여 너희가 박하와 회향과 근채의 십일조는 드리되 율법의 더 중한 바 정의와 긍휼과 믿음은 버렸도다 그러나 이것도 행하고 저것도 버리지 말아야 할지니라 맹인 된 인도자여 하루살이는 걸러내고 낙타는 삼키는도다 화 있을진저 외식하는 서기관들과 바리새인들이여 잔과 대접의 겉은 깨끗이 하되 그 안에는 탐욕과 방탕으로 가득하게 하는도다 눈 먼 바리새인이여 너는 먼저 안을 깨끗이 하라 그리하면 겉도 깨끗하리라 화 있을진저 외식하는 서기관들과 바리새인들이여 회칠한 무덤 같으니 겉으로는 아름답게 보이나 그 안에는 죽은 사람의 뼈와 모든 더러운 것이 가득하도다 이와 같이 너희도 겉으로는 사람에게 옳게 보이되 안으로는 외식과 불법이 가득하도다(2-7절, 23-28절)

서기관과 바리새인들이 모세의 자리에 앉았다는 것은 율법을 가르치는 위치에 있었음을 의미한다. 문제는 그들이 가르치기만 하고 스스로 행하지 않았다는 점이다. 그들의 모든 행위는 사람에게 보이려는 동기에서 비롯되었다. 문제는 그들이 사람에게 보여주기 위해 겉으로만 율법을 지키려 했다는 점이다. 따라서 여기서도 드러난 그들의 문제는 외식이다. 그래서 예수님은 그들을 가리켜 "외식하는 서기관들과 바리새인들이여"라고 말씀하신다.

이처럼 서기관과 바리새인의 의는 외면적 의이다. 그들은 율법의 문자적 준수만으로 만족한다. 그들의 의는 겉으로 사람에게 보여주기 위한 것이다. 그래서 예수님은 마태복음 23장 28절에서 이렇게 말씀하신다. "이와 같이 너희도 겉으로는 사람에게 옳게 보이되 안으로는 외식과 불법이 가득하도다." 여기서 "옳게"는 '의롭게'라는 말이다. 서기관과 바리새인들은 사람 앞에서는 의로운 척하지만 사실은 그렇지 않다는 것이다. 그들은 결단코 천국에 들어가지 못한다. 그래서 예수님은 마태복음 23장 13절에서 이렇게 말씀하신다. "화 있을진저 외식하는 서기관들과 바리새인들이여 너희는 천국 문을 사람들 앞에서 닫고 너희도 들어가지 않고 들어가려 하는 자도 들어가지 못하게 하는도다."

제자들의 의

그러므로 본문에서 예수님은 제자들에게 엄중히 경고하신다. "내가 너희에게 이르노니 너희 의가 서기관과 바리새인보다 더 낫지 못하면 결코 천국에 들어가지 못하리라." 이 경고에 따르면, 천국에 들어갈 제자들의 의는 서기관과 바리새인의 의보다 더 나아야 한다. 서기관과 바리새인의 의가 외면적이라면, 제자들의 의는 내면적이다. 서기관과 바리새인의 의가 겉으로만 사람에게 보여주기 위한 것이라면, 제자들의 의는 마음에서 비롯된 것으로 하나님이 보시는 것이다. 서기관과 바리새인의 의가 율법의 문자적 준수에 있다면, 제자들의 의는 율법에 나타난 하나님의 뜻을 행하는 데 있다. 그래서 예수님은 말씀하신다. "나더러 주여 주여 하는 자마다 다 천국에 들어갈 것이 아니요 다만 하늘에 계신 내 아버지의 뜻대로 행하는 자라야 들어가리라"(마 7:21).

그러면 율법에 나타난 하나님의 뜻이 무엇일까? 예수님은 여기에 대해 21-48절에서 자세히 설명하신다. 제자들의 의가 서기관과 바리새인의 의보다 더 나은 것은, 그들이 예수님의 이 설명대로 계명을 행할 때다. 그것은 율법의 문자적 준수를 넘어 그 속에 내포된 하나님의 뜻을 이루는 것이다. 바로 이것이 천국의 의다. 예수님의 제자들에게 요구되는 것은 이런 의다. 이 사실은 이미 앞에서 말한 것과 일치한다. "의를 위하여 박해를 받은 자는 복이 있나니 천국이 그들의 것임이라" (마 5:10).

이러한 의는 하나님에 의해 주어진다. 예수님이 이렇게 말씀하셨기 때문이다. "의에 주리고 목마른 자는 복이 있나니 그들이 배부를 것임 이요"(마 5:6).

이런 점에서 우리의 의는 천국의 의로서 서기관과 바리새인의 의 보다 더 나아야 한다. 그럴 때 세상의 빛으로서 사명을 감당하게 된다. "이같이 너희 빛이 사람 앞에 비치게 하여 그들로 너희 착한 행실을 보고 하늘에 계신 너희 아버지께 영광을 돌리게 하라"(마 5:16). 왜 사람들은 우리의 착한 행실을 보고 하늘에 계신 우리 아버지께 영광을 돌리게 될까? 바로 그 행실(의)이 하늘에 계신 아버지의 뜻을 행하는 것이고, 그분에 의해서 주어지는 것이기 때문이다.

예수님의 말씀은 우리가 자신의 의로써 천국에 들어갈 수 있다는 뜻이 아니다. 우리의 의가 천국에 들어갈 자격에 대한 증거가 된다는 뜻이다. 따라서 우리는 이러한 의로써 천국에 들어갈 확신을 갖게 된다.

19

살인하지 말라

옛 사람에게 말한 바 살인하지 말라 누구든지 살인하면
심판을 받게 되리라 하였다는 것을 너희가 들었으나 나는 너희에게 이르노니
형제에게 노하는 자마다 심판을 받게 되고 형제를 대하여 라가라 하는 자는
공회에 잡혀가게 되고 미련한 놈이라 하는 자는 지옥 불에 들어가게 되리라
그러므로 예물을 제단에 드리려다가 거기서 네 형제에게 원망들을 만한 일이
있는 것이 생각나거든 예물을 제단 앞에 두고 먼저 가서 형제와 화목하고
그 후에 와서 예물을 드리라 너를 고발하는 자와 함께 길에 있을 때에 급히 사화하라
그 고발하는 자가 너를 재판관에게 내어 주고 재판관이 옥리에게 내어 주어
옥에 가둘까 염려하라 진실로 네게 이르노니 네가 한 푼이라도 남김이 없이
다 갚기 전에는 결코 거기서 나오지 못하리라

_마 5:21-26

―――

20절에서 예수님은 천국의 의가 서기관과 바리새인의 의보다 더 나
은 것임을 말씀하셨다. 그러면 제자들에게 요구되는 천국의 의는 어떤
것일까? 예수님은 여기에 대해 본문 21절부터 48절까지 여섯 개의 실
례를 들어 설명하신다. 그것들은 살인, 간음, 이혼, 맹세, 보복, 원수를
미워함 등이다. 본문은 살인에 대한 내용이다.

서기관과 바리새인의 견해

먼저 예수님은 '너희가 들었다'는 말로 시작하신다. "옛 사람에게 말
한 바 살인하지 말라 누구든지 살인하면 심판을 받게 되리라 하였다
는 것을 너희가 들었으나"(21절). 여기서 제자들이 들은 내용은 이렇다.

"옛 사람에게 말한 바 살인하지 말라 누구든지 살인하면 심판을 받게 되리라 하였다는 것."

여기 "옛 사람에게 말한 바"에서 '말하다'는 수동형이다. 신약성경에서 이 말이 수동형으로 쓰인 것은 언제나 성경을 인용하거나 하나님의 말씀을 언급할 때다. 따라서 "옛 사람에게 말한 바"는 하나님께서 구약의 이스라엘 백성에게 말씀하신 일을 가리킨다. 특히 하나님께서 모세를 통해 이스라엘 백성에게 율법을 주신 일을 말한다.

"살인하지 말라"는 십계명 가운데 제6계명을 인용한 것이다(출 20:13; 신 5:17). 그리고 "누구든지 살인하면 심판을 받게 되리라"는 제6계명과 관련된 처벌규정을 가리킨다. 그것은 구약성경이 보여주는 대로 사형을 의미한다. "사람을 쳐죽인 자는 반드시 죽일 것이나 만일 사람이 고의적으로 한 것이 아니라 나 하나님이 사람을 그의 손에 넘긴 것이면 내가 그를 위하여 한 곳을 정하리니 그 사람이 그리로 도망할 것이며 사람이 그의 이웃을 고의로 죽였으면 너는 그를 내 제단에서라도 잡아내려 죽일지니라"(출 21:12-14). "사람을 쳐죽인 자는 반드시 죽일 것이요"(레 24:17). "사람을 죽인 모든 자 곧 살인한 자는 증인들의 말을 따라서 죽일 것이나 한 증인의 증거만 따라서 죽이지 말 것이요 고의로 살인죄를 범한 살인자는 생명의 속전을 받지 말고 반드시 죽일 것이며"(민 35:30-31).

중요한 것은, 예수님이 말씀하신 제자들이 들었다는 내용은 단순히 율법을 말하지 않는다는 것이다. 제자들이 들었다는 내용은 율법에 관한 서기관과 바리새인의 피상적 견해를 말한다.

예수님의 견해

그래서 예수님은 이어서 이렇게 말씀하신다. "나는 너희에게 이르노니 형제에게 노하는 자마다 심판을 받게 되고 형제를 대하여 라가라하는 자는 공회에 잡혀가게 되고 미련한 놈이라 하는 자는 지옥 불에들어가게 되리라"(22절). "나는 너희에게 이르노니"라는 말로 시작하는이 구절은 율법에 대한 예수님의 견해를 말한다. 이것은 앞서 21절에서 '너희가 들었다'는 말로 시작하는 내용과 대조를 이룬다. 예수님은율법에 대한 자신의 견해를 율법에 관한 서기관과 바리새인의 견해와대조해 말씀하신 것이다.

예수님이 말씀하신 제6계명에 대한 견해는 이렇다. "형제에게 노하는 자마다 심판을 받게 되고 형제를 대하여 라가라 하는 자는 공회에잡혀가게 되고 미련한 놈이라 하는 자는 지옥 불에 들어가게 되리라." 예수님은 형제에게 노하는 것과 형제를 대하여 라가라 하는 것과 미련한 놈이라 하는 것을 살인죄와 같이 취급하신다.

주목할 것은, 여기서 예수님이 다루신 것은 겉으로 드러난 행동이아니라 마음의 태도라는 점이다. "형제에게 노하는 자"는 마음의 태도를 묘사한 것이다. "형제를 대하여 라가라 하는 자 … 미련한 놈이라 하는 자"는 언어를 묘사한 것이다. 물론 언어는 마음의 태도를 반영한다. 이런 모욕적인 말은 형제를 경멸하는 마음의 태도에서 나오기 때문이다. "독사의 자식들아 너희는 악하니 어떻게 선한 말을 할 수 있느냐 이는 마음에 가득한 것을 입으로 말함이라"(마 12:34). "입에서 나오는 것들은 마음에서 나오나니 이것이야말로 사람을 더럽게 하느니라"(마 15:18).

이처럼 예수님이 말씀하신 것은 지극히 일상적인 삶의 모습이다. 형제에게 화내고 욕하는 일은 얼마든지 볼 수 있는 모습이 아닐까? 그런데 예수님은 이러한 일상적인 삶의 모습을 포악하고 잔인한 신체적 폭력인 살인만큼이나 심각하게 보신다. 그래서 이렇게 말씀하신다. "형제에게 노하는 자마다 심판을 받게 되고." 여기 형제에게 노하는 자에게 주어질 형벌은 앞에서 살인자에게 내린 형벌과 같다. "누구든지 살인하면 심판을 받게 되리라." 예수님은 이렇게 형제에게 화내고 욕하는 것을 살인죄와 같이 취급하신다.

게다가 예수님은 이것을 세 가지로 말씀하시면서 처벌의 강도를 높여 가신다. "심판을 받게 되고 … 공회에 잡혀가게 되고 … 지옥 불에 들어가게 되리라." 결국 예수님이 말씀하신 형벌은 지옥 불에 들어가는 것을 포함한다. 여기 "지옥"(게헨나)은 악인이 최종적으로 멸망당할 곳이다. 마태는 지옥이라는 말을 누구보다 많이 사용했다. "만일 네 오른 눈이 너로 실족하게 하거든 빼어 내버리라 네 백체 중 하나가 없어지고 온 몸이 지옥에 던져지지 않는 것이 유익하며 또한 만일 네 오른손이 너로 실족하게 하거든 찍어 내버리라 네 백체 중 하나가 없어지고 온 몸이 지옥에 던져지지 않는 것이 유익하니라"(마 5:29-30). "몸은 죽여도 영혼은 능히 죽이지 못하는 자들을 두려워하지 말고 오직 몸과 영혼을 능히 지옥에 멸하실 수 있는 이를 두려워하라"(마 10:28). "화 있을진저 외식하는 서기관들과 바리새인들이여 너희는 교인 한 사람을 얻기 위하여 바다와 육지를 두루 다니다가 생기면 너희보다 배나 더 지옥 자식이 되게 하는도다 … 뱀들아 독사의 새끼들아 너희가 어떻게 지옥의 판결을 피하겠느냐"(마 23:15, 33).

그런데 지옥에서 악인은 불로 고통을 겪게 될 것이다. 예수님은 지옥에 대해 직접 말씀하셨다. "거기에서는 구더기도 죽지 않고 불도 꺼지지 아니하느니라 사람마다 불로써 소금 치듯 함을 받으리라"(막 9:48-49). 마태는 이 불에 대해서도 여러 번 언급했다. "이미 도끼가 나무 뿌리에 놓였으니 좋은 열매를 맺지 아니하는 나무마다 찍혀 불에 던져지리라 … 손에 키를 들고 자기의 타작 마당을 정하게 하사 알곡은 모아 곳간에 들이고 쭉정이는 꺼지지 않는 불에 태우시리라"(마 3:10, 12). "아름다운 열매를 맺지 아니하는 나무마다 찍혀 불에 던져지느니라"(마 7:19). "그런즉 가라지를 거두어 불에 사르는 것 같이 세상 끝에도 그러하리라 인자가 그 천사들을 보내리니 그들이 그 나라에서 모든 넘어지게 하는 것과 또 불법을 행하는 자들을 거두어 내어 풀무 불에 던져 넣으리니 거기서 울며 이를 갈게 되리라"(마 13:40-42). "세상 끝에도 이러하리라 천사들이 와서 의인 중에서 악인을 갈라 내어 풀무 불에 던져 넣으리니 거기서 울며 이를 갈리라"(마 13:49-50). "만일 네 손이나 네 발이 너를 범죄하게 하거든 찍어 내버리라 장애인이나 다리 저는 자로 영생에 들어가는 것이 두 손과 두 발을 가지고 영원한 불에 던져지는 것보다 나으니라 만일 네 눈이 너를 범죄하게 하거든 빼어 내버리라 한 눈으로 영생에 들어가는 것이 두 눈을 가지고 지옥 불에 던져지는 것보다 나으니라"(마 18:8-9). "또 왼편에 있는 자들에게 이르시되 저주를 받은 자들아 나를 떠나 마귀와 그 사자들을 위하여 예비된 영원한 불에 들어가라"(마 25:41).

따라서 제6계명에 대한 예수님의 견해는 두 가지 점에서 서기관과 바리새인의 견해를 뛰어넘는다. 하나는 "살인하지 말라"는 계명에 내포된 의미다. 서기관과 바리새인의 견해에 따르면, 이 계명은 신체에 가하는 포악하고 잔인한 행동을 금할 뿐이다. 그러나 예수님의 견해에 따르면, 이 계명은 형제에게 화내고 형제를 대하여 욕하는 마음의 태도까지도 금한다. 이것은 제자들에게 요구되는 천국의 의가 어떤 것인지 보여준다. 그러한 의는 겉으로 드러난 행동만이 아니라 마음의 태도까지도 포함한다.

또 하나는 "살인하지 말라"는 계명과 관련된 형벌의 한계다. 서기관과 바리새인의 견해에 따르면, 이 계명을 어기는 것은 사형에 해당한다. 그러나 예수님의 견해에 따르면, 이 계명을 어기는 것은 사형에 그치지 않고 지옥 불에 들어가는 영원한 형벌에 해당한다. 이것은 제자들의 의가 서기관과 바리새인의 의보다 더 나은 경우 천국, 즉 영원한 생명에 들어가게 되는 것과 대조를 이룬다. 예수님은 마지막 심판 때의 일을 설명하시면서 이렇게 말씀하셨다. "그들(악인들)은 영벌에, 의인들은 영생에 들어가리라"(마 25:46).

세상의 법정에서 판사는 분노나 모욕적인 말로 나타나는 마음의 태도를 심판하지 못한다. 그러나 하나님은 모든 사람의 마음을 아시고 그것을 심판하신다. 그래서 우리가 심각하게 생각하지 않는 마음의 태도를 하나님은 매우 심각하게 보신다. 우리가 형제에게 화내고 욕하는 마음의 태도를 하나님은 실제 살인과 같이 취급하신다. 살인은 마음에서부터 시작되기 때문이다. 예수님은 말씀하신다. "마음에서 나오는 것은 악한 생각과 살인과 간음과 음란과 도둑질과 거짓 증언과 비방이니"(마 15:19). 또 사도 바울은 말한다. "또한 그들이 마음에 하나님 두기를 싫어하매 하나님께서 그들을 그 상실한 마음대로 내버려 두사 합당하지 못한 일을 하게 하셨으니 곧 모든 불의, 추악, 탐욕, 악의가 가득한 자요 시기, 살인, 분쟁, 사기, 악독이 가득한 자요 수군수군하는 자요"(롬 1:28-29). 사도 요한은 이렇게 말한다. "그 형제를 미워하는 자마다 살인하는 자니 살인하는 자마다 영생이 그 속에 거하지 아니하는 것을 너희가 아는 바라"(요일 3:15).

그러므로 우리가 실제 살인을 저지르지 않았을지라도 형제에게 화 내고 욕하는 마음의 태도를 가졌다면 우리는 제6계명을 어긴 것이다. 우리는 모두 하나님 앞에서 살인죄를 지은 자처럼 회개해야 한다. 예수 그리스도는 이런 우리를 위해 십자가의 형벌을 받으셨다.

적용을 위한 두 비유

이렇게 제6계명에 대한 견해를 말씀하신 예수님은 그것을 제자들의 실제 삶에 적용하신다. 그러니까 23-26절의 내용은 21-22절에서 말 씀하신 원칙의 적용이다. "그러므로"가 이러한 연결을 나타낸다. 제6계 명에 대한 예수님의 견해에 따르면, 제자들은 어떻게 살아야 할까? 제6 계명과 관련하여 서기관과 바리새인의 의보다 더 나은 의는 어떤 것일 까? 여기서 예수님은 2인칭 단수를 써서 두 비유를 말씀하신다.

첫 번째 비유는 형제와의 관계에 대한 것이다. "그러므로 예물을 제 단에 드리려다가 거기서 네 형제에게 원망들을 만한 일이 있는 것이 생각나거든 예물을 제단 앞에 두고 먼저 가서 형제와 화목하고 그 후 에 와서 예물을 드리라"(23-24절). 예수님이 이 말씀을 하신 곳은 갈릴 리다. 그런데 예물을 드릴 제단이 있는 곳은 성전이 있는 예루살렘이 다. 그렇다면 예수님 말씀대로 할 경우 130km쯤 되는 먼 길을 다시 갔 다가 와야 한다. 이것은 있을 법한 이야기가 아니다. 그러나 예수님이 이런 이야기를 하신 데는 의도가 있다. 형제와의 올바른 관계를 위해서는 결단과 행동이 필요함을 강조하기 위함이다.

특히 예수님이 말씀하신 상황이 예물을 제단에 드리는 장면이라는 점도 주목할 필요가 있다. 예물을 제단에 드리는 것은 하나님께 대한 예배로서 매우 중요하다. 그럼에도 그 일보다 먼저 형제와 화목하라고 하신 것은 형제와의 올바른 관계가 얼마나 중요한지를 강조하신 것이다. 우리가 형제와 화목하지 못한다면 하나님께 예물을 드려도 아무 소용이 없는 것이다.

이렇게 형제와 화목하는 일은 형제에게 화내고 욕하는 것과 정반대다. 예수님은 단지 형제에게 화내고 욕하지 말라고 하신 것이 아니다. 예수님은 형제에게 원망 들을 만한 일이 있는 줄 생각나거든 형제와 화목하라고 하신 것이다. 적극적으로 형제와 화목하는 것, 이것이 살인하지 말라는 계명에 나타난 하나님의 뜻이다. 이 뜻대로 행하는 것이 천국의 의다.

두 번째 비유는 송사하는 자와의 관계에 관한 것이다. "너를 고발하는 자와 함께 길에 있을 때에 급히 사화하라 그 고발하는 자가 너를 재판관에게 내어 주고 재판관이 옥리에게 내어 주어 옥에 가둘까 염려하라 진실로 네게 이르노니 네가 한 푼이라도 남김이 없이 다 갚기 전에는 결코 거기서 나오지 못하리라"(25-26절). 이 비유 역시 첫 번째 비유와 마찬가지로 화평한 관계에 대해 말한다.

그런데 차이가 있다. 첫째는 관계의 범위가 다르다. 첫 번째 비유는 형제끼리의 관계를 다룬다. 두 번째 비유는 형제에 국한하지 않고 모든 사람과의 관계를 다룬다. 우리는 모든 사람과의 관계에서 화평을 도모해야 한다. "할 수 있거든 너희로서는 모든 사람과 더불어 화목하라"(롬 12:18). 둘째는 상황의 심각성이 다르다. 첫 번째 비유에 등장하는 사람은 자발적으로 관계 개선을 도모한다. 그러나 두 번째 비유에 등장하는 사람은 어쩔 수 없이 신속히 관계 개선을 도모하지 않으면 안 된다("급히"). 그만큼 상황이 심각하다. 예수님은 이러한 상황을 신속히 전개될 일련의 과정을 통해서 나타내신다. "그 고발하는 자가 너를 재판관에게 내어 주고 (그리고) 재판관이 옥리에게 내어 주어 (그리고) 옥에 가둘까 염려하라." 여기에 예수님은 이런 말까지 추가하신다. "진실로 네게 이르노니 네가 한 푼이라도 남김이 없이 다 갚기 전에는 결코 거기서 나오지 못하리라." 이것은 상황의 심각성을 강조하신 말씀이다. 따라서 우리는 모든 사람과 화평한 관계를 도모하되 미루지 말고 즉시 실천에 옮겨야 한다.

20
간음하지 말라

또 간음하지 말라 하였다는 것을 너희가 들었으나 나는 너희에게 이르노니
음욕을 품고 여자를 보는 자마다 마음에 이미 간음하였느니라
만일 네 오른 눈이 너로 실족하게 하거든 빼어 내버리라 네 백체 중 하나가 없어지고
온 몸이 지옥에 던져지지 않는 것이 유익하며 또한 만일 네 오른손이 너로
실족하게 하거든 찍어 내버리라 네 백체 중 하나가 없어지고
온 몸이 지옥에 던져지지 않는 것이 유익하니라

_ 마 5:27-30

 ———

예수님은 제자들이 세상의 빛으로서 사명을 감당하려면 그들의 의가 서기관과 바리새인의 의보다 더 나아야 함을 말씀하셨다. 예수님은 제자들에게 천국의 의가 요구됨을 말씀하신 것이다. 그런 다음 서기관과 바리새인의 의보다 더 나은 천국의 의가 어떤 것인지 설명하셨다. 첫 번째 설명은 21-26절에 나오는데, 살인하지 말라는 계명(제6계명)에 대한 것이다. 두 번째 설명은 27-30절에 나오는데, 간음하지 말라는 계명(제7계명)에 대한 것이다. 여기서도 예수님은 자신의 견해를 서기관과 바리새인의 견해와 대조해 말씀하신다. 그래서 "너희가 들었으나 나는 너희에게 이르노니"라는 동일한 형식의 표현을 사용하신다.

먼저 예수님은 이렇게 말씀하신다. "또 간음하지 말라 하였다는 것을 너희가 들었으나"(27절). "간음하지 말라"는 제7계명(출 20:14; 신 5:18)을 인용하신 것이다. 이때 예수님은 첫 번째 설명과 달리 "옛 사람에게"라는 말을 생략하셨고, 이 계명과 관련된 처벌 규정을 말씀하지 않으셨다. 물론 "하였다"는 말은 21절의 "말한바 … 하였다"는 말과 같

이 하나님의 말씀을 언급할 때 사용되는 말이다. 그리고 이 계명을 어 길 경우 받게 될 벌은 제6계명과 같이 역시 사형이다. "누구든지 남의 아내와 간음하는 자 곧 그의 이웃의 아내와 간음하는 자는 그 간부와 음부를 반드시 죽일지니라"(레 20:10). "어떤 남자가 유부녀와 동침한 것이 드러나거든 그 동침한 남자와 그 여자를 둘 다 죽여 이스라엘 중에 악을 제할지니라"(신 22:22).

행동뿐 아니라 마음도 다루는 제7계명

그다음 예수님은 말씀하신다. "나는 너희에게 이르노니 음욕을 품고 여자를 보는 자마다 마음에 이미 간음하였느니라." 예수님의 말씀을 직역하면 이렇다. "여자를 보고 (그녀를 향해) 음욕을 품는 자마다 (그의) 마음에 이미 (그녀와) 간음하였느니라." 예수님은 남자가 음욕을 품는 것을 마음에 이미 간음한 것으로 간주하신다. 이것은 간음하지 말라는 계명이 남자에게만 해당한다는 의미가 아니다. 단지 간음하지 말라는 계명이 실제 간음의 행동뿐 아니라 음욕을 품는 것도 포함한다는 점을 보여주기 위한 것이다. 사람은 행동으로만이 아니라 마음으로도 제7계명을 범하는 것이다.

이처럼 간음하지 말라는 계명은 실제 혼인 외의 성행위뿐 아니라 그러한 행위를 낳는 욕망까지 다룬다. 성경은 간음의 행동이 마음의 욕망에서 비롯된다는 점을 분명히 한다. "마음에서 나오는 것은 악한 생각과 살인과 간음과 음란과 도둑질과 거짓 증언과 비방이니"(마 15:19). "음심이 가득한 눈을 가지고 범죄하기를 그치지 아니하고"(벧후 2:14상).

보디발의 아내는 왜 요셉과 동침하려고 했을까? 창세기 39장 6하-7절은 이렇게 말한다. "요셉은 용모가 빼어나고 아름다웠더라 그 후에 그의 주인의 아내가 요셉에게 눈짓하다가 동침하기를 청하니." 여기 '눈짓하다가'는 문자적으로 번역하면 '눈을 들다'라는 말이다. 이것은 그냥 보는 것이 아니라 욕망을 품고 보는 것을 뜻한다. 보디발의 아내가 요셉과 동침하려고 한 이유는, 용모가 빼어나고 아름다운 요셉에게 욕망을 품었기 때문이다.

다윗은 왜 우리아의 아내 밧세바와 동침하게 된 것일까? 사무엘하 11장 2-4절은 이렇게 말한다. "저녁 때에 다윗이 그의 침상에서 일어나 왕궁 옥상에서 거닐다가 그 곳에서 보니 한 여인이 목욕을 하는데 심히 아름다워 보이는지라 다윗이 사람을 보내 그 여인을 알아보게 하였더니 그가 아뢰되 그는 엘리암의 딸이요 헷 사람 우리아의 아내 밧세바가 아니니이까 하니 다윗이 전령을 보내어 그 여자를 자기에게로 데려오게 하고 그 여자가 그 부정함을 깨끗하게 하였으므로 더불어 동침하매 그 여자가 자기 집으로 돌아가니라." 다윗이 우리아의 아내 밧세바와 동침한 이유는 심히 아름다운 밧세바에게 욕망을 품었기 때문이다.

그러므로 제7계명과 관련하여 예수님의 제자들에게 요구되는 천국의 의는, 행동으로 간음하지 않을 뿐 아니라 마음으로도 음욕을 품지 않는 것이다. 그래서 잠언 6장 25절은 이렇게 말한다. "네 마음에 그의 아름다움을 탐하지 말며 그 눈꺼풀에 홀리지 말라." 성경은 욥을 "온전하고 정직하여 하나님을 경외하며 악에서 떠난 자"(욥 1:1)로 소개한다. 그런 욥이 이렇게 말했다. "내가 내 눈과 약속하였나니 어찌 처녀에게 주목하랴 … 만일 내 마음이 여인에게 유혹되어 이웃의 문을 엿보아문에서 숨어 기다렸다면"(욥 31:1, 9).

이처럼 그리스도인은 행동으로 간음하지 않을 뿐 아니라 마음으로도 음욕을 품지 않아야 한다. 이것이 간음하지 말라는 계명에 들어 있는 하나님의 뜻이다. 서기관과 바리새인도 행동으로 간음하는 것을 반대했을 것은 분명하다. "바리새인은 서서 따로 기도하여 이르되 하나님이여 나는 다른 사람들 곧 토색, 불의, 간음을 하는 자들과 같지 아니하고 이 세리와도 같지 아니함을 감사하나이다"(눅 18:11). 그래서 요한복음에는 이런 장면이 나온다. "서기관들과 바리새인들이 음행 중에 잡힌 여자를 끌고 와서 가운데 세우고 예수께 말하되 선생이여 이 여자가 간음하다가 현장에서 잡혔나이다 모세는 율법에 이러한 여자를 돌로 치라 명하였거니와 선생은 어떻게 말하겠나이까"(요 8:3-5). 그러나 그들은 마음으로 음욕을 품는 것까지 반대하지 않았다. 그런 그들을 예수님은 이렇게 책망하셨다. "화 있을진저 외식하는 서기관들과 바리새인들이여 회칠한 무덤 같으니 겉으로는 아름답게 보이나 그 안에는 죽은 사람의 뼈와 모든 더러운 것이 가득하도다 이와 같이 너희도 겉으로는 사람에게 옳게 보이되 안으로는 외식과 불법이 가득하도다"(마 23:27-28).

그러나 그리스도인은 그들과 달라야 한다. 그리스도인은 행동으로 간음하는 것뿐 아니라 마음으로 음욕을 품는 것도 거부해야 한다. 그렇기 때문에 간통을 저지르지 않는 것만으로 그리스도인다운 삶을 산다고 할 수 없다. 그리스도인다운 삶은 간통을 저지르지 않을 뿐 아니라 음욕을 품지 않는 것이다. 그것이 서기관과 바리새인의 의보다 더 나은 천국의 의다. 따라서 그리스도인은 모든 형태의 포르노그래피를 반대해야 한다. 우리는 외설적인 소설, 잡지, 회화, 사진, 드라마, 영화, 야동

등을 거절해야 한다. 뿐만 아니라 성적 욕망을 자극하는 환경을 피해야 한다.

요셉이 보디발의 아내의 집요한 유혹을 뿌리칠 수 있었던 이유는 무엇일까? 그것은 그가 간통을 저지르지 않으려고 했을 뿐 아니라 음욕을 품지 않으려고 했다는 데 있다. "여인이 날마다 요셉에게 청하였으나 요셉이 듣지 아니하여 동침하지 아니할 뿐더러 함께 있지도 아니하니라"(창 39:10). 이것은 요셉이 동침하지 않을 뿐 아니라 음욕을 품지 않으려 했음을 나타낸다. 그는 행동뿐 아니라 마음으로도 죄를 짓지 않으려고 조심한 것이다.

어떤 희생이나 대가라도 치를 각오

예수님은 이렇게 간음하지 말라는 계명에 대해 말씀하시고, 그것을 제자들의 삶에 적용하신다. 여기서 예수님은 다시 2인칭 단수로 말씀하신다. "만일 네 오른 눈이 너로 실족하게 하거든 빼어 내버리라 네 백체 중 하나가 없어지고 온 몸이 지옥에 던져지지 않는 것이 유익하며 또한 만일 네 오른손이 너로 실족하게 하거든 찍어 내버리라 네 백체 중 하나가 없어지고 온 몸이 지옥에 던져지지 않는 것이 유익하니라"(29-30절).

그러면 이것은 제자들에게 어떻게 하라는 말씀일까? 예수님이 제자들에게 오른 눈을 빼어 내버리고, 오른손을 찍어 내버리라고 말씀하신 것은 무슨 뜻일까? 우리가 이 말씀을 해석할 때 주목할 것은 예수님이 말씀하신 오른 눈과 오른손이다. 만일 우리가 오른 눈을 빼어 내버리면 어떻게 될까? 그래도 왼눈은 남게 된다. 만일 우리가 오른손을 찍어 내 버리면 어떻게 될까? 물론 왼손이 남는다. 그렇다면 오른 눈을 빼어 내 버린다고 해서 여자를 보고 음욕을 품지 않을 수 있는 것은 아니다. 실 제로 알렉산드리아의 유명한 교부였던 오리겐(185-254)은 이 말씀을 문자적으로 이해해 자신의 욕망과 싸우다가 마침내 스스로 거세했다. 그러나 신체의 일부를 제거하는 것으로 마음의 욕망을 제어할 수 없었 다. 예수님은 바로 이 점을 나타내시려고 오른 눈과 오른손을 말씀하신 것이다.

예수님이 이와 비슷한 내용을 말씀하신 적이 있다. 마태복음 18장 8-9절이다. "만일 네 손이나 네 발이 너를 범죄하게 하거든 찍어 내버 리라 장애인이나 다리 저는 자로 영생에 들어가는 것이 두 손과 두 발 을 가지고 영원한 불에 던져지는 것보다 나으니라 만일 네 눈이 너를 범죄하게 하거든 빼어 내버리라 한 눈으로 영생에 들어가는 것이 두 눈을 가지고 지옥 불에 던져지는 것보다 나으니라"

이것과 비교할 때 본문에서 예수님은 발은 빼고 손보다 눈을 먼저 언급하셨다. 이것은 앞에서 말씀하신 "여자를 보는"이라는 말과 관련 이 있다. 또 본문에서 예수님은 영생에 들어가는 것은 언급하지 않으셨 다. 이것은 "지옥에 던져지는" 심판을 강조하기 위함이다. 더 중요한 차 이는 본문에서 예수님이 언급하신 오른 눈과 오른손이다. 이것은 외적 으로 신체의 일부를 제거한다고 내적 욕망까지 제거될 수 없음을 보여 주기 위함이다. 본문에서 예수님이 말씀하신 것은 "음욕을 품고 여자를 보는 자마다 마음에 이미 간음하였느니라"는 내용과 관련된다.

그에 비해 마태복음 18장 8-9절은 "누구든지 나를 믿는 이 작은 자 중 하나를 실족하게 하면 차라리 연자 맷돌이 그 목에 달려서 깊은 바다에 빠뜨려지는 것이 나으니라"(마 18:6)는 내용과 관련된 것이다. 거기서는 특히 내적 욕망에 대해 말하지 않는다. 그래서 예수님은 오른손과 오른 눈 대신 그냥 손과 발 그리고 눈을 언급하실 뿐이다.

이처럼 "음욕을 품고 여자를 보는 자마다 마음에 이미 간음하였느니라"는 내용과 관련해서, 오른 눈을 빼어 내버리고 오른손을 찍어 내버리라는 말씀은 문자적으로 이해될 수 없다. 여기서 우리는 예수님이 이 말씀을 가정으로 시작하신 것에 주목할 필요가 있다. "만일 네 오른 눈이 너로 실족하게 하거든 … 만일 네 오른손이 너로 실족하게 하거든."

그러면 예수님이 이때 가정하신 구체적인 상황은 어떤 것일까? 그 상황은 뒤따르는 설명을 통해 분명해진다. "네 백체 중 하나가 없어지고 온 몸이 지옥에 던져지지 않는 것이 유익하며 … 네 백체 중 하나가 없어지고 온 몸이 지옥에 던져지지 않는 것이 유익하니라." 예수님이 가정하신 구체적인 상황은 이런 것이다. 오른 눈을 빼어 내버리지 않고, 오른손을 찍어 내버리지 않으면 지옥에 던져지게 될 상황이다. 이런 상황이라면 오른 눈을 빼어 내버리고, 오른손을 찍어 내버리라는 말이 너무 가혹하거나 잔인한 요구가 아니다. 따라서 예수님의 이 말씀은 '네가 실족해서 지옥에 던져질 것을 생각한다면, 네가 실족하지 않기 위해 어떤 희생이나 대가라도 치를 각오가 필요하다'는 것이다. 이 경우 실족하는 것은 간음하는 것을 가리킨다. 그것은 실제 간음의 행위뿐 아니라 "음욕을 품고 여자를 보는" 것까지 포함한다.

우리에게 이런 각오가 있는가? 간음하지 말라는 계명을 어기지 않기 위해 어떤 희생이나 대가라도 치를 각오가 되어 있는가? 그런 비장함과 절박함이 있는가? 히브리서 기자가 말한 대로 죄와 싸우되 피 흘리기까지 대항할(히 12:4) 각오가 되어 있는가? 우리가 이 싸움에서 실패하는 이유는 실제 간음의 행위뿐 아니라 음욕을 품고 여자를 보는 것을 대수롭지 않게 여기기 때문이다.

우리가 간음하지 말라는 계명을 어기지 않기 위해 어떤 희생이나 대가라도 치를 것을 각오하는 이유는 여기 있다. 우리가 간음하지 말라는 계명을 어길 경우 지옥에 던져질 거라는 점이다. 이것은 살인하지 말라는 계명을 어길 경우와 같이 사형에 그치지 않고 영원한 형벌을 받게될 것을 의미한다. 실제 간음의 행위뿐 아니라 음욕을 품고 여자를 보는 것도 하나님의 심판을 받게 될 것이다.

성경은 여러 곳에서 이 사실을 말해 준다. "모든 사람은 결혼을 귀히 여기고 침소를 더럽히지 않게 하라 음행하는 자들과 간음하는 자들을 하나님이 심판하시리라"(히 13:4). "내가 예루살렘 선지자들 가운데도 가증한 일을 보았나니 그들은 간음을 행하며 거짓을 말하며 악을 행하는 자의 손을 강하게 하여 사람으로 그 악에서 돌이킴이 없게 하였은즉 그들은 다 내 앞에서 소돔과 다름이 없고 그 주민은 고모라와 다름이 없느니라"(렘 23:14). "소돔과 고모라와 그 이웃 도시들도 그들과 같은 행동으로 음란하며 다른 육체를 따라 가다가 영원한 불의 형벌을 받음으로 거울이 되었느니라"(유 1:7). "불의한 자가 하나님의 나라를 유업으로 받지 못할 줄을 알지 못하느냐 미혹을 받지 말라 음행하는 자나 우상 숭배하는 자나 간음하는 자나 탐색하는 자나 남색하는 자나 도적이나 탐욕을 부리는 자나 술 취하는 자나 모욕하는 자나 속여 빼앗는 자들은 하나님의 나라를 유업으로 받지 못하리라"(고전 6:9-10). "주께서 경건한 자는 시험에서 건지실 줄 아시고 불의한 자는 형벌 아래에 두어 심판 날까지 지키시며 특별히 육체를 따라 더러운 정욕 가운데서 행하며 주관하는 이를 멸시하는 자들에게는 형벌할 줄 아시느니라"(벧후 2:9-10상). "내가 심판하러 너희에게 임할 것이라 점치는 자에게와 간음하는 자에게와 거짓 맹세하는 자에게와 품꾼의 삯에 대하여 억울하게 하며 과부와 고아를 압제하며 나그네를 억울하게 하며 나를 경외하지 아니하는 자들에게 속히 증언하리라 만군의 여호와가 말하였느니라"(말 3:5).

이 사실은 오늘날 우리 사회가 간음에 대해 갖고 있는 생각과 하나님의 생각이 얼마나 다른지 보여준다. 우리 문화는 간음을 부추긴다. 간음은 많은 사람이 즐기는 드라마나 영화의 흔한 소재다. 그것은 끊임없이 우리 속에 간음에 대한 왜곡된 생각을 주입한다. 그 결과 우리 사회는 간음을 가볍게 여기거나 아름답게 보기까지 하는 경향을 나타낸다.

그러나 하나님은 간음하지 말라는 계명을 주셨다. 그런데 이 계명은 간음의 행위뿐 아니라 여자를 보고 음욕을 품는 마음의 태도까지 금한다. 게다가 이 계명을 어긴 사람은 지옥에 던져짐으로써 영원한 형벌을 받게 된다. 그만큼 간음에 대한 하나님의 생각은 엄중하다. 오늘날 우리 사회가 가볍게 여기는 간음을 하나님은 매우 심각하게 보신다.

그런 만큼 그리스도인은 간음을 회개하고 즉각 버려야 한다. 다윗은 나단 선지자를 통해 자신이 간음한 것을 깨닫고 회개했을 때 하나님께 용서받았다. "다윗이 나단에게 이르되 내가 여호와께 죄를 범하였노라 하매 나단이 다윗에게 말하되 여호와께서도 당신의 죄를 사하셨나니 당신이 죽지 아니하려니와"(삼하 12:13). 사도 바울은 고린도교회 성도들에게 이렇게 말했다. "불의한 자가 하나님의 나라를 유업으로 받지 못할 줄을 알지 못하느냐 미혹을 받지 말라 음행하는 자나 우상 숭배하는 자나 간음하는 자나 탐색하는 자나 남색하는 자나 도적이나 탐욕을 부리는 자나 술 취하는 자나 모욕하는 자나 속여 빼앗는 자들은 하나님의 나라를 유업으로 받지 못하리라 너희 중에 이와 같은 자들이 있더니 주 예수 그리스도의 이름과 우리 하나님의 성령 안에서 씻음과 거룩함과 의롭다 하심을 받았느니라"(고전 6:9-11).

특히 그리스도인은 음욕을 품고 여자를 보는 일도 버려야 한다. "그리스도 예수의 사람들은 육체와 함께 그 정욕과 탐심을 십자가에 못 박았느니라"(갈 5:24). "너희는 유혹의 욕심을 따라 썩어져 가는 구습을 따르는 옛 사람을 벗어 버리고"(엡 4:22). "그러므로 땅에 있는 지체를 죽이라 곧 음란과 부정과 사욕과 악한 정욕과 탐심이니 탐심은 우상 숭배니라"(골 3:5). 이를 위해 존 파이퍼가 말한 5초 룰을 소개한다.

> "안 돼"라고 말하며 5초 내에 성적으로 유혹하는 생각을 머릿속에서 제거해 버려라. … 5초밖에 시간이 없다. 저항하지 않고 시간을 많이 주게 되면 유혹은 더 이상 거부할 수 없는 힘을 가지고 우리 마음속으로 파고들어와 자리 잡게 된다. 할 수 있으면 목소리를 높여 소리쳐도 좋다. 강하고 전쟁에 임하는 자세를 취해야 한다. 존 오웬(John Owen)은 이렇게 말했다. "죄를 죽이라. 그렇지 않으면 죄가 너를 죽일 것이다."[23]

---

23 John Piper, *Pierced by the Word*, 『내 영혼을 강건하게 하는 주의 말씀』, 정현 역(서울: 디모데, 2004), p.181.

21

이혼과 간음

또 일렀으되 누구든지 아내를 버리려거든 이혼 증서를 줄 것이라 하였으나 나는 너희에게 이르노니 누구든지 음행한 이유 없이 아내를 버리면 이는 그로 간음하게 함이요 또 누구든지 버림받은 여자에게 장가드는 자도 간음함이니라

_ 마 5:31-32

마태복음 5장 20절에서 예수님은 제자들에게 이렇게 말씀하신다. "너희 의가 서기관과 바리새인보다 더 낫지 못하면 결코 천국에 들어가지 못하리라." 그런 다음 예수님은 제자들에게 요구되는 천국의 의가 어떤 점에서 서기관과 바리새인의 의보다 더 나은지 설명하신다. 첫 번째 설명은 21-26절에 나오는 살인하지 말라는 계명에 관한 것이다. 두 번째 설명은 27-30절에 나오는 간음하지 말라는 계명에 관한 것이다. 세 번째 설명은 본문 31-32절에 나오는 이혼에 관한 것이다. 이 내용은 앞에 나온 간음하지 말라는 계명에 관한 것과 관련이 있다. "또"라는 접속사가 그 점을 나타낸다. 예수님은 이혼에 관해 말씀하시면서 다시 간음을 언급하신 것이다. 음욕을 품는 것도 간음이지만, 이혼 역시 그렇다는 것이다.

그러나 이 내용은 앞에 나온 두 설명과 다른 점이 있다. 첫째, 앞에 나온 두 설명에서 예수님은 자기의 견해를 서기관과 바리새인의 견해와 대조해 말씀하실 뿐 아니라 그것을 제자들의 삶에 적용하신다. 23-26절과 29-30절이 예수님이 제자들의 삶에 적용하신 부분이다.

그런데 본문에는 예수님이 제자들의 삶에 적용하신 부분이 없다. 예수님은 단지 그분의 견해를 서기관과 바리새인의 견해와 대조해 말씀하실 뿐이다.

둘째, 앞에 나온 두 설명은 십계명 중 하나에 관한 것이지만, 본문은 십계명이 아닌 율법의 규정 중 하나에 관한 것이다. 그 규정은 신명기 24장 1-4절에 나온다. "사람이 아내를 맞이하여 데려온 후에 그에게 수치되는 일이 있음을 발견하고 그를 기뻐하지 아니하면 이혼 증서를 써서 그의 손에 주고 그를 자기 집에서 내보낼 것이요 그 여자는 그의 집에서 나가서 다른 사람의 아내가 되려니와 그의 둘째 남편도 그를 미워하여 이혼 증서를 써서 그의 손에 주고 그를 자기 집에서 내보냈거나 또는 그를 아내로 맞이한 둘째 남편이 죽었다 하자 그 여자는 이미 몸을 더럽혔은즉 그를 내보낸 전남편이 그를 다시 아내로 맞이하지 말지니 이 일은 여호와 앞에 가증한 것이라 너는 네 하나님 여호와께서 네게 기업으로 주시는 땅을 범죄하게 하지 말지니라." 이것은 율법에서 이혼을 다룬 유일한 규정이다. 이 규정은 이혼할 경우 이혼 증서를 써서 줄 것과 이미 다른 사람의 아내가 된 여자와 다시 결합하지 말 것을 말한다. 그럼으로써 이 규정은 경솔한 이혼을 억제하는 역할을 한다. 그러나 이혼 자체의 정당성에 대해서는 말하지 않는다.

서기관과 바리새인의 견해

그러면 본문의 내용을 살펴보자. 우선 31절에서 예수님은 이혼에 관한 말씀을 인용하신다. "또 일렀으되 누구든지 아내를 버리려거든 이혼 증서를 줄 것이라 하였으나." 여기서 "일렀으되 … 하였으나"는 21절의 "말한바 … 하였다"와 27절의 "하였다"는 말과 같다. 이 말은 예수님이 지금 하나님의 말씀을 인용하고 있음을 나타낸다. 그 내용은 신명기 24장 1절과 관련된 것이다. 그러나 예수님은 그 구절을 그대로 인용하신 게 아니다. 예수님이 인용하신 것은 그 구절에 관한 서기관과 바리새인의 견해다.

그래서 그 내용은 두 가지 점에서 신명기 24장 1절과 차이가 있다. 첫째, "누구든지 아내를 버리려거든"에는 이혼에 대한 정당한 사유가 빠져 있다. 그러나 신명기 24장 1절은 "사람이 아내를 맞이하여 데려온 후에 그에게 수치되는 일이 있음을 발견하고 그를 기뻐하지 아니하면"이라고 말함으로써 이혼의 정당한 사유를 말한다. 이혼의 정당한 사유는 '수치되는 일'이다.

유대인 랍비들의 논쟁은 주로 이 수치되는 일이 무엇인지에 대한 것이었다. 그들의 견해는 둘로 나뉜다. 힐렐학파는 이 말을 매우 관대하게 해석한다. 그래서 남편의 기분을 상하게 하는 모든 것을 가리킨다고 이해한다. 그에 비해 샴마이학파나 예수님은 이 말을 엄격하게 해석한다. 그래서 이 말은 성적인 죄에 대한 언급이라고 이해한다. 예수님 당시에는 힐렐학파의 견해가 유대인 가운데 우세했다. 그래서 많은 유대인이 부부가 어떤 이유로든 이혼할 수 있다고 생각했다. 그래서 마태복음 19장 3절에서 바리새인들이 예수님께 이렇게 물은 것을 볼 수 있다. "사람이 어떤 이유가 있으면 그 아내를 버리는 것이 옳으니이까." 본문에서 "누구든지 아내를 버리려거든"은 이러한 견해를 반영한 것이다.

둘째, "이혼 증서를 줄 것이라"는 말은 명령으로 이해된다. 이 점은 나머지 다섯 개의 설명이 모두 명령을 언급한 것과 같다(21, 27, 33, 38, 43절). 그러나 신명기 24장 1절은 이혼 증서를 줌으로써 이혼하라는 명령이 아니다. 그래서 마태복음 19장 7-8절에는 바리새인과 예수님의 이런 대화가 나온다. "여짜오되 그러면 어찌하여 모세는 이혼 증서를 주어서 버리라 <u>명하였나이까</u> 예수께서 이르시되 모세가 너희 마음의 완악함 때문에 아내 버림을 <u>허락하였거니와</u> 본래는 그렇지 아니하니라." 바리새인들은 신명기 24장 1절을 이혼 증서를 줌으로써 이혼하라는 명령으로 이해했다. 그러나 예수님은 이혼이 기정사실화 된 상황에서 이혼 증서를 주도록 허용한 것으로 해석하셨다.

이처럼 신명기 24장 1절에 관한 서기관과 바리새인의 견해는 원래의 뜻과 차이가 있다. 그들은 이혼을 당연시하고 이혼 증서를 주는 것으로 결혼을 해소할 수 있다고 보았다.

예수님의 견해

이러한 서기관과 바리새인의 견해에 대해 예수님은 이혼에 관한 자신의 견해를 말씀하신다. "나는 너희에게 이르노니 누구든지 음행한 이유 없이 아내를 버리면 이는 그로 간음하게 함이요 또 누구든지 버림 받은 여자에게 장가드는 자도 간음함이니라"(32절). 이것은 이혼을 당연시해서는 안 된다는 점을 말씀하신 것이다. 이혼은 원칙적으로 간음이기 때문이다. 그렇다면 이혼은 제7계명을 어긴 것과 같이 "지옥에 던져지는" 벌을 받게 될 것이다.

그러면 예수님은 왜 이혼을 원칙적으로 간음이라고 보신 것일까?

여기서 예수님이 이혼을 말씀하시면서 단서를 다신 점에 주목할 필요가 있다. 그것은 "음행한 이유 없이"다. 이 말은 신명기 24장 1절에 들어 있는 이혼의 정당한 사유, 즉 "수치되는 일"을 염두에 두신 것이다. 이 점은 마태복음 19장 9절에서도 마찬가지다. "내가 너희에게 말하노니 누구든지 음행한 이유 외에 아내를 버리고 다른 데 장가 드는 자는 간음함이니라." 여기서도 "음행한 이유 외에"라는 단서가 붙는다. 이것은 바리새인들이 예수님께 이렇게 물었기 때문이다. "사람이 어떤 이유가 있으면 그 아내를 버리는 것이 옳으니이까"(마 19:3).

그에 비해 이혼에 관한 마가나 누가의 기록에는 이러한 단서가 빠져 있다. "이르시되 누구든지 그 아내를 버리고 다른 데에 장가 드는 자는 본처에게 간음을 행함이요 또 아내가 남편을 버리고 다른 데로 시집가면 간음을 행함이니라"(막 10:11-12). "무릇 자기 아내를 버리고 다른 데 장가 드는 자도 간음함이요 무릇 버림당한 여자에게 장가드는 자도 간음함이니라"(눅 16:18). 이것은 마가나 누가의 관심이 이혼의 정당한 사유와 무관하기 때문이다. 마가는 바리새인들이 예수님께 이렇게 물었다고 기록한다. "사람이 아내를 버리는 것이 옳으니이까"(막 10:2). 또 누가는 문맥과 상관없이 이혼에 관한 말씀을 기록한 것이다. 따라서 마가나 누가가 기록한 예수님의 말씀은 이혼에 대한 원칙만을 보여준다.

그러나 마태의 기록은 예수님이 이혼의 정당한 사유로서 음행을 인정하셨음을 보여준다. 그러면 왜 음행은 이혼의 정당한 사유가 되는 것일까? 마태복음 19장에서 바리새인들은 예수님께 이렇게 물었다. "사람이 어떤 이유가 있으면 그 아내를 버리는 것이 옳으니이까"(마 19:3). 그때 예수님은 질문에 답하시면서 먼저 결혼의 의미를 설명해 주신다. "예수께서 대답하여 이르시되 사람을 지으신 이가 본래 그들을 남자와 여자로 지으시고 말씀하시기를 그러므로 사람이 그 부모를 떠나서 아내에게 합하여 그 둘이 한 몸이 될지니라 하신 것을 읽지 못하였느냐 그런즉 이제 둘이 아니요 한 몸이니 그러므로 하나님이 짝지어 주신 것을 사람이 나누지 못할지니라 하시니"(마 19:4-6). 이것은 창세기 2장 24절에 기초한 설명이다. 여기서 결혼은 하나님의 의도대로 한 남자와 한 여자가 연합하여 한 몸이 되는 것이다. 따라서 결혼은 하나님이 짝지어 주신 것으로 사람이 나누지 못하는 것이다.

그런데 이 설명에 따르면 결혼을 해소할 수 있는 예외의 경우가 있다. 그것은 한 몸을 파괴하는 것으로서 음행이다. 음행은 자기 배우자 외에 다른 사람과 한 몸이 되는 것이다. "창녀와 합하는 자는 그와 한 몸인 줄을 알지 못하느냐 일렀으되 둘이 한 육체가 된다 하셨나니"(고전 6:16). 따라서 음행은 아내나 남편과 이룬 한 몸을 스스로 파괴하는 행위다. 만일 결혼한 사람이 음행을 저지르면, 원래의 결혼은 사실상 이미 깨진 것이다. 요셉이 정혼한 마리아와 끊고자 했던 이유가 여기 있다. "그의 어머니 마리아가 요셉과 약혼하고 동거하기 전에 성령으로 잉태된 것이 나타났더니 그의 남편 요셉은 의로운 사람이라 그를 드러내지 아니하고 가만히 끊고자 하여 이 일을 생각할 때에"(마 1:18하-20상). 요셉은 마리아와 끊는 것을 고민하지 않았다. 마리아의 잉태로 이미 정혼한 관계가 깨졌다고 보았기 때문이다. 그가 고민한 것은 단지 "드러내지 아니하고 가만히" 정리하는 것이었다.

이런 의미에서 예수님은 이혼의 정당한 사유로서 유일하게 음행을 인정하신다. 여기서 예수님의 의도를 바로 이해할 필요가 있다. 음행이 이혼의 정당한 사유라는 말은, 단순히 음행이 있으면 이혼할 수 있다거나 이혼해도 좋다는 뜻이 아니다. 예수님은 이렇게 말씀하신다. "누구든지 음행한 이유 없이 아내를 버리면 이는 그로 간음하게 함이요." "누구든지 음행한 이유 외에 아내를 버리고 다른 데 장가 드는 자는 간음함이니라"(마 19:9). 따라서 예수님 말씀의 뜻은, 음행이 있으면 이혼해도 간음하는 것은 아니라는 것이다. 그 이유는 음행을 통해 결혼이 이미 깨진 것이기 때문이다.

그런데 여기에는 이런 의미가 내포되어 있다. 음행이 있더라도 이혼을 안 할 수도 있다는 것이다. 음행으로 결혼이 사실상 이미 깨졌고, 그래서 이혼해도 간음하는 것은 아니지만, 여러 이유에서 이혼을 안 할 수도 있는 것이다. 예수님의 의도는 음행이 있었다고 해서 이혼을 권장하려는 것이 결코 아니다. 음행이 있을 경우 최악의 상황에서 이혼을 허용하는 것뿐이다.

실제로 배우자의 음행이 있는데도 이혼하지 않는 경우가 있을 수 있다. 성경에도 그런 예가 있다. 하나님은 호세아에게 음란한 아내를 취하여 자식을 낳고 또 그 여인을 사랑하라고 말씀하셨다. "너는 가서 음란한 여자를 맞이하여 음란한 자식들을 낳으라 이 나라가 여호와를 떠나 크게 음란함이니라"(호 1:2). "이스라엘 자손이 다른 신을 섬기고 건포도 과자를 즐길지라도 여호와가 그들을 사랑하나니 너는 또 가서 타인의 사랑을 받아 음녀가 된 그 여자를 사랑하라"(호 3:1). 이처럼 음란한 아내에 대한 호세아의 사랑은 행음하는 이스라엘에 대한 하나님의 사랑을 나타낸다.

이러한 사랑 때문에 배우자의 음행이 있는데도 이혼하지 않는 사람이 있다. 그런 경우는 많이 힘들고 가슴 아프지만 고귀한 일이기도 하다. 그러한 사랑이 음행을 저지른 배우자를 돌아오게 할 수 있고 자녀를 지킬 수도 있다.

이처럼 서기관들과 바리새인들은 신명기 24장 1절을 이혼을 정당화하는 데 이용했다. 그러나 예수님은 창세기 1장 27절과 2장 24절에 근거하여, 이혼은 원칙적으로 정당화될 수 없음을 말씀하신다. 그래서 음행한 이유 없이 이루어진 이혼은 간음을 야기한다고 말씀하신다. "누구든지 음행한 이유 없이 아내를 버리면 이는 그로 간음하게 함이요 또 누구든지 버림받은 여자에게 장가드는 자도 간음함이니라." 이것은 이혼당한 여자가 다른 남자와 재혼하는 상황을 가정한 말씀이다. 이 경우 이혼당한 여자나 그의 새 남편은 둘 다 간음한 것이 된다. 물론 음행한 연고 없이 아내를 버린 남자가 다른 여자와 재혼할 경우도 간음한 것이 된다(마 19:9). 음행한 연고 없이 이혼한 남자와 여자에게는 최초의 결혼이 여전히 유효하기 때문이다.

여기서 재혼의 정당성 문제가 제기된다. 그러면 음행한 연고 없이 이미 이혼하고 재혼한 사람은 어떻게 해야 하는 것일까? 재혼한 관계를 또 깨야 하는 것일까? 예수님은 사마리아 여자에게 남자 다섯이 있었다고 말씀하시지 않고 남편 다섯이 있었다고 말씀하셨다(요 4:18). 예수님은 잘못된 결혼일지라도 결혼 그 자체를 부정하지는 않으신 것으로 볼 수 있다. 물론 여기에는 한 가지 전제가 필요하다. 정당하지 못한 이유로 이혼하고 재혼한 것은 간음이라는 점을 인정하고 회개해야 한다는 것이다. 그럴 때 재혼한 관계 속에서 새로운 가정을 이루어갈 수 있다. 다시 출발하는 것이다.

22

맹세와 진실

또 옛 사람에게 말한 바 헛 맹세를 하지 말고 네 맹세한 것을
주께 지키라 하였다는 것을 너희가 들었으나 나는 너희에게 이르노니
도무지 맹세하지 말지니 하늘로도 하지 말라 이는 하나님의 보좌임이요
땅으로도 하지 말라 이는 하나님의 발등상임이요 예루살렘으로도 하지 말라
이는 큰 임금의 성임이요 네 머리로도 하지 말라 이는 네가 한 터럭도
희고 검게 할 수 없음이라 오직 너희 말은 옳다 옳다, 아니라 아니라 하라
이에서 지나는 것은 악으로부터 나느니라

_ 마 5:33-37

이 말씀은 제자들에게 요구되는 천국의 의가 어떤 점에서 서기관과
바리새인의 의보다 더 나은지에 대한 네 번째 설명이다. 이 내용은 맹
세에 대한 것이다. 여기서도 예수님은 대조의 형식을 사용해 말씀하신
다. "… 너희가 들었으나 나는 너희에게 이르노니 …."

서기관과 바리새인의 견해

그러면 예수님이 인용하신 내용을 살펴보자. "또 옛 사람에게 말한
바 헛 맹세를 하지 말고 네 맹세한 것을 주께 지키라 하였다는 것을 너
희가 들었으나"(33절). 여기 사용된 "또"(다시)는 31절에 사용된 "또"와
는 다른 것이다. 31절의 "또"는 이혼에 관한 내용이 앞에 나온 간음하
지 말라는 내용에 연결된 것임을 나타낸다. 그에 비해 33절의 "또"는

맹세에 관한 이 내용이 새로운 것임을 나타낸다. 이때 사용된 인용구는 21절에 사용된 것과 같다. "옛 사람에게 말한 바 … 하였다는 것을 너희가 들었으나."

예수님이 인용하신 말씀은 이렇다. "헛 맹세를 하지 말고 네 맹세한 것을 주께 지키라." 이것은 구약성경을 직접 인용한 것이 아니다. 이것은 맹세에 관한 구약성경의 요점을 인용해서 말한 것이다.

먼저 "헛 맹세를 하지 말고"부터 살펴보자. 이것은 거짓 맹세를 금지한 구절의 요점을 말한 것이다. "너희는 내 이름으로 거짓 맹세함으로 네 하나님의 이름을 욕되게 하지 말라 나는 여호와이니라"(레 19:12, 6:3-5 참조). "여호와의 산에 오를 자가 누구며 그의 거룩한 곳에 설 자가 누구인가 곧 손이 깨끗하며 마음이 청결하며 뜻을 허탄한 데에 두지 아니하며 거짓 맹세하지 아니하는 자로다"(시 24:3-4). "마음에 서로 해하기를 도모하지 말며 거짓 맹세를 좋아하지 말라 이 모든 일은 내가 미워하는 것이니라 여호와의 말이니라"(슥 8:17). "내가 심판하러 너희에게 임할 것이라 점치는 자에게와 간음하는 자에게와 거짓 맹세하는 자에게와 품꾼의 삯에 대하여 억울하게 하며 과부와 고아를 압제하며 나그네를 억울하게 하며 나를 경외하지 아니하는 자들에게 속히 증언하리라 만군의 여호와가 말하였느니라"(말 3:5).

그다음 "네 맹세한 것을 주께 지키라"는 말을 살펴보자. 일반적으로 맹세는 사람에게 대한 것이고, 서원은 하나님께 대한 것이다. 따라서 "네 맹세한 것을 주께 지키라"는 말은 어색하게 들린다. 그러나 하나님의 이름으로 사람에게 맹세할 경우 그것은 사람에게뿐 아니라 하나님께 한 맹세가 된다. 이 경우 사람에게 한 맹세는 하나님께 한 서원도 된다.

그래서 "네 맹세한 것을 주께 지키라"는 서원을 하나님께 갚으라는 구절의 요점을 말한 것으로 보인다. "사람이 여호와께 서원하였거나 결심하고 서약하였으면 깨뜨리지 말고 그가 입으로 말한 대로 다 이행할 것이니라"(민 30:2). "네 하나님 여호와께 서원하거든 갚기를 더디하지 말라 네 하나님 여호와께서 반드시 그것을 네게 요구하시리니 더디면 그것이 네게 죄가 될 것이라 네가 서원하지 아니하였으면 무죄하리라 그러나 네 입으로 말한 것은 그대로 실행하도록 유의하라 무릇 자원한 예물은 네 하나님 여호와께 네가 서원하여 입으로 언약한 대로 행할지 니라"(신 23:21-23). "감사로 하나님께 제사를 드리며 지존하신 이에게 네 서원을 갚으며"(시 50:14). "네가 하나님께 서원하였거든 갚기를 더 디게 하지 말라 하나님은 우매한 자들을 기뻐하지 아니하시나니 서원 한 것을 갚으라"(전 5:4).

그런데 예수님이 인용하신 말씀에는 이런 허점이 있다. 우선 "헛 맹 세를 하지 말고"는 맹세할 경우 정직해야 함을 말한다. 그런데 이것은 맹세하지 않을 경우 정직하지 않아도 되는 여지를 준다. 그다음 "네 맹 세한 것을 주께 지키라"는 맹세한 것을 주께 지켜야 할 의무를 말한다. 그런데 이것은 맹세한 것을 사람에게는 지키지 않아도 되는 여지를 준 다. 따라서 맹세에 관한 이런 말씀은 오히려 남을 속이는 데 악용될 소 지가 있다.

실제로 서기관들과 바리새인들은 맹세에 관한 복잡한 규정을 만듦 으로써 그런 일을 했다. 그래서 마태복음 23장에서 예수님은 그들을 이렇게 책망하셨다. "화 있을진저 눈 먼 인도자여 너희가 말하되 누구 든지 성전으로 맹세하면 아무 일 없거니와 성전의 금으로 맹세하면 지 킬지라 하는도다 어리석은 맹인들이여 어느 것이 크냐 그 금이냐 그

금을 거룩하게 하는 성전이냐 너희가 또 이르되 누구든지 제단으로 맹세하면 아무 일 없거니와 그 위에 있는 예물로 맹세하면 지킬지라 하는도다 맹인들이여 어느 것이 크냐 그 예물이냐 그 예물을 거룩하게 하는 제단이냐 그러므로 제단으로 맹세하는 자는 제단과 그 위에 있는 모든 것으로 맹세함이요 또 성전으로 맹세하는 자는 성전과 그 안에 계신 이로 맹세함이요 또 하늘로 맹세하는 자는 하나님의 보좌와 그 위에 앉으신 이로 맹세함이니라"(마 23:16-22).

이 말씀에 따르면, 서기관들과 바리새인들은 맹세를 지키지 않아도 되는 경우를 가르쳤다. 그들은 진실이 결여된 맹세를 조장한 셈이다. 그러나 예수님은 모든 맹세를 지켜야 한다고 말씀하셨다. 모든 맹세에는 진실이 수반되어야 함을 강조하신 것이다. 그러므로 본문에서 예수님이 인용하신 내용은 사실상 맹세에 관한 서기관들과 바리새인들의 견해라고 할 수 있다.

예수님의 견해

이러한 서기관들과 바리새인들의 견해에 대하여 예수님은 자신의 견해를 말씀하신다. "나는 너희에게 이르노니 도무지 맹세하지 말지니"(34절하). 맹세에 대한 예수님의 견해는 도무지 맹세하지 말라는 것이다. 그러면 이 명령은 어떤 상황에서도 맹세해서는 안 된다는 뜻일까? 그렇지 않다. 예수님은 바로 이어서 이 명령에 관한 세부적인 내용을 말씀하신다. "하늘로도 하지 말라 이는 하나님의 보좌임이요 땅으로도 하지 말라 이는 하나님의 발등상임이요 예루살렘으로도 하지 말라 이는 큰 임금의 성임이요 네 머리로도 하지 말라 이는 네가 한 터럭도 희고 검게 할 수 없음이라"(34하-36절). 이때 예수님은 다시 2인칭 단수를 사용하신다(36절의 "네 머리").

예수님 당시의 유대인들은 하나님의 이름을 직접 부르는 것은 불경스러운 일이라고 생각했다. 그래서 맹세할 때 하나님의 이름을 대신할 것이 필요했다. 실제로 이런 목적으로 사용한 대용물이 많다. 그런데 문제는 모든 대용물이 맹세를 구속력 있게 만드는 것은 아니었다. 구속력 있는 대용물이 있는가 하면 그렇지 않은 대용물이 있었다. 그러니까 어떤 대용물로 맹세한 경우에는 그 맹세를 지키지 않아도 되었다. 본문에서 예수님이 언급하신 하늘, 땅, 예루살렘, 머리 등이 여기에 해당한다. (예루살렘으로 맹세하면 지키지 않아도 되지만, 예루살렘을 향하여 맹세하면 지켜야 한다. 본문에서 예수님이 말씀하신 것은 후자의 경우다.)

여기에 대해 예수님은 하늘, 땅, 예루살렘, 머리 등은 모두 하나님과 연결된 것임을 말씀하신다. 그 근거가 되는 구절은 이렇다. "여호와께서 이와 같이 말씀하시되 하늘은 나의 보좌요 땅은 나의 발판이니 너희가 나를 위하여 무슨 집을 지으랴 내가 안식할 처소가 어디랴"(사 66:1). "여호와는 위대하시니 우리 하나님의 성, 거룩한 산에서 극진히 찬양 받으시리로다 터가 높고 아름다워 온 세계가 즐거워함이여 큰 왕의 성 곧 북방에 있는 시온 산이 그러하도다"(시 48:1-2, 여기서 '큰 왕'은 앞에 나온 '하나님'을 가리킨다). 또 "이는 네가 한 터럭도 희고 검게 할 수 없음이라"는 우리의 머리털을 희고 검게 할 수 있는 분은 오직 하나님이라는 의미다. 그러므로 하늘, 땅, 예루살렘, 머리 등으로 맹세하는 것은 하나님과 무관하지 않다. 이런 점에서 하늘, 땅, 예루살렘, 머리 등으로 맹세하는 것도 반드시 지켜야 한다. 예수님은 하늘, 땅, 예루살렘, 머리 등으로 맹세함으로써 맹세를 지키지 않아도 되고, 결국 맹세가 남을 속이는 데 이용되는 것을 지적하신 것이다.

그렇다면 "도무지 맹세하지 말라"는 예수님의 말씀은 무조건 모든 맹세를 금하는 게 아니다. 예수님이 금하신 것은 진실이 결여된 맹세의 남용이다. 역사적으로 재세례파나 퀘이커교도는 이 명령을 문자적으로 이해했다. 여호와의 증인도 이 명령을 문자적으로 이해한다. 그러나 성경에는 맹세가 사용된 경우가 나온다. 아브라함이 그런 경우다. "아브람이 소돔 왕에게 이르되 천지의 주재이시요 지극히 높으신 하나님 여호와께 내가 손을 들어 맹세하노니"(창 14:22). "그런즉 너는 나와 내 아들과 내 손자에게 거짓되이 행하지 아니하기를 이제 여기서 하나님을 가리켜 내게 맹세하라 내가 네게 후대한 대로 너도 나와 네가 머무는 이 땅에 행할 것이니라 아브라함이 이르되 내가 맹세하리라 하고"(창 21:23-24).

예수님도 맹세해야 하는 상황에 놓이신 적이 있다. "예수께서 침묵하시거늘 대제사장이 이르되 내가 너로 살아 계신 하나님께 맹세하게 하노니 네가 하나님의 아들 그리스도인지 우리에게 말하라 예수께서 이르시되 네가 말하였느니라 그러나 내가 너희에게 이르노니 이 후에 인자가 권능의 우편에 앉아 있는 것과 하늘 구름을 타고 오는 것을 너희가 보리라 하시니"(마 26:63-64). 사도 바울도 맹세한 경우가 있다. "내가 내 목숨을 걸고 하나님을 불러 증언하시게 하노니 내가 다시 고린도에 가지 아니한 것은 너희를 아끼려 함이라"(고후 1:23). "보라 내가 너희에게 쓰는 것은 하나님 앞에서 거짓말이 아니로다"(갈 1:20). "너희도 알거니와 우리가 아무 때에도 아첨하는 말이나 탐심의 탈을 쓰지 아니한 것을 하나님이 증언하시느니라"(살전 2:5).

그러므로 "도무지 맹세하지 말라"는 예수님의 말씀은 무조건 모든 맹세를 금하신 것이 아니다. 예수님은 서기관들과 바리새인들이 그랬듯이 진실이 결여된 맹세의 남용을 금하신 것이다.

마태복음에는 이렇듯 진실이 결여된 맹세의 남용을 보여주는 예가 있다. 하나는 분봉 왕 헤롯의 경우다. 마태복음 14장 6-9절에는 이런 내용이 나온다. "마침 헤롯의 생일이 되어 헤로디아의 딸이 연석 가운데서 춤을 추어 헤롯을 기쁘게 하니 헤롯이 맹세로 그에게 무엇이든지 달라는 대로 주겠다고 약속하거늘 그가 제 어머니의 시킴을 듣고 이르되 세례 요한의 머리를 소반에 얹어 여기서 내게 주소서 하니 왕이 근심하나 자기가 맹세한 것과 그 함께 앉은 사람들 때문에 주라 명하고." 헤롯은 헤로디아의 딸에게 "무엇이든지 달라는 대로 주겠다"고 맹세했다. 그런데 이 맹세는 진실이 결여된 것이었다. 그 사실을 보여주는 것은, 헤로디아의 딸이 세례 요한의 머리를 요구했을 때 헤롯이 근심한 점이다. 세례 요한을 죽이는 것은 헤롯의 진실이 아니었기 때문이다.

마태는 헤롯이 요한을 죽이지 않은 이유를 이렇게 설명한다. "헤롯이 요한을 죽이려 하되 무리가 그를 선지자로 여기므로 그들을 두려워하더니"(마 14;5). 그에 비해 마가의 설명은 이렇다. "헤로디아가 요한을 원수로 여겨 죽이고자 하였으되 하지 못한 것은 헤롯이 요한을 의롭고 거룩한 사람으로 알고 두려워하여 보호하며 또 그의 말을 들을 때에 크게 번민을 하면서도 달갑게 들음이러라"(막 6:19-20). 여기서 "헤롯이 요한을 의롭고 거룩한 사람으로 알고 두려워하여 보호하며"라고 말한다. 세례 요한을 죽이는 것은 헤롯의 진실이 아니었던 것이다. 그러나 헤로디아의 춤에 기쁜 나머지 "무엇이든지 달라는 대로 주겠다"고 맹세했다. 그것은 진실이 결여된 맹세였고, 그래서 헤로디아의 딸이 세례 요한의 머리를 요구했을 때 그는 근심하지 않을 수 없었다. 결국 그는 진실이 결여된 맹세 때문에 요한의 목을 베고 말았다.

또 하나는 사도 베드로다. "베드로가 맹세하고 또 부인하여 이르되 나는 그 사람을 알지 못하노라 하더라 … 그가 저주하며 맹세하여 이르되 나는 그 사람을 알지 못하노라 하니 곧 닭이 울더라"(마 26:72, 74). 베드로는 두 번이나 "나는 그 사람을 알지 못하노라"고 맹세했다. 그는 거짓말로 맹세한 것이다. 그의 맹세는 진실이 결여된 맹세였다. 결국 그는 진실이 결여된 맹세로 예수님을 배반하고 말았다.

말의 진실성

본문에서 예수님이 금하신 것은 이와 같이 진실이 결여된 맹세다. 이 사실은 이어지는 예수님의 말씀으로 분명해진다. "오직 너희 말은 옳다 옳다, 아니라 아니라 하라 이에서 지나는 것은 악으로부터 나느니라"(37절). 여기서 예수님이 제자들에게 요구하시는 것은 말의 진실성이다. "오직 너희 말은 옳다 옳다, 아니라 아니라 하라."

그런데 이런 말의 진실성이 있다면 맹세는 필요 없을 것이다. 만일 남이 자기 말을 믿게 하기 위해서 맹세가 필요하다면, 그것은 이미 말의 진실성이 떨어진다는 의미다. 그래서 예수님은 이런 말씀을 추가하신다. "이에서 지나는 것은 악으로부터 나느니라." 맹세가 추가로 필요한 상황은 말의 진실성에 문제가 있음을 뜻한다. 이러한 상황은 악으로 좇아 난다. 여기서 악은 '악한 자'로도 번역이 가능하다. 그럴 경우 악한 자는 "거짓의 아비"(요 8:44)인 마귀를 가리킨다.

이처럼 맹세에 관한 예수님의 말씀이 제자들에게 주는 교훈은 분명하다. 제자들에게 요구되는 천국의 의는 맹세가 필요 없는 말의 진실성에 있다는 것이다. 이 점에서 제자들의 의는 서기관과 바리새인의 의보다 더 나아야 한다.

그러므로 성경은 그리스도인에게 말의 진실성이 요구됨을 가르친다. "그러므로 생명을 사랑하고 좋은 날 보기를 원하는 자는 혀를 금하여 악한 말을 그치며 그 입술로 거짓을 말하지 말고"(벧전 3;10). "너희가 서로 거짓말을 하지 말라"(골 3:9상). "그런즉 거짓을 버리고 각각 그 이웃과 더불어 참된 것을 말하라 이는 우리가 서로 지체가 됨이라"(엡 4:25). "너희가 행할 일은 이러하니라 너희는 이웃과 더불어 진리를 말하며 너희 성문에서 진실하고 화평한 재판을 베풀고"(슥 8:16).

사도 바울은 이 점에서 우리의 본보기가 된다. 그는 자신에 대해 이렇게 말한다. "너희도 알거니와 우리가 아무 때에도 아첨하는 말이나 탐심의 탈을 쓰지 아니한 것을 하나님이 증언하시느니라"(살전 2:5). "이렇게 계획할 때에 어찌 경솔히 하였으리요 혹 계획하기를 육체를 따라 계획하여 예 예 하면서 아니라 아니라 하는 일이 내게 있겠느냐 하나님은 미쁘시니라 우리가 너희에게 한 말은 예 하고 아니라 함이 없노라"(고후 1:17-18).

주의 형제 야고보는 이렇게 말한다. "내 형제들아 무엇보다도 맹세하지 말지니 하늘로나 땅으로나 아무 다른 것으로도 맹세하지 말고 오직 너희가 그렇다고 생각하는 것은 그렇다 하고 아니라고 생각하는 것은 아니라 하여 정죄 받음을 면하라"(약 5:12).

23

악한 자를 대적하지 말라

또 눈은 눈으로, 이는 이로 갚으라 하였다는 것을 너희가 들었으나
나는 너희에게 이르노니 악한 자를 대적하지 말라 누구든지 네 오른편 뺨을 치거든
왼편도 돌려 대며 또 너를 고발하여 속옷을 가지고자 하는 자에게 겉옷까지도
가지게 하며 또 누구든지 너로 억지로 오 리를 가게 하거든 그 사람과 십 리를 동행하고
네게 구하는 자에게 주며 네게 꾸고자 하는 자에게 거절하지 말라

_ 마 5:38-42

마태복음 5장 20절에서 예수님은 제자들에게 이렇게 말씀하신다.
"내가 너희에게 이르노니 너희 의가 서기관과 바리새인보다 더 낫지
못하면 결코 천국에 들어가지 못하리라." 그런 다음 제자들에게 요구
되는 천국의 의가 어떤 점에서 서기관과 바리새인의 의보다 더 나은
지 설명하신다. 본문은 그 다섯 번째 설명으로 보복에 대한 것이다. 여
기서도 예수님은 대조 형식을 사용해 말씀하신다. "… 너희가 들었으나
나는 너희에게 이르노니…."

서기관과 바리새인의 오해

그러면 예수님이 인용하신 내용부터 살펴보자. "또 눈은 눈으로, 이
는 이로 갚으라 하였다는 것을 너희가 들었으나"(38절). 여기 "하였다"
는 말은 앞에서와 마찬가지로 성경을 인용할 때 사용하는 말이다. 예수

님이 인용하신 성경은 "눈은 눈으로, 이는 이로 갚으라"는 내용이다. 이 내용은 모세오경의 세 군데에서 나타난다.

그런데 "눈은 눈으로, 이는 이로 갚으라"는 말씀은 흔히 오해하기 쉬운 내용이다. '복수법'으로 알려진 이 내용은 마치 보복을 정당화하는 것처럼 들리기 때문이다. 그래서 대부분의 사람이 이 말씀을 잔인하고 야만적인 것으로 생각한다. 인도의 간디는 이런 말을 했다고 한다. "눈에는 눈을 고집한다면 모든 세상의 눈이 멀게 된다." 그 역시 이 말씀을 단순히 보복에 대한 내용으로 이해한 것이다. 그러나 하나님께서 이스라엘 백성에게 이 말씀을 주신 원래의 의도는 그런 게 아니다.

먼저 출애굽기 21장 22-25절을 살펴보자. "사람이 서로 싸우다가 임신한 여인을 쳐서 낙태하게 하였으나 다른 해가 없으면 그 남편의 청구대로 반드시 벌금을 내되 재판장의 판결을 따라 낼 것이니라 그러나 다른 해가 있으면 갚되 생명은 생명으로, 눈은 눈으로, 이는 이로, 손은 손으로, 발은 발로, 덴 것은 덴 것으로, 상하게 한 것은 상함으로, 때린 것은 때림으로 갚을지니라." 여기서 주목할 것은 "재판장의 판결을 따라"라는 말이다. 따라서 "눈은 눈으로, 이는 이로 갚으라"는 것은 재판장의 판결에 대한 기준을 제시한 것이다. 이것은 개인의 보복에 대해 말한 게 아니다.

그다음 레위기 24장 15-22절을 살펴보자. "너는 이스라엘 자손에게 말하여 이르라 누구든지 그의 하나님을 저주하면 죄를 담당할 것이요 여호와의 이름을 모독하면 그를 반드시 죽일지니 온 회중이 돌로 그를 칠 것이니라 거류민이든지 본토인이든지 여호와의 이름을 모독하면 그를 죽일지니라 사람을 쳐죽인 자는 반드시 죽일 것이요 짐승을 쳐죽인 자는 짐승으로 짐승을 갚을 것이며 사람이 만일 그의 이웃에게 상해를 입혔으면 그가 행한 대로 그에게 행할 것이니 상처에는 상처로, 눈에는 눈으로, 이에는 이로 갚을지라 남에게 상해를 입힌 그대로 그에게 그렇게 할 것이며 짐승을 죽인 자는 그것을 물어 줄 것이요 사람을 죽인 자는 죽일지니 거류민에게든지 본토인에게든지 그 법을 동일하게 할 것은 나는 너희의 하나님 여호와임이니라." 여기서 하나님은 외국인과 본토인에게 동일한 법 집행을 말씀하신다. 따라서 "눈은 눈으로, 이는 이로 갚으라"는 것은 법의 기준을 말한 것이다. 이것 역시 개인의 보복에 대해 말한 게 아님은 분명하다.

마지막으로 신명기 19장 18-21절을 살펴보자. "재판장은 자세히 조사하여 그 증인이 거짓 증거하여 그 형제를 거짓으로 모함한 것이 판명되면 그가 그의 형제에게 행하려고 꾀한 그대로 그에게 행하여 너희 중에서 악을 제하라 그리하면 그 남은 자들이 듣고 두려워하여 다시는 그런 악을 너희 중에서 행하지 아니하리라 네 눈이 긍휼히 여기지 말라 생명에는 생명으로, 눈에는 눈으로, 이에는 이로, 손에는 손으로, 발에는 발로이니라." 여기서도 주목할 것은 "재판장은 자세히 조사하여"라는 말이다. 따라서 "눈은 눈으로, 이는 이로 갚으라"는 것은 재판장의 판결에 대한 기준을 제시한 것이다. 개인의 보복에 대해 말한 게 아니다.

이처럼 예수님이 인용하신 내용은 원래 개인의 윤리에 대한 것이 아니라 재판의 지침에 대한 것이다. 따라서 "눈은 눈으로, 이는 이로 갚으라"는 말씀은 개인의 보복을 정당화하기 위한 것이 아니다. 이 말씀은 재판에서 공정한 판결의 기준을 제공하기 위한 것이다.

서기관과 바리새인이 오해한 부분이 바로 여기에 있다. 그들은 "눈은 눈으로, 이는 이로 갚으라"는 말씀을 개인의 윤리에 대한 것으로 보왔다. 그래서 이 말씀이 보복을 정당화하는 것으로 이해했다. 이 말씀을 주신 하나님의 의도를 이해하지 못한 것이다.

보복을 금하신 예수님

이러한 서기관과 바리새인의 견해에 관해 예수님은 자신의 견해를 말씀하신다. "나는 너희에게 이르노니 악한 자를 대적하지 말라"(39절 상). 여기서 "악한 자"는 37절에 나온 악과 같은 표현이다. 그런데 이 말은 37절에서처럼 사단을 가리키거나 추상적 의미로 이해될 수 없다. 뒤따르는 예가 모두 사람을 가리키기 때문이다. "누구든지 네 오른편 뺨을 치거든 왼편도 돌려 대며 또 너를 고발하여 속옷을 가지고자 하는 자에게 겉옷까지도 가지게 하며 또 누구든지 너로 억지로 오 리를 가게 하거든 그 사람과 십 리를 동행하고 네게 구하는 자에게 주며 네게 꾸고자 하는 자에게 거절하지 말라"(39하-42절).

특히 신약성경은 오히려 사단을 대적하라고 말한다. "그러므로 하나님의 전신 갑주를 취하라 이는 악한 날에 너희가 능히 대적하고 모든 일을 행한 후에 서기 위함이라"(엡 6:13). 여기서 "악한 날"은 날이 악한 자 즉 마귀와 관련이 있기 때문이다. "그런즉 너희는 하나님께 복종할지어다 마귀를 대적하라 그리하면 너희를 피하리라"(약 4:7). "근신하라 깨어라 너희 대적 마귀가 우는 사자 같이 두루 다니며 삼킬 자를 찾나니 너희는 믿음을 굳건하게 하여 그를 대적하라 이는 세상에 있는 너희 형제들도 동일한 고난을 당하는 줄을 앎이라"(벧전 5:8-9). 따라서 본문에서 "악한 자를 대적하지 말라"고 할 때 "악한 자"는 사단을 가리킬 수 없다.

그러므로 본문에서 악한 자는 악한 사람을 의미한다. 그러면 "악한 자를 대적하지 말라"는 말씀은 무슨 뜻일까? 이 말씀을 문자적으로 받아들여야 하는 것일까? 실제로 이 말씀을 그렇게 이해한 사람이 있다. 대표적인 예가 러시아의 문호 톨스토이다. 그는 이 구절을 문자적으로 이해하여 법정을 비롯해 군대나 경찰을 두는 것을 비기독교적이라고 보았다.

그러나 이 말씀은 문자적으로 이해할 것이 아니라 문맥에 비추어 이해해야 한다. 예수님은 지금 서기관과 바리새인의 견해와 자신의 견해를 대조해 말씀하신다. 서기관과 바리새인은 "눈은 눈으로, 이는 이로 갚으라"는 말씀을 개인의 윤리에 대한 것으로 보고 보복을 정당화하는 것으로 이해했다. 결과적으로 그들은 복수심으로 행동하는 것을 허용하고 부추겼다. 그래서 예수님은 그들과 대조적으로 "악한 자를 대적하지 말라"고 말씀하신 것이다. 따라서 예수님의 이 말씀은 악한 자에 대한 보복을 금하신 것으로 보아야 한다.

이것은 성경이 여러 곳에서 가르치는 사실이다. "원수를 갚지 말며" (레 19:18). "너는 악을 갚겠다 말하지 말고"(잠 20:22). "너는 그가 내게 행함 같이 나도 그에게 행하여 그가 행한 대로 그 사람에게 갚겠다 말하지 말지니라"(잠 24:29). "삼가 누가 누구에게든지 악으로 악을 갚지 말게 하고"(살전 5:15). "아무에게도 악을 악으로 갚지 말고"(롬 12:17). "악을 악으로, 욕을 욕으로 갚지 말고"(벧전 3:9).

그런데 성경이 이렇게 가르치는 데는 이유가 있다. 그것은 보복이 하나님의 권한에 속한 것이기 때문이다. "너는 악을 갚겠다 말하지 말고 여호와를 기다리라 그가 너를 구원하시리라"(잠 20:22). "내 사랑하는 자들아 너희가 친히 원수를 갚지 말고 하나님의 진노하심에 맡기라 기록되었으되 원수 갚는 것이 내게 있으니 내가 갚으리라고 주께서 말씀하시니라"(롬 12:19, 신 32:35 인용). 그래서 예수님은 해를 당하셨지만 보복하는 대신 하나님께 맡기셨다. "욕을 당하시되 맞대어 욕하지 아니하시고 고난을 당하시되 위협하지 아니하시고 오직 공의로 심판하시는 이에게 부탁하시며"(벧전 2:23). 사도 바울도 마찬가지였다. "구리 세공업자 알렉산더가 내게 해를 많이 입혔으매 주께서 그 행한 대로 그에게 갚으시리니"(딤후 4:14). 따라서 그리스도인은 악한 사람에게 해를 입었을 때 원한을 품고 복수하려고 해서는 안 된다. 하나님이 대신 그 사람에게 갚아주실 것을 믿고 맡겨야 한다.

그러면 그리스도인은 자기에게 해를 입힌 악한 사람에게 아무 일도 해서는 안 되는 것일까? 그렇지 않다. 그가 할 수 있는 일이 있다. 법적인 절차를 밟아 공적 배상을 받는 일이다. 왜냐하면 하나님은 공적 권세를 통해 악한 사람을 제어하시기 때문이다. 그래서 사도 바울은 로마서 12장에서 보복을 금하면서도 13장에서 관원들(다스리는 자들)에 대해서 이렇게 말한다. "그는 하나님의 사역자가 되어 네게 선을 베푸는 자니라 그러나 네가 악을 행하거든 두려워하라 그가 공연히 칼을 가지지 아니하였으니 곧 하나님의 사역자가 되어 악을 행하는 자에게 진노하심을 따라 보응하는 자니라"(롬 13:4). 그러므로 그리스도인은 피해를 입힌 사람에게 사적으로 보복하지 말아야 하지만, 공적으로 배상을 요구할 수 있다.

평화주의와 반전론

여기서 한 가지 더 생각해야 할 것이 있다. 그것은 예수님의 말씀이 평화주의 또는 반전론의 근거로 사용되는 문제다. "악한 자를 대적하지 말라 누구든지 네 오른편 뺨을 치거든 왼편도 돌려 대며"라는 말씀은 평화주의의 근거가 되는 주요 구절이다. 사람들은 이 말씀을 근거로 모든 폭력의 사용과 전쟁 참여를 반대하곤 한다. 그들은 예수님의 말씀을 무조건적으로 따라야 한다고 생각하는 것이다.

그러면 이러한 생각은 과연 정당한 것일까? C. S. 루이스는 여기에 대해 이런 문제를 지적한다.

저는 이 명령이 말 그대로의 뜻이지만, 별다른 얘기가 없어도 듣는 사람이 자연스럽게 예외로 여길 만한 상황들에 대한 단서가 달려 있다고 생각합니다. 좀 더 논리적인 용어로 표현하자면, 이 말씀에는 '위해 일반'에 대해 무저항의 의무를 부과하고 있지만, 항후 나타날 '특정한 위해'에 대해서까지 저항을 무조건 금지한 것은 아니라고 생각합니다. 즉, 제가 이웃에게 당한 상해와 저의 복수욕 때문에 그를 대적한다면, 저는 기독교가 그 복수욕을 완전히 죽이도록 명령한다고 확신합니다 … 하지만 다른 상황도 있습니다. 이 말씀을 들은 사람 중에 '어떤 살인마가 다른 사람을 살해할 작정으로 나를 밀쳐 내려고 달려들면, 나는 순순히 물러서서 그 사람이 희생자에게 덤비도록 내버려 둬야 한다'는 뜻으로 이것을 이해할 자가 있겠습니까? … 우리 주님의 청중들은 비무장 국가의 보통 사람들이었으므로 주님이 전쟁을 가리켜 말씀하신 것이라 생각했을 가능성은 낮습니다. 그들은 전쟁을 떠올리지 않았을 것입니다. 그들은 마을 사람들 사이에서 일상적으로 일어나는 불화를 생각했을 것입니다 … 모든 말은 그 말을 한 시간과 장소에서 사람들이 생각했을 자연스러운 의미로 받아들여야 합니다.[24]

루이스의 말은, 청중의 입장에서 예수님의 말씀을 무조건적으로 따라야 한다는 생각은 자연스럽지 못하다는 것이다. 따라서 "악한 자를 대적하지 말라 누구든지 네 오른편 뺨을 치거든 왼편도 돌려 대며"라는 말씀은 반전론의 근거가 될 수 없다.

또 마틴 로이드존스는 다른 면에서 문제를 지적한다. 그는 "악한 자를 대적하지 말라"는 말씀이 예수님의 제자들에게 주어진 것에 주목한다. 그래서 그는 이렇게 말한다. "우리는 그런 삶을 살 수 있기 전에 새 사람이 되어야 하고 거듭나야 한다. 그러므로 이 가르침을 나라나 국민을 위한 방침으로서 주장하는 것은 이단과 다름없다." 그러면서 그는 결론적으로 예수님의 이 말씀에 평화주의의 근거를 두는 사람들은 "일종의 이단의 죄를 범하는"[25] 것이라고 말한다. 이처럼 "악한 자를 대적하지 말라"는 보복을 금하신 것으로 이해되어야 한다.

---

24 C. S. Lewis, *The Weight of Glory*, 『영광의 무게』, 홍종락 역(서울: 홍성사, 2008), pp.78-79.

25 Lloyd-Jones, *Studies in the Sermon on the Mount*, 276-78.

24
인내와 자선

또 눈은 눈으로, 이는 이로 갚으라 하였다는 것을 너희가 들었으나
나는 너희에게 이르노니 악한 자를 대적하지 말라 누구든지 네 오른편 뺨을 치거든
왼편도 돌려 대며 또 너를 고발하여 속옷을 가지고자 하는 자에게
겉옷까지도 가지게 하며 또 누구든지 너로 억지로 오 리를 가게 하거든
그 사람과 십 리를 동행하고 네게 구하는 자에게 주며 네게 꾸고자 하는 자에게
거절하지 말라

_ 마 5:38-42

여기서 예수님은 제자들의 의가 어떤 점에서 서기관과 바리새인보다 더 나은지 설명하신다. 이것은 다섯 번째 설명으로 보복에 대한 것이다. 여기서 예수님이 말씀하신 원칙은 "악한 자를 대적하지 말라"는 것이다. 보복을 금하신 것이다. 그런데 이 말씀의 의미는 여기서 한 걸음 더 나아간다. 이 원칙에 뒤따르는 네 개의 예가 보복을 금할 뿐 아니라, 그보다 더 적극적인 내용을 말하기 때문이다. 네 개의 예는 이렇다. "누구든지 네 오른편 뺨을 치거든 왼편도 돌려 대며 또 너를 고발하여 속옷을 가지고자 하는 자에게 겉옷까지도 가지게 하며 또 누구든지 너로 억지로 오 리를 가게 하거든 그 사람과 십 리를 동행하고 네게 구하는 자에게 주며 네게 꾸고자 하는 자에게 거절하지 말라"(39하-42절). 여기서도 예수님은 앞에서와 같이 2인칭 단수를 써서 말씀하신다(23-26, 29-30, 36절).

수동적 인내

그러면 각각의 예를 살펴보자. 첫 번째 예는 "누구든지 네 오른편 뺨을 치거든"(39절하)으로 시작된다. 이것은 폭력으로 피해당하는 경우를 말한다. 이런 경우 모욕을 느끼는 것은 당연하다. 이때 피해당한 사람은 당연히 보복하려고 할 것이다. 그런데 예수님은 이런 경우에 제자들이 어떻게 해야 할지 말씀하신다. 그것이 "왼편도 돌려 대며"(39절하)라는 말씀이다. 이 말씀은 또 다른 피해를 자초하라는 뜻이 결코 아니다. 예수님은 '왼편도 치게 하라'든가 '왼편도 맞아라'고 말씀하신 게 아니다. "왼편도 (그에게) 돌려 대라"고 하신 것이다. 이 말씀은 폭력으로 피해를 입힌 상대방에게 그냥 더 참으라는 뜻이다. 그럼으로써 보복하지 말라는 것이다.

예수님은 여기에 대한 본을 보여주셨다. 마태는 본문에서 "치거든"으로 번역된 말을 딱 한 번 더 예수님께 사용했다. "이에 예수의 얼굴에 침 뱉으며 주먹으로 치고 어떤 사람은 손바닥으로 때리며 이르되 그리스도야 우리에게 선지자 노릇을 하라 너를 친 자가 누구냐 하더라"(마 26:67-68). 마가나 요한은 이 말의 명사형을 사용했다. "어떤 사람은 그에게 침을 뱉으며 그의 얼굴을 가리고 주먹으로 치며 이르되 선지자 노릇을 하라 하고 하인들은 손바닥으로 치더라"(막 14:65). "이 말씀을 하시매 곁에 섰던 아랫사람 하나가 손으로 예수를 쳐 이르되 네가 대제사장에게 이같이 대답하느냐 하니"(요 18:22). "군인들이 가시나무로 관을 엮어 그의 머리에 씌우고 자색 옷을 입히고 앞에 가서 이르되 유대인의 왕이여 평안할지어다 하며 손으로 때리더라"(요 19:2-3). 그런데 이런 폭력 앞에서 예수님은 참으실 뿐 보복하지 않으셨다. 그래서 마태는 예수님의 반응에 대해 아무것도 기록하지 않았다.

그런데 당시에 이 광경을 멀리서 지켜본 사람이 있었다. 그는 바로 사도 베드로였다. 마태는 예수님이 폭력을 당하신 장면을 기록하면서 이런 설명을 달았다. "베드로가 멀찍이 예수를 따라 대제사장의 집 뜰에까지 가서 그 결말을 보려고 안에 들어가 하인들과 함께 앉아 있더라"(마 26:58). 거기서 베드로는 어떤 사람들이 예수님을 손바닥으로 때리는 것을 목격했을 것이다. 베드로는 편지에 이렇게 기록했다. "욕을 당하시되 맞대어 욕하지 아니하시고 고난을 당하시되 위협하지 아니하시고 오직 공의로 심판하시는 이에게 부탁하시며"(벧전 2:23). 예수님은 자신을 손바닥으로 때리는 사람들에게 참으실 뿐 보복하지 않으셨다. 이처럼 예수님은 우리가 보복하지 말아야 할 것을 가르치셨을 뿐 아니라 본을 보여주셨다. 우리도 예수님처럼 폭력으로 신체적 피해를 입는 경우 보복하지 말아야 한다. 그러기 위해서는 우리가 참는 것(인내)이 필요하다.

그런데 예수님의 이 말씀을 오해하지 않도록 주의해야 한다. 우선 예수님의 말씀은 어떤 폭력에도 다 해당하는 것은 아니다. 본문에서 예수님이 말씀하신 폭력은 뺨을 치는 것이다. 그것은 고통을 줄 수 있고 손상을 입힐 수 있다. 그러나 불구가 되게 하거나 생명을 잃게 하는 것은 아니다. 예수님은 앞에서 "눈은 눈으로 이는 이로 갚으라"고 말씀하셨다. 그러나 여기서 예로 든 것은 눈을 빼거나 이를 뽑는 게 아니라 뺨을 치는 것이다. 이것은 예수님이 모든 폭력에 대해 말씀하신 게 아님을 나타낸다. 따라서 예수님의 말씀은 불구가 되게 하거나 생명을 잃게 하는 폭력에는 해당되지 않는다. 그런 폭력을 당하는 상황이라면, 우리는 피하거나 방어하는 것이 마땅하다.

또 예수님의 말씀은 무조건적인 무저항을 의미하지 않는다. 보복하지 않으면서도 폭력에 정당하게 저항할 수 있기 때문이다. 예수님은 부당한 폭력에 보복하지 않았지만 저항하셨다. "이 말씀을 하시매 곁에 섰던 아랫사람 하나가 손으로 예수를 쳐 이르되 네가 대제사장에게 이같이 대답하느냐 하니 예수께서 대답하시되 내가 말을 잘못하였으면 그 잘못한 것을 증언하라 바른 말을 하였으면 네가 어찌하여 나를 치느냐 하시더라"(요 18:22-23). 사도 바울도 부당한 폭력에 예수님과 비슷한 반응을 보인 적이 있다. "대제사장 아나니아가 바울 곁에 서 있는 사람들에게 그 입을 치라 명하니 바울이 이르되 회칠한 담이여 하나님이 너를 치시리로다 네가 나를 율법대로 심판한다고 앉아서 율법을 어기고 나를 치라 하느냐 하니"(행 23:2-3). 칼빈도 이렇게 말했다. "복수하지 않고 자신과 자신의 식구들을 손상으로부터 보호할 수 있는 곳에서, 그리스도의 말씀은 폭력이 자기에게 밀려올 때 평화적으로, 비폭력적으로 그것을 피하는 것을 막지 않는다."[26]

이와 함께 우리가 기억해야 할 것은, 예수님은 보복을 금하신 것이지 법적인 호소까지 금하신 것은 아니라는 사실이다. 우리는 폭력을 당하는 경우 보복하지 않으면서 법적으로 호소할 수 있다.

두 번째 예는 "또 너를 고발하여 속옷을 가지고자 하는 자에게"(40절 상)로 시작된다. 이것은 소송으로 피해당하는 경우를 말한다. 첫 번째 예가 신체적 피해를 말한다면, 여기서 말하는 것은 재산상의 피해다. 이때도 피해당한 사람은 자신에게 피해를 입힌 사람에게 당연히 보복하려고 할 것이다. 그런데 예수님은 이런 경우에 제자들이 어떻게 해야

---

26 Calvin, *Commentary on Matthew* 5:39.

할지 말씀하신다. 그것이 "겉옷까지도 가지게 하며"(40절하)라는 말씀이다. 이 말씀 역시 또 다른 피해를 자초하라는 뜻이 결코 아니다. 예수님은 겉옷을 주라고 하신 게 아니다. 예수님은 (그에게) 겉옷까지도 가지게 하라고 하신 것이다. 이 말씀은 소송으로 피해를 입힌 상대방에게 그냥 더 참으라는 뜻이다. 그럼으로써 보복하지 말라는 것이다.

구약성경에 따르면, 겉옷을 법적으로 몰수하는 일은 명백히 금지되어 있다. "네가 만일 이웃의 옷을 전당 잡거든 해가 지기 전에 그에게 돌려보내라 그것이 유일한 옷이라 그것이 그의 알몸을 가릴 옷인즉 그가 무엇을 입고 자겠느냐 그가 내게 부르짖으면 내가 들으리니 나는 자비로운 자임이니라"(출 22:26-27). "그가 가난한 자이면 너는 그의 전당물을 가지고 자지 말고 해 질 때에 그 전당물을 반드시 그에게 돌려줄 것이라 그리하면 그가 그 옷을 입고 자며 너를 위하여 축복하리니 그 일이 네 하나님 여호와 앞에서 네 공의로움이 되리라"(신 24:12-13). 따라서 "겉옷까지도 가지게 하며"는 이러한 법적인 권리마저 포기하면서까지 참으라는 뜻이다. 이처럼 법적 권리마저 포기하면서 참을 때 보복하지 않을 것은 분명하다.

예수님도 그렇게 참으셨다. 마태는 예수님이 십자가에 달리실 때 속옷뿐 아니라 겉옷까지 몰수당한 사실을 기록한다. "그들이 예수를 십자가에 못 박은 후에 그 옷을 제비 뽑아 나누고"(마 27:35). "군인들이 예수를 십자가에 못 박고 그의 옷을 취하여 네 깃에 나눠 각각 한 깃씩 얻고 속옷도 취하니 이 속옷은 호지 아니하고 위에서부터 통으로 짠 것이라"(요 19:23).

이처럼 우리도 소송으로 피해당하는 경우에 보복하지 않으려면 참는 것(인내)이 필요하다. 사도 바울은 고린도교회 성도들에게 이렇게 말했다. "너희가 피차 고발함으로 너희 가운데 이미 뚜렷한 허물이 있나니 차라리 불의를 당하는 것이 낫지 아니하며 차라리 속는 것이 낫지 아니하냐"(고전 6:7). 이것은 서로 참고 보복하지 말라는 권고다.

세 번째 예는 "또 누구든지 너로 억지로 오 리를 가게 하거든"(41절 상)으로 시작된다. 이것은 권력으로 피해당하는 경우를 말한다. 여기서 말하는 피해는 신체나 재산의 피해가 아닌 노동의 피해다. 이것은 당시의 사람들이 로마의 군인에게 압제받던 상황을 염두에 둔 말씀이다. 여기 사용된 '억지로 … 가게 하다'가 그 점을 나타낸다. 마태는 이 말을 딱 한 번 더 사용했다. "나가다가 시몬이란 구레네 사람을 만나매 그에게 예수의 십자가를 억지로 지워 가게 하였더라"(마 27:32). 이것은 총독의 군병들이 시몬에게 예수님의 십자가를 강제로 대신 지게 한 것을 말한다.

이때 사용된 거리를 나타내는 단위도 이 사실을 뒷받침한다. 우리말로 "오리 … 십리"라고 번역된 것은 '일 밀리온 … 이 (밀리온)'을 말한다. 그런데 밀리온은 '천 보(걸음)'를 뜻하는 옛 로마의 용어다. 다시 말하면, 이 말은 거리를 나타내는 로마식 단위다. 예수님이 유독 여기에서만 이 말을 사용하신 것은 로마 군인들에게 강요된 상황을 염두에 두셨기 때문이다.

이렇게 로마 군인들에게 압제받는 상황에서 당시의 사람들이 분개했을 것은 충분히 짐작할 만하다. 그래서 역사는 로마에 보복하려는 사람들의 저항이 계속 이어져 온 것을 보여준다. 그런데 예수님은 제자들에게 이렇게 말씀하신 것이다. "그 사람과 십 리를 동행하고"(41절하). 여기서 십 리를 가는 것은 자발적인 행동이 아니다. "그 사람과"라는 말은 십 리를 가는 것이 권력에 의해 강요된 행동임을 나타낸다. 따라서 이 말씀은 자기를 압제하는 사람에게 더 참고 견디라는 뜻과 같다. 그럼으로써 보복하지 말라는 것이다.

능동적 자선

지금까지 살펴본 세 가지 예는 모두 보복하지 말 것에 대한 설명이다. 그래서 그 예는 "또"(40, 41절)라는 말로써 하나로 연결되어 있다. 그런데 네 번째 예의 경우에는 '또'라는 말이 없다. "네게 구하는 자에게 주며 네게 꾸고자 하는 자에게 거절하지 말라"(42절). 이것은 앞에 나온 세 가지 예와 다른 내용을 말하기 때문이다.

앞에 나온 세 가지 예는 모두 남에게 피해당하는 경우를 말한다. 그것은 폭력으로든 소송으로든 권력으로든 피해당하는 경우다. 그런 경우 예수님은 제자들에게 더 참으라고 말씀하신다(수동적 요구). 그것은 제자들이 자신에게 악을 행한 사람에게 악으로 갚지 않게 하기 위함이다. 예수님은 제자들에게 보복을 금하신 것이다.

그에 비해 네 번째 예는 남에게 피해당하는 경우를 말하지 않는다. 여기서 상대방은 단지 자기의 필요 때문에 구하거나 꾸고자 한 것뿐이다. 이런 경우 예수님이 제자들에게 말씀하시는 것은 더 참으라는 게 아니다. 예수님이 제자들에게 말씀하시는 것은 상대방의 필요에 반응하라는 것이다(능동적 요구). "네게 구하는 자에게 주며 네게 꾸고자 하는 자에게 거절하지 말라." 제자들은 필요한 사람들에게 적극적으로 선을 행해야 하는 것이다. 그러기 위해 제자들은 남을 위해 자기를 희생해야 할 필요가 있다.

예수님의 이 말씀은 일찍이 모세가 이스라엘 백성에게 전한 말씀과 통한다. "네 하나님 여호와께서 네게 주신 땅 어느 성읍에서든지 가난한 형제가 너와 함께 거주하거든 그 가난한 형제에게 네 마음을 완악하게 하지 말며 네 손을 움켜 쥐지 말고 반드시 네 손을 그에게 펴서 그에게 필요한 대로 쓸 것을 넉넉히 꾸어주라 삼가 너는 마음에 악한 생각을 품지 말라 곧 이르기를 일곱째 해 면제년이 가까이 왔다 하고 네 궁핍한 형제를 악한 눈으로 바라보며 아무것도 주지 아니하면 그가 너를 여호와께 호소하리니 그것이 네게 죄가 되리라 너는 반드시 그에게 줄 것이요, 줄 때에는 아끼는 마음을 품지 말 것이니라 이로 말미암아 네 하나님 여호와께서 네가 하는 모든 일과 네 손이 닿는 모든 일에 네게 복을 주시리라 땅에는 언제든지 가난한 자가 그치지 아니하겠으므로 내가 네게 명령하여 이르노니 너는 반드시 네 땅 안에 네 형제 중 곤란한 자와 궁핍한 자에게 네 손을 펼지니라"(신 15:7-11).

이처럼 예수님은 제자들에게 수동적 인내를 통해 보복을 금하실 뿐 아니라, 오히려 능동적 자선으로 사랑할 것을 명령하신다. 다시 말하면, 제자들은 악을 악으로 갚지 않을 뿐 아니라, 한 걸음 더 나아가 적극적으로 선을 행해야 한다. 이것이 악한 자를 대적하지 말라는 말씀의 의미다.

이러한 가르침은 사도 바울이나 사도 베드로에게도 동일하게 나타난다. 그들은 악을 악으로 갚지 말라고 말하는 데서 멈추지 않는다. 더 나아가 적극적으로 선을 행하라고 말한다. "삼가 누가 누구에게든지 악으로 악을 갚지 말게 하고 서로 대하든지 모든 사람을 대하든지 항상 선을 따르라"(살전 5:15). "악을 악으로, 욕을 욕으로 갚지 말고 도리어 복을 빌라 이를 위하여 너희가 부르심을 받았으니 이는 복을 이어받게 하려 하심이라"(벧전 3:9). "아무에게도 악을 악으로 갚지 말고 모든 사람 앞에서 선한 일을 도모하라 할 수 있거든 너희로서는 모든 사람과 더불어 화목하라 내 사랑하는 자들아 너희가 친히 원수를 갚지 말고 하나님의 진노하심에 맡기라 기록되었으되 원수 갚는 것이 내게 있으니 내가 갚으리라고 주께서 말씀하시니라 네 원수가 주리거든 먹이고 목마르거든 마시게 하라 그리함으로 네가 숯불을 그 머리에 쌓아 놓으리라 악에게 지지 말고 선으로 악을 이기라"(롬 12:17-21).

이것이 제자의 삶이다. 제자의 삶에는 악을 악으로 갚지 않는 소극적인 면만 있는 게 아니다. 적극적인 면도 있다. 그것은 선을 좇는 것이고, 선으로 악을 이기는 것이다. 사도 바울은 이렇게 말한다. "모욕을 당한즉 축복하고 박해를 받은즉 참고"(고전 4:12).

물론 "네게 구하는 자에게 주며 네게 꾸고자 하는 자에게 거절하지 말라"는 모든 상황에 문자적으로 적용해야 하는 것은 아니다. 예수님은 무분별한 자선과 구제를 명령하신 게 아니다. 우리는 놀고먹으려는 사람인 줄 알면서도 그가 구하는 것을 주어야 할까? 만일 도박에 빠져 재산을 탕진한 사람이 꾸고자 한다면 거절하지 말아야 할까? 그렇지 않을 것이다. 예수님이 말씀하신 것은 분별 있는 자선이고 구제다. 중요한 것은 이 말씀이 요구하는 이타적 정신이다.

25
너희 원수를 사랑하라

또 네 이웃을 사랑하고 네 원수를 미워하라 하였다는 것을 너희가 들었으나 나는 너희에게 이르노니 너희 원수를 사랑하며 너희를 박해하는 자를 위하여 기도하라

_ 마 5:43-44

예수님은 제자들의 의가 서기관과 바리새인의 의보다 더 나아야 함을 여섯 개의 예로써 설명하셨다. 그동안 우리가 살펴본 예는 살인, 간음, 이혼, 맹세, 보복에 대한 것이다. 이제 마지막으로 살펴볼 것은 사랑에 대한 것이다. 이것은 보복에 대한 내용 가운데 이미 암시되었다. 보복에 대한 예수님의 가르침은 소극적으로 보복하지 말라는 것(인내)뿐 아니라, 적극적으로 선을 행하라는 내용(자선)을 담고 있기 때문이다. 적극적으로 선을 행하는 것은 남의 필요에 반응하는 것이다. 그러기 위해서는 남을 위해 자신을 희생하는 사랑이 필요하다.

그래서 이제 예수님의 가르침은 사랑에 대한 것으로 넘어간다. 여기서도 예수님은 대조 형식을 사용해 말씀하신다. "너희가 들었으나 나는 너희에게 이르노니." 그리고 성경의 인용을 나타내는 "하였다"는 말을 동일하게 사용하신다. 예수님이 성경을 인용해 말씀하신 내용은 이렇다. "또 네 이웃을 사랑하고 네 원수를 미워하라 하였다는 것을 너희가 들었으나"(43절).

서기관과 바리새인의 해석

"네 이웃을 사랑하고 네 원수를 미워하라"는 말은 레위기 19장 18절 "네 이웃 사랑하기를 네 자신과 같이 사랑하라"에서 온 것이다. 그런데 예수님이 인용하신 내용은 이 말씀과 차이가 있다. "네 자신과 같이"라는 말이 빠지고 "네 원수를 미워하라"는 말이 추가된 것이다. 이 내용은 당시의 유대인들이 레위기 19장 18절 말씀을 어떻게 이해했는지 보여준다.

그들은 이웃을 좁은 의미로 이해했다. 그들의 동족만 이웃이라고 생각한 것이다. 레위기 19장 17-18절을 보면 이렇게 되어 있다. "너는 네 형제를 마음으로 미워하지 말며 네 이웃을 반드시 견책하라 그러면 네가 그에 대하여 죄를 담당하지 아니하리라 원수를 갚지 말며 동포를 원망하지 말며 네 이웃 사랑하기를 네 자신과 같이 사랑하라 나는 여호와이니라." 여기 보면 형제나 동포는 이웃과 같은 의미로 사용되었다. 그래서 그들은 같은 유대인만을 이웃으로 생각했을 수 있다.

이런 사실은 47절 말씀에 암시되어 있다. "또 너희가 너희 형제에게만 문안하면 남보다 더하는 것이 무엇이냐 이방인들도 이같이 아니하느냐." 이것은 유대인이 그들의 형제로서 같은 유대인에게만 문안하는 것을 지적한 것이다. 그들이 유대인만을 이웃으로 간주했기 때문이다.

누가복음 10장에 선한 사마리아인 비유가 나온다. 예수님이 그 비유를 말씀하신 배경은 이렇다. 한 율법교사가 예수님께 물었다. "선생님 내가 무엇을 하여야 영생을 얻으리이까." 여기서 율법교사는 서기관을 가리키는 누가의 용어다. 그러자 예수님이 그에게 되물으셨다. "율법에 무엇이라 기록되었으며 네가 어떻게 읽느냐." 율법교사가 대답했다. "네 마음을 다하며 목숨을 다하며 힘을 다하며 뜻을 다하여 주 너의 하나님을 사랑하고 또한 네 이웃을 네 자신 같이 사랑하라 하였나이다." 그 말을 듣고 예수님이 말씀하셨다. "네 대답이 옳도다 이를 행하라 그러면 살리라."

그런데 그다음 율법교사에 대한 이런 설명이 이어진다. "그 사람이 자기를 옳게 보이려고 예수께 여짜오되 그러면 내 이웃이 누구니이까." 여기 "자기를 옳게 보이려고"는 '스스로 정당화하고 싶어서'라는 뜻이다. 이 율법교사는 자신이 이미 "네 이웃 사랑하기를 네 자신과 같이 사랑하라"는 계명대로 행하고 있음을 확인하고 싶었던 것이다. 그런데 여기서 예수님은 선한 사마리아인 비유를 드신다. "어떤 사람이 예루살렘에서 여리고로 내려가다가 강도를 만나매 강도들이 그 옷을 벗기고 때려 거의 죽은 것을 버리고 갔더라 마침 한 제사장이 그 길로 내려가다가 그를 보고 피하여 지나가고 또 이와 같이 한 레위인도 그 곳에 이르러 그를 보고 피하여 지나가되 어떤 사마리아 사람은 여행하는 중 거기 이르러 그를 보고 불쌍히 여겨 가까이 가서 기름과 포도주를 그 상처에 붓고 싸매고 자기 짐승에 태워 주막으로 데리고 가서 돌보아 주니라 그 이튿날 그가 주막 주인에게 데나리온 둘을 내어 주며 이르되 이 사람을 돌보아 주라 비용이 더 들면 내가 돌아올 때에 갚으리라 하였으니 네 생각에는 이 세 사람 중에 누가 강도 만난 자의 이웃이 되겠느냐." 율법교사가 이렇게 대답했다. "자비를 베푼 자니이다." 그러자 예수님이 말씀하셨다. "가서 너도 이와 같이 하라." 예수님은 율법교사에게 유대인만이 이웃이 아니라는 사실을 보여주신 것이다. 이것은 율법교사가 이웃을 좁은 의미로 이해하고 있었음을 나타낸다.

이처럼 예수님이 인용하신 "네 이웃을 사랑하고 네 원수를 미워하라"는 내용은 레위기 19장 18절에 대한 서기관의 해석인 것이다. 사실 "네 자신과 같이"라는 말을 빼고 "네 원수를 미워하라"는 말을 추가한 것은 같은 이유 때문이다. 그것은 이웃의 의미를 축소했기 때문이다. "네 이웃 사랑하기를 네 자신과 같이 사랑하라"고 할 때 이웃은 '네 자신'과 대비된다. 즉 네 자신이 아닌 사람은 다 이웃이다. 그런데 "네 자신과 같이"라는 말을 뺌으로써 이웃의 의미를 축소한 것이다. 이제 이웃은 유대인에게 국한될 뿐이다. 그러면서 이웃이 아닌 사람에 대해서 "네 원수를 미워하라"는 말을 추가한 것이다. 실제로 사도 바울은 유대인들의 이러한 태도를 언급한 적이 있다. "유대인은 주 예수와 선지자들을 죽이고 우리를 쫓아내고 하나님을 기쁘시게 하지 아니하고 모든 사람에게 대적이 되어 우리가 이방인에게 말하여 구원받게 함을 그들이 금하여 자기 죄를 항상 채우매 노하심이 끝까지 그들에게 임하였느니라"(살전 2:15-16).

이처럼 예수님은 단순히 율법을 인용하신 게 아니다. 예수님이 인용하신 것은 율법에 대한 서기관과 바리새인의 그릇된 견해다. 따라서 예수님이 반대하신 것도 율법이 아니라, 율법에 대한 서기관과 바리새인의 해석이다. 이 점이 가장 잘 드러난 것이 이 여섯 번째 예다.

실제로 레위기 19장 18절에 대한 서기관과 바리새인의 해석은 이 말씀의 원래 의도와는 거리가 멀다. 거기서 이웃의 의미가 동족에게만 국한되지 않기 때문이다. 레위기 19장은 동족이 아닌 사람도 사랑하라고 말한다. "네 포도원의 열매를 다 따지 말며 네 포도원에 떨어진 열매도 줍지 말고 가난한 사람과 거류민을 위하여 버려두라 나는 너희의 하나님 여호와이니라"(레 19:10). "거류민이 너희의 땅에 거류하여 함께 있거든 너희는 그를 학대하지 말고 너희와 함께 있는 거류민을 너희 중에서 낳은 자 같이 여기며 자기 같이 사랑하라 너희도 애굽 땅에서 거류민이 되었었느니라 나는 너희의 하나님 여호와이니라"(레 19:33-34).

또 "네 원수를 미워하라"는 구약성경의 가르침과 명백히 대립된다. "네가 만일 네 원수의 길 잃은 소나 나귀를 보거든 반드시 그 사람에게로 돌릴지며 네가 만일 너를 미워하는 자의 나귀가 짐을 싣고 엎드러짐을 보거든 그것을 버려두지 말고 그것을 도와 그 짐을 부릴지니라"(출 23:4-5, 신 22:1-4 참조). "네 원수가 넘어질 때에 즐거워하지 말며 그가 엎드러질 때에 마음에 기뻐하지 말라 여호와께서 이것을 보시고 기뻐하지 아니하사 그의 진노를 그에게서 옮기실까 두려우니라"(잠 24:17-18). "네 원수가 배고파하거든 음식을 먹이고 목말라하거든 물을 마시게 하라"(잠 25:21).

물론 구약성경에는 원수를 미워하라고 말하는 것처럼 보이는 구절이 있다. 예를 들면 이런 것이다. "여호와여 내가 주를 미워하는 자들을 미워하지 아니하오며 주를 치러 일어나는 자들을 미워하지 아니하나이까 내가 그들을 심히 미워하니 그들은 나의 원수들이니이다"(시 139:21-22). 그러나 이것은 다윗이 개인적으로 원수를 미워한 것을 말하지 않는다. 여기서 다윗이 말하는 원수는 주의 원수다. 따라서 다윗은 사적이 아닌 공적으로 원수를 미워하는 것을 말한다.

예수님의 해석

이러한 서기관과 바리새인의 견해에 대해 예수님은 자신의 견해를 말씀하신다. "나는 너희에게 이르노니 너희 원수를 사랑하며 너희를 박해하는 자를 위하여 기도하라"(44절). 그러면 예수님의 말씀을 다시 정리해 살펴보자. 레위기 19장 18절은 이렇게 말한다. "네 이웃 사랑하기를 네 자신과 같이 사랑하라." 여기에 대한 서기관과 바리새인의 해석은 이렇다. "네 이웃을 사랑하고 네 원수를 미워하라." 그에 비해 예수님의 해석은 이렇다. "너희 원수를 사랑하며 너희를 박해하는 자를 위하여 기도하라."

여기서 예수님은 서기관과 바리새인의 해석에 나타난 몇 가지 오류를 바로잡아주신다. 첫째, 이웃은 좁은 의미가 아닌 넓은 의미로 이해되어야 한다. 그래서 원수까지도 이웃에 포함되어야 한다. 서기관과 바리새인은 이웃과 원수를 구분한다. 그럼으로써 이웃은 사랑하고 원수는 미워해야 함을 말한다. 그에 비해 예수님은 이웃과 원수를 구분하지 않으신다. 그리고 "너희 원수를 사랑하라"고 말씀하심으로써 원수도 사랑해야 할 이웃임을 밝히신다. 이것이 "네 이웃 사랑하기를 네 자신과 같이 사랑하라"는 말씀에 담긴 이웃의 개념이다. 이웃은 내 가족이나 친구, 동료나 동족처럼 나와 특별한 관계에 있는 사람을 말하지 않는다. 내가 상대하는 모든 사람을 말한다. 제자들은 이웃을 그렇게 넓은 의미로 이해해야 한다.

둘째, 사랑은 그 대상을 가리지 않는다. 서기관과 바리새인은 "네 이웃을 사랑하고 네 원수를 미워하라"고 말한다. 이것은 사실상 사랑할 만한 사람을 사랑하라고 가르치는 것이다. 그러나 예수님은 사랑할 만한 사람이든 그렇지 않은 사람이든 상관없이 사랑하라고 가르치신다. 예수님은 "너희 원수를 사랑하라"고 말씀하시기 때문이다. 이것이 "네 이웃 사랑하기를 네 자신과 같이 사랑하라"는 말씀이 말하는 사랑이다.

제자들에게 요구되는 것은 이처럼 그 대상을 가리지 않는 무차별적 사랑이다.

셋째, 사랑은 남의 유익을 구하는 것이다. 이 사실은 "너희 원수를 사랑하라"와 "너희를 박해하는 자를 위하여 기도하라"를 같이 말한 데서 잘 나타난다. 너희를 박해하는 자를 위하여 기도하는 것은 너희 원수를 사랑하는 한 방법이다. 자신을 핍박하는 자를 위하여 기도하는 것은 남의 유익을 구하는 것의 절정을 보여준다. 그것은 자기의 유익을 잃으면서까지 남의 유익을 구하는 것이기 때문이다. 예수님은 자신을 십자가에 못 박은 사람들을 위해서 이렇게 기도하셨다. "아버지 저들을 사하여 주옵소서 자기들이 하는 것을 알지 못함이니이다"(눅 23:34). 또 스데반도 돌로 자신을 치는 사람들을 위해 기도했다. "무릎을 꿇고 크게 불러 이르되 주여 이 죄를 그들에게 돌리지 마옵소서 이 말을 하고 자니라"(행 7:60). 이런 모습은 예수님도 스데반도 철저하게 남의 유익을 구하고 있었음을 보여준다.

누가의 기록에 나타난 예수님의 말씀은 이 점을 좀 더 강조한다. "그러나 너희 듣는 자에게 내가 이르노니 너희 원수를 사랑하며 너희를 미워하는 자를 선대하며 너희를 저주하는 자를 위하여 축복하며 너희를 모욕하는 자를 위하여 기도하라"(눅 6:27-28). 여기서 "너희를 미워하는 자를 선대하며" "너희를 저주하는 자를 위하여 축복하며" "너희를 모욕하는 자를 위하여 기도하라"는 말씀은 모두 철저하게 남의 유익을 구하는 것을 보여준다. 원수를 사랑하는 것은 철저하게 남의 유익을 구하는 것이다. 이처럼 사랑은 남의 유익을 구하는 것이다. 사도 바울은 사랑의 이런 특성을 "자기의 유익을 구하지 아니하며"(고전 13:5)라는 말로 표현했다. 우리에게 이런 사랑이 있는가?

사랑의 근본적 성격

여기서 우리가 주목해야 할 사실이 있다. 그것은 예수님이 서기관과 바리새인의 의보다 더 나은 제자들의 의를 설명하시는 방식이다. 예수님은 앞서 살인, 간음, 이혼, 맹세, 보복에 대한 것을 예로 들어 제자들의 의를 설명하셨다. 그런 다음 마지막 예로서 사랑에 대한 것을 말씀하신다. 그 이유는 제자들이 살인, 간음, 이혼, 맹세, 보복에 대한 예수님의 가르침을 행하려면 사랑이 그 근본이 되기 때문이다. 다시 말하면, 사랑은 제자다운 모든 행실의 근원인 것이다. 이 사랑에서 제자다운 모든 행실이 나온다. 이 사랑이 없으면 제자다운 행실은 불가능하다.

마태는 이 점을 보여주려고 한 것 같다. 마태복음 19장 16-22절에는 부자 청년과 예수님이 나눈 대화가 나온다.

부자 청년 선생님이여 내가 무슨 선한 일을 하여야 영생을 얻으리이까

예수 어찌하여 선한 일을 내게 묻느냐 선한 이는 오직 한 분이시니라 네가 생명에 들어 가려면 계명들을 지키라

부자 청년 어느 계명이오니이까

예수 살인하지 말라, 간음하지 말라, 도둑질하지 말라, 거짓 증언 하지 말라, 네 부모를 공경하라, 네 이웃을 네 자신과 같이 사랑하라 하신 것이니라

부자 청년 이 모든 것을 내가 지키었사온대 아직도 무엇이 부족하니이까

예수   네가 온전하고자 할진대 가서 네 소유를 팔아 가난한 자들에게 주라 그리하면 하늘에서 보화가 네게 있으리라 그리고 와서 나를 따르라

이 대화는 이런 설명으로 끝난다. "그 청년이 재물이 많으므로 이 말씀을 듣고 근심하며 가니라."

마태의 기록이 마가나 누가의 기록과 다른 점은 여기 있다. 부자 청년이 생명에 들어가려면 어느 계명을 지켜야 하는지 물었을 때, 예수님은 계명을 말씀하셨다. 그런데 마태는 여기에 "네 이웃을 네 자신과 같이 사랑하라"는 말씀을 추가한다. 예수님은 모든 계명을 지켰다고 말한 청년을 이 말씀을 통해 시험하길 원하셨다. 그래서 "가서 네 소유를 팔아 가난한 자들에게 주라"고 말씀하셨다. 이렇게 말씀하신 예수님의 의도는 이런 것이다. '네가 네 소유를 팔아 가난한 자들에게 줌으로써 네 이웃을 네 자신과 같이 사랑하는 것을 보여주지 못한다면, 너는 다른 계명도 지킨 것이 아니다. 왜냐하면 다른 계명을 지키는 것이 모두 이 사랑에서 나오기 때문이다.'

이처럼 예수님은 제자들의 행실에서 사랑이 갖는 근본적인 성격을 보여주기 원하신다. 그래서 예수님은 살인, 간음, 이혼, 맹세, 보복에 대해 가르치신 다음 마지막으로 사랑에 대해 말씀하신 것이다. 이러한 사랑의 근본적 성격은 성경의 여러 곳에서 나타난다. 한 율법사가 "선생님 율법 중에서 어느 계명이 크니이까"라고 물었을 때 예수님은 이렇게 대답하셨다. "네 마음을 다하고 목숨을 다하고 뜻을 다하여 주 너의 하나님을 사랑하라 하셨으니 이것이 크고 첫째 되는 계명이요 둘째도

그와 같으니 네 이웃을 네 자신 같이 사랑하라 하셨으니 이 두 계명이 온 율법과 선지자의 강령이니라"(마 22:37-40). 이와 같은 의미에서 야고보는 이렇게 기록했다. "너희가 만일 성경에 기록된 대로 네 이웃 사랑하기를 네 몸과 같이 하라 하신 최고의 법을 지키면 잘하는 것이거니와"(약 2:8). 마찬가지로 사도 바울도 이웃 사랑의 계명이 갖는 근본적 중요성을 이렇게 말했다. "피차 사랑의 빚 외에는 아무에게든지 아무 빚도 지지 말라 남을 사랑하는 자는 율법을 다 이루었느니라 간음하지 말라, 살인하지 말라, 도둑질하지 말라, 탐내지 말라 한 것과 그 외에 다른 계명이 있을지라도 네 이웃을 네 자신과 같이 사랑하라 하신 그 말씀 가운데 다 들었느니라 사랑은 이웃에게 악을 행하지 아니하나니 그러므로 사랑은 율법의 완성이니라"(롬 13:8-10). "온 율법은 네 이웃 사랑하기를 네 자신 같이 하라 하신 한 말씀에서 이루어졌나니"(갈 5:14).

제자들의 의가 서기관과 바리새인의 의보다 더 나은 것은 다른 예보다 여기서 더 분명히 드러난다. 서기관과 바리새인은 "네 이웃 사랑하기를 네 자신과 같이 사랑하라"는 말씀을 "네 이웃을 사랑하고 네 원수를 미워하라"는 뜻으로 이해한다. 그럼으로써 그들은 이웃의 범위를 축소시키고 사랑의 의미를 왜곡시킨다. 그러나 제자들은 "너희 원수를 사랑하라"는 뜻으로 이해함으로써 모든 사람을 가리지 않고 그들의 유익을 구하는 사랑을 실천한다. 이런 점에서 제자들의 의는 서기관과 바리새인의 의보다 더 낫다. 우리에게 이런 사랑이 있는가?

26

그리스도인이 남보다 더하는 것

**이같이 한즉 하늘에 계신 너희 아버지의 아들이 되리니 이는 하나님이 그 해를
악인과 선인에게 비추시며 비를 의로운 자와 불의한 자에게 내려주심이라
너희가 너희를 사랑하는 자를 사랑하면 무슨 상이 있으리요 세리도 이같이 아니하느냐
또 너희가 너희 형제에게만 문안하면 남보다 더하는 것이 무엇이냐
이방인들도 이같이 아니하느냐**

_ 마 5:45-47

예수님은 제자들에게 그들의 의가 서기관과 바리새인의 의보다 더
나아야 함을 설명하셨다. 이때 예수님이 예로 드신 것은 살인, 간음, 이
혼, 맹세, 보복, 사랑에 대한 것이다. 이 가운데 사랑에 대한 것은 레위
기 19장 18절 "네 이웃 사랑하기를 네 자신과 같이 사랑하라"는 말씀
과 관련된 것이다. 예수님은 먼저 이 구절에 대한 서기관과 바리새인
의 "네 이웃을 사랑하고 네 원수를 미워하라"를 언급하셨다. 여기서 이
웃은 동족으로 축소되고, 사랑은 차별적이며 이기적인 것으로 왜곡되
어 나타난다. 예수님은 이어서 이 구절에 대한 자신의 해석을 말씀하신
다. 그것이 "너희 원수를 사랑하며 너희를 박해하는 자를 위하여 기도
하라"는 말씀이다. 여기서 이웃의 범위는 원수에게까지 확대된다. 동시
에 사랑의 의미도 무차별적이며 이타적인 것으로 나타난다.

하나님을 닮은 의

그런 다음 이 말씀이 이어진다. "이같이 한즉 하늘에 계신 너희 아버지의 아들이 되리니 이는 하나님이 그 해를 악인과 선인에게 비추시며 비를 의로운 자와 불의한 자에게 내려주심이라"(45절). 여기서 "이같이 한즉"은 목적을 나타낸다. 즉 앞에서 말한 원수를 사랑하고 박해하는 자를 위하여 기도하는 것의 목적이다. 그 목적은 '하늘에 계신 너희 아버지의 아들이 되는' 것이다.

이것은 원수를 사랑하고 박해하는 자를 위하여 기도함으로써 아들의 신분(자격)을 얻도록 해야 한다는 뜻이 아니다. 왜냐하면 "하늘에 계신 너희 아버지"라는 말 속에 이미 아들의 신분이 함축되어 있기 때문이다. 그래서 예수님은 나중에 이런 말씀도 하셨다. "너희 중에 누가 아들이 떡을 달라 하는데 돌을 주며 생선을 달라 하는데 뱀을 줄 사람이 있겠느냐 너희가 악한 자라도 좋은 것으로 자식에게 줄 줄 알거든 하물며 하늘에 계신 너희 아버지께서 구하는 자에게 좋은 것으로 주시지 않겠느냐"(마 7:9-11). 여기서 하늘에 계신 아버지가 구하는 자에게 좋은 것을 주시는 이유는 구하는 자가 지닌 아들의 신분 때문이다.

그렇다면 예수님이 말씀하신 것은 이런 뜻이다. 제자들은 원수를 사랑하고 박해하는 자를 위하여 기도함으로써 아들의 특성을 지니도록 해야 한다는 것이다. 제자들은 그들의 행실에서 하늘에 계신 그들의 아버지를 닮아야 하는 것이다. 원수를 사랑하고 박해하는 자를 위하여 기도하는 것은 하나님을 닮는 것이다. 그렇게 무차별적이고 이타적인 사랑은 하나님의 특성이기 때문이다. "이는 하나님이 그 해를 악인과 선인에게 비추시며 비를 의로운 자와 불의한 자에게 내려주심이라."

이처럼 그리스도인은 하나님의 특성을 지닌 사람이다. 그리스도인은 단지 도덕적 윤리적으로 세상 사람보다 더 나은 사람이 아니다. 그리스도인은 하나님을 닮은 사람이다. 이 점에서 그리스도인은 세상 사람이 갖지 못한 것을 가진 독특한 존재다. 사도들은 그 사실을 말해 준다. "하나님을 따라 의와 진리의 거룩함으로 지으심을 받은 새 사람을 입으라"(엡 4:24). "이로써 그 보배롭고 지극히 큰 약속을 우리에게 주사 이 약속으로 말미암아 너희가 정욕 때문에 세상에서 썩어질 것을 피하여 신성한 성품에 참여하는 자가 되게 하려 하셨느니라"(벧후 1:4). "사랑하는 자들아 우리가 지금은 하나님의 자녀라 장래에 어떻게 될지는 아직 나타나지 아니하였으나 그가 나타나시면 우리가 그와 같을 줄을 아는 것은 그의 참모습 그대로 볼 것이기 때문이니 주를 향하여 이 소망을 가진 자마다 그의 깨끗하심과 같이 자기를 깨끗하게 하느니라"(요일 3:2-3).

하나님이 그리스도인인 우리를 징계하시는 목적도 여기 있다. 우리로 하여금 하나님을 닮게 하기 위해서다. "또 우리 육신의 아버지가 우리를 징계하여도 공경하였거든 하물며 모든 영의 아버지께 더욱 복종하며 살려 하지 않겠느냐 그들은 잠시 자기의 뜻대로 우리를 징계하였거니와 오직 하나님은 우리의 유익을 위하여 그의 거룩하심에 참여하게 하시느니라"(히 12:9-10).

그러기에 사도들은 그리스도인이 하나님을 본받아야 할 것을 말한다. "그러므로 사랑을 받는 자녀 같이 너희는 하나님을 본받는 자가 되고 그리스도께서 너희를 사랑하신 것 같이 너희도 사랑 가운데서 행하라 그는 우리를 위하여 자신을 버리사 향기로운 제물과 희생제물로 하나님께 드리셨느니라"(엡 5:1-2). "너희가 순종하는 자식처럼 전에 알지 못할 때에 따르던 너희 사욕을 본받지 말고 오직 너희를 부르신 거룩한 이처럼 너희도 모든 행실에 거룩한 자가 되라 기록되었으되 내가 거룩하니 너희도 거룩할지어다 하셨느니라"(벧전 1:14-16). "사랑하는 자들아 하나님이 이같이 우리를 사랑하셨은즉 우리도 서로 사랑하는 것이 마땅하도다 어느 때나 하나님을 본 사람이 없으되 만일 우리가 서로 사랑하면 하나님이 우리 안에 거하시고 그의 사랑이 우리 안에 온전히 이루어지느니라"(요일 4:11-12).

이처럼 그리스도인은 하나님의 특성을 지닌 사람이다. 이 점은 이미 팔복의 말씀에서도 드러났다. 예를 들면, "긍휼히 여기는 자"나 "화평하게 하는 자" 등은 하나님의 특성을 지닌 사람, 하나님을 닮은 사람을 묘사한다. 그리스도인은 특히 자기 원수를 사랑하고 자기를 박해하는 자를 위하여 기도함으로써 하나님의 특성을 지닌 사람이 되어야 한다.

앞에서 예수님은 제자들이 어떻게 그들의 행실을 통해 하나님께 영광을 돌리게 되는지 말씀하셨다. "이같이 너희 빛이 사람 앞에 비치게 하여 그들로 너희 착한 행실을 보고 하늘에 계신 너희 아버지께 영광을 돌리게 하라"(마 5:16). 제자들은 사람들에게 그들의 착한 행실을 보여줌으로써 하나님께 영광을 돌리게 된다. 제자들의 착한 행실이 하나님을 닮은 것이기 때문이다. 즉 그들의 착한 행실은 그들 자신에게서 나온 게 아니라 하나님에게서 나온 것이다.

우리의 착한 행실에는 하나님을 닮은 요소가 있는가? 그래서 우리의 착한 행실은 그 동기가 하나님께 영광을 돌리는 것인가?

제자들의 의가 서기관과 바리새인의 의보다 더 나은 것은 바로 이 점에서다. 제자들의 의는 하나님을 닮은 의다. 다시 말하면, 원수를 사랑하고 박해하는 자를 위하여 기도하는 것은 하나님을 닮은 삶이다. 그에 비해 서기관과 바리새인의 의는 자기의, 사람의 의다. 다시 말하면, 이웃을 사랑하고 원수를 미워하는 것은 하나님과 무관한 삶이다. 그것은 단지 인간의 본능에 따라 사는 것이기 때문이다.

이기적 사랑과 축소된 이웃

그래서 예수님은 이런 설명을 추가하신다. "너희가 너희를 사랑하는 자를 사랑하면 무슨 상이 있으리요 세리도 이같이 아니하느냐 또 너희가 너희 형제에게만 문안하면 남보다 더하는 것이 무엇이냐 이방인들도 이같이 아니하느냐"(46-47절). 여기서 예수님이 첫 번째로 지적하신 것은 왜곡된 사랑의 의미다. 그것은 사랑을 이기적인 사랑으로 이해하는 것이다. "너희가 너희를 사랑하는 자를 사랑하면"이 그것을 나타낸다.

그러면서 예수님은 그런 사랑은 세리도 한다고 말씀하신다. "세리도 이같이 아니하느냐." 이 세리는 가장 부도덕한 부류의 사람을 가리킨다. 마태는 세리였던 사람이다(마 10:3 "세리 마태"). 그런 그가 세리를 죄인이나 창기와 함께 언급한 점은 주목할 만하다. "예수께서 마태의 집에서 앉아 음식을 잡수실 때에 많은 세리와 죄인들이 와서 예수와 그의 제자들과 함께 앉았더니 바리새인들이 보고 그의 제자들에게 이르되 어찌하여 너희 선생은 세리와 죄인들과 함께 잡수시느냐"(마 9:10-11). "인자는 와서 먹고 마시매 말하기를 보라 먹기를 탐하고 포도주를 즐기는 사람이요 세리와 죄인의 친구로다 하니 지혜는 그 행한 일로 인하여 옳다 함을 얻느니라"(마 11:19). "… 예수께서 그들에게 이르시되 내가 진실로 너희에게 이르노니 세리들과 창녀들이 너희보다 먼저 하나님의 나라에 들어가리라 요한이 의의 도로 너희에게 왔거늘 너희는 그를 믿지 아니하였으되 세리와 창녀는 믿었으며 너희는 이것을 보고도 끝내 뉘우쳐 믿지 아니하였도다"(마 21:31-32). 마태는 세리를 가장 부도덕한 부류에 속한 사람으로 말한 것이다. 그런데 그런 세리도 자기를 사랑하는 자를 사랑한다는 것이다. 이것은 이러한 이기적인 사랑이 인간의 본능에서 나오는 것임을 의미한다.

우리는 어떤가? 우리도 우리에게 잘하는 사람에게 잘해 주면서 그걸 사랑이라고 생각하고 있지 않은가? 그래서 편애하고 있지 않은가? 이런 점에서 "네 이웃 사랑하기를 네 자신과 같이 사랑하라"는 말씀을 "네 이웃을 사랑하고 네 원수를 미워하라"는 뜻으로 이해한 서기관과 바리새인의 사랑은 인간의 본능적인 사랑에 불과하다. 그런데 예수님이 제자들에게 요구하시는 것은 하나님을 닮은 무차별적이며 이타적인 사랑이다. 그것이 "너희 원수를 사랑하며 너희를 박해하는 자를 위하여 기도하라"는 말씀이다.

예수님이 두 번째로 지적하신 것은 축소된 이웃의 범위다. 그것은 이웃을 자기 형제로 국한시키는 문제다. "너희가 너희 형제에게만 문안하면"이 그것을 나타낸다. 그러면서 예수님은 그런 문안인사는 이방인도 한다고 말씀하신다. "이방인들도 이같이 아니하느냐." 이때 이방인들은 단지 유대인이 아니라는 것보다, 하나님을 아버지로서 알지 못하는 사람들임을 강조한다. 이런 의미로 같은 말이 산상수훈에서 한 번 더 나타난다. "또 기도할 때에 이방인과 같이 중언부언하지 말라 그들은 말을 많이 하여야 들으실 줄 생각하느니라"(마 6:7). 이처럼 마태는 이방인들을 하나님을 모르는 신앙적 외부자를 가리키는 말로 사용한다. 그런데 그런 이방인들도 자기 형제에게만 문안한다는 것이다. 이것은 이웃의 범위를 축소해 자기 형제에게만 문안하는 것이 인간의 본능에서 나오는 것임을 의미한다.

우리는 어떤가? 우리 형제에게만 문안하고 있지 않은가? 우리에게 특별한 한쪽의 사람들만을 이웃이라고 생각하고 있지 않은가? 그렇게 이웃의 범위를 축소하고 있지 않은가? 이런 점에서 "네 이웃 사랑하기를 네 자신과 같이 사랑하라"는 말씀에서 이웃을 동족으로 축소해 이해한 서기관과 바리새인의 사랑은 인간의 본능적인 사랑에 불과하다. 그런데 예수님이 제자들에게 요구하시는 것은 하나님을 닮은 사랑이다. 그것은 이웃의 범위를 원수에게까지 확대하는 사랑이다. 그것이 "너희 원수를 사랑하며 너희를 박해하는 자를 위하여 기도하라"는 말씀이다.

이처럼 세리나 이방인들은 하나님을 닮는 것과는 거리가 먼 사람들이다. 그들은 본능적으로 살아갈 뿐이다. 사실상 그들은 구원받지 못한 사람들이고, 교회에 속하지 않은 사람들이며, 형제가 아닌 사람들이다. 그들은 이른바 세상 사람들이다. "만일 그들의 말도 듣지 않거든 교회에 말하고 교회의 말도 듣지 않거든 이방인과 세리와 같이 여기라"(마 18:17).

따라서 예수님이 말씀하시는 요지는, 그리스도인은 하나님을 닮은 점에서 본능으로 사는 세상 사람과 구분되어야 한다는 것이다. 만일 그리스도인이 인간의 본능적 차원에서만 살아간다면 세상 사람과 다를 바 없다. 만일 그리스도인의 사랑이 자기를 사랑하는 자를 사랑하는 이기적인 사랑에 불과하다면, 그리스도인은 세상 사람과 다를 것이 없다. 만일 그리스도인이 이웃의 범위를 좁혀 자기 형제에게만 문안한다면,

그리스도인은 세상 사람과 다를 것이 없다. 그렇게 되면 그리스도인은 맛을 잃은 소금처럼 "아무 쓸 데 없어 다만 밖에 버려져 사람에게 밟힐 뿐"인 신세가 되고 말 것이다. 그러므로 그리스도인은 하나님을 닮은 모습으로 살아가야 한다. 그것은 자기 원수를 사랑하고 자기를 박해하는 자를 위하여 기도하는 삶이다.

하나님을 닮은 삶의 결말

중요한 것은 이러한 삶이 가져올 결말이다. 예수님은 말씀하셨다. 인간의 본능으로 사는 세상 사람에게는 상이 없다. "무슨 상이 있으리요." 이 말은 하나님을 닮은 그리스도인에게는 상이 있다는 뜻이다. 즉 자기 원수를 사랑하고 자기를 핍박하는 자를 위하여 기도하는 자에게는 상이 있다. 이것은 그리스도로 인해 핍박 받는 자에게 상이 있는 것과 같다. "기뻐하고 즐거워하라 하늘에서 너희의 상이 큼이라 너희 전에 있던 선지자들도 이같이 박해하였느니라"(마 5:12).

또 인간의 본능으로 사는 세상 사람은 남보다 더하는 것이 없다. "남보다 더하는 것이 무엇이냐." 이 말은 하나님을 닮은 그리스도인은 남보다 더하는 것이 있다는 뜻이다. 즉 자기 원수를 사랑하고 자기를 핍박하는 자를 위하여 기도하는 자는 남보다 더하는 것이다. 이때 "남보다 더하는 것"은 제자들의 의가 서기관과 바리새인보다 더 나아야 한다는 말과 연결된다. "내가 너희에게 이르노니 너희 의가 서기관과 바리새인보다 더 낫지 못하면 결코 천국에 들어가지 못하리라"(마 5:20). 그래서 하나님을 닮은 그리스도인이 남보다 더하는 것이 있다는 사실은 그들이 천국에 들어갈 것을 의미한다.

그리스도인이 남보다 더하는 것은 자기 원수를 사랑하고 자기를 박해하는 자를 위하여 기도하는 것이다. 그것은 모든 사람을 이웃으로 보고 무차별적이며 이타적인 사랑을 실천하는 것이다. 그것은 하나님을 닮은 삶이다. 여기에는 천국에 들어가는 상이 있다.

27

하늘에 계신 너희 아버지의 온전하심과 같이

그러므로 하늘에 계신 너희 아버지의 온전하심과 같이 너희도 온전하라

_ 마 5:48

그리스도인이 세상의 빛으로서 사명을 감당하는 것은 착한 행실을 통해서다. 예수님은 제자들에게 이렇게 말씀하셨다. "이같이 너희 빛이 사람 앞에 비치게 하여 그들로 너희 착한 행실을 보고 하늘에 계신 너희 아버지께 영광을 돌리게 하라"(마 5:16).

그런 다음 예수님은 그리스도인의 착한 행실에 대해 설명하셨다. 먼저 5장 17-20절에서 이에 대한 일반적 원칙을 말씀하셨다. 21-47절에서는 여섯 개의 구체적 예를 말씀하셨다. 이제 살펴보려는 5장 48절은 그리스도인의 착한 행실에 대한 결론적인 요약이다.

그리스도인의 삶의 기준

여기서 "그러므로"는 앞에서 말한 여섯 개의 예 전체에서 추론한 것임을 나타낸다. 그래서 마태는 그 전체를 포괄하는 것으로서 '온전하다'는 말을 사용했다. 이것은 누가의 기록과 비교된다. 누가는 온전하다 대신에 '자비하다'는 말을 사용했다. "너희 아버지의 자비로우심 같이 너희도 자비로운 자가 되라"(눅 6:36). 그런데 누가는 마태가 기록한 여섯 개의 예 가운데 마지막 두 개만을 기록했다. 그것은 보복에 대한 내용(눅 6:29-30)과 사랑에 대한 내용(눅 6:27-28, 32-35)이다. 따라서 누가는 그 두 개의 예와 관련해 '자비하다'를 썼다면, 마태는 여섯 개의 예 전부와 관련해서 '온전하다'를 쓴 것이다.

이처럼 본문은 사랑에 대한 내용(43-47절)만 관련된 것이 아니라 여섯 개의 예 전부와 관련된 것이다. 그래서 본문은 제자들의 의가 어떤 점에서 서기관과 바리새인의 의보다 더 나은지 보여준다. 제자들의 의는 하나님을 닮은 의라는 것이다. "하늘에 계신 너희 아버지의 온전하심과 같이 너희도 온전하라." 이때 예수님은 "너희도"를 일부러 추가하신다. 이것은 "너희 아버지"와 "너희" 사이의 연결을 강조하기 위함이다. 제자들의 온전함은 그들의 아버지이신 하나님의 온전하심과 연결되어 있다. 이 말씀에 따르면, 제자들의 삶의 기준은 하나님에게서 나온다.

그동안 살펴본 대로, 율법에 대한 서기관과 바리새인의 견해와 예수님의 견해는 여기서 차이가 난다. 서기관과 바리새인에게 율법은 삶에 대한 행동규칙에 불과하다. 그들에게 율법은 하나님과 무관한 비인격적인 윤리규정일 뿐이다. 그러나 예수님에게 율법은 하나님의 속성에서 비롯된 것이다. 따라서 예수님의 관심은 제자들이 율법 준수를 통해 하나님을 닮는 것이다.

하나님의 속성은 사랑으로 요약된다. 그래서 예수님은 이렇게 말씀하셨다. "나는 너희에게 이르노니 너희 원수를 사랑하며 너희를 박해하는 자를 위하여 기도하라 이같이 한즉 하늘에 계신 너희 아버지의 아들이 되리니 이는 하나님이 그 해를 악인과 선인에게 비추시며 비를 의로운 자와 불의한 자에게 내려주심이라"(마 5:44-45). 이 말씀은 제자들이 원수를 사랑함으로써 하나님을 닮은 자가 되어야 함을 말해 준다. 그러한 사랑이 바로 하나님의 속성이기 때문이다. 율법은 이 사랑으로 요약되는 하나님의 속성에서 비롯된다.

그래서 예수님은 하나님을 사랑하고 이웃을 사랑하라는 두 계명이 온 율법과 선지자의 강령이라고 말씀하셨다. "예수께서 이르시되 네 마음을 다하고 목숨을 다하고 뜻을 다하여 주 너의 하나님을 사랑하라 하셨으니 이것이 크고 첫째 되는 계명이요 둘째도 그와 같으니 네 이웃을 네 자신 같이 사랑하라 하셨으니 이 두 계명이 온 율법과 선지자의 강령이니라"(마 22:37-40). 이것은 온 율법이 사랑으로 요약된다는 의미다.

이런 의미에서 사도 바울은 남을 사랑하면 율법을 다 이루는 것이라고 말한다. "피차 사랑의 빚 외에는 아무에게든지 아무 빚도 지지 말라 남을 사랑하는 자는 율법을 다 이루었느니라 간음하지 말라, 살인하지 말라, 도둑질하지 말라, 탐내지 말라 한 것과 그 외에 다른 계명이 있을지라도 네 이웃을 네 자신과 같이 사랑하라 하신 그 말씀 가운데 다 들었느니라 사랑은 이웃에게 악을 행하지 아니하나니 그러므로 사랑은 율법의 완성이니라"(롬 13:8-10). "온 율법은 네 이웃 사랑하기를 네 자신 같이 하라 하신 한 말씀에서 이루어졌나니"(갈 5:14). 같은 의미로 야고보는 이렇게 말했다. "너희가 만일 성경에 기록된 대로 네 이웃 사랑하기를 네 몸과 같이 하라 하신 최고의 법을 지키면 잘하는 것이거니와"(약 2:8).

이처럼 예수님의 율법관은 서기관과 바리새인의 율법관과 중요한 차이가 있다. 서기관과 바리새인이 율법을 단지 의식적인 규정으로 보았다면, 예수님은 하나님의 속성에서 비롯된 도덕적 규정으로 본 것이다. 따라서 예수님의 말씀에서 율법을 완전케 한다는 것의 의미는 율법을 단지 의식적으로 지키는 게 아니라, 율법을 지켜서 도덕적으로 하나님을 닮는 것이다. 율법을 주신 하나님의 의도가 여기 있다.

마태는 이 점을 강조한다. 마태복음 9장에는 예수님이 마태의 집에서 많은 세리, 죄인들과 함께 식사하신 장면이 나온다. 그 장면을 본 바리새인들은 예수님의 제자들에게 물었다. "어찌하여 너희 선생은 세리와 죄인들과 함께 잡수시느냐"(11절). 그러자 예수님이 대답하셨다. "건강한 자에게는 의사가 쓸 데 없고 병든 자에게라야 쓸 데 있느니라 너희는 가서 내가 긍휼을 원하고 제사를 원하지 아니하노라 하신 뜻이 무엇인지 배우라 나는 의인을 부르러 온 것이 아니요 죄인을 부르러 왔노라"(12-13절). 이때 마태는 마가나 누가와 달리 예수님이 호세아 6장 6절을 인용하신 것으로 기록했다. "너희는 가서 내가 긍휼을 원하고 제사를 원하지 아니하노라 하신 뜻이 무엇인지 배우라." 이것은 바리새인들의 오류를 지적하기 위한 것이다. 그들은 의식적으로 깨끗한 것에만 관심이 있었고, 사람들의 필요에는 관심이 없었다. 그들은 율법을 의식적으로 지키는 것으로 만족할 뿐, 율법을 지켜서 도덕적으로 하나님을 닮는 것에는 관심이 없었다. 그들에게는 하나님을 닮은 긍휼이 없었다.

또 마태복음 12장에는 예수님이 안식일에 밀밭 사이로 가실 때 제자들이 시장하여 이삭을 잘라 먹은 일이 기록되어 있다. 그때 또 바리새인들이 예수님께 말했다. "보시오 당신의 제자들이 안식일에 하지 못할 일을 하나이다"(2절). 그러자 예수님이 대답하셨다. "다윗이 자기와 그 함께 한 자들이 시장할 때에 한 일을 읽지 못하였느냐 그가 하나님의 전에 들어가서 제사장 외에는 자기나 그 함께 한 자들이 먹어서는 안 되는 진설병을 먹지 아니하였느냐 또 안식일에 제사장들이 성전 안에서 안식을 범하여도 죄가 없음을 너희가 율법에서 읽지 못하였느냐 내가 너희에게 이르노니 성전보다 더 큰 이가 여기 있느니라 나는 자비를 원하고 제사를 원하지 아니하노라 하신 뜻을 너희가 알았더라면 무죄한 자를 정죄하지 아니하였으리라 인자는 안식일의 주인이니라"(3-8절). 이때도 마태는 마가나 누가와 달리 예수님이 호세아 6장 6절을 인용하신 것으로 기록했다. "나는 자비를 원하고 제사를 원하지 아니하노라 하신 뜻을 너희가 알았더라면." 이것 역시 바리새인들의 오류를 지적하기 위한 것이다. 그들은 의식적으로 엄격하게 안식일을 지키는 것에만 관심이 있었고, 사람들의 필요에는 관심이 없었다. 그들은 율법을 의식적으로 지키는 것으로 만족할 뿐, 율법을 지켜서 도덕적으로 하나님을 닮는 것에는 관심이 없었다. 그들에게는 하나님을 닮은 자비(긍휼)가 없었다.

이와 함께 마태는 호세아 6장 6절에 나오는 자비(긍휼)를 한 번 더 사용했다. 예수님이 서기관과 바리새인을 책망하신 말씀에서다. "화 있을진저 외식하는 서기관들과 바리새인들이여 너희가 박하와 회향과 근채의 십일조는 드리되 율법의 더 중한 바 정의와 긍휼과 믿음은 버렸도다 그러나 이것도 행하고 저것도 버리지 말아야 할지니라"(마 23:23). 여기서 예수님이 반대하신 것은 십일조 규정 자체가 아니다. 예수님은 서기관들과 바리새인들이 십일조 규정을 의식적으로 지키려고 할 뿐 거기에 함축된 "율법의 더 중한 바 정의와 긍휼과 믿음"은 버린 것에 반대하신 것이다. 십일조 규정은 단순히 종교적 행동규칙이 아닌 하나님의 도덕적 속성에서 비롯된 것이다.

이처럼 하나님의 백성은 그분의 속성을 닮은 삶을 살아야 한다. 예수님이 제자들의 의를 설명하신 여섯 개의 예는 이러한 삶을 구체적으로 보여준다. 우리는 그 내용을 곰곰이 되새길 필요가 있다.

그리스도인의 온전함

그러면 예수님의 이 말씀은 무슨 뜻일까? "그러므로 하늘에 계신 너희 아버지의 온전하심과 같이 너희도 온전하라." 우선 예수님이 말씀하신 것은 '완전하라'는 뜻이 아니다. 하나님의 완전하심과 같이 그리스도인이 완전할 수 있을까? 결코 그럴 수 없다.

그 뜻을 알려면 마태가 '온전하다'를 어떤 의미로 사용했는지 알 필요가 있다. 마태는 본문 외에 단 한 곳에서 이 말을 더 사용했다. 마태복음 19장에 나오는 예수님과 부자 청년의 대화다. 이 대화는 마태, 마가, 누가 세 사람이 모두 기록했다. 그런데 비교해 보면 마태의 기록은 마가나 누가의 기록과 세 가지 중요한 차이가 있다.

첫째, 마태는 부자 청년이 예수님께 선한 일에 대하여 물었다고 기록한다. 마가나 누가에 따르면, 부자 청년은 예수님께 이렇게 물었다. "선한 선생님이여 내가 무엇을 하여야 영생을 얻으리이까"(막 10:17; 눅 18:18). 이 청년은 '선하다'는 말을 예수님께 사용한 것이다. 그래서 예수님은 그에게 이렇게 대답하셨다. "네가 어찌하여 나를 선하다 일컫느냐 하나님 한 분 외에는 선한 이가 없느니라"(막 10:18; 눅 18:19).

그런데 마태에 따르면, 부자 청년은 예수님께 이렇게 물었다. "선생님이여 내가 무슨 선한 일을 하여야 영생을 얻으리이까"(마 19:16). 이 청년은 '선하다'는 말을 예수님이 아닌 일에다 사용한 것이다. 예수님은 이렇게 대답하셨다. "어찌하여 선한 일을 내게 묻느냐 선한 이는 오직 한 분이시니라 네가 생명에 들어 가려면 계명들을 지키라"(마 19:17).

따라서 마태가 강조한 사실은 이것이다. 이 청년의 관심은 "선한 일"에 있었다. 그런데 예수님은 그의 관심을 "선한 일"에서 "선한 이"에게로 돌리고자 하셨다. 이 청년의 문제는 하나님께 전혀 관심이 없다는 사실이다. 그는 하나님과 동떨어진 윤리와 도덕을 생각했을 뿐이다.

둘째, 마태는 예수님이 부자 청년에게 이웃 사랑의 계명을 말씀하신 것으로 기록했다. 마가나 누가는 예수님이 부자 청년에게 말씀하신 계명으로 살인하지 말라, 간음하지 말라, 도적질하지 말라, 거짓 증거하지 말라, 속여 취하지 말라(누가는 없음), 네 부모를 공경하라 등을 언급했다. 그에 비해 마태는 살인하지 말라, 간음하지 말라, 도적질하지 말라, 거짓 증거하지 말라, 네 부모를 공경하라 외에 네 이웃을 네 몸과 같이 사랑하라는 계명을 더 언급했다.

따라서 마태가 강조한 것은, 하나님께 전혀 관심이 없는 이 청년에게 예수님이 특별히 이웃 사랑의 계명을 말씀하셨다는 것이다. 계명은 단순히 선한 일이 무엇인지를 규정한 게 아니라 오직 한 분이신 선한 이, 즉 하나님의 속성에서 비롯된 것이기 때문이다. 그리고 하나님의 속성은 사랑으로 요약된다.

셋째, 마태는 예수님이 부자 청년에게 온전할 것을 요구하셨다고 기록한다. 마가나 누가에 따르면, 예수님이 계명을 말씀하셨을 때 이 청년은 그것을 어려서부터 다 지켰다고 대답했다(막 10:20; 눅 18:21). 그 말을 들으신 예수님은 그에게 한 가지 부족한 것이 있다고 말씀하셨다 (막 10:21; 눅 18:22). 그런데 마태의 기록은 좀 다르다. 예수님이 계명을 말씀하셨을 때 이 청년은 오히려 이렇게 되물었다. "이 모든 것을 내가 지키었사온대 아직도 무엇이 부족하니이까"(마 19:20). 그러자 예수님은 이 청년에게 "네가 온전하고자 할진대"라고 말씀하신다.

따라서 마태가 강조한 사실은 이것이다. 모든 계명을 지켜서 부족한 게 없다고 생각하는 청년에게 예수님이 온전할 것을 요구하셨다는 것이다. 예수님은 그에게 "가서 네 소유를 팔아 가난한 자들에게 주라"고 말씀하셨다. 이것은 그가 "네 이웃 사랑하기를 네 자신과 같이 사랑하라"는 계명을 지키는지 시험하신 것이다. 예수님은 그에게 하나님을 알고 그분을 닮아 이웃을 사랑할 것을 요구하신 것이다.

여기서 마태가 '온전하다'를 어떤 의미로 사용했는지 드러난다. 부자 청년은 선한 일에만 관심이 있고 하나님께는 전혀 관심이 없다. 그는 자신이 모든 계명을 지켰다 생각했고, 그러한 계명이 사랑으로 요약되는 하나님의 속성을 반영하는 것임을 생각하지 못했다. 그의 문제는 하나님을 모르기 때문에 그분을 닮은 사랑을 할 수 없다는 것이다. 예수님이 그에게 "네가 온전하고자 할진대"라고 말씀하신 것은 바로 이점과 관련이 있다.

이처럼 마태는 '온전하다'를 하나님을 모르고 의식적으로만 계명을 지키는 것과 대조적인 의미로 사용했다. 따라서 온전하다는 것은 하나님을 알고 그분을 닮아 이웃을 사랑함으로 계명을 지키는 것을 의미한다. 이 온전함이 제자들의 의가 서기관과 바리새인의 의보다 더 나은 이유다.

우리에게 이런 온전함이 있는가? 우리는 하나님을 알고 그분을 닮아 이웃을 사랑함으로 계명을 지키는 사람인가? 아니면 하나님은 모르면서 의식적으로 계명을 지키려는 사람인가? 우리는 하나님과 동떨어진 도덕과 윤리를 추구하고 있지는 않은가?

우리의 온전함이 하늘에 계신 우리 아버지의 온전하심과 연결되어 있다면, 우리는 하나님을 아는 만큼 온전해질 것이다. 하나님을 아는 데서 자라고 있는가? "그러므로 하늘에 계신 너희 아버지의 온전하심과 같이 너희도 온전하라."

28

제자들의 의와 하늘의 상

사람에게 보이려고 그들 앞에서 너희 의를 행하지 않도록 주의하라
그리하지 아니하면 하늘에 계신 너희 아버지께 상을 받지 못하느니라

_ 마 6:1

본문의 내용을 이해하기 위해 먼저 산상수훈의 구조를 살펴보자. 여기서 주목할 것은 5장 후반부와 6장 전반부의 구조적 유사성이다. 우리가 이미 살펴본 대로, 마태복음 5장 20절은 5장 21-48절에 대한 일반적 원리를 말한 것이다. 마찬가지로 마태복음 6장 1절은 6장 2-18절에 대한 일반적 원리를 말한 것이다. 이때 두 구절은 모두 제자들의 의에 대해서 말한다. 그래서 "너희 의"라는 말이 공통으로 등장한다.

마태복음에서 의는 일곱 번 모두 예수님이 사용하셨다. 그런데 예수님은 이 말을 일관되게 윤리적 의미로 사용하셨다. 그래서 마태복음에서 의는 언제나 사람의 행실을 가리킨다. 특히 산상수훈에서 의는 제자들의 행실을 가리킨다.

그렇다면 마태복음 5장 20절은 제자들의 행실에 대한 일반적 원리를 말한다. "내가 너희에게 이르노니 너희 의가 서기관과 바리새인보다 더 낫지 못하면 결코 천국에 들어가지 못하리라." 그런 다음 여기에 대한 여섯 개의 구체적인 예가 언급된다. 살인, 간음, 이혼, 맹세, 보복, 사랑에 대한 것이다.

이제 마태복음 6장 1절도 제자들의 행실에 대한 일반적 원리를 말한다. "사람에게 보이려고 그들 앞에서 너희 의를 행하지 않도록 주의하라 그리하지 아니하면 하늘에 계신 너희 아버지께 상을 받지 못하느니라." 그런 다음 여기에 대한 구체적인 예 세 개를 언급한다. 구제, 기도, 금식에 관한 것이다.

서기관과 바리새인의 위선

그런데 이때도 예수님은 5장 후반부와 마찬가지로 서기관과 바리새인을 염두에 두고 말씀하신다. 그래서 예수님은 이어서 구제와 기도와 금식에 대해 말씀하실 때 각각 "외식하는 자"를 언급하신다(2, 5, 16절). 이 외식하는 자는 바로 서기관과 바리새인을 말한다. 23장에서 예수님은 여섯 번이나 서기관과 바리새인을 가리켜 외식하는 자로 부르신다. "화 있을진저 외식하는 서기관들과 바리새인들이여"(13, 15, 23, 25, 27, 29절). 따라서 본문에서 예수님이 염두에 두신 것은 서기관과 바리새인이다.

그래서 예수님이 각각의 예를 말씀하신 형식도 같다. 그것은 먼저 서기관과 바리새인들의 부정적인 것을 말하고, 그다음 제자들에게 요구되는 긍정적인 것을 말하는 대조 형식이다. 5장 21-48절에서 긍정적인 것을 도입하는 말은 "나는 너희에게 이르노니"다(22, 28, 32, 34, 39, 44절). 6장 2-18절에서 긍정적인 것을 도입하는 말은 "(내가) 진실로 너희에게 이르노니"다(2, 5, 16절). 이처럼 예수님은 제자들을 서기관과 바리새인과 대조해 말씀하신다. 5장에서 예수님이 제자들에게 서기관과 바리새인의 성경해석(가르침)을 조심하라고 했다면, 6장에서는 그들의 위선적인 삶을 조심하라고 경고하신다.

사실 서기관과 바리새인의 위선적인 삶은 그들의 잘못된 성경해석 (가르침)에서 나온다. 우리가 교리에 주의하는 이유는 그것이 삶을 좌우하기 때문이다. 이단은 그릇된 성경해석을 가르침으로써 잘못된 삶을 조장한다. 그리스도의 제자들은 바른 성경해석을 배워야 할 뿐 아니라 바른 삶을 살아야 한다. 종교개혁이 교황청에 대항해 싸운 것은 단순히 삶의 문제가 아니라 성경해석과 교리의 문제였다. 마틴 루터는 이렇게 말했다. "다른 사람들은 삶을 공격했다. 그러나 나는 교리를 공격했다."[27]

그릇된 동기에 대한 경고

예수님은 제자들에게 이렇게 경고하셨다. "사람에게 보이려고 그들 앞에서 너희 의를 행하지 않도록 주의하라." 여기 "그들 앞에서"는 헬라어의 "사람 앞에서"를 한글 어순에 따라 번역한 것이다. 이 말은 5장 16절에서 이미 사용되었다. "이같이 너희 빛이 사람 앞에 비치게 하여 그들로 너희 착한 행실을 보고 하늘에 계신 너희 아버지께 영광을 돌리게 하라."

따라서 제자들이 사람 앞에서 의를 행하는 것은 그 자체로서 문제가 되는 것이 아니다. 문제는 사람 앞에서 의를 행하는 동기다. 5장 16

---

27 Roland H. Bainton, *The Reformation of the Sixteenth Century* (Boston: Beacon Press, 1985), p.24에서 재인용.

절에 따르면, 제자들의 행실은 그 동기가 '사람들로 하여금 하늘에 계신 아버지께 영광을 돌리게 하는 것'이어야 한다. 그에 비해 6장 1절에서 예수님이 말씀하신 것은, 제자들의 행실의 동기가 '사람에게 보이려는 것'이 되지 말아야 한다는 것이다. 이처럼 본문에서 예수님의 관심은 제자들이 행하는 행실의 동기다.

예수님이 서기관과 바리새인의 행위를 책망하신 이유는 바로 이러한 동기 때문이다. "그들의 모든 행위를 사람에게 보이고자 하나니 곧 그 경문 띠를 넓게 하며 옷술을 길게 하고 잔치의 윗자리와 회당의 높은 자리와 시장에서 문안 받는 것과 사람에게 랍비라 칭함을 받는 것을 좋아하느니라"(마 23:5-7). 여기서 경문은 성서의 구절을 기록한 양피지를 넣은 작은 가죽 상자를 말한다. 이것은 신명기 말씀과 관련이 있다. "너는 또 그것을 네 손목에 매어 기호를 삼으며 네 미간에 붙여 표로 삼고"(신 6:8). "이러므로 너희는 나의 이 말을 너희의 마음과 뜻에 두고 또 그것을 너희의 손목에 매어 기호를 삼고 너희 미간에 붙여 표를 삼으며"(신 11:18). 또 옷술에 관하여 민수기 15장 38-39절은 이렇게 말한다. "이스라엘 자손에게 명령하여 대대로 그들의 옷단 귀에 술을 만들고 청색 끈을 그 귀의 술에 더하라 이 술은 너희가 보고 여호와의 모든 계명을 기억하여 준행하고 너희를 방종하게 하는 자신의 마음과 눈의 욕심을 따라 음행하지 않게 하기 위함이라." 이처럼 "그 경문 띠를 넓게 하며 옷술을 길게" 하는 것은 경건을 과시하려는 행위다. 또 "잔치의 윗자리와 회당의 높은 자리와 시장에서 문안 받는 것과 사람에게 랍비라 칭함을 받는 것을 좋아하는" 것은 사람이 많이 모이는 곳에서 자기를 높이려는 행위다. 따라서 예수님이 책망하신 서기관과 바리새인의 행위는 그 동기가 자신이 사람에게 영광을 얻는 데 있다.

예수님은 구제, 기도, 금식을 예로 들어 설명하실 때도 각각 그 동기를 언급하셨다. "사람에게서 영광을 받으려고"(2절), "사람에게 보이려고"(5, 16절). 그런데 "영광을 받으려고"는 5장 16절에 사용된 말과 같은 것이다. "그들로 너희 착한 행실을 보고 하늘에 계신 너희 아버지께 영광을 돌리게 하라." 따라서 "사람에게 보이려고"는 자신이 사람에게 영광을 얻으려는 것을 의미한다.

그렇다면 제자들의 행실에 대해 예수님이 말씀하신 요지는 이렇다. 제자들은 사람 앞에서 의를 행할 때 그 동기를 조심해야 한다. 그 동기는 사람들이 하나님께 영광을 돌리게 하는 것이어야 하며, 자기가 사람에게 영광을 얻는 것이 되어서는 안 된다. 그러므로 사람 앞에서 의를 행할 때 문제가 되는 것은 내면의 동기다. 그것은 하나님의 영광을 구하느냐 아니면 자신의 영광을 구하느냐 하는 것이다. 하나님은 우리에게 옳은 행동뿐 아니라 옳은 동기를 요구하신다. 서기관과 바리새인은 종종 사람 앞에서 그들의 의를 그릇된 동기로 행하곤 했다. 우리는 어떤가? 서기관과 바리새인처럼 올바른 일을 그릇된 동기로 하고 있지 않은가?

사울은 올바른 일을 그릇된 동기로 하려고 한 사람이다. 사무엘상 15장에 보면, 사울은 아말렉을 진멸하라는 하나님의 말씀을 들었다. 그러나 그는 백성을 핑계로 말씀에 순종하지 않았다.

사울과 백성이 아각과 그의 양과 소의 가장 좋은 것 또는 기름진 것과 어린 양과 모든 좋은 것을 남기고 진멸하기를 즐겨 아니하고 가치 없고 하찮은 것은 진멸하니라 … 사울이 이르되 그것은 무리가 아말렉 사람에게서 끌어 온 것인데 백성이 당신의 하나님 여호와께 제사하려 하여 양들과 소들 중에서 가장 좋은 것을 남김이요 그 외의 것은 우리가 진멸하였나이다 하는지라 … 사울이 사무엘에게 이르되 나는 실로 여호와의 목소리를 청종하여 여호와께서 보내신 길로 가서 아말렉 왕 아각을 끌어 왔고 아말렉 사람들을 진멸하였으나 다만 백성이 그 마땅히 멸할 것 중에서 가장 좋은 것으로 길갈에서 당신의 하나님 여호와께 제사하려고 양과 소를 끌어 왔나이다 하는지라(9, 15, 20-21절)

사울이 이렇게 한 이유는 자신의 영광을 구했기 때문이다.

사무엘이 사울을 만나려고 아침에 일찍이 일어났더니 어떤 사람이 사무엘에게 말하여 이르되 사울이 갈멜에 이르러 <u>자기를 위하여 기념비를 세우고</u> 발길을 돌려 길갈로 내려갔다 하는지라 … 사울이 사무엘에게 이르되 내가 범죄하였나이다 내가 여호와의 명령과 당신의 말씀을 어긴 것은 <u>내가 백성을 두려워하여 그들의 말을 청종하였음이니이다</u> 청하오니 지금 내 죄를 사하고 나와 함께 돌아가서 나로 하여금 여호와께 경배하게 하소서 하니 … 사울이 이르되 내가 범죄하였을지라도 이제 청하옵나니 내 백성의 장로들 앞과 이스라엘 앞에서 나를 높이사 나와 함께 돌아가서 내가 당신의 하나님 여호와께 경배하게 하소서 하더라(12, 24-25, 30절)

우리가 올바른 일을 그릇된 동기로 하는 이유는 한 가지 사실을 잊기 때문이다. 그것은 하나님은 사람과 달리 마음을 보시고 아신다는 것이다. "여호와께서 사무엘에게 이르시되 그의 용모와 키를 보지 말라 내가 이미 그를 버렸노라 내가 보는 것은 사람과 같지 아니하니 사람은 외모를 보거니와 나 여호와는 중심을 보느니라 하시더라"(삼상 16:7). "주는 계신 곳 하늘에서 들으시고 사하시며 각 사람의 마음을 아시오니 그들의 모든 행위대로 행하사 갚으시옵소서 주만 홀로 사람의 마음을 다 아심이니이다"(왕상 8:39).

교회에서도 우리는 종종 서기관과 바리새인처럼 올바른 일을 그릇된 동기로 하고 있지는 않은가? "어떤 이들은 투기와 분쟁으로, 어떤 이들은 착한 뜻으로 그리스도를 전파하나니 이들은 내가 복음을 변증하기 위하여 세우심을 받은 줄 알고 사랑으로 하나 그들은 나의 매임에 괴로움을 더하게 할 줄로 생각하여 순수하지 못하게 다툼으로 그리스도를 전파하느니라"(빌 1:15-17). 그리스도를 전파하는 행위는 옳다. 그러나 그 일을 행하는 동기는 다를 수 있다.

진정한 그리스도의 제자라면 옳은 일을 하는 것만으로 만족할 수 없다. 하나님은 마음의 동기도 보시기 때문이다. 마틴 로이드존스는 회심하기 전 20대 초반까지만 하더라도 신앙적 주제에 관한 논쟁을 즐겼다. 그런데 어느 순간부터 자신의 그릇된 동기를 깨닫기 시작했다. 자신이 논쟁을 즐기는 것은 한 가지 목적, 즉 자신의 논지를 세워서 자기가 얼마나 영리한지를 보여주려는 것임을 깨달았다.[28] 이것이 그가 그리스도의 제자가 될 때 일어난 중요한 변화다. 우리도 그럴 것이다.

---

28 Iain H. Murray, *The Life of David Martyn Lloyd-Jones: 1899-1981* (Edinburgh: The Banner of Truth Trust, 2013), 49.

하늘의 상

이렇게 동기가 중요한 이유는 상과 관련되기 때문이다. 예수님은 계속해서 제자들에게 말씀하셨다. "그리하지 아니하면 하늘에 계신 너희 아버지께 상을 받지 못하느니라." 여기서 "그리하지 아니하면"은 '사람에게 보이려고 그들 앞에서 너희 의를 행한다면'을 의미한다. 그 결과 하늘에 계신 아버지께 상을 얻지 못한다. 여기서 예수님은 상의 내용이 무엇인지 밝히지 않으신다. 대신 예수님이 강조하신 것은 이 상을 "하늘에 계신 너희 아버지께" 얻는다는 것이다. 이것은 예수님이 상에 대해 이미 앞에서 말씀하신 것과 일치한다. "기뻐하고 즐거워하라 하늘에서 너희의 상이 큼이라 너희 전에 있던 선지자들도 이같이 박해하였느니라"(마 5:12). "너희가 너희를 사랑하는 자를 사랑하면 무슨 상이 있으리요 세리도 이같이 아니하느냐"(마 5:46). 여기서 상은 앞에서와 같이 하늘에서 얻게 될 상으로 보아야 한다.

예수님이 말씀하신 상은 이 땅에서 얻는 것이 아니다. 그 상은 하늘에서 얻는 것이고 종말론적인 상이다. 따라서 예수님은 상을 받는 것을 미래의 일로 말씀하신다. "선지자의 이름으로 선지자를 영접하는 자는 선지자의 상을 받을 것이요 의인의 이름으로 의인을 영접하는 자는 의인의 상을 받을 것이요 또 누구든지 제자의 이름으로 이 작은 자 중 하나에게 냉수 한 그릇이라도 주는 자는 내가 진실로 너희에게 이르노니 그 사람이 결단코 상을 잃지 아니하리라"(마 10:41-42).

이 사실을 잘 보여주는 것이 있다. 마태복음 20장에 기록된 포도원 품꾼 비유다. "천국은 마치 품꾼을 얻어 포도원에 들여보내려고 이른 아침에 나간 집 주인과 같으니"(마 20:1). 이 비유는 천국에 대한 것이다. 그런데 이 비유에서 포도원 주인이 품꾼들에게 삯을 주는 것은 날이 저물었을 때다. "저물매 포도원 주인이 청지기에게 이르되 품꾼들을 불러 나중 온 자로부터 시작하여 먼저 온 자까지 삯을 주라 하니"(마 20:8). 이 때 삯으로 번역된 말은 헬라어로 '상'(미스토스)과 같다. 이와 같이 마태복음에서 상은 종말론적이다. 중요한 것은 제자들이 현재 이 땅에서 사람들에게 보이려고 할 때, 그래서 그들에게 인정받고 칭송을 듣고 영광을 얻으려고 할 때, 장차 하늘에서 얻게 될 상은 없다는 사실이다.

우리는 사람들 앞에서 의를 행할 때 어떤 상을 바라는가? 사람들에게 칭송을 듣고 영광을 얻기를 바라는가? 아니면 하늘에 계신 아버지께 상 받기를 바라는가? 우리가 의를 행한 것에 대해 사람들이 인정해주지 않을 때 섭섭한 느낌이 들지 않는가? 사람들의 칭송을 듣고 영광을 얻는 것에 목말라하지 않는가?

29

은밀한 구제

그러므로 구제할 때에 외식하는 자가 사람에게서 영광을 받으려고 회당과 거리에서
하는 것 같이 너희 앞에 나팔을 불지 말라 진실로 너희에게 이르노니
그들은 자기 상을 이미 받았느니라 너는 구제할 때에 오른손이 하는 것을
왼손이 모르게 하여 네 구제함을 은밀하게 하라 은밀한 중에 보시는
너의 아버지께서 갚으시리라

_ 마 6:2-4

6장 1절에서 예수님은 제자들의 행실에 대한 일반적인 원리를 말씀
하신다. "사람에게 보이려고 그들 앞에서 너희 의를 행하지 않도록 주
의하라 그리하지 아니하면 하늘에 계신 너희 아버지께 상을 받지 못하
느니라." 여기서 예수님의 관심은 행실의 동기에 있다.

이제 본문에서 예수님은 일반적 원리를 구체적인 예를 들어 설명하
신다. "그러므로"는 이러한 전후 관계를 나타낸다. 예수님이 첫 번째 예
로 드신 것은 구제다. 여기서 예수님은 외식하는 자의 구제와 제자들의
구제를 대조해 말씀하신다. 예수님은 먼저 제자들이 하지 말아야 할 것
을 말씀하시고, 그다음 그들이 해야 할 것을 말씀하신다.

외식에 대한 경고

구제할 때 제자들이 하지 말아야 할 것부터 살펴보자. "그러므로 구

제할 때에 외식하는 자가 사람에게서 영광을 받으려고 회당과 거리에서 하는 것 같이 너희 앞에 나팔을 불지 말라 진실로 너희에게 이르노니 그들은 자기 상을 이미 받았느니라"(2절). 이때 예수님은 2인칭 단수를 사용하여 말씀하신다. "(네가) 구제할 때에 … 너희(네) 앞에 나팔을 불지 말라." 이것은 5절과 16절에서 기도와 금식에 대해 2인칭 복수로 말씀하신 것과 다르다. 예수님이 이렇게 말씀하신 이유는 단정 짓기 어렵다.

중요한 것은 구제할 때 제자들이 하지 말아야 할 것이다. 그것은 자기 앞에 나팔을 부는 것이다. 나팔을 부는 것은 남의 주의를 끄는 것을 의미한다. 이것은 자신이 구제하는 것을 사람들에게 보여주고 싶은 마음의 동기를 드러낸다.

그래서 예수님은 이러한 구제를 외식하는 자의 구제와 비교하신다. "외식하는 자가 사람에게서 영광을 받으려고 회당과 거리에서 하는 것 같이." 여기서 예수님은 "외식하는 자"라는 말을 사용하신다. 사실 이 말은 마태복음에 가장 많이 나온다. 예수님은 남을 비판하는 사람에게 이 말을 사용하셨다. "외식하는 자여 먼저 네 눈 속에서 들보를 빼어라 그 후에야 밝히 보고 형제의 눈 속에서 티를 빼리라"(마 7:5). 또 심판받게 될 사람에게 이 말을 사용하셨다. "엄히 때리고 외식하는 자가 받는 벌에 처하리니 거기서 슬피 울며 이를 갈리라"(마 24:51).

그런데 예수님이 이 말을 가장 많이 사용하신 것은 서기관과 바리새인에게다. 그들은 사람들의 시선을 의식해 겉만 신경 썼기 때문이다. "그때에 바리새인과 서기관들이 예루살렘으로부터 예수께 나아와 이르되 … 외식하는 자들아 이사야가 너희에 관하여 잘 예언하였도다 일렀으되 이 백성이 입술로는 나를 공경하되 마음은 내게서 멀도다 사람의 계명으로 교훈을 삼아 가르치니 나를 헛되이 경배하는도다 하였느니라 하시고"(마 15:1, 7-9). "이에 바리새인들이 가서 어떻게 하면 예수를 말의 올무에 걸리게 할까 상의하고 자기 제자들을 헤롯 당원들과 함께 예수께 보내어 말하되 선생님이여 우리가 아노니 당신은 참되시고 진리로 하나님의 도를 가르치시며 아무도 꺼리는 일이 없으시니 이는 사람을 외모로 보지 아니하심이니이다 그러면 당신의 생각에는 어떠한지 우리에게 이르소서 가이사에게 세금을 바치는 것이 옳으니이까 옳지 아니하니이까 하니 예수께서 그들의 악함을 아시고 이르시되 외식하는 자들아 어찌하여 나를 시험하느냐"(마 22:15-18). "그들의 모든 행위를 사람에게 보이고자 하나니 … 화 있을진저 외식하는 서기관들과 바리새인들이여"(마 23:5상, 13, 15, 23, 25, 27, 29).

본문에서도 외식하는 자는 마찬가지다. 그들은 하나님의 시선은 아랑곳하지 않고 사람들의 시선만 의식하여 겉만 신경 쓸 뿐이다. 그래서 외식하는 자의 구제는 "사람에게서 영광을 받으려고 회당과 거리에서 하는" 것으로 묘사된다. 그들의 관심은 사람들의 평판뿐이어서, 사람이 모이는 회당과 거리에서 구제했다. 사람들에게 자신의 선행을 과시함으로써 칭송 듣기를 원했을 뿐이다.

이에 대해 예수님은 "진실로 너희에게 이르노니 그들은 자기 상을 이미 받았느니라"고 말씀하신다. "진실로 너희에게 이르노니"는 마태복음에만 30회 나온다. 예수님은 말씀하시는 내용의 중요성을 강조할 때마다 이 말을 사용하셨다. 본문에서 예수님이 강조하시는 내용은 "그들은 자기 상을 이미 받았느니라"다. 여기서 "자기 상"은 사람에게 영광을 얻는 것이다. 왜냐하면 외식하는 자는 "사람에게서 영광을 받으려고" 구제하기 때문이다. 이러한 상은 1절에서 예수님이 말씀하신 상과 분명히 다르다. 그것은 제자들이 하늘에 계신 아버지께 얻을 상이다. "사람에게 보이려고 그들 앞에서 너희 의를 행하지 않도록 주의하라 그리하지 아니하면 하늘에 계신 너희 아버지께 상을 받지 못하느니라."

따라서 예수님이 외식하는 자의 구제에 대해 강조하시는 것은, 외식하는 자는 사람들에게서 자기 상을 이미 받았으므로 하나님께 받을 상은 없다는 것이다. 가난한 이웃을 구제하는 일은 하나님의 뜻이다. "땅에는 언제든지 가난한 자가 그치지 아니하겠으므로 내가 네게 명령하여 이르노니 너는 반드시 네 땅 안에 네 형제 중 곤란한 자와 궁핍한 자에게 네 손을 펼지니라"(신 15:11). "너희 소유를 팔아 구제하여 낡아지지 아니하는 배낭을 만들라 곧 하늘에 둔 바 다함이 없는 보물이니 거기는 도둑도 가까이 하는 일이 없고 좀도 먹는 일이 없느니라"(눅 12:33). 이 외에도 구제가 하나님의 뜻임을 보여주는 성경구절은 많다.

그런데 하나님 앞에서는 겉으로 드러난 구제의 행위뿐 아니라, 사람들이 보지 못하는 구제의 동기도 중요하다. 만일 우리가 사람에게 보이려고(그런 동기에서) 구제한다면, 우리가 하나님께 받을 상은 없다. 그것은 헛수고일 뿐이다. 우리가 사람들에게 칭송을 듣고 영광을 얻을 때 이미 우리의 상을 받은 것이기 때문이다. 예수님은 이 점을 강조하신다. "진실로 너희에게 이르노니 그들은 자기 상을 이미 받았느니라."

그러므로 이것은 예수님이 제자들에게 주시는 외식에 대한 경고다. '만일 너희의 구제가 사람들의 시선을 의식해서 하는 것뿐이라면, 너희가 하나님께 받을 상은 아무것도 없다.' 이러한 외식의 위험이 우리에게도 있음을 깨달아야 한다. 우리가 구제할 때 그 동기는 무엇인가? 사람의 시선만을 의식하고 그들에게 영광을 얻으려는 것은 아닌가?

은밀한 구제

그렇다면 구제할 때 제자들은 어떻게 해야 할까? 예수님은 제자들이 해야 할 것을 이렇게 말씀하신다. "너는 구제할 때에 오른손이 하는 것을 왼손이 모르게 하여 네 구제함을 은밀하게 하라 은밀한 중에 보시는 너의 아버지께서 갚으시리라"(3-4절). 이때 예수님은 2인칭 단수를 사용하여 말씀하신다. "너는 구제할 때에 (네) 오른손이 하는 것을 (네) 왼손이 모르게 하여 네 구제함을 은밀하게 하라 은밀한 중에 보시는 너의 아버지께서 갚으시리라." 이것은 5장 후반부에서 올바른 성경 해석을 제자들에게 적용해 말씀하실 때 2인칭 단수를 쓰신 것과 같다(23-26, 29-30, 36, 39하-42절). 지금 예수님의 관심은 제자들 각자의 삶에 있다.

그러면 제자들은 어떻게 구제해야 할까? 예수님은 이렇게 말씀하신다. "너는 구제할 때에 오른손이 하는 것을 왼손이 모르게 하여 네 구제함을 은밀하게 하라." 여기서 "오른손이 하는 것을 왼손이 모르게 하여"는 일종의 과장법이다. 이 정도로 모르게 한다면 다른 사람이 모르는 것은 당연하다. 그래서 그 결과를 이런 말로 설명한다. "네 구제함을 은밀하게 하라." 그러니까 "오른손이 하는 것을 왼손이 모르게 하여"는 결과적으로 은밀하게 하라는 뜻이다.

그렇다면 이 말은 실제로 무슨 뜻일까? 예수님이 제자들에게 요구하신 은밀한 구제는 어떤 것일까? 예수님은 제자들이 구제할 때 어떤 사람도 그것을 알게 해서는 안 된다고 하신 것일까? 실제로 제자들이 아무도 모르게 구제하는 일은 가능할까?

예수님이 제자들에게 요구하신 은밀한 구제가 어떤 것인지는 이어지는 말씀을 보면 알 수 있다. 예수님이 계속해서 이렇게 말씀하시기 때문이다. "은밀한 중에 보시는 너의 아버지께서 갚으시리라." 이 문장의 맨 앞에는 "그러면"(카이)이라는 접속사가 붙어 있다. 이것은 앞 문장과 긴밀한 연결을 보여준다. "너는 구제할 때에 오른손이 하는 것을 왼손이 모르게 하여 네 구제함을 은밀하게 하라 (그러면) 은밀한 중에 보시는 너의 아버지께서 갚으시리라." 여기서 "너는 구제할 때에 오른손이 하는 것을 왼손이 모르게 하여 네 구제함을 은밀하게 하라"는 명령은 "은밀한 중에 보시는 너의 아버지께서 갚으시리라"는 약속과 불가분의 관계에 있다.

이때 명령과 약속에 사용된 동일한 표현에 주목할 필요가 있다. 그것은 "은밀한 중에"(=은밀하게)라는 표현이다. 따라서 예수님이 제자들에게 요구하신 은밀한 구제는 "은밀한 중에 보시는" 하나님을 의식해 행하는 구제를 말한다. 성경에는 이런 식으로 하나님을 의식해 "은밀한"이 사용된 경우가 있다. "오직 이면적 유대인이 유대인이며 할례는 마음에 할지니 영에 있고 율법 조문에 있지 아니한 것이라 그 칭찬이 사람에게서가 아니요 다만 하나님에게서니라"(롬 2:29). "그러므로 때가 이르기 전 곧 주께서 오시기까지 아무 것도 판단하지 말라 그가 어둠에 감추인 것들을 드러내고 마음의 뜻을 나타내시리니 그때에 각 사람에게 하나님으로부터 칭찬이 있으리라"(고전 4:5). "오직 마음에 숨은 사람을 온유하고 안정한 심령의 썩지 아니할 것으로 하라 이는 하나님 앞에 값진 것이니라"(벧전 3:4).

따라서 예수님이 제자들에게 말씀하신 내용은, 제자들이 아무도 모르게 구제해야 한다고 말씀하신 게 아니다. 예수님은 그들의 구제가 하나님을 의식한 것이어야 한다고 말씀하신 것이다. 예수님은 구제의 행위에 대해 말씀하신 게 아니라, 구제의 동기에 대해 말씀하신 것이다. 제자들은 구제할 때 사람이 아닌 하나님을 의식해야 한다. 그것이 제자들의 구제가 외식하는 자의 구제와 다른 점이다.

그러면 제자들은 어떤 점에서 하나님을 의식해야 하는 것일까? 우선 제자들의 구제에서 요구되는 것은 "은밀한 중에 보시는" 하나님에 대한 의식이다. 하나님은 제자들이 구제하는 것을 보시고 그 동기를 보신다. 사람은 보지 못해도 하나님은 다 보고 아신다. 성경은 이렇게 말한다. "여호와의 말씀이니라 사람이 내게 보이지 아니하려고 누가 자신을 은밀한 곳에 숨길 수 있겠느냐 여호와가 말하노라 나는 천지에 충만하지 아니하냐"(렘 23:24). "지으신 것이 하나도 그 앞에 나타나지 않음이 없고 우리의 결산을 받으실 이의 눈 앞에 만물이 벌거벗은 것 같이 드러나느니라"(히 4:13).

그러므로 제자들은 구제할 때 사람의 시선이 아니라 하나님의 시선을 의식해야 한다. 사람들이 자신의 구제를 인정해 주지 않는다고 실망할 필요가 없다. 칼빈은 이렇게 말한다. "어떤 일이 사람들의 시선을 끌지 못하고 이들의 증거를 받지 못한다고 마치 그것이 허사인 것처럼 생각할 이유가 없다. 왜냐하면 하나님의 전시장은 숨겨진 골목에 위치하고 있으며, 모든 허영을 우리 마음에서 제거해 버릴 수 있는 하나님의 능력을 바라보게 하는 것이 하나님께서 야망의 병폐를 치료하기 위해 우리에게 사용하시는 특효약이기 때문이다."[29] 그러므로 우리 그리스도인들은 사람이 알아주든 몰라주든 상관없이 은밀한 중에 보시는 하나님을 의식하고 구제할 수 있다.

---

29 Calvin, *Commentary on Matthew* 6:4.

그다음 제자들의 구제에서 요구되는 것은 하나님께서 갚으실 것에 대한 의식이다. "갚으시리라"는 미래에 주어질 보상을 말한다. 마태복음에서 이 말은 특히 그리스도의 재림 때 주어질 보상을 가리킨다. "인자가 아버지의 영광으로 그 천사들과 함께 오리니 그때에 각 사람이 행한 대로 갚으리라"(마 16:27). "저물매 포도원 주인이 청지기에게 이르되 품꾼들을 불러 나중 온 자로부터 시작하여 먼저 온 자까지 삯(= 상)을 주라 하니"(마 20:8). 그러므로 구제할 때는 그리스도의 재림 때 주어질 보상을 참고 기다리는 자세를 가져야 한다.

마지막으로 제자들의 구제에서 요구되는 것은 '아버지'에 대한 의식이다. 본문에서 예수님은 제자들에게 '너의 하나님'이 아닌 "너의 아버지"라고 말씀하신다. 이것은 하나님의 자녀로서 제자들의 정체성을 상기시킨다. 제자들이 구제할 때 사람 대신 하나님을 의식한다면, 그것은 그들이 하나님의 자녀이기 때문이다. 만일 어떤 사람이 하나님의 자녀가 아니라면, 그가 이러한 동기에서 구제하는 것은 불가능하다. 그는 사람들의 시선만을 의식하여 그들에게 영광을 얻고자 구제할 것이다. 그러나 어떤 사람이 하나님의 자녀라면 자기 아버지인 하나님의 시선을 의식하여 구제할 것이다. 하나님의 자녀로서 제자들의 정체성은 하나님을 의식하여 구제하는 데서 잘 드러난다.

30
그리스도인의 기도

또 너희는 기도할 때에 외식하는 자와 같이 하지 말라 그들은 사람에게 보이려고
회당과 큰 거리 어귀에 서서 기도하기를 좋아하느니라 내가 진실로 너희에게 이르노니
그들은 자기 상을 이미 받았느니라 너는 기도할 때에 네 골방에 들어가 문을 닫고
은밀한 중에 계신 네 아버지께 기도하라 은밀한 중에 보시는 네 아버지께서 갚으시리라
또 기도할 때에 이방인과 같이 중언부언하지 말라 그들은 말을 많이 하여야
들으실 줄 생각하느니라 그러므로 그들을 본받지 말라 구하기 전에
너희에게 있어야 할 것을 하나님 너희 아버지께서 아시느니라

_ 마 6:5-8

6장 1절에서 예수님은 제자들의 행실에 대한 일반적인 원리를 말씀
하셨는데, 제자들의 행실의 동기에 관한 것이다. "사람에게 보이려고
그들 앞에서 너희 의를 행하지 않도록 주의하라 그리하지 아니하면 하
늘에 계신 너희 아버지께 상을 받지 못하느니라." 그런 다음 이러한 일
반적 원리를 구체적인 예를 들어 설명하셨다. 앞에서 예수님이 첫 번째
예로 드신 것은 구제다. 본문에서 예수님이 두 번째 예로 드신 것은 기
도다. 여기서도 예수님은 외식하는 자의 기도와 제자들의 기도를 대조
해 말씀하신다. 예수님은 먼저 제자들이 하지 말아야 할 것을 말씀하시
고, 그다음 해야 할 것을 말씀하신다.

외식에 대한 경고

기도할 때 제자들이 하지 말아야 할 것부터 살펴보자. "또 너희는 기도할 때에 외식하는 자와 같이 하지 말라 그들은 사람에게 보이려고 회당과 큰 거리 어귀에 서서 기도하기를 좋아하느니라 내가 진실로 너희에게 이르노니 그들은 자기 상을 이미 받았느니라"(5절). 제자들이 기도할 때 하지 말아야 할 것은 "외식하는 자와 같이" 하는 것이다. 예수님은 외식하는 자의 기도를 이렇게 말씀하신다. "그들은 사람에게 보이려고 회당과 큰 거리 어귀에 서서 기도하기를 좋아하느니라."

여기서 문제는 단순히 기도 장소나 기도 자세가 아니다. "그들은 사람에게 보이려고 회당과 큰 거리 어귀에 서서 기도하느니라." 예수님이 문제 삼으신 것은 그런 장소와 자세를 선호하는 마음의 동기다. "그들은 사람에게 보이려고 회당과 큰 거리 어귀에 서서 기도하기를 좋아하느니라." 외식하는 자가 사람들의 눈에 잘 띄는 곳에서 기도하기를 선호하는 것은 사람에게 보이려는 동기에서다. 예수님은 다른 곳에서도 이와 같은 서기관과 바리새인의 동기를 문제 삼으신 적이 있다. "그들의 모든 행위를 사람에게 보이고자 하나니 곧 그 경문 띠를 넓게 하며 옷술을 길게 하고 잔치의 윗자리와 회당의 높은 자리와 시장에서 문안 받는 것과 사람에게 랍비라 칭함을 받는 것을 좋아하느니라"(마 23:5-7). 따라서 예수님은 특정한 기도 장소나 기도 자세가 아닌 사람에게 보이려는 마음의 동기에 관해 말씀하신 것이다. 그들은 기도하는 모습을 사람에게 보임으로써 경건을 과시하려고 한 것이다. 예수님은 이런 동기로 기도하는 것을 경고하신다. "내가 진실로 너희에게 이르노니 그들은 자기 상을 이미 받았느니라." 이것은 외식하는 자가 하나님께 받을 상이 없음을 의미한다. 그들의 기도는 헛된 수고일 뿐이다.

은밀한 기도

그렇다면 제자들은 기도할 때 어떻게 해야 할까? 예수님은 제자들이 해야 할 것을 말씀하시는데, 이때도 2인칭 단수를 사용하여 말씀하신다. "너는 기도할 때에 네 골방에 들어가 (네) 문을 닫고 은밀한 중에 계신 네 아버지께 기도하라 은밀한 중에 보시는 네 아버지께서 (네게) 갚으시리라." 여기서도 예수님의 관심은 제자들 각자의 삶에 있다.

여기서 골방에 들어가는 것이나 문을 닫는 것은 사람에게 보이지 않으려는 것이다. 이것은 은밀한 중에 계신 하나님께 기도하기 위함이다. 그리고 여기에 은밀한 중에 보시는 하나님께서 갚으시리라는 약속이 주어진다. 따라서 예수님이 말씀하신 것은 단순히 사람이 보도록 기도해서는 안 된다는 게 아니다. 예수님이 공적인 기도를 부정하신 게 아니다. 예수님이 말씀하신 것은, 기도할 때 보이는 사람을 의식하지 말고 보이지 않는 하나님을 의식해야 한다는 것이다. 이것이 바로 "은밀한 중에"를 명령과 약속에 둘 다 사용하신 이유다. "은밀한 중에 계신 네 아버지께 기도하라 은밀한 중에 보시는 네 아버지께서 갚으시리라."

여기서 우리는 기도의 동기를 점검해야 한다. 우리는 기도할 때 보이는 사람이 아닌 보이지 않는 하나님을 의식하는가? 이런 점에서 우리의 기도는 은밀한 기도인가? 우리는 보이는 사람을 의식해서 기도할 때가 많지 않은가? 그래서 사람들이 내 기도를 어떻게 생각할지에 신경을 쓸 때가 많지 않은가?

특별히 공중 앞에서 드리는 기도가 그렇지 않은가? 그래서 하나님께 드리는 기도가 사람들에게 말하는 연설처럼 들리는 것은 아닌가? 또는 기도를 통해 내가 사람들에게 말하고 싶은 것을 말하는 것은 아닌가? 기도의 형식은 갖추었지만 기도를 들으시는 하나님께 대한 경외심은 느낄 수 없는 것이 아닌가? 기도할 때 성경구절을 읽고 시작하는 것은 사람들을 의식한 형식이 아닌가? 기도할 때 문장은 매끄러운데 마음의 진지함이나 간절함이 결여되어 있지 않은가? 이 모든 것은 기도할 때 보이는 사람이 아니라 보이지 않는 하나님을 의식함으로써 바꾸어야 할 부분이다.

여기서 누가복음 18장에 나오는 바리새인과 세리의 비유를 살펴볼 필요가 있다. 이 비유는 예수님이 "자기를 의롭다고 믿고 다른 사람을 멸시하는 자들에게"(9절) 말씀하신 것이다. 이 비유에 등장하는 바리새인이 바로 그런 사람이다. 기도하는 그의 행동과 말 속에서 이러한 사실이 잘 드러난다. 그는 "서서 따로 기도하여"(11절상)라고 기록되어 있다. 그러면 누구와 따로일까? 세리와 따로다. 그의 행동은 자기가 어떻게 그런 불의한 사람과 같이 기도할 수 있겠냐는 식이다. 그는 세리를 멸시한 것이다. 또 이런 말로 기도했다. "하나님이여 나는 다른 사람들 곧 토색, 불의, 간음을 하는 자들과 같지 아니하고 이 세리와도 같지 아니함을 감사하나이다 나는 이레에 두 번씩 금식하고 또 소득의 십일조를 드리나이다"(11하-12절). 이 말의 요지는 자기는 다른 사람과 달리 의롭다는 것이다.

그에 비해 세리는 이렇게 기도했다. "세리는 멀리 서서 감히 눈을 들어 하늘을 쳐다보지도 못하고 다만 가슴을 치며 이르되 하나님이여 불쌍히 여기소서 나는 죄인이로소이다 하였느니라"(13절). 그런데 이 비유의 결론은 이렇다. "내가 너희에게 이르노니 이에 저 바리새인이 아니고 이 사람(세리)이 의롭다 하심을 받고 그의 집으로 내려갔느니라 무릇 자기를 높이는 자는 낮아지고 자기를 낮추는 자는 높아지리라" (14절). 그러면 바리새인이 아니라 세리가 의롭다 하심을 받은 이유는 무엇일까? 바리새인은 다른 사람과 자기를 비교해 "자기를 높이는 자"였다. 그는 하나님의 자비를 구할 필요가 없었다. 반면 세리는 하나님을 의식하여 "자기를 낮추는 자"였다. 그는 하나님의 자비를 구했고, 그 결과 의롭다 하심을 받았다.

이처럼 바리새인의 기도는 사람만을 의식한 기도였다. 겉으로는 하나님께 기도했지만, 마음으로 하나님을 의식하지 못했다. 우리의 기도도 그럴 수 있다. 바리새인처럼 하나님께 기도하면서 보이는 사람만 의식할 뿐 보이지 않는 하나님을 의식하지 못할 수 있다. 당신의 기도는 어떤가?

이방인의 기도

여기서 예수님은 기도의 동기 문제에서 벗어나 새로운 내용을 추가하신다. 그것은 앞에서 "은밀한 중에 계신 네 아버지께 기도하라"고 말씀하신 것과 관련 있다. 예수님은 하나님이 아버지라는 사실에 내포된 올바른 기도에 대해 추가로 말씀하신 것이다. 다시 말하면, 예수님은 그리스도인의 기도에 대해 말씀하시려는 것이다. 이때도 앞에서와 같이 잘못된 기도와 바른 기도를 대조해 말씀하신다. 먼저 잘못된 기도에 대한 예수님의 말씀을 살펴보면, 이것은 제자들이 하지 말아야 할 것이다. "또 기도할 때에 이방인과 같이 중언부언하지 말라 그들은 말을 많이 하여야 들으실 줄 생각하느니라 그러므로 그들을 본받지 말라 구하기 전에 너희에게 있어야 할 것을 하나님 너희 아버지께서 아시느니라"(7-8절).

여기서 예수님은 외식하는 자 대신 이방인을 언급하신다. 이 이방인은 5장 47절에 사용된 것과 같은 의미다. "또 너희가 너희 형제에게만 문안하면 남보다 더하는 것이 무엇이냐 이방인들도 이같이 아니하느냐." 이때 이방인들은 유대인이 아닌 사람이 아니라 하나님을 아버지로서 알지 못하는 사람을 가리킨다. 다시 말하면, 이 말은 하나님을 모르는 신앙적 외부자들을 가리키는 것이다. 마태복음에는 이런 의미로 사용된 곳이 한 군데 더 있다. "만일 그들의 말도 듣지 않거든 교회에 말하고 교회의 말도 듣지 않거든 이방인과 세리와 같이 여기라"(마 18:17).

따라서 예수님이 먼저 지적하신 것은 하나님을 모르는 데서 비롯된 잘못된 기도다. 이방인은 하나님을 아버지로 알지 못한다. 그렇기 때문에 그들은 자신의 필요를 아시고 채워주실 아버지로서 하나님을 신뢰할 수 없다. 그 대신 신에게 졸라 자신의 필요에 반응하게 해야 한다고 생각한다. 이것이 기도에 대한 그들의 자세다. 예수님은 이러한 자세를 '중언부언'(한 말을 자꾸 되풀이하다)으로 표현하셨다. 이것은 의미 없이 시끄러운 소리를 계속 내는 것을 말한다. 그런데 그들이 이렇게 기도하는 이유가 있다. 하나님을 아버지로 알지 못하기 때문이다. "그들은 말을 많이 하여야 들으실 줄 생각하느니라." 따라서 그들에게 중요한 것은 기도의 양이지 기도의 내용과 의미가 아니다. 그래서 기도할 때 중언부언하는 것이다. 기도의 목적을 하나님의 환심을 사서 자신의 필요를 알리는 데 두기 때문이다.

예수님은 이러한 이방인의 기도에 관해 제자들에게 이렇게 말씀하신다. "그러므로 그들을 본받지 말라." 이것은 제자들의 기도가 이방인의 기도와 달라야 함을 말씀하신 것이다. '이방인은 하나님을 모르기 때문에 기도할 때 중언부언한다. 그러나 그리스도인은 하나님을 아버지로서 안다. 그렇기 때문에 그리스도인의 기도는 이방인의 기도와 달라야 한다'는 것이다.

물론 반복적인 기도, 지속적인 기도, 오랜 기도 등을 문제 삼은 것이 아니다. 오히려 그러한 기도는 성경에서 권장되기도 한다. 예수님도 그러한 기도를 가르치시거나 삶 속에서 보여주셨다. "또 그들을 두시고 나아가 세 번째 같은 말씀으로 기도하신 후"(마 26:44). "항상 기도하고 낙심하지 말아야 할 것을 비유로 말씀하여"(눅 18:1). "이 때에 예수께서 기도하시러 산으로 가사 밤이 새도록 하나님께 기도하시고"(눅 6:12).

따라서 문제가 되는 것은 기도의 반복이나 빈도나 길이 같은 기도의 방법이 아니다. 문제가 되는 것은 기도의 자세다. 이 자세는 하나님을 알기 때문에 갖게 되는 것이다. 그래서 예수님은 제자들에게 이렇게 말씀하신다. "구하기 전에 너희에게 있어야 할 것을 하나님 너희 아버지께서 아시느니라."

기도의 필요성

이 말씀에 따르면, 하나님은 제자들의 필요를 그들이 구하기 전에 미리 아신다. 따라서 기도는 하나님이 모르고 계신 것을 아뢰는 것이 아니다. 하나님은 전지하신 분이다. 하나님이 제자들의 기도를 통해 새로운 지식을 얻으시는 경우는 없다. 그래서 구하기 전에 제자들의 필요를 다 아시는 하나님은 이렇게 말씀하신다. "그들이 부르기 전에 내가 응답하겠고 그들이 말을 마치기 전에 내가 들을 것이며"(사 65:24).

또 예수님은 제자들에게 하나님을 '너희 아버지'라고 말씀하신다. 그런 만큼 하나님은 그들에게 좋은 것을 기꺼이 주시는 분이다. 이 사실은 예수님이 나중에 하신 말씀에서 잘 나타난다. "너희 중에 누가 아들이 떡을 달라 하는데 돌을 주며 생선을 달라 하는데 뱀을 줄 사람이 있겠느냐 너희가 악한 자라도 좋은 것으로 자식에게 줄 줄 알거든 하물며 하늘에 계신 너희 아버지께서 구하는 자에게 좋은 것으로 주시지 않겠느냐"(마 7:9-11). 이 말씀은 육신의 아버지도 자식에게 좋은 것을 주지만, 하늘의 아버지는 훨씬 더 그렇게 하실 거라는 의미다. 따라서 기도는 필요한 것을 얻기 위해 하나님을 조르거나 재촉하는 것이 아니다. 하나님은 제자들의 기도를 통해 자신의 뜻을 바꾸시는 게 아니다.

이처럼 하나님은 기도를 통해 새로운 지식을 얻거나 자신의 뜻을 바꾸시지 않는다. 그렇다면 제자들의 기도는 필요 없는 것처럼 생각될 수 있다. 그러나 그들의 기도는 필요하다. 하나님은 그들에게 좋은 것을 주시되 기도의 응답으로 주기를 원하신다. "너희가 악한 자라도 좋은 것으로 자식에게 줄 줄 알거든 하물며 하늘에 계신 너희 아버지께서 구하는 자에게 좋은 것으로 주시지 않겠느냐"(마 7:11). "너희 사방에 남은 이방 사람이 나 여호와가 무너진 곳을 건축하며 황폐한 자리에 심은 줄을 알리라 나 여호와가 말하였으니 이루리라 주 여호와께서 이같이 말씀하셨느니라 그래도 이스라엘 족속이 이같이 자기들에게 이루어 주기를 내게 구하여야 할지라"(겔 36:36-37). 이 사실은 여러 사람의 말을 통해서 확인된다.

하나님이 자비를 베풀기로 사전에 계획하셨을 때, 실로 그분이 그것을 약속하셨을 때, 이런 식으로, 즉 기도의 응답으로 자비를 베푸시는 것이 하나님의 뜻이다.[30]

하나님에 관해 말하면, 그분은 자신의 자유로운 뜻에 따라서 요구받기 전에 미리 주기로 작정하신 바로 그것을 우리의 기도에 대한 응답으로 주겠다고 약속하신 것이다.[31]

우리도 하나님의 목적은 바뀌지 않는다고 생각한다. 그러나 기도가 그분의 목적의 일부라면, 또 하나님께서 그의 백성에게 복 주시려고 할 때 그들이 기도하도록 정하셨다면 어떻게 되겠는가?[32]

이렇게 기도가 필요한 데는 두 가지 이유가 있다. 하나는 제자들의 믿음을 훈련하기 위함이다. 제자들은 기도를 통해 염려 가운데 보이지 않는 하나님을 아버지로서 신뢰하는 훈련을 하게 된다. "아무 것도 염려하지 말고 다만 모든 일에 기도와 간구로, 너희 구할 것을 감사함으로 하나님께 아뢰라"(빌 4:6). 여기서 "감사함으로"는 무슨 뜻일까? 기도의 응답을 받았기 때문에 감사하는 것일까? 아니다. 이것은 아직 기도

---

30 Jonathan Edwards, "The Most High a Prayer-hearing God," in E. Hickman (ed.), *The Works of Jonathan Edwards*, vol.2 (Edinburgh: The Banner of Truth, 1974), 116.

31 Calvin, *Commentary on Matthew* 6:8.

32 C. H. Spurgeon, *An All-Round Ministry* (Edinburgh: The Banner of Truth Trust, 1960), 12.

가 응답된 것은 아니지만 하나님을 신뢰하기 때문에 감사하는 것이다. 하나님은 기도를 통해 이러한 훈련을 받게 하신다. 또 하나는 하나님의 영광을 위함이다. 제자들은 기도함으로써 그들의 필요를 하나님께만 의존한다는 것을 나타낸다. 그리하여 그들은 모든 선의 근원이신 하나님께 영광을 돌리게 된다.

31

이름이 거룩히 여김을 받으시오며

그러므로 너희는 이렇게 기도하라
하늘에 계신 우리 아버지여 이름이 거룩히 여김을 받으시오며

_ 마 6:9

앞에서 예수님은 제자들에게 잘못된 기도에 대해 말씀하셨다. 그것은 이방인들의 기도이고 중언부언하는 기도다. 이방인들이 그렇게 기도하는 이유는 하나님을 오해하기 때문이다. 하나님이 "말을 많이 하여야 들으실 줄 생각"하는 것이다. 따라서 하나님을 바르게 이해하는 제자들이라면 그들을 본받지 말아야 한다. 그래서 예수님은 제자들에게 바르게 이해해야 하는 하나님에 대해 말씀하셨다. "구하기 전에 너희에게 있어야 할 것을 하나님 너희 아버지께서 아시느니라."

하나님 중심적 기도

그런 다음 예수님은 제자들에게 올바른 기도에 대해 말씀하신다. 이것이 9-13절에 나오는 주기도다. 예수님은 이 기도를 가르치실 때 이렇게 시작하신다. "그러므로 너희는 이렇게 기도하라." 이때 "그러므로"는 예수님이 앞의 내용을 토대로 말씀하시는 것을 나타낸다. 앞의 내용은, 하나님은 구하기 전에 아버지로서 제자들의 필요를 아신다는 것이다. 따라서 여기에 함축된 의미는 올바른 기도, 즉 주기도는 하나님에 대한 올바른 이해에 바탕을 둔다는 것이다.

이런 점에서 그리스도인의 기도는 세상 사람들의 기도와 구별된다. 세상 사람들의 기도는 자기중심적이다. 기도는 자기 소원과 욕망의 분출이고 자기 연민의 표현이다. 그러나 그리스도인의 기도는 하나님 중심적이다. 기도는 언제나 하나님에 대한 올바른 이해가 선행되기 때문이다.

예수님은 제자들에게 '이것을 기도하라'가 아니라 '이렇게 기도하라'고 말씀하신다. 예수님은 단순히 제자들이 외워야 할 기도문을 가르치신 게 아니다. 제자들이 모범으로 삼아야 할 기도를 가르치신 것이다. 그것은 기도의 형식과 내용뿐 아니라 거기에 내포된 기도하는 사람의 태도를 가르치신 것이다.

따라서 주기도는 우리에게 주어진 기도의 예문이 아니다. 주기도는 우리가 그리스도의 제자로서 어떤 태도와 정신을 가져야 하는지 보여준다. 우리가 주기도를 통해 배워야 할 것은 여기에 담긴 태도와 정신이다. 따라서 주기도는 그리스도인으로서 우리의 삶을 형성한다.

하늘에 계신 우리 아버지여

예수님이 가르치신 기도는 이렇게 시작한다. "하늘에 계신 우리 아버지여." 이것은 기도의 대상이 누구인지 나타낸다. 그리스도인의 기도는 그 대상이 실재하는 인격이시다. 그러나 세상 사람들의 기도에는 이런 대상이 존재하지 않는다. 만일 있다고 한다면 그것은 가공의 존재일 뿐이다. 그래서 그들의 기도가 독백이라면 그리스도인의 기도는 대화다.

그러면 기도의 대상은 누구일까? 우선 그분은 '아버지'다. 마태복음에서 하나님을 가리켜 아버지로 말한 곳은 많다. 모두 43군데나 된다. 그런데 그것은 두 가지 경우로 나뉜다. 하나는 제자들의 아버지를 말하는 경우다. "네(너의) 아버지"(마 6:4, 6, 18) 또는 "너희 아버지"(마 6:8, 15; 10:20, 29). "자기 아버지"(마 13:43). "하늘에 계신 너희 아버지" 또는 "너희 하늘 아버지"(마 5:16, 45, 48; 6:1, 14, 26, 32; 7:11; 18:14; 23:9). 또 하나는 예수 그리스도의 아버지를 말하는 경우다. "내 아버지"(마 11:27; 20:23; 25:34; 26:29, 39, 42, 53). "아버지"(마 11:25-26; 24:36; 28:19). "(그) 아버지"(마 16:27). "하늘에 계신 내 아버지"(마 7:21; 10:32, 33; 12:50; 15:13; 16:17; 18:10, 19, 35).

이처럼 마태복음에서 하나님을 아버지로 말할 때, 그것은 제자들의 아버지 아니면 예수 그리스도의 아버지를 가리킨다. 다른 경우는 없다. 따라서 아버지는 이런 배타적인 하나님과의 관계를 나타낸다. 그것은 일차적으로 예수 그리스도와 하나님의 관계이고, 그다음 거기서 파생된 제자들과 하나님의 관계다.

주목할 것은 하나님께 사용된 이 아버지라는 말이 모두 예수님의 입에서 나온 점이다. 마태복음에서 예수님 외에 하나님을 가리켜 아버지라고 말한 사람은 아무도 없다. 제자들은 오직 예수님을 통해 하나님을 아버지로서 알게 된 것이다. 예수님이 이 사실을 직접 말씀해 주셨다. "내 아버지께서 모든 것을 내게 주셨으니 아버지 외에는 아들을 아는 자가 없고 아들과 또 아들의 소원대로 계시를 받는 자 외에는 아버지를 아는 자가 없느니라"(마 11:27).

예수님은 이렇게 말씀하실 수도 있었다. "아버지 외에는 아들을 아는 자가 없고 아들 외에는 아버지를 아는 자가 없느니라." 그러나 예수님은 여기에 아주 중요한 말을 추가하셨다. "아들과 또 아들의 소원대로 계시를 받는 자 외에는." 아들은 원래 아버지를 아신다. 그래서 예수님은 하나님을 가리켜 "내 아버지" 또는 "하늘에 계신 내 아버지"라고 부르신 것이다. 그런데 아들의 계시를 통해 아버지를 알게 될 사람도 있을 것이다. 바로 제자들이다. 그래서 예수님은 그들에게 하나님을 가리켜 "네 아버지" 또는 "너희 아버지" 또는 "하늘에 계신 너희 아버지"("너희 하늘 아버지")라고 말씀하신 것이다. 그리고 그들이 기도할 때 하나님을 이렇게 부르도록 가르치신 것이다. "하늘에 계신 우리 아버지여."

그러므로 제자들이 기도할 때 하나님을 아버지로 부르는 것은 놀라운 특권이다. 그것은 예수님이 가지신 특권에 우리도 참여하는 것이다. 실제로 예수님은 기도하실 때 하나님을 아버지라 부르시곤 했다. 대표적인 예가 겟세마네 동산에서 기도하실 때다. "조금 나아가사 얼굴을 땅에 대시고 엎드려 기도하여 이르시되 내 아버지여 만일 할 만하시거든 이 잔을 내게서 지나가게 하옵소서 그러나 나의 원대로 마시옵고 아버지의 원대로 하옵소서 하시고"(마 26:39, 42, 44절 참조). 또 기록된 예수님의 기도 가운데 가장 긴 내용인 요한복음 17장에서, 예수님은 하나님을 "아버지여" "거룩하신 아버지여" "의로우신 아버지여" 등으로 부르셨다. 그런데 예수님은 제자들에게도 하나님을 아버지라 부르라고 말씀하신 것이다.

사도 바울은 제자들이 성령을 통해 하나님을 아바 아버지라고 부를 수 있게 되었다고 말한다. "너희는 다시 무서워하는 종의 영을 받지 아니하고 양자의 영을 받았으므로 우리가 아빠 아버지라고 부르짖느니라"(롬 8:15). "너희가 아들이므로 하나님이 그 아들의 영을 우리 마음 가운데 보내사 아빠 아버지라 부르게 하셨느니라"(갈 4:6). 이것은 제자들도 예수님과 같은 권리를 받았다는 것이다. 하나님을 아바 아버지라고 부를 수 있는 분은 예수님뿐이기 때문이다. "이르시되 아빠 아버지여 아버지께는 모든 것이 가능하오니 이 잔을 내게서 옮기시옵소서 그러나 나의 원대로 마시옵고 아버지의 원대로 하옵소서 하시고"(막 14:36).

"아버지"라는 말은 하나님의 선하심을 나타낸다. "너희가 악한 자라도 좋은 것으로 자식에게 줄 줄 알거든 하물며 하늘에 계신 너희 아버지께서 구하는 자에게 좋은 것으로 주시지 않겠느냐"(마 7:11). 따라서 이 말은 우리가 하나님께 기도하도록 자극하고 격려할 것이다.

이때 예수님이 제자들에게 "우리 아버지"라고 말씀하신 것은 중요하다. 이것은 제자들이 하나님의 자녀라는 동등한 자격으로 형제가 되었음을 의미한다. 따라서 이 말은 우리 안에 형제간 사랑을 촉진하고, 자신의 필요만이 아닌 공동체의 필요를 돌아보는 마음을 증가시킬 것이다. 주기도는 우리의 이기적인 태도를 바꾸게 만든다.

그런데 예수님은 여기에 하늘에 계신이라는 수식어를 붙이셨다. 이것은 하나님이 창조 세계를 초월하는 분임을 나타낸다. 이것은 기도와 관련해 온 우주가 무한한 능력을 가지신 하나님의 섭리 가운데 있음을 의미한다.

따라서 하늘에 계신 분으로서 하나님을 생각할 때 우리는 그분의 무한한 지혜와 능력을 의지하게 된다. 칼빈은 이렇게 말했다. "그러므로 우리는 이것을 듣게 될 때마다 그것이 하나님이 누구신지를 알게 하는 말씀이므로 우리의 생각을 더욱 높이 끌어올려야 한다. 그리하여 그에 관하여 어떤 지상적인 것이나 육체적인 것을 꿈꾸지 않도록, 우리의 작은 척도로 그 자신을 측량하지 않도록, 그의 의지를 우리의 정서로 몰아내지 않도록 해야 한다. 이와 동시에 그에 대한 우리의 확신을 더욱 고양시켜야 한다."[33]

그러므로 "하늘에 계신 우리 아버지여"는 하나님을 향한 우리의 믿음을 요구한다. 그것은 아버지로서 선하심과 하늘에 계신 분으로서 능력에 대한 믿음이다. 우리는 기도할 때 우선적으로 기도의 대상이신 하나님이 누구인지 생각해야 한다. 하나님은 우리에 대해서 선하신 분이다. 동시에 우리를 능히 도우실 수 있는 분이다. 예수님은 십자가를 지기 전 이렇게 기도하셨다. "아빠 아버지여 아버지께는 모든 것이 가능하오니 이 잔을 내게서 옮기시옵소서 그러나 나의 원대로 마시옵고 아버지의 원대로 하옵소서"(막 14:36). 예수님은 하나님의 능력을 믿기에 "아버지께는 모든 것이 가능하오니 이 잔을 내게서 옮기시옵소서"라고 기도하셨다. 동시에 하나님의 선하심을 믿기에 "나의 원대로 마옵시고 아버지의 원대로 하옵소서"라고 기도하셨다. 우리도 이렇게 믿고 기도해야 한다.

---

33 Calvinus, 『기독교 강요』 3권, pp.644-645.

주기도의 형식

그러면 주기도의 내용을 이해하기 위해 형식을 살펴보자. 주기도의 첫 세 절은 하나님에 대한 소원을 말한다. "이름이 거룩히 여김을 받으시오며 나라가 임하시오며 뜻이 하늘에서 이루어진 것 같이 땅에서도 이루어지이다"(9하-10절). 여기서 이름, 나라, 뜻 앞에는 모두 '당신의'라는 말이 붙어 있다. 하나님의 이름과 하나님의 나라와 하나님의 뜻에 대한 소원을 말한 것이 주기도의 첫 세 절이다. 이것은 모두 3인칭 명령형으로 되어 있다.

그에 비해 마지막 세 절은 우리에 대한 간구를 말한다. "오늘 우리에게 (우리의) 일용할 양식을 주시옵고 우리가 우리에게 죄 지은 자를 사하여 준 것 같이 우리 죄를 사하여 주시옵고 우리를 시험에 들게 하지 마시옵고 다만 악에서 (우리를) 구하시옵소서"(11-13절). 이것은 모두 2인칭 명령형으로 되어 있다. 이처럼 주기도에서는 하나님에 대한 소원이 우리에 대한 간구보다 우선한다. 이것은 제자들이 자신의 필요보다 하나님의 영광을 우선적으로 추구해야 함을 뜻한다.

또 3인칭 명령형으로 되어 있는 첫 세 절은 단순한 간구와 다르다. 2인칭 명령형으로 되어 있는 마지막 세 절은 우리에 대한 간구다. 여기서 우리는 우리의 필요에 대한 하나님의 행동을 요청한다. 그에 비해 3인칭 명령형으로 되어 있는 첫 세 절은 하나님께 대한 소원이다. 여기서 우리는 하나님의 영광에 대한 하나님의 행동을 요청하지 않는다. 하나님은 이미 자신의 영광을 위해 행동하시기 때문이다. 그 대신 여기서 우리는 자신의 영광을 위한 하나님의 행동에 반응할 뿐이다. 따라서 주기도의 첫 세 절은 간구라기보다 송영(頌榮)이다. 이것은 하나님의 영광에 대한 찬미이자 예배다.

그러므로 주기도를 통해 우리가 우선적으로 배워야 할 것은, 우리의 기도는 우리의 필요보다 하나님의 영광을 우선적으로 구해야 한다는 것이다. 우리의 기도는 우리의 필요에 대한 간구 이전에 하나님의 영광에 대한 예배여야 한다.

이름이 거룩히 여김을 받으시오며

그러면 주기도의 첫 번째 내용을 살펴보자. "(당신의) 이름이 거룩히 여김을 받으시오며." 이것은 하나님의 이름에 대한 것이다. 그러면 왜 하나님이 아니고 하나님의 이름일까? '당신이 즉 하나님이 거룩히 여김을 받으시오며'라고 하면 안 될까? 성경에서 하나님의 이름은 계시된 분으로서 하나님 자신을 가리킨다. 그래서 종종 하나님의 이름은 그분 자신과 동일시된다. "하나님은 유다에 알려지셨으며 그의 이름이 이스라엘에 크시도다"(시 76:1). "너희 중에 여호와를 경외하며 그의 종의 목소리를 청종하는 자가 누구냐 흑암 중에 행하여 빛이 없는 자라도 여호와의 이름을 의뢰하며 자기 하나님께 의지할지어다"(사 50:10). "내 영혼아 여호와를 송축하라 내 속에 있는 것들아 다 그의 거룩한 이름을 송축하라"(시 103:1).

예수님이 주기도의 첫 번째 내용으로 하나님이 아니라 하나님의 이름에 대해 말씀하신 이유는, 제자들의 기도가 계시된 분으로서 하나님 자신에 대한 것이기 때문이다. 이방인의 잘못된 기도는 그들이 하나님을 모르는 데 기인한다. 제자들의 올바른 기도는 그들이 하나님을 아는

데 기인한다. 그러면 제자들은 어떻게 하나님을 아는 것일까? 하나님이 자신을 계시해 주셨기 때문이다. "내 아버지께서 모든 것을 내게 주셨으니 아버지 외에는 아들을 아는 자가 없고 아들과 또 아들의 소원대로 계시를 받는 자 외에는 아버지를 아는 자가 없느니라"(마 11:27).

그렇다면 제자들에게는 하나님의 이름이 있다. 그 이름은 "하늘에 계신 우리 아버지"라는 이름이다. 따라서 "(당신의) 이름이 거룩히 여김을 받으시오며"는 그 이름에 합당한 반응을 말한다. 그것은 하나님의 거룩하심을 알고 인정하는 태도다. 그것은 하나님에 대한 경외심과 두려움으로 나타난다. "만군의 여호와 그를 너희가 거룩하다 하고 그를 너희가 두려워하며 무서워할(아라츠) 자로 삼으라"(사 8:13). "그의 자손은 내 손이 그 가운데에서 행한 것을 볼 때에 내 이름을 거룩하다 하며 야곱의 거룩한 이를 거룩하다 하며 이스라엘의 하나님을 경외할(아라츠) 것이며"(사 29:23). "하나님은 거룩한 자의 모임 가운데에서 매우 무서워할(아라츠) 이시오며 둘러 있는 모든 자 위에 더욱 두려워할 이시니이다"(시 89:7). "주의 크고 두려운 이름을 찬송할지니 그는 거룩하심이로다"(시 99:3). "여호와께서 그의 백성을 속량하시며 그의 언약을 영원히 세우셨으니 그의 이름이 거룩하고 지존하시도다(=두려우시도다)"(시 111:9) "주여 누가 주의 이름을 두려워하지 아니하며 영화롭게 하지 아니하오리이까 오직 주만 거룩하시니이다 주의 의로우신 일이 나타났으매 만국이 와서 주께 경배하리이다 하더라"(계 15:4).

그러므로 "(당신의) 이름이 거룩히 여김을 받으시오며"라는 주기도의 첫 번째 내용은, 우리가 기도할 때 거룩하신 하나님께 합당한 반응을 보여야 함을 말한다. 그것은 하나님을 향한 경외심이다. 우리는 기도할 때 이런 경외심이 있는가? 경박스러운 태도로 기도하지는 않는가?

그런데 이 내용은 기도하는 사람의 반응에 대해서만 말하지 않는다. 이 내용은 다른 사람의 반응에 대해서도 말한다. 이것은 하나님이 자신의 거룩한 이름을 지킴으로써 온 세상에서 찬송받기를 원한다는 고백이다. 우리는 기도할 때 이런 관심과 소원을 가져야 한다.

32

하나님의 나라와 하나님의 뜻

나라가 임하시오며 뜻이 하늘에서 이루어진 것 같이 땅에서도 이루어지이다

_ 마 6:10

주기도의 두 번째 내용은 "(당신의) 나라가 임하시오며"다. 이것은 첫 번째 내용인 "(당신의) 이름이 거룩히 여김을 받으시오며"와 밀접한 관계가 있다. "(당신의) 이름이 거룩히 여김을 받으시오며"는 하나님의 이름이 합당한 영광을 받으시기를 바라는 기원이다. 즉 주기도의 첫 번째 내용은 하나님의 영광에 대한 것이다. 그것은 사람들이 하나님의 거룩하심을 인식하고 그분께 경의 표하기를 바라는 기원이다. 그러나 현실은 그렇지 못하다. 많은 사람이 하나님의 이름을 욕되게 함으로써 그분의 거룩함을 짓밟고 있다. 기독교인을 자처하는 사람들도 마찬가지다.

그렇다면 이런 현실이 어떻게 바뀔 수 있을까? 이것이 주기도의 두 번째 내용이다. "(당신의) 나라가 임하시오며." 하나님의 이름이 거룩히 여김을 받으시려면 하나님의 나라가 임해야 한다. 하나님의 나라가 임하는 곳에서 하나님은 합당한 영광을 받으신다. 하나님의 나라가 임하는 것 없이 많은 사람이 하나님의 이름을 욕되게 하는 현실은 달라지지 않을 것이다.

나라가 임하시오며

그러면 "(당신의) 나라가 임하시오며"는 무슨 뜻일까? 하나님의 나라가 임한다(온다)는 말은 하나님이 왕으로서 통치하기 시작하신다는 뜻이 아니다. 그 일은 이미 시작되었기 때문이다. 마태는 이 사실을 분명히 보여준다. 마태는 마태복음을 기록할 때 처음부터 예수 그리스도를 하나님이 약속하신 왕으로 묘사한다.

마태복음 1장은 예수 그리스도의 족보와 탄생에 대해 기록한다. 마태는 1장 1절에서 이렇게 족보를 시작한다. "아브라함과 다윗의 자손 예수 그리스도의 계보라." 이 족보에서 예수님은 다윗 왕의 자손으로 오신 그리스도 왕으로 나타난다. 또 마태는 1장 18절에서 이렇게 탄생 기사를 시작한다. "예수 그리스도의 나심은 이러하니라." 이 기사에서 예수님은 다윗의 자손 요셉과 정혼한 마리아에게 성령으로 잉태되어 나신 아들이다. 따라서 예수님은 역시 다윗의 자손으로 오신 그리스도 왕으로 나타난다. 그래서 예수님이 나셨을 때 동방의 박사들은 예루살렘에 이르러 이렇게 말했다. "유대인의 왕으로 나신 이가 어디 계시냐 우리가 동방에서 그의 별을 보고 그에게 경배하러 왔노라"(마 2:2).

이처럼 마태는 처음부터 예수 그리스도를 하나님이 약속하신 왕으로 소개한다. 그럼으로써 하나님의 통치가 예수 그리스도의 오심으로 시작된 사실을 보여준다. 그래서 세례 요한은 활동을 시작하면서 이렇게 전파했다. "회개하라 천국이 가까이 왔느니라"(마 3:2). 예수님도 활동을 시작하면서 같은 메시지를 전파하셨다. "회개하라 천국이 가까이 왔느니라"(마 4:17). 천국이 가까이 왔다는 말은 하나님의 통치가 이 땅에서 이미 시작되었음을 의미한다. 마태는 하나님의 나라라는 말도 사용하지만 그것보다 천국이라는 말을 더 선호한다. 그것은 하나님의 이름을 감히 부르지 않는 유대인의 관습을 따른 것이라기보다, 마태의 취향을 따른 것이거나 땅과 대비되는 것으로서 하늘을 강조하는 것일 수 있다.

그런 다음 마태는 예수님의 갈릴리 사역을 요약하면서 이렇게 말한다. "예수께서 온 갈릴리에 두루 다니사 그들의 회당에서 가르치시며 천국 복음을 전파하시며 백성 중의 모든 병과 모든 약한 것을 고치시니"(마 4:23). 따라서 예수님이 천국 복음을 전파하신 것은 천국이 가까이 왔다는, 다시 말해 하나님의 통치가 이 땅에서 이미 시작되었다는 내용이다.

그 후로도 천국 복음을 전파하시는 예수님의 사역은 계속된다. 그래서 마태복음 9장 35절에 가면 다시 이런 설명이 나타난다. "예수께서 모든 도시와 마을에 두루 다니사 그들의 회당에서 가르치시며 천국 복음을 전파하시며 모든 병과 모든 약한 것을 고치시니라." 그리고 이어서 열두 제자를 전도하러 보내시는데 그들에게 이렇게 명하셨다. "가면서 전파하여 말하되 천국이 가까이 왔다 하고"(마 10:7). 제자들도 예수님이 전파하신 내용을 똑같이 전파하도록 보냄받은 것이다. 이러한 천국 복음은 주님이 다시 오실 때까지 계속 전파될 것이다. "이 천국 복음이 모든 민족에게 증언되기 위하여 온 세상에 전파되리니 그제야 끝이 오리라"(마 24:14).

이처럼 하나님의 나라는 예수 그리스도의 오심으로 이 땅에서 이미 시작되었다. 그렇다면 "(당신의) 나라가 임하시오며"는 하나님의 통치가 시작되기를 바라는 기원이 아니다. 이 말은 이미 시작된 하나님의 통치에 사람들이 복종하기를 바라는 기원이다. 이렇게 사람들이 하나님의 통치에 복종하게 될 때 하나님의 나라가 임하는 것이다.

팔복의 말씀은 바로 이러한 사람들을 묘사한 것이다. 그들은 "회개하라 천국이 가까이 왔느니라"는 말씀을 듣고 반응한 사람들이다. 그들은 회개했고, 천국이 그들에게 임했다. 그래서 팔복의 처음과 마지막은 그들이 현재 소유한 천국을 말한다. "심령이 가난한 자는 복이 있나니 천국이 그들의 것임이요 … 의를 위하여 박해를 받은 자는 복이 있나니 천국이 그들의 것임이라"(마 5:3, 10).

그러나 하나님의 나라가 모든 사람에게 임하는 것은 아니다. 마태복음 21장에서 예수님은 대제사장들과 바리새인들에게 한 비유를 말씀하셨다.

다른 한 비유를 들으라 한 집 주인이 포도원을 만들어 산울타리로 두르고 거기에 즙 짜는 틀을 만들고 망대를 짓고 농부들에게 세로 주고 타국에 갔더니 열매 거둘 때가 가까우매 그 열매를 받으려고 자기 종들을 농부들에게 보내니 농부들이 종들을 잡아 하나는 심히 때리고 하나는 죽이고 하나는 돌로 쳤거늘 다시 다른 종들을 처음보다 많이 보내니 그들에게도 그렇게 하였는지라 후에 자기 아들을 보내며 이르되 그들이 내 아들은 존대하리라 하였더니 농부들이 그 아들을 보고 서로 말하되 이는 상속자니 자 죽이고 그의 유산을 차지하자 하고 이에 잡아 포도원 밖에 내쫓아 죽였느니라 그러면 포도원 주인이 올 때에 그 농부들을 어떻게 하겠느냐 그들이 말하되 그 악한 자들을 진멸하고 포도원은 제 때에 열매를 바칠 만한 다른 농부들에게 세로 줄지니이다(마 21:33-41)

이 비유에서 포도원 농부들의 잘못은 포도원 주인의 권세를 인정하지 않은 것이다. 그래서 그 아들도 공경하지 않은 것이다. 예수님은 이 비유를 통해 대제사장들과 바리새인들의 잘못을 지적하셨다. 그들도 예수님을 거부함으로써 하나님의 권세를 인정하지 않았기 때문이다. 예수님은 그들에게 이렇게 말씀하셨다.

너희가 성경에 건축자들이 버린 돌이 모퉁이의 머릿돌이 되었나니 이것은 주로 말미암아 된 것이요 우리 눈에 기이하도다 함을 읽어 본 일이 없느냐 그러므로 내가 너희에게 이르노니 하나님의 나라를 너희는 빼앗기고 그 나라의 열매 맺는 백성이 받으리라 이 돌 위에 떨어지는 자는 깨지겠고 이 돌이 사람 위에 떨어지면 그를 가루로 만들어 흩으리라(마 21:42-44)

대제사장들과 바리새인들은 하나님의 통치에 복종하지 않았고, 하나님의 나라가 그들에게 임하지 않았다. 따라서 "(당신의) 나라가 임하시오며"는 사람들이 하나님의 통치에 복종하기를 바라는 기원이다. 여기에는 우선 기도하는 사람 자신이 하나님의 통치에 복종하는 것이 포함된다. 더 나아가 많은 사람이 하나님의 통치에 복종하는 것이 포함된다. 그리고 장차 하나님의 완전한 통치가 이루어지는 것도 포함된다. 예수님은 그때의 일을 이렇게 말씀하셨다. "그 때에 임금이 그 오른편에 있는 자들에게 이르시되 내 아버지께 복 받을 자들이여 나아와 창세로부터 너희를 위하여 예비된 나라를 상속받으라 … 또 왼편에 있는 자들에게 이르시되 저주를 받은 자들아 나를 떠나 마귀와 그 사자들을 위하여 예비된 영원한 불에 들어가라"(마 25:34, 41). 사도 바울은 그때의 일을 이렇게 말했다. "그 후에는 마지막이니 그가 모든 통치와 모든 권세와 능력을 멸하시고 나라를 아버지 하나님께 바칠 때라 … 만물을 그에게 복종하게 하실 때에는 아들 자신도 그 때에 만물을 자기에게 복종하게 하신 이에게 복종하게 되리니 이는 하나님이 만유의 주로서 만유 안에 계시려 하심이라"(고전 15:24, 28). "너희의 복종이 온전하게 될 때에 모든 복종하지 않는 것을 벌하려고 준비하는 중에 있노라"(고후 10:6).

뜻이 하늘에서 이루어진 것 같이 땅에서도 이루어지이다

주기도의 두 번째 내용은 하나님의 통치에 대한 사람들의 복종을 바라는 기원이다. 이 점은 세 번째 내용을 통해 더욱 분명히 드러난다. "(당신의) 뜻이 하늘에서 이루어진 것 같이 땅에서도 이루어지이다." 하나님의 나라가 임하는 것의 본질은 사람들이 하나님의 왕권에 복종하여 그분의 뜻을 행하는 것이다. 하나님의 나라는 그분의 뜻을 행하는 사람에게 임하는 것이다. 하나님의 뜻을 행하지 않으면 하나님의 나라는 임하지 않는다.

마태복음 21장에는 예수님의 권세를 부정하는 대제사장들과 백성의 장로들(지도자들)이 등장한다. 예수님은 그들에게 두 아들의 비유를 말씀하셨다.

그러나 너희 생각에는 어떠하냐 어떤 사람에게 두 아들이 있는

데 맏아들에게 가서 이르되 얘 오늘 포도원에 가서 일하라 하니 대
답하여 이르되 아버지 가겠나이다 하더니 가지 아니하고 둘째 아들
에게 가서 또 그와 같이 말하니 대답하여 이르되 싫소이다 하였다
가 그 후에 뉘우치고 갔으니 그 둘 중의 누가 아버지의 뜻대로 하였
느냐 이르되 둘째 아들이니이다 예수께서 그들에게 이르시되 내가
진실로 너희에게 이르노니 세리들과 창녀들이 너희보다 먼저 하나
님의 나라에 들어가리라 요한이 의의 도로 너희에게 왔거늘 너희는
그를 믿지 아니하였으되 세리와 창녀는 믿었으며 너희는 이것을 보
고도 끝내 뉘우쳐 믿지 아니하였도다(마 21:28-32)

여기서 중요한 것은 세리와 창기들이 지도자들보다 먼저 하나님의
나라에 들어가는 이유다. 세리들과 창기들이 대제사장들과 백성의 장
로들보다 더 나은 삶을 살아서일까? 아니다. 그 이유는 오직 하나, 그들
이 하나님의 뜻대로 행했기 때문이다. 그들은 세례 요한을 믿고 의의
도에 순종한 것이다. 누가는 이 사실을 이렇게 기록했다. "모든 백성과
세리들은 이미 요한의 세례를 받은지라 이 말씀을 듣고 하나님을 의롭
다 하되 바리새인과 율법교사들은 그의 세례를 받지 아니함으로 그들
자신을 위한 하나님의 뜻을 저버리니라"(눅 7:29-30). 세리들과 창기들
은 하나님의 뜻을 행했고, 하나님의 나라에 들어가게 된 것이다.
　하나님의 나라는 사람들이 그분의 통치에 복종하여 그분의 뜻을 행
하는 데 임한다. 이런 점에서 하나님의 뜻을 행하는 것이 예수님의 제
자 된 진정한 표지다. 예수님은 산상수훈에서 제자들에게 그 점을 이렇
게 말씀하셨다. "나더러 주여 주여 하는 자마다 다 천국에 들어갈 것이
아니요 다만 하늘에 계신 내 아버지의 뜻대로 행하는 자라야 들어가리

라"(마 7:21).

또 예수님과 제자들의 긴밀한 유대 관계는 그들이 하나님의 뜻을 행하는 데 존재한다. 한번은 예수님이 무리에게 말씀하실 때 모친과 동생들이 와서 예수님을 찾았다. 그러자 한 사람이 와서 예수님께 말했다. "보소서 당신의 어머니와 동생들이 당신께 말하려고 밖에 서 있나이다"(마 12:47). 그러자 예수님이 대답하셨다. "누가 내 어머니이며 내 동생들이냐"(마 12:48). 그런 다음 이어진 예수님의 행동과 말씀을 마태는 이렇게 기록했다. "손을 내밀어 제자들을 가리켜 이르시되 나의 어머니와 나의 동생들을 보라 누구든지 하늘에 계신 내 아버지의 뜻대로 하는 자가 내 형제요 자매요 어머니이니라 하시더라"(마 12:49-50).

여기서 마태는 "손을 내밀어 제자들을 가리켜"라고 말한다. 이것은 "둘러 앉은 자들을 보시며"(막 3:34)라는 마가의 기록과 달리 제자들을 강조한 말씀이다. 예수님은 제자들을 가리켜 "나의 어머니와 나의 동생들"이라고 말씀하신 것이다. 이것은 예수님과 제자들의 긴밀한 유대 관계를 보여준다. 그런데 이러한 결속은 제자들이 하나님의 뜻을 행할 때만 가능하다. 예수님은 말씀하셨다. "누구든지 하늘에 계신 내 아버지의 뜻대로 하는 자가 내 형제요 자매요 어머니이니라."

여기 '누구든지'에 주목하라. 우리도 하나님의 뜻을 행할 때 예수님과의 이런 긴밀한 유대 관계를 누릴 수 있다. 왜냐하면 예수님이 하나님의 뜻을 행하시기 때문이다. 이 사실은 예수님이 겟세마네 동산에서 기도하실 때 잘 드러났다. "다시 두 번째 나아가 기도하여 이르시되 내 아버지여 만일 내가 마시지 않고는 이 잔이 내게서 지나갈 수 없거든 아버지의 원대로 되기를 원하나이다 하시고"(마 26:42). 여기 사용된 "아버지의 원대로(당신의 뜻대로) 되기를 원하나이다"는 주기도의 표현과 동일하다. "(당신의) 뜻이 … 이루어지이다."

우리가 제자로서 예수님과의 긴밀한 유대 관계를 맛보는 것은 하나님의 뜻을 행할 때다. 그런데 종종 하나님의 뜻을 행하지 못할 때가 있다. 그것은 하나님의 뜻을 잘 알지 못해서일 수도 있고, 알지만 순종하지 못해서일 수도 있다. 그래서 예수님은 우리에게 "(당신의) 뜻이 … 이루어지이다"라는 내용에 "하늘에서 이루어진 것 같이 땅에서도"라는 말을 집어넣어 기도하게 하셨다. 하늘은 하나님의 뜻이 완벽하게 이루어지는 곳이다. 그러나 땅은 그렇지 못하다. 우리는 하나님의 뜻이 하늘에서처럼 이 땅에서도 완전히 이루어지기를 기원해야 한다. 이것이 주기도의 세 번째 내용에 담긴 정신이다.

여기서 필요한 것은 하나님의 뜻을 잘 알고 이해하는 일이다. 이 일은 우리 스스로 할 수 없고 하나님에 의해서만 가능하다. "그러므로 어리석은 자가 되지 말고 오직 주의 뜻이 무엇인가 이해하라 (그리고) 술 취하지 말라 이는 방탕한 것이니 오직 성령으로 충만함을 받으라"(엡 5:17-18). "너희 안에서 행하시는 이는 하나님이시니 자기의 기쁘신 뜻을 위하여 너희에게 소원을 두고 행하게 하시나니"(빌 2:13). "이로써 우리도 듣던 날부터 너희를 위하여 기도하기를 그치지 아니하고 구하노니 너희로 하여금 모든 신령한 지혜와 총명에 하나님의 뜻을 아는 것으로 채우게 하시고"(골 1:9). "그리스도 예수의 종인 너희에게서 온 에바브라가 너희에게 문안하느니라 그가 항상 너희를 위하여 애써 기도하여 너희로 하나님의 모든 뜻 가운데서 완전하고 확신 있게 서기를 구하나니"(골 4:12). "… 평강의 하나님이 모든 선한 일에 너희를 온전하게 하사 자기 뜻을 행하게 하시고…"(히 13:20-21). 그런데 하나님의 뜻은 우리가 순종하려고 할 때 알려지는 경우가 많다. "사람이 하나님의 뜻을 행하려 하면 이 교훈이 하나님께로부터 왔는지 내가 스스로 말함인지 알리라"(요 7:17). "너희는 이 세대를 본받지 말고 오직 마음을 새롭게 함으로 변화를 받아 하나님의 선하시고 기뻐하시고 온전하신 뜻이 무엇인지 분별하도록 하라"(롬 12:2).

지금까지 살펴본 주기도의 첫 세 절은 하나님께 대한 기원이다. 그런데 하나님의 이름, 하나님의 나라, 하나님의 뜻에 대한 세 기원은 사실상 하나다. 하나님의 이름은 하나님의 나라에 의해 합당한 영광을 얻고, 하나님의 나라는 하나님의 뜻을 행하는 것으로 나타나기 때문이다. 존 칼빈은 이러한 연결을 이렇게 표현했다. "하나님의 이름을 거룩히 여기는 일은 항상 그분의 통치와 관련되며, 그분의 통치에 대한 뛰어난 특징은 그분의 뜻의 실천에서 찾아볼 수 있다."[34] 아더 핑크 역시 주기도의 첫 세 절이 사실상 하나임을 이렇게 말했다. "하나님의 이름은 이 땅에서 그의 '나라'가 우리 마음에 임하는 만큼, 그리고 그의 '뜻'이 우리에 의해 이루어지는 것만큼만 영광을 입으시는 것이다."[35]

---

34 Calvin, *Commentary on Matthew* 6:9.

35 Arthur W. Pink, *An Exposition of the Sermon on the Mount*, 『산상수훈 강해』, 지상우 역(파주: 크리스챤다이제스트, 2015), p.214.

33

일용할 양식을 위한 간구

오늘 우리에게 일용할 양식을 주시옵고

_마 6:11

———

주기도는 크게 두 부분으로 이루어져 있다. 첫 세 절은 하나님의 영광에 대한 기원이다.

> 이름이 거룩히 여김을 받으시오며
> 나라가 임하시오며
> 뜻이 하늘에서 이루어진 것 같이 땅에서도 이루어지이다

여기 이름, 나라, 뜻 앞에는 모두 '당신의'라는 말이 붙어 있다. 이 세 절은 모두 하나님에 대한 것으로 사실상 하나다. 하나님의 이름은 하나님의 나라에 의해 합당한 영광을 얻고, 하나님의 나라는 하나님의 뜻을 행하는 것으로 나타나기 때문이다. 이 세 절은 3인칭 명령형으로 되어 있는 기원이다. 여기서 우리는 하나님의 영광을 위한 그분의 행동을 요청하는 게 아니라, 하나님의 영광을 위한 그분의 행동에 반응하는 것이다. 따라서 주기도의 첫 세 절은 간구라기보다 기원이고 송영이다.

그다음 마지막 세 절은 우리의 필요에 대한 간구다.

오늘 우리에게 (우리의) 일용할 양식을 주시옵고

우리가 우리에게 죄 지은 자를 사하여 준 것 같이 우리 죄를 사하여 주시옵고

우리를 시험에 들게 하지 마시옵고 다만 악에서 (우리를) 구하시옵소서

앞의 세 절이 '당신'에 대한 내용이라면, 이 세 절은 '우리'에 대한 내용이다. 앞의 세 절이 3인칭 명령형으로 되어 있다면, 이 세 절은 2인칭 명령형으로 되어 있다. 여기서 우리는 우리의 필요를 위한 하나님의 행동을 요청한다. 따라서 주기도의 마지막 세 절은 간구다.

이처럼 주기도는 우리의 필요보다 하나님의 영광을 우선한다. 이 점은 우리의 필요에 대한 간구에서도 유지되어야 한다. 하나님의 영광을 추구하지 않으면서 우리의 필요만을 요구하는 것은 올바른 기도가 아니다. 우리가 우리의 필요를 구하더라도 하나님의 영광이라는 궁극적 목적을 위해 그렇게 해야 한다. 그냥 '사업이 잘되게 해 주세요' 하는 것과 '하나님의 영광을 위해 사업이 잘되게 해 주세요'는 다른 것이다.

물질적 필요에 대한 간구

이제부터 우리의 필요에 대한 간구를 살펴보자. 여기서 첫 번째 간구는 "오늘 우리에게 (우리의) 일용할 양식을 주시옵고"라는 내용이다. 양식은 생존을 위해 요구되는 가장 기본적인 필요다. 예수님은 우리의 물질적 필요 가운데 가장 기본적인 것을 언급하셨다. 우리는 양식 같은

가장 기본적인 필요를 위해서도 기도로 하나님께 의지해야 한다.

하나님은 인간에게 필요한 양식을 주시는 분이다. "그가 가축을 위한 풀과 사람을 위한 채소를 자라게 하시며 땅에서 먹을 것이 나게 하셔서 사람의 마음을 기쁘게 하는 포도주와 사람의 얼굴을 윤택하게 하는 기름과 사람의 마음을 힘있게 하는 양식을 주셨도다"(시 104:14-15). "내가 이 성의 식료품에 풍족히 복을 주고 떡으로 그 빈민을 만족하게 하리로다"(시 132:15). "모든 사람의 눈이 주를 앙망하오니 주는 때를 따라 그들에게 먹을 것을 주시며"(시 145:15). 그래서 야곱은 하란으로 갈 때 자신의 양식과 의복에 대해 하나님을 의지했다. "야곱이 서원하여 이르되 하나님이 나와 함께 계셔서 내가 가는 이 길에서 나를 지키시고 먹을 떡과 입을 옷을 주시어"(창 28:20). 또 나오미가 흉년을 피해 갔던 모압 땅에서 베들레헴으로 돌아오게 된 것은 하나님께서 자기 백성에게 양식을 주셨기 때문이다. "그 여인이 모압 지방에서 여호와께서 자기 백성을 돌보시사 그들에게 양식을 주셨다 함을 듣고 이에 두 며느리와 함께 일어나 모압 지방에서 돌아오려 하여"(룻 1:6).

이처럼 하나님은 양식 같은 가장 기본적인 필요를 공급해 주신다. 그렇다면 하나님은 우리의 다른 물질적 필요도 공급해 주실 것이다. 하나님은 우리의 양식뿐 아니라 의복과 주거, 그밖에 이 땅의 삶에 필요한 모든 것을 공급해 주신다. 양식은 일종의 대유법으로, 예수님은 양식뿐 아니라 다른 모든 물질적 필요를 하나님께 구하라고 하신다. 이것이 "오늘 우리에게 (우리의) 일용할 양식을 주시옵고"라는 간구의 의미다.

하나님은 우리의 아버지로서 우리의 영적 필요뿐 아니라 물질적 필요에 대해서도 관심을 기울이신다. 이 사실을 보여주는 중요한 성경구절 두 개가 있다. 하나는 로마서 8장 32절이다. "자기 아들을 아끼지 아니하시고 우리 모든 사람을 위하여 내주신 이가 어찌 그 아들과 함께 모든 것을 우리에게 주시지 아니하겠느냐." 여기서 "모든 것"에는 우리의 영적 필요뿐 아니라 물질적 필요도 포함된다. 또 하나는 빌립보서 4장 19절이다. "나의 하나님이 그리스도 예수 안에서 영광 가운데 그 풍성한 대로 너희 모든 쓸 것을 채우시리라." 여기서도 "너희 모든 쓸 것"을 말한다. 우리의 필요 가운데 하나님의 관심에서 제외되는 것은 하나도 없다.

이 두 구절에서 주목할 점은 두 가지다. 하나는 이 두 구절이 말하는 약속이 그리스도인에게만 국한된다는 점이다. "그 아들과 함께"와 "그리스도 예수 안에서"가 그 점을 나타낸다. 또 하나는 이 두 구절이 말하는 약속의 풍성함이다. "자기 아들을 아끼지 아니하시고"나 "영광 가운데 그 풍성한 대로"가 그 점을 나타낸다.

따라서 우리는 이 땅에서 필요한 모든 물질적 필요에 대해 기도로써 하나님께 아뢰어야 한다. 사도 바울은 이렇게 말한다. "아무 것도 염려하지 말고 다만 모든 일에 기도와 간구로, 너희 구할 것을 감사함으로 하나님께 아뢰라"(빌 4:6). 또 사도 베드로는 이렇게 말한다. "너희 염려를 다 주께 맡기라 이는 그가 너희를 돌보심이라"(벧전 5:7). 여기서 사도 바울이 말한 "모든 일"이나 사도 베드로가 말한 "다"에 주목하라. 우리가 하나님께 기도로써 아뢰거나 맡기지 못할 것은 아무것도 없다. 이것이 "오늘 우리에게 (우리의) 일용할 양식을 주시옵고"라는 간구에 담긴 의미다.

탐욕의 억제

그런데 여기에는 우리가 간과해서는 안 될 매우 중요한 단어가 들어 있다. 바로 "오늘"과 "일용할"이다. 누가는 오늘 대신 "날마다"를 사용했다. 예수님은 이 단어를 통해 우리가 하나님께 물질적 필요를 구하는 데 제한을 두신다. 우리는 원하는 대로 무엇이든지 구하도록 허락받지 않았다. 하나님이 정하신 대로 구하도록 허락받았다. 그것이 "오늘 우리에게 (우리의) 일용할 양식을 주시옵고"에 들어 있는 또 다른 의미다.

예수님이 이렇게 하신 의도는 이 세상의 것에 대한 우리의 무절제한 탐욕을 제어하시기 위함이다. 우리는 "오늘 우리에게 (우리의) 일용할 양식을 주시옵고"라고 기도할 때마다 우리의 탐욕을 억제하는 것이다. 우리는 하나님께서 허락하신 만큼 얻는 것으로 만족해야 한다. 하나님은 우리가 필요 이상으로 사치한 생활을 하도록 주시지 않는다. 하나님은 우리에게 필요한 것만 주신다.

이로써 예수님은 우리가 무제한적인 탐욕을 따라 살지 않고 하나님이 허락하신 만큼 만족하며 살게 하신다. 이 사실은 하나님께서 이스라엘 백성에게 만나를 주신 데서도 드러난다. 시편 78편을 보면, 하나님은 이스라엘 백성의 탐욕에 대한 반응으로 만나를 주셨다. 18-20절은 그들이 탐욕대로 식물을 구한 사실을 말한다. "그들이 그들의 탐욕대로 음식을 구하여 그들의 심중에 하나님을 시험하였으며 그뿐 아니라 하나님을 대적하여 말하기를 하나님이 광야에서 식탁을 베푸실 수 있으랴 보라 그가 반석을 쳐서 물을 내시니 시내가 넘쳤으나 그가 능히 떡도 주시며 자기 백성을 위하여 고기도 예비하시랴 하였도다." 그런 다음 21-31절은 그에 대한 반응으로 하나님께서 그들에게 만나와

메추라기를 주신 사실을 말한다. "그러므로 여호와께서 듣고 노하셨으며 야곱에게 불 같이 노하셨고 또한 이스라엘에게 진노가 불타 올랐으니 이는 하나님을 믿지 아니하며 그의 구원을 의지하지 아니한 때문이로다 그러나 그가 위의 궁창을 명령하시며 하늘 문을 여시고 그들에게 만나를 비 같이 내려 먹이시며 하늘 양식을 그들에게 주셨나니 사람이 힘센 자의 떡을 먹었으며 그가 음식을 그들에게 충족히 주셨도다 그가 동풍을 하늘에서 일게 하시며 그의 권능으로 남풍을 인도하시고 먼지처럼 많은 고기를 비 같이 내리시고 나는 새를 바다의 모래 같이 내리셨도다 그가 그것들을 그들의 진중에 떨어지게 하사 그들의 거처에 두르셨으므로 그들이 먹고 심히 배불렀나니 하나님이 그들의 원대로 그들에게 주셨도다 그러나 그들이 그들의 욕심을 버리지 아니하여 그들의 먹을 것이 아직 그들의 입에 있을 때에 하나님이 그들에게 노염을 나타내사 그들 중 강한 자를 죽이시며 이스라엘의 청년을 쳐 엎드러뜨리셨도다." 여기서도 이스라엘 백성의 탐욕("원" 또는 "욕심")이 강조된다.

그래서 하나님은 이스라엘 백성에게 만나를 주실 때 그들의 탐욕을 억제하는 방식으로 주셨다. 일용할 양식을 날마다 거두게 하신 것이다. "그때에 여호와께서 모세에게 이르시되 보라 내가 너희를 위하여 하늘에서 양식을 비 같이 내리리니 백성이 나가서 일용할 것을 날마다 거둘 것이라 이같이 하여 그들이 내 율법을 준행하나 아니하나 내가 시험하리라 여섯째 날에는 그들이 그 거둔 것을 준비할지니 날마다 거두던 것의 갑절이 되리라"(출 16:4-5).

이처럼 우리는 우리의 무제한적인 탐욕을 따라 살지 않고 하나님이 허락하신 만큼 만족하며 살아야 한다. 성경은 이것이 그리스도인이 가져야 할 자세임을 여러 곳에서 보여준다. "군인들도 물어 이르되 우리는 무엇을 하리이까 하매 이르되 사람에게서 강탈하지 말며 거짓으로 고발하지 말고 받는 급료를 족한 줄로 알라 하니라"(눅 3:14). 사도 바울은 자신에 대해 이렇게 말한다. "내가 궁핍하므로 말하는 것이 아니니라 어떠한 형편에든지 나는 자족하기를 배웠노니 나는 비천에 처할 줄도 알고 풍부에 처할 줄도 알아 모든 일 곧 배부름과 배고픔과 풍부와 궁핍에도 처할 줄 아는 일체의 비결을 배웠노라 내게 능력 주시는 자 안에서 내가 모든 것을 할 수 있느니라"(빌 4:11-13). "그러나 자족하는 마음이 있으면 경건은 큰 이익이 되느니라 우리가 세상에 아무 것도 가지고 온 것이 없으매 또한 아무 것도 가지고 가지 못하리니 우리가 먹을 것과 입을 것이 있은즉 족한 줄로 알 것이니라 부하려 하는 자들은 시험과 올무와 여러 가지 어리석고 해로운 욕심에 떨어지나니 곧 사람으로 파멸과 멸망에 빠지게 하는 것이라 돈을 사랑함이 일만 악의 뿌리가 되나니 이것을 탐내는 자들은 미혹을 받아 믿음에서 떠나 많은 근심으로써 자기를 찔렀도다"(딤전 6:6-10). "돈을 사랑하지 말고 있는 바를 족한 줄로 알라 그가 친히 말씀하시기를 내가 결코 너희를 버리지 아니하고 너희를 떠나지 아니하리라 하셨느니라"(히 13:5).

또 성경은 물질적 필요에 있어서 탐욕을 경계한다. "그들에게 이르시되 삼가 모든 탐심을 물리치라 사람의 생명이 그 소유의 넉넉한 데 있지 아니하니라 하시고"(눅 12:15). "음행과 온갖 더러운 것과 탐욕은 너희 중에서 그 이름조차도 부르지 말라 이는 성도에게 마땅한 바니라"(엡 5:3). "그러므로 땅에 있는 지체를 죽이라 곧 음란과 부정과 사욕과 악한 정욕과 탐심이니 탐심은 우상 숭배니라"(골 3:5).

요즈음 우리 사회를 시끄럽게 하는 일들을 생각해 보라. 대부분이 하나님께서 정해 주신 것으로 만족할 줄 모르고, 인간의 무제한적인 탐욕을 따르다 벌어진 일들이 아닌가? 사람들이 자신의 탐욕을 채우기 위해 부당한 방법으로 돈과 섹스와 권력을 얻으려고 한 것이 아닌가? 특히 사회 지도층에 있는 사람들이 위선적으로 뻔뻔하게 이런 일을 해 온 것이 아닌가? 더군다나 기독교인을 자처하는 사람들마저도 똑같은 일을 해 온 것이 아닌가? 이것이 오늘 우리 사회의 비극이다.

그런데 예수님은 주기도의 내용으로 그리스도인이 이런 삶의 자세를 버릴 것을 주문하신다. 예수님은 우리가 "오늘 우리에게 (우리의) 일용할 양식을 주시옵고"라고 기도할 때마다 우리의 탐욕을 억제하라고 하신다. 이것이 주기도에서 우리의 필요에 대한 첫 번째 간구에 들어 있는 정신이다.

하나님께 의지함

예수님이 "오늘 우리에게 (우리의) 일용할 양식을 주시옵고"라고 기도하라고 하신 데는 또 다른 의도가 있다. 그것은 우리가 매일 하나님께 의지하여 살아가게 하기 위함이다. 만일 하나님께서 우리의 필요한 양식을 한 번에 다 주신다면, 우리는 더 이상 하나님을 의지할 필요가 없다고 생각할 것이다. 예수님은 이 기도를 통해 우리가 날마다 하나님을 믿고 살아갈 것을 주문하신다. 만일 우리가 매일 우리의 필요를 공급해 주실 하나님을 믿지 않는다면, 우리는 스스로 내일을 대비하려고 할 것이다.

성경은 하나님께서 만나를 내려주셨을 때 이스라엘 백성이 그랬던 것을 보여준다. "모세가 그들에게 이르기를 아무든지 아침까지 그것을 남겨두지 말라 하였으나 그들이 모세에게 순종하지 아니하고 더러는 아침까지 두었더니 벌레가 생기고 냄새가 난지라 모세가 그들에게 노하니라 … 엿새 동안은 너희가 그것을 거두되 일곱째 날은 안식일인즉 그 날에는 없으리라 하였으나 일곱째 날에 백성 중 어떤 사람들이 거두러 나갔다가 얻지 못하니라"(출 16:19-20, 26-27). 이스라엘 백성은 모세의 말을 듣지 않고 아침까지 만나를 남겨두거나 일곱째 날에도 만나를 거두러 나갔다. 그들은 내일 다시 만나를 내려주실 하나님을 믿는 대신 스스로 대비하려고 한 것이다.

아굴의 잠언에는 이런 내용이 나온다. "내가 두 가지 일을 주께 구하였사오니 내가 죽기 전에 내게 거절하지 마시옵소서 곧 헛된 것과 거짓말을 내게서 멀리하옵시며 나를 가난하게도 마옵시고 부하게도 마옵시고 오직 필요한 양식으로 나를 먹이시옵소서 혹 내가 배불러서 하나님을 모른다 여호와가 누구냐 할까 하오며 혹 내가 가난하여 도둑질하고 내 하나님의 이름을 욕되게 할까 두려워함이니이다"(잠 30:7-9). 여기서 아굴이 주께 구한 내용은 주기도의 내용과 비슷하다. "오직 필요한 양식으로 나를 먹이시옵소서." 그가 이렇게 구한 이유는 필요 이상의 양식을 가질 경우 더는 하나님을 믿으려고 하지 않을 것을 알았기 때문이다.

오늘 우리는 대부분 양식을 걱정하지 않고 살아간다(지구상에는 양식을 걱정해야 하는 사람들이 많지만). 아마 평생 먹을 양식을 마련하기에 충분한 돈을 이미 벌어 둔 사람도 꽤 있을 것이다. 그러나 그리스도인이라면 이렇게 기도해야 한다. "오늘 우리에게 (우리의) 일용할 양식을 주시옵고." 이것은 자신의 풍부한 소유를 의지하지 않고 하나님을 의지한다는 뜻이다. 사도 바울은 디모데에게 이렇게 말했다. "네가 이 세대에서 부한 자들을 명하여 마음을 높이지 말고 정함이 없는 재물에 소망을 두지 말고 오직 우리에게 모든 것을 후히 주사 누리게 하시는 하나님께 두며"(딤전 6:17). 여기서 "정함이 없는 재물"은 재물의 불확실성을 뜻한다. "네가 어찌 허무한 것에 주목하겠느냐 정녕히 재물은 스스로 날개를 내어 하늘을 나는 독수리처럼 날아가리라"(잠 23:5). "어떤 사람은 그의 영혼이 바라는 모든 소원에 부족함이 없어 재물과 부요와 존귀를 하나님께 받았으나 하나님께서 그가 그것을 누리도록 허락하지 아니하셨으므로 다른 사람이 누리나니 이것도 헛되어 악한 병이로다"(전 6:2). 그러므로 재물에 소망을 두는 것은 안전할 수 없다. 그에 비해 하나님은 "우리에게 모든 것을 후히 주사 누리게 하시는" 분이다. 그러므로 하나님께 소망을 두는 것은 안전하다. 우리가 "오늘 우리에게 (우리의) 일용할 양식을 주시옵고"라고 기도할 때, 우리는 쌓아 둔 재물을 의지하지 않고 하나님을 의지하는 것이다.

다른 형제의 필요를 돌봄

마지막으로 "오늘 우리에게 (우리의) 일용할 양식을 주시옵고"라는 간구에는 다른 형제의 궁핍한 처지를 살피는 마음이 들어 있다. '우리의'라는 말이 그 점을 내포한다. 그리스도인은 가난한 형제를 돌볼 책임이 있다. "만일 형제나 자매가 헐벗고 일용할 양식이 없는데 너희 중에 누구든지 그에게 이르되 평안히 가라, 덥게 하라, 배부르게 하라 하며 그 몸에 쓸 것을 주지 아니하면 무슨 유익이 있으리요"(약 2:15-16). "누가 이 세상의 재물을 가지고 형제의 궁핍함을 보고도 도와 줄 마음

을 닫으면 하나님의 사랑이 어찌 그 속에 거하겠느냐"(요일 3:17). 우리
가 "오늘 우리에게 (우리의) 일용할 양식을 주시옵고"라고 기도할 때, 우
리는 가난한 형제를 외면하지 않게 된다.

34
죄의 용서를 위한 간구

우리가 우리에게 죄 지은 자를 사하여 준 것 같이 우리 죄를 사하여 주시옵고

_ 마 6:12

주기도는 크게 두 부분으로 나뉜다. 먼저 하나님의 영광에 대한 기원이 있고, 그다음 우리의 필요를 위한 간구가 이어진다. 하나님의 영광에 대한 기원은 셋이다. 하나님의 이름, 하나님의 나라, 하나님의 뜻에 대한 기원이다. 이 셋은 독립된 문장으로 되어 있으나 내용상 하나로 볼 수 있다.

우리의 필요를 위한 간구 역시 셋이다. 우리의 일용할 양식, 우리 죄의 용서, 시험과 악으로부터 보호를 위한 간구다. 그런데 이 셋은 '그리고'라는 접속사로 연결되어 있다.

오늘 우리에게 일용할 양식을 주시옵고
우리가 우리에게 죄 지은 자를 사하여 준 것 같이 우리 죄를 사하여 주시옵고
우리를 시험에 들게 하지 마시옵고 다만 악에서 구하시옵소서

이로써 예수님은 우리의 필요가 일용할 양식만이 아님을 말씀하신

다. 우리에게는 물질적 필요 외에도 영적 필요가 있다. 우리는 물질적
필요뿐 아니라 영적 필요를 위해서도 하늘의 아버지께 구해야 한다.

죄 용서의 필요성

우리의 영적 필요 가운데 하나가 본문이 말하는 우리 죄의 용서다.
예수님은 이렇게 기도하라고 말씀하신다. "우리가 우리에게 죄 지은
자를 사하여 준 것 같이 우리 죄를 사하여 주시옵고." 이때 "죄"로 번역
된 말은 신약성경에 한 번 더 나오는데 "빚"이다. "일하는 자에게는 그
삯이 은혜로 여겨지지 아니하고 보수(=빚)로 여겨지거니와"(롬 4:4). 마
찬가지로 "죄 지은 자"로 번역된 말은 "빚진 자"라는 말이다. "헬라인이
나 야만인이나 지혜 있는 자나 어리석은 자에게 다 내가 빚진 자라"(롬
1:14). "그러므로 형제들아 우리가 빚진 자로되 육신에게 져서 육신대
로 살 것이 아니니라"(롬 8:12). "저희가 기뻐서 하였거니와 또한 저희는
그들에게 빚진 자니 만일 이방인들이 그들의 영적인 것을 나눠 가졌으
면 육적인 것으로 그들을 섬기는 것이 마땅하니라"(롬 15:27). 따라서
예수님이 가르치신 기도를 그대로 옮기면 이렇게 된다. "우리가 우리에
게 빚진 자를 사하여 준 것 같이 우리 빚을 사하여 주시옵고."

우리 한글 성경의 번역은 의미상 틀리지 않는다. "우리 빚을 사하여
주시옵고"에서 빚은 하나님께 대한 것이다. 그렇다면 여기서 빚은 금
전적인 빚이 아니다. 죄에 대한 비유다. 그래서 예수님은 주기도에 대
한 추가 설명에서 빚을 지은 죄를 뜻하는 "잘못"으로 바꾸셨다. "너희
가 사람의 잘못을 용서하면 너희 하늘 아버지께서도 너희 잘못을 용서

하시려니와 너희가 사람의 잘못을 용서하지 아니하면 너희 아버지께서도 너희 잘못을 용서하지 아니하시리라"(마 6:14-15). 이런 의미에서 누가는 주기도를 기록할 때 빚 대신 "죄"라는 단어를 사용했다. "우리가 우리에게 죄 지은 모든 사람을 용서하오니 우리 죄도 사하여 주시옵고 우리를 시험에 들게 하지 마시옵소서"(눅 11:4). 이 사실은 예수님이 사용하셨을 아람어 '호바'(빚)에 죄라는 뜻이 있음과도 일치한다.

또 예수님은 일만 달란트 빚진 종의 비유에서 "빚진 자"라는 말을 죄를 지은 자를 가리켜 사용하셨다. "그때에 베드로가 나아와 이르되 주여 형제가 내게 죄를 범하면 몇 번이나 용서하여 주리이까 일곱 번까지 하오리이까 예수께서 이르시되 네게 이르노니 일곱 번뿐 아니라 일곱 번을 일흔 번까지라도 할지니라 그러므로 천국은 그 종들과 결산하려 하던 어떤 임금과 같으니 결산할 때에 만 달란트 빚진 자 하나를 데려오매"(마 18:21-24).

그러므로 본문에서 예수님이 우리에게 가르치신 기도는 우리 죄 용서를 위한 간구다. 하나님 앞에서 사람에게는 죄 용서가 필요하다. 그렇지 않은 사람은 아무도 없다. 우리는 모두 하나님 앞에서 죄인이다. "범죄하지 아니하는 사람이 없사오니"(왕상 8:46). "선을 행하고 전혀 죄를 범하지 아니하는 의인은 세상에 없기 때문이로다"(전 7:20). "모든 사람이 죄를 범하였으매 하나님의 영광에 이르지 못하더니"(롬 3:23). "이와 같이 모든 사람이 죄를 지었으므로 사망이 모든 사람에게 이르렀느니라"(롬 5:12). "만일 우리가 죄가 없다고 말하면 스스로 속이고 또 진리가 우리 속에 있지 아니할 것이요 … 만일 우리가 범죄하지 아니하였다 하면 하나님을 거짓말하는 이로 만드는 것이니 또한 그의 말씀이 우리 속에 있지 아니하니라"(요일 1:8, 10).

그런데 사람은 스스로 죄 문제를 해결할 수 없다. "내가 내 마음을 정하게 하였다 내 죄를 깨끗하게 하였다 할 자가 누구냐"(잠 20:9). "주 여호와의 말씀이니라 네가 잿물로 스스로 씻으며 네가 많은 비누를 쓸지라도 네 죄악이 내 앞에 그대로 있으리니"(렘 2:22).

그러므로 죄 문제는 죄 사함을 통해서만 해결될 수 있다. 다른 말로 하면, 하나님의 구원은 오직 죄 사함을 통해서 주어진다. 이 사실을 가장 잘 보여준 성경 저자는 누가라고 할 수 있다. "주의 백성에게 그 죄 사함으로 말미암는 구원을 알게 하리니"(눅 1:77). "요한이 요단 강 부근 각처에 와서 죄 사함을 받게 하는 회개의 세례를 전파하니 선지자 이사야의 책에 쓴 바 광야에서 외치는 자의 소리가 있어 이르되 너희는 주의 길을 준비하라 그의 오실 길을 곧게 하라 모든 골짜기가 메워지고 모든 산과 작은 산이 낮아지고 굽은 것이 곧아지고 험한 길이 평탄하여질 것이요 모든 육체가 하나님의 구원하심을 보리라 함과 같으니라"(눅 3:3-6).

이와 같은 일련의 사실을 보여준 사건이 누가복음 7장에 나온다. 예수님이 바리새인 시몬의 집에서 식사하실 때, 그 동네에 죄인인 한 여자가 와서 예수님의 발에 향유를 부은 사건이다. 이때 시몬은 이 광경을 보고 속으로 말했다. "이 사람이 만일 선지자라면 자기를 만지는 이 여자가 누구며 어떠한 자 곧 죄인인 줄을 알았으리라"(39절). 그러자 예수님이 그에게 말씀하셨다. "시몬아 내가 네게 이를 말이 있다." 시몬이 대답했다. "선생님 말씀하소서"(40절).

이때 예수님은 시몬에게 비유로 말씀하셨다. "빚 주는 사람에게 빚 진 자가 둘이 있어 하나는 오백 데나리온을 졌고 하나는 오십 데나리온을 졌는데 갚을 것이 없으므로 둘 다 탕감하여 주었으니 둘 중에 누가 그를 더 사랑하겠느냐"(41-42절). 이 물음에 시몬이 대답했다. "내 생각에는 많이 탕감함을 받은 자니이다." 예수님은 이 대답을 듣고 말씀하셨다. "네 판단이 옳다"(43절).

그리고 여자를 돌아보시며 시몬에게 말씀하셨다. "이 여자를 보느냐 내가 네 집에 들어올 때 너는 내게 발 씻을 물도 주지 아니하였으되 이 여자는 눈물로 내 발을 적시고 그 머리털로 닦았으며 너는 내게 입맞추지 아니하였으되 그는 내가 들어올 때로부터 내 발에 입맞추기를 그치지 아니하였으며 너는 내 머리에 감람유도 붓지 아니하였으되 그는 향유를 내 발에 부었느니라 이러므로 내가 네게 말하노니 그의 많은 죄가 사하여졌도다 이는 그의 사랑함이 많음이라 사함을 받은 일이 적은 자는 적게 사랑하느니라"(44-47절). 예수님은 시몬과 여자의 행동을 비교하신 후 두 사람에 대해 말씀하셨다. 먼저 여자에 대해서는 이렇게 말씀하셨다. "그의 많은 죄가 사하여졌도다 이는 그의 사랑함이 많음이라." 그다음 시몬에 대해서는 이렇게 말씀하셨다. "사함을 받은 일이 적은 자는 적게 사랑하느니라." 말하자면 여자는 오백 데나리온 빚을 탕감받은 사람이라면, 시몬은 오십 데나리온 빚을 탕감받은 사람인 셈이다.

이 이야기에서 주목할 것은 이 점이다. 예수님은 비유로 말씀하실 때 빚진 자 둘만을 언급하셨다. 이 둘은 오백 데나리온과 오십 데나리온이라는 차이만 있을 뿐 갚을 것이 없어 빚을 탕감받은 것은 마찬가지다. 또 예수님은 시몬과 여자를 비교해서 말씀하실 때도 두 종류의 사람만을 언급하셨다. "그의 많은 죄가 사하여졌도다 이는 그의 사랑함이 많음이라 사함을 받은 일이 적은 자는 적게 사랑하느니라." 예수님은 죄 사함받은 일이 많은 자와 죄 사함받은 일이 적은 자 둘만 언급하신 것이다.

결국 이 이야기가 보여주는 것은, 하나님 앞에서 인간은 모두 빚진 자라는 것이다. 하나님 앞에서 인간은 모두 죄 사함이 필요한 존재다. 따라서 하나님의 구원은 죄 사함을 통해서만 이루어진다. 그래서 먼저 시몬에게 말씀하신 예수님이 이번에는 그 여자에게 말씀하셨다. "네 죄 사함을 받았느니라"(48절). 그러자 함께 앉은 자들이 속으로 말했다. "이가 누구이기에 죄도 사하는가"(49절). 여기서 예수님은 여자에게 다시 말씀하셨다. "네 믿음이 너를 구원하였으니 평안히 가라"(50절). 이 여자는 죄 사함을 통해 구원을 얻었다.

따라서 구원의 복음은 다른 것이 아니라 죄 사함의 소식이다. "또 그의 이름으로 죄 사함을 받게 하는 회개가 예루살렘에서 시작하여 모든 족속에게 전파될 것이 기록되었으니"(눅 24:47). "베드로가 이르되 너희가 회개하여 각각 예수 그리스도의 이름으로 세례를 받고 죄 사함을 받으라 그리하면 성령의 선물을 받으리니 이 약속은 너희와 너희 자녀와 모든 먼 데 사람 곧 주 우리 하나님이 얼마든지 부르시는 자들에게 하신 것이라 하고"(행 2:38-39). "그러므로 너희가 회개하고 돌이켜 너희 죄 없이 함을 받으라 이같이 하면 새롭게 되는 날이 주 앞으로부터 이를 것이요"(행 3:19). "이스라엘에게 회개함과 죄 사함을 주시려고 그를 오른손으로 높이사 임금과 구주로 삼으셨느니라"(행 5:31). "그에 대하여 모든 선지자도 증언하되 그를 믿는 사람들이 다 그의 이름을 힘입어 죄 사함을 받는다 하였느니라"(행 10:43). "그러므로 형제들아 너희가 알 것은 이 사람을 힘입어 죄 사함을 너희에게 전하는 이것이며"(행 13:38). "그 눈을 뜨게 하여 어둠에서 빛으로, 사탄의 권세에서 하나님께로 돌아오게 하고 죄 사함과 나를 믿어 거룩하게 된 무리 가운데서 기업을 얻게 하리라 하더이다"(행 26:18).

중요한 것은 죄 사함은 우리의 회심, 즉 회개와 믿음을 통해서 얻는다는 것이다. "악인은 그의 길을, 불의한 자는 그의 생각을 버리고 여호와께로 돌아오라 그리하면 그가 긍휼히 여기시리라 우리 하나님께로 돌아오라 그가 너그럽게 용서하시리라"(사 55:7). "내가 이르기를 내 허물을 여호와께 자복하리라 하고 주께 내 죄를 아뢰고 내 죄악을 숨기지 아니하였더니 곧 주께서 내 죄악을 사하셨나이다"(시 32:5). "하나님이여 주의 인자를 따라 내게 은혜를 베푸시며 주의 많은 긍휼을 따라 내 죄악을 지워 주소서 나의 죄악을 말갛게 씻으시며 나의 죄를 깨끗이 제하소서 무릇 나는 내 죄과를 아오니 내 죄가 항상 내 앞에 있나이다 내가 주께만 범죄하여 주의 목전에 악을 행하였사오니 주께서 말씀하실 때에 의로우시다 하고 주께서 심판하실 때에 순전하시다 하리이다"(시 51:1-4). "만일 우리가 우리 죄를 자백하면 그는 미쁘시고 의로우사 우리 죄를 사하시며 우리를 모든 불의에서 깨끗하게 하실 것이요"(요일 1:9).

그런데 이러한 회심은 우리가 그리스도인이 될 때만 필요한 게 아니다. 회심은 우리의 일생을 통해 계속되어야 한다. 그 이유는 분명하다. 우리가 최초의 회심을 통해 죄 사함을 받았다 하더라도 여전히 죄를 짓기 때문이다. 도르트 신경은 성도의 견인을 설명할 때 1조와 2조에서 이렇게 시작한다. "… 그분(하나님)은 또한 이 생애에서 죄의 지배와 노예 상태로부터 건지신다. 하지만 그들(중생한 자들)이 이 세상에 계속 있는 한 죄의 몸과 육신의 연약함으로부터 완전히 건지시는 것은 아니다. 따라서 연약함의 죄가 매일 솟아나고, 성도의 최선의 행위에도 흠이 있는데, 이것들은 그들에게 하나님 앞에서 자신들을 낮추고, 십자가에 못 박히신 그리스도께로 피할 … 계속적인 이유를 제공한다." 이것은 계속적인 회심의 필요성을 보여준다.

이런 점에서 그리스도인은 여전히 죄 사함이 필요하고 여전히 회심이 필요하다. 예수님이 "우리 죄를 사하여 주시옵고"라고 기도하라신 이유가 여기 있다. 따라서 "우리 죄를 사하여 주시옵고"라고 기도할 때, 우리 마음의 자세는 회개와 믿음이어야 한다. 예수님은 이 간구를 통해 우리를 일평생 회개와 믿음의 자세로 살게 하신 것이다.

우리가 우리에게 죄 지은 자를 사하여 준 것 같이

그런데 우리 죄의 용서를 위한 간구에는 이런 조건이 붙어 있다. "우리가 우리에게 죄 지은 자(빚진 자)를 사하여 준 것 같이." 우선 이 조건은 하나님께서 우리를 용서하시는 이유를 말하기 위함이 아니다. 우리가 다른 사람을 용서했기 때문에 하나님께서 우리를 용서하시는 것이 아니다. 다른 사람에 대한 우리의 용서가 우리에 대한 하나님의 용서의 조건이 되는 것은 아니다.

하나님께서 우리를 용서하시는 이유는 우리에게 있지 않고 하나님과 그리스도께 있다. "여호와는 노하기를 더디하시고 인자가 많아 죄악과 허물을 사하시나 형벌 받을 자는 결단코 사하지 아니하시고 아버지의 죄악을 자식에게 갚아 삼사대까지 이르게 하리라 하셨나이다 구하옵나니 주의 인자의 광대하심을 따라 이 백성의 죄악을 사하시되 애굽에서부터 지금까지 이 백성을 사하신 것 같이 사하시옵소서"(민 14:18-19). "오직 하나님은 긍휼하시므로 죄악을 덮어 주시어 멸망시키지 아니하시고 그의 진노를 여러 번 돌이키시며 그의 모든 분을 다 쏟아 내지 아니하셨으니"(시 78:38). "우리는 그리스도 안에서 그의 은혜의 풍성함을 따라 그의 피로 말미암아 속량 곧 죄 사함을 받았느니라"(엡 1:7). "이것은 죄 사함을 얻게 하려고 많은 사람을 위하여 흘리는 바 나의 피 곧 언약의 피니라"(마 26:28).

그러면 예수님이 이 조건을 말씀하신 의도는 무엇일까? 마태는 여기서 "빚진 자"라는 말을 사용함으로써 앞에 나온 '빚'과 일치시킨다. 이것은 우리에 대한 하나님의 용서가 다른 사람에 대한 우리의 용서와 밀접한 관련이 있음을 보여준다.

이 점은 마태복음 18장에 나오는 일만 달란트 빚진 종의 비유에서 잘 드러난다. 어떤 임금이 일만 달란트 빚진 종이 갚을 것이 없어 참아달라고 하자 불쌍히 여겨 빚을 탕감해 주었다. 그런데 임금에게 일만 달란트 빚을 탕감받은 종이 자신에게 백 데나리온 빚진 동료가 빚을 갚을 테니 참아달라고 하자 그를 옥에 가두었다는 것이다. 다른 동료들이 이 사실을 주인에게 알리자 주인은 그 종을 불러 말했다. "악한 종아 네가 빌기에 내가 네 빚을 전부 탕감하여 주었거늘 내가 너를 불쌍히 여김과 같이 너도 네 동료를 불쌍히 여김이 마땅하지 아니하냐"(마 18:32-33). 그리고 그 주인도 그 종을 옥졸들에게 붙였다는 것이다. 그런 다음 예수님은 이 비유의 결론을 말씀하셨다. "너희가 각각 마음으로부터 형제를 용서하지 아니하면 나의 하늘 아버지께서도 너희에게 이와 같이 하시리라"(마 18:35).

이 비유를 통해 예수님이 보여주시려는 것은 이 점이다. 임금이 일만 달란트 빚진 종을 불쌍히 여김은 일만 달란트 빚진 종이 백 데나리온 빚진 종을 불쌍히 여김과 무관하지 않다. 마찬가지로 천부께서 우리를 용서하심은 우리가 형제를 용서함과 무관하지 않다. 이 사실은 사도 바울의 권면에서도 나타난다. "서로 용서하기를 하나님이 그리스도 안에서 너희를 용서하심과 같이 하라"(엡 4:32). "누가 누구에게 불만이 있거든 서로 용납하여 피차 용서하되 주께서 너희를 용서하신 것 같이 너희도 그리하고"(골 3:13).

여기서 우리는 예수님이 "우리가 우리에게 죄 지은 자를 사하여 준 것 같이"라는 조건을 붙이신 의도를 알 수 있다. 남을 용서하면서 "우리 죄를 사하여 주시옵고"라고 기도할 때 하나님의 용서에 대한 확신을 주기 위함이다. 또 남을 용서하지 않으면서 "우리 죄를 사하여 주시옵고"라고 기도하는 위선을 드러내기 위함이다.

35

시험으로부터 보호를 위한 간구

우리를 시험에 들게 하지 마시옵고 다만 악에서 구하시옵소서

_ 마 6:13

주기도에서 우리의 필요를 위한 간구는 두 종류다. 하나는 우리의 물질적 필요를 위한 간구다. "오늘 우리에게 일용할 양식을 주시옵고"(11절)가 여기 해당한다. 또 하나는 우리의 영적 필요를 위한 간구다. 여기에는 두 개의 내용이 들어 있다. 먼저 우리 죄의 용서를 위한 간구가 나온다. "우리가 우리에게 죄 지은 자를 사하여 준 것 같이 우리 죄를 사하여 주시옵고"(12절). 그다음 시험으로부터 보호를 위한 간구가 이어진다. "우리를 시험에 들게 하지 마시옵고 다만 악에서 구하시옵소서"(13절).

앞의 내용이 이미 지은 죄에 대한 것이라면, 뒤의 내용은 앞으로 지을 죄에 대한 것이다. 앞의 내용이 과거의 죄에 대한 용서를 구한 것이라면, 뒤의 내용은 미래의 죄로부터 보호를 구한 것이다. 이 두 가지 죄 문제를 해결하는 것이 우리의 영적 필요다. 이에 대해 성경은 이렇게 말한다. "인자와 진리로 인하여 죄악이 속하게 되고 여호와를 경외함으로 말미암아 악에서 떠나게 되느니라"(잠 16:6).

이처럼 본문은 미래의 죄로부터 보호를 위한 간구다. 예수님은 이것을 두 가지로 말씀하셨다. "우리를 시험에 들게 하지 마옵시고"와 "악에서 구하시옵소서"다. 이 둘은 별개의 내용을 말한 게 아니다. 사실상 하나의 내용을 먼저는 부정적으로, 그다음에 긍정적으로 말한 것이다.

이때 "악"으로 번역된 말은 '악한 자'를 의미할 수 있다. "오직 너희 말은 옳다 옳다, 아니라 아니라 하라 이에서 지나는 것은 악으로부터 (또는 악한 자로부터) 나느니라"(마 5:37). "아무나 천국 말씀을 듣고 깨닫지 못할 때는 악한 자가 와서 그 마음에 뿌려진 것을 빼앗나니 이는 곧 길 가에 뿌려진 자요 … 밭은 세상이요 좋은 씨는 천국의 아들들이요 가라지는 악한 자의 아들들이요"(마 13:19, 38). 그렇다면 "시험"은 악한 자, 즉 마귀에 의한 것이 된다. 이 사실은 이미 예수님이 마귀에게 시험 받으신 장면에서 드러났다. "그때에 예수께서 성령에게 이끌리어 마귀에게 시험을 받으러 광야로 가사"(마 4:1). 이 장면에서 마귀는 "시험하는 자"(마 4:3)로 불린다. 따라서 "우리를 시험에 들게 하지 마시옵고"와 "악에서 구하시옵소서"는 두 개의 간구가 아니라 하나의 간구를 두 가지로 말한 것이다.

우리를 시험에 들게 하지 마시옵고

그러면 "우리를 시험에 들게 하지 마시옵고"부터 살펴보자. 우리가 하나님께 이렇게 기도하는 것은 한 가지 의문을 갖게 한다. 하나님이 과연 시험하시는 분일까 하는 것이다. 야고보서 1장 13절에서 이렇게 말하기 때문이다. "사람이 시험을 받을 때에 내가 하나님께 시험을 받는다 하지 말지니 하나님은 악에게 시험을 받지도 아니하시고 친히 아무도 시험하지 아니하시느니라." 이 말씀에 따르면 하나님은 시험하는 분이 아니다. 이때 '시험하다'는 '죄를 짓도록 유혹한다'는 의미다.

그렇다면 "우리를 시험에 들게 하지 마시옵고"라는 간구를 어떻게 이해해야 할까? 한 가지 방법은 시험을 '죄를 짓도록 유혹한다'는 의미의 시험(temptation)이 아니라, '성품을 순화하거나 확인한다'는 의미의 시험(testing)이나 시련(trial)으로 이해하는 것이다. 사실 시험이 이렇게 긍정적인 의미로 사용된 예가 있다. "사랑하는 자들아 너희를 연단하려고 오는 불 시험을 이상한 일 당하는 것 같이 이상히 여기지 말고"(벧전 4:12). "내 형제들아 너희가 여러 가지 시험을 당하거든 온전히 기쁘게 여기라 이는 너희 믿음의 시련이 인내를 만들어 내는 줄 너희가 앎이라"(약 1:2-3). 이런 의미의 시험이라면 환영하고 당연한 것으로 받아들이는 것이 옳고, "우리를 시험에 들게 하지 마시옵고"라고 기도하는 것은 맞지 않다.

여기서 주목해야 할 사실이 있다. 마태복음에서 '시험' 또는 '시험하다'는 언제나 '죄를 짓도록 유혹한다'는 부정적 의미로 사용된다는 점이다. "그때에 예수께서 성령에게 이끌리어 마귀에게 시험을 받으러 광야로 가사"(마 4:1). "시험하는 자가 예수께 나아와서 이르되 네가 만일 하나님의 아들이어든 명하여 이 돌들로 떡덩이가 되게 하라"(마 4:3). "바리새인과 사두개인들이 와서 예수를 시험하여 하늘로부터 오는 표적 보이기를 청하니"(마 16:1). "바리새인들이 예수께 나아와 그를 시험하여 이르되 사람이 어떤 이유가 있으면 그 아내를 버리는 것이 옳으니이까"(마 19:3). "예수께서 그들의 악함을 아시고 이르시되 외식하는 자들아 어찌하여 나를 시험하느냐"(마 22:18). "그 중의 한 율법사가 예수를 시험하여 묻되"(마 22:35). "시험에 들지 않게 깨어 기도하라 마음에는 원이로되 육신이 약하도다 하시고"(마 26:41).

그렇다면 본문에서도 이 말은 부정적 의미로 이해하는 것이 자연스럽다. 이 사실은 이어지는 또 다른 간구의 내용으로 확인된다. "다만 악에서 구하시옵소서." 이렇게 간구하는 맥락에서 시험은 부정적인 의미로 이해하는 것이 어울린다. 그러면 하나님은 우리가 죄를 짓도록 우리를 유혹하시는 분일까? 물론 아니다.

그러면 우리는 "우리를 시험에 들게 하지 마시옵고"를 어떻게 이해해야 할까? 여기서 우선 주의할 것이 있다. 예수님은 '우리를 시험하지 마시옵고'라고 말씀하신 게 아니다. 이 간구는 우리가 죄를 짓도록 하나님이 우리를 유혹하지 말아 달라는 뜻이 아니다. 예수님이 말씀하신 것은 "우리를 시험에 들게 하지 마시옵고"다. 하나님은 우리를 시험하지 않으신다. 그런데 우리를 시험에 들게 하실 수 있다는 말의 의미는, 예수님이 왜 이런 기도를 하게 하셨는지를 보면 알 수 있다. 우리는 그 이유를 베드로가 시험에 든 사건에서 보게 된다. 베드로는 예수님이 잡히셔서 심문받으실 때 예수님을 세 번 부인했다. 그런데 예수님은 베드로가 시험에 들기 전 그에게 말씀하셨다. "시험에 들지 않게 깨어 기도하라 마음에는 원이로되 육신이 약하도다"(마 26:41). 여기 보면 예수님이 베드로에게 "시험에 들지 않게 깨어 기도하라"고 하신 이유를 알 수 있다. 그 이유는 육신이 약하기 때문이다.

그러나 베드로는 이 사실을 깨닫지 못했다. 마태복음 26장 31절에서, 예수님은 잡히기 전 제자들에게 말씀하셨다. "오늘 밤에 너희가 다 나를 버리리라 기록된 바 내가 목자를 치리니 양의 떼가 흩어지리라 하였느니라." 그때 베드로가 대답했다. "모두 주를 버릴지라도 나는 결코 버리지 않겠나이다"(마 26:33). 그러자 예수님이 다시 말씀하셨다.

"내가 진실로 네게 이르노니 오늘 밤 닭 울기 전에 네가 세 번 나를 부인하리라"(마 26:34). 베드로가 말했다. "내가 주와 함께 죽을지언정 주를 부인하지 않겠나이다"(마 26:35). 마가는 이때 베드로가 "힘있게"(막 14:31) 말했다고 기록한다. 베드로는 그렇게 할 자신이 있었던 것이다.

그런데 그는 예수님을 세 번 부인하고 말았다. 두 번은 여종들의 말 때문이었고, 한 번은 곁에 섰던 사람들의 말 때문이었다. 그는 육신이 약하다는 사실을 스스로 입증한 셈이다. 이 때문에 예수님은 베드로에게 미리 "시험에 들지 않게 깨어 기도하라"고 하신 것이다. 이것은 "우리를 시험에 들게 하지 마시옵고"라는 주기도의 내용과 사실상 일치한다. 따라서 우리가 "우리를 시험에 들게 하지 마시옵고"라고 간구해야 하는 이유는 이것이다. 하나님이 우리를 시험하시기 때문이 아니라, 우리의 육신이 약하여 마귀의 시험에 넘어지기 쉽기 때문이다. 우리는 하나님의 도움 없이 마귀의 시험을 물리칠 수 없기 때문이다.

육신의 약함과 하나님의 보호

여기서 "우리를 시험에 들게 하지 마시옵고 다만 악에서 구하시옵소서"라는 간구의 의미가 드러난다. 이 간구는 하나님께서 마귀가 우리를 시험하지 못하도록 막아 달라는 뜻이 아니다. 이 간구는 하나님께서 우리를 시험하지 말아 달라는 뜻은 더더욱 아니다. 이 간구는 우리가 육신의 약함 때문에 마귀의 시험에 넘어가 죄를 짓지 않도록 하나님께서 보호해 달라는 것이다.

이러한 의미는 예수님의 경우에서 확인된다. 예수님도 이 땅에 계실 때 우리처럼 마귀에게 시험을 받으셨다. 예수님도 이 땅에 계실 때 우리처럼 육신의 약함을 지니고 계셨다. 그러나 예수님은 육신의 약함 때문에 마귀의 시험에 넘어가 죄를 짓지는 않으셨다. 그래서 히브리서 4장 15절은 이렇게 말한다. "우리에게 있는 대제사장은 우리의 연약함을 동정하지 못하실 이가 아니요 모든 일에 우리와 똑같이 시험을 받으신 이로되 죄는 없으시니라."

그러므로 예수님이 "우리를 시험에 들게 하지 마시옵고 다만 악에서 구하시옵소서"라는 기도를 가르치신 의도는, 우리도 예수님처럼 마귀에게 시험을 받지만, 우리가 육신의 약함 때문에 죄를 짓지 않도록 하기 위함이다. 예수님도 시험받으시기 전에 기도하셨다. 누가는 그 사실을 이렇게 보여준다. "백성이 다 세례를 받을새 예수도 세례를 받으시고 기도하실 때에 하늘이 열리며 성령이 비둘기 같은 형체로 그의 위에 강림하시더니 하늘로부터 소리가 나기를 너는 내 사랑하는 아들이라 내가 너를 기뻐하노라 하시니라"(눅 3:21-22). 예수님은 기도하심으로 성령을 받으셨다. 그 후 예수님은 시험을 받으셨다. "광야에서 사십 일 동안 성령에게 이끌리시며 마귀에게 시험을 받으시더라"(눅 4:1하-2상). 따라서 예수님이 시험을 이기신 이유는 먼저 기도로 성령의 인도를 받았기 때문이다. 우리도 이렇게 기도할 때 같은 경험을 할 수 있다. "우리를 시험에 들게 하지 마시옵고 다만 악에서 구하시옵소서." 그때 하나님은 우리가 육신의 약함 때문에 마귀의 시험에 넘어가 죄를 짓지 않도록 보호해 주실 것이다.

그러므로 "우리를 시험에 들게 하지 마시옵고 다만 악에서 구하시옵소서"라는 간구에 담긴 자세는 이런 것이다. 첫째, 육신의 약함을 알고 시험받지 않도록 조심해야 한다. 베드로를 비롯한 제자들이 육신의 약함을 모르고 자만하다가 시험에 들고 말았다. 그들은 "시험에 들지 않게 깨어 기도하라"는 말씀을 듣고도 자느라 기도하지 않았다. 그들은 "우리를 시험에 들게 하지 마시옵고 다만 악에서 구하시옵소서"라는 간구의 의미를 몰랐다. 그 의미는 육신의 약함을 알고 시험받지 않도록 조심해야 한다는 것이다.

그래서 사도 바울은 갈라디아 여러 교회에 이렇게 말했다. "형제들아 사람이 만일 무슨 범죄한 일이 드러나거든 신령한 너희는 온유한 심령으로 그러한 자를 바로잡고 너 자신을 살펴보아 너도 시험을 받을까 두려워하라"(갈 6:1). 이것은 자신도 육신이 약하다는 점을 알고 시험받을까 조심하는 자세를 말한 것이다. 이런 자세가 없을 때 시험받아 넘어지기 쉽다.

도르트 신경에서 성도의 견인을 설명할 때 제4조는 이렇게 말한다. 이것은 육신의 약함을 모르고 조심하지 않으면 시험받게 됨을 말한다.

비록 육신의 약함이 참된 신자들을 은혜 안에서 확증하시고 보존하시는 하나님의 능력에 대항하여 이길 수 없지만, 회심한 사람들이 언제나 하나님에 의해서 영향을 받고 감동을 받아 어떤 특정 행동들에서 그들이 그들 자신의 잘못으로 은혜의 인도에서 벗어나 육신의 정욕에 미혹되어 좇을 수 없는 것은 아니다. 그러므로 그들은 시험에 들지 않기 위해 늘 깨어 기도해야 한다. 이것들이 소홀히 될 때, 그들은 사탄과 세상과 육신에 의해서 심각하고 끔찍한 죄에 끌리기 쉬울 뿐 아니라, 때때로 하나님의 공의로우신 허용에 의해서 실제로 이러한 악에 빠진다. 성경에 기록된 다윗과 베드로와 다른 성도들의 슬픈 타락이 이것을 보여준다.

둘째, 우리는 "우리를 시험에 들게 하지 마시옵고 다만 악에서 구하시옵소서"라고 기도할 때, 하나님의 보호를 의지해야 한다. 하나님은 우리를 시험으로부터 보호해 주실 것이다. 성경은 여러 곳에서 이 사실을 보여준다. "사람이 감당할 시험 밖에는 너희가 당한 것이 없나니 오직 하나님은 미쁘사 너희가 감당하지 못할 시험 당함을 허락하지 아니하시고 시험 당할 즈음에 또한 피할 길을 내사 너희로 능히 감당하게 하시느니라"(고전 10:13). "내가 비옵는 것은 그들을 세상에서 데려가시기를 위함이 아니요 다만 악에 빠지지 않게 보전하시기를 위함이니이다"(요 17:15). "주는 미쁘사 너희를 굳건하게 하시고 악한 자에게서 지키시리라"(살후 3:3). "주께서 경건한 자는 시험에서 건지실 줄 아시고 불의한 자는 형벌 아래에 두어 심판 날까지 지키시며"(벧후 2:9).

36

용서에 대한 확신과 경고

너희가 사람의 잘못을 용서하면 너희 하늘 아버지께서도 너희 잘못을 용서하시려니와
너희가 사람의 잘못을 용서하지 아니하면 너희 아버지께서도 너희 잘못을
용서하지 아니하시리라

_ 마 6:14-15

앞에서 우리는 마태복음 6장 13절에 나오는 주기도의 마지막 간구를 살펴보았다. 거기서 언급하지 않은 부분이 있는데 바로 마지막 송영이다. "(나라와 권세와 영광이 아버지께 영원히 있사옵나이다 아멘.)" 이때 '대개'라는 말은 이 문장 맨 앞에서 이유를 나타내는 접속사로서 '왜냐하면'(이는)으로 번역하는 것이 적당하다. 그렇다면 이 송영은 기도가 응답될 것을 확신하는 이유를 제공하는 것이 된다.

그런데 우리가 가진 성경에는 이 부분이 괄호 안에 있고 이런 설명이 달려 있다. "고대 사본에, 이 괄호 내 구절이 없음." 이 말은 주기도의 이 부분이 마태의 기록에는 없다가 나중에 첨가된 것임을 의미한다. 이 송영은 언제부터인가 교회가 예배할 때 주기도의 끝에 관습적으로 사용하던 것일 수 있다. 실제로 초기 교부들의 글에서는 이 부분이 없는 주기도가 광범위하게 나타난다. 또 누가가 기록한 주기도에도 이 부분은 없다. 따라서 예수님이 원래 가르치신 주기도의 내용에는 이 부분이 없다고 보는 것이 타당하다.

이렇게 예수님은 주기도를 가르치신 후 그중 하나에 대해 설명을 추

가하셨다. 그것은 12절에 있는 우리 죄의 용서를 위한 간구다. "우리가 우리에게 죄 지은 자를 사하여 준 것 같이 우리 죄를 사하여 주시옵고." 예수님이 여기에 대해 설명을 추가하신 것은 특히 "우리가 우리에게 죄 지은 자를 사하여 준 것 같이"라는 부분 때문이다. 이것은 주기도에서 유일하게 제자들의 삶과 관련된 부분이다. 여기에는 하나님께 용서받기 위한 조건이 암시되어 있다. 본문에서 예수님은 이 용서의 조건을 명시적으로 언급하신 것이다. "너희가 사람의 잘못을 용서하면 너희 하늘 아버지께서도 너희 잘못을 용서하시려니와 너희가 사람의 잘못을 용서하지 아니하면 너희 아버지께서도 너희 잘못을 용서하지 아니하시리라."

하나님의 용서와 우리의 용서

이 말씀에서 우리가 남을 용서하는 것은 하나님이 우리를 용서하시는 것과 연결된다. 그 둘은 분리될 수 없다. 이것은 우리가 남을 용서하는 것이 하나님이 우리를 용서하시는 이유라는 뜻은 아니다. 우리가 남을 용서하기 때문에 하나님이 우리를 용서하시는 것은 아니다. 하나님이 우리를 용서하시는 이유는 분명하다. 예수 그리스도께서 우리 죄를 위해 십자가에서 피를 흘리셨기 때문이다. 마태는 이 사실을 분명히 기록했다. 그에 따르면 예수님이 유월절 식사 중에 제자들에게 잔을 주시며 하신 말씀은 이렇다. "이것은 죄 사함을 얻게 하려고(이 부분은 마태만 기록했다) 많은 사람을 위하여 흘리는 바 나의 피 곧 언약의 피니라"(마 26:28). 우리는 오직 이 그리스도의 피에 근거해 하나님께 죄 용서를 얻는다. "우리는 그리스도 안에서 그의 은혜의 풍성함을 따라 그의 피로 말미암아 속량 곧 죄 사함을 받았느니라"(엡 1:7).

그렇다면 본문의 말씀은 무슨 뜻일까? 그것은 하나님이 우리를 용서하시는 것은 우리가 남을 용서하는 것을 수반한다는 뜻이다. 따라서 우리가 남을 용서하는 것은 하나님이 우리를 용서하시는 것과 어울리고, 우리가 남을 용서하지 않는 것은 하나님이 우리를 용서하시지 않는 것과 어울린다. 이것이 마태복음 18장에 나오는 일만 달란트 빚진 종의 비유가 보여주는 원리다. 주인은 일만 달란트 빚진 종을 불쌍히 여겨 그 빚을 탕감해 주었지만, 그 종은 자기에게 백 데나리온 빚진 동료를 불쌍히 여기지 않고 옥에 가두었다. 그랬을 때 주인은 그를 불러 말했다. "악한 종아 네가 빌기에 내가 네 빚을 전부 탕감하여 주었거늘 내가 너를 불쌍히 여김과 같이 너도 네 동료를 불쌍히 여김이 마땅하지 아니하냐"(32-33절). 그리고 주인은 노하여 그 빚을 다 갚도록 그를 옥졸들에게 넘겼다(34절). 자기에게 백 데나리온 빚진 동료를 불쌍히 여기지 않고 옥에 가둔 종에게는 주인이 그를 불쌍히 여기지 않고 옥에 가두는 것이 어울리는 것이다.

이처럼 본문의 관심은 우리가 어떻게 하나님께 용서받는지에 있지 않다. 다시 말하면 본문의 관심은 우리가 어떻게 구원을 얻는지에 있지 않다. 하나님의 용서를 받은 우리가 어떻게 살아야 하는지, 다시 말하면 구원받은 우리가 어떻게 살아야 하는지에 있다. 하나님의 용서를 받은 사람에게 어울리는 삶은 남을 용서하는 삶이다.

이런 점에서 본문의 말씀에는 두 가지 중요한 목적이 있다. 하나는 남을 용서하는 사람을 위한 것이고, 다른 하나는 남을 용서하지 않는 사람을 위한 것이다. 마태는 이러한 목적에 맞게 예수님의 말씀을 기록했다. 그래서 먼저 긍정적인 내용이 나온다. "너희가 사람의 잘못을 용서하면 너희 하늘 아버지께서도 너희 잘못을 용서하시려니와." 그다음 부정적인 내용이 이어진다. "너희가 사람의 잘못을 용서하지 아니하면 너희 아버지께서도 너희 잘못을 용서하지 아니하시리라." 그런데 이 번역은 의역이다. 직역하면 이렇다. "너희가 사람들에게 그들의 잘못을 용서하면 너희 하늘 아버지께서도 너희에게 용서하시려니와 너희가 사람들에게 용서하지 아니하면 너희 아버지께서도 너희에게 너희의 잘못을 용서하지 아니하시리라."

용서에 대한 확신

여기서 마태는 긍정적으로 말할 때와 부정적으로 말할 때 차이를 둔다. 먼저 긍정적으로 말할 때 마태는 "너희 아버지" 대신 "너희 하늘 아버지"라는 말을 쓴다. "너희가 사람들에게 그들의 잘못을 용서하면 너희 하늘 아버지께서도 너희에게 용서하시려니와." 여기서 마태가 보여주는 것은 "너희"와 "너희 아버지"의 비교가 아니라 "너희"와 "너희 하늘 아버지"의 비교다. 이것은 이 땅에 속한 제자들과 하늘에 속한 그들의 아버지의 차이를 부각시키기 위함이다.

이러한 예가 마태복음 23장 9절에 나온다. "땅에 있는 자를 아버지라 하지 말라 너희의 아버지는 한 분이시니 곧 하늘에 계신 이시니라." 여기서 비교되는 것은 '땅에 있는 너희 아버지'와 '하늘에 계신 너희 아버지'다. 그럼으로써 그 둘의 차이가 부각된다. 마태가 이렇게 땅에 속한 제자들과 하늘에 속한 그들의 아버지의 차이를 부각시키는 이유가 있다. 제자들의 용서에 비해 하나님의 용서가 얼마나 확실한지를 나타내기 위함이다. 만일 땅에 속한 제자들도 용서한다면, 하늘에 속한 그들의 아버지인 하나님이 용서하실 것은 더욱 확실하다.

그러므로 마태가 긍정적으로 말한 것은 제자들에게 하나님의 용서에 대한 확신을 주기 위함이다. "너희가 사람들에게 그들의 잘못을 용서하면 너희 하늘 아버지께서도 너희에게 용서하시려니와." 예수님이 마치 제자들에게 이렇게 말씀하신 것과 같다. '너희가 만일 남을 용서한다면, 너희는 하나님이 너희를 용서하신다는 것을 확신할 수 있다.'

이처럼 우리가 남을 용서하는 것은 하나님이 우리를 용서하신다는 확신을 준다. 우리는 남을 용서하는 삶을 통해 하나님이 우리를 용서하시는 것을 확인하게 된다. 남을 용서하는 것은 우리가 하나님께 용서받은 증거다. 그래서 하이델베르크 요리문답(제126문답)에서는 "우리의 이웃을 용서하는 것이 마음으로부터 우리의 굳은 결심인 것"을 하나님의 은혜의 증거로 말한다. 또 웨스트민스터 대요리문답(제194문답)은 용서의 확신에 대해 이렇게 말한다. "우리가 다른 사람의 죄를 마음으로부터 용서한다는 증거가 우리 안에 있을 때, 우리는 그것(용서의 확신)을 담대히 구하게 되고 기대할 용기가 생긴다."

용서에 대한 경고

그다음 부정적으로 말할 때 마태는 '그들(사람들)의 과실' 대신에 "너희(제자들)의 잘못"을 말한다. "너희가 사람들에게 용서하지 아니하면 너희 아버지께서도 너희에게 너희의 잘못을 용서하지 아니하시리라."

여기서 마태는 사람들의 과실보다 제자들의 과실을 더 부각시킨다. 그럼으로써 제자들이 남을 용서하지 않는 것보다 하나님이 제자들을 용서하시지 않는 것을 강조한다. 이것은 남을 용서하지 않는 제자들에게 경고를 주기 위함이다.

여기서 우리는 마태가 강조하는 것을 주목해야 한다. 그것은 마태가 용서에 관해 긍정적으로만 기록하지 않았다는 사실에 있다. 주기도의 내용은 "우리가 우리에게 죄 지은 자를 사하여 준 것 같이 우리 죄를 사하여 주시옵고"다. 따라서 마태는 이것에 대한 예수님의 추가 설명을 긍정적으로만 기록할 수 있었다. 그런데 그렇게 하지 않았다. "너희가 사람들에게 그들의 잘못을 용서하면 너희 하늘 아버지께서도 너희에게 용서하시려니와"라고 기록한 다음, 다시 부정적으로 기록했다. "너희가 사람들에게 용서하지 아니하면 너희 아버지께서도 너희에게 너희의 잘못을 용서하지 아니하시리라."

사실 용서에 관해 긍정적으로 기록한 것은 마가복음이나 누가복음에서도 볼 수 있다. "서서 기도할 때에 아무에게나 혐의가 있거든 용서하라 그리하여야 하늘에 계신 너희 아버지께서도 너희 허물을 사하여 주시리라 하시니라"(막 11:25). "용서하라 그리하면 너희가 용서를 받을 것이요"(눅 6:37). 그러나 마태는 유독 용서하지 않는 부정적인 경우도 기록했다. 그럼으로써 용서하지 않는 제자들에게 경고를 주려고 한 것이다.

이 점은 마태만이 기록한 일만 달란트 빚진 종의 비유에서도 잘 드러난다. 예수님은 이 비유의 결론을 이렇게 말씀하셨다. "너희가 각각 마음으로부터 형제를 용서하지 아니하면 나의 하늘 아버지께서도 너희에게 이와 같이 하시리라"(마 18:35). 마태는 용서하지 않는(부정적인)

경우에 관한 비유를 기록한 것이다. 이로써 그는 용서하지 않는 제자들에게 경고를 주려고 한 것이다.

이처럼 예수님은 산상수훈의 가르침이나 일만 달란트 빚진 종의 비유로 용서하지 않는 제자들에 대해 경고하셨다. "너희가 사람들에게 용서하지 아니하면 너희 아버지께서도 너희에게 너희의 잘못을 용서하지 아니하시리라"(마 6:15). "너희가 각각 마음으로부터 형제를 용서하지 아니하면 나의 하늘 아버지께서도 너희에게 이와 같이 하시리라"(마 18:35). 우리가 남을 용서하지 않는 것과 하나님이 우리를 용서하시지 않는 것은 분리될 수 없다. 그렇다면 우리가 남을 용서하지 않는 것은 하나님이 우리를 용서하시지 않는 것을 의미한다. 그것은 사실상 우리가 구원받지 못한다는 사실을 나타낸다. 그만큼 남을 용서하지 않는 것은 심각하고 위험하다.

우리는 예수님의 경고를 진지하게 받아들여야 한다. 그래서 남을 용서하지 않는 것은 없는지 자신을 살펴야 한다. 그러기 위해서는 남을 용서하는 것이 무엇을 의미하는지 알아야 한다.

우선 남을 용서하는 것은 보복하지 않는 것을 의미한다. 성경은 우리가 보복하지 말아야 할 것을 여러 곳에서 말한다. "너는 그가 내게 행함 같이 나도 그에게 행하여 그가 행한 대로 그 사람에게 갚겠다 말하지 말지니라"(잠 24:29). "아무에게도 악을 악으로 갚지 말고"(롬 12:17). "삼가 누가 누구에게든지 악으로 악을 갚지 말게 하고"(살전 5:15). "악을 악으로, 욕을 욕으로 갚지 말고"(벧전 3:9).

다윗이 사울을 용서한 것은 그에게 보복하지 않은 것을 통해 드러났다. 다윗은 굴속에 들어온 사울을 죽일 수 있었지만 죽이지 않고 옷자락만 베었다. 그리고 후에 사울에게 이렇게 말했다. "내 아버지여 보소서 내 손에 있는 왕의 옷자락을 보소서 내가 왕을 죽이지 아니하고 겉옷 자락만 베었은즉 내 손에 악이나 죄과가 없는 줄을 오늘 아실지니이다 왕은 내 생명을 찾아 해하려 하시나 나는 왕에게 범죄한 일이 없나이다"(삼상 24:11).

그다음 남을 용서하는 것은 미움과 분노를 품지 않는 것을 의미한다. 요셉이 형들을 용서한 것은 그가 형들에게 미움과 분노를 품지 않은 것으로 나타났다. "요셉의 형제들이 그들의 아버지가 죽었음을 보고 말하되 요셉이 혹시 우리를 미워하여 우리가 그에게 행한 모든 악을 다 갚지나 아니할까 하고 요셉에게 말을 전하여 이르되 당신의 아버지가 돌아가시기 전에 명령하여 이르시기를 너희는 이같이 요셉에게 이르라 네 형들이 네게 악을 행하였을지라도 이제 바라건대 그들의 허물과 죄를 용서하라 하셨나니 당신 아버지의 하나님의 종들인 우리 죄를 이제 용서하소서 하매 요셉이 그들이 그에게 하는 말을 들을 때에 울었더라 그의 형들이 또 친히 와서 요셉의 앞에 엎드려 이르되 우리는 당신의 종들이니이다 요셉이 그들에게 이르되 두려워하지 마소서 내가 하나님을 대신하리이까 당신들은 나를 해하려 하였으나 하나님은 그것을 선으로 바꾸사 오늘과 같이 많은 백성의 생명을 구원하게 하시려 하셨나니 당신들은 두려워하지 마소서 내가 당신들과 당신들의 자녀를 기르리이다 하고 그들을 간곡한 말로 위로하였더라"(창 50:15-21).

예수님이 자기를 십자가에 못 박은 자들을 용서하신 것은 그들을 위해 기도하신 것으로 나타났다. "이에 예수께서 이르시되 아버지 저들을 사하여 주옵소서 자기들이 하는 것을 알지 못함이니이다 하시더라"(눅 23:34). 그런데 이것은 예수님의 마음에 그들에 대한 미움이 없었음을 나타낸다. 예수님이 이렇게 말씀하셨기 때문이다. "또 네 이웃을 사랑하고 네 원수를 미워하라 하였다는 것을 너희가 들었으나 나는 너희에게 이르노니 너희 원수를 사랑하며 너희를 박해하는 자를 위하여 기도하라"(마 5:43-44). 스데반도 자기를 돌로 친 사람들을 용서한 것이 그들을 위한 기도로 나타났다. 그의 마음에 그들에 대한 미움이나 분노가 없었다. "무릎을 꿇고 크게 불러 이르되 주여 이 죄를 그들에게 돌리지 마옵소서 이 말을 하고 자니라"(행 7:60).

이처럼 남을 용서하는 것은 보복하지 않을 뿐 아니라 미움과 분노를 품지 않는 것을 말한다. 만일 우리가 남에게 보복하거나 미움과 분노를 품는다면 그것은 용서하지 않았다는 뜻이다. 그런 우리에게 예수님은 경고하신다. 만일 우리가 남을 용서하지 않으면 하나님도 우리를 용서하지 않으실 것이다. 이 경고는 특히 마지막 심판 때도 유효할 것이다. "긍휼을 행하지 아니하는 자에게는 긍휼 없는 심판이 있으리라 긍휼은 심판을 이기고 자랑하느니라"(약 2:13).

37

은밀한 금식

금식할 때에 너희는 외식하는 자들과 같이 슬픈 기색을 보이지 말라
그들은 금식하는 것을 사람에게 보이려고 얼굴을 흉하게 하느니라
내가 진실로 너희에게 이르노니 그들은 자기 상을 이미 받았느니라
너는 금식할 때에 머리에 기름을 바르고 얼굴을 씻으라 이는 금식하는 자로
사람에게 보이지 않고 오직 은밀한 중에 계신 네 아버지께 보이게 하려 함이라
은밀한 중에 보시는 네 아버지께서 갚으시리라

_마 6:16-18

마태복음 6장 1절은 일반적 원리를 말한다. "사람에게 보이려고 그들 앞에서 너희 의를 행하지 않도록 주의하라 그리하지 아니하면 하늘에 계신 너희 아버지께 상을 받지 못하느니라." 이것은 그리스도인이 의를 행하되 어떻게 행해야 할지를 말해 준다. 그리스도인은 사람에게 보이려고 의를 행해서는 안 된다.

그다음 2-18절에서는 이 원리를 세 개의 예를 들어 설명한다. 첫 예가 구제에 관한 것이다. "그러므로 구제할 때에 외식하는 자가 사람에게서 영광을 받으려고 회당과 거리에서 하는 것 같이 너희 앞에 나팔을 불지 말라 진실로 너희에게 이르노니 그들은 자기 상을 이미 받았느니라"(마 6:2). 그리스도인은 사람에게 영광을 얻으려고 구제해서는 안 된다. 두 번째 예는 기도에 관한 것이다. "또 너희는 기도할 때에 외식하는 자와 같이 하지 말라 그들은 사람에게 보이려고 회당과 큰 거리 어귀에 서서 기도하기를 좋아하느니라 내가 진실로 너희에게 이르노니 그들은 자기 상을 이미 받았느니라"(마 6:5). 그리스도인은 사람

에게 보이려고 기도해서는 안 된다. 세 번째 예가 금식에 대한 것이다. "금식할 때에 너희는 외식하는 자들과 같이 슬픈 기색을 보이지 말라 그들은 금식하는 것을 사람에게 보이려고 얼굴을 흉하게 하느니라 내가 진실로 너희에게 이르노니 그들은 자기 상을 이미 받았느니라"(마 6:16). 그리스도인은 사람에게 보이려고 금식해서는 안 된다.

따라서 본문의 내용은 그리스도인이 금식을 할지 말지에 관한 것이 아니다. 그리스도인이 금식할 때 어떻게 할지에 관한 것이다. 예수님이 "금식할 때에"라고 말씀하신 것은 제자들이 마땅히 금식할 것으로 보신 것이다. 이것은 앞에서 "구제할 때에" 또는 "기도할 때에"라고 말씀하실 때 제자들이 마땅히 구제하거나 기도할 것으로 보신 것과 같다.

금식해야 하는 이유

금식은 그리스도인이 마땅히 해야 하는 것인지 의문이 생길 수 있다. 그것은 몇 가지 이유 때문이다. 우선 금식은 보편적인 종교 행위다. 금식은 기독교에만 있는 게 아니다. 다른 종교에서도 널리 행해지는 관습이다. 한 예로 이슬람교의 라마단 금식을 들 수 있다.

또 예수님과 제자들에게서 금식하는 모습이 거의 발견되지 않는다. 마태는 예수님이 금식하신 사실을 기록했다. "사십 일을 밤낮으로 금식하신 후에 주리신지라"(마 4:2). 이것은 성경에서 예수님의 금식이 언급된 유일한 경우다. 오히려 성경에 나타난 예수님은 금식과는 거리가 멀다. "요한이 와서 먹지도 않고 마시지도 아니하매 그들이 말하기를 귀신이 들렸다 하더니 인자는 와서 먹고 마시매 말하기를 보라 먹기를 탐하고 포도주를 즐기는 사람이요 세리와 죄인의 친구로다 하니"(마 11:18-19). 이 점은 예수님의 제자들도 마찬가지다. 마태복음 9장 14절에는 요한의 제자들이 예수님께 물은 내용이 기록되어 있다. "우리와 바리새인들은 금식하는데 어찌하여 당신의 제자들은 금식하지 아니하나이까." 그렇다면 예수님의 제자들 역시 금식과는 거리가 멀다고 할수 있다.

이와 함께 금식은 신약성경의 서신서에서는 거의 언급되지 않는다(고후 6:5; 11:27 참조). 따라서 금식은 그리스도인이 마땅히 해야 하는 것인지 의문이 생길 수 있다.

그런데 마태는 예수님이 금식하신 사실과 함께 금식에 대해 가르치신 것도 기록했다. "예수께서 그들에게 이르시되 혼인집 손님들이 신랑과 함께 있을 동안에 슬퍼할 수 있느냐 그러나 신랑을 빼앗길 날이 이르리니 그때에는 금식할 것이니라"(마 9:15). 이것은 산상수훈 외에 예수님이 금식에 대해 가르치신 유일한 경우다.

여기서 예수님은 당시의 제자들이 금식하지 않는 이유를 이렇게 설명하셨다. "혼인집 손님들이 신랑과 함께 있을 동안에 슬퍼할 수 있느냐." 여기 "혼인집 손님들"은 당시의 제자들을 가리키고, "신랑"은 예수님을 가리킨다. 혼인집 손님들에게는 당연히 기쁨이 어울리지 슬픔이 어울리지 않는다. 그런데 금식은 슬픔을 표현하는 것이다. 따라서 혼인집 손님들인 당시의 제자들은 금식할 수 없다는 것이다.

그러나 예수님은 제자들이 앞으로 금식하게 될 것을 말씀하셨다. "그러나 신랑을 빼앗길 날이 이르리니 그때에는 금식할 것이니라." 그러면 신랑을 빼앗길 날은 언제를 가리키는 것일까? 우선 가능한 것은, 예수님의 죽음과 부활 사이의 며칠을 가리킨다고 보는 것이다. 그러나 예수님의 부활 이후에 그리스도인들이 금식한 사실이 있다. "주를 섬겨 금식할 때에 성령이 이르시되 내가 불러 시키는 일을 위하여 바나바와 사울을 따로 세우라 하시니 이에 금식하며 기도하고 두 사람에게 안수하여 보내니라"(행 13:2-3). "각 교회에서 장로들을 택하여 금식 기도 하며 그들이 믿는 주께 그들을 위탁하고"(행 14:23). 따라서 "신랑을 빼앗길 날"을 예수님의 죽음과 부활 사이의 며칠로 보는 견해는 성립하기 어렵다.

또 가능한 것은, 예수님의 죽음 이후 재림까지를 가리킨다고 보는 것이다. 이 점에서 마태의 기록은 마가의 기록과 다르다. "예수께서 그들에게 이르시되 혼인 집 손님들이 신랑과 함께 있을 때에 금식할 수 있느냐 신랑과 함께 있을 동안에는 금식할 수 없느니라 그러나 신랑을 빼앗길 날이 이르리니 그날에는 금식할 것이니라"(막 2:19-20). 여기 "신랑을 빼앗길 날"에서 '날'은 마태의 기록과 같이 복수로 되어 있다. 그런데 "그날에는"에서 '날'은 단수로 되어 있다. 마태는 "그날에는"이라는 말 대신에 "그때에는"이라는 말을 사용했다. "그러나 신랑을 빼앗길 날이 이르리니 그때에는 금식할 것이니라." 이것은 금식이 예수님의 죽음 이후 부활까지만이 아니라 재림까지도 포함하는 것을 나타낸다. 이 점은 누가의 기록과도 일치한다. "예수께서 그들에게 이르시되 혼인 집 손님들이 신랑과 함께 있을 때에 너희가 그 손님으로 금식하게 할 수 있느냐 그러나 그날에 이르러 그들이 신랑을 빼앗기리니 그날에는 금식할 것이니라"(눅 5:34-35). 누가는 여기 "그날에는"에서 '날'도 복수로 기록해 마태와 같은 의미를 전달한다.

존 파이퍼는 "신랑을 빼앗길 날"을 재림까지로 본다. 그 이유는 마태가 '신랑'이라는 말을 본문과 재림에 관한 열 처녀의 비유(마 25장)에서만 사용했기 때문이다.[36] 그러므로 예수님이 말씀하신 것은 그의 제자들이 예수님의 죽음 이후 재림 때까지 금식할 것이라는 의미다. 이런 점에서 예수님은 그리스도인이 마땅히 금식해야 할 것으로 보신 것이다. 여기에 오늘 우리가 금식해야 할 강력한 이유가 있다.

음식을 비롯해 모든 것이 풍요로운 우리 문화는 금식과 거리가 멀다. 그러나 예수님은 우리가 금식할 것을 기대하신다. 초대 교회는 중요한 일을 앞에 놓고 금식했다. 안디옥교회는 바나바와 사울을 선교사로 파송할 때 금식했다. 또 그들이 전도해서 세운 교회들이 장로들을 세울 때도 금식했다. 우리도 중요한 일을 앞에 놓고 금식할 필요가 있다.

이 점은 구약성경에서도 마찬가지다. 이스라엘 자손은 블레셋의 위협 앞에서 미스바에 모여 금식하며 회개했다. "그들이 미스바에 모여 물을 길어 여호와 앞에 붓고 그 날 종일 금식하고 거기에서 이르되 우리가 여호와께 범죄하였나이다 하니라 사무엘이 미스바에서 이스라엘 자손을 다스리니라"(삼상 7:6). 에스라는 바벨론에서 돌아올 때 여행의 안전을 위해 금식하며 간구했다. "그 때에 내가 아하와 강 가에서 금식을 선포하고 우리 하나님 앞에서 스스로 겸비하여 우리와 우리 어린 아이와 모든 소유를 위하여 평탄한 길을 그에게 간구하였으니"(스 8:21). 에스더는 동족 유다인을 구원하기 위해 금식한 후에 죽음을 무릅쓰고 왕에게 나아갔다. "당신은 가서 수산에 있는 유다인을 다 모으고 나를 위하여 금식하되 밤낮 삼 일을 먹지도 말고 마시지도 마소서 나도 나의 시녀와 더불어 이렇게 금식한 후에 규례를 어기고 왕에게 나아가리니 죽으면 죽으리이다 하니라"(에 4:16). 니느웨 백성은 니느웨

---

36 John Piper, *A Hunger for God*, 『금식 기도』, 김태곤 역 (서울: 생명의말씀사, 2000), p.41.

성이 멸망할 것이라는 요나의 말을 듣고 하나님을 믿고 금식했다. "니느웨 사람들이 하나님을 믿고 금식을 선포하고 높고 낮은 자를 막론하고 굵은 베 옷을 입은지라"(욘 3:5). 이처럼 우리도 중요한 일을 앞에 놓고 금식할 필요가 있다.

외식하는 자들의 금식에 대한 경고

그런데 본문은 우리가 금식할 때 어떻게 할 것인지 말해 준다. 먼저 부정적인 명령부터 살펴보자. "너희는 외식하는 자들과 같이 슬픈 기색을 보이지 말라 그들은 금식하는 것을 사람에게 보이려고 얼굴을 흉하게 하느니라 내가 진실로 너희에게 이르노니 그들은 자기 상을 이미 받았느니라"(16절). 이것은 외식하는 자들처럼 금식하지 말라는 것이다. 예수님 말씀에 따르면 금식은 슬픔의 표현이다. 이 슬픔은 신랑을 빼앗긴 데서 오는 슬픔이다. 그런데 예수님은 외식하는 자들이 금식할 때 슬픈 기색 보이는 것을 책망하신다. 그들이 슬픈 기색을 보이는 것은 이러한 슬픔의 표현이 아니기 때문이다. 거기에는 그들의 잘못된 동기가 숨어 있다. 예수님은 그것을 이렇게 말씀하셨다. "그들은 금식하는 것을 사람에게 보이려고 얼굴을 흉하게 하느니라." 외식하는 자들이 금식할 때 슬픈 기색을 보이는 것은 위장된 행동이다. 그들은 금식을 통해 사람에게 자신의 의를 과시하려고 하는 것이다.

이런 금식이 누가복음 18장에 나오는 바리새인과 세리의 비유에 나타난다. 누가는 이 비유를 기록할 때 이런 설명으로 시작한다. "또 자기를 의롭다고 믿고 다른 사람을 멸시하는 자들에게 이 비유로 말씀하시되"(9절). 이것은 이 비유에 등장하는 바리새인을 염두에 둔 설명이다. 바리새인이 자신을 의롭다 믿고 다른 사람을 멸시하는 이유는 그의 기도에 잘 드러난다. "하나님이여 나는 다른 사람들 곧 토색, 불의, 간음을 하는 자들과 같지 아니하고 이 세리와도 같지 아니함을 감사하나이다 나는 이레에 두 번씩 금식하고 또 소득의 십일조를 드리나이다"(11-12절). 여기서 바리새인의 금식은 하나님 앞에서 슬픔의 표현이 아니다. 바리새인의 금식은 토색, 불의, 간음을 하는 자들이나 세리 앞에서 자신의 의로움을 과시하기 위한 것이다. 이것이 바로 외식하는 자의 금식이다.

이렇게 금식을 통해 외식하는 자들에게 경고가 주어진다. "내가 진실로 너희에게 이르노니 그들은 자기 상을 이미 받았느니라." 여기 외식하는 자들이 받은 "자기 상"은 그들의 의로움에 대한 사람들의 칭찬과 찬사다. 이것이 사람 앞에서 행한 금식(구제, 기도)의 영적 위험이다. 외식하는 자들이 하나님께 받을 상은 없다. 그들의 금식은 하나님 앞에서 헛된 수고일 뿐이다.

하나님을 향한 갈망인 금식

그다음 긍정적인 명령을 살펴보자. "너는 금식할 때에 머리에 기름을 바르고 얼굴을 씻으라 이는 금식하는 자로 사람에게 보이지 않고 오직 은밀한 중에 계신 네 아버지께 보이게 하려 함이라 은밀한 중에 보시는 네 아버지께서 갚으시리라"(17-18절). 이것은 그리스도인의 금식에 관해 말한다. 여기서 예수님은 다시 2인칭 단수로 말씀하신다. 예수님의 관심은 제자들 각자의 삶에 있기 때문이다.

예수님은 그리스도인이 금식할 때 "머리에 기름을 바르고 얼굴을 씻으라"고 말씀하신다. 이것은 금식하는 티를 내지 말라는 의미다. "이는 금식하는 자로 사람에게 보이지 않고 오직 은밀한 중에 계신 네 아버지께 보이게 하려 함이라." 외식하는 자들의 금식은 사람에게 보이려는 것이다. 그래서 금식할 때 슬픈 기색을 내고 얼굴을 흉하게 한다. 그러나 그리스도인의 금식은 사람이 아니라 은밀한 중에 계신 하나님께 보이려는 것이다. 그래서 금식할 때 머리에 기름을 바르고 얼굴을 씻어야한다. 그들은 외식이 필요 없다.

여기서 그리스도인의 금식은 단지 음식을 끊는 행위가 아님을 기억할 필요가 있다. 그리스도인의 금식은 하나님을 향한 갈망이다. 그리스도인에게 금식은 하나님을 향한 굶주림의 표현이다. 금식이 하나님을 향한 갈망인 이유는 금식을 통해 우리 내면의 실상이 드러나기 때문이다. 금식하지 않을 때는 우리 내면의 실상이 잘 드러나지 않는다. 음식을 통해 내면의 실상을 잊기 때문이다. 오늘날 우리 사회에서 먹방이 인기를 끄는 배후에는 이런 이유가 있다. 사람들은 음식으로 불행과 불안을 잊으려 한다. 따라서 금식을 하게 되면 고통, 슬픔, 불안, 두려움, 실망, 좌절 등 우리 내면의 실상이 드러난다. 그리고 이 과정을 통해 우리는 하나님을 향한 갈망을 품게 된다. 이런 점에서 그리스도인의 금식은 하나님을 향한 갈망의 표현이다.

그러면 이 갈망은 무엇일까? 성경에서 금식은 종종 기도와 함께 언급된다. 산상수훈에서도 금식은 기도에 이어 나온다. 이것은 금식으로 표현되는 하나님께 대한 갈망이 기도와 무관하지 않음을 보여준다. 이렇게 볼 때, 이 갈망은 주기도에 나타난 갈망과 다르지 않다. 우리는 주기도의 내용을 살펴볼 때, 앞의 세 가지 내용이 간구가 아닌 기원, 즉 갈망임을 살펴보았다. 그것은 "이름이 거룩히 여김을 받으시오며 나라가 임하시오며 뜻이 하늘에서 이루어진 것 같이 땅에서도 이루어지이다"(9하-10절)라는 갈망이다. 이것이 금식으로 표현되는 하나님께 대한 갈망의 내용이다.

　이러한 그리스도인의 금식에는 상이 주어진다. "은밀한 중에 보시는 네 아버지께서 갚으시리라"(18절하). 이 상은 우리의 갈망을 만족시킬 것이다. 그것은 우리가 하나님의 뜻이 이루어짐으로써 하나님의 나라가 확장되어 하나님이 영광을 얻으시는 것을 보는 것이다.

38

보물을 하늘에 쌓아 두라

너희를 위하여 보물을 땅에 쌓아 두지 말라 거기는 좀과 동록이 해하며
도둑이 구멍을 뚫고 도둑질하느니라 오직 너희를 위하여 보물을 하늘에 쌓아 두라
거기는 좀이나 동록이 해하지 못하며 도둑이 구멍을 뚫지도 못하고
도둑질도 못하느니라 네 보물 있는 그 곳에는 네 마음도 있느니라

_ 마 6:19-21

그동안 살펴본 산상수훈의 내용은 크게 세 부분으로 나뉜다. 첫째 부분은 5장 3-16절이다. 이 부분은 제자들의 특성을 다룬다(팔복, 세상의 소금과 빛). 둘째 부분은 5장 17-48절이다. 이 부분은 제자들의 행실 (서기관과 바리새인의 의보다 더 나은 제자들의 의)과 관련해서 율법을 다룬다. 이때 제자들의 행실은 앞에서 말한 제자들의 특성과 무관하지 않다. 제자들의 행실은 그들의 특성을 반영한다. 셋째 부분은 6장 1-18 절이다. 이 부분은 제자들의 외식을 다룬다(은밀한 구제, 기도, 금식). 이때 외식은 앞에서 말한 제자들의 행실에서 나타날 수 있는 위험이다.

이제부터 살펴볼 내용은 산상수훈의 넷째 부분으로 6장 19-34절이다. 이 부분은 제자들의 염려를 다룬다. 이때 염려는 앞에서 말한 제자들의 삶을 가로막는 장애물이다. 이 염려는 물질적 필요에 대한 것이다. 따라서 이 부분은 주기도에서 "오늘 우리에게 일용할 양식을 주시옵고"와 관련이 있다. 여기서 예수님은 제자들이 재물이나 소유에 대해 가져야 할 자세를 가르치신다.

소유에 대한 애착과 탐욕

그러면 보물에 대한 말씀부터 살펴보자. 예수님은 먼저 부정적으로 이렇게 말씀하셨다. "너희를 위하여 보물을 땅에 쌓아 두지 말라 거기는 좀과 동록이 해하며 도둑이 구멍을 뚫고 도둑질하느니라"(19절). 예수님이 이렇게 부정적으로 말씀하신 이유는 제자들이 실제로 그럴 위험이 있기 때문이다.

그러면 예수님이 말씀하신 것은 무슨 뜻일까? 우선 보물이 무엇인지 이해할 필요가 있다. 보물은 소중하고 귀중한 것을 말한다. 그래서 애착이 생기기 마련이다. 우리는 보물을 좋아하고 사랑한다. 보물은 결국 우리의 마음을 차지한다. 그것은 모아 둔 돈일 수도 있고, 숨겨 둔 값진 보석일 수도 있다. 우리가 애착을 갖는 모든 것이 사실상 보물이다.

마태복음에는 보물이라는 말이 몇 번 등장한다. 첫 번째가 2장 11절이다. "집에 들어가 아기와 그의 어머니 마리아가 함께 있는 것을 보고 엎드려 아기께 경배하고 보배합을 열어 황금과 유향과 몰약을 예물로 드리니라." 여기서 보배합은 다른 말로 하면 '보물상자'다. 그러니까 그 상자에 든 황금과 유향과 몰약이 보물이다. 그런데 동방박사들이 이 보물을 아기 예수께 예물로 드린 것은 중요한 의미가 있다. 그것은 아기 예수께서 그들의 진정한 보물이심을 의미한다. 바로 앞에 이런 말씀이 나오기 때문이다. "그들이 별을 보고 매우 크게 기뻐하고 기뻐하더라"(마 2:10). 이것은 별이 가리키는 아기 예수께 대한 최고의 기쁨을 표현한다. 그만큼 아기 예수는 동방박사들의 진정한 보물이다.

두 번째는 13장 44절에 등장한다. "천국은 마치 밭에 감추인 보화와 같으니 사람이 이를 발견한 후 숨겨 두고 기뻐하며 돌아가서 자기의 소유를 다 팔아 그 밭을 사느니라." 여기 "밭에 감추인 보화(보물)"가 나온다. 이 보물은 천국을 가리킨다. 그런데 중요한 것은 이 보물을 발견한 사람의 기쁨이다. 그는 이 밭에 감추인 보물을 기뻐한 나머지 자기의 소유를 다 팔아 그 밭을 산다. 그가 그 정도로 기뻐한 것이 천국이라는 보물이다.

세 번째 보물이라는 말이 등장하는 곳은 19장 21절이다. "예수께서 이르시되 네가 온전하고자 할진대 가서 네 소유를 팔아 가난한 자들에게 주라 그리하면 하늘에서 보화가 네게 있으리라 그리고 와서 나를 따르라 하시니." 이것은 예수님이 부자 청년에게 하신 말씀이다. 만일 그가 자기 소유를 팔아 가난한 자들에게 준다면, 그에게 하늘의 보물이 있게 될 것이다. 그런데 이 말을 들은 부자 청년의 반응이 이렇게 이어진다. "그 청년이 재물이 많으므로 이 말씀을 듣고 근심하며 가니라"(마 19:22). 하늘의 보물에 대한 이 청년의 반응은 기쁨이 아닌 근심(슬픔)이다. 하늘의 보물이 이 청년에게는 보물이 아니기 때문이다. 이 청년에게 보물은 자기의 많은 재물이다. 그는 이 재물에 대한 애착 때문에 그것을 팔아 가난한 자들에게 주는 것이 기쁨이 아니라 오히려 슬픔이었다.

이처럼 보물은 우리가 기뻐하고 사랑하는 것이다. 예수님은 제자들에게 이 보물에 대해 말씀하셨다. "너희를 위하여 보물을 땅에 쌓아 두지 말라." 이것은 단지 소유나 재물을 땅에 쌓아 두지 말라는 뜻이 아니다. 예수님은 저축의 필요성을 부인하지 않으신다. 예수님의 말씀은 재물에 대한 탐욕을 물리치고, 소유에 대한 애착을 버리라는 뜻이다. 사람들은 왜 보물을 땅에 쌓아 두려고 할까? 그 이유는 보물에 대한 탐욕 때문이다. 누가복음 12장에는 어리석은 부자의 비유가 나온다. 그런데 마지막에 예수님은 그 비유가 "자기를 위하여 재물을 쌓아 두고 하나님께 대하여 부요하지 못한 자"(눅 12:21)에 대한 것임을 밝히셨다.

중요한 것은 예수님이 이 비유를 말씀하시게 된 상황이다. 무리 중에 한 사람이 예수님께 말했다. "선생님 내 형을 명하여 유산을 나와 나누게 하소서"(눅 12:13). 그러자 예수님이 그에게 대답하셨다. "이 사람아 누가 나를 너희의 재판장이나 물건 나누는 자로 세웠느냐"(눅 12:14). 그러고는 무리에게 이렇게 말씀하셨다. "삼가 모든 탐심을 물리치라 사람의 생명이 그 소유의 넉넉한 데 있지 아니하니라"(눅 12:15). 그러면서 어리석은 부자의 비유를 말씀하셨다. 그러면 이 부자가 곳간을 더 크게 짓고 곡식과 물건을 쌓아 두려고 한 이유는 무엇일까? 사람들이 자기를 위하여 재물을 쌓아 두는 이유는 무엇일까? 바로 소유에 대한 탐심(탐욕) 때문이다.

또 야고보서 5장에는 부자에 대한 경고가 나온다. "들으라 부한 자들아 너희에게 임할 고생으로 말미암아 울고 통곡하라 너희 재물은 썩었고 너희 옷은 좀먹었으며 너희 금과 은은 녹이 슬었으니 이 녹이 너희에게 증거가 되며 불 같이 너희 살을 먹으리라 너희가 말세에 재물을 쌓았도다 보라 너희 밭에서 추수한 품꾼에게 주지 아니한 삯이 소리 지르며 그 추수한 자의 우는 소리가 만군의 주의 귀에 들렸느니라 너희가 땅에서 사치하고 방종하여 살륙의 날에 너희 마음을 살찌게 하였도다"(1-5절). 이것은 말세에 재물을 쌓은 부자에 대한 심판을 경고한 말씀이다. 여기서 야고보는 세 가지로 부자를 고발한다. 그것은 그들의 불의, 사치와 연락, 마음의 살찜 등이다. 부자가 마음을 살찌게 했다는 것은 그들의 소유에 대한 애착과 탐욕을 가리킨다. 예수님은 제자들에게 재물에 대한 탐욕을 물리치고, 소유에 대한 애착을 버리라는 뜻으로 말씀하신 것이다. "너희를 위하여 보물을 땅에 쌓아 두지 말라."

그러면서 예수님은 땅에 대해 이런 설명을 추가하셨다. "거기는 좀과 동록이 해하며 (또한 거기는) 도둑이 구멍을 뚫고 도둑질하느니라"(마 6:19). 이때 강조된 "거기"는 앞에서 말한 땅을 가리킨다. "좀"은 의복이나 나무 등을 파먹는 해충을 말한다(욥 13:28; 시 39:11; 사 50:9; 호 5:12). 또 "동록"은 구리의 표면에 녹이 슬어 생기는 푸른빛의 물질을 가리킨다. 그런데 이 말은 원래 먹는 것을 뜻한다. 그리고 야고보서 5장 3절에서처럼 금속의 녹을 가리킬 때는 다른 말이 사용된다. 따라서 이 말은 천을 갉아먹는 생쥐나 쥐, 벌레 등을 가리킨다고 볼 수 있다. 실제로 좀과 좀벌레가 함께 언급된 구절도 있다(사 51:8).

이처럼 땅에서는 좀과 동록(벌레), 도적이 있어서 보물에 손상이 가거나 보물을 잃을 수 있다. 이것은 성경이 보여주는 대로 땅에서 재물이나 소유가 안전할 수 없음(덧없음)을 말한다. "부자 되기에 애쓰지 말고 네 사사로운 지혜를 버릴지어다 네가 어찌 허무한 것에 주목하겠느냐 정녕히 재물은 스스로 날개를 내어 하늘을 나는 독수리처럼 날아가리라"(잠 23:4-5). "대저 재물은 영원히 있지 못하나니 면류관이 어찌 대대에 있으랴"(잠 27:24). "진실로 각 사람은 그림자 같이 다니고 헛된 일로 소란하며 재물을 쌓으나 누가 거둘는지 알지 못하나이다"(시 39:6). "어떤 사람은 그 지혜와 지식과 재주를 다하여 수고하였어도 그가 얻은 것을 수고하지 아니한 자에게 그의 몫으로 넘겨 주리니 이것도 헛된 것이며 큰 악이로다 … 하나님은 그가 기뻐하시는 자에게는 지혜와 지식과 희락을 주시나 죄인에게는 노고를 주시고 그가 모아 쌓게 하사 하나님을 기뻐하는 자에게 그가 주게 하시지만 이것도 헛되어 바람을 잡는 것이로다"(전 2:21, 26).

이 땅에서는 재물과 소유가 안전할 수 없음(덧없음)을 아는가? 그래서 재물에 대한 탐욕을 물리쳐야 하고 소유에 대한 애착을 버려야 함을 기억하는가? 사도 바울은 이렇게 말한다. "우리가 세상에 아무 것도 가지고 온 것이 없으매 또한 아무 것도 가지고 가지 못하리니 우리가 먹을 것과 입을 것이 있은즉 족한 줄로 알 것이니라 부하려 하는 자들은 시험과 올무와 여러 가지 어리석고 해로운 욕심에 떨어지나니 곧 사람으로 파멸과 멸망에 빠지게 하는 것이라 돈을 사랑함이 일만 악의 뿌리가 되나니 이것을 탐내는 자들은 미혹을 받아 믿음에서 떠나 많은 근심으로써 자기를 찔렀도다"(딤전 6:7-10).

보물을 하늘에 쌓아 두는 구제

그다음 예수님은 긍정적으로 이렇게 말씀하셨다. "오직 너희를 위하여 보물을 하늘에 쌓아 두라 거기는 좀이나 동록이 해하지 못하며 도둑이 구멍을 뚫지도 못하고 도둑질도 못하느니라"(마 6:20). 이 말씀에 따르면, 하늘에 보물을 쌓아 두는 것은 안전하다. 따라서 예수님은 제자들에게 "너희를 위하여 보물을 하늘에 쌓아 두라"고 말씀하셨다.

그러면 이 말씀은 무슨 뜻일까? 여기서 우리는 같은 내용에 대한 누가의 기록을 참고할 필요가 있다. "너희 소유를 팔아 구제하여 낡아지지 아니하는 배낭을 만들라 곧 하늘에 둔 바 다함이 없는 보물이니 거기는 도둑도 가까이 하는 일이 없고 좀도 먹는 일이 없느니라"(눅 12:33). 누가는 "너희를 위하여 보물을 하늘에 쌓아 두라"에 해당하는 내용을 이렇게 기록했다. "너희 소유를 팔아 구제하여 낡아지지 아니하는 배낭을 만들라 곧 하늘에 둔 바 다함이 없는 보물이니." 따라서 보물을 하늘에 쌓아 두는 실제적인 방법은 구제하는 것이다. 이것은 앞에서 은밀하게 구제하면 하늘에 계신 하나님께 상을 얻게 될 거라고 하신 예수님의 말씀과 일치한다. 또 예수님이 부자 청년에게 하신 말씀과도 일치한다. "네가 온전하고자 할진대 가서 네 소유를 팔아 가난한 자들에게 주라 그리하면 하늘에서 보화가 네게 있으리라"(마 19:21). 또 이것은 부자들에 관한 사도 바울의 말과도 일치한다. "네가 이 세대에서 부한 자들을 명하여 마음을 높이지 말고 정함이 없는 재물에 소망을 두지 말고 오직 우리에게 모든 것을 후히 주사 누리게 하시는 하나님께 두며 선을 행하고 선한 사업을 많이 하고 나누어 주기를 좋아하며 너그러운 자가 되게 하라 이것이 장래에 자기를 위하여 좋은 터를 쌓아 참된 생명을 취하는 것이니라"(딤전 6:17-19). 또 이것은 잠언에 나오는 이런 말씀과도 일치한다. "가난한 자를 불쌍히 여기는 것은 여호와께 꾸어 드리는 것이니 그의 선행을 그에게 갚아 주시리라"(잠 19:17).

보물을 하늘에 쌓아 두는 실제적인 방법이 구제임을 아는가? 우리의 재물과 소유로 가난한 자들을 구제하려면 재물에 대한 탐욕을 물리치지 않으면 안 되고, 소유에 대한 애착을 버리지 않으면 안 된다. 그래서 예수님은 먼저 보물을 땅에 쌓아 두지 말라고 하신 것이다.

경고와 약속

마지막으로 예수님은 보물에 대해 이렇게 말씀하셨다. "네 보물 있는 그 곳에는 네 마음도 있느니라(있을 것이다)"(마 6:21). 여기에는 이유를 나타내는 접속사가 들어 있다(왜냐하면). 그러면 이 말씀은 무엇에 대한 이유를 말한 것일까? 20절에 대한 이유를 말한 것일까? 아니면 19절과 20절 모두에 대한 이유를 말한 것일까?

여기서 마태의 기록을 누가의 기록과 비교할 필요가 있다. 누가는 이렇게 기록한다. "너희 소유를 팔아 구제하여 (너희 자신을 위하여) 낡아지지 아니하는 배낭을 만들라 곧 하늘에 둔 바 다함이 없는 보물이니 거기는 도둑도 가까이 하는 일이 없고 좀도 먹는 일이 없느니라 (왜냐하면) 너희 보물 있는 곳에는 너희 마음도 있으리라"(눅 12:33-34). 누가는 33절과 34절 모두 2인칭 복수로 말했다. 그래서 34절은 자연스럽게 33절에 대한 이유를 말한 것이 된다.

그에 비해 마태의 기록은 좀 다르다. 마태는 19절과 20절은 2인칭 복수로 말한 다음, 21절은 2인칭 단수로 말했다. "너희를 위하여 ⋯ 너희를 위하여 ⋯ (왜냐하면) ⋯ 네 보물 ⋯ 네 마음." 여기서 우리는 21절이 20절에 연속되는 문장이 아님을 알 수 있다. 이것은 21절이 20절에 대한 이유가 아니라 19절과 20절 모두에 대한 이유를 말한 것임을 나타낸다.

따라서 "네 보물 있는 그 곳에는 네 마음도 있느니라"는 "너희를 위하여 보물을 땅에 쌓아 두지 말라"는 이유인 동시에 "너희를 위하여 보물을 하늘에 쌓아 두라"고 하는 이유다. 그렇다면 "네 보물 있는 그 곳에는 네 마음도 있느니라"는 말씀은 경고인 동시에 약속이다.

우선 보물을 땅에 쌓아 두는 사람에게 이 말씀은 경고다. 그리스도인으로 자처하는 사람이 있다고 하자. 이 사람은 교회에 다니고, 신앙고백도 하고, 헌금도 내고, 봉사도 한다. 그런데 만일 이 사람의 보물이 땅에 있다면(이 사람이 재물에 대한 탐욕을 물리치지 못하고 소유에 대한 애착을 버리지 못했다면), 이 사람의 마음도 땅에 있을 것이다. 이것은 이 사람이 세속적 마음의 상태에 있게 될 것을 의미한다. 이 사람은 마음을 비롯하여 변화된 것이 전혀 없다. 이것은 이 사람이 구원받지 못할 거라는 경고다. 결과적으로 이 사람이 교회에 다니고, 신앙고백도 하고, 헌금도 내고, 봉사도 한 것은 다 소용없다.

반대로 보물을 하늘에 쌓아 두는 사람에게 이 말씀은 약속이다. 만일 이 사람의 보물이 하늘에 있다면(이 사람이 재물에 대한 탐욕을 물리치고 소유에 대한 애착을 버렸다면, 그래서 이 사람이 자신의 재물을 가지고 구제한다면), 이 사람의 마음도 하늘에 있을 것이다. 이것은 이 사람이 하늘에 속한 마음의 상태일 것을 의미한다. 이 사람은 마음을 비롯하여 모든 것이 변화된 것이다. 이것은 이 사람이 구원받을 거라는 약속이다.

그렇다면 우리의 보물은 어디에 있는가? 땅인가 하늘인가?

39

후함과 인색함

눈은 몸의 등불이니 그러므로 네 눈이 성하면 온 몸이 밝을 것이요
눈이 나쁘면 온 몸이 어두울 것이니 그러므로 네게 있는 빛이 어두우면
그 어둠이 얼마나 더하겠느냐

_마 6:22-23

산상수훈의 넷째 부분(6장 후반부: 19-34절)은 제자들의 염려를 다룬다. 이 염려는 물질적 필요에 대한 것이다. 여기서 예수님은 제자들에게 재물에 대한 태도를 우선적으로 가르치신다. 그것은 세 가지 말씀을 통해서다. 첫째는 '보물'에 대한 말씀(19-21절)이다. 둘째는 '눈'에 대한 말씀(22-23절)이다. 셋째는 '두 주인'에 대한 말씀(24절)이다. 그러면 눈에 대한 말씀을 살펴보자. "눈은 몸의 등불이니 그러므로 네 눈이 성하면 온 몸이 밝을 것이요 눈이 나쁘면 온 몸이 어두울 것이니 그러므로 네게 있는 빛이 어두우면 그 어둠이 얼마나 더하겠느냐."

여기서 예수님은 먼저 이런 전제를 말씀하신다. "눈은 몸의 등불이니." 여기서 등불은 빛의 출처, 근원을 말한다. 등불은 이미 5장 15절에 나왔는데, 거기서도 빛이 나온 곳을 말한다. "사람이 등불을 켜서 말 아래에 두지 아니하고 등경 위에 두나니 이러므로 집 안 모든 사람에게 비치느니라 이같이 너희 빛이 사람 앞에 비치게 하여"(마 5:15-16).

이 같은 사실은 누가의 기록을 보면 분명해진다. 누가는 마태가 따로 기록한 것을 함께 묶어서 기록했다. "누구든지 등불을 켜서 움 속에

나 말 아래에 두지 아니하고 등경 위에 두나니 이는 들어가는 자로 그 빛을 보게 하려 함이라 네 몸의 등불은 눈이라 네 눈이 성하면 온 몸이 밝을 것이요 만일 나쁘면 네 몸도 어두우리라 그러므로 네 속에 있는 빛이 어둡지 아니한가 보라 네 온 몸이 밝아 조금도 어두운 데가 없으면 등불의 빛이 너를 비출 때와 같이 온전히 밝으리라 하시니라"(눅 11:33-36). 33절에서 등불은 빛의 근원임이 분명하다. 따라서 34절에서 눈은 몸을 위해 빛의 근원으로서 기능한다. 이와 함께 36절의 "등불의 빛"도 등불이 빛의 근원임을 나타낸다.

이처럼 등불은 빛의 근원을 말한다. 그렇다면 "눈은 몸의 등불이니"라는 말의 의미는 눈은 몸을 위해 빛의 근원으로서 기능한다는 것이다(이것은 실제적으로 몸은 눈으로 빛을 인식할 뿐 귀나 코, 손이나 발로는 빛을 인식하지 못한다는 의미일 것이다). 따라서 "눈은 몸의 등불이니"라는 전제에서 추론할 수 있는 것이 있다. 그것은 눈의 상태가 몸의 상태를 좌우한다는 점이다. 눈의 상태에 따라 온 몸이 밝을 수도 있고 어두울 수도 있다. 이것은 "눈은 몸의 등불이니"라는 전제에서 이끌어낼 수 있는 결론이다. 여기서 "그러므로"는 이러한 논리적 연결을 가리킨다.

성한 눈과 나쁜 눈

그러면 예수님의 이 말씀은 무슨 뜻일까? "네 눈이 성하면 온 몸이 밝을 것이요 눈이 나쁘면 온 몸이 어두울 것이니." 우리가 이 말씀만 놓고 보면 수수께끼 같아서 그 뜻을 알기 어렵다. 그런데 주목할 게 있다. 그것은 마태와 누가가 같은 내용을 다른 문맥 속에서 기록했다는 사실이다. 이것은 예수님의 이 말씀이 문맥 속에서 그 의미가 결정된다는 것이다. 예수님의 이 말씀 앞에는 보물을 땅에 쌓아 두지 말라는 내용이 있다. 그리고 예수님의 이 말씀 뒤에는 하나님과 재물을 겸하여 섬기지 못한다는 내용이 나온다. 따라서 예수님의 이 말씀은 재물에 대한 태도를 말한 것으로 보아야 한다. 눈이 성하다거나 눈이 나쁘다는 것은 재물이나 소유에 대한 태도를 뜻한다.

마태복음에는 이 사실을 확인해 주는 내용이 들어 있다. 마태복음 20장 15절이다. "내 것을 가지고 내 뜻대로 할 것이 아니냐 내가 선하므로 네가 악하게 보느냐." 이것은 포도원 품꾼의 비유(마 20:1-16) 중에 나오는 말이다. 그 비유는 이렇게 시작된다. "천국은 마치 품꾼을 얻어 포도원에 들여보내려고 이른 아침에 나간 집주인과 같으니." 이른 아침에 나간 그 주인은 하루 한 데나리온씩 품꾼들과 약속하여 포도원에 들여보냈다. 제삼시, 제육시, 제구시 그리고 제십일시에도 그렇게 했다. 날이 저물어 포도원 주인은 청지기를 시켜 나중 온 품꾼들부터 삯을 주게 했다. 먼저 제십일시에 온 자들이 와서 한 데나리온씩 받았다. 먼저 온 자들은 더 받을 줄 알았는데 그들도 한 데나리온씩 받았다. 그때 그들은 이렇게 집 주인을 원망했다. "나중 온 이 사람들은 한 시간밖에 일하지 아니하였거늘 그들을 종일 수고하며 더위를 견딘 우리와 같게 하였나이다." 그 말을 들은 주인이 그들 중 한 사람에게 대답했다. "친구여 내가 네게 잘못한 것이 없노라 네가 나와 한 데나리온의 약속을 하지 아니하였느냐 네 것이나 가지고 가라 나중 온 이 사람에게 너와 같이 주는 것이 내 뜻이니라 내 것을 가지고 내 뜻대로 할 것이 아니냐 내가 선하므로 네가 악하게 보느냐." 여기서 "내가 선하므로 네가 악하게 보느냐"를 직역하면 '내가 선하므로 네 눈이 나쁘냐'로 볼 수 있다. 이때 '내가 선하므로'는 한 시간만 일한 사람에게도 후하게 삯을 준 것을 가리킨다. 그리고 '네 눈이 나쁘냐'는 후하게 삯을 준 것에 대해 아까워함을 의미한다. 여기서 '눈이 나쁘다'는 재물에 인색한 태도를 뜻한다.

구약성경에도 이와 비슷한 표현이 나온다. "네 하나님 여호와께서 네게 주신 땅 어느 성읍에서든지 가난한 형제가 너와 함께 거주하거든 그 가난한 형제에게 네 마음을 완악하게 하지 말며 네 손을 움켜 쥐지 말고 반드시 네 손을 그에게 펴서 그에게 필요한 대로 쓸 것을 넉넉히 꾸어주라 삼가 너는 마음에 악한 생각을 품지 말라 곧 이르기를 일곱째 해 면제년이 가까이 왔다 하고 네 궁핍한 형제를 악한 눈으로 바라보며 아무것도 주지 아니하면 그가 너를 여호와께 호소하리니 그것이 네게 죄가 되리라 너는 반드시 그에게 줄 것이요, 줄 때에는 아끼는 마음을 품지 말 것이니라 이로 말미암아 네 하나님 여호와께서 네가 하는 모든 일과 네 손이 닿는 모든 일에 네게 복을 주시리라"(신 15:7-10). 여기서 "악한 눈으로 바라보며"의 칠십인역 번역은 본문의 "눈이 나쁘면"과 아주 유사하다. 이 말은 가난한 형제에 대해 재물을 아까워하는 인색한 마음을 뜻한다.

잠언에도 "악한 눈이 있는 자"에 대한 말씀이 있다. "악한 눈이 있는 자의 음식을 먹지 말며 그의 맛있는 음식을 탐하지 말지어다 대저 그 마음의 생각이 어떠하면 그 위인도 그러한즉 그가 네게 먹고 마시라 할지라도 그의 마음은 너와 함께 하지 아니함이라"(잠 23:6-7). 여기 "악한 눈이 있는 자"는 재물에 인색한 자를 말한다. "악한 눈이 있는 자는 재물을 얻기에만 급하고 빈궁이 자기에게로 임할 줄은 알지 못하느니라"(잠 28:22). 여기 "악한 눈이 있는 자"는 재물에 탐욕을 부리는 자를 의미한다. 이처럼 본문에서도 '눈이 나쁘다'는 재물에 인색하고 탐욕스러운 태도를 뜻한다.

그러면 이제 '눈이 성하다'는 말을 살펴볼 차례다. "네 눈이 성하면 온 몸이 밝을 것이요 눈이 나쁘면 온 몸이 어두울 것이니." 이 말씀은 전반부와 후반부가 대조를 이루는 형식으로 되어 있다. 우선 후반부는 대조를 나타내는 접속사로 시작된다. 또 "온 몸이 밝을 것이요"는 "온 몸이 어두울 것이니"와 대조를 이룬다. 따라서 "네 눈이 성하면"은 "(네) 눈이 나쁘면"과 대조를 이룬다고 보아야 한다. 여기서 '성하다'는 온전하다 또는 건강하다는 의미다. 그런데 "(네) 눈이 나쁘면"과 대조를 이루는 말로는 '네 눈이 좋으면'이 더 자연스럽다. 그래서 NIV 성경(1984)은 그런 식으로 번역했다("The eye is the lamp of the body. If your eyes are good, your whole body will be full of light. But if your eyes are bad, your whole body will be full of darkness. If then the light within you is darkness, how great is that darkness!").

그러면 예수님은 왜 좋다는 말 대신 굳이 성하다는 말을 사용하신 것일까? 그 이유는 '성하다'의 의미를 살펴보면 알게 된다. 성하다는 헬라어 단어 '하플루스'의 번역이다. 이 말은 형용사로서 단 한 번 예수님의 이 말씀에만 쓰였다(마 6:22; 눅 11:34). 그러나 이 말은 부사나 명사로도 쓰였다. 그런데 이 말이 부사나 명사로 쓰인 경우를 살펴보면 두 가지 뜻이 나타난다. 하나는 '한결같음' 또는 '성실함'이라는 뜻이다(하나로 이루어진 것을 말한다). "우리가 세상에서 특별히 너희에 대하여 하나님의 거룩함(새번역은 순박함)과 진실함으로 행하되 육체의 지혜로 하지 아니하고 하나님의 은혜로 행함은 우리 양심이 증언하는 바니 이것이 우리의 자랑이라"(고후 1:12). "뱀이 그 간계로 하와를 미혹한 것 같이 너희 마음이 그리스도를 향하는 진실함과 깨끗함에서 떠나 부패할까 두려워하노라"(고후 11:3). "종들아 두려워하고 떨며 성실한 마음으로 육체의 상전에게 순종하기를 그리스도께 하듯 하라"(엡 6:5). "종들아 모든 일에 육신의 상전들에게 순종하되 사람을 기쁘게 하는 자와 같이 눈가림만 하지 말고 오직 주를 두려워하여 성실한 마음으로 하라"(골 3:22).

또 하나는 '후함' 또는 '후히'(부사)라는 뜻이다. "너희 중에 누구든지 지혜가 부족하거든 모든 사람에게 후히(부사) 주시고 꾸짖지 아니하시는 하나님께 구하라 그리하면 주시리라"(약 1:5). "구제하는 자는 성실함으로(후함으로)"(롬 12:8). "환난의 많은 시련 가운데서 그들의 넘치는 기쁨과 극심한 가난이 그들의 풍성한 연보를 넘치도록 하게 하였느니라"(고후 8:2). "너희가 모든 일에 넉넉하여 너그럽게 연보를 함은 그들이 우리로 말미암아 하나님께 감사하게 하는 것이라 … 이 직무로 증거를 삼아 너희가 그리스도의 복음을 진실히 믿고 복종하는 것과 그들과 모든 사람을 섬기는 너희의 후한 연보로 말미암아 하나님께 영광을 돌리고"(고후 9:11, 13).

그렇다면 본문에서 '성하다'로 번역된 말도 두 가지 뜻이 가능하다. 하나는 '성하다' '온전하다' '건강하다'는 뜻이다. 또 하나는 '후하다'는 뜻이다. 따라서 예수님이 말씀하신 "(네) 눈이 성하면"은 '네 눈이 후하면'으로도 이해가 가능하다. 잠언에는 이런 말씀도 나온다. "선한 눈을 가진 자는 복을 받으리니 이는 양식을 가난한 자에게 줌이니라"(잠 22:9). 여기서 "선한 눈을 가진 자"는 가난한 자에게 후한 사람을 말한다.

이처럼 '성하다'를 '후하다'는 뜻으로 이해하면, 이것은 뒤에 오는 "(네) 눈이 나쁘면"과 좋은 대조를 이룬다. 왜냐하면 눈이 나쁘다는 말은 재물에 대해 인색하고 탐욕스러운 태도를 뜻하기 때문이다. 예수님이 좋다는 말 대신 굳이 성하다는 말을 사용하신 이유가 여기 있다. 예수님은 이 말을 사용함으로써 재물에 대한 제자들의 태도를 말씀하신다는 점을 분명히 하신다. "네 눈이 성하면 온 몸이 밝을 것이요 눈이 나쁘면 온 몸이 어두울 것이니." 여기서 온 몸이 밝을 것이라거나 온 몸이 어두울 것이라는 말은 영혼의 상태를 나타낸다. 그것은 구원을 받거나 구원을 받지 못한 상태다.

재물에 대한 태도가 영혼의 상태를 좌우한다

결국 예수님 말씀의 의미는, 재물에 대해 어떤 태도를 취하는지에 따라 제자들의 영혼의 상태가 좌우된다는 것이다. 제자들은 재물에 대해 후한 태도를 가질 수도 있고, 인색하고 탐욕스러운 태도를 가질 수도 있다. 중요한 것은 그 태도가 그들의 영혼의 상태를 결정한다는 사실이다.

이처럼 재물에 대한 태도는 영혼의 상태를 좌우한다. 그것은 눈의 상태가 온몸의 상태를 좌우하는 것과 같다. 재물에 후한 사람은 빛 가운데 있게 될 것이다. 반면 재물에 인색하고 탐욕스러운 사람은 어둠 가운데 있게 될 것이다.

사도 요한은 이렇게 기록했다. "누가 이 세상의 재물을 가지고 형제의 궁핍함을 보고도 도와 줄 마음을 닫으면 하나님의 사랑이 어찌 그 속에 거하겠느냐"(요일 3:17). 여기서 "하나님의 사랑"은 다른 사람에 대한 그리스도인의 사랑을 의미한다. 재물에 인색한 사람이라면 이러한 그리스도인의 사랑, 하나님의 사랑, 자기희생적 사랑이 있을 수 없다. 이런 점에서 그리스도인의 구제는 구원의 증거가 된다. 이것이 "네 눈이 성하면 온 몸이 밝을 것이요"의 의미다.

재물에 대한 태도가 영혼의 상태를 좌우한다는 사실은 부자에 대한 누가의 기록에 잘 나타난다. 누가복음 18장에는 부자 관원이 등장한다. 그는 종교적으로나 도덕적으로 열심이 있던 사람이다. 그가 예수님께 한 질문이나 대답을 보면 그렇다는 걸 알 수 있다. "어떤 관리가 물어 이르되 선한 선생님이여 내가 무엇을 하여야 영생을 얻으리이까 예수께서 이르시되 네가 어찌하여 나를 선하다 일컫느냐 하나님 한 분 외에는 선한 이가 없느니라 네가 계명을 아나니 간음하지 말라, 살인하지 말라, 도둑질하지 말라, 거짓 증언 하지 말라, 네 부모를 공경하라 하였느니라 여짜오되 이것은 내가 어려서부터 다 지키었나이다"(18-21절). 그러나 그는 결국 구원받지 못했다. 그와 예수님의 대화 뒤에 이런 내용이 나오기 때문이다. "예수께서 그를 보시고 이르시되 재물이 있는 자는 하나님의 나라에 들어가기가 얼마나 어려운지 낙타가 바늘귀로 들어가는 것이 부자가 하나님의 나라에 들어가는 것보다 쉬우니라 하시니 듣는 자들이 이르되 그런즉 누가 구원을 얻을 수 있나이까"(24-26절).

그런데 이런 판단의 근거가 된 것은 재물에 대한 그의 태도다. "예수께서 이 말을 들으시고 이르시되 네게 아직도 한 가지 부족한 것이 있으니 네게 있는 것을 다 팔아 가난한 자들에게 나눠 주라 그리하면 하늘에서 네게 보화가 있으리라 그리고 와서 나를 따르라 하시니 그 사람이 큰 부자이므로 이 말씀을 듣고 심히 근심하더라"(22-23절). 큰 부자인 관원은 재물에 인색하고 탐욕스러운 사람이었다.

그에 비해 누가복음 19장에는 또 다른 부자 삭개오가 등장한다. 그는 사람들에게 죄인으로 지탄받던 사람이다. "뭇 사람이 보고 수군거려 이르되 저가 죄인의 집에 유하러 들어갔도다 하더라"(7절). 그런데 그는 예수님을 만나 구원받았다. "예수께서 이르시되 오늘 구원이 이 집에 이르렀으니 이 사람도 아브라함의 자손임이로다"(9절).

이런 판단의 근거가 된 것은 재물에 대한 태도였다. "삭개오가 서서 주께 여짜오되 주여 보시옵소서 내 소유의 절반을 가난한 자들에게 주겠사오며 만일 누구의 것을 속여 빼앗은 일이 있으면 네 갑절이나 갚겠나이다"(8절). 그는 예수님을 만나서 재물에 후한 사람이 되었다.

이처럼 두 부자의 영혼의 상태를 좌우하는 것은 재물에 대한 태도다. 이것이 본문에서 예수님이 하신 말씀의 의미다. "네 눈이 성하면 온 몸이 밝을 것이요 눈이 나쁘면 온 몸이 어두울 것이니."

자기 점검

여기서 예수님은 이런 말씀을 추가하신다. "그러므로 네게 있는 빛이 어두우면 그 어둠이 얼마나 더하겠느냐." 여기서 "그러므로"는 또 다른 논리적 추론을 나타낸다. 예수님은 재물에 대한 태도가 영혼의 상태를 좌우한다는 것을 근거로 말씀하신 것이다.

그런데 "네게 있는 빛이 어두우면(네 안에 있는 빛이 어둠이면)"이라는 말은 역설적이다. 이것은 안에 있는 빛이 밖으로는 어둠으로 나타난 경우를 말한다. 다시 말하면, 자신은 구원받은 줄로 생각하지만 드러난 행실은 그렇지 못한 경우다. 특히 본문에서 예수님이 염두에 두신 것은 구원받았다고 하면서도 재물에 인색하고 탐욕스러운 사람이다. 그런 사람에게 예수님은 말씀하신다. "그 어둠이 얼마나 더하겠느냐." 그 사람이 재물에 인색하고 탐욕스러운 태도를 보이는 것은 그게 전부가 아니다. 그것은 겉으로 드러난 것일 뿐 거기에는 겉으로 드러나지 않은 원인이 있다. 바로 그 사람에게 진리의 빛이 들어오지 않은 것이다. "네게 있는 빛"은 자신의 생각일 뿐 실상은 어둠인 것이다.

여기서 예수님은 우리 각자에게 자신을 점검하도록 요구하신다. 나는 구원받고 재물에 대한 태도가 달라졌는가? 재물에 후한 사람이 되었는가? 아니면 여전히 재물에 인색하고 탐욕스러운 사람인가?

40
하나님과 재물을 겸하여 섬길 수 없다

한 사람이 두 주인을 섬기지 못할 것이니 혹 이를 미워하고 저를 사랑하거나
혹 이를 중히 여기고 저를 경히 여김이라 너희가 하나님과 재물을 겸하여
섬기지 못하느니라

_ 마 6:24

예수님은 제자들에게 세 가지 말씀으로 재물에 대한 태도를 가르치셨다. 첫 번째 말씀은 우리가 보물을 어디에 쌓을 것인지에 대한 것이다. 땅인가(재물에 대한 탐욕), 하늘인가(구제). 이것은 자신이 가져야 할 재물에 대한 태도다. 두 번째 말씀은 내 눈은 어떤 눈인지에 대한 것이다. 성한 눈인가(재물에 후함), 나쁜 눈인가(재물에 인색함). 이것은 이웃과 관련해 가져야 할 재물에 대한 태도다. 세 번째 말씀은 누구를 섬길 것인지에 대한 것이다. 하나님인가 재물인가. 이것은 하나님과 관련해 가져야 할 재물에 대한 태도다.

본문에서 예수님은 먼저 두 주인에 대한 일반원리를 말씀하셨다. "한 사람이 두 주인을 섬기지 못할 것이니 혹 이를 미워하고 저를 사랑하거나 혹 이를 중히 여기고 저를 경히 여김이라." 그런 다음 예수님은 이 일반적 원리를 하나님과 재물이라는 특수한 경우에 적용해 말씀하셨다. "너희가 하나님과 재물을 겸하여 섬기지 못하느니라."

두 주인에 대한 일반 원리

그러면 두 주인에 대한 일반원리부터 살펴보자. 예수님은 "한 사람이 두 주인을 섬기지 못할 것이니"라고 말씀하셨다. 이것은 아무도 두 주인을 섬길 수 없다는 강한 의미를 전달한다. 예수님이 이렇게 말씀하신 이유는 두 주인을 섬길 수 있다는 생각을 염두에 두셨기 때문이다.

가장 먼저 주목할 것은 여기 사용된 '섬기다'(둘레우오)는 말이다. 이 말은 마태복음에서 여기에만 나온다. 이것은 '종노릇하다'는 뜻이다. 그래서 이 말은 종이 주인에게 어떻게 해야 할지를 말할 때 사용한다. "기쁜 마음으로 섬기기를 주께 하듯 하고 사람들에게 하듯 하지 말라"(엡 6:7). "무슨 일을 하든지 마음을 다하여 주께 하듯 하고 사람에게 하듯 하지 말라 이는 기업의 상을 주께 받을 줄 아나니 너희는 주 그리스도를 섬기느니라"(골 3:23-24). "믿는 상전이 있는 자들은 그 상전을 형제라고 가볍게 여기지 말고 더 잘 섬기게 하라 이는 유익을 받는 자들이 믿는 자요 사랑을 받는 자임이라 너는 이것들을 가르치고 권하라"(딤전 6:2).

따라서 본문에서 예수님이 사용하신 '섬기다'는 말은 전적으로 복종하는 것을 뜻한다. "아버지께 대답하여 이르되 내가 여러 해 아버지를 섬겨 (결코) 명을 어김이 없거늘 내게는 염소 새끼라도 주어 나와 내 벗으로 즐기게 하신 일이 없더니"(눅 15:29). "그들이 대답하되 우리가 아브라함의 자손이라 남의 종이 된(남에게 종노릇한) 적이 없거늘 어찌하여 우리가 자유롭게 되리라 하느냐"(요 8:33). "곧 모든 겸손과 눈물이며 유대인의 간계로 말미암아 당한 시험을 참고 주를 섬긴 것과"(행 20:19). "그들이 우리에 대하여 스스로 말하기를 우리가 어떻게 너희 가운데에 들어갔는지와 너희가 어떻게 우상을 버리고 하나님께로 돌아와서 살아 계시고 참되신 하나님을 섬기는지와"(살전 1:9). 따라서 본문에서 예수님이 말씀하신 것은, 한 사람이 두 주인에게 전적으로 복종하는 일은 불가능하다는 것이다.

예수님은 그 이유를 이렇게 설명하셨다. "혹 이를 미워하고 저를 사랑하거나 혹 이를 중히 여기고 저를 경히 여김이라." 이것은 한 사람이 두 주인을 섬길 수 있다고 해도, 둘 중 하나는 미워하고 다른 하나는 사랑하거나, 둘 중 하나는 중히 여기고 다른 하나는 경히 여기는 것이다. 한 사람이 두 주인을 섬길 수 있다고 해서, 둘 다 사랑하거나 둘 다 중히 여기는 것은 불가능하다. 둘 다 사랑하는 것 같지만 사실 하나는 미워하고 다른 하나는 사랑하는 것이고, 둘 다 중히 여기는 것 같지만 사실 하나는 중히 여기고 다른 하나는 경히 여기는 것이다.

성경에는 이 사실을 보여주는 예가 있다. 우선 창세기 29장 30-31절을 보자. "야곱이 또한 라헬에게로 들어갔고 그가 레아보다 라헬을 더 사랑하여 다시 칠 년 동안 라반을 섬겼더라 여호와께서 레아가 사랑 받지 못함을 보시고 그의 태를 여셨으나 라헬은 자녀가 없었더라." 여기서 "그가 레아보다 라헬을 더 사랑하여"라는 설명이 나온다. 야곱은 자신이 레아와 라헬 둘 다 사랑하되 라헬을 더 사랑한다고 생각했을 것이다. 그러나 사실은 그렇지 않았다. 바로 뒤에 "여호와께서 레아가 사랑 받지 못함을 보시고"라는 설명이 이어지기 때문이다. 여기서 사랑 받지 못한다는 말은 사실상 미움을 받는다는 뜻이다. 하나님이 보실 때 야곱은 라헬을 사랑했지만 레아를 미워한 것이다.

그다음 마태복음 19장에 나오는 부자 청년의 경우를 생각해 보자. 예수님이 그에게 "네가 생명에 들어가려면 계명들을 지키라"(17절)고 말씀하셨을 때, 그는 "어느 계명이오니이까"라고 물었다. 예수님이 대답하셨다. "살인하지 말라, 간음하지 말라, 도둑질하지 말라, 거짓 증언하지 말라, 네 부모를 공경하라, 네 이웃을 네 자신과 같이 사랑하라 하신 것이니라"(18-19절). 이 말씀을 들은 청년이 말했다. "이 모든 것을 내가 지키었사온대 아직도 무엇이 부족하니이까." 그러자 예수님이 말씀하셨다. "네가 온전하고자 할진대 가서 네 소유를 팔아 가난한 자들에게 주라 그리하면 하늘에서 보화가 네게 있으리라 그리고 와서 나를 따르라"(21절). 마태는 이때 청년이 보인 반응을 이렇게 기록했다. "그 청년이 재물이 많으므로 이 말씀을 듣고 근심하며 가니라."

여기서 주목할 것이 있다. 예수님이 청년에게 말씀하신 계명 중에 "네 이웃을 네 자신과 같이 사랑하라"는 계명이 포함되었다는 점이다. 마가나 누가는 이 계명을 포함시키지 않았다. 그런데 예수님의 말씀을 들은 청년은 "이 모든 것을 내가 지키었사온대"라고 대답했다. 그는 이웃을 자기 몸처럼 사랑했다고 말한 것이다(그의 말은 어떤 점에서 사실일 것이다).

그러자 예수님은 "네 소유를 팔아 가난한 자들에게 주라"고 말씀하셨다. 그것은 "네 이웃을 네 자신과 같이 사랑하라"는 계명의 구체적 실천을 요구하신 것이다. 그런데 그는 그렇게 하지 못했다. "그 청년이 재물이 많으므로 이 말씀을 듣고 근심하며 가니라"는 그가 이웃보다 재물을 더 사랑했음을 보여준다. 이웃보다 재물을 더 사랑했다는 말은 결국 이웃을 사랑하지 않았다는 뜻이다. 그 청년은 스스로 이웃과 재물을 둘 다 사랑한다고 생각했을 것이다. 그러나 드러난 것은 재물을 사랑한 그가 이웃을 사랑하지 않았다는 사실이다.

또 요한복음 3장 19-20절을 보자. "그 정죄는 이것이니 곧 빛이 세상에 왔으되 사람들이 자기 행위가 악하므로 빛보다 어둠을 더 사랑한 것이니라 악을 행하는 자마다 빛을 미워하여 빛으로 오지 아니하나니 이는 그 행위가 드러날까 함이요.” 19절은 “사람들이 자기 행위가 악하므로”라 말하고, 20절은 “악을 행하는 자마다”라고 말한다. 결국 19절과 20절은 같은 사람들을 두고 말한 것이다. 그런데 19절은 그들이 빛보다 어둠을 더 사랑했다고 말하지만, 20절은 그들이 빛을 미워했다고 말한다. 사람들은 빛과 어둠을 둘 다 사랑하되 어둠을 더 사랑한다고 생각했을 테지만, 사실은 어둠을 사랑하고 빛을 미워한 것이다.

요한복음 12장에도 비슷한 예가 나온다. 거기서 사도 요한은 예수님의 많은 표적에도 불구하고 사람들이 믿지 않은 것을 말한다. “이렇게 많은 표적을 그들 앞에서 행하셨으나 그를 믿지 아니하니 이는 선지자 이사야의 말씀을 이루려 하심이라 이르되 주여 우리에게서 들은 바를 누가 믿었으며 주의 팔이 누구에게 나타났나이까 하였더라”(37-38절). 그런 다음 그들이 믿지 않은 것은 사실 그들이 능히 믿지 못한 것이라고 말한다. “그들이 능히 믿지 못한 것은 이 때문이니 곧 이사야가 다시 일렀으되 그들의 눈을 멀게 하시고 그들의 마음을 완고하게 하셨으니 이는 그들로 하여금 눈으로 보고 마음으로 깨닫고 돌이켜 내게 고침을 받지 못하게 하려 함이라 하였음이더라 이사야가 이렇게 말한 것은 주의 영광을 보고 주를 가리켜 말한 것이라”(39-41절). 결국 그들은 주의 영광을 볼 수 없어서 능히 믿지 못한 것이다.

그런 다음에 이런 설명이 이어진다. “그러나 관리 중에도 그를 믿는 자가 많되 바리새인들 때문에 드러나게 말하지 못하니 이는 출교를 당할까 두려워함이라 그들은 사람의 영광을 하나님의 영광보다 더 사랑하였더라”(42-43절). “관리 중에도 그를 믿는 자가 많되”라고 말한다. 여기서 주목할 것은 그들에 대한 이런 설명이다. "그들은 사람의 영광을 하나님의 영광보다 더 사랑하였더라." 이 설명은 그들이 하나님의 영광을 본 적이 없다는 뜻이다. 만일 그들이 하나님의 영광을 보았다면, 그들은 당연히 하나님의 영광을 사람의 영광보다 더 사랑하였을 것이다. 그런데 앞의 설명(39-41절)에 따르면, 그들이 하나님의 영광을 본 적이 없다는 것은 그들이 능히 믿지 못한 것을 의미한다. 따라서 "관리 중에도 그를 믿는 자가 많되"라고 말하지만, 사실 그들은 예수님을 믿을 수 없었다는 말이다. 그들의 믿음은 진정한 믿음이 아니었던 것이다.

결국 사람의 영광을 하나님의 영광보다 더 사랑하였다는 말은 둘 다 사랑했지만 사람의 영광을 더 사랑했다는 뜻이 아니다. 사람의 영광만 사랑했다는 것이다. 그래서 일찍이 예수님은 유대인들에게 이런 말씀을 하셨다. "너희가 서로 영광을 취하고 유일하신 하나님께로부터 오는 영광은 구하지 아니하니 어찌 나를 믿을 수 있느냐"(요 5:44).

한 사람이 두 주인을 섬길 수 있다고 해서, 둘 다 사랑하거나 둘 다 중히 여기는 것은 불가능하다. "한 사람이 두 주인을 섬기지 못할 것이니"(아무도 두 주인을 섬길 수 없다).

하나님과 재물의 경우

예수님은 이렇게 일반적 원리를 설명하신 다음 그것을 하나님과 재물에 적용해 말씀하셨다. "너희가 하나님과 재물을 겸하여 섬기지 못하느니라." 여기서 "재물"(마모나스)은 부와 소유를 뜻하는 아람어 단어를 음역한 것이다. 예수님은 제자들에게 하나님과 재물을 동시에 섬길 수 없다고 말씀하셨다. 이것은 우리가 하나님과 재물을 동시에 사랑할 수 없다는 뜻이다. 우리가 하나님을 사랑하면 재물을 미워하게 될 것이다. 반대로 재물을 사랑하면 하나님을 미워하게 될 것이다.

디모데전서 6장 10절에는 이런 말씀이 있다. "돈을 사랑함이 일만 악의 뿌리가 되나니 이것을 탐내는 자들은 미혹을 받아 믿음에서 떠나 많은 근심으로써 자기를 찔렀도다." 여기 보면 "돈을 사랑함"은 "믿음에서 떠나"는 것과 결부되어 있다. 그러므로 돈을 사랑하는 마음에는 하나님을 모실 수 없다.

디모데후서 3장에서 사도 바울은 말세에 임할 "고통하는 때"에 관해 이렇게 말한다. "사람들이 자기를 사랑하며 돈을 사랑하며 … 쾌락을 사랑하기를 하나님 사랑하는 것보다 더하며"(2, 4절). 그때 사람들의 특징 중 하나가 돈을 사랑하는 것이다. 그런데 그들에게는 하나님을 사랑하지 않는다는 공통점이 있다. "쾌락을 사랑하기를 하나님 사랑하는 것보다 더하며"라는 표현은 사실상 하나님을 사랑하지 않는다는 의미다.

누가복음 12장에 나오는 어리석은 부자는 왜 자기를 위해 재물을 쌓아둔 것일까? 그것은 그가 하나님께 대하여 부요하지 못했기 때문이다. 그래서 비유 끝에 예수님은 어리석은 부자 같은 사람들을 가리켜 이렇게 말씀하신 것이다. "자기를 위하여 재물을 쌓아 두고 하나님께 대하여 부요하지 못한 자가 이와 같으니라"(눅 12:21). 우리가 재물을 사랑하면 하나님을 미워하게 될 것이다.

이 같은 원리를 보여주는 말씀은 또 있다. "간음한 여인들아 세상과 벗된 것이 하나님과 원수 됨을 알지 못하느냐 그런즉 누구든지 세상과 벗이 되고자 하는 자는 스스로 하나님과 원수 되는 것이니라"(약 4:4). "네 가운데에 피를 흘리려고 뇌물을 받는 자도 있었으며 네가 변돈과 이자를 받았으며 이익을 탐하여 이웃을 속여 빼앗았으며 나를 잊어버 렸도다 주 여호와의 말씀이니라"(겔 22:12).

성경에는 재물을 섬김으로 하나님을 섬기지 못한 사람들이 나온다. 그들 중 아간이 있다. "아간이 여호수아에게 대답하여 이르되 참으로 나는 이스라엘의 하나님 여호와께 범죄하여 이러이러하게 행하였나이 다 내가 노략한 물건 중에 시날 산의 아름다운 외투 한 벌과 은 이백 세 겔과 그 무게가 오십 세겔 되는 금덩이 하나를 보고 탐내어 가졌나이 다 보소서 이제 그 물건들을 내 장막 가운데 땅 속에 감추었는데 은은 그 밑에 있나이다 하더라"(수 7:20-21). 바리새인도 그런 사람에 속한 다. "바리새인들은 돈을 좋아하는 자들이라 이 모든 것을 듣고 비웃거 늘 예수께서 이르시되 너희는 사람 앞에서 스스로 옳다 하는 자들이나 너희 마음을 하나님께서 아시나니 사람 중에 높임을 받는 그것은 하나 님 앞에 미움을 받는 것이니라"(눅 16:14-15). "주께서 이르시되 너희 바 리새인은 지금 잔과 대접의 겉은 깨끗이 하나 너희 속에는 탐욕과 악 독이 가득하도다 어리석은 자들아 겉을 만드신 이가 속도 만들지 아니 하셨느냐 그러나 그 안에 있는 것으로 구제하라 그리하면 모든 것이 너희에게 깨끗하리라"(눅 11:39-41). 또 가룟 유다도 그렇다. "이렇게 말 함은 가난한 자들을 생각함이 아니요 그는 도둑이라 돈궤를 맡고 거기 넣는 것을 훔쳐 감이러라"(요 12:6).

그래서 바울은 부자들에게 돈을 어떻게 사용할지를 말하기 전에 이 렇게 말했다. "네가 이 세대에서 부한 자들을 명하여 마음을 높이지 말 고 정함이 없는 재물에 소망을 두지 말고 오직 우리에게 모든 것을 후 히 주사 누리게 하시는 하나님께 두며"(딤전 6:17). 하나님을 사랑함으 로 재물에 대한 탐욕에서 벗어나자. 그것은 자신만을 위해 재물을 쌓아 두지 않고, 하나님의 뜻대로 이웃과 하나님을 위해 재물을 사용하는 것이다.

그래서 감독의 자격에는 "돈을 사랑하지 아니하며"(딤전 3:3)라는 내용이 들어 있다. 이것은 성도에게도 요구되는 것이다. "돈을 사랑하지 말고 있는 바를 족한 줄로 알라 그가 친히 말씀하시기를 내가 결코 너희를 버리지 아니하고 너희를 떠나지 아니하리라 하셨느니라"(히 13:5).

하나님께 쓰임받은 사람은 한결같이 재물을 사랑하거나 탐하지 않았다. 사무엘이 그렇다. "내가 여기 있나니 여호와 앞과 그의 기름 부음을 받은 자 앞에서 내게 대하여 증언하라 내가 누구의 소를 빼앗았느냐 누구의 나귀를 빼앗았느냐 누구를 속였느냐 누구를 압제하였느냐 내 눈을 흐리게 하는 뇌물을 누구의 손에서 받았느냐 그리하였으면 내가 그것을 너희에게 갚으리라 하니 그들이 이르되 당신이 우리를 속이지 아니하였고 압제하지 아니하였고 누구의 손에서든지 아무것도 빼앗은 것이 없나이다 하니라"(삼상 12:3-4). 느헤미야 역시 그렇다. "나보다 먼저 있었던 총독들은 백성에게서, 양식과 포도주와 또 은 사십 세겔을 그들에게서 빼앗았고 또한 그들의 종자들도 백성을 압제하였으나 나는 하나님을 경외하므로 이같이 행하지 아니하고 도리어 이 성벽 공사에 힘을 다하며 땅을 사지 아니하였고"(느 5:15-16). 사도 바울도 마찬가지다. "내가 아무의 은이나 금이나 의복을 탐하지 아니하였고"(행 20:33). R. A. 토레이는 하나님이 무디를 사용하신 이유 중 하나로, 그가 돈에서부터 완전히 자유로운 사람이었음을 언급했다.[37]

---

37 R. A. Torrey, *Why God Used D. L. Moody* (Murfreesboro, TN: Sword of the Lord Publishers, 2000), 35-40.

41

염려하지 말라

그러므로 내가 너희에게 이르노니 목숨을 위하여 무엇을 먹을까 무엇을 마실까
몸을 위하여 무엇을 입을까 염려하지 말라 목숨이 음식보다 중하지 아니하며
몸이 의복보다 중하지 아니하냐 공중의 새를 보라 심지도 않고 거두지도 않고
창고에 모아들이지도 아니하되 너희 하늘 아버지께서 기르시나니
너희는 이것들보다 귀하지 아니하냐 너희 중에 누가 염려함으로
그 키를 한 자라도 더할 수 있겠느냐

_ 마 6:25-27

앞에서 살펴본 내용(19-24절)에서 예수님은 제자들에게 재물에 대한 태도를 가르치셨다. 여기서 예수님의 교훈은 두 개의 명령으로 요약된다. 하나는 "너희를 위하여 보물을 땅에 쌓아 두지 말라"(19절)는 것이다. 이것은 재물에 대한 탐욕을 버리라는 의미다. 또 하나는 "너희를 위하여 보물을 하늘에 쌓아 두라"(20절)는 것이다. 이것은 재물을 가지고 가난한 자들을 구제하라는 의미다.

이제부터 살펴보게 될 내용(25-34절)에서 예수님은 제자들에게 염려에 관해 가르치신다. 그래서 이 단락에는 '염려하다'는 말이 반복해서 나타난다(25, 27, 28, 31, 34절). 여기서 예수님의 교훈은 역시 두 개의 명령으로 요약된다. 하나는 "염려하지 말라"(25, 31절)는 것이다. 또 하나는 "너희는 먼저 그의 나라와 그의 의를 구하라"(33절)는 것이다.

염려와 믿음

그러면 "염려하지 말라"는 명령부터 살펴보자. "그러므로 내가 너희에게 이르노니 목숨을 위하여 무엇을 먹을까 무엇을 마실까 몸을 위하여 무엇을 입을까 염려하지 말라 목숨이 음식보다 중하지 아니하며 몸이 의복보다 중하지 아니하냐"(25절). 여기서 "그러므로"는 앞에 나온 내용과 연결을 나타낸다. 즉 염려의 문제는 앞에서 말한 재물에 대한 태도와 연결되어 있다. 이 점은 예수님이 말씀하신 씨 뿌리는 자의 비유에서도 나타난다. "가시떨기에 뿌려졌다는 것은 말씀을 들으나 세상의 염려와 재물의 유혹에 말씀이 막혀 결실하지 못하는 자요"(마 13:22).

따라서 "염려하지 말라"는 앞에서 예수님이 말씀하신 대로 재물을 섬기는 사람이 아니라 하나님을 섬기는 사람에게 해당된다. 만일 재물을 섬기는(재물에 종노릇하는) 사람이라면 염려에서 자유로울 수 없다. 그런 사람에게 염려하지 말라는 것은 무의미하다. 그러나 만일 재물이 아니라 하나님을 섬기는 사람이라면 염려에서 자유로울 수 있다. 그래서 예수님은 이렇게 말씀하셨다. "그러므로 내가 너희에게 이르노니." 예수님은 무리에게 말씀하신 게 아니라 제자들에게 말씀하신 것이다.

이 점은 누가의 기록에서 분명하게 나타난다. "또 제자들에게 이르시되 그러므로 내가 너희에게 이르노니 너희 목숨을 위하여 무엇을 먹을까 몸을 위하여 무엇을 입을까 염려하지 말라"(눅 12:22). 여기 보면 누가는 같은 내용을 기록하면서 "또 제자들에게 이르시되"라는 설명을 추가했다. 바로 앞에서(16-21절) 예수님은 무리에게 어리석은 부자의 비유를 말씀하셨기 때문이다. 따라서 누가는 예수님이 염려하지 말라는 말씀을 무리에게 한 것이 아님을 분명히 밝힐 필요가 있었다. 이 말씀은 재물이 아닌 하나님을 섬기는 제자들에게만 해당되기 때문이다. 만일 내가 재물을 섬긴다면, 그래서 구제에 인색하고 재물에 탐욕을 부린다면, 염려하지 말라는 말씀은 나와 무관하다. 재물에 대해 그런 태도를 갖고 있는 한 나는 염려에서 자유로울 수 없기 때문이다. 그러나 내가 재물이 아니라 하나님을 섬긴다면, 그래서 재물에 대한 탐욕을 버리고 구제한다면, 염려하지 말라는 말씀은 나를 위한 것이다. 재물에 대해 그런 태도를 갖는다면 나는 염려에서 자유로울 수 있기 때문이다. 따라서 재물에 대한 태도부터 점검할 필요가 있다. 이것이 "그러므로"에 함축된 내용이다.

그러면 염려하지 말라는 말씀을 살펴보자. "목숨을 위하여 무엇을 먹을까 무엇을 마실까 몸을 위하여 무엇을 입을까 염려하지 말라." 이것은 목숨을 위한 음식과 몸을 위한 의복에 대해 염려하지 말라는 것이다. 이러한 염려는 살아 있는 사람은 누구나 피할 수 없는 것이다. 그런데 예수님은 제자들에게 이러한 것을 염려하지 말라고 가르치신다.

이유가 무엇일까? 왜 제자들은 세상 사람들이 다 염려하는 것을 하지 말아야 하는 것일까? 예수님은 그 이유를 이렇게 설명하셨다. "목숨이 음식보다 중하지 아니하며 몸이 의복보다 중하지 아니하냐." 여기서 우리는 이 말씀이 하나님을 섬기는 제자들에게 주신 것임을 기억할 필요가 있다. 그렇다면 이 말씀은 이런 뜻이다. 하나님이 목숨과 몸(생명)을 주셨다면, 그보다 덜 중요한 음식과 의복(생명 유지에 필요한 것)을 주실 것은 분명하다.

야곱은 하란으로 가다가 돌을 베게 삼아 잠들었는데 꿈에 하나님의 약속을 들었다. "내가 너와 함께 있어 네가 어디로 가든지 너를 지키며 너를 이끌어 이 땅으로 돌아오게 할지라"(창 28:15).

그때 야곱은 이렇게 서원했다. "하나님이 나와 함께 계셔서 내가 가는 이 길에서 나를 지키시고 먹을 떡과 입을 옷을 주시어 내가 평안히 아버지 집으로 돌아가게 하시오면 여호와께서 나의 하나님이 되실 것이요"(창 28:20-21). 야곱은 하나님께서 자기를 지키신다면, 거기에 필요한 양식과 옷도 주실 거라고 생각한 것이다. 또 사도 바울은 이렇게 말했다. "우리가 세상에 아무 것도 가지고 온 것이 없으매 또한 아무 것도 가지고 가지 못하리니 우리가 먹을 것과 입을 것이 있은즉 족한 줄로 알 것이니라"(딤전 6:7-8). 바울은 하나님께서 생명을 주신다면, 거기에 필요한 음식과 의복도 주실 거라고 생각한 것이다.

이처럼 우리가 목숨을 위한 음식과 몸을 위한 의복에 대해 염려하지 말아야 하는 이유는 생명을 주신 하나님이 당연히 음식과 의복도 주실 것이기 때문이다. 여기서 염려의 문제는 믿음의 문제로 귀착된다. 염려는 근본적으로 하나님의 돌보심에 대한 믿음으로 해결된다. 그리스도인과 세상 사람의 차이가 여기에 있다. 그리스도인에게도 염려가 있다는 점은 세상 사람과 다르지 않다. 그러나 그리스도인이 염려를 해결하는 방법은 세상 사람과 다르다. 세상 사람은 염려를 해결하기 위해 스스로 노력하고 대비한다. 저축이나 투자, 보험이나 연금, 의료 보장이나 사회 복지 등에 관심을 기울인다. 그렇지만 그런다고 해서 염려가 근본적으로 해결되는 것은 아니다.

그에 비해 염려를 해결하는 그리스도인의 방법은 다르다. 그리스도인도 염려를 해결하기 위해 어느 정도 스스로 노력하고 대비할 수 있다. 그러나 그리스도인은 하나님에 대한 믿음으로 염려를 근본적으로 해결한다. 사도 바울은 이렇게 말했다. "아무 것도 염려하지 말고 다만 모든 일에 기도와 간구로, 너희 구할 것을 감사함으로 하나님께 아뢰라"(빌 4:6). 여기서 "감사함으로"는 기도응답에 대한 반응이 아니라 상황을 뛰어넘는 하나님에 대한 믿음을 말한다. 사도 베드로는 이렇게 말했다. "너희 염려를 다 주께 맡기라 이는 그가 너희를 돌보심이라"(벧전 5:7). "그가 너희를 돌보심이라"는 하나님에 대한 믿음의 내용이다.

기억하라. 예수님이 염려하지 말라고 하실 때 그것은 하나님에 대한 믿음을 전제한다. 그리스도인에게 염려는 믿음의 문제다. 내게 염려가 많다는 것은 믿음으로 행하지 않는다는 증거다. 이처럼 목숨을 위한 음식과 몸을 위한 의복에 대한 염려는 믿음의 문제다. 그래서 예수님은 먼저 음식에 대해 이렇게 말씀하신다. "공중의 새를 보라 심지도 않고 거두지도 않고 창고에 모아들이지도 아니하되 너희 하늘 아버지께서 기르시나니 너희는 이것들보다 귀하지 아니하냐"(26절).

예수님은 하나님께서 공중의 새를 기르신다고 말씀하신다. 모든 동물의 생존이 하나님께 달려 있음이 성경을 통해 확인된다. "여호와여 주께서 하신 일이 어찌 그리 많은지요 주께서 지혜로 그들을 다 지으셨으니 주께서 지으신 것들이 땅에 가득하니이다 거기에는 크고 넓은 바다가 있고 그 속에는 생물 곧 크고 작은 동물들이 무수하니이다 그 곳에는 배들이 다니며 주께서 지으신 리워야단이 그 속에서 노나이다 이것들은 다 주께서 때를 따라 먹을 것을 주시기를 바라나이다"(시 104:24-27). "손을 펴사 모든 생물의 소원을 만족하게 하시나이다"(시 145:16).

특히 누가는 예수님의 같은 말씀을 이렇게 기록했다. "까마귀를 생각하라 심지도 아니하고 거두지도 아니하며 골방도 없고 창고도 없으되 하나님이 기르시나니 너희는 새보다 얼마나 더 귀하냐"(눅 12:24).

누가는 공중의 새 대신 까마귀라고 기록했다. 그런데 구약성경에는 하나님이 까마귀를 먹이신 일이 기록되어 있다. "까마귀 새끼가 하나님을 향하여 부르짖으며 먹을 것이 없어서 허우적거릴 때에 그것을 위하여 먹이를 마련하는 이가 누구냐"(욥 38:41). "그가 구름으로 하늘을 덮으시며 땅을 위하여 비를 준비하시며 산에 풀이 자라게 하시며 들짐승과 우는 까마귀 새끼에게 먹을 것을 주시는도다"(시 147:8-9).

이처럼 하나님은 공중의 새를 기르신다. 예수님은 이 사실에 기초해 제자들에게 말씀하신다. "너희는 이것들보다 귀하지 아니하냐." 물론 사람은 공중의 새보다 귀하다. 그런데 예수님의 이 말씀은 그보다 훨씬 강한 의미를 갖는다. 예수님은 이미 "너희 하늘 아버지께서 기르시나니"라고 말씀하셨기 때문이다. 마태에 따르면, 예수님은 단지 하나님이 공중의 새를 기르신다고 말씀하신 게 아니다. 예수님은 이 대목에서 하나님을 "너희 하늘 아버지"로 바꿔 말씀하셨다. 그렇다면 제자들은 하나님의 자녀로서 독특한 지위를 갖는다. 따라서 예수님이 말씀하신 것은, 하나님이 공중의 새도 기르신다면 그보다 훨씬 귀한 자기 자녀들을 기르실 것은 확실하다는 것이다.

하나님의 자녀들은 이런 믿음을 갖고 살아야 한다. 이것은 앞서 제자들에게 주기도를 가르치실 때 이렇게 말씀하신 것과도 일치한다. "오늘 우리에게 일용할 양식을 주시옵고." 이것은 하나님께서 자기의 자녀들을 기르실 것이라는 믿음에서 나오는 간구다.

그런데 예수님은 염려하지 말라고 하셨지 일하지 말라고 하신 게 아니다. 하나님이 기르시는 새들도 부지런히 먹이를 찾고 사냥해야 한다. 하나님은 우리의 부지런한 노동을 통해 우리에게 양식을 공급하신다. 그래서 사도 바울은 데살로니가교회에 보낸 편지에서 이렇게 말했다.

"우리가 너희와 함께 있을 때에도 너희에게 명하기를 누구든지 일하기 싫어하거든 먹지도 말게 하라 하였더니 우리가 들은즉 너희 가운데 게으르게 행하여 도무지 일하지 아니하고 일을 만들기만 하는 자들이 있다 하니 이런 자들에게 우리가 명하고 주 예수 그리스도 안에서 권하기를 조용히 일하여 자기 양식을 먹으라 하노라"(살후 3:10-12).

염려의 무용함

예수님은 음식에 대한 말씀에 이어 의복에 대해 말씀하시기 전에 이런 내용을 추가하신다. "너희 중에 누가 염려함으로 그 키를 한 자라도 더할 수 있겠느냐"(27절). 이 말씀은 "키"로 번역된 말을 어떻게 이해하는지에 따라 두 가지 해석이 가능하다. 하나는 공간적 해석이다. 이때는 사람의 신장을 가리킨다. 그리고 "자"는 '규빗'(약 45cm)을 의미한다. 그런데 이렇게 이해할 경우 예수님의 말씀은 어색하다. 예수님은 염려함으로 그 키를 조금이라도 더할 수 있겠느냐는 취지로 말씀하셨을 텐데, 키를 45cm나 더하는 것은 조금이라고 할 수 없기 때문이다. 실제로 누가복음 12장 25-26절에는 이렇게 기록되어 있다. "또 너희 중에 누가 염려함으로 그 키를 한 자라도 더할 수 있느냐 그런즉 가장 작은 일도 하지 못하면서 어찌 다른 일들을 염려하느냐." 그런데 키를 한 자나 더하는 것은 "가장 작은 일"이 아니다. 따라서 이 말씀을 공간적으로 이해하는 것은 어색하다.

자연스러운 것은 시간적 해석이다. "키"는 '수명'을 의미할 수 있기 때문이다. 또 "자"는 길이가 아니라 시간을 재는 말로도 사용될 수 있다. 따라서 예수님의 말씀은 이런 뜻이 된다. '너희 중에 누가 염려함으로 그 수명을 한 시간이라도 더할 수 있겠느냐.' "너희 가운데서 누가 걱정한다고 해서, 제 수명을 한 순간인들 늘일 수 있냐?"(새번역). 이러한 해석은 문맥에도 잘 어울린다. 예수님은 지금 성장에 대해 말씀하시는 게 아니라 생존에 대해 말씀하시기 때문이다.

그러므로 예수님의 이 말씀은 염려의 무용함을 지적하신 것이다. 염려는 인간의 생존에 아무 도움을 주지 못한다. 성경은 인간의 생존을 하나님의 선물로 말한다. 사람의 수명은 하나님의 주권에 의해 결정된다. "이제는 나 곧 내가 그인 줄 알라 나 외에는 신이 없도다 나는 죽이기도 하며 살리기도 하며 상하게도 하며 낫게도 하나니 내 손에서 능히 빼앗을 자가 없도다"(신 32:39). "여호와는 죽이기도 하시고 살리기도 하시며 스올에 내리게도 하시고 거기에서 올리기도 하시는도다"(삼상 2:6). "이스라엘 왕이 그 글을 읽고 자기 옷을 찢으며 이르되 내가 사람을 죽이고 살리는 하나님이냐…"(왕하 5:7). "범사에 기한이 있고 천하 만사가 다 때가 있나니 날 때가 있고 죽을 때가 있으며 심을 때가 있고 심은 것을 뽑을 때가 있으며 … 하나님이 모든 것을 지으시되 때를 따라 아름답게 하셨고 또 사람들에게는 영원을 사모하는 마음을 주셨느니라 그러나 하나님이 하시는 일의 시종을 사람으로 측량할 수 없게 하셨도다"(전 3:1-2, 11). "그의 날을 정하셨고 그의 달 수도 주께 있으므로 그의 규례를 정하여 넘어가지 못하게 하셨사온즉"(욥 14:5). "여호와여 나의 종말과 연한이 언제까지인지 알게 하사 내가 나의 연약함을 알게 하소서 주께서 나의 날을 한 뼘 길이만큼 되게 하시매 나의 일생이 주 앞에는 없는 것 같사오니 사람은 그가 든든히 서 있는 때에도 진실로 모두가 허사뿐이니이다"(시 39:4-5). "내 형질이 이루어지기 전에 주의 눈이 보셨으며 나를 위하여 정한 날이 하루도 되기 전에 주의 책에 다 기록이 되었나이다"(시 139:16). 이처럼 인간의 수명은 하나님의 주권에 달려 있다.

이 사실을 잘 보여주는 것이 누가복음 12장에 나오는 어리석은 부자 비유다. 무리 중에 한 사람이 말했다. "선생님 내 형을 명하여 유산을 나와 나누게 하소서"(눅 12:13). 예수님이 그에게 말씀하셨다. "이 사람아 누가 나를 너희의 재판장이나 물건 나누는 자로 세웠느냐"(눅 12:14). 그리고 예수님은 무리에게 말씀하셨다. "삼가 모든 탐심을 물리치라 사람의 생명이 그 소유의 넉넉한 데 있지 아니하니라"(눅 12:15). 그러면 사람의 생명은 어디 있는 것일까? 예수님은 다시 비유로 무리에게 말씀하셨다. "한 부자가 그 밭에 소출이 풍성하매 심중에 생각하여 이르되 내가 곡식 쌓아 둘 곳이 없으니 어찌할까 하고 또 이르되 내가 이렇게 하리라 내 곳간을 헐고 더 크게 짓고 내 모든 곡식과 물건을 거기 쌓아 두리라 또 내가 내 영혼에게 이르되 영혼아 여러 해 쓸 물건을 많이 쌓아 두었으니 평안히 쉬고 먹고 마시고 즐거워하자 하리라 하되 하나님은 이르시되 어리석은 자여 오늘 밤에 네 영혼을 도로 찾으리니 그러면 네 준비한 것이 누구의 것이 되겠느냐 하셨으니 자기를 위하여 재물을 쌓아 두고 하나님께 대하여 부요하지 못한 자가 이와 같으니라"(눅 12:16-21). 이 비유가 보여주는 것은 사람의 생명은 하나님께 있다는 사실이다.

중요한 것은, 이런 믿음이 없을 때 사람은 넉넉한 소유가 미래의 생존을 보장해 준다고 생각한다는 것이다. 그래서 재물에 대한 탐심을 품게 된다. 예수님은 이런 사람들에게 말씀하신다. "삼가 모든 탐심을 물리치라 사람의 생명이 그 소유의 넉넉한 데 있지 아니하니라."

42

믿음이 작은 자들아

또 너희가 어찌 의복을 위하여 염려하느냐 들의 백합화가 어떻게 자라는가
생각하여 보라 수고도 아니하고 길쌈도 아니하느니라 그러나 내가 너희에게
말하노니 솔로몬의 모든 영광으로도 입은 것이 이 꽃 하나만 같지 못하였느니라
오늘 있다가 내일 아궁이에 던져지는 들풀도 하나님이 이렇게 입히시거든
하물며 너희일까보냐 믿음이 작은 자들아

_ 마 6:28-30

25절에서 예수님은 제자들에게 말씀하셨다. "그러므로 내가 너희에게 이르노니 목숨을 위하여 무엇을 먹을까 무엇을 마실까 몸을 위하여 무엇을 입을까 염려하지 말라 목숨이 음식보다 중하지 아니하며 몸이 의복보다 중하지 아니하냐." 목숨을 위한 음식과 몸을 위한 의복에 대해 염려하지 말라는 말씀이다. 하나님께서 목숨과 몸을 주셨으면, 그보다 덜 중요한 음식과 의복을 주실 것은 당연하기 때문이다.

여기에 각각에 대한 설명이 이어진다. 먼저 음식에 대한 설명은 이렇다. "공중의 새를 보라 심지도 않고 거두지도 않고 창고에 모아들이지도 아니하되 너희 하늘 아버지께서 기르시나니 너희는 이것들보다 귀하지 아니하냐 너희 중에 누가 염려함으로 그 키(수명)를 한 자라도 더할 수 있겠느냐"(26-27절). 이것은 음식에 대해 염려하지 말라는 두 가지 이유를 말한다. 첫째, 공중의 새를 기르시는 하나님은 그보다 훨씬 귀한 자기의 자녀들을 기르실 것이 확실하다. 둘째, 누구든지 염려함으로 수명을 조금도 더할 수 없다.

염려하는 이유

그다음 의복에 대한 설명이 나온다. 그런데 이 설명은 음식에 대한 설명과 차이가 있다. 음식에 대한 설명은 제자들에게 염려하지 말라고 하는 이유에 초점을 맞춘다. 이것은 염려하지 않도록 제자들을 권면하기 위함이다. 그에 비해 의복에 대한 설명은 제자들이 염려하는 이유에 초점을 맞춘다. 이것은 염려하는 제자들을 책망하기 위함이다. 그래서 본문은 이런 질문으로 시작한다. "또 너희가 어찌 의복을 위하여 염려하느냐"(28절상). 여기서 예수님은 제자들이 염려하는 이유를 드러내려고 하신다.

이때 예수님이 예로 드신 것은 "들의 백합화"다. "들의 백합화가 어떻게 자라는가 생각하여 보라 수고도 아니하고 길쌈도 아니하느니라"(28절하). 이것은 "공중의 새"가 "심지도 않고 거두지도 않고 창고에 모아들이지도 아니하는" 것과 같다. 공중의 새가 양식을 위해 아무 일도 하지 않는 것처럼, 들의 백합화도 단장(의복)을 위해 아무 일도 하지 않는다.

그런데 들의 백합화에 대해서는 설명이 추가된다. "그러나 내가 너희에게 말하노니 솔로몬의 모든 영광으로도 입은 것이 이 꽃 하나만 같지 못하였느니라"(29절). 솔로몬의 영광은 그가 하나님께 지혜를 구했을 때 하나님이 주신 것이다. "내가 또 네가 구하지 아니한 부귀와 영광도 네게 주노니 네 평생에 왕들 중에 너와 같은 자가 없을 것이라"(왕상 3:13). 그래서 성경은 솔로몬의 뛰어난 영광을 보여주는 내용을 담고 있다. "스바의 여왕이 솔로몬의 모든 지혜와 그 건축한 왕궁과 그 상의 식물과 그의 신하들의 좌석과 그의 시종들이 시립한 것과 그들의 관복과 술 관원들과 여호와의 성전에 올라가는 층계를 보고 크게 감동되어 왕께 말하되 내가 내 나라에서 당신의 행위와 당신의 지혜에 대하여 들은 소문이 사실이로다 내가 그 말들을 믿지 아니하였더니 이제 와서 친히 본즉 내게 말한 것은 절반도 못되니 당신의 지혜와 복이 내가 들은 소문보다 더하도다"(왕상 10:4-7). "솔로몬 왕의 재산과 지혜가 세상의 그 어느 왕보다 큰지라 온 세상 사람들이 다 하나님께서 솔로몬의 마음에 주신 지혜를 들으며 그의 얼굴을 보기 원하여 그들이 각기 예물을 가지고 왔으니 곧 은 그릇과 금 그릇과 의복과 갑옷과 향품과 말과 노새라 해마다 그리하였더라"(왕상 10:23-25).

따라서 예수님은 단지 하나님께서 들의 백합화를 입히신다고 말씀하신 게 아니다. 예수님은 하나님께서 들의 백합화를 입히시되 아주 영광스럽게 입히신다고 말씀하신 것이다. 그만큼 하나님은 뛰어난 솜씨로 들의 백합화를 돌보신다.

그런 다음 예수님은 결론적으로 이렇게 말씀하신다. "오늘 있다가 내일 아궁이에 던져지는 들풀도 하나님이 이렇게 입히시거든 하물며 너희일까보냐 믿음이 작은 자들아"(30절). 이때 "오늘 있다가 내일 아궁이에 던져지는 들풀"은 들의 백합화를 가리킨다. 이것은 들의 백합화가 아주 덧없고 하찮은 것임을 강조한 것이다. 들풀이 그런 것이다. 풀은 잠시 있다가 사라지고 마는 특징이 있다. 그런 점에서 성경은 사람을 풀에 비유한다. "인생은 그 날이 풀과 같으며 그 영화가 들의 꽃과 같도다 그것은 바람이 지나가면 없어지나니 그 있던 자리도 다시 알지 못하거니와"(시 103:15-16). "말하는 자의 소리여 이르되 외치라 대답하되 내가 무엇이라 외치리이까 하니 이르되 모든 육체는 풀이요 그의 모든 아름다움은 들의 꽃과 같으니 풀은 마르고 꽃이 시듦은 여호와의 기운

이 그 위에 붊이라 이 백성은 실로 풀이로다 풀은 마르고 꽃은 시드나 우리 하나님의 말씀은 영원히 서리라 하라"(사 40:6-8). "부한 자는 자기의 낮아짐을 자랑할지니 이는 그가 풀의 꽃과 같이 지나감이라 해가 돋고 뜨거운 바람이 불어 풀을 말리면 꽃이 떨어져 그 모양의 아름다움이 없어지나니 부한 자도 그 행하는 일에 이와 같이 쇠잔하리라"(약 1:10-11). "그러므로 모든 육체는 풀과 같고 그 모든 영광은 풀의 꽃과 같으니 풀은 마르고 꽃은 떨어지되"(벧전 1:24).

그런데 하나님은 이런 덧없고 하찮은 들풀을 그분의 뛰어난 솜씨로 아주 영광스럽게 입히신다. 하나님이 덧없고 하찮은 들풀도 그렇게 뛰어난 솜씨로 입히신다면, 제자들을 입히실 것은 당연하다.

실제적이지 못한 믿음

예수님은 이렇게 말씀하시면서 "믿음이 작은 자들아"(올리고피스토스)라는 말을 붙이신다. 이것은 분명 제자들에 대한 책망이다. 예수님이 그들을 책망하시는 이유는 앞에서 말한 대로 그들이 의복에 대해 염려하기 때문이다. "또 너희가 어찌 의복을 위하여 염려하느냐." 제자들은 믿음이 있지만, 의복에 대해 염려한다는 점에서 "믿음이 작은 자들"로 불린다.

제자들은 믿음이 작은 자들이기 때문에 염려하는 것이다. 믿음이 작다는 것은 하나님께서 입히신다는 데 대한 신뢰가 없음을 뜻한다. 예수님은 그러한 신뢰를 이런 말로 설명하신다. "들의 백합화가 어떻게 자라는가 생각하여 보라 수고도 아니하고 길쌈도 아니하느니라 그러나 내가 너희에게 말하노니 솔로몬의 모든 영광으로도 입은 것이 이 꽃 하나만 같지 못하였느니라 오늘 있다가 내일 아궁이에 던져지는 들풀도 하나님이 이렇게 입히시거든 하물며 너희일까보냐."

이처럼 예수님은 믿음을 실제적으로 설명하신다. 믿음은 하나님의 돌보심, 즉 하나님께서 현실의 필요를 공급해 주실 것에 대한 신뢰다. 예수님은 그러한 신뢰가 없는 사람을 "믿음이 작은 자들아"(올리고피스토스)라는 말로 책망하신다.

마태는 유독 이 점을 강조한다. 그는 예수님이 "믿음이 작은 자들아"(올리고피스토스)라고 말씀하신 경우를 세 번 더 기록했다. 물론 세 번 다 제자들을 책망하신 경우다. 그들을 책망하신 이유는 그들의 믿음이 실제적이지 않기 때문이다. 그들에게는 하나님의 돌보심에 대한 신뢰가 없다. 그러기에 믿는다고 하지만 현실의 문제 앞에서 염려하고 무서워할 수밖에 없는 것이다.

첫 번째 경우는 마태복음 8장 23-27절이다. "배에 오르시매 제자들이 따랐더니 바다에 큰 놀이 일어나 배가 물결에 덮이게 되었으되 예수께서는 주무시는지라 그 제자들이 나아와 깨우며 이르되 주여 구원하소서 우리가 죽겠나이다 예수께서 이르시되 어찌하여 무서워하느냐 믿음이 작은 자들아 하시고 곧 일어나사 바람과 바다를 꾸짖으시니 아주 잔잔하게 되거늘 그 사람들이 놀랍게 여겨 이르되 이이가 어떠한 사람이기에 바람과 바다도 순종하는가 하더라."

여기 보면 "배에 오르시매 제자들이 따랐더니"라고 기록되어 있다. 이 내용은 믿는 제자들에게 일어난 사건을 기록한 것이다. 제자들은 "바다에 큰 놀이 일어나 배가 물결에 덮이게" 된 것을 보고 주무시는 예수님을 깨우며 말했다. "주여 구원하소서 우리가 죽겠나이다." 그러자 예수님이 말씀하셨다. "어찌하여 무서워하느냐 믿음이 작은 자들아." 예수님은 믿음이 있지만 물결이 배에 덮이는 것을 보고 죽을까 무서워한 제자들을 "믿음이 작은 자들아"라는 말로 책망하셨다.

제자들이 이렇게 무서워한 이유는, 예수님이 바람과 바다를 잔잔하게 하셨을 때 그들이 보인 반응에서 나타난다. 그들은 그 광경을 보고 "놀랍게 여겨" 이렇게 말했다. "이이가 어떠한 사람이기에 바람과 바다도 순종하는가." 제자들은 바람과 바다가 예수님께 순종할 거라고는 생각지 못했다. 그들에게는 예수님이 큰 풍랑의 위험에서 자기들을 지키실 거라는 신뢰가 없었다. 결국 이러한 믿음을 가진 제자들은 큰 풍랑 앞에서 무서워할 수밖에 없었다.

두 번째 경우는 마태복음 14장 28-31절이다. "베드로가 대답하여 이르되 주여 만일 주님이시거든 나를 명하사 물 위로 오라 하소서 하니 오라 하시니 베드로가(그가) 배에서 내려 물 위로 걸어서 예수께로 가되 바람을 보고 무서워 빠져 가는지라 소리 질러 이르되 주여 나를 구원하소서 하니 예수께서 즉시 손을 내밀어 그를 붙잡으시며 이르시되 믿음이 작은 자여 왜 의심하였느냐 하시고."

여기 보면 "베드로가 대답하여 이르되"라고 되어 있다. 이 내용은 믿는 베드로에게 일어난 사건을 기록한 것이다. 베드로는 바다 위로 걸어오시는 예수님께 이렇게 말했다. "주여 만일 주님이시거든 나를 명하사 물 위로 오라 하소서." 이때 예수님이 오라고 하시자 그는 배에서 내려 물 위로 걸어서 예수님께 갔다. 그런데 물 위를 걷던 베드로가 물에 빠지기 시작했다. "바람을 보고 무서워 빠져 가는지라." 그는 소리 질렀다. "주여 나를 구원하소서." 그러자 예수님이 "즉시 손을 내밀어 그를 붙잡으시며" 말씀하셨다. "믿음이 작은 자여 왜 의심하였느냐." 예수님은 믿음이 있지만 바람을 보고 무서워한 베드로를 "믿음이 작은 자여"라는 말로 책망하셨다.

베드로가 이렇게 무서워한 이유는 의심했기 때문이다. "믿음이 작은 자여 왜 의심하였느냐." 베드로는 바람을 보고 예수님의 능력을 의심한 것이다. 베드로에게는 예수님이 바람 가운데서도 물 위로 걷게 하실 수 있을 거라는 신뢰가 없었다. 이러한 믿음을 가진 베드로는 바람을 보고 무서워할 수밖에 없었다.

세 번째 경우는 마태복음 16장 5-12절이다. "제자들이 건너편으로 갈새 떡 가져가기를 잊었더니 예수께서 이르시되 삼가 바리새인과 사두개인들의 누룩을 주의하라 하시니 제자들이(그들이) 서로 논의하여 이르되 우리가 떡을 가져오지 아니하였도다 하거늘 예수께서 아시고 이르시되 믿음이 작은 자들아 어찌 떡이 없으므로 서로 논의하느냐 너희가 아직도 깨닫지 못하느냐 떡 다섯 개로 오천 명을 먹이고 주운 것이 몇 바구니며 떡 일곱 개로 사천 명을 먹이고 주운 것이 몇 광주리였는지를 기억하지 못하느냐 어찌 내 말한 것이 떡에 관함이 아닌 줄을 깨닫지 못하느냐 오직 바리새인과 사두개인들의 누룩을 주의하라 하시니 그제서야 제자들이(그들이) 떡의 누룩이 아니요 바리새인과 사두개인들의 교훈을 삼가라고 말씀하신 줄을 깨달으니라."

이 내용 역시 믿은 제자들의 이야기다. 5절에 "제자들이 건너편으로 갈새 떡 가져가기를 잊었더니"라고 기록되어 있다. 이런 상황에서 예수님이 "삼가 바리새인과 사두개인들의 누룩을 주의하라"고 하시자 제자들은 이런 말로 서로 의논했다. "우리가 떡을 가져오지 아니하였도다." 제자들은 떡에 대해 염려했다. 그러자 예수님이 아시고 말씀하셨다. "믿음이 작은 자들아 어찌 떡이 없으므로 서로 논의하느냐 너희가 아직도 깨닫지 못하느냐 떡 다섯 개로 오천 명을 먹이고 주운 것이 몇 바구니며 떡 일곱 개로 사천 명을 먹이고 주운 것이 몇 광주리였는지를 기억하지 못하느냐 어찌 내 말한 것이 떡에 관함이 아닌 줄을 깨닫지 못하느냐 오직 바리새인과 사두개인들의 누룩을 주의하라." 예수님은 믿음이 있지만 떡에 대해 염려한 제자들을 "믿음이 작은 자들아"라며 책망하셨다.

제자들이 이렇게 떡에 대해 염려한 이유는 예수님이 하신 말씀 가운데 나타난다. 예수님은 그들에게 이런 내용을 언급하셨다. "떡 다섯 개로 오천 명을 먹이고 주운 것이 몇 바구니며 떡 일곱 개로 사천 명을 먹이고 주운 것이 몇 광주리였는지를 기억하지 못하느냐." 제자들에게는 예수님이 그들의 떡을 공급해 주실 거라는 신뢰가 없었다. 이런 믿음을 가진 제자들은 떡에 대해 염려할 수밖에 없었다.

이처럼 마태는 예수님이 "믿음이 작은 자들아"(올리고피스토스)라는 말로 제자들을 책망하신 경우를 모두 기록했다. 이것은 믿는다고 하지만 실제적이지 못한 믿음을 가진 이들에게 경종을 울리기 위함이다. 그들의 믿음은 현실의 문제 앞에서 아무런 도움을 주지 못한다. 그래서 무서움과 염려가 많을 수밖에 없다. 이렇게 되면 결과적으로 믿지 않는 사람과 다를 바가 없게 된다. 그들의 믿음은 이론과 관념일 뿐 현실의 삶에서는 효과를 발휘하지 못한다. 그들의 믿음이 실제로는 믿음이 없는 것과 같은 것이다.

마태의 기록에는 이 사실을 보여주는 예수님의 말씀이 있다. 마태복음 17장에 보면, 제자들이 고치지 못한 아이를 예수님이 고쳐주신 일이 있다. 예수님이 꾸짖으시니 귀신이 나가고 아이가 나은 것이다. 그때 제자들이 물었다. "우리는 어찌하여 쫓아내지 못하였나이까." 그러자 예수님이 대답하셨다. "너희 믿음이 작은 까닭이니라 진실로 너희에게 이르노니 만일 너희에게 믿음이 겨자씨 한 알 만큼만 있어도 이 산을 명하여 여기서 저기로 옮겨지라 하면 옮겨질 것이요 또 너희가 못할 것이 없으리라." 여기서 "믿음이 작은"(올리고피스티아)으로 번역된 말은 "믿음이 작은 자들아"의 명사형이다. 그런데 이 말은 "겨자씨 한 알 만큼"도 안 되는 믿음을 의미한다. 믿음이 겨자씨 한 알 만큼만 있어도 못할 것이 없을 거라고 했는데, 제자들은 귀신을 쫓아내지 못했기 때문이다. 겨자씨 한 알 만큼도 안 되는 믿음을 가진 것은 사실상 믿음이 없는 것과 같다. 따라서 여기서 "믿음이 작은"(올리고피스티아)은 믿는다고 하지만 사실상 믿음이 없는 것과 같은 상태를 의미한다.

그러면 예수님이 믿는 제자들에게 이렇게 말씀하신 의도는 무엇일까? 그것은 제자들이 믿는다고 하지만 실제로는 믿지 않는 것과 다르지 않다는 점을 보여주기 위함이다. 따라서 본문에서 예수님이 "믿음이 작은 자들아"라는 말로 책망하신 요점은, 제자들이 의복을 위해 염려하는 것은 실제로는 믿지 않는 것과 다르시 않다는 것을 알게 하시려는 것이다.

그러므로 마태가 예수님의 말씀을 통해 강조하는 것은, 믿는 사람이 믿지 않는 사람과 실제로 달라야 한다는 것이다. 믿는 사람이 생존을 위한 현실적 필요에 대해 염려한다면 믿지 않는 사람의 삶과 다를 게 없다. 믿는 사람은 생존을 위한 현실적 필요에 대해 염려하지 않는 것에서 믿지 않는 사람과 달라야 한다. 그런 실제적 차이를 보여주지 못하면 믿지 않는 것과 사실상 다를 게 없다. 예수님은 그런 사람을 "믿음이 작은 자들아"라는 말로 책망하신다.

43

신자가 염려하지 않으려면

그러므로 염려하여 이르기를 무엇을 먹을까 무엇을 마실까 무엇을 입을까 하지 말라
이는 다 이방인들이 구하는 것이라 너희 하늘 아버지께서 이 모든 것이
너희에게 있어야 할 줄을 아시느니라

_ 마 6:31-32

여기서 예수님은 제자들에게 염려하지 말라고 말씀하신다. "그러므로 염려하여 이르기를 무엇을 먹을까 무엇을 마실까 무엇을 입을까 하지 말라"(31절). 이것은 앞에서 이미 말씀하신 내용이다. "그러므로 내가 너희에게 이르노니 목숨을 위하여 무엇을 먹을까 무엇을 마실까 몸을 위하여 무엇을 입을까 염려하지 말라"(25절상). 그런데 차이가 있다. 이번에는 목숨이나 몸에 대한 언급이 없다. 이것은 염려하지 말라고 하시는 이유가 다르기 때문이다.

앞에서 염려하지 말라고 말씀하신 이유는 "목숨이 음식보다 중하지 아니하며 몸이 의복보다 중하지 아니하냐"(25절하)에 나타난다. 이것은 목숨과 몸을 주신 하나님이 그보다 덜 중요한 음식과 의복을 주실 것은 당연하다는 뜻이다. 그러니 염려하지 말라고 말씀하신 것이다. 그에 비해 본문에서 염려하지 말라고 말씀하신 이유는 이렇다. "이는 다 이방인들이 구하는 것이라 너희 하늘 아버지께서 이 모든 것이 너희에게 있어야 할 줄을 아시느니라"(32절). 이것은 무슨 뜻일까?

이방인들의 염려

먼저 "이는 다 이방인들이 구하는 것이라"는 말씀부터 살펴보자. 여기서 "이방인들"은 민족적인 구분이 아니라 신앙적인 구분을 나타낸다. 그들은 유대인이 아닌 사람들이 아니라 하나님을 아버지로서 알지 못하는 사람들을 가리킨다. 다시 말하면, 그들은 제자들과 구별되는 신앙적 외부자들이다(마 5:47; 6:7 참조).

그런데 그들에게 사용한 '구하다'는 말은 33절에서 제자들에게 사용한 '구하다'("너희는 먼저 그의 나라와 그의 의를 구하라")와 다르다. 마태복음에는 이 말이 두 번 더 나온다. 그런데 두 번 다 잘못 구하는 경우에 사용된다. "그때에 서기관과 바리새인 중 몇 사람이 말하되 선생님이여 우리에게 표적 보여주시기를 원하나이다 예수께서 대답하여 이르시되 악하고 음란한 세대가 표적을 구하나 선지자 요나의 표적 밖에는 보일 표적이 없느니라 요나가 밤낮 사흘 동안 큰 물고기 뱃속에 있었던 것 같이 인자도 밤낮 사흘 동안 땅 속에 있으리라"(마 12:38-40). "바리새인과 사두개인들이 와서 예수를 시험하여 하늘로부터 오는 표적 보이기를 청하니 예수께서 대답하여 이르시되 너희가 저녁에 하늘이 붉으면 날이 좋겠다 하고 아침에 하늘이 붉고 흐리면 오늘은 날이 궂겠다 하나니 너희가 날씨는 분별할 줄 알면서 시대의 표적은 분별할 수 없느냐 악하고 음란한 세대가 표적을 구하나 요나의 표적 밖에는 보여 줄 표적이 없느니라 하시고 그들을 떠나 가시니라"(마 16:1-4).

이 점은 누가복음에서도 마찬가지다. 누가복음에는 이 '구하다'가 본문과 병행을 이루는 12장 30절("이 모든 것은 세상 백성들이 구하는 것이라") 외에 한 번 더 나온다. 그런데 이것도 역시 잘못 구하는 경우다. "날이 밝으매 예수께서 나오사 한적한 곳에 가시니 무리가 찾다가(=구하다) 만나서 자기들에게서 떠나시지 못하게 만류하려 하매 예수께서 이르시되 내가 다른 동네들에서도 하나님의 나라 복음을 전하여야 하리니 나는 이 일을 위해 보내심을 받았노라 하시고"(눅 4:42-43).

따라서 본문에서 "이는 다 이방인들이 구하는 것이라"는 그들이 잘못 구하는 것을 나타낸다. 다시 말하면, 이방인들이 음식과 의복, 즉 물질적 필요를 구하는 것은 하나님의 뜻이 아니다.

그러므로 본문에서 예수님이 제자들에게 물질적 필요에 대해 염려하지 말라고 하신 이유는 분명하다. 그러한 염려가 하나님을 모르는 이방인들의 모습이고 하나님의 뜻이 아니기 때문이다.

이 사실은 본문이 "그러므로"라는 말로 시작된 것과 무관하지 않다. "그러므로"는 본문의 내용이 앞의 내용과 연결됨을 나타낸다. 앞에서 예수님은 제자들이 의복에 대해 염려하는 점을 지적하셨다. "또 너희가 어찌 의복을 위하여 염려하느냐"(28절상). 그런 다음 제자들을 들의 백합화와 비교해서 책망하셨다. "오늘 있다가 내일 아궁이에 던져지는 들풀도 하나님이 이렇게 입히시거든 하물며 너희일까보냐 믿음이 작은 자들아"(30절). 이때 "믿음이 작은 자들아"는 예수님이 제자들을 책망하실 때 사용한 말이다. 이 말은 믿음이 없는 것을 말하지 않는다. 이 말은 믿음이 있지만 현실의 문제 앞에 염려하고 두려워하는 것을 말한다.

결국 예수님은 "믿음이 작은 자들아"라는 말로, 믿음이 있음에도 현실의 문제 앞에서는 믿음이 없는 세상 사람들처럼 사는 제자들을 책망하신 것이다. 현실의 문제 앞에서는 믿는 제자들과 믿지 않는 사람들이 다르지 않다. 그래서 예수님은 제자들에게 말씀하셨다. "그러므로 염려하여 이르기를 무엇을 먹을까 무엇을 마실까 무엇을 입을까 하지 말라 이는 다 이방인들이 구하는 것이라."

예수님은 제자들에게 물질적 필요를 염려함으로써 이방인들처럼 살지 말라고 말씀하셨다. 다시 말하면, 예수님은 제자들이 그런 식으로 이방인들에게 영향을 받아 그들을 따라가지 말라고 하신 것이다. 물질적 필요를 염려하는 것은 구원받지 못한 사람들의 중요한 특징이다. 이점은 씨 뿌리는 자의 비유에 나타난다. "가시떨기에 뿌려졌다는 것은 말씀을 들으나 세상의 염려와 재물의 유혹에 말씀이 막혀 결실하지 못하는 자요"(마 13:22; 막 4:19; 눅 8:14 참조). 또 이 점은 종말에 대한 예수님의 경고에도 나타난다. "너희는 스스로 조심하라 그렇지 않으면 방탕함과 술취함과 생활의 염려로 마음이 둔하여지고 뜻밖에 그 날이 덫과 같이 너희에게 임하리라"(눅 21:34). 따라서 제자들은 염려에 있어서 세상 사람들의 영향을 받을 위험이 있다.

그러므로 우리는 이 점을 항상 조심해야 한다. 염려는 전염성이 강하다. 믿지 않는 사람들과의 대화를 통해 쉽게 영향받을 수 있다. 스마트폰, 텔레비전, 영화, 신문, 잡지, 책 등을 통해서도 영향받을 수 있다. 세상 사람들이 건강에 대해 염려하거나 혹은 믿지 않는 사람들이 은퇴 후나 노후를 염려하는 것을 볼 때, 우리도 그들처럼 되기 쉽다. 또 세상 사람들이 자녀의 진학, 취업, 결혼을 염려하는 것을 보면 우리도 그들처럼 되기 쉽다.

그러나 예수님은 우리에게 말씀하신다. 믿는 사람은 믿지 않는 세상 사람들에게 영향을 받아 그들처럼 염려해서는 안 된다. "그러므로 염려하여 이르기를 무엇을 먹을까 무엇을 마실까 무엇을 입을까 하지 말라 이는 다 이방인들이 구하는 것이라." 믿는 우리는 세상 사람들이 염려하는 것을 염려하지 않음으로써 그들과 달라야 한다.

신자의 필요를 돌보시는 하나님

우리가 이렇게 다를 수 있는 것은 우리가 가진 신앙 때문이다. 그래서 예수님은 염려하지 말아야 하는 또 다른 이유를 추가하신다. "너희 하늘 아버지께서 이 모든 것이 너희에게 있어야 할 줄을 아시느니라" (32절하). 여기서 "이 모든 것"은 바로 앞의 "이는 다"와 같이 음식과 의복, 즉 물질적 필요를 가리킨다. 따라서 예수님이 제자들에게 가르치신 신앙의 내용은 이런 것이다. 하나님은 하늘 아버지로서 제자들의 물질적 필요를 아신다. 이런 신앙은 이방인들이 갖지 못한 것이다.

이 사실은 이미 앞에서 예수님이 기도를 가르치실 때도 드러났다. 그때 예수님은 이방인들이 잘못 기도하는 것을 언급하셨다. "또 기도할 때에 이방인과 같이 중언부언하지 말라"(마 6:7상). 그러면 이방인들이 기도할 때 중언부언하는(한 말을 자꾸 되풀이하는, 이것은 의미 없이 시끄러운 소리를 계속 내는 것을 말한다) 이유는 무엇일까? 그것은 그들이 신에 대해 오해하기 때문이다. "그들은 말을 많이 하여야 들으실 줄 생각하느니라"(마 6:7하). 그래서 예수님은 제자들에게 이렇게 말씀하셨다. "그러므로 그들을 본받지 말라"(마 6:8상). 이것은 기도할 때 이방인들처럼 중언부언하지 말라는 뜻이다. 그러면서 그 이유를 말씀하셨다. "구하기 전에 너희에게 있어야 할 것(크레이아)을 하나님 너희 아버지께서 아시느니라"(마 6:8하). "너희 하늘 아버지께서 이 모든 것이 너희에게 있어야 할(크레조) 줄을 아시느니라"(32절하). 이것이 제자들이 가진 신앙의 내용이다. 하나님은 아버지로서 제자들에게 있어야 할 것을 아신다는 것이다. 제자들은 이 신앙 때문에 기도할 때 이방인들처럼 중언부언하지 않을 수 있다.

이 점은 염려의 문제에서도 마찬가지다. 제자들은 이 신앙 때문에 이방인들과 달리 물질적 필요를 염려하지 않을 수 있다. 우리가 물질적 필요에 대해 염려하는 근본 이유는 신앙 가운데 서지 못했기 때문이다. 그것은 하나님이 우리 아버지로서 우리의 물질적 필요를 아신다는 신앙이다. "너희 하늘 아버지께서 이 모든 것이 너희에게 있어야 할 줄을 아시느니라"(32절하).

여기서 주의해야 할 것이 있다. 첫째, 예수님은 "이 모든 것이 너희에게 있어야 할 줄을"이라고 말씀하셨다. 이때 "있어야"로 번역된 말은 '필요로 하다'(크레이조)라는 말이다. 예수님은 하나님께서 우리가 원하는 것을 아신다고 말씀하신 게 아니다. 예수님은 하나님께서 우리가 필요로 하는 것을 아신다고 말씀하신 것이다. 우리가 필요로 하는 것과 우리가 원하는 것은 다를 수 있다. 하나님은 우리가 원하는 것이 아니라 우리가 필요로 하는 것을 아신다.

둘째, 예수님은 "너희 하늘 아버지께서 … 아시느니라"고 말씀하셨다. 예수님은 '너희 하늘 아버지께서 너희가 필요로 하는 이 모든 것을 주시느니라'는 뜻으로 말씀하신 게 아니다. 천부께서 우리의 필요를 아신다는 뜻으로 말씀하신 것이다. "너희 하늘 아버지께서 이 모든 것이 너희에게 있어야 할 줄을 아시느니라."

그렇다면 이 말씀이 갖는 실제적인 의미는 무엇일까? 이 말씀에 따르면, 우리는 세상 사람들이 염려하는 것에 대해 어떻게 해야 할까? 우리의 물질적 필요에 대해 어떻게 해야 할까? 우선 우리의 물질적 필요를 위해 열심히 일해야 한다. 하나님은 많은 부분 우리의 부지런한 노동을 통해 물질적 필요를 해결하게 하신다. 그래서 사도 바울은 그리스도인에게 자기 손으로 일해 물질적 필요를 해결하도록 가르쳤다. "또 너희에게 명한 것 같이 조용히 자기 일을 하고 너희 손으로 일하기를 힘쓰라 이는 외인에 대하여 단정히 행하고 또한 아무 궁핍함(크레이아)이 없게 하려 함이라"(살전 4:11-12). 또 바울 자신이 그러한 삶의 본을 보였다. "여러분이 아는 바와 같이 이 손으로 나와 내 동행들이 쓰는 것(크레이아)을 충당하여 범사에 여러분에게 모본을 보여준 바와 같이 수고하여 약한 사람들을 돕고 또 주 예수께서 친히 말씀하신 바 주는 것이 받는 것보다 복이 있다 하심을 기억하여야 할지니라"(행 20:34-35).

우리도 물질적 필요를 위해 수고해야 한다. 게으른 자가 물질적 필요를 해결할 수 없는 것은 자명한 이치다. "손을 게으르게 놀리는 자는 가난하게 되고 손이 부지런한 자는 부하게 되느니라"(잠 10:4).

그다음 우리는 물질적 필요에 대한 염려를 기도로 바꿔야 한다. 사도 바울은 이렇게 말했다. "아무 것도 염려하지 말고 다만 모든 일에 기도와 간구로, 너희 구할 것을 감사함으로 하나님께 아뢰라"(빌 4:6). 사도 베드로는 "너희 염려를 다 주께 맡기라 이는 그가 너희를 돌보심이라"(벧전 5:7)고 말했다.

이 말씀은 둘 다 염려를 기도로 바꾸라는 내용이다. 이때 기억할 것은 두 말씀 모두 염려에 대한 포괄적 권면이라는 점이다. 바울은 "아무 것도 염려하지 말고"라 말하고, 베드로는 "너희 염려를 다"라고 말했다. 그런데 이렇게 염려를 기도로 바꿀 때 핵심은 하나님에 대한 믿음이다. 바울은 그것을 "감사함으로"라는 말로 표현했고, 베드로는 "이는 그가 너희를 돌보심이라"는 말로 표현했다. 그것은 하나님께서 우리를 돌보신다는 믿음이다. 본문에서 예수님은 그것을 이렇게 표현하셨다. "너희 하늘 아버지께서 이 모든 것이 너희에게 있어야 할 줄을 아시느니라."

따라서 우리가 하나님께 물질적 필요에 대해 기도한다면, 그것은 하나님께서 우리의 필요를 모르시기 때문이 아니며, 우리에게 인색하시기 때문도 아니다. 우리가 물질적 필요에 대해 기도하는 이유는, 그것을 통해 우리 믿음을 훈련하기 때문이다. 그것이 "너희 구할 것을 감사함으로 하나님께 아뢰라"는 말씀의 의미다.

사도 바울은 누구보다도 "너희 하늘 아버지께서 이 모든 것이 너희에게 있어야 할 줄을 아시느니라"는 말씀의 의미를 잘 알던 사람이다. 그는 빌립보교회 성도들에게 보낸 편지에 이렇게 적었다. "나의 하나님이 그리스도 예수 안에서 영광 가운데 그 풍성한 대로 너희 모든 쓸 것을 채우시리라 하나님 곧 우리 아버지께 세세 무궁하도록 영광을 돌릴지어다 아멘"(빌 4:19-20). 여기서 "쓸 것"(크레이아)은 마태복음 6장 8절에서 예수님이 말씀하신 "있어야 할 것"과 같은 말이다. 이것은 본문에서 "있어야 할"(크레이조)로 번역된 말의 명사형이다. 또 여기서 하나님은 "하나님 곧 우리 아버지"라는 말에서 알 수 있듯이 성도들의 아버지이신 하나님이다. 따라서 바울이 기록한 말씀은 예수님의 말씀과 무관하지 않다. 사실 바울은 "너희 하늘 아버지께서 이 모든 것이 너희에게 있어야 할 줄을 아시느니라"는 말씀을 경험한 사람으로서 이렇게 기록한 것이다. "나의 하나님이 그리스도 예수 안에서 영광 가운데 그 풍성한 대로 너희 모든 쓸 것을 채우시리라."

여기서 바울이 "나의 하나님"이라고 쓴 것은 자신의 경험 때문이다. 바울은 하나님께서 빌립보교회를 통해 자신의 쓸 것을 채워주신 경험을 이렇게 말한다. "데살로니가에 있을 때에도 너희가 한 번뿐 아니라 두 번이나 나의 쓸 것(크레이아)을 보내었도다 … 내게는 모든 것이 있고 또 풍부한지라 에바브로디도 편에 너희가 준 것을 받으므로 내가 풍족하니 이는 받으실 만한 향기로운 제물이요 하나님을 기쁘시게 한 것이라"(빌 4:16, 18). 바울은 이 에바브로디도에 대해 "너희 사자로 내가 쓸 것(크레이아)을 돕는 자라"(빌 2:25)고 이미 말했다. 또 "내가 풍족하니"는 '내가 채워졌으니'(플레이로오)라는 말이다. 이처럼 바울에게는 하나님께서 빌립보교회를 통해 자신의 쓸 것을 채워주신 경험이 있다.

이런 경험을 바탕으로 빌립보교회 성도들에게 말한 것이다. "나의 하나님이 그리스도 예수 안에서 영광 가운데 그 풍성한 대로 너희 모든 쓸 것(크레이아)을 채우시리라(플레이로오)." 바울은 자신이 경험한 것을 빌립보교회 성도들도 하게 될 거라고 말한 것이다. 여기에는 단서가 붙어 있다. "그리스도 예수 안에서"라는 조건이다. 다른 말로 하면, 하나님을 아버지로서 모신 사람이라는 조건이다. 예수님도 "너희 하늘 아버지께서 이 모든 것이 너희에게 있어야 할 줄을 아시느니라"고 말씀하심으로써, 이 말씀이 모든 사람에게 해당되는 것이 아님을 분명히 하셨다. 이 말씀은 하나님을 아버지로 모신 사람에게만 해당한다.

하나님은 모든 사람의 물질적 필요를 돌보시는 게 아니다. 오직 예수 그리스도를 믿는 사람, 즉 하나님을 아버지로서 모신 사람의 필요를 돌보신다. 그렇기에 신자는 세상 사람들처럼 물질적 필요에 대해 염려하지 말아야 한다. 신자는 이 점에서 세상 사람들과 구별된 삶을 사는 사람이다.

44

하나님의 나라와 그의 의를 구하라

그런즉 너희는 먼저 그의 나라와 그의 의를 구하라
그리하면 이 모든 것을 너희에게 더하시리라

_마 6:33

"너희는 먼저 그의 나라와 그의 의를 구하라 그리하면 이 모든 것을 너희에게 더하시리라." 우리가 이 말씀을 이해하려면, 우선 이 말씀의 맥락을 살펴볼 필요가 있다. 이 말씀은 독립된 내용이 아니라 앞에 나온 내용의 연속이기 때문이다. 이 사실을 보여주는 것은 두 가지다. 하나는 "그런즉"이라는 접속사가 사용된 점이다. 또 하나는 "이 모든 것"이라는 말이다. 이것은 32절에 나온 "이는 다"(=이 모든 것)와 같이 물질적 필요를 가리킨다.

이처럼 본문은 앞에 나온 내용의 연속이다. 앞에서 예수님은 제자들에게 물질적 필요에 대해 염려하지 말라고 말씀하셨다. "그러므로 염려하여 이르기를 무엇을 먹을까 무엇을 마실까 무엇을 입을까 하지 말라"(31절). 그러면서 그 이유를 말씀하셨다. "이는 다 이방인들이 구하는 것이라 너희 하늘 아버지께서 이 모든 것이 너희에게 있어야 할 줄을 아시느니라"(32절). 따라서 본문은 물질적 필요에 대해 염려하지 말라는 내용의 연속이다.

하나님의 나라와 그의 의

여기서 예수님은 제자들에게 삶의 목적을 물질적 필요보다 더 높은 곳에 두라고 말씀하신다. 그것이 "너희는 먼저 그의 나라와 그의 의를 구하라"는 말씀이다. 이 말씀은 앞에 나온 "이는 다 이방인들이 구하는 것이라"는 말씀과 대비된다. 이때 제자들에게 사용된 '구하다'(제이테오)는 이방인들에게 사용된 '구하다'(에피제이테오)에 대응한다. 하나님을 모르는 이방인들은 삶의 목적을 물질적 필요에 둔다. 반면 제자들은 삶의 목적을 하나님의 나라와 그의 의에 둔다. 따라서 예수님은 제자들에게 마치 이렇게 말씀하신 것과 같다. '하나님을 모르는 이방인들은 삶의 목적을 물질적 필요에 둔다. 그렇기 때문에 그들이 물질적 필요에 대해 염려하는 것은 당연하다. 그러나 너희는 삶의 목적을 물질적 필요가 아닌 하나님의 나라와 그의 의에 두어야 한다. 그럴 때 너희가 물질적 필요에 대해 염려하는 것은 어울리지 않는다.'

예수님의 제자로서 우리는 삶의 목적이 세상 사람들과 다르다는 점을 분명히 해야 한다. 세상 사람들은 삶의 목적을 물질적 필요에 둔다. 다른 말로 하면, 세상 사람들은 삶의 목적이 자기 자신에게 있다. 반면 우리는 삶의 목적을 하나님의 나라와 그의 의에 둔다. 이것은 우리 삶의 목적이 우리 자신에게 있지 않음을 의미한다. 이 점에서 우리는 과연 세상 사람들과 다른가?

그러면 "하나님의 나라와 그의 의를 구하라"는 말씀은 무슨 뜻일까?(원래 예수님의 말씀에는 "하나님의"라는 말이 들어 있었을 가능성이 높다.) 우선 제자들은 산상수훈에서 이미 이 나라를 소유한 자들임을 기억할 필요가 있다. 이 사실은 팔복의 말씀에 잘 나타나 있다(마 5:3, 10). 따라서 하나님의 나라를 구하라는 말씀은 그 나라를 소유하라는 뜻은 아니다.

그런데 제자들은 산상수훈에서 장차 이 나라에 들어갈 자로도 나타난다. "내가 너희에게 이르노니 너희 의가 서기관과 바리새인보다 더 낫지 못하면 결코 천국에 들어가지 못하리라"(마 5:20). "나더러 주여 주여 하는 자마다 다 천국에 들어갈 것이 아니요 다만 하늘에 계신 내 아버지의 뜻대로 행하는 자라야 들어가리라"(마 7:21). 여기서 제자들이 장차 이 나라에 들어가기 위해 필요한 것은 서기관과 바리새인의 의보다 더 나은 의이고, 하나님의 뜻대로 행하는 것이다.

그렇다면 현재 제자들에게 필요한 것은 이러한 의를 구하는 것이다. 그래서 예수님은 제자들에게 말씀하셨다. "너희는 먼저 그의 나라와 그의 의를 구하라." 마태복음에는 "의"라는 말이 일곱 번 나온다. 그런데 일곱 번 모두 예수님은 이 말을 윤리적 의미로 사용하셨다. 의는 사람의 행실을 가리키며, 하나님의 뜻대로 행하는 삶을 의미한다. 그래서 산상수훈에서 의는 이러한 제자들의 삶을 뜻한다. "의에 주리고 목마른 자는 복이 있나니 그들이 배부를 것임이요"(마 5:6). "의를 위하여 박해를 받은 자는 복이 있나니 천국이 그들의 것임이라"(마 5:10). "내가 너희에게 이르노니 너희 의가 서기관과 바리새인보다 더 낫지 못하면 결코 천국에 들어가지 못하리라"(마 5:20). "사람에게 보이려고 그들 앞에서 너희 의를 행하지 않도록 주의하라 그리하지 아니하면 하늘에 계신 너희 아버지께 상을 받지 못하느니라"(마 6:1). "그런즉 너희는 먼저 그의 나라와 그의 의를 구하라 그리하면 이 모든 것을 너희에게 더하시리라"(마 6:33).

그러면 왜 예수님은 "그의 의"라고 하셨을까? 또 왜 예수님은 "그의 나라와 그의 의"라고 하셨을까? 이것은 "그의 의"가 "그의 나라"에 의해 주어지는 것이기 때문이다. 즉 그의 의는 하나님의 통치에 복종함으로 써 주어지는 의를 말한다. 따라서 그의 의는 하나님의 속성으로서의 의 가 아니라 하나님으로부터 나오는 의를 말한다. 제자들이 구해야 하는 의는 그들 자신에게서 나오는 것이 아니라 복음이 가능케 하는 것이고, 하나님의 나라가 산출하는 것이고, 하나님에게서 나오는 것이다. 그래 서 예수님은 "그의 의"라고 말씀하신 것이다. 이것은 앞에서 예수님이 말씀하신 것과 일치한다. "의에 주리고 목마른 자는 복이 있나니 그들 이 배부를 것임이요"(마 5:6). 제자들은 스스로 의에 배부른 것이 아니 라, 하나님에 의해서 배부르게 되는 것이다.

따라서 하나님의 나라는 순서상 하나님의 의보다 먼저 온다. 왜냐하 면 하나님의 의는 그분의 통치에 복종할 때 주어지기 때문이다. 이러한 순서는 세례 요한이나 예수님이 전한 복음에서도 나타난다. "회개하라 천국이 가까이 왔느니라"(마 3:2; 4:17). 복음은 천국, 즉 하나님의 통치 에 복종하는 삶으로 돌이키라는 메시지다. 하나님의 통치에 복종하는 삶, 즉 의는 회개의 열매다.

또 주기도에서도 이러한 순서는 그대로 나타난다. "(당신의) 나라가 임하시오며"라는 간구는 "(당신의) 뜻이 하늘에서 이루어진 것 같이 땅 에서도 이루어지이다"라는 간구 앞에 온다. 사람들은 하나님의 통치에 복종할 때 그분의 뜻대로 행하게 되는 것이다. 이것이 그의 의다.

이와 같이 제자들은 삶의 목적을 하나님의 나라와 그의 의에 두어야 한다. 이것은 하나님의 통치에 복종하여 그분의 뜻대로 행하는 삶을 의 미한다. 그렇다면 우리는 삶의 목적이 어디에 있는가? 우리가 구하는 것은 무엇인가? 물질적 필요인가, 아니면 하나님의 나라와 그의 의인 가? 우리는 하나님의 통치에 복종하여 그분의 뜻대로 행하는 삶을 원하는가? 우리에게 그런 갈망이 있는가? 우리는 하나님의 나라가 우리 안에 이루어지기를 바라는가?

세 비유

마태는 예수님의 가르침에서 특히 이러한 삶을 강조한다. 그래서 하나님의 나라와 그의 의를 구하는 삶에 대한 구체적 예를 제시한다. 마태복음 21장과 22장에 나오는 세 개의 연속된 비유, 즉 두 아들의 비유, 포도원 농부들의 비유, 혼인 잔치의 비유가 그것이다. 예수님이 이 비유를 말씀하신 이유가 있다. 대제사장들과 백성의 장로들이 예수님의 권위가 하늘로서 온 것을 인정하지 않았기 때문이다. 그들은 세례 요한의 권위가 하늘로서 온 것도 인정하지 않았다. 따라서 예수님이 말씀하신 세 비유는 모두 권위의 문제가 핵심이다.

첫 번째로, 예수님은 제자들에게 두 아들의 비유를 말씀하셨다. "어떤 사람에게 두 아들이 있는데 맏아들에게 가서 이르되 얘 오늘 포도원에 가서 일하라 하니 대답하여 이르되 아버지 가겠나이다 하더니 가지 아니하고 둘째 아들에게 가서 또 그와 같이 말하니 대답하여 이르되 싫소이다 하였다가 그 후에 뉘우치고 갔으니 그 둘 중의 누가 아버지의 뜻대로 하였느냐." 그들이 대답했다. "둘째 아들이니이다"(마 21:28하-31상). 그러자 예수님은 다시 말씀하셨다. "내가 진실로 너희에게 이르노니 세리들과 창녀들이 너희보다 먼저 하나님의 나라에 들어가리라 요한이 의의 도로 너희에게 왔거늘 너희는 그를 믿지 아니하였으되 세리와 창녀는 믿었으며 너희는 이것을 보고도 끝내 뉘우쳐 믿지 아니하였도다"(마 21:31하-32).

　이 내용은 마태복음에만 나온다. 우선 주목할 것은 마태가 천국 대신 '하나님의 나라'라는 말을 사용한 것이다. 이것은 하나님의 왕권을 부각시키기 위함이다. 따라서 두 아들의 비유에서 아비의 권위는 하나님의 왕권을 나타낸다. 그리고 둘째 아들이 아비의 뜻대로 하였다는 것은 세리들과 창기들이 왕이신 하나님의 뜻대로 행한 것을 가리킨다.

　여기서 세리들과 창기들이 요한을 믿은 것은 하늘로서 온 요한의 권위를 인정한 것이다. 다시 말하면, 그들은 하나님의 왕권을 인정한 것이다. 그랬을 때 그들은 요한이 전한 "의의 도"를 따랐다. 다시 말하면, 그들은 왕이신 하나님의 뜻대로 행한 것이다. 이런 점에서 세리들과 창기들은 하나님의 나라와 그의 의를 구한 사람들이다. 예수님은 그들이 대제사장들과 백성의 장로들보다 먼저 하나님의 나라에 들어갈 거라고 말씀하셨다(이것은 그들만이 하나님의 나라에 들어갈 거라는 뜻이다).

　그런 다음 예수님은 그들에게 다시 포도원 농부의 비유를 말씀하셨다. "한 집 주인이 포도원을 만들어 산울타리로 두르고 거기에 즙 짜는 틀을 만들고 망대를 짓고 농부들에게 세로 주고 타국에 갔더니 열매 거둘 때가 가까우매 그 열매를 받으려고 자기 종들을 농부들에게 보내니 농부들이 종들을 잡아 하나는 심히 때리고 하나는 죽이고 하나는 돌로 쳤거늘 다시 다른 종들을 처음보다 많이 보내니 그들에게도 그렇게 하였는지라 후에 자기 아들을 보내며 이르되 그들이 내 아들은 존대하리라 하였더니 농부들이 그 아들을 보고 서로 말하되 이는 상속자니 자 죽이고 그의 유산을 차지하자 하고 이에 잡아 포도원 밖에 내쫓아 죽였느니라 그러면 포도원 주인이 올 때에 그 농부들을 어떻게 하겠느냐." 그들이 대답했다. "그 악한 자들을 진멸하고 포도원은 제 때에 열매를 바칠 만한 다른 농부들에게 세로 줄지니이다"(마 21:33-41). 그러자 예수님이 그들에게 말씀하셨다. "그러므로 내가 너희에게 이르노니 하나님의 나라를 너희는 빼앗기고 그 나라의 열매 맺는 백성이 받으리라"(마 21:43).

포도원 농부의 비유는 마가나 누가도 기록했다. 그러나 43절에 나오는 하나님의 나라에 관한 말씀은 마태만 기록했다. 여기서도 마태는 천국 대신 "하나님의 나라"라는 말을 사용해 하나님의 왕권을 부각시켰다. 따라서 포도원 농부의 비유에서 포도원 주인의 권위는 하나님의 왕권을 나타낸다. 그리고 농부들이 제때 실과를 바친다는 것은 왕이신 하나님의 뜻대로 행하는 것을 의미한다.

여기서 "그 나라의 열매 맺는 백성"은 비유에서 말한 "제 때에 열매를 바칠 만한 다른 농부들"이다. 그들은 포도원 주인의 권위, 즉 하나님의 왕권을 인정한 사람들이다. 그래서 그들이 제때 실과를 바치는 것은 왕이신 하나님의 뜻대로 행하는 것을 나타낸다. 이런 점에서 "그 나라의 열매 맺는 백성"은 하나님의 나라와 그의 의를 구하는 사람들이다. 그들의 의로운 삶은 하나님의 나라가 산출한 것이다. 예수님은 그들이 하나님의 나라를 받을 거라고 말씀하셨다.

그런데 이 말씀을 들은 사람들은 예수님께 적대적인 반응을 보였다. "대제사장들과 바리새인들이 예수의 비유를 듣고 자기들을 가리켜 말씀하심인 줄 알고 잡고자 하나 무리를 무서워하니 이는 그들이 예수를 선지자로 앎이었더라"(마 21:45-46). 그러자 예수님은 다시 혼인 잔치의 비유로 그들에게 대답하셨다. "천국은 마치 자기 아들을 위하여 혼인 잔치를 베푼 어떤 임금과 같으니 그 종들을 보내어 그 청한 사람들을 혼인 잔치에 오라 하였더니 오기를 싫어하거늘 다시 다른 종들을 보내며 이르되 청한 사람들에게 이르기를 내가 오찬을 준비하되 나의 소와 살진 짐승을 잡고 모든 것을 갖추었으니 혼인 잔치에 오소서 하라 하였더니 그들이 돌아 보지도 않고 한 사람은 자기 밭으로, 한 사람은 자기 사업하러 가고 그 남은 자들은 종들을 잡아 모욕하고 죽이니 임금이 노하여 군대를 보내어 그 살인한 자들을 진멸하고 그 동네를 불사르고 이에 종들에게 이르되 혼인 잔치는 준비되었으나 청한 사람들은 합당하지 아니하니 네거리 길에 가서 사람을 만나는 대로 혼인 잔치에 청하여 오라 한 대 종들이 길에 나가 악한 자나 선한 자나 만나는 대로 모두 데려오니 혼인 잔치에 손님들이 가득한지라 임금이 손님들을 보러 들어올새 거기서 예복을 입지 않은 한 사람을 보고 이르되 친구여 어찌하여 예복을 입지 않고 여기 들어왔느냐 하니 그가 아무 말도 못하거늘 임금이 사환들에게 말하되 그 손발을 묶어 바깥 어두운 데에 내던지라 거기서 슬피 울며 이를 갈게 되리라 하니라 청함을 받은 자는 많되 택함을 입은 자는 적으니라"(마 22:2-14).

이 비유는 누가복음 14장에도 나온다. 그러나 11절 이후에 나오는 예복을 입지 않은 사람에 대한 내용은 마태만 기록했다. 그런데 여기서 마태는 '하나님의 나라'라는 말을 사용하지 않고 '천국'이라는 말을 사용했다. 굳이 하나님의 왕권을 부각시킬 필요가 없었다. 혼인 잔치를 베푼 임금의 권위가 직접적으로 하나님의 왕권을 나타내기 때문이다.

이 비유에서 마태가 강조한 것은 "예복을 입지 않은 한 사람"이다. 그는 임금이 베푼 혼인 잔치에 청함을 받았으나 결국 그 잔치에서 배제되었다. 이것은 그가 천국에서 배제됨을 의미한다. 이유는 예복을 입지 않았기 때문이다. 이것은 그의 삶에 문제가 있음을 의미한다. 그는 임금의 뜻대로 행하지 않고, 왕이신 하나님의 뜻대로 행하지 않은 것이다. 임금의 권위, 즉 하나님의 왕권을 의식하지 않았기 때문이다. 이런 점에서 대제사장들과 바리새인들은 하나님의 나라와 그의 의를 구하지 않은 사람들이다.

내용을 정리하면 이렇다. 하나님의 나라와 그의 의를 구하지 않은 대제사장들과 바리새인들은 그 나라에서 배제될 것이다. 반면 하나님의 나라와 그의 의를 구한 세리들과 창기들은 그 나라에 들어갈 것이다. 또 "그 나라의 열매 맺는 백성"은 그 나라를 받을 것이다. 하나님의 나라에 들어갈 것인지 아닌지 또는 하나님의 나라를 받을 것인지 빼앗길 것인지 또는 하나님의 나라에 참여할 것인지 배제될 것인지는 현재의 삶에 달렸다. 이런 점에서 현재 우리의 삶은 매우 중요하다. 우리는 "하나님의 나라와 그의 의를 구하는" 사람들인가? 우리의 삶은 하나님의 나라가 산출한 것인가?

물질적 필요에 대한 약속

이처럼 예수님은 제자들에게 삶의 목적을 하나님의 나라와 그의 의에 두라고 하신다. 그러면서 놀라운 약속을 추가하신다. "그리하면 이 모든 것을 너희에게 더하시리라." 여기서 "이 모든 것"은 앞에서 말한 물질적 필요를 가리킨다. 그리고 "더하시리라"는 말은, 하나님은 그의 나라와 그의 의를 구하는 자들에게 그들이 구하는 것뿐 아니라 거기에 더하여 물질적 필요도 주실 거라는 의미다. 이런 점에서 하나님의 나라와 그의 의는 종말에 경험하는 것이 아니다. 만일 그렇다면 이 땅에서 물질적 필요를 더하실 거라는 말은 성립되지 않는다.

하나님은 이 땅에서 제자들에게 그의 나라와 그의 의를 구하는 삶뿐 아니라 그러한 삶에 요구되는 물질적 필요도 제공하신다. 이 점은 주기도의 내용 중에 일용할 양식에 대한 간구가 들어 있는 것에서도 나타난다. 따라서 "먼저 구하라"고 할 때 '먼저'는 우선권을 의미한다. 제자들의 삶은 물질적 필요보다 하나님의 나라와 그의 의에 우선권을 두어야 한다. 이 말의 실제적 의미는 이렇다. 제자들은 하나님의 나라와 그의 의를 구하는 삶 가운데 하나님께서 그들의 물질적 필요를 해결해 주시는 것을 경험하게 될 것이다. 그러므로 제자들은 물질적 필요에 대해 염려하지 말아야 한다.

45
내일 일을 위하여 염려하지 말라

**그러므로 내일 일을 위하여 염려하지 말라 내일 일은 내일이 염려할 것이요
한 날의 괴로움은 그 날로 족하니라**

_마 6:34

본문은 "그러므로 … 염려하지 말라"는 말로 시작된다. 이 점에서 본
문은 31절과 같다. "그러므로 염려하여 이르기를 무엇을 먹을까 무엇
을 마실까 무엇을 입을까 하지 말라." 31절은 음식과 의복, 즉 물질적
필요에 대해 염려하지 말라는 말씀이다. 그에 비해 본문은 내일 일을
위하여 염려하지 말라는 말씀이다. 그러면 본문 34절과 31절은 각각
다른 것을 말한 것일까? 본문은 31절에서 다루지 않은 내용을 새로 말
한 것일까?

미래에 대한 염려

그렇지 않다. 본문은 31절에서 이미 다룬 내용을 다른 측면에서 말
한 것이다. 본문에서 "내일 일"은 31절에서 말한 "무엇을 먹을까 무엇
을 마실까 무엇을 입을까"를 다른 측면에서 표현한 것이다. 31절에서
는 염려의 대상 즉 물질적 필요를 언급했다면, 본문에서는 염려의 시

점, 즉 물질적 필요가 발생하는 시점을 언급한 것이다. 염려하는 것은 미래의 물질적 필요지 현재의 물질적 필요가 아니다.

사람들의 염려는 미래에 대한 것이다. 마태복음에는 예수님이 제자들에게 염려하지 말라고 하신 경우가 한 번 더 있다. "너희를 넘겨 줄 때에 어떻게 또는 무엇을 말할까 염려하지 말라 그때에 너희에게 할 말을 주시리니"(마 10:19). 이 경우도 염려는 미래에 대한 것이다. "너희를 넘겨 줄 때에"는 아직 일어나지 않은 미래의 시점을 가리킨다. 따라서 본문은 31절과 같은 내용을 다른 측면에서 말한 것이다. 31절이 무엇에 대한 염려인지에 초점을 맞춘다면, 본문은 언제에 대한 염려인지에 초점을 맞춘다.

예수님이 염려하지 말 것을 이렇게 다른 측면에서 말씀하시는 이유가 있다. 그것은 바로 앞에서 하신 말씀 때문이다. "그런즉 너희는 먼저 그의 나라와 그의 의를 구하라 그리하면 이 모든 것을 너희에게 더하시리라"(마 6:33). 여기에는 우선 "너희는 먼저 그의 나라와 그의 의를 구하라"는 명령이 있다. 이것은 제자들이 늘 지속적으로 해야 할 것을 말한다. 제자들은 항상 삶의 목적을 무엇보다 하나님의 나라와 그의 의에 두어야 한다. 그런 다음 이 명령과 결부된 약속이 나온다. "그리하면 이 모든 것을 너희에게 더하시리라." 이것은 제자들이 명령에 순종할 때 경험하게 될 것을 말한다. 즉 제자들이 삶의 목적을 하나님의 나라와 그의 의에 우선을 두고 살아갈 때, 하나님이 물질적 필요를 채우시는 것을 경험하게 될 것이다.

이처럼 제자들에게는 하나님께서 그들의 물질적 필요를 돌보실 거라는 약속이 있다. 그래서 예수님은 제자들에게 염려하지 말라고 하셨음에도 다시 다른 측면에서 말씀하신 것이다. "그러므로 내일 일을 위하여 염려하지 말라." 여기서 "그러므로"는 이러한 전후 관계를 나타낸다. 예수님은 앞에서 말한 물질적 필요에 대한 약속에 근거해 미래에 대해 염려하지 말라고 말씀하신 것이다.

우리는 미래에 발생할 모든 물질적 필요에 대해 염려하지 말아야 한다. 바로 이 약속이 있기 때문이다. "그리하면 이 모든 것을 너희에게 더하시리라." 이것은 우리의 물질적 필요에 대한 포괄적인 하나님의 약속이다. 미쁘신 우리 하나님 아버지는 이 약속대로 반드시 행하실 것이다.

중요한 것은, 이 약속이 명령에 결부되어 주어졌다는 사실이다. "그리하면"이 그 점을 나타낸다. 만일 우리가 삶의 목적을 하나님의 나라와 그의 의에 두고 살아간다면(=그리하면), 우리는 하나님이 우리의 물질적 필요를 돌보시는 것을 경험할 것이다. 그러나 우리가 삶의 목적을 하나님의 나라와 그의 의가 아닌 것에 두고 살아간다면, 하나님께서 우리의 물질적 필요를 돌보시는 것을 경험할 수 없을 것이다. 이런 점에서 우리가 염려하지 않을 수 있는 최선의 길은 "먼저 하나님의 나라와 그의 의를 구하는" 것이다. 여기에는 우리의 물질적 필요를 돌보시는 하나님의 약속이 있기 때문이다.

현재에 충실한 삶

예수님은 우리가 미래에 대해 염려하지 말아야 하는 이유를 이렇게 말씀하신다. "내일 일은 내일이 염려할 것이요." 이것을 헬라어 문장 그대로 옮기면 이렇게 된다. "내일이 그것 스스로에 대해 염려할 것이요." 이 문장에서 염려하는 주체는 제자들이 아니라 내일이다.

그러면 이 말씀은 무슨 뜻일까? 그것은 '내일 일은 오늘 염려하지 말고 내일에 가서 염려해야 한다'는 뜻이 아니다. 그것은 '오늘, 내일 일을 염려한다고 해도 내일이 되면 또 염려할 일이 생긴다'는 의미다. 다시 말하면, '오늘, 내일 일을 염려한다고 해서 내일이 되면 염려할 일이 없어지는 것은 아니다'라는 의미다. 따라서 이 말씀의 의도는, 내일 일을 염려하기보다 오늘의 삶에 충실하라는 것이다. 그러면 제자들이 충실해야 하는 오늘의 삶은 무엇일까? 그것은 "먼저 하나님의 나라와 그의 의를 구하는" 삶이다. 우리가 현재에 충실하기보다 자꾸 미래에 대해 염려하는 것은 어리석은 일이다. 그것은 어리석은 일이다 못해 위험한 일이다. 미래에 대해 염려하는 사람은 현재에 충실할 수 없기 때문이다.

누가복음 10장에 나오는 마르다가 바로 그런 사람이라고 할 수 있다. 누가는 예수님이 오셨을 때 마리아와 마르다가 보인 모습을 기록했다. "그에게 마리아라 하는 동생이 있어 주의 발치에 앉아 그의 말씀을 듣더니 마르다는 준비하는 일이 많아 마음이 분주한지라 예수께 나아가 이르되 주여 내 동생이 나 혼자 일하게 두는 것을 생각하지 아니하시나이까 그를 명하사 나를 도와 주라 하소서"(눅 10:39-40).

여기 보면 마리아는 주의 발치에 앉아 그의 말씀을 들었다. 반면 마르다의 모습은 이와 대조적이다. 마르다는 준비하는 일이 많아 마음이 분주했다. 이것은 마르다가 마리아처럼 예수님의 말씀을 듣는 데 집중할 수 없었음을 뜻한다. 그래서 마르다는 예수님의 말씀을 듣기는커녕 오히려 예수님께 "주여 내 동생이 나 혼자 일하게 두는 것을 생각하지 아니하시나이까 그를 명하사 나를 도와 주라 하소서"라고 말한다.

그러자 예수님이 대답하셨다. "마르다야 마르다야 네가 많은 일로 염려하고 근심하나 몇 가지만 하든지 혹은 한 가지만이라도 족하니라 마리아는 이 좋은 편을 택하였으니 빼앗기지 아니하리라"(눅 10:41-42). 여기 "많은 일로 염려하고 근심하나"라는 말은 "준비하는 일이 많아 마음이 분주한지라"는 말을 설명해 준다. 마르다가 마음이 분주해서 예수님의 말씀을 듣는 데 집중할 수 없었던 이유는 염려 때문이다. 그런데 마리아에게는 그런 염려가 없었고, 예수님의 말씀을 듣는 데 집중했다. 이런 점에서 마르다는 우리에게 중요한 점을 보여준다. 바로 미래에 대해 염려하는 사람이 현재에 충실할 수 없다는 점이다.

우리는 어떤가? 우리는 미래에 대해 염려하느라 현재에 충실하지 못하고 있지는 않은가? 수많은 사람이 그렇게 현재를 낭비하고 있다.

한 날의 괴로움은 그 날로 족하니라

그런데 예수님의 말씀은 여기서 끝나지 않는다. 이런 내용이 추가되어 있기 때문이다. "한 날의 괴로움은 그 날로 족하니라." 헬라어 성경에는 이 문장 앞에 콜론이 있어서 앞의 내용과 관련이 있음을 나타낸다. 이러한 관련성은 사용된 용어에서도 나타난다. 앞에서는 "내일"을 사용했다면, 여기서는 매일을 뜻하는 "그 날"을 사용한다. 내일은 그날 가운데 포함된다.

또 앞에서는 '염려하다'를 사용했다면, 여기서는 '괴로움'을 사용한다. 여기서 괴로움은 사람에게 사용될 때 '악함'을 의미한다. 그러나 사람이 아닌 다른 데 사용될 때 '재앙'이나 '역경'을 의미한다. "성읍에서 나팔이 울리는데 백성이 어찌 두려워하지 아니하겠으며 여호와의 행

하심이 없는데 재앙이 어찌 성읍에 임하겠느냐"(암 3:6). "형통한 날에
는 기뻐하고 곤고한(역경의) 날에는 되돌아 보아라 이 두 가지를 하나
님이 병행하게 하사 사람이 그의 장래 일을 능히 헤아려 알지 못하게
하셨느니라"(전 7:14). 따라서 내일을 염려하는 이유는 내일 닥칠지 모
르는 괴로움 때문임을 알 수 있다.

그런데 예수님은 "한 날의 괴로움은 그 날로 족하니라"고 말씀하신
다. 이때 예수님은 '족하다'는 사실을 강조하신다. 헬라어 문장의 순서
대로 배열하면 이렇게 된다. "족하니라-그 날에-한 날 괴로움은." 그러
면 이 말씀은 무슨 뜻일까? 족하다는 말은 신약성경에 두 번 더 나타난
다. 그런데 이 말은 범위나 한계를 나타낼 때 사용된다.

"제자가 그 선생보다, 또는 종이 그 상전보다 높지 못하나니 제자가
그 선생 같고 종이 그 상전 같으면 족하도다 집 주인을 바알세불이라
하였거든 하물며 그 집 사람들이랴"(마 10:24-25). 이것은 제자들이 받
게 될 핍박에 대한 말씀이다. 여기서 "제자가 그 선생 같고 종이 그 상
전 같으면 족하도다"는 '제자가 그 선생 같고 종이 그 상전 같은 것으로
국한되어야 한다'는 의미다. 따라서 예수님이 말씀하신 뜻은 이렇다.
제자들은 그들의 선생과 상전이신 예수님보다 덜 핍박 받을 거라고 기
대해서는 안 된다.

"그리스도께서 이미 육체의 고난을 받으셨으니 너희도 같은 마음으
로 갑옷을 삼으라 이는 육체의 고난을 받은 자는 죄를 그쳤음이니 그
후로는 다시 사람의 정욕을 따르지 않고 하나님의 뜻을 따라 육체의
남은 때를 살게 하려 함이라 너희가 음란과 정욕과 술취함과 방탕과
향락과 무법한 우상 숭배를 하여 이방인의 뜻을 따라 행한 것은 지나
간 때로 족하도다"(벧전 4:1-3). 이것은 그리스도인의 믿기 전과 믿은 후

의 삶을 비교한 말씀이다. 그래서 "지나간 때"(믿기 전)는 "육체의 남은 때"(믿은 후)와 비교된다. 전자는 '이방인의 뜻을 따라 행한' 시기이고, 후자는 '하나님의 뜻을 따라 사는' 시기다. 여기서 "너희가 음란과 정욕과 술취함과 방탕과 향락과 무법한 우상 숭배를 하여 이방인의 뜻을 따라 행한 것은 지나간 때로 족하도다"라는 말씀은 '너희가 음란과 정욕과 술취함과 방탕과 향락과 무법한 우상 숭배를 하여 이방인의 뜻을 따라 행한 것은 지나간 때로 국한되어야 한다'는 의미다. 따라서 사도 베드로가 기록한 말씀의 뜻은 그리스도인은 믿기 전의 생활로 돌아가서는 안 된다는 것이다. 이처럼 "족하도다"는 범위나 한계를 나타내며 '국한되어야 한다'는 의미를 갖는다. 따라서 "한 날의 괴로움은 그 날로 족하니라"는 말씀은 '한 날의 괴로움은 그날로 국한되어야 한다'는 뜻이다.

이것은 왜 내일 일을 위하여 염려하지 말라고 하는지 설명해 준다. 제자들이 내일 일을 염려하는 것은 내일 닥칠지 모르는 재앙이나 역경 때문이다. 그런데 내일의 재앙이나 역경은 내일에 국한되어야 한다. 내일 닥칠지 모르는 재앙이나 역경 때문에 오늘 염려하는 것은 이치에 맞지 않다는 것이다. 여기에는 두 가지 이유가 있다.

첫째, 오늘 우리가 예상하는 내일의 괴로움(재앙 또는 역경)은 일어나지 않을 수도 있다. 이것은 오늘 우리가 예상하는 내일의 형통(성공 또는 번영)이 일어나지 않을 수 있는 것과 같다. 우리는 내일 무슨 일이 일어날지 모른다. "너는 내일 일을 자랑하지 말라 하루 동안에 무슨 일이 일어날지 네가 알 수 없음이니라"(잠 27:1). "형통한 날에는 기뻐하고 곤고한 날에는 되돌아 보아라 이 두 가지를 하나님이 병행하게 하사 사람이 그의 장래 일을 능히 헤아려 알지 못하게 하셨느니라"(전 7:14).

"내일 일을 너희가 알지 못하는도다 너희 생명이 무엇이냐 너희는 잠깐 보이다가 없어지는 안개니라"(약 4:14). 따라서 내일 닥칠지 모르는 괴로움 때문에 오늘 염려하는 것은 이치에 맞지 않다. 경험상 염려하지 않아도 될 일들을 염려한 때가 많았음을 알 수 있을 것이다.

둘째, 우리의 예상대로 내일의 괴로움이 일어난다고 해도 하나님은 그때 필요한 은혜를 주실 것이다. 이것이 우리가 시험을 당할 때 주어지는 "때를 따라 돕는 은혜"다. "우리에게 있는 대제사장은 우리의 연약함을 동정하지 못하실 이가 아니요 <u>모든 일에 우리와 똑같이 시험을 받으신 이로되 죄는 없으시니라</u> 그러므로 우리는 긍휼하심을 받고 때를 따라 돕는 은혜를 얻기 위하여 은혜의 보좌 앞에 담대히 나아갈 것이니라"(히 4:15-16).

사도 바울은 이러한 은혜를 실제적으로 묘사했다. "사람이 감당할 시험 밖에는 너희가 당한 것이 없나니 오직 하나님은 미쁘사 너희가 감당하지 못할 시험 당함을 허락하지 아니하시고 시험 당할 즈음에 또한 피할 길을 내사 너희로 능히 감당하게 하시느니라"(고전 10:13).

마지막으로, 우리가 기억해 두어야 할 사실이 있다. 예수님이 염려하지 말라고 하실 때, 그분은 괴로움(재앙 또는 역경)이 없는 삶을 약속하신 게 아니라는 점이다. 우리는 염려가 없는 삶이 늘 행복할 거라고 오해하기 쉽다. 그러나 미래에 대한 염려가 없다고 현재의 삶이 늘 행복한 것은 아니다. 염려가 없다고 해도 현재의 삶에는 괴로움, 고생, 근심이 있기 마련이다. "한 날의 괴로움은 그 날로 족하니라."

46

비판하지 말라

비판을 받지 아니하려거든 비판하지 말라 너희가 비판하는 그 비판으로 너희가
비판을 받을 것이요 너희가 헤아리는 그 헤아림으로 너희가 헤아림을 받을 것이니라

_ 마 7:1-2

마태복음 7장 1-5절은 남을 비판하는 것에 대한 말씀이다. 이것은
언뜻 보기에 앞에 나온 물질적 필요를 염려하는 것에 대한 말씀과 무
관한 것처럼 보인다. 그런데 여기에는 겉으로 드러나지 않은 내용상의
연결이 존재한다. 그러한 연결을 이해하는 데 열쇠가 되는 말이 의다.

산상수훈에서 의는 제자들의 행실을 가리킨다. 다시 말하면, 하나님
의 요구대로 행하는 제자들의 삶이 바로 의다. 산상수훈에서 의는 팔복
의 말씀 가운데 처음 나타난다. 네 번째 복과 여덟 번째 복에 대한 말씀
이다. "의에 주리고 목마른 자는 복이 있나니 그들이 배부를 것임이요"
(마 5:6). "의를 위하여 박해를 받은 자는 복이 있나니 천국이 그들의 것
임이라"(마 5:10). 이렇게 팔복에서 두 번 사용된 말은 의와, 첫째 복과
여덟째 복에 나오는 천국 둘뿐이다. 이것은 팔복의 핵심이 천국과 의에
있음을 보여준다. 제자들의 복은 천국에서 비롯되며 의로 나타난다.

산상수훈에서 의가 세 번째 나오는 곳은 5장 20절이다. "내가 너희
에게 이르노니 너희 의가 서기관과 바리새인보다 더 낫지 못하면 결코
천국에 들어가지 못하리라." 이 말씀 뒤에는 서기관과 바리새인의 의

보다 더 나은 제자들의 의에 대한 긴 설명이 5장 마지막까지 이어진다. 그리고 6장 1절에 의가 네 번째로 나온다. "사람에게 보이려고 그들 앞에서 너희 의를 행하지 않도록 주의하라 그리하지 아니하면 하늘에 계신 너희 아버지께 상을 받지 못하느니라." 이 말씀 후에 예수님은 그 내용을 구제와 기도와 금식의 경우로 나누어 설명하신다. 그 설명이 6장 18절까지 계속된다.

그런 다음 재물과 염려에 대한 말씀이 6장 19-34절에 나온다. 이 말씀 가운데 예수님은 제자들에게 결론적인 권고를 주신다. 그것이 "너희는 먼저 그의 나라와 그의 의를 구하라"(마 6:33상)는 말씀이다. 여기서 의가 산상수훈에서 마지막으로 나온다.

의를 구할 때 빠지기 쉬운 잘못

이처럼 앞에서 예수님은 제자들에게 의에 대해 설명하셨고, 결론적으로 이 의를 구하라고 권고하셨다. 그것은 삶의 목적을 의에 두고 살아가라는 권고다. 그런데 여기 위험이 있다. 그것은 의를 구하는 제자들이 빠지기 쉬운 잘못이다. 자신의 의 때문에 자칫하면 남을 비판하는 것이다.

서기관과 바리새인의 잘못이 바로 이런 것이다. 그들은 스스로 의롭다 생각했고, 그래서 다른 사람 비판하기를 좋아했다. 마태복음 9장에는 예수님이 마태의 집에서 많은 세리와 죄인들과 함께 식사하신 장면이 나온다. 그때 바리새인들은 그 광경을 보고 예수님의 제자들에게 따져 물었다. "어찌하여 너희 선생은 세리와 죄인들과 함께 잡수시느냐"

(11절). 그들은 예수님이 세리와 죄인들과 어울린다고 비판했다. 그러자 예수님은 말씀하셨다. "건강한 자에게는 의사가 쓸 데 없고 병든 자에게라야 쓸 데 있느니라 너희는 가서 내가 긍휼을 원하고 제사를 원하지 아니하노라 하신 뜻이 무엇인지 배우라 나는 의인을 부르러 온 것이 아니요 죄인을 부르러 왔노라"(12-13절). 바리새인들은 예수님처럼 죄인에 대한 긍휼이 없었다. 그래서 오히려 세리와 죄인들과 어울리는 예수님을 비판한 것이다. 그들은 스스로 의인임을 자부했다.

물론 서기관과 바리새인이 실제로 의인이었던 것은 아니다. 그들은 겉으로만 의롭게 보이는 자신의 행실에 의지했을 뿐이다. 그래서 예수님은 그들을 이런 말로 비판하셨다. "이와 같이 너희도 겉으로는 사람에게 옳게(=의롭게) 보이되 안으로는 외식과 불법이 가득하도다"(마 23:28).

바리새인이 세리에게 비판적이었음은 바리새인과 세리의 비유에도 나타난다. 그 둘이 기도하러 성전에 올라갔을 때 바리새인은 세리와 따로 이렇게 기도했다. "하나님이여 나는 다른 사람들 곧 토색, 불의, 간음을 하는 자들과 같지 아니하고 이 세리와도 같지 아니함을 감사하나이다 나는 이레에 두 번씩 금식하고 또 소득의 십일조를 드리나이다"(눅 18:11-12). 바리새인은 자기의 외면적 의로움 때문에 세리를 비판한 것이다. 그래서 누가는 이 비유 앞에 이런 설명을 붙였다. "또 자기를 의롭다고 믿고 다른 사람을 멸시하는 자들에게 이 비유로 말씀하시되"(눅 18:9). 예수님이 제자들에게 의를 구하라고 권고하신 다음, 남을 비판하는 것에 대해 말씀하신 이유가 여기 있다. 예수님은 의를 구하는 제자들이 빠지기 쉬운 잘못을 보신 것이다.

우리는 예수님의 제자로서 삶의 목적을 의에 두고 살아가야 한다.

이러한 삶이 우리를 구원하기 때문이 아니라 하나님께 영광을 돌리기 때문이다(마 5:16). 이때 우리가 조심해야 할 것은 남을 비판하는 태도와 말이다.

예수님이 금하신 비판

예수님이 제자들에게 말씀하셨다. "비판을 받지 아니하려거든 비판하지 말라"(마 7:1). 여기서 '비판하다'는 옳고 그름을 분간하여 판단하는 것을 뜻한다. 그런데 이 경우 비판은 남의 실패나 결점에 대한 것이다. 이어지는 내용(3-5절)에서 티나 들보를 말하기 때문이다. 또 "비판을 받지 아니하려거든"이라는 말도 사람들이 좋아하지 않는 비판을 암시한다.

그러면 예수님은 어떤 경우에도 제자들이 남을 비판해서는 안 된다고 말씀하신 것일까? 제자들에게는 남을 비판하는 것이 무조건 금지된 것일까? 그렇지 않다. 예수님은 남을 비판하는 것 자체를 금하신 것이 아니다.

6절에 보면, "거룩한 것을 개에게 주지 말며 너희 진주를 돼지 앞에 던지지 말라"는 말씀이 나온다. 여기서 개나 돼지가 어떤 사람을 가리키는지 분간하고 판단할 필요가 있다. 여기에는 남을 비판하는 것이 개입될 수밖에 없다. 또 20절에 보면, 거짓 선지자들과 관련해서 "그들의 열매로 그들을 알리라"는 말씀이 나온다. 여기서도 남을 비판하는 것이 개입되는 것은 분명하다.

누가복음 12장 57절에는 이런 말씀도 나온다. "또 어찌하여 옳은 것을 스스로 판단하지 아니하느냐." 여기서 '판단하다'는 본문의 '비판하다'와 같은 말이다. 요한복음 7장 24절에서 예수님은 유대인들에게 이렇게 말씀하셨다. "외모로 판단하지 말고 공의롭게 판단하라."

따라서 예수님은 제자들에게 어떤 경우에도 비판해서는 안 된다고 하신 게 아니다. 우리에게 있는 남을 비판하는 능력을 사용해야 할 경우가 분명 있기 때문이다. 본문에서 주목할 것은 이 점이다. 예수님은 그냥 비판하지 말라고 말씀하지 않으시고 "비판을 받지 아니하려거든 비판하지 말라"고 하셨다. 이것은 남을 비판하는 것을 모조리 금하신 게 아니다. 예수님이 금하신 것은 자신도 비판 받을 것을 고려하지 않고 남을 비판하는 것이다.

그러면 여기서 남을 비판하는 사람은 누구에게 비판 받을 거라는 말일까? 그것은 다른 사람에게가 아니라 하나님께 비판 받을 거라는 말이다. 이 사실은 뒤따르는 설명을 보면 알 수 있다. "너희가 비판하는 그 비판으로 너희가 비판을 받을 것이요 너희가 헤아리는 그 헤아림으로 너희가 헤아림을 받을 것이니라"(2절). 이것은 "비판을 받지 아니하려거든 비판하지 말라"는 말씀에 대한 이유를 설명한 것이다.

우선 "너희가 비판하는 그 비판으로 너희가 비판을 받을 것이요"를 살펴보자. 이것은 남을 비판하는 사람은 자신도 동일한 기준으로 비판 받을 거라는 의미다. 이와 같은 내용이 로마서 2장에 나온다. "그러므로 남을 판단하는 사람아, 누구를 막론하고 네가 핑계하지 못할 것은 남을 판단하는 것으로 네가 너를 정죄함이니 판단하는 네가 같은 일을 행함이니라 이런 일을 행하는 자에게 하나님의 심판이 진리대로 되는 줄 우리가 아노라 이런 일을 행하는 자를 판단하고도 같은 일을 행하는 사람아, 네가 하나님의 심판을 피할 줄로 생각하느냐"(롬 2:1-3). 여기 "남을 판단하는 것으로 네가 너를 정죄함이니"는 남을 판단하는 사람은 자신도 동일한 기준으로 판단을 받는다는 뜻이다. 그런데 이것은 다른 사람의 판단을 말한 게 아니다. 바울이 두 번이나 "하나님의 심판"을 말하기 때문이다.

따라서 "너희가 비판하는 그 비판으로 너희가 비판을 받을 것이요"는 남을 비판하는 너희는 너희 자신도 하나님이 동일한 기준으로 비판하실 거라는 의미다. 이것이 "비판을 받지 아니하려거든 비판하지 말라"는 말씀에 대한 이유다. 그렇다면 본문은 남을 비판하는 사람은 하나님께 비판 받을 것이라고 말한 것임이 분명하다.

그다음 "너희가 헤아리는 그 헤아림으로 너희가 헤아림을 받을 것이니라"는 말씀을 살펴보자. 이 말씀은 예수님이 다른 경우에도 사용하신 것이다. "또 이르시되 너희가 무엇을 듣는가 스스로 삼가라 너희의 헤아리는 그 헤아림으로 너희가 헤아림을 받을 것이며 더 받으리니"(막 4:24). 이 경우 "너희의 헤아리는 그 헤아림으로"에서 헤아림은 제자들이 듣는 것을 가리킨다. 그러면 제자들이 듣는 것은 무엇일까? 그것은 하나님의 계시이고, "하나님 나라의 비밀"(11절)이다. 왜냐하면 바로 앞에 이런 말씀이 나오기 때문이다. "또 그들에게 이르시되 사람이 등불을 가져오는 것은 말 아래에나 평상 아래에 두려 함이냐 등경 위에 두려 함이 아니냐 드러내려 하지 않고는 숨긴 것이 없고 나타내려 하지 않고는 감추인 것이 없느니라 들을 귀 있는 자는 들으라"(막 4:21-23). 그렇다면 "너희가 헤아리는 그 헤아림으로 너희가 헤아림을 받을 것이니라"는 말은 이런 뜻이다. 현재 하나님의 계시를 듣는 너희는 장차 하나님의 계시를 듣게 될 것이다. 그러면 이들이 장차 하나님의 계시를 듣는 것은 누구에 의해서일까? 당연히 하나님에 의해서다.

또 다른 경우를 살펴보자. "주라 그리하면 너희에게 줄 것이니 곧 후히 되어 누르고 흔들어 넘치도록 하여 너희에게 안겨 주리라 너희가 헤아리는 그 헤아림으로 너희도 헤아림을 도로 받을 것이니라"(눅 6:38). 이 말씀은 앞에 나온 말씀과 연결된다. "너희 아버지의 자비로우심 같이 너희도 자비로운 자가 되라 비판하지 말라 그리하면 너희가 비판을 받지 않을 것이요 정죄하지 말라 그리하면 너희가 정죄를 받지 않을 것이요 용서하라 그리하면 너희가 용서를 받을 것이요"(눅 6:36-37). 이것은 제자들도 하나님의 자비를 실천하라는 말씀이다. 여기에는 구체적으로 각각 두 개의 부정적인 명령과 긍정적인 명령이 주어진다. "비판하지 말라 … 정죄하지 말라 … 용서하라 … 주라."

따라서 이 경우 "너희가 헤아리는 그 헤아림으로"에서 헤아림은 제자들이 주는 것을 가리킨다. 그것은 재물을 가지고 하나님의 자비를 실천하는 것을 의미한다. 그렇다면 "너희가 헤아리는 그 헤아림으로 너희도 헤아림을 도로 받을 것이니라"는 말씀은 이런 뜻이다. 하나님의 자비로써 남에게 주는 너희는 하나님의 자비로써 도로 받을 것이다. 그러면 이들이 도로 받는 것은 누구에 의해서일까? 그것은 다른 사람이 아니라 하나님이다.

이처럼 "너희가 비판하는 그 비판으로 너희가 비판을 받을 것이요 너희가 헤아리는 그 헤아림으로 너희가 헤아림을 받을 것이니라"는 하나님의 보응을 전제한 것이다. 따라서 "비판을 받지 아니하려거든 비판하지 말라"는 말씀도 하나님의 보응을 전제한 것이다. 그것은 남을 비판하는 사람은 자신도 하나님께 비판 받을 거라는 사실이다. 예수님은 제자들이 이 사실을 고려하지 않고 남을 비판하는 것을 금하신다. 만일 그럴 경우 여기에는 두 가지 위험이 있다.

두 가지 위험

첫째, 자신도 하나님께 비판 받을 거라는 사실을 고려하지 않고 남을 비판하는 사람은 하나님의 자리를 찬탈하는 것이다. 남을 비판할 때 자신도 하나님께 비판 받을 거라는 사실을 고려하지 않으면, 그는 마치 재판자나 심판자인 양 행세하는 것이다. 이것이 야고보서 4장 11-12절에서 말하는 내용이다. "형제들아 서로 비방하지 말라 형제를 비방하는 자나 형제를 판단하는 자는 곧 율법을 비방하고 율법을 판단하는 것이라 네가 만일 율법을 판단하면 율법의 준행자가 아니요 재판관이로다 입법자와 재판관은 오직 한 분이시니 능히 구원하기도 하시며 멸하기도 하시느니라 너는 누구이기에 이웃을 판단하느냐."

그러나 사람은 누구도 재판자나 심판자가 될 수 없다. 오직 하나님만이 재판자나 심판자가 될 수 있다. 하나님만 사람들의 은밀한 것을 다 아시기 때문이다. "곧 나의 복음에 이른 바와 같이 하나님이 예수 그리스도로 말미암아 사람들의 은밀한 것을 심판하시는 그 날이라"(롬 2:16). "그러므로 때가 이르기 전 곧 주께서 오시기까지 아무 것도 판단하지 말라 그가 어둠에 감추인 것들을 드러내고 마음의 뜻을 나타내시리니 그때에 각 사람에게 하나님으로부터 칭찬이 있으리라"(고전 4:5). 그래서 바울은 이 심판의 날을 "진노의 날 곧 하나님의 의로우신 심판이 나타나는 그 날"(롬 2:5)로 표현했다. 자신이 하나님께 비판 받을 것을 염두에 두지 않고 남을 비판하는 것은 위험하다. 그것은 사실상 하나님의 자리를 찬탈하는 것이므로, 하나님은 그것에 대해 책임을 물으실 것이다.

둘째, 자신도 하나님께 비판 받을 것을 고려하지 않고 남을 비판하는 사람은 무자비한 태도와 말로 비판하기 쉽다. 남을 비판할 때 자신도 하나님께 비판 받을 것을 고려하지 않으면, 정당한 비판의 한계를 벗어날 위험이 있다. 남을 비판하는 것은 자기도 하나님께 비판 받을 거라는 사실로 통제되고 조절되어야 한다. 그래서 바울은 이렇게 말한다. "네가 어찌하여 네 형제를 비판하느냐 어찌하여 네 형제를 업신여기느냐 우리가 다 하나님의 심판대 앞에 서리라"(롬 14:10). 남을 비판하기 전에 자신도 하나님께 비판 받을 것을 기억하라. 그럴 때 정당한 비판의 한계를 넘지 않게 된다.

47
외식하는 자여

어찌하여 형제의 눈 속에 있는 티는 보고 네 눈 속에 있는 들보는 깨닫지 못하느냐
보라 네 눈 속에 들보가 있는데 어찌하여 형제에게 말하기를 나로 네 눈 속에 있는
티를 빼게 하라 하겠느냐 외식하는 자여 먼저 네 눈 속에서 들보를 빼어라
그 후에야 밝히 보고 형제의 눈 속에서 티를 빼리라

_ 마 7:3-5

———

7장 1-2절은 비판하지 말라는 실제적 권고다. 그 뒤로 3-5절에 이
권고를 뒷받침하는 비유적 설명이 이어진다. 그러면서 2인칭 복수 대
신 2인칭 단수가 사용된다. "어찌하여 (네) 형제의 눈 속에 있는 티는 보
고 네 눈 속에 있는 들보는 깨닫지 못하느냐 보라 네 눈 속에 들보가 있
는데 어찌하여 (네) 형제에게 말하기를 나로 네 눈 속에 있는 티를 빼게
하라 하겠느냐 외식하는 자여 먼저 네 눈 속에서 들보를 빼어라 그 후
에야 밝히 보고 (네) 형제의 눈 속에서 티를 빼리라." 여기서 예수님은
제자 개인의 삶에 초점을 맞춰 비판하지 말라는 가르침을 설명하신다.

이때 예수님은 "형제"라는 말을 반복해서 사용하신다. "어찌하여
(네) 형제의 눈 속에 있는 티는 보고 … 어찌하여 (네) 형제에게 말하기
를 나로 네 눈 속에 있는 티를 빼게 하라 하겠느냐 … 그 후에야 밝히
보고 (네) 형제의 눈 속에서 티를 빼리라." 여기서 형제는 육신의 형제
가 아닌 동료 제자를 가리킨다. 이런 의미로 사용된 예가 이미 앞에서
나왔다. "나는 너희에게 이르노니 형제에게 노하는 자마다 심판을 받게
되고 형제를 대하여 라가라 하는 자는 공회에 잡혀가게 되고 … 거기

서 네 형제에게 원망들을 만한 일이 있는 것이 생각나거든 … 예물을 제단 앞에 두고 먼저 가서 형제와 화목하고"(마 5:22-24). 이처럼 형제가 동료 제자를 가리켜 사용된 경우는 거의 다 마태복음에 기록된 예수님의 말씀에 나온다(마 12:49-50; 18:15, 35; 23:8; 25:40; 28:10, 18:21은 베드로가 사용한 경우다. 오늘날 우리가 동료 그리스도인을 형제라고 부르게 된 시초는 예수님께 있다).

따라서 비판하지 말라는 예수님의 말씀은 모든 사람에게 해당하는 게 아니다. 이 말씀은 예수님의 제자들에게 해당한다. 톨스토이는 예수님의 이 말씀이 모든 사법제도의 폐지를 요구한다고 생각했다. 그러나 사실은 그렇지 않다. 예수님은 그냥 비판하지 말라고 말씀하신 게 아니다. 예수님은 "비판을 받지 아니하려거든 비판하지 말라"고 말씀하셨다. 이 말씀은 하나님의 보응을 전제한 것이다. 따라서 이 말씀은 하나님을 믿지 않는 사람에게는 해당하지 않는다. 예수님은 제자들이 자신도 하나님께 비판 받을 거라는 사실을 고려하지 않고 동료 제자들을 비판하는 것을 금하신 것이다. 그러니까 비판하지 말라는 말씀은 예수님이 특별히 교회를 위해 주신 것이다.

판단의 일관성

그러면 그 내용을 살펴보자. 우선 여기에는 두 개의 수사 의문문이 들어 있다. 하나가 3절에 나온다. "어찌하여 (네) 형제의 눈 속에 있는 티는 보고 네 눈 속에 있는 들보는 깨닫지 못하느냐." 여기서 티나 들보는 목수가 일하는 곳에서 볼 수 있다. 티는 나무의 잔부스러기라면 들보(두 기둥을 가로지르는 나무)는 큰 목재를 가리킨다. 여기서 두드러진 것은 작은 것과 큰 것의 대비다. 예수님은 이렇게 말씀하신 것과 같다. '왜 너는 네 형제의 눈 속에 있는 작은 것은 문제를 삼으면서, 네 눈 속에 있는 큰 것은 문제 삼지 않는 것이냐?' 이것은 자신과 다른 형제를 판단할 때 동일한 기준을 적용하지 않는 문제를 지적하신 것이다. 다시 말하면, 예수님은 판단에 일관성이 없음을 지적하신 것이다.

죄로 부패한 인간은 자기에게는 관대하고 남에게는 엄격한 특징이 있다. 과거에 남의 잘못을 신랄하게 비판하던 사람이, 현재 자신도 똑같이 하면서 마치 잘못이 아닌 양 행세하는 것을 얼마든지 볼 수 있다. 오늘날 우리 사회의 문제는 이런 현상이 지도층에서 더욱 두드러진다는 것이다.

부패한 인간의 이러한 특징을 잘 보여주는 예가 성경에도 나온다. 바로 다윗이다. 다윗은 우리아의 처 밧세바와 동침한 다음, 우리아는 전쟁에서 죽게 하고 밧세바는 자기의 처로 삼았다. 다윗은 자기의 잘못을 깨닫고 뉘우치지 않았다. 그때 하나님은 나단 선지자를 그에게 보내셨고, 나단 선지자는 다윗에게 비유를 들어 말했다. "한 성읍에 두 사람이 있는데 한 사람은 부하고 한 사람은 가난하니 그 부한 사람은 양과 소가 심히 많으나 가난한 사람은 아무것도 없고 자기가 사서 기르는 작은 암양 새끼 한 마리뿐이라 그 암양 새끼는 그와 그의 자식과 함께 자라며 그가 먹는 것을 먹으며 그의 잔으로 마시며 그의 품에 누우므로 그에게는 딸처럼 되었거늘 어떤 행인이 그 부자에게 오매 부자가 자기에게 온 행인을 위하여 자기의 양과 소를 아껴 잡지 아니하고 가난한 사람의 양 새끼를 빼앗아다가 자기에게 온 사람을 위하여 잡았나이다"(삼하 12:1-4). 여기까지 이야기를 듣던 다윗이 노하여 나단에게 말했다. "여호와의 살아 계심을 두고 맹세하노니 이 일을 행한 그 사람은 마땅히 죽을 자라 그가 불쌍히 여기지 아니하고 이런 일을 행하였으니 그 양 새끼를 네 배나 갚아 주어야 하리라"(삼하 12:5-6). 그러자 나단 선지자가 다윗에게 말했다. "당신이 그 사람이라"(삼하 12:7).

여기서 나단이 지적한 것은 이 점이다. 다윗은 남의 잘못에는 엄격했지만, 자기 잘못에는 관대했다는 것이다. 그는 가난한 사람의 양 새끼를 빼앗아 잡은 부자의 잘못에는 크게 노하면서도, 우리야를 죽이고 그의 처를 빼앗은 자기 잘못은 깨닫지 못했다. 그런 다윗을 하나님은 나단 선지자를 통해 깨우치셨다. 다윗은 남의 잘못을 판단할 때와 동일한 기준으로 자기 잘못을 판단해야 했다. "당신이 그 사람이라"는 말에 담긴 뜻이 그런 것이다.

예수님은 오늘 우리에게, 나단 선지자가 다윗에게 했던 것처럼 남의 잘못을 판단할 때와 동일한 기준으로 자기 잘못을 판단하라고 말씀하신다. 그것이 이 말씀이다. "어찌하여 (네) 형제의 눈 속에 있는 티는 보고 네 눈 속에 있는 들보는 깨닫지 못하느냐." 우리는 형제의 작은 잘못은 지적하면서 자신의 큰 잘못은 깨닫지 못할 때가 많다. 그런데 다른 사람은 이런 사실을 안다. 아니 사람들은 몰라도 하나님은 아신다. 그래서 다른 형제를 비판하려거든 자기도 동일한 기준으로 하나님께 비판 받을 것을 잊지 말아야 한다. "비판을 받지 아니하려거든 비판하지 말라 너희가 비판하는 그 비판으로 너희가 비판을 받을 것이요 너희가 헤아리는 그 헤아림으로 너희가 헤아림을 받을 것이니라."

자기 성찰

그다음 또 하나의 수사 의문문이 4절에 나온다. "보라 네 눈 속에 들보가 있는데 어찌하여 (네) 형제에게 말하기를 나로 네 눈 속에 있는 티를 빼게 하라 하겠느냐." 원래 이 문장 맨 앞에는 "또는"이라는 말이 들어 있다. 이것은 두 개의 수사 의문문이 서로 관련된 것임을 나타낸다. 하나가 다른 형제의 잘못을 알고 지적하는 것(티를 보는 것)에 대해 말한다면, 다른 하나는 다른 형제의 잘못을 바로잡는 것(티를 빼는 것)에 대해 말한다.

여기서 예수님은 다른 형제의 잘못을 지적하거나 바로잡으려 해서는 안 된다고 말씀하신 게 아니다. 예수님의 말씀은 자기 잘못은 깨닫지도 못하고 고치지도 않으면서 다른 형제의 잘못을 지적하거나 바로잡으려 해서는 안 된다는 것이다. 다른 형제를 비판하는 것에 대해 예수님이 지적하신 문제는 자기 성찰의 부재다. 우리에게는 자기 성찰이 있는가? 다른 형제를 비판할 줄만 알고 자기를 성찰할 줄은 모르는 사람은 아닌가? 사도 바울은 갈라디아 여러 교회에 이렇게 말했다. "형제들아 사람이 만일 무슨 범죄한 일이 드러나거든 신령한 너희는 온유한 심령으로 그러한 자를 바로잡고 너 자신을 살펴보아 너도 시험을 받을까 두려워하라"(갈 6:1).

그래서 예수님은 두 개의 수사 의문문 뒤에 이런 권고를 추가하신다. "외식하는 자여 먼저 네 눈 속에서 들보를 빼어라 그 후에야 밝히 보고 (네) 형제의 눈 속에서 티를 빼리라"(5절). 여기서 예수님은 제자들에게 "외식하는 자"라는 말을 사용하셨다. 이것은 마태복음에서 제자들에게 사용된 유일한 경우다.

그러면 예수님은 이때 무슨 뜻으로 외식하는 자라고 말씀하신 것일까? 원래 외식하는 자는 연극배우를 의미했다. 그래서 이 말은 우선적으로 진실하지 않은 사람을 가리킬 때 사용된다. 외식하는 자는 겉으로 가장하는 사람이고 표리부동한 사람이다. 그는 사실상 남의 눈을 속이는 사람이다.

마태복음에는 외식하는 자가 이런 뜻으로 사용된 다른 예도 있다. 마태복음 22장에 보면 바리새인들이 자기 제자들을 보내 예수님을 시험한 적이 있다. "이에 바리새인들이 가서 어떻게 하면 예수를 말의 올무에 걸리게 할까 상의하고 자기 제자들을 헤롯 당원들과 함께 예수께 보내어 말하되 선생님이여 우리가 아노니 당신은 참되시고 진리로 하나님의 도를 가르치시며 아무도 꺼리는 일이 없으시니 이는 사람을 외모로 보지 아니하심이니이다 그러면 당신의 생각에는 어떠한지 우리에게 이르소서 가이사에게 세금을 바치는 것이 옳으니이까 옳지 아니하니이까 하니"(마 22:15-17). 그런데 이 바리새인들에 대한 예수님의 반응은 이렇다. "예수께서 그들의 악함을 아시고 이르시되 외식하는 자들아 어찌하여 나를 시험하느냐"(마 22:18). 바리새인들은 악한 의도를 숨기고 겉으로 예수님을 존경하는 척하며 물은 것이다. 그들은 사실 예수님을 말의 올무에 걸리게 하려고 시험했다. 그래서 예수님은 표리부동한 그들을 가리켜 외식하는 자들이라고 말씀하셨다.

이런 예는 마태복음 23장에도 나온다. "화 있을진저 외식하는 서기관들과 바리새인들이여 회칠한 무덤 같으니 겉으로는 아름답게 보이나 그 안에는 죽은 사람의 뼈와 모든 더러운 것이 가득하도다 이와 같이 너희도 겉으로는 사람에게 옳게 보이되 안으로는 외식과 불법이 가득하도다"(마 23:27-28). "화 있을진저 외식하는 서기관들과 바리새인들이여 너희는 선지자들의 무덤을 만들고 의인들의 비석을 꾸미며 이르되 만일 우리가 조상 때에 있었더라면 우리는 그들이 선지자의 피를 흘리는 데 참여하지 아니하였으리라 하니 그러면 너희가 선지자를 죽인 자의 자손임을 스스로 증명함이로다"(마 23:29-31).

그런데 마태복음에서 외식하는 자는 다른 의미로도 사용된다. 이 말은 그릇된 관점을 지닌 사람을 의미하기도 한다. 여기서 외식하는 자는 남의 눈을 속이는 사람이 아니라 스스로 속는 사람이다. 예를 들어 보자. 마태복음 15장에는 예수님이 바리새인과 서기관들을 상대로 논쟁하신 장면이 나온다. 이때 예수님은 그들이 하나님의 계명을 지키는 방식에 대해 문제를 제기하셨다. "너희는 어찌하여 너희의 전통으로 하나님의 계명을 범하느냐 하나님이 이르셨으되 네 부모를 공경하라 하시고 또 아버지나 어머니를 비방하는 자는 반드시 죽임을 당하리라 하셨거늘 너희는 이르되 누구든지 아버지에게나 어머니에게 말하기를 내가 드려 유익하게 할 것이 하나님께 드림이 되었다고 하기만 하면 그 부모를 공경할 것이 없다 하여 너희의 전통으로 하나님의 말씀을 폐하는도다"(마 15:3-6). 그러면서 예수님은 그들의 잘못을 이렇게 지적하셨다. "외식하는 자들아 이사야가 너희에 관하여 잘 예언하였도다 일렀으되 이 백성이 입술로는 나를 공경하되 마음은 내게서 멀도다 사람의 계명으로 교훈을 삼아 가르치니 나를 헛되이 경배하는도다 하였느니라"(마 15:7-9). 이때 예수님이 지적하신 것은 남을 속이려는 그들의 표리부동함이 아니다. 예수님이 지적하신 것은 하나님의 계명을 지키는 것에 대한 그들의 그릇된 관점이다. 그들은 하나님의 계명보다 사람의 계명을 우선시하면서도 하나님의 계명을 지킨다고 생각한 것이다. 그 결과 이사야가 말한 대로 형식적인 경건으로 스스로 속고 있던 것이다.

외식하는 자들은 이런 뜻으로 쓰인 것이다.

이런 예가 역시 마태복음 23장에도 나온다. "화 있을진저 외식하는 서기관들과 바리새인들이여 너희는 천국 문을 사람들 앞에서 닫고 너희도 들어가지 않고 들어가려 하는 자도 들어가지 못하게 하는도다"(마 23:13). "화 있을진저 외식하는 서기관들과 바리새인들이여 너희는 교인 한 사람을 얻기 위하여 바다와 육지를 두루 다니다가 생기면 너희보다 배나 더 지옥 자식이 되게 하는도다"(마 23:15). "화 있을진저 외식하는 서기관들과 바리새인들이여 너희가 박하와 회향과 근채의 십일조는 드리되 율법의 더 중한 바 정의와 긍휼과 믿음은 버렸도다 그러나 이것도 행하고 저것도 버리지 말아야 할지니라 맹인 된 인도자여 하루살이는 걸러 내고 낙타는 삼키는도다"(마 23:23-24). "화 있을진저 외식하는 서기관들과 바리새인들이여 잔과 대접의 겉은 깨끗이 하되 그 안에는 탐욕과 방탕으로 가득하게 하는도다 눈 먼 바리새인이여 너는 먼저 안을 깨끗이 하라 그리하면 겉도 깨끗하리라"(마 23:25-26).

여기서 예수님은 서기관들과 바리새인들을 책망하셨다. 이때 예수님이 지적하신 것은 남을 속이려는 그들의 표리부동함이 아니다. 예수님이 지적하신 것은 율법에 대한 그들의 그릇된 관점이다. 그들은 율법의 사소한 것과 외적인 것을 더 중시했다. 그러면서도 율법을 지킨다고 스스로 속고 있던 것이다.

이런 예는 산상수훈에서도 이미 나왔다. "그러므로 구제할 때에 외식하는 자가 사람에게서 영광을 받으려고 회당과 거리에서 하는 것 같이 너희 앞에 나팔을 불지 말라"(마 6:2). "또 너희는 기도할 때에 외식하는 자와 같이 하지 말라 그들은 사람에게 보이려고 회당과 큰 거리 어귀에 서서 기도하기를 좋아하느니라"(마 6:5). "금식할 때에 너희는 외식하는 자들과 같이 슬픈 기색을 보이지 말라 그들은 금식하는 것을 사람에게 보이려고 얼굴을 흉하게 하느니라"(마 6:16). 여기서 외식하는 자들의 문제는 남을 속이려는 표리부동함이 아니다. 그들의 문제는 구제와 기도와 금식을 사람에게 보이려고 하는 것이다. 그들은 이러한 외면적 모습이 의인 줄 스스로 속고 있는 것이다. 이처럼 그들의 문제는 의에 대한 그릇된 관점이다.

본문에서도 예수님은 이런 뜻으로 외식하는 자라고 제자들에게 말씀하신 것이다. 여기서 예수님은 다른 형제의 잘못을 비판하는 제자에 대해 남을 속이려는 표리부동함을 지적하신 게 아니다. 예수님은 그가 자신의 잘못을 알면서도 그것을 감추려는 것을 지적하신 게 아니다. 그가 다른 형제를 비판함에 있어서 자신의 잘못을 깨닫지 못하는 것을 비판하신 것이다. 예수님은 그가 다른 형제의 잘못을 판단할 때와 동일한 기준으로 자기 잘못을 판단하지 않음으로써 스스로 속고 있는 점을 지적하신 것이다. 예수님이 지적하신 문제는 다른 형제의 잘못을 다루는 것에 대한 그릇된 관점이다. 이것이 본문에서 예수님이 제자들에게 사용하신 "외식하는 자"의 뜻이다.

이런 의미에서 우리는 외식하는 자가 아닌가? 다른 형제의 잘못을 다루는 데 대한 우리의 관점은 올바른가? 다른 형제를 비판함에 있어 자신의 잘못을 깨닫고 있는가? 다른 형제의 잘못을 판단할 때와 동일한 기준으로 자기 잘못을 판단하는가? 그래서 예수님은 남의 잘못을 비판하는 제자들에게 이렇게 권고하신다. "외식하는 자여 먼저 네 눈 속에서 들보를 빼어라." 다른 형제의 잘못을 바로잡으려면 먼저 자기 잘못을 바로 잡는 것이 올바른 순서다. 그래야 스스로 속지 않게 된다.

그런데 예수님은 여기에 한 말씀을 추가하신다. "그 후에야 밝히 보고 (네) 형제의 눈 속에서 티를 빼리라." 여기서 다른 형제의 잘못을 바로잡는 것은 예수님의 뜻임이 분명하다. 다른 형제의 잘못을 무조건 눈 감아주는 것은 옳은 자세가 아니다. 그런데 순서가 중요하다. 먼저 자기 잘못을 바로잡은 사람만이 그 후에 다른 형제의 잘못을 바로잡아줄 수 있다. 그래서 다윗은 이렇게 기도했다. "하나님이여 내 속에 정한 마음을 창조하시고 내 안에 정직한 영을 새롭게 하소서 … 그리하면 내가 범죄자에게 주의 도를 가르치리니 죄인들이 주께 돌아오리이다"(시 51:10, 13). 또 예수님은 베드로에게 이렇게 말씀하셨다. "그러나 내가 너를 위하여 네 믿음이 떨어지지 않기를 기도하였노니 너는 돌이킨 후에 네 형제를 굳게 하라"(눅 22:32).

48
거룩한 것을 개에게 주지 말라

거룩한 것을 개에게 주지 말며 너희 진주를 돼지 앞에 던지지 말라
그들이 그것을 발로 밟고 돌이켜 너희를 찢어 상하게 할까 염려하라

_ 마 7:6

예수님의 이 말씀은 비유로만 되어 있을 뿐 이 비유가 무엇을 가리키는지 밝히지 않는다. 이 점에서 이 말씀의 해석은 쉽지 않으리라는 것을 짐작할 수 있다. 현재까지 알려진 가장 오래된 해석(디다케)은 이 말씀을 성찬에 대한 것으로 본다. 이 해석에 따르면, "거룩한 것"으로서 주의 만찬은 "개"로 묘사된 세례 받지 않은 사람에게 주어서는 안 된다. 그런데 예수님이 이 말씀을 하신 때는 성찬을 제정하시기 전이다. 따라서 이 해석은 시대착오적인 오류를 범한 것이 되고 만다.

그렇다면 이 말씀의 의미는 무엇일까? 그 의미를 알기 위해 이 말씀의 구성을 살펴보자. 이 말씀에는 두 개의 금지명령이 나온다. "거룩한 것을 개에게 주지 말며 너희 진주를 돼지 앞에 던지지 말라." 그리고 이어서 그 이유가 하나로 제시된다. "그들이 그것을 발로 밟고 돌이켜 너희를 찢어 상하게 할까 염려하라." 여기서 "그들"은 개나 돼지를 말하고, "그것"은 거룩한 것이나 진주를 가리킨다. 따라서 두 개의 금지명령은 사실상 하나의 내용을 말한 것이다.

복음 전파에 대한 금지명령

그러면 여기서 거룩한 것이나 진주는 무엇을 가리킬까? 여기서 진주는 실제 보석을 말한 게 아니라 비유적으로 귀중한 것을 가리켜 사용된 것이다. 그런데 마태복음에는 진주가 비유적으로 사용된 곳이 한 번 더 나온다. "또 천국은 마치 좋은 진주를 구하는 장사와 같으니 극히 값진 진주 하나를 발견하매 가서 자기의 소유를 다 팔아 그 진주를 사느니라"(마 13:45-46). 예수님은 천국을 "극히 값진 진주"로 비유하셨다. 따라서 본문에서도 진주는 천국을 가리키는 것으로 보아야 한다.

이때 예수님이 "너희 진주"라고 말씀하신 것에 특히 주목할 필요가 있다. 예수님은 제자들의 진주를 말씀하신 것이다. 제자들만이 진주의 귀중한 가치를 알기 때문이다. 누구나 극히 값진 진주 같은 천국의 가치를 아는 게 아니다. 제자들만이 비유에 나오는 "좋은 진주를 구하는 장사"와 같아서 극히 값진 진주 같은 천국의 가치를 안다. 그래서 예수님은 이렇게 말씀하신 것이다. "또 천국은 마치 좋은 진주를 구하는 장사와 같으니 극히 값진 진주 하나를 발견하매 가서 자기의 소유를 다 팔아 그 진주를 사느니라."

이처럼 본문에서 거룩한 것이나 진주는 천국을 가리킨다. 이 천국은 이미 세례 요한이 전파한 것이고(마 3:2), 예수님이 전파하신 것이다 (마 4:17). 그리고 이 천국은 앞으로 제자들이 전파해야 할 것이다. 예수님은 나중에 열두 제자를 보내실 때 이렇게 말씀하셨다. "가면서 전파하여 말하되 천국이 가까이 왔다 하고"(마 10:7). 따라서 본문은 이 천국 복음의 전파와 관련이 있다.

그러면 예수님이 말씀하신 개나 돼지는 어떤 사람을 가리키는 것일까? 우리는 개나 돼지가 이방인을 가리키는 것으로 보기 쉽다. 유대인 입장에서 개나 돼지는 이방인과 관련이 있기 때문이다. 마태복음 15장에는 이방인인 가나안 여자가 예수님과 나눈 대화가 나온다. "여자가 와서 예수께 절하며 이르되 주여 저를 도우소서 대답하여 이르시되 자녀의 떡을 취하여 개들에게 던짐이 마땅하지 아니하니라 여자가 이르되 주여 옳소이다마는 개들도 제 주인의 상에서 떨어지는 부스러기를 먹나이다 하니"(마 15:25-27). 여기서 유대인이신 예수님은 이방인인 가나안 여자를 개에 비유하셨다.

또 마태복음 8장에는 예수님이 가다라 지방에 가셔서 귀신 들린 자 두 사람을 고쳐주신 장면이 나온다. "마침 멀리서 많은 돼지 떼가 먹고 있는지라 귀신들이 예수께 간구하여 이르되 만일 우리를 쫓아 내시려면 돼지 떼에 들여 보내 주소서 하니 그들에게 가라 하시니 귀신들이 나와서 돼지에게로 들어가는지라 온 떼가 비탈로 내리달아 바다에 들어가서 물에서 몰사하거늘"(마 8:30-32). 가다라 지방은 갈릴리 호수 동쪽에 위치한 곳으로 주로 이방인들이 사는 곳이었다. 그곳에는 유대인들에게 부정한 짐승인 돼지를 치던 사람들이 있었다(레 11:7).

이처럼 유대인의 입장에서 개나 돼지는 이방인과 관련이 있다. 그래서 본문에서 예수님이 말씀하신 개나 돼지가 이방인을 가리킨다고 보기 쉽다. 그렇다면 예수님의 말씀은 이방인에게 천국 복음을 전파하지 말라고 하신 것이 된다. 이것은 예수님이 나중에 열두 제자를 보내실 때 말씀하신 것과도 일치하는 것처럼 보인다. "이방인의 길로도 가지 말고 사마리아인의 고을에도 들어가지 말고 오히려 이스라엘 집의 잃어버린 양에게로 가라"(마 10:5-6).

그런데 이러한 해석에는 문제가 있다. 우선 본문에서 마태가 사용한 개(쿠온)는 15장에서 이방인을 가리킬 때 사용한 개(쿠나리온)와 다르다. 본문에서 마태가 사용한 말은 부자와 나사로의 비유에 등장하는 개와 같다. "그 부자의 상에서 떨어지는 것으로 배불리려 하매 심지어 개들이 와서 그 헌데를 핥더라"(눅 16:21). 마태복음 15장에 나오는 개가 애완견이라면, 본문에 나오는 개는 야생견이라고 할 수 있다. 따라서 본문에서 마태가 사용한 단어 개는 단순히 이방인을 가리킨다고 보기 어렵다.

그다음 마태복음의 기조는 이방인 전도를 금하는 것과 거리가 멀다. 마태복음에는 이스라엘 집의 잃어버린 양에 대한 우선적인 관심(마 10:5-6; 15:24)과 함께 이방인들에 대한 관심도 나타나기 때문이다. 예수님의 족보에 이방인 여인 네 명이 포함된 것이나, 예수님이 이방인인 동방의 박사들에게 처음 경배를 받으신 것이나, 예수님이 가나안 여자의 요청을 결국에는 들어주신 것이나, 예수님이 "모든 족속으로 제자를 삼으라"는 명령을 주신 것 등이 이 사실을 말해 준다. 따라서 본문에서 예수님이 말씀하신 개나 돼지는 이방인을 가리킨다고 보기 어렵다. 예수님은 제자들이 이방인에게 천국 복음을 전파하는 것을 금지하신 것이 아니다.

오히려 개나 돼지는 신약성경에서 악인을 경멸하는 말로 쓰였다. 사도 바울이 개라는 단어를 그렇게 사용했다. "개들을 삼가고 행악하는 자들을 삼가고 몸을 상해하는 일을 삼가라"(빌 3:2). 여기서 "개들"은 "행악하는 자들"과 동일한 사람을 말한다. 그들이 하는 일이 "몸을 상해하는 일"이다. 이것은 할례를 가리킨다. 그들은 할례의 참 의미를 모르면서 몸을 상해하던 사람들이다. 그들은 이방인 그리스도인들도 할례를 받고 모세의 율법을 지켜야 구원을 얻는다고 믿는 유대주의자들이다.

사도 요한도 개라는 단어를 악인을 경멸할 때 사용했다. "자기 두루마기를 빠는 자들은 복이 있으니 이는 그들이 생명나무에 나아가며 문들을 통하여 성에 들어갈 권세를 받으려 함이로다 개들과 점술가들과 음행하는 자들과 살인자들과 우상 숭배자들과 및 거짓말을 좋아하며 지어내는 자는 다 성 밖에 있으리라"(계 22:14-15). 여기서 "성 밖에 있으리라"는 말은 구원을 받지 못할 것이라는 의미다. 이때 "개들"은 "점술가들과 음행하는 자들과 살인자들과 우상 숭배자들과 및 거짓말을 좋아하며 지어내는 자" 같은 사람들이다. 따라서 그들이 악을 행하는 이유는 거짓말을 좋아하며 지어내기 때문이다. 개들은 바로 그런 사람들을 가리킨다.

사도 베드로는 개뿐 아니라 돼지도 악인을 경멸하는 말로 사용했다. "만일 그들이 우리 주 되신 구주 예수 그리스도를 앎으로 세상의 더러움을 피한 후에 다시 그 중에 얽매이고 지면 그 나중 형편이 처음보다 더 심하리니 의의 도를 안 후에 받은 거룩한 명령을 저버리는 것보다 알지 못하는 것이 도리어 그들에게 나으니라 참된 속담에 이르기를 개가 그 토하였던 것에 돌아가고 돼지가 씻었다가 더러운 구덩이에 도로 누웠다 하는 말이 그들에게 응하였도다"(벧후 2:20-22). 여기서 사도 베드로가 개와 돼지로 비유한 사람은 "거짓 선생들"(벧후 2:1)이다. 그들은 "우리 주 되신 구주 예수 그리스도를 앎으로 세상의 더러움을 피한 후에 다시 그 중에 얽매이고 지는" 사람들이다. 또 그들은 "의의 도를 안 후에 받은 거룩한 명령을 저버리는" 사람들이다. 다시 말하면, 고의로 악을 행하는 사람들이다.

이처럼 신약성경에서 개나 돼지는 악인을 가리킨다. 그런데 그들은 단순한 악인이 아니다. 그들은 유대주의자들이고, 거짓을 좋아하며 행하는 자들이고, 거짓 교사들이다. 다시 말하면, 그들은 거짓 가르침과 사상에 빠져 고의로 악을 행하는 사람들이다. 그래서 칼빈은 이렇게 말한다. "여기서 그리스도께서 '개와 돼지'라고 부르는 자들은 어떤 불결한 자들이거나 하나님에 대한 두려움이 없거나 참된 신앙이 없는 사람들이 아니라 하나님을 고의적으로 모욕하는 가운데 그들의 병세가 치료 불가능하다는 점을 보여주는 그러한 자들이다."[38] 그들은 회개하지 않고 구원받을 수 없는 악인들이다.

그러므로 "거룩한 것을 개에게 주지 말며 너희 진주를 돼지 앞에 던지지 말라"는 명령은 이런 뜻이다. 제자들은 거짓 가르침과 사상에 빠져 고의로 악을 행하는 사람들에게 천국 복음을 전하려고 해서는 안 된다는 것이다. 예수님은 악을 행하면서도 회개할 줄 모르는 사람들에게 천국 복음을 전하는 것을 금하셨다.

복음 전파에 대한 경멸과 박해

왜 그럴까? 예수님은 그 이유를 이렇게 말씀하신다. "그들이 그것을 발로 밟고 돌이켜 너희를 찢어 상하게 할까 염려하라." 여기서 "그것을 발로 밟고"는 악인들이 천국 복음에 대해 보이는 경멸을 말한다. 그들은 복음을 단순히 무시하거나 거부하는 게 아니다. 복음을 조롱하고 모욕한다. 또 "너희를 찢어 상하게 할까"는 제자들이 받게 될 박해를 말한다. 악인은 천국 복음을 경멸할 뿐 아니라 그것을 전하는 사람을 박해

---

38 Calvin, *Commentary on Matthew* 7:6.

한다.

그러면 우리는 예수님의 이 말씀을 실제로 어떻게 이해해야 할까? 여기서 몇 가지를 고려할 필요가 있다. 첫째, 우리는 예수님이 개와 돼지로 부르신 사람들을 처음부터 구별할 수 없다. 그러므로 할 수 있는 대로 모든 사람에게 천국 복음을 전파해야 한다. 마태복음 13장에 나오는 씨 뿌리는 자의 비유를 보면, 씨 뿌리는 자는 씨를 좋은 땅에만 뿌리지 않는다. 길가, 돌밭, 가시떨기 위에도 뿌린다. 그처럼 우리도 모든 사람에게 천국 복음을 전파해야 한다.

둘째, 예수님이 개와 돼지로 부르신 사람들을 구별할 필요가 있다. 그것은 천국 복음에 대한 고의적 경멸, 복음을 전하는 자들에 대한 악의적 박해를 보면 구별이 가능하다. 여기서 판단과 비판이 필요하다. 따라서 앞에서는(1-5절) 형제를 비판하지[판단하지] 말라고 했다면, 여기서는 악인을 비판해야[판단해야] 할 경우가 있음을 말한다. 본문은 그런 식으로 앞의 내용과 연결된다.

셋째, 예수님은 이렇게 고의적으로 복음을 경멸하고 악의적으로 복음 전파자들을 박해하는 사람들에게 천국 복음 전하는 것을 금하신다. 이것은 천국 복음의 오용과 남용을 막기 위함이고, 복음 전파자들을 보호하기 위함이다. 그래서 예수님은 나중에 열두 제자를 보내실 때 이런 말씀을 하셨다. "누구든지 너희를 영접하지도 아니하고 너희 말을 듣지도 아니하거든 그 집이나 성에서 나가 너희 발의 먼지를 떨어 버리라"(마 10:14). 이러한 원칙은 사도 바울의 선교에도 그대로 적용되었다. 그래서 바울은 복음을 경멸하고 자신을 박해하는 사람들이 있을 때 그들에게서 돌아서곤 했다.

비시디아 안디옥에서 그랬다. "유대인들이 그 무리를 보고 시기가 가득하여 바울이 말한 것을 반박하고 비방하거늘 바울과 바나바가 담대히 말하여 이르되 하나님의 말씀을 마땅히 먼저 너희에게 전할 것이로되 너희가 그것을 버리고 영생을 얻기에 합당하지 않은 자로 자처하기로 우리가 이방인에게로 향하노라"(행 13:45-46).

고린도에서도 마찬가지였다. "실라와 디모데가 마게도냐로부터 내려오매 바울이 하나님의 말씀에 붙잡혀 유대인들에게 예수는 그리스도라 밝히 증언하니 그들이 대적하여 비방하거늘 바울이 옷을 털면서 이르되 너희 피가 너희 머리로 돌아갈 것이요 나는 깨끗하니라 이 후에는 이방인에게로 가리라 하고"(행 18:5-6).

에베소에서도 그랬다. "바울이 회당에 들어가 석 달 동안 담대히 하나님 나라에 관하여 강론하며 권면하되 어떤 사람들은 마음이 굳어 순종하지 않고 무리 앞에서 이 도를 비방하거늘 바울이 그들을 떠나 제자들을 따로 세우고 두란노 서원에서 날마다 강론하니라"(행 19:8-9).

로마에서도 그랬다. "그들이 날짜를 정하고 그가 유숙하는 집에 많이 오니 바울이 아침부터 저녁까지 강론하여 하나님의 나라를 증언하고 모세의 율법과 선지자의 말을 가지고 예수에 대하여 권하더라 그 말을 믿는 사람도 있고 믿지 아니하는 사람도 있어 서로 맞지 아니하여 흩어질 때에 바울이 한 말로 이르되 성령이 선지자 이사야를 통하여 너희 조상들에게 말씀하신 것이 옳도다 일렀으되 이 백성에게 가서 말하기를 너희가 듣기는 들어도 도무지 깨닫지 못하며 보기는 보아도 도무지 알지 못하는도다 이 백성들의 마음이 우둔하여져서 그 귀로는 둔하게 듣고 그 눈은 감았으니 이는 눈으로 보고 귀로 듣고 마음으로 깨달아 돌아오면 내가 고쳐 줄까 함이라 하였으니 그런즉 하나님의 이 구원이 이방인에게로 보내어진 줄 알라 그들은 그것을 들으리라 하더라"(행 28:23-28).

이와 함께 사도 바울은 도저히 천국 복음을 받아들일 수 없는 사람이 있으며, 그들에게는 경고와 책망이 필요함을 말한다. "형제들아 내가 너희를 권하노니 너희가 배운 교훈을 거슬러 분쟁을 일으키거나 거치게 하는 자들을 살피고 그들에게서 떠나라 이 같은 자들은 우리 주 그리스도를 섬기지 아니하고 다만 자기들의 배만 섬기나니 교활한 말과 아첨하는 말로 순진한 자들의 마음을 미혹하느니라"(롬 16:17-18). "끝으로 형제들아 너희는 우리를 위하여 기도하기를 주의 말씀이 너희 가운데서와 같이 퍼져 나가 영광스럽게 되고 또한 우리를 부당하고 악한 사람들에게서 건지시옵소서 하라 믿음은 모든 사람의 것이 아니니라"(살후 3:1-2). "알 것은 이것이니 율법은 옳은 사람을 위하여 세운 것이 아니요 오직 불법한 자와 복종하지 아니하는 자와 경건하지 아니한 자와 죄인과 거룩하지 아니한 자와 망령된 자와 아버지를 죽이는 자와 어머니를 죽이는 자와 살인하는 자며 음행하는 자와 남색하는 자와 인신 매매를 하는 자와 거짓말하는 자와 거짓맹세하는 자와 기타 바른 교훈을 거스르는 자를 위함이니"(딤전 1:9-10). "미쁜 말씀의 가르침을 그대로 지켜야 하리니 이는 능히 바른 교훈으로 권면하고 거슬러 말하는 자들을 책망하게 하려 함이라"(딛 1:9). "이단에 속한 사람을 한두 번 훈계한 후에 멀리하라 이러한 사람은 네가 아는 바와 같이 부패하여 스스로 정죄한 자로서 죄를 짓느니라"(딛 3:10-11). 우리는 오늘날도 이 같은 사람들이 있음을 잊지 말아야 한다.

49
좋은 것을 구하라

구하라 그리하면 너희에게 주실 것이요 찾으라 그리하면 찾아낼 것이요
문을 두드리라 그리하면 너희에게 열릴 것이니 구하는 이마다 받을 것이요
찾는 이는 찾아낼 것이요 두드리는 이에게는 열릴 것이니라
너희 중에 누가 아들이 떡을 달라 하는데 돌을 주며 생선을 달라 하는데
뱀을 줄 사람이 있겠느냐 너희가 악한 자라도 좋은 것으로 자식에게 줄 줄 알거든
하물며 하늘에 계신 너희 아버지께서 구하는 자에게 좋은 것으로 주시지 않겠느냐

_ 마 7:7-11

본문과 유사한 내용이 누가복음 11장 9-13절에 나온다. 거기서 누가는 그 내용을 기도에 대한 예수님의 가르침(눅 11:1-13) 가운데 기록해 놓았다. 그래서 그 내용은 주기도와 함께 연결되어 나타난다. 그에 비해 마태는 본문을 기도에 대한 예수님의 가르침(마 6:5-15)과 별도로 기록해 놓았다. 그래서 본문은 주기도와 따로 떨어져서 나타난다.

마태가 기록한 본문의 위치는 산상수훈에서 예수님이 제자들의 의를 설명한 부분의 끝이다. 산상수훈에서 예수님이 제자들의 의를 설명한 부분은 5장 17절부터 7장 12절까지다. 이 부분은 율법과 선지자에 대한 언급으로 시작되고 끝난다. "내가 율법이나 선지자를 폐하러 온 줄로 생각하지 말라 폐하러 온 것이 아니요 완전하게 하려 함이라 … 그러므로 무엇이든지 남에게 대접을 받고자 하는 대로 너희도 남을 대접하라 이것이 율법이요 선지자니라." 그리고 이 부분에는 제자들의 의에 대한 언급이 반복해서 나타난다. "내가 너희에게 이르노니 너희 의가 서기관과 바리새인보다 더 낫지 못하면 결코 천국에 들어가지 못하

리라"(마 5:20). "사람에게 보이려고 그들 앞에서 너희 의를 행하지 않도록 주의하라 그리하지 아니하면 하늘에 계신 너희 아버지께 상을 받지 못하느니라"(마 6:1). "그런즉 너희는 먼저 그의 나라와 그의 의를 구하라 그리하면 이 모든 것을 너희에게 더하시리라"(마 6:33).

기도로 얻는 의

그러면 본문이 제자들의 의를 설명한 부분의 끝에 위치한 이유는 무엇일까? 본문 앞에서 예수님은 제자들의 의에 대해 길게 설명하셨다. 여기서 의는 제자들의 착한 행실, 하나님의 뜻대로 행하는 제자들의 삶, 제자들의 윤리적 특성을 말한다. 그러면 결론적으로 따라오는 질문은 이것이다. 제자들은 어떻게 그러한 의를 얻을 수 있을까? 그것이 본문의 내용이다. "구하라 그리하면 너희에게 주실 것이요 찾으라 그리하면 찾아낼 것이요 문을 두드리라 그리하면 너희에게 열릴 것이니 구하는 이마다 받을 것이요 찾는 이는 찾아낼 것이요 두드리는 이에게는 열릴 것이니라 너희 중에 누가 아들이 떡을 달라 하는데(=구하는데) 돌을 주며 생선을 달라 하는데 뱀을 줄 사람이 있겠느냐 너희가 악한 자라도 좋은 것으로 자식에게 줄 줄 알거든 하물며 하늘에 계신 너희 아버지께서 구하는 자에게 좋은 것으로 주시지 않겠느냐"(마 7:7-11). 여기에는 절마다 반복해서 등장하는 말이 있다. 바로 '구하다'라는 말이다.

따라서 제자들의 의는 제자들 스스로 획득하는 것이 아니다. 제자들의 의는 그들이 구할 때 하나님께서 주시는 것이다. 이 사실은 앞에서 예수님이 제자들에게 하신 말씀과 일치한다. "의에 주리고 목마른 자는 복이 있나니 그들이 배부를 것임이요"(마 5:6). 여기서 "배부를 것임이요"는 수동태로 되어 있다. 이것은 제자들 스스로 얻게 될 것을 말하지 않는다. 하나님께 제자들이 얻게 될 것을 말한다. 의에 주리고 목마른 자는 그것에 대해 하나님께 구하고 찾고 두드릴 것이고, 하나님은 그들을 배부르게 하실 것이다.

또 예수님은 제자들에게 "너희는 먼저 그의 나라와 그의 의를 구하라"(마 6:33상)고 말씀하셨다. "그의 의"는 "그의 나라"에 의해 주어진다. 즉 그의 의는 하나님의 통치에 복종함으로써 주어지는 의다. 따라서 하나님의 속성으로서 의가 아니라 하나님께로부터 나오는 의를 말한다. 이것은 제자들이 스스로 획득하는 의가 아니라 하나님께 구해야 하는 의다. "너희는 먼저 그의 나라와 그의 의를 구하라." 이때 "구하라"는 본문의 "찾으라"와 같은 말이다.

이처럼 구하라, 찾으라, 문을 두드리라는 말씀은 예수님이 앞에서 설명하신 제자들의 의와 관련이 있다. 이 사실은 본문의 마지막 부분에서 확인된다. "하물며 하늘에 계신 너희 아버지께서 구하는 자에게 좋은 것으로 주시지 않겠느냐"(11절하). 이때 마태는 누가가 쓴 성령 대신에 "좋은 것"이라는 말을 썼다. 그런데 마태가 사용한 "좋은"(아가토스)은 언제나 도덕적인 의미를 갖는다.

1. "이같이 한즉 하늘에 계신 너희 아버지의 아들이 되리니 이는 하나님이 그 해를 악인과 선인에게 비추시며 비를 의로운 자와 불의한 자에게 내려주심이라"(마 5:45). 여기서 "선인"은 직역하면 '좋은 사람'이다. 이때 좋은 사람은 "악인"과 대비되어 도덕적인 의미를 갖는다.

2. "이와 같이 좋은 나무마다 아름다운 열매를 맺고 못된 나무가 나

쁜 열매를 맺나니 좋은 나무가 나쁜 열매를 맺을 수 없고 못된 나무가 아름다운 열매를 맺을 수 없느니라"(마 7:17-18). 여기서도 "좋은"은 "나쁜"(악한)이라는 말과 대조적으로 도덕적 의미를 갖는다.

3. "독사의 자식들아 너희는 악하니 어떻게 선한 말을 할 수 있느냐 이는 마음에 가득한 것을 입으로 말함이라 선한 사람은 그 쌓은 선에서 선한 것을 내고 악한 사람은 그 쌓은 악에서 악한 것을 내느니라"(마 12:34-35). 여기서도 "선한"은 "악한"과 반대로써 도덕적 의미를 갖는다.

4. "어떤 사람이 주께 와서 이르되 선생님이여 내가 무슨 선한 일을 하여야 영생을 얻으리이까 예수께서 이르시되 어찌하여 선한 일을 내게 묻느냐 선한 이는 오직 한 분이시니라 네가 생명에 들어 가려면 계명들을 지키라"(마 19:16-17). 여기서 "선한(=좋은)"은 하나님의 성품을 가리키는 도덕적 의미를 갖는다.

5. "내 것을 가지고 내 뜻대로 할 것이 아니냐 내가 선하므로 네가 악하게 보느냐"(마 20:15). 여기서도 "선하므로(=좋으므로)"는 "악하게"와 대조적으로 도덕적 의미를 갖는다.

6. "종들이 길에 나가 악한 자나 선한 자나 만나는 대로 모두 데려오니 혼인 잔치에 손님들이 가득한지라"(마 22:10). 여기서 "선한 자(좋은 사람)"는 "악한 자"와 대조적으로 도덕적 의미를 갖는다.

7. "그 주인이 이르되 잘하였도다 착하고 충성된 종아 네가 적은 일에 충성하였으매 내가 많은 것을 네게 맡기리니 네 주인의 즐거움에 참여할지어다 하고 … 그 주인이 이르되 잘하였도다 착하고 충성된 종아 네가 적은 일에 충성하였으매 내가 많은 것을 네게 맡기리니 네 주인의 즐거움에 참여할지어다 하고 … 그 주인이 대답하여 이르되 악하고 게으른 종아 나는 심지 않은 데서 거두고 헤치지 않은 데서 모으

는 줄로 네가 알았느냐"(마 25:21, 23, 26). 여기서 "착하고(=좋고) 충성된 종"은 "악하고 게으른 종"과 대조적으로 도덕적 의미를 갖는다.

본문에서도 "좋은"은 "악한"과 대조를 이루어 도덕적 의미를 갖는다. "너희가 악한 자라도 좋은 것으로 자식에게 줄 줄 알거든 하물며 하늘에 계신 너희 아버지께서 구하는 자에게 좋은 것으로 주시지 않겠느냐"(마 7:11). 이때 앞에 나온 좋은 것은 '좋은 선물'이라는 말로 뒤에 나온 좋은 것과 구분된다. 앞에 나온 좋은 선물은 떡과 생선 같은 자식의 물질적 필요를 위한 것이다. 그러나 뒤에 나온 좋은 것은 물질적 필요에 국한되지 않는다. 이것은 제자들의 착한 행실(의), 즉 그들의 영적 신앙적 도덕적 필요를 위한 것도 포함한다.

그러므로 예수님이 산상수훈에서 가르치신 제자들의 삶은 하나님에 의해 가능하다. 그래서 제자들은 기도로써 하나님을 의지할 때 그러한 삶을 살 수 있다. 그러한 삶은 복음이 가능케 하는 것이고, 하나님의 나라가 산출하는 것이고, 하나님께로부터 나오는 것이기 때문이다. 예수님이 산상수훈에서 가르치신 대로 우리가 살지 못하는 이유는 하나님께 구하지 않기 때문이다.

기도 응답의 확신

예수님은 이러한 제자들의 삶이 기도를 통해 가능하다는 점을 강조하시려고 같은 내용을 세 가지로 말씀하셨다. "구하라 그리하면 너희에게 주실 것이요 찾으라 그리하면 찾아낼 것이요 문을 두드리라 그리하면 너희에게 열릴 것이니"(7절). 여기 "너희에게 주실 것이요"와 "너희에게 열릴 것이니"는 수동형으로 되어 있다. 이것은 하나님께서 기도에 응답하실 것을 의미한다.

예수님이 이렇게 삼중의 표현을 쓰신 것은 우리의 둔하고 게으름을 일깨우기 위함이다.

구하라 그리하면 너희에게 주실 것이요
찾으라 그리하면 찾아낼 것이요
문을 두드리라 그리하면 너희에게 열릴 것이니

이것은 단순히 기도가 응답될 것을 말씀하신 것이 아니다. 기도가 응답될 것이 확실함을 말씀하신 것이다. 예수님은 구하고 찾고 두드리라는, 그리고 주실 것이고, 찾아낼 것이고, 열릴 것이라는 삼중 표현을 써서 기도 응답의 확실성을 강조하신 것이다.

게다가 이러한 확실성은 8절에 동일한 표현을 사용한 일반적 원칙에 의해 한층 강화된다. "구하는 이마다 받을 것이요 찾는 이는 찾아낼 것이요 두드리는 이에게는 열릴 것이니라." 여기에는 예외가 없다("마다"). 구했는데 받지 못할 사람은 아무도 없다. 찾았는데 찾아내지 못할 사람도 없다. 두드렸는데 열리지 않을 사람도 없다. 그만큼 기도 응답은 확실하다. 이것이 일반적인 원칙이다.

따라서 예수님이 제자들에게 말씀하신 것은 단지 기도하라는 권고가 아니다. 예수님이 말씀하신 것은 기도함에 있어서 용기를 내라는 것이다. 왜냐하면 제자들은 기도 응답의 확신을 가질 수 있기 때문이다.

만일 기도 응답의 확신이 없으면, 우리의 기도할 마음은 약화될 수밖에 없다. 기도의 동기 부여는 기도 응답의 확신에서 비롯된다. 그러한 확신이 우리를 기도하도록 격려하기 때문이다. "하나님이여 내게 응답하시겠으므로 내가 불렀사오니 내게 귀를 기울여 내 말을 들으소서"(시 17:6). "나의 환난 날에 내가 주께 부르짖으리니 주께서 내게 응답하시리이다"(시 86:7). "그의 귀를 내게 기울이셨으므로 내가 평생에 기도하리로다"(시 116:2). 이런 기도 응답의 확신은 마태복음에도 나타난다. "진실로 다시 너희에게 이르노니 너희 중의 두 사람이 땅에서 합심하여 무엇이든지 구하면 하늘에 계신 내 아버지께서 그들을 위하여 이루게 하시리라"(마 18:19). "너희가 기도할 때에 무엇이든지 믿고 구하는 것은 다 받으리라 하시니라"(마 21:22).

다윗은 기도 응답의 확신을 이렇게 표현했다. "하나님이여 찬송이 시온에서 주를 기다리오며 사람이 서원을 주께 이행하리이다 기도를 들으시는 주여 모든 육체가 주께 나아오리이다"(시 65:1-2). 예수님께서도 이런 말씀을 하신 적이 있다. "항상 내 말을 들으시는 줄을 내가 알았나이다"(요 11:42). 우리도 이런 확신을 가질 수 있다. 왜냐하면 예수님께서 기도 응답의 확실성을 이렇게 말씀하셨기 때문이다. "구하는 이마다 받을 것이요 찾는 이는 찾아낼 것이요 두드리는 이에게는 열릴 것이니라." 우리에게 이런 기도 응답의 확신이 있는가? 하나님께서 친히 말씀하셨다. "너희가 온 마음으로 나를 구하면 나를 찾을 것이요 나를 만나리라"(렘 29:13).

하나님 아버지의 돌보심

그러면 이러한 기도 응답의 확신은 어디에 근거한 것일까? 그것은 하나님 아버지의 돌보심이다. 예수님은 유추하여 하나님 아버지의 돌보심을 설명하신다. "너희 중에 누가 아들이 떡을 달라 하는데 돌을 주며 생선을 달라 하는데 뱀을 줄 사람이 있겠느냐 너희가 악한 자라도 좋은 것으로 자식에게 줄 줄 알거든 하물며 하늘에 계신 너희 아버지께서 구하는 자에게 좋은 것으로 주시지 않겠느냐"(9-11절). 여기에 "하늘에 계신 너희 아버지"라는 표현이 산상수훈에서 마지막으로 나타난다.

이때 비교되는 것은 육신의 아버지와 "하늘에 계신 너희 아버지"다. 그 둘의 유사점은 자식에 대한 돌보심이다. 그런데 차이도 있다. 육신의 아버지는 "악한 자"지만 "하늘에 계신 너희 아버지"는 그렇지 않다. 따라서 악한 자인 육신의 아버지도 아들에게 좋은 것을 줄줄 안다면, 하늘에 계신 너희 아버지는 훨씬 더 그렇다. 바로 여기에 기도 응답의 확신이 존재한다.

그렇다면 우리는 몇 가지 기억할 것이 있다. 첫째, 하나님은 하늘에 계신 아버지로서 우리를 돌보신다. 예수님은 산상수훈에서 하나님의 아버지 되심을 강조하신다. 그래서 산상수훈에는 "하늘에 계신 너희 아버지"라는 말이 여덟 번 나온다(마 5:16, 45, 48; 6:1, 14, 26, 32; 7:11). 이와 함께 "하늘에 계신 우리 아버지"(마 6:9) 또는 "너희 아버지"(마 6:8, 15), "네 아버지"(마 6:4, 6, 18)라는 말도 나온다. 하나님께서 하늘에 계신 아버지로서 우리를 돌보신다는 생각은 육신의 아버지가 자식을 돌보는 것에서 유추한 것이 아니다. 하나님께서 하늘에 계신 아버지로서 우리를 돌보신다는 생각은 예수 그리스도를 통해 계시된 것이다. 하나님은 우리의 물질적 필요를 돌보신다. 예수님은 이렇게 말씀하셨다. "공중의 새를 보라 심지도 않고 거두지도 않고 창고에 모아들이지도 아니하되 너희 하늘 아버지께서 기르시나니 너희는 이것들보다 귀하지 아니하냐"(마 6:26). "오늘 있다가 내일 아궁이에 던져지는 들풀도 하나님이 이렇게 입히시거든 하물며 너희일까보냐 믿음이 작은 자들아"(마 6:30). 또 하나님은 우리의 신앙적 영적 도덕적 필요도 돌보신다. 그것이 본문에서 예수님이 하신 말씀이다. "너희가 악한 자라도 좋은 것으로 자식에게 줄 줄 알거든 하물며 하늘에 계신 너희 아버지께서 구하는 자에게 좋은 것으로 주시지 않겠느냐"(마 7:11). 따라서 육신의 아버지가 자식을 돌보는 것은 하늘에 계신 아버지로서 하나님의 돌보심이 반사된 것이다. 부성애의 원형은 하늘에 계신 아버지이신 하나님께 있다.

둘째, 본문에서 예수님은 우리가 원하는 것을 무엇이든 구하라고 하신 게 아니다. 구하라, 찾으라, 문을 두드리라는 말씀을 마치 예수님이 우리에게 백지수표를 써주신 것처럼 여겨서는 안 된다. 하나님께서는 우리에게 좋은 것이 무엇인지 아신다. 따라서 하나님께서 우리가 원하는 것을 주시지 않는다고 해서 실망해서는 안 된다. 칼빈은 이와 관련해 이렇게 말했다. "그리스도께서는 우리의 기도를 하나님의 뜻 아래 두어, 하나님께서 우리에게 주시지 않는 것도 우리의 유익을 위해서라는 점을 밝히고 있다."[39]

셋째, 예수님은 하나님께서 "구하는 자"에게 주신다는 점을 강조하셨다. 예수님은 말씀하실 때 하나님께 대해서는 "자식"을 "구하는 자"로 바꾸셨기 때문이다. "너희가 악한 자라도 좋은 것으로 자식에게 줄 줄 알거든 하물며 하늘에 계신 너희 아버지께서 구하는 자에게 좋은 것으

---

39 Calvin, *Commentary on Matthew* 7:11.

로 주시지 않겠느냐." 하늘에 계신 아버지께서 우리에게 좋은 것을 주시는 이유는 단지 우리가 그분의 자식이기 때문이 아니다. 우리가 그분에게 좋은 것을 구하기 때문이다. 좋은 것을 구하라!

50

황금률

그러므로 무엇이든지 남에게 대접을 받고자 하는 대로 너희도 남을 대접하라 이것이 율법이요 선지자니라

_ 마 7:12

"무엇이든지 남에게 대접을 받고자 하는 대로 너희도 남을 대접하라." 이것은 황금률로 불린다. 그 내용이 중요하고 귀중해서 그렇게 불리게 된 것은 아니다. 황금률이라는 명칭은 3세기 초반 로마 황제 알렉산더 세베루스(Alexander Severus)가 처음 사용했는데, 그는 그리스도인은 아니었지만 예수님의 이 말씀에 감동받아 그 내용을 궁실 벽에 금으로 새겨 놓은 데서 유래되었다.

그러면 황금률이 무엇을 말하는지 살펴보자. 우선 주목할 것은 맨 앞에 놓인 "그러므로"라는 말이다. 황금률은 이 말로써 앞의 내용과 연결된다. 그러나 타인과의 관계에 대해 말하는 황금률은 하나님과의 관계에 대해 말하는 구하라는 말씀(7:7-11)과 직접 연결되지 않는다. 그 대신 예수님이 제자들의 의에 대해 설명하신 부분 전체(5:17-7:11)와 연결된다. 그 이유는 마태가 황금률에 추가한 "이것이 율법이요 선지자니라"라는 설명 때문이다. 마태는 이 설명을 추가함으로써 본문을 "내가 율법이나 선지자를 폐하러 온 줄로 생각하지 말라"로 시작하는 5장 17절과 연결시킨다.

따라서 황금률은 5장 17절부터 7장 11절까지 요약한 것이고 결론인 셈이다. 실제로 누가는 "남에게 대접을 받고자 하는 대로 너희도 남을 대접하라"(눅 6:31)는 말씀을 율법에 대한 설명(눅 6:27-38) 가운데 기록했다. 이것은 황금률이 마태복음 7장뿐 아니라 율법에 대한 설명을 담고 있는 마태복음 5장과도 연결됨을 보여준다.

이처럼 예수님이 말씀하신 황금률은 즉흥적인 내용이 아니다. 예수님이 앞에서 설명하신 제자들의 의에 대한 말씀의 요약이다. 다시 말하면, 황금률은 마태복음 5장 20절에서 예수님이 말씀하신 서기관과 바리새인의 의보다 더 나은 제자들의 의를 말해 준다.

자신과 타인에 대한 공평

그 의는 결론적으로 제자들의 삶에서 이렇게 드러나야 한다는 것이 황금률이다. "무엇이든지 남에게 대접을 받고자 하는 대로 너희도 남을 대접하라." 여기서 "무엇이든지 남에게 대접을 받고자 하는 대로"는 남을 대할 때 지켜야 할 기준을 말한다. 이 황금률의 핵심은 공평이다. 자신에게 적용되는 기준이 남을 대할 때도 동일하게 적용되어야 한다. 칼빈은 이 말씀의 요지를 이렇게 설명했다. "그처럼 증오가 이 세상을 지배하고 인간들이 하찮은 문제를 가지고 서로 적대시하는 그 이유는 그들이 알면서 고의적으로 형평을 발로 짓밟아 버리고도 각자에게는 꼭 공정하게 나올 것을 요구하기 마련이라는 것이 그 요지다."[40] 인간이

40　Calvin, *Commentary on Matthew* 7:12.

자신과 타인에 대해 공평하지 못함을 지적한 것이다.

요즘 우리 사회가 시끄러운 이유는 바로 인간의 이런 문제가 적나라하게 드러났기 때문이다. 그런데 이런 문제는 그리스도인만 알고 느끼는 것이 아니다. 인간이라면 누구나 본성적으로 알 수 있고 느낄 수 있다. 자신의 권리와 이익을 위해서라면 공정을 말하면서도, 남의 권리와 이익에 대해서는 그렇지 않다면 분노하지 않을 사람은 아무도 없다. 같은 일을 남이 하면 불법이라고 하면서, 자신이 하는 건 괜찮다고 한다면 누가 참아줄까? 이처럼 황금률은 모든 인간의 마음속에 하나님이 심어 놓으신 원칙이다.

따라서 우리가 이웃과 공정하게 살기 위해 지켜야 할 원칙이 있다면 그것이 바로 황금률이다. 우리는 자신의 권리나 이익과 관련된 것이면 철저하게 따지려고 든다. 그러나 타인의 권리나 이익과 관련된 것에는 관심을 기울이지 않는다. 그래서 예수님은 제자들에게 이 황금률에 따라 살라고 말씀하신다. "무엇이든지 남에게 대접을 받고자 하는 대로 너희도 남을 대접하라." 이 공평의 원칙은 우리의 본성이 가르치는 것이다.

그러기에 이 황금률은 예수님이 처음 말씀하신 것은 아니다. 이와 비슷한 내용이 예수님 이전의 유대 문헌에서 이미 나타난다. 주후 20년경 유대 랍비 힐렐은 이렇게 말했다. "네가 싫어하는 것을 네 이웃에게 하지 말라."[41] 또 같은 원칙이 호머, 헤로도투스, 이소크라테스, 세네카 등과 같은 고대 인물의 글에서도 발견된다.[42] 또 황금률의 원칙은

---

41 France, *The Gospel of Matthew(NICNT)*, 283에서 재인용.

42 Craig S. Keener, *The Gospel of Matthew* (Grand Rapids: Eerdmans, 2009), 248.

불교, 유교, 이슬람교의 문헌에서도 발견된다. 공자는 이렇게 말했다고 한다. "네가 당하기를 원치 않는 일을 다른 사람에게 행하지 말라."[43]

예수님이 말씀하신 황금률의 독특성

이처럼 황금률은 예수님만 말씀하신 것이 아니다. 그런데 마태는 이 황금률을 예수님이 제자들의 의를 말씀하시는 가운데 결론적으로 기록함으로써 독특한 의미를 부여했다. 그러면 우리는 예수님이 말씀하신 황금률의 독특성을 어디서 찾아야 할까? 어떤 사람들은 예수님이 말씀하신 황금률의 독특성을 긍정적 형식에서 찾는다. 그런데 예수님만 황금률을 긍정적 형식으로 말씀하신 것은 아니다. 또 긍정적 형식과 부정적 형식은 본질적으로 같은 것을 의미하기도 한다. 그래서 사랑하라는 긍정적 형식의 명령은 부정적 형식의 명령으로 규정된다. "원수를 갚지 말며 동포를 원망하지 말며 네 이웃 사랑하기를 네 자신과 같이 사랑하라 나는 여호와이니라"(레 19:18). "사랑은 이웃에게 악을 행하지 아니하나니 그러므로 사랑은 율법의 완성이니라"(롬 13:10).

그러면 예수님이 말씀하신 황금률의 독특성은 무엇일까? 첫째, 예수님이 말씀하신 황금률은 사람이 스스로 지킬 수 있는 것이 아니다. 다른 사람들이 말한 황금률에는 공통된 전제가 있다. 그것은 사람이 스스로 황금률을 지킬 수 있다는 전제다. 그러나 예수님이 말씀하신 황금률은 전제가 다르다. 하나님의 도움 없이 사람이 스스로 황금률을 지킬

---

43 G. Campbell Morgan, *The Gospel According to Matthew*, 『왕이신 그리스도: 마태복음 강해 (상)』, 원광연 역(서울: 아가페, 1987), p.169에서 재인용.

수 없다는 전제가 있기 때문이다. 이 사실은 본문 바로 앞의 내용에서 분명히 드러난다. "구하라 그리하면 너희에게 주실 것이요 찾으라 그리하면 찾아낼 것이요 문을 두드리라 그리하면 너희에게 열릴 것이니 구하는 이마다 받을 것이요 찾는 이는 찾아낼 것이요 두드리는 이에게는 열릴 것이니라 너희 중에 누가 아들이 떡을 달라 하는데 돌을 주며 생선을 달라 하는데 뱀을 줄 사람이 있겠느냐 너희가 악한 자라도 좋은 것으로 자식에게 줄 줄 알거든 하물며 하늘에 계신 너희 아버지께서 구하는 자에게 좋은 것으로 주시지 않겠느냐"(마 7:7-11). 예수님은 제자들에게 하나님께 구하라고 말씀하셨다.

예수님은 앞에서 제자들에게 남을 어떻게 대해야 하는지 가르치셨다. 그 내용은 예수님이 율법과 선지자를 완전케 하려고 오신 분으로서 율법에 대해 설명하신 5장 17-48절과 비판에 대해 말씀하신 7장 1-6절에 나온다. 그런데 제자들은 자기의 힘으로는 그 가르침대로 살수 없다. 그래서 예수님은 7장 7-11절에서 하나님께 구하라고 말씀하셨다. 제자들은 하나님이 구한 것을 주실 때만(누가에 따르면 성령의 역사로만) 그 가르침대로 살 수 있기 때문이다. 따라서 이 모든 내용의 요약이자 결론으로서 황금률은 사람이 스스로 지킬 수 없고 오직 하나님의 능력으로만 지킬 수 있다. 이 점에서 예수님이 말씀하신 황금률은 다른 사람들이 말한 황금률과 다르다.

둘째, 예수님이 말씀하신 황금률은 남을 어떻게 대해야 하는지에 관한 것만이 아니다. 그것은 필연적으로 하나님을 어떻게 대해야 하는지에 관한 것도 포함한다. 앞에서 예수님은 남을 어떻게 대해야 하는지에 관해서만 가르치시지 않았다. 예수님은 하나님을 어떻게 대해야 하는지도 가르치셨다. 5장 17-48절과 7장 1-6절이 남을 어떻게 대해야 하는지에 관한 것이라면, 6장 전체는 하나님을 어떻게 대해야 하는지에 관한 것이다. 여기서 예수님은 제자들이 의를 행하는 동기가 사람이 아닌 하나님께 보이기 위함이라고 가르치셨다. 그래서 제자들은 외식하지 말고 하나님께 상을 얻기 위해 의를 행해야 한다. 또 예수님은 제자들이 의를 행할 때 재물이 아닌 하나님을 의지해야 함을 가르치셨다. 제자들은 염려하지 말고 하나님을 믿음으로 의를 행해야 한다.

이처럼 제자들이 남을 어떻게 대해야 하는지는 그들이 하나님을 어떻게 대해야 하는지와 분리되지 않는다. 다시 말하면, 제자들의 이웃 사랑은 하나님 사랑과 분리되지 않는다. 예수님은 한 율법사의 질문에 대답하시면서 이 점을 말씀하셨다. "그 중의 한 율법사가 예수를 시험하여 묻되 선생님 율법 중에서 어느 계명이 크니이까 예수께서 이르시되 네 마음을 다하고 목숨을 다하고 뜻을 다하여 주 너의 하나님을 사랑하라 하셨으니 이것이 크고 첫째 되는 계명이요 둘째도 그와 같으니 네 이웃을 네 자신 같이 사랑하라 하셨으니 이 두 계명이 온 율법과 선지자의 강령이니라"(마 22:35-40).

따라서 이 모든 내용의 요약이자 결론으로서 황금률은 남을 어떻게 대해야 하는지(윤리)에 관한 것만이 아니다. 황금률은 하나님을 어떻게 대해야 하는지(신학)에 관한 것도 포함한다. 이웃에 대한 제자들의 행실은 하나님께 대한 그들의 믿음에 근거한 것이어야 한다. 이처럼 윤리와 신학은 분리되지 않는다. 그리스도인의 선행은 하나님께 영광이 되지만, 세상 사람의 선행은 하나님께 영광이 되지 않는다. 또 윤리만으로 사람은 변하지 않는다. 종교개혁은 윤리가 아닌 신학을 문제 삼았다. 이 점에서 예수님이 말씀하신 황금률은 다른 사람들이 말한 황금률과 다르다.

셋째, 예수님이 말씀하신 황금률은 공리적인(효과와 가치를 먼저 생각하는) 목적을 위한 것이 아니다. "무엇이든지 남에게 대접을 받고자 하는 대로 너희도 남을 대접하라." 이 말씀은 우리가 남을 어떻게 대접하는지에 따라 남이 우리를 어떻게 대접할지가 결정된다는 뜻으로 들린다. 그러나 이 말씀의 목적은 남에게 어떤 대접을 받을지에 있지 않다. 예수님이 이 말씀 뒤에 이런 설명을 붙이셨기 때문이다. "이것이 율법이요 선지자니라." 예수님이 말씀하신 황금률의 목적은 율법과 선지자의 성취에 있다.

따라서 예수님이 말씀하신 황금률은 율법과 선지자의 성취로서 사랑하라는 의미다. "무엇이든지 남에게 대접을 받고자 하는 대로 너희도 남을 대접하라"는 "네 이웃 사랑하기를 네 자신과 같이 사랑하라"(레 19:18)는 말씀처럼 어떻게 사랑할 것인지를 보여준다. 이것은 신약성경의 여러 곳에서 언급된 말씀이다. "피차 사랑의 빚 외에는 아무에게든지 아무 빚도 지지 말라 남을 사랑하는 자는 율법을 다 이루었느니라 간음하지 말라, 살인하지 말라, 도둑질하지 말라, 탐내지 말라 한 것과 그 외에 다른 계명이 있을지라도 네 이웃을 네 자신과 같이 사랑하라 하신 그 말씀 가운데 다 들었느니라 사랑은 이웃에게 악을 행하지 아니하나니 그러므로 사랑은 율법의 완성이니라"(롬 13:8-10). "온 율법은 네 이웃 사랑하기를 네 자신 같이 하라 하신 한 말씀에서 이루어졌나니"(갈 5:14). "너희가 만일 성경에 기록된 대로 네 이웃 사랑하기를 네 몸과 같이 하라 하신 최고의 법을 지키면 잘하는 것이거니와"(약 2:8).

Sermon on the Mount

IV

그리스도인에게
주는 경고

51
좁은 문으로 들어가라

좁은 문으로 들어가라 멸망으로 인도하는 문은 크고 그 길이 넓어
그리로 들어가는 자가 많고 생명으로 인도하는 문은 좁고 길이 협착하여
찾는 자가 적음이라

_ 마 7:13-14

산상수훈의 내용은 크게 세 부분으로 나뉜다. 첫째 부분은 5장 3절
부터 16절까지로 제자들의 특성(정체성과 사명)을 다룬다. 여기서 제자
들은 천국을 이미 소유한 자로 묘사된다(마 5:3, 10).

둘째 부분은 5장 17절부터 7장 12절까지로 제자들의 의를 다룬다.
여기서 제자들은 장차 천국에 들어갈 자로 묘사된다. "그러므로 누구든
지 이 계명 중의 지극히 작은 것 하나라도 버리고 또 그같이 사람을 가
르치는 자는 천국에서 지극히 작다 일컬음을 받을 것이요 누구든지 이
를 행하며 가르치는 자는 천국에서 크다 일컬음을 받으리라 내가 너희
에게 이르노니 너희 의가 서기관과 바리새인보다 더 낫지 못하면 결코
천국에 들어가지 못하리라"(마 5:19-20).

셋째 부분은 7장 13절부터 27절까지로 제자들에게 주는 경고를 다
룬다. 여기서 제자들에게는 장차 천국에 들어갈 요건을 갖출 것이 요
구된다. "나더러 주여 주여 하는 자마다 다 천국에 들어갈 것이 아니요
다만 하늘에 계신 내 아버지의 뜻대로 행하는 자라야 들어가리라"(마
7:21).

이처럼 산상수훈의 둘째 부분이 장차 천국에 들어갈 제자들의 의(제자도)에 대한 가르침이라면, 셋째 부분은 제자들이 그 가르침에 제대로 반응하지 못할 경우에 대한 경고다. 여기에는 경고 네 개가 들어 있다. 각각의 경고는 둘씩 짝을 이루는 대조를 통해 주어진다. 그것은 두 길(13-14절), 두 나무(15-20절), 두 무리(21-23절), 두 건축자(24-27절) 등이다. 예수님은 이러한 경고로 제자들이 앞에서 들은 말씀에 적절한 반응을 취하게 하신다.

생명으로 인도하는 문과 멸망으로 인도하는 문

그러면 본문에 나타난 첫 번째 경고를 살펴보자. "좁은 문으로 들어가라 멸망으로 인도하는 문은 크고 그 길이 넓어 그리로 들어가는 자가 많고 생명으로 인도하는 문은 좁고 길이 협착하여 찾는 자가 적음이라"(13-14절). 여기서 예수님은 제자들에게 "좁은 문으로 들어가라"고 명령하신다. 그러면서 이유를 명하신다. "멸망으로 인도하는 문은 크고 그 길이 넓어 그리로 들어가는 자가 많고 생명으로 인도하는 문은 좁고 길이 협착하여 찾는 자가 적음이라."

여기서 "좁은 문"은 "생명으로 인도하는 문"을 말한다. "생명으로 인도하는 문은 좁고"라고 말했기 때문이다. 여기서 마태가 사용한 생명은 구원받은 사람의 최종적 상태를 가리킨다. 예를 들어보자. "만일 네 손이나 네 발이 너를 범죄하게 하거든 찍어 내버리라 장애인이나 다리 저는 자로 영생(=생명)에 들어가는 것이 두 손과 두 발을 가지고 영원한 불에 던져지는 것보다 나으니라 만일 네 눈이 너를 범죄하게 하거든 빼어 내버리라 한 눈으로 영생(=생명)에 들어가는 것이 두 눈을 가지고 지옥 불에 던져지는 것보다 나으니라"(마 18:8-9). 여기서 생명은 "영원한 불" 또는 "지옥 불"과 대조를 이루어 구원받은 사람의 최종적 상태를 가리킨다. 이런 말씀도 있다. "예수께서 이르시되 어찌하여 선한 일을 내게 묻느냐 선한 이는 오직 한 분이시니라 네가 생명에 들어가려면 계명들을 지키라 … 예수께서 제자들에게 이르시되 내가 진실로 너희에게 이르노니 부자는 천국에 들어가기가 어려우니라 … 제자들이 듣고 몹시 놀라 이르되 그렇다면 누가 구원을 얻을 수 있으리이까"(마 19:17, 23, 25). 여기서 생명에 들어가는 것은 천국에 들어가는 것이나 구원을 얻는 것과 같아서, 생명은 구원받은 사람의 최종적 상태를 가리킨다.

이 "생명으로 인도하는 문"과 대조를 이루는 것이 "멸망으로 인도하는 문"이다. 여기서 멸망은 구원받지 못한 사람의 최종적 상태를 가리킨다. 이 사실을 보여주는 성경구절은 많다. "무슨 일에든지 대적하는 자들 때문에 두려워하지 아니하는 이 일을 듣고자 함이라 이것이 그들에게는 멸망의 증거요 너희에게는 구원의 증거니 이는 하나님께로부터 난 것이라"(빌 1:28). "그들의 마침은 멸망이요 그들의 신은 배요 그 영광은 그들의 부끄러움에 있고 땅의 일을 생각하는 자라 그러나 우리의 시민권은 하늘에 있는지라 거기로부터 구원하는 자 곧 주 예수 그리스도를 기다리노니"(빌 3:19-20). "우리는 뒤로 물러가 멸망할 자가 아니요 오직 영혼을 구원함에 이르는 믿음을 가진 자니라"(히 10:39). "또 우리 주의 오래 참으심이 구원이 될 줄로 여기라 우리가 사랑하는 형제 바울도 그 받은 지혜대로 너희에게 이같이 썼고 또 그 모든 편지에도 이런 일에 관하여 말하였으되 그 중에 알기 어려운 것이 더러 있으니 무식한 자들과 굳세지 못한 자들이 다른 성경과 같이 그것도 억지로 풀다가 스스로 멸망에 이르느니라"(벧후 3:15-16).

그러면 "생명으로 인도하는 문은 좁고"는 무슨 뜻일까? 반대로 "멸망으로 인도하는 문은 크고"는 무슨 뜻일까? 여기서 우리는 예수님이 문에 대해서만 말씀하시지 않고 길에 대해서도 말씀하신 것에 주목할 필요가 있다. 주석가들 사이에는 문에 들어가는 것이 길을 가는 것의 시작인지 끝인지를 놓고 많은 논란이 있다. 그러나 그것은 중요하지 않다. 중요한 것은 예수님이 문에 대해서만 말씀하신 게 아니라 길에 대해서도 말씀하신 이유다. 그것은 문이 좁거나 크다는 말이 무슨 뜻인지 보여주기 위함이다.

예수님이 문에 대해서만 말씀하셨다면 우리는 그 문이 좁거나 크다는 말이 무슨 뜻인지 알기 어렵다. 물론 누가는 예수님이 문에 대해서만 말씀하신 것으로 기록했다. "좁은 문으로 들어가기를 힘쓰라 내가 너희에게 이르노니 들어가기를 구하여도 못하는 자가 많으리라"(눅 13:24). 이때 누가는 본문에서 마태가 사용한 "문"(푸레이)과 다른 말(투라)을 사용했다. 왜냐하면 누가는 바로 이어서 그 문에 대한 설명을 추가했기 때문이다. "집 주인이 일어나 문을 한 번 닫은 후에 너희가 밖에 서서 문을 두드리며 주여 열어 주소서 하면 그가 대답하여 이르되 나는 너희가 어디에서 온 자인지 알지 못하노라 하리니 그때에 너희가 말하되 우리는 주 앞에서 먹고 마셨으며 주는 또한 우리의 길거리에서 가르치셨나이다 하나 그가 너희에게 말하여 이르되 나는 너희가 어디에서 왔는지 알지 못하노라 행악하는 모든 자들아 나를 떠나 가라 하리라 너희가 아브라함과 이삭과 야곱과 모든 선지자는 하나님 나라에 있고 오직 너희는 밖에 쫓겨난 것을 볼 때에 거기서 슬피 울며 이를 갈리라 사람들이 동서남북으로부터 와서 하나님의 나라 잔치에 참여하리니"(눅 13:25-29). 이것은 마지막 때의 일을 말한 것이 분명하다. 따라서 누가복음에서 예수님이 말씀하신 좁은 문은 종말론적 성격이 강하다.

그에 비해 마태는 예수님이 문에 대해서만 말씀하시지 않고 길에 대해서도 말씀하신 것으로 기록했다. "멸망으로 인도하는 문은 크고 그 길이 넓어 … 생명으로 인도하는 문은 좁고 길이 협착하여." 이것은 예수님이 말씀하신 문의 성격을 보여주기 위함이다. "멸망으로 인도하는 길"이나 "생명으로 인도하는 길"에서 길은 은유적으로 쓰였다. 마태복음에서 길은 은유적으로 쓰일 때 삶의 방식을 가리킨다. 예를 들면 이렇다. "요한이 의의 도(=길)로 너희에게 왔거늘 너희는 그를 믿지 아니하였으되 세리와 창녀는 믿었으며 너희는 이것을 보고도 끝내 뉘우쳐 믿지 아니하였도다"(마 21:32). "자기 제자들을 헤롯 당원들과 함께 예수께 보내어 말하되 선생님이여 우리가 아노니 당신은 참되시고 진리로 하나님의 도(=길)를 가르치시며 아무도 꺼리는 일이 없으시니 이는 사람을 외모로 보지 아니하심이니이다"(마 22:16).

따라서 예수님이 말씀하신 문은 삶의 방식과 관련된 것으로 현재적 성격을 띤다. 그러면 "멸망으로 인도하는 문은 크고 그 길이 넓어"는 무슨 뜻일까? 반대로 "생명으로 인도하는 문은 좁고 길이 협착하여"는 무슨 뜻일까? 다시 말하면, 좁은 문은 무엇을 가리킬까? 예수님은 어떤 의미에서 생명으로 인도하는 문은 좁다고 하신 것일까?

생명으로 인도하는 삶의 방식

앞에서 좁은 문은 생명으로 인도하는 문이라고 했다. 그것은 생명으로 인도하는 삶의 방식을 가리킨다. 그러면 생명으로 인도하는 삶의 방식은 어떤 것일까? 이에 대해 알려면 마태가 생명을 언급한 대목을 다시 살펴볼 필요가 있다. 첫 번째 대목은 마태복음 18장 8-9절이다. "만일 네 손이나 네 발이 너를 범죄하게 하거든 찍어 내버리라 장애인이나 다리 저는 자로 영생(=생명)에 들어가는 것이 두 손과 두 발을 가지고 영원한 불에 던져지는 것보다 나으니라 만일 네 눈이 너를 범죄하게 하거든 빼어 내버리라 한 눈으로 영생(=생명)에 들어가는 것이 두 눈을 가지고 지옥 불에 던져지는 것보다 나으니라."

여기서 생명으로 인도하는 삶의 방식은 이런 것이다. 손이나 발이 범죄하게 할 경우 찍어 내버리는 것이고, 눈이 범죄하게 할 경우 빼어 내버리는 것이다. 우리는 이것을 문자적인 의미로 이해해서는 안 된다. 이것은 범죄하지 않기 위해 어떤 희생이나 대가라도 치를 각오로 사는 것을 의미한다. 범죄할 경우 영원한 불, 지옥 불에 던져질 것이기 때문이다.

이러한 삶의 방식은 산상수훈의 앞부분에서 이미 언급된 내용과 유사하다. "또 간음하지 말라 하였다는 것을 너희가 들었으나 나는 너희에게 이르노니 음욕을 품고 여자를 보는 자마다 마음에 이미 간음하였느니라 만일 네 오른 눈이 너로 실족하게 하거든 빼어 내버리라 네 백체 중 하나가 없어지고 온 몸이 지옥에 던져지지 않는 것이 유익하며 또한 만일 네 오른손이 너로 실족하게 하거든 찍어 내버리라 네 백체 중 하나가 없어지고 온 몸이 지옥에 던져지지 않는 것이 유익하니라"

(마 5:27-30).

이처럼 하나님의 계명을 어기고 죄를 지을 경우 영원한 지옥 불에 던져질 것을 알고, 어떤 희생이나 대가를 치르더라도 죄를 짓지 않으려는 것이 생명으로 인도하는 삶의 방식이다. 따라서 좁은 문으로 들어가라는 말씀은 이런 삶의 방식을 실천하라는 뜻이다.

두 번째로 마태가 생명을 언급한 대목은 마태복음 19장 17-22절이다. "예수께서 이르시되 어찌하여 선한 일을 내게 묻느냐 선한 이는 오직 한 분이시니라 네가 생명에 들어가려면 계명들을 지키라 이르되 어느 계명이오니이까 예수께서 이르시되 살인하지 말라, 간음하지 말라, 도둑질하지 말라, 거짓 증언 하지 말라, 네 부모를 공경하라, 네 이웃을 네 자신과 같이 사랑하라 하신 것이니라 그 청년이 이르되 이 모든 것을 내가 지키었사온대 아직도 무엇이 부족하니이까 예수께서 이르시되 네가 온전하고자 할진대 가서 네 소유를 팔아 가난한 자들에게 주라 그리하면 하늘에서 보화가 네게 있으리라 그리고 와서 나를 따르라 하시니 그 청년이 재물이 많으므로 이 말씀을 듣고 근심하며 가니라." 여기서 생명으로 인도하는 삶의 방식은 하나님의 계명을 지키는 것이다. 그것은 이 부자 청년이 보여준 대로 소유(재물)보다 하늘의 보화(하나님)를 사랑하는 것이다.

이러한 삶의 방식은 역시 산상수훈의 앞부분에서 이미 언급한 내용과 유사하다. "한 사람이 두 주인을 섬기지 못할 것이니 혹 이를 미워하고 저를 사랑하거나 혹 이를 중히 여기고 저를 경히 여김이라 너희가 하나님과 재물을 겸하여 섬기지 못하느니라"(마 6:24).

이처럼 재물에 대한 탐욕을 버리고 하나님을 사랑하기에 그분의 계명을 지키려는 것이 생명으로 인도하는 삶의 방식이다. 따라서 좁은 문으로 들어가라는 말씀은 이런 삶의 방식을 실천하라는 뜻이다. 이것은 사실상 산상수훈의 가르침을 따라 살라는 요구다.

육체의 욕심을 제어하는 삶

여기서 우리는 예수님이 "생명으로 인도하는 문은 좁고 길이 협착하여"라고 말씀하신 이유를 알 수 있다. 그러한 삶의 방식이 죄인인 우리의 욕망을 억제해야 하는 것이기 때문이다. 그것은 여자에 대한 음욕일 수도 있고, 재물에 대한 탐욕일 수도 있다. 누구도 이러한 욕망을 제어하지 않고는 들어갈 수 없기에 좁은 문이고, 걸어갈 수 없기에 협착한 길인 것이다. 그러므로 좁은 문으로 들어가라는 말씀은 죄로 물든 인간의 욕망을 제어하라는 의미를 담고 있다.

모든 인간은 아담에게서 상속된 죄, 즉 원죄를 안고 태어난다. 이 원죄에는 죄책과 오염이 포함된다. 오염은 아담에게서 물려받은 죄악 된 성품, 죄에 대한 성향을 말한다. 성경은 이 죄악 된 성품을 가리켜 종종 "육신"(육체)이라고 부른다. 인간은 중생하기 전에는 이 육체의 욕심을 따라 산다. "우리가 육신에 있을 때에는 율법으로 말미암는 죄의 정욕이 우리 지체 중에 역사하여 우리로 사망을 위하여 열매를 맺게 하였더니"(롬 7:5). "전에는 우리도 다 그 가운데서 우리 육체의 욕심을 따라 지내며 육체와 마음의 원하는 것을 하여 다른 이들과 같이 본질상 진노의 자녀였더니"(엡 2:3).

중요한 것은, 이 육체의 욕심을 따라 사는 한 누구도 산상수훈의 가르침대로 살 수 없다. 우리가 산상수훈의 말씀을 실천하려고 할 때 우선적으로 요구되는 것은 육체의 욕심을 버리는 일이다. 그래서 성경은 우리에게 육체의 욕심을 따라 살지 말라고 누누이 강조한다. 사도 바울은 성도들에게 이렇게 권면한다. "오직 주 예수 그리스도로 옷 입고 정욕을 위하여 육신의 일을 도모하지 말라"(롬 13:14). "내가 이르노니 너희는 성령을 따라 행하라 그리하면 육체의 욕심을 이루지 아니하리라 … 그리스도 예수의 사람들은 육체와 함께 그 정욕과 탐심을 십자가에 못 박았느니라"(갈 5:16, 24). "율법이 육신으로 말미암아 연약하여 할 수 없는 그것을 하나님은 하시나니 곧 죄로 말미암아 자기 아들을 죄 있는 육신의 모양으로 보내어 육신에 죄를 정하사 육신을 따르지 않고 그 영을 따라 행하는 우리에게 율법의 요구가 이루어지게 하려 하심이니라 … 그러므로 형제들아 우리가 빚진 자로되 육신에게 져서 육신대로 살 것이 아니니라 너희가 육신대로 살면 반드시 죽을 것이로되 영으로써 몸의 행실을 죽이면 살리니"(롬 8:3-4, 12-13). "너희는 유혹의 욕심을 따라 썩어져 가는 구습을 따르는 옛 사람을 벗어 버리고"(엡 4:22). "그러므로 땅에 있는 지체를 죽이라 곧 음란과 부정과 사욕과 악한 정욕과 탐심이니 탐심은 우상 숭배니라"(골 3:5). "우리를 양육하시되 경건하지 않은 것과 이 세상 정욕을 다 버리고 신중함과 의로움과 경건함으로 이 세상에 살고"(딛 2:12).

사도 베드로도 성도들에게 육체의 욕심을 따라 살지 말 것을 당부한다. "사랑하는 자들아 거류민과 나그네 같은 너희를 권하노니 영혼을 거슬러 싸우는 육체의 정욕을 제어하라"(벧전 2:11). 이렇게 육체의 정욕을 제어할 때 그리스도인다운 삶이 가능하기 때문이다. 그래서 그다음에 이런 말씀이 이어진다. "너희가 이방인 중에서 행실을 선하게 가져 너희를 악행한다고 비방하는 자들로 하여금 너희 선한 일을 보고

오시는 날에 하나님께 영광을 돌리게 하려 함이라"(벧전 2:12). "그리스
도께서 이미 육체의 고난을 받으셨으니 너희도 같은 마음으로 갑옷을
삼으라 이는 육체의 고난을 받은 자는 죄를 그쳤음이니 그 후로는 다
시 사람의 정욕을 따르지 않고 하나님의 뜻을 따라 육체의 남은 때를
살게 하려 함이라"(벧전 4:1-2).

마찬가지로 사도 요한도 육체의 욕심을 따라 살지 말 것을 이렇게
말한다. "이 세상이나 세상에 있는 것들을 사랑하지 말라 누구든지 세
상을 사랑하면 아버지의 사랑이 그 안에 있지 아니하니 이는 세상에
있는 모든 것이 육신의 정욕과 안목의 정욕과 이생의 자랑이니 다 아
버지께로부터 온 것이 아니요 세상으로부터 온 것이라 이 세상도, 그
정욕도 지나가되 오직 하나님의 뜻을 행하는 자는 영원히 거하느니라"
(요일 2:15-17). 이러한 사도들의 권면은 사실상 이 한 말씀으로 집약된
다고 할 수 있다. "좁은 문으로 들어가라."

우리의 욕망을 제어하며 산다는 것은 자연스러운 일이 아니다. 그러
한 삶은 결코 편하거나 유쾌한 것일 수 없다. 오히려 치열한 싸움을 싸
워야 하거나 인내해야 하는 것일 수 있다. 그러나 우리가 기억해야 할
것은 그러한 삶이 마침내 다다르게 될 종착점이다. 그것은 바로 구원받
은 사람의 최종적 상태인 생명이다.

기억하라. 누구도 좁은 문으로 들어가지 않고는 생명에 이를 수 없
다. 이 땅에서 죄로 부패한 인간의 욕망을 버리지 않고 장차 천국에 들
어갈 사람은 없다. 좁은 문으로 들어갈 때라야 비로소 산상수훈의 가르
침을 따르는 삶이 가능하기 때문이다. 예수님은 말씀하셨다. "내가 너
희에게 이르노니 너희 의가 서기관과 바리새인보다 더 낫지 못하면 결
코 천국에 들어가지 못하리라"(마 5:20). 이 제자들의 의는 좁은 문으로

들어가는 자들에게 주어지는 의다. 이 땅에서 좁은 문으로 들어가는 자들이, 이 땅에서 죄로 부패한 인간의 욕망을 버리는 자들이 장차 천국에 들어갈 것이다.

52
생명으로 인도하는 문을 찾는 자

**좁은 문으로 들어가라 멸망으로 인도하는 문은 크고 그 길이 넓어
그리로 들어가는 자가 많고 생명으로 인도하는 문은 좁고 길이 협착하여
찾는 자가 적음이라**

_ 마 7:13-14

앞에서 좁은 문으로 들어가라는 예수님의 명령에 대해 살펴보았다. 이제 그렇게 명령하시는 이유를 살펴보자. 예수님은 그 이유를 이렇게 말씀하신다. "멸망으로 인도하는 문은 크고 그 길이 넓어 그리로 들어가는 자가 많고 생명으로 인도하는 문은 좁고 길이 협착하여 찾는 자가 적음이라." 이 말씀에 따르면, 멸망에 이를 사람은 많고 생명에 이를 사람은 적다. 다시 말하면, 구원 얻지 못할 사람은 많고 구원 얻을 사람은 적다.

왜 좁은 문으로 들어가야 할까

그렇다면 한 가지 의문이 생길 수 있다. 구원 얻을 사람의 수가 과연 얼마나 될까 하는 것이다. 그런데 이와 관련해 주목할 점이 있다. 마태복음에는 구원 얻을 사람의 수가 많다고 한 곳이 있다는 점이다. "또 너희에게 이르노니 동 서로부터 많은 사람이 이르러 아브라함과 이삭과

야곱과 함께 천국에 앉으려니와"(마 8:11). "인자가 온 것은 섬김을 받으려 함이 아니라 도리어 섬기려 하고 자기 목숨을 많은 사람의 대속물로 주려 함이니라"(마 20:28). "이것은 죄 사함을 얻게 하려고 많은 사람을 위하여 흘리는 바 나의 피 곧 언약의 피니라"(마 26:28). 구원 얻을 사람의 수가 많다는 사실은 성경의 다른 곳에서도 나타난다. "이 일 후에 내가 보니 각 나라와 족속과 백성과 방언에서 아무도 능히 셀 수 없는 큰 무리가 나와 흰 옷을 입고 손에 종려 가지를 들고 보좌 앞과 어린양 앞에 서서"(계 7:9).

그렇다면 본문에서 생명에 이를 사람이 적다고 한 것은 이런 사실과 모순일까? 아니다. 본문에서 예수님의 관심은 구원 얻을 사람의 절대 숫자에 있는 게 아니기 때문이다. 누가복음 13장 23절에 보면, 사람들이 예수님께 이렇게 물었다. "주여 구원을 받는 자가 적으니이까." 사람들은 구원 얻을 사람의 절대 숫자에 대해 물은 것이다. 그런데 예수님의 대답은 "좁은 문으로 들어가기를 힘쓰라"는 것이었다. 이것은 예수님의 관심이 구원 얻을 사람의 절대 숫자에 있지 않음을 보여준다. 본문에서도 마찬가지다. 예수님의 관심은 구원 얻을 사람의 절대 숫자에 있지 않다. 그래서 예수님은 구원 얻지 못할 사람과 구원 얻을 사람을 비교해 이렇게 말씀하셨다. "멸망으로 인도하는 문은 크고 그 길이 넓어 그리로 들어가는 자가 많고 생명으로 인도하는 문은 좁고 길이 협착하여 찾는 자가 적음이라."

여기서 요점은 구원을 얻지 못할 사람에 비해 구원 얻을 사람이 상대적으로 적다는 것이다. 예수님이 이 점을 말씀하신 의도는 분명하다. 제자들이 좁은 문으로 들어가도록 동기를 부여하기 위함이다. 사람은 본능적으로 큰 문으로 들어가려고 하지 좁은 문으로 들어가려고 하지 않는다. "멸망으로 인도하는 문은 크고 그 길이 넓어 그리로 들어가는 자가 많고." 사람은 본능적으로 큰 문이 쉽고 편하고 좋다. 제자들이 좁은 문으로 들어간다는 것은 이러한 본능을 거스르는 일이다. 이 때문에 제자들이 그렇게 하기는 여간 어려운 일이 아니다. 그래서 예수님은 제자들이 좁은 문으로 들어가도록 동기를 부여하신다. 제자들은 구원 얻지 못할 사람에 비해 구원 얻을 사람이 상대적으로 적다는 사실을 알 때 좁은 문으로 들어갈 마음을 먹게 된다.

예수님은 이러한 방식을 통한 동기 유발을 다른 경우에도 사용하셨다. 마태복음 9장에는 예수님이 전도하신 것과 관련해 이런 내용이 나온다. "무리를 보시고 불쌍히 여기시니 이는 그들이 목자 없는 양과 같이 고생하며 기진함이라 이에 제자들에게 이르시되 추수할 것은 많되 일꾼이 적으니 그러므로 추수하는 주인에게 청하여 추수할 일꾼들을 보내 주소서 하라 하시니라"(마 9:36-38). 여기서 예수님은 제자들에게 이렇게 명령하셨다. "추수하는 주인에게 청하여 추수할 일꾼들을 보내 주소서 하라." 이 말은 다른 사람을 추수할 일꾼으로 보내 달라고 기도하라는 뜻이 아니다. 제자들 자신을 추수할 일꾼으로 보내 달라고 기도하라는 뜻이다.

이때 예수님은 그 이유를 이렇게 말씀하셨다. "추수할 것은 많되 일꾼이 적으니." 여기서 요점은 추수할 것에 비해 추수할 일꾼이 상대적으로 적다는 것이다. 예수님이 이 점을 말씀하신 의도는 분명하다. 제자들이 추수할 일꾼들을 보내달라고 기도하도록 동기를 부여하기 위함이다. 사람은 본능적으로 추수할 일꾼을 보내달라고 기도하지 않는다. 추수할 일꾼이 되는 것은 여간 힘든 일이 아니기 때문이다. 그래서 예수님은 제자들이 추수할 일꾼을 보내달라고 기도하도록 동기를 부여하신다. 제자들은 추수할 것에 비해 추수할 일꾼이 상대적으로 적다는 사실을 알 때 추수할 일꾼을 보내달라고 기도할 마음을 먹게 된다.

또 마태복음 22장에는 예수님이 말씀하신 혼인 잔치의 비유가 나온다. 그 내용은 이렇게 시작된다. "천국은 마치 자기 아들을 위하여 혼인 잔치를 베푼 어떤 임금과 같으니"(2절). 이 임금은 종들을 보내 청한 사람들을 혼인 잔치에 불러오게 했다. 그런데 그들이 오기를 싫어했다. 임금은 다른 종들을 보내 청한 사람들을 다시 불러오게 했다. 그러나 이번에는 돌아보지도 않고 종들을 죽이기까지 했다. 임금은 노하여 군대를 보내 그들을 멸하고 그 동네를 불살랐다. 그런 다음 종들에게 길에서 사람을 만나는 대로 혼인 잔치에 청하여 오도록 했다. 종들은 길에서 사람을 만나는 대로 모두 데려왔고 혼인 자리에 손이 가득했다. 그다음에 이런 내용이 이어진다. "임금이 손님들을 보러 들어올 새 거기서 예복을 입지 않은 한 사람을 보고 이르되 친구여 어찌하여 예복을 입지 않고 여기 들어왔느냐 하니 그가 아무 말도 못하거늘 임금이 사환들에게 말하되 그 손발을 묶어 바깥 어두운 데에 내던지라 거기서 슬피 울며 이를 갈게 되리라 하니라 청함을 받은 자는 많되 택함을 입은 자는 적으니라"(11-14절).

이 비유에 따르면, 예복을 입지 않은 자는 혼인 자리에 왔으나 혼인 잔치를 맛보지는 못한 자다. 그는 청함을 받은 자이나 택함을 입은 자는 아니다. 이로써 예수님은 누구든지 혼인 잔치에는 예복을 입고 가야 할 것을 말씀하신다. 이때 예복은 임금의 요구, 즉 하나님의 요구를 가리킨다. 예복을 입지 않은 자는 임금의 요구를 생각하지 않고 혼인 잔치에 가기만 한 것이다. 그저 자기 하고 싶은 대로, 자기 편한 대로, 자기 방식대로 혼인 잔치에 간 것이다. 임금의 요구를 헤아리지도 않고 따르지도 않은 것이다.

이 비유의 요점은 여기 있다. 그것은 청함받은 자에 비해 택함을 입은 자가 상대적으로 적다는 사실이다. "청함을 받은 자는 많되 택함을 입은 자는 적으니라." 예수님이 이 점을 말씀하신 의도는 분명하다. 그것은 사람들이 하나님의 요구를 헤아리고 따르도록 동기를 부여하기 위함이다. 사람은 본능적으로 하나님의 요구를 헤아리고 따르려 하지 않는다. 하나님의 요구를 헤아리고 따르는 것은 여간 불편한 것이 아니기 때문이다. 그래서 예수님은 사람들이 하나님의 요구를 헤아리고 따르도록 동기를 부여하신다. 사람들은 청함받은 자에 비해 택함을 입은 자가 상대적으로 적다는 사실을 알 때, 하나님의 요구를 헤아리고 따를 마음을 먹게 된다.

따라서 본문에서도 예수님은 제자들에게 구원 얻지 못할 사람에 비해 구원 얻을 사람이 상대적으로 적다는 사실을 알게 함으로써, 좁은 문으로 들어갈 마음을 먹게 하신다. 이처럼 구원 얻는 사람은 상대적 소수가 취하는 삶의 방식을 따르게 되어 있다. 그것은 좁은 문이고 협착한 길이다. 우리는 상대적으로 많은 사람이 취하는 삶의 방식을 현명한 것으로 생각하기 쉽다. 그러나 속지 말라. 구원은 상대적으로 많은 사람이 취하는 삶의 방식을 따르는 데 있지 않다. 예수님은 생명으로 인도하는 문은 좁고 길이 협착하여 찾는 자가 적다고 말씀하셨다.

우리는 구원 얻지 못할 사람에 비해 구원 얻을 사람이 상대적으로 적다는 사실을 늘 기억해야 한다. 생명으로 인도하는 문이 인기를 끈 적은 한 번도 없다. 많은 사람이 살아가는 멋진 삶의 방식을 부러워하지 말라. 텔레비전이나 영화가 보여주는 매력적인 삶의 방식에 속지 말라. 그러한 삶의 방식을 따르면서도 구원 얻을 것을 바라는 것은 스스로 속는 일이다.

좁은 문으로 들어가기 위한 애씀과 노력

그런데 본문에는 한 가지 더 주목해야 할 사실이 있다. 그것은 마태가 예수님의 말씀을 기록할 때 사용한 표현상의 변화다. "좁은 문으로 들어가라 멸망으로 인도하는 문은 크고 그 길이 넓어 그리로 들어가는 자가 많고 생명으로 인도하는 문은 좁고 길이 협착하여 찾는 자가 적음이라." 여기에는 한 가지 중요한 표현의 변화가 있다. 그것은 '들어가다'라는 말을 마지막에서 '찾다'로 바꾼 것이다. 그는 "생명으로 인도하는 문은 좁고 길이 협착하여 들어가는 자가 적음이라"로 기록하지 않고 "생명으로 인도하는 문은 좁고 길이 협착하여 찾는 자가 적음이라"로 기록했다.

그러면 이 사실은 무엇을 의미할까? 우선적으로 상기할 것은 이 '찾다'(휴리스코)가 이미 산상수훈의 앞부분에서 나왔다는 점이다. "구하라 그리하면 너희에게 주실 것이요 찾으라(제이테오) 그리하면 찾아낼(휴리스코) 것이요 문을 두드리라 그리하면 너희에게 열릴 것이니 구하는 이마다 받을 것이요 찾는(제이테오) 이는 찾아낼(휴리스코) 것이요 두드리는 이에게는 열릴 것이니라"(마 7:7-8). 여기 보면 '찾아내다'(휴리스코)가 '찾다'(제이테오)와 함께 나온다. 그 차이는 '찾아내는' 것은 '찾은' 결과라는 것이다.

이 점은 마태복음의 다른 곳에서도 나타난다. "더러운 귀신이 사람에게서 나갔을 때에 물 없는 곳으로 다니며 쉬기를 구하되(제이테오) 쉴 곳을 얻지(휴리스코) 못하고"(마 12:43). 여기서 더러운 귀신이 쉴 곳을 '얻지' 못한 것은 쉬기를 '구한' 결과다. "또 천국은 마치 좋은 진주를 구하는(제이테오) 장사와 같으니 극히 값진 진주 하나를 발견하매(휴리스코) 가서 자기의 소유를 다 팔아 그 진주를 사느니라"(마 13:45-46). 여기서 상인이 극히 값진 진주를 '발견한' 것은 좋은 진주를 '구한' 결과다. 이처럼 '얻다, 발견하다(=찾아내다)'(휴리스코)는 '구한(=찾은)'(제이테오) 결과를 나타내는 말이다.

본문에서도 '찾아내다'(휴리스코)는 '찾은'(제이테오) 결과를 나타내는 말이다. 아쉽게도 개역개정 성경은 이 점을 본문에 반영하지 못했다. "생명으로 인도하는 문은 좁고 길이 협착하여 찾는(휴리스코, 찾아내는) 자가 적음이라."

따라서 본문에서 마태가 예수님의 말씀을 기록하면서 '들어가다'라는 말을 '찾다'로 바꾼 데는 중요한 의미가 있다. 그것은 좁은 문, 즉 생명으로 인도하는 문으로 들어가는 것이 멸망으로 인도하는 문으로 들어가는 것과 다르다는 의미다. 멸망으로 인도하는 문으로 들어가는 것은 애쓰거나 노력할 필요가 없다. 사람은 본성대로라면 멸망으로 인도하는 문으로 들어가기 마련이다. 그러나 좁은 문, 즉 생명으로 인도하는 문으로 들어가는 것은 그렇지 않다. 사람이 좁은 문, 즉 생명으로 인도하는 문으로 들어가려면 애쓰고 노력하지 않으면 안 된다. 사람이 좁은 문으로 들어가는 것은 좁은 문을 찾고 구한 결과다.

따라서 좁은 문으로 들어가라는 예수님의 명령은 이러한 애씀과 노력을 요구한다. 그래서 예수님은 산상수훈에서 제자들의 의, 즉 그들에게 요구되는 착한 행실에 대해 설명하신 후 이런 말씀을 추가하셨다. "구하라 그리하면 너희에게 주실 것이요 찾으라 그리하면 찾아낼 것이요 문을 두드리라 그리하면 너희에게 열릴 것이니 구하는 이마다 받을 것이요 찾는 이는 찾아낼 것이요 두드리는 이에게는 열릴 것이니라"(마 7:7-8). 산상수훈의 가르침대로 사는 것은 저절로 쉽게 이루어지지 않는다. 거기에는 구하고 찾고 문을 두드리는 애씀과 노력이 요구된다.

이 점은 누가의 기록에서 잘 나타난다. "좁은 문으로 들어가기를 힘쓰라"(눅 13:24). 여기 '힘쓰다'는 전쟁과 같이 있는 힘을 다하는 경우를 말할 때 사용된다. "예수께서 대답하시되 내 나라는 이 세상에 속한 것이 아니니라 만일 내 나라가 이 세상에 속한 것이었더라면 내 종들이 싸워 나로 유대인들에게 넘겨지지 않게 하였으리라 이제 내 나라는 여기에 속한 것이 아니니라"(요 18:36).

예수님 외에 이 '힘쓰다'는 말을 사용한 사람은 사도 바울이다. "이기기를 다투는 자마다 모든 일에 절제하나니 그들은 썩을 승리자의 관을 얻고자 하되 우리는 썩지 아니할 것을 얻고자 하노라"(고전 9:25). "이를 위하여 나도 내 속에서 능력으로 역사하시는 이의 역사를 따라 힘을 다하여 수고하노라"(골 1:29). "그리스도 예수의 종인 너희에게서 온 에바브라가 너희에게 문안하느니라 그가 항상 너희를 위하여 애써 기도하여 너희로 하나님의 모든 뜻 가운데서 완전하고 확신 있게 서기를 구하나니"(골 4:12). "이를 위하여 우리가 수고하고 힘쓰는 것은 우리 소망을 살아 계신 하나님께 둠이니 곧 모든 사람 특히 믿는 자들의 구주시라"(딤전 4:10). "믿음의 선한 싸움을 싸우라 영생을 취하라 이를 위하여 네가 부르심을 받았고 많은 증인 앞에서 선한 증언을 하였도다"(딤전 6:12). "나는 선한 싸움을 싸우고 나의 달려갈 길을 마치고 믿음을 지켰으니"(딤후 4:7). 이처럼 좁은 문으로 들어가는 것은 힘쓰지 않고는 불가능하다.

따라서 본문에서 마태가 예수님의 말씀을 기록하면서 '들어가다'라는 말을 '찾다'로 바꾼 것은 중요하다. 그것은 좁은 문으로 들어가는 것이 결코 저절로 쉽게 되는 일이 아님을 보여준다.

좁은 문으로 들어가는 것보다 더 중요한 것은 없다. 그것이 우리의 영원한 운명을 가르기 때문이다. 우리의 영원한 운명을 가르는 것은 돈도 지위도 지식도 명예도 아니다. 그것은 좁은 문과 큰 문 중에 어느 문으로 들어가느냐 하는 것이다. 우리의 영원한 운명을 가르는 것은 죄로 부패한 인간의 욕망을 버리는 삶의 방식을 따르느냐 따르지 않느냐하는 것뿐이다. 다시 말하면, 산상수훈이 말하는 삶의 방식을 따르느냐따르지 않느냐가 우리의 영원한 운명을 좌우한다. 좁은 문으로 들어가는 것이 멸망이냐 생명이냐를 결정한다.

좁은 문으로 들어가는 것이 이렇게 중요하다면, 그것은 결코 저절로 쉽게 될 수 없다. 그것이 중요한 만큼 우리의 애씀과 노력을 요구한다. 조나단 에드워즈는 이렇게 말했다. "만일 우리가 신앙에 아주 큰 열심을 내지 않는다면, 또 우리 의지와 성향이 강하게 활동하지 않는다면, 우리는 아무것도 아니다. 종교에 속한 일은 너무나 크고 중요하기 때문에 만일 우리 마음의 활동이 생동감도 없고 강력하지도 않다면 우리 마음의 활동은 신앙의 본질과 중요성에 부합될 수 없다. 종교만큼우리 성향이 왕성하게 활동하기를 요구하는 것도 없다. 종교만큼 우리의 미지근함을 괴이하게 여기는 것도 없다. 참된 신앙은 언제나 강력한것이다."[44]

좁은 문으로 들어가는 것은 우리를 생명으로 인도하기에 중요하다.

---

44 Edwards, 『신앙감정론』, p.154.

그러므로 게으름과 미지근함은 좁은 문으로 들어가는 데 부합하지 않다. 오직 애쓰고 노력하는 부지런함과 열심만이 좁은 문으로 들어가는데 부합한다. 죄로 부패한 인간의 욕망을 버리는 삶의 방식, 산상수훈이 말하는 삶의 방식을 따르는 데 시간과 돈과 열정을 바치라. 그래서 생명으로 인도하는 문을 찾아내는 자가 되라.

53
거짓 선지자들을 삼가라

거짓 선지자들을 삼가라 양의 옷을 입고 너희에게 나아오나
속에는 노략질하는 이리라

_마 7:15

산상수훈의 마지막 부분에는 경고 네 개가 있다. 그것은 제자들이 앞에서 들은 말씀에 적절한 반응을 취하게 하기 위한 것이다. 첫째 경고는 좁은 문으로 들어가라는 것이다. 그것은 산상수훈의 가르침에 나타난 삶의 방식을 따르는 것이다. 그 핵심은 죄로 부패한 인간의 욕망을 버리는 일이다. 본문에 나오는 둘째 경고는 "거짓 선지자들을 삼가라"는 것이다. 이 말씀은 마태만 기록했다.

거짓 선지자들

그러면 예수님이 말씀하신 거짓 선지자들은 누구를 가리킬까? 거짓 선지자들은 구약성경에 이미 나타났다. 그들은 이스라엘 백성에게 거짓을 예언한 선지자들이다. "선지자들은 거짓을 예언하며 제사장들은 자기 권력으로 다스리며 내 백성은 그것을 좋게 여기니 마지막에는 너희가 어찌하려느냐"(렘 5:31). "네 선지자들이 네게 대하여 헛되고 어리석은 묵시를 보았으므로 네 죄악을 드러내어서 네가 사로잡힌 것을 돌이키지 못하였도다 그들이 거짓 경고와 미혹하게 할 것만 보았도다"(애 2:14). "그 선지자들이 그들을 위하여 회를 칠하고 스스로 허탄한 이상을 보며 거짓 복술을 행하며 여호와가 말하지 아니하였어도 주 여호와께서 이같이 말씀하셨느니라 하였으며"(겔 22:28). "만군의 여호와가 말하노라 그 날에 내가 우상의 이름을 이 땅에서 끊어서 기억도 되지 못하게 할 것이며 거짓 선지자와 더러운 귀신을 이 땅에서 떠나게 할 것이라 사람이 아직도 예언할 것 같으면 그 낳은 부모가 그에게 이르기를 네가 여호와의 이름을 빙자하여 거짓말을 하니 살지 못하리라 하고 낳은 부모가 그가 예언할 때에 칼로 그를 찌르리라"(슥 13:2-3).

신약성경에서 예수님이 거짓 선지자들의 출현을 예고하신다. "거짓 선지자가 많이 일어나 많은 사람을 미혹하겠으며"(마 24:11). "거짓 그리스도들과 거짓 선지자들이 일어나 큰 표적과 기사를 보여 할 수만 있으면 택하신 자들도 미혹하리라"(마 24:24, 막 13:22 참조).

그리고 사도들도 예수님처럼 거짓 선지자들의 출현을 예고했다. 사도 베드로는 이렇게 말했다. "그러나 백성 가운데 또한 거짓 선지자들이 일어났었나니 이와 같이 너희 중에도 거짓 선생들이 있으리라 그들은 멸망하게 할 이단을 가만히 끌어들여 자기들을 사신 주를 부인하고 임박한 멸망을 스스로 취하는 자들이라"(벧후 2:1). 여기서 교회 안에 나타날 "거짓 선생들"은 이스라엘 백성 가운데 나타났던 거짓 선지자들과 같은 부류로 간주된다. 사도 바울 역시 거짓 선생들이 교회 안에 출현할 것을 내다보고 이렇게 말했다. "내가 떠난 후에 사나운 이리가 여러분에게 들어와서 그 양 떼를 아끼지 아니하며 또한 여러분 중에서도 제자들을 끌어 자기를 따르게 하려고 어그러진 말을 하는 사람들이 일어날 줄을 내가 아노라"(행 20:29-30).

　그리고 그들보다 나중에 사도 요한도 거짓 선지자들의 출현을 말했다. "사랑하는 자들아 영을 다 믿지 말고 오직 영들이 하나님께 속하였나 분별하라 많은 거짓 선지자가 세상에 나왔음이라 이로써 너희가 하나님의 영을 알지니 곧 예수 그리스도께서 육체로 오신 것을 시인하는 영마다 하나님께 속한 것이요 예수를 시인하지 아니하는 영마다 하나님께 속한 것이 아니니 이것이 곧 적그리스도의 영이니라 오리라 한 말을 너희가 들었거니와 지금 벌써 세상에 있느니라"(요일 4:1-3). 이 말씀에 따르면 "많은 거짓 선지자"의 영이 적그리스도의 영이다. 따라서 여기서 말한 많은 거짓 선지자는 요한이 앞에서 이미 언급한 많은 적그리스도다. 그들은 특히 예수 그리스도에 관해 거짓말하는 거짓 선생들이다. "아이들아 지금은 마지막 때라 적그리스도가 오리라는 말을 너희가 들은 것과 같이 지금도 많은 적그리스도가 일어났으니 그러므로 우리가 마지막 때인 줄 아노라 그들이 우리에게서 나갔으나 우리에게 속하지 아니하였나니 만일 우리에게 속하였더라면 우리와 함께 거하였으려니와 그들이 나간 것은 다 우리에게 속하지 아니함을 나타내려 함이니라 너희는 거룩하신 자에게서 기름 부음을 받고 모든 것을 아느니라 내가 너희에게 쓰는 것은 너희가 진리를 알지 못하기 때문이 아니라 알기 때문이요 또 모든 거짓은 진리에서 나지 않기 때문이라 거짓말하는 자가 누구냐 예수께서 그리스도이심을 부인하는 자가 아니냐 아버지와 아들을 부인하는 그가 적그리스도니 … 너희를 미혹하는 자들에 관하여 내가 이것을 너희에게 썼노라 너희는 주께 받은 바 기름 부음이 너희 안에 거하나니 아무도 너희를 가르칠 필요가 없고(이것은 "너희를 미혹하는 자들"을 염두에 둔 것이다) 오직 그의 기름 부음이 모든 것을 너희에게 가르치며 또 참되고 거짓이 없으니 너희를 가르치신 그 대로 주 안에 거하라"(요일 2:18-22, 26-27).

이처럼 예수님이 말씀하신 거짓 선지자들은 교회 안에 나타날 거짓 선생들을 가리킨다(예수님이 이 말씀을 하신 때는 아직 교회가 세워지기 전이 었고, 성경이 완성되기 전이었음에 주목하라).

왜 거짓 선지자들을 삼가야 할까

그러면 왜 예수님은 거짓 선지자들을 삼가라고 하셨을까? 그들이 제자들을 현혹해 좁은 문으로 들어가는 것을 막기 때문이다. 거짓 선지 자들의 가르침은 찾는 이가 적은 좁은 문과 거리가 멀다. 그들은 사람 들이 좋아하는 말을 할 것이다. 존 웨슬리는 "사람들에게 넓은 길로 가 라고, 많은 사람이 걷는 길로 가라고 가르치는 사람들"과 "사람들에게 좁은 길로 가라고, 유일한 길로 가라고 가르치지 않는 사람들"은 거짓 선지자들이라고 말한다.[45] 거짓 선지자들은 사람들이 좋아하는 말을 함으로써 그들이 좁은 길로 가지 않고 넓은 길로 가게 만든다.

구약성경에 나타난 거짓 선지자들이 그랬다. 열왕기상 22장에는 아 합이 여호사밧과 함께 아람 왕과 싸우려고 하는 장면이 나온다. 그때 여호사밧은 아합에게 먼저 여호와의 말씀이 어떠한지 물어보자고 제 안한다. 그래서 아합은 선지자 4백 명쯤을 모아서 물었다. "내가 길르 앗 라못에 가서 싸우랴 말랴." 그들은 "올라가소서 주께서 그 성읍을 왕

---

45 Wesley, 『웨슬리가 전한 산상수훈』, p.378.

의 손에 넘기시리이다"라고 대답한다. 그들의 말은 아합이 듣고 싶은 말이었지만 하나님의 말씀은 아니었다. 그러자 여호사밧은 "이 외에 우리가 물을 만한 여호와의 선지자가 여기 있지 아니하니이까" 하고 묻는다. 아합이 "아직도 이믈라의 아들 미가야 한 사람이 있으니 그로 말미암아 여호와께 물을 수 있으나 그는 내게 대하여 길한 일은 예언하지 아니하고 흉한 일만 예언하기로 내가 그를 미워하나이다"라고 대답한다. 이렇게 불려온 미가야는 아합이 죽게 될 것을 예언한다. 그의 말은 아합이 듣기 싫은 말이었지만 하나님의 말씀이었다. 결국 아합은 거짓 선지자들의 말을 따랐고 전쟁에 나가 죽고 만다. 거짓 선지자들은 아합이 듣기 좋은 말을 하여 그를 죽게 만든 것이다.

또 거짓 선지자들은 이스라엘 백성에게 평강이 없음에도 평강이 있다고 말하곤 했다. "이에 내가 말하되 슬프도소이다 주 여호와여 보시옵소서 선지자들이 그들에게 이르기를 너희가 칼을 보지 아니하겠고 기근은 너희에게 이르지 아니할 것이라 내가 이 곳에서 너희에게 확실한 평강을 주리라 하나이다 여호와께서 내게 이르시되 선지자들이 내 이름으로 거짓 예언을 하도다 나는 그들을 보내지 아니하였고 그들에게 명령하거나 이르지 아니하였거늘 그들이 거짓 계시와 점술과 헛된 것과 자기 마음의 거짓으로 너희에게 예언하는도다"(렘 14:13-14). "그 선지자들이 허탄한 묵시를 보며 거짓 것을 점쳤으니 내 손이 그들을 쳐서 내 백성의 공회에 들어오지 못하게 하며 이스라엘 족속의 호적에도 기록되지 못하게 하며 이스라엘 땅에도 들어가지 못하게 하리니 너희가 나를 여호와인 줄 알리라 이렇게 칠 것은 그들이 내 백성을 유혹하여 평강이 없으나 평강이 있다 함이라 어떤 사람이 담을 쌓을 때에 그들이 회칠을 하는도다"(겔 13:9-10). 거짓 선지자들은 이스라엘 백성에게 듣기 좋은 말을 했고 그들에게 재앙이 임하고 말았다.

이처럼 거짓 선지자들은 사람들이 좋아하는 말을 한다. 그러니 사람들은 거짓 선지자들의 말에 박수할 것이다. 그래서 예수님은 이런 말씀도 하셨다. "모든 사람이 너희를 칭찬하면 화가 있도다 그들의 조상들이 거짓 선지자들에게 이와 같이 하였느니라"(눅 6:26). 그런데 문제는 그들의 가르침이 사람들을 큰 문으로 들어가게 해서 멸망으로 인도할 뿐 아니라, 할 수만 있으면 제자들을 현혹해 좁은 문으로 들어가지 못하게 할 거라는 점이다. 그래서 예수님이 제자들에게 경고하신 것이다. "거짓 선지자들을 삼가라."

거짓 선지자들(선생들)을 삼가는 것은 우리가 좁은 문으로 들어가기 위해 중요하다. 앞에서 살펴본 대로, 좁은 문으로 들어가는 것은 우리의 애씀과 노력을 요구한다. 그러한 애씀과 노력에서 우선되어야 할 것은 거짓 선지자들을 삼가는 것이다.

거짓 선지자들의 실상

그러면 제자들은 거짓 선지자들의 어떤 점을 삼가야 할까? 예수님은 거짓 선지자들의 실상을 이렇게 폭로하셨다. "양의 옷을 입고 너희에게 나아오나 속에는 노략질하는 이리라." 여기 '양의 옷을 입은 이리'는 주전 6-7세기에 만들어진 이솝 우화에 등장하는 것과 같다.

우선 "양의 옷을 입고"는 겉으로 드러난 그들의 모습을 말한다. 마태가 기록한 예수님의 말씀에서 양은 제자들, 즉 하나님의 백성을 가리킨다. "보라 내가 너희를 보냄이 양을 이리 가운데로 보냄과 같도다 그러므로 너희는 뱀 같이 지혜롭고 비둘기 같이 순결하라"(마 10:16). "모든 민족을 그 앞에 모으고 각각 구분하기를 목자가 양과 염소를 구분하는 것 같이 하여 양은 그 오른편에 염소는 왼편에 두리라"(마 25:32-33). "그 때에 예수께서 제자들에게 이르시되 오늘 밤에 너희가 다 나를 버리리라 기록된 바 내가 목자를 치리니 양의 떼가 흩어지리라 하였느니라"(마 26:31).

따라서 거짓 선지자들은 제자들인 것처럼 위장한다. 그런데 그들이 제자가 아닌 것은 "너희에게 나아오나"라는 말로써 분명히 드러난다. 그들은 제자들 가운데 속하지 않은 외부자들이다. 이처럼 거짓 선지자들은 제자가 아니면서 제자들인 것처럼 위장한다. 이 때문에 제자들은 겉으로 드러난 그들의 모습만 보고 속기 쉽다.

그다음 "속에는 노략질하는 이리라"는 그들의 본색을 말한 것이다. 이러한 표현은 성경 다른 곳에도 나타난다. "베냐민은 물어뜯는(=노략질하는) 이리라 아침에는 빼앗은 것을 먹고 저녁에는 움킨 것을 나누리로다"(창 49:27). "삯꾼은 목자가 아니요 양도 제 양이 아니라 이리가 오는 것을 보면 양을 버리고 달아나나니 이리가 양을 물어 가고(=노략질하고) 또 헤치느니라"(요 10:12). "노략질하는"은 양을 해치려는 이리의 사나움을 나타낸다. "내가 떠난 후에 사나운 이리가 여러분에게 들어와서 그 양 떼를 아끼지 아니하며"(행 20:29). 우리는 이 말에서 제자들에 대한 거짓 선지자들의 악의와 반감을 느낄 수 있다.

결국 우리가 삼가야 하는 것은, 거짓 선지자들이 겉으로는 제자인 양 행세하지만 속으로는 제자들에 대한 악의와 반감을 품고 있다는 점이다. 예수님은 이런 점에서 거짓 선지자들을 삼가라고 말씀하신다. 제자인 양 행세하는 그들의 겉모습에 속지 말고, 제자들에 대한 그들의 악의와 반감을 조심하라는 것이다.

마태복음에는 예수님이 이런 의미로 '삼가다'라는 말을 사용하신 경우가 두 번 더 있다. "보라 내가 너희를 보냄이 양을 이리 가운데로 보냄과 같도다 그러므로 너희는 뱀 같이 지혜롭고 비둘기 같이 순결하라 사람들을 삼가라 그들이 너희를 공회에 넘겨 주겠고 그들의 회당에서 채찍질하리라"(마 10:16-17). 여기서 "사람들"은 "이리"로 묘사된 잠재적인 적이다. 그들은 제자들을 공회에 넘겨주고 회당에서 채찍질할 사람들이다. 따라서 "사람들을 삼가라"는 제자들에 대한 사람들의 악의와 반감을 삼가라는 뜻이다.

"예수께서 이르시되 삼가 바리새인과 사두개인들의 누룩을 주의하라(=삼가라) 하시니 … 어찌 내 말한 것이 떡에 관함이 아닌 줄을 깨닫지 못하느냐 오직 바리새인과 사두개인들의 누룩을 주의하라(=삼가라) 하시니 그제서야 제자들이 떡의 누룩이 아니요 바리새인과 사두개인들의 교훈을 삼가라고 말씀하신 줄을 깨달으니라"(마 16:6, 11-12). 여기서 "바리새인과 사두개인들의 누룩"은 그들의 "교훈"을 말한다. 이 교훈은 앞서 그들이 예수님을 시험한(1절) 데서 드러났듯이 예수님에 대한 그들의 악의와 반감을 담고 있다. 따라서 "바리새인과 사두개인들의 교훈을 삼가라"는 예수님과 그 제자들에 대한 바리새인과 사두개인들의 악의와 반감을 삼가라는 뜻이다.

거짓 선지자들은 언제나 우리 편인 것처럼 선량한 모습으로 나타난다. 그리고 우리에 대한 악의와 반감을 숨기고 있다. 여기에는 중요한 이유가 있다. 거짓 선지자들의 문제가 단순한 무지나 오류에 있지 않기 때문이다. 그들의 문제는 영적인 것이다. 성경에는 이러한 예가 여러 곳에 나타난다.

그런즉 왕은 여호와의 말씀을 들으소서 내가 보니 여호와께서 그의 보좌에 앉으셨고 하늘의 만군이 그의 좌우편에 모시고 서 있는데 여호와께서 말씀하시기를 누가 아합을 꾀어 그를 길르앗 라못에 올라가서 죽게 할꼬 하시니 하나는 이렇게 하겠다 하고 또 하나는 저렇게 하겠다 하였는데 한 영이 나아와 여호와 앞에 서서 말하되 내가 그를 꾀겠나이다 여호와께서 그에게 이르시되 어떻게 하겠느냐 이르되 내가 나가서 거짓말하는 영이 되어 그의 모든 선지자들의 입에 있겠나이다 여호와께서 이르시되 너는 꾀겠고 또 이루리라 나가서 그리하라 하셨은즉 이제 여호와께서 거짓말하는 영을 왕의 이 모든 선지자의 입에 넣으셨고 또 여호와께서 왕에 대하여 화를 말씀하셨나이다(왕상 22:19-23)

온 섬 가운데로 지나서 바보에 이르러 바예수라 하는 유대인 거짓 선지자인 마술사를 만나니 그가 총독 서기오 바울과 함께 있으니 서기오 바울은 지혜 있는 사람이라 바나바와 사울을 불러 하나님의 말씀을 듣고자 하더라 이 마술사 엘루마는 (이 이름을 번역하면 마술사라) 그들을 대적하여 총독으로 믿지 못하게 힘쓰니 바울이라고 하는 사울이 성령이 충만하여 그를 주목하고 이르되 모든 거짓과 악행이 가득한 자요 마귀의 자식이요 모든 의의 원수여 주의 바른 길을 굽게 하기를 그치지 아니하겠느냐 보라 이제 주의 손이 네 위에 있으니 네가 맹인이 되어 얼마 동안 해를 보지 못하리라 하니 즉시 안개와 어둠이 그를 덮어 인도할 사람을 두루 구하는지라 이에 총독이 그렇게 된 것을 보고 믿으며 주의 가르치심을 놀랍게 여기니라(행 13:6-12)

사랑하는 자들아 영을 다 믿지 말고 오직 영들이 하나님께 속하였나 분별하라 많은 거짓 선지자가 세상에 나왔음이라 … 우리는 하나님께 속하였으니 하나님을 아는 자는 우리의 말을 듣고 하나님께 속하지 아니한 자는 우리의 말을 듣지 아니하나니 진리의 영과 미혹의 영을 이로써 아느니라(요일 4:1, 6)

또 내가 보매 개구리 같은 세 더러운 영이 용의 입과 짐승의 입과 거짓 선지자의 입에서 나오니(계 16:13)

짐승이 잡히고 그 앞에서 표적을 행하던 거짓 선지자도 함께 잡혔으니 이는 짐승의 표를 받고 그의 우상에게 경배하던 자들을 표적으로 미혹하던 자라 이 둘이 산 채로 유황불 붙는 못에 던져지고 (계 19:20)

또 그들을 미혹하는 마귀가 불과 유황 못에 던져지니 거기는 그 짐승과 거짓 선지자도 있어 세세토록 밤낮 괴로움을 받으리라(계 20:10)

이처럼 거짓 선지자들의 문제는 단순히 무지나 오류에 있는 게 아니다. 그들의 문제는 마귀에 속해 있어 제자들에게 적대적이라는 데 있다. 거짓 선지자들은 거짓말로 제자들을 미혹시키려 한다. 따라서 우리는 이러한 영적 전쟁을 의식함으로써 거짓 선지자들을 삼가야 한다.

54
아름다운 열매를 맺지 아니하는 나무

그들의 열매로 그들을 알지니 가시나무에서 포도를,
또는 엉겅퀴에서 무화과를 따겠느냐 이와 같이 좋은 나무마다 아름다운 열매를 맺고
못된 나무가 나쁜 열매를 맺나니 좋은 나무가 나쁜 열매를 맺을 수 없고
못된 나무가 아름다운 열매를 맺을 수 없느니라 아름다운 열매를 맺지 아니하는
나무마다 찍혀 불에 던져지느니라 이러므로 그들의 열매로 그들을 알리라

_마 7:16-20

산상수훈은 경고 네 개로 끝난다. 그 가운데 둘째 경고가 앞에서 살펴본 거짓 선지자들을 삼가라는 말씀이다. 본문은 그 말씀에 연속되는 내용이다. 여기서 다루는 내용은 '그러면 어떻게 거짓 선지자들을 알 수 있을까' 하는 것이다. 거짓 선지자들은 양의 옷을 입었지만 속에는 노략질하는 이리라고 했다. 그들은 위장한 모습으로 나타난다. 이 때문에 제자들이 그들에게 속기 쉽다. 따라서 거짓 선지자들을 식별하는 문제가 대두된다.

어떻게 거짓 선지자들을 식별할 것인가

이 문제에 대해 예수님은 분명한 지침을 말씀하셨다. 그것은 "그들의 열매로 그들을 알지니"(16절상)라는 말씀이다. 이 말씀은 좀더 정확히 번역하면 '너희는 그들의 열매로 그들을 알 것이다'가 된다. 여기서

"그들"은 앞에 나온 거짓 선지자들을 가리킨다. 거짓 선지자들은 그들의 열매로 알 것이라는 게 예수님의 지침이다.

예수님은 이 지침을 가시나무와 엉겅퀴를 예로 들어 설명하셨다. "가시나무에서 포도를, 또는 엉겅퀴에서 무화과를 따겠느냐"(16절하). 성경에서 가시나무와 엉겅퀴는 저주의 상징으로 나타난다. 사람에게 쓸모 있는 열매를 맺지 못하기 때문이다. "아담에게 이르시되 네가 네 아내의 말을 듣고 내가 네게 먹지 말라 한 나무의 열매를 먹었은즉 땅은 너로 말미암아 저주를 받고 너는 네 평생에 수고하여야 그 소산을 먹으리라 땅이 네게 가시덤불과 엉겅퀴를 낼 것이라 네가 먹을 것은 밭의 채소인즉"(창 3:17-18). "이스라엘의 죄 곧 아웬의 산당은 파괴되어 가시와 찔레가 그 제단 위에 날 것이니 그 때에 그들이 산더러 우리를 가리라 할 것이요 작은 산더러 우리 위에 무너지라 하리라"(호 10:8). "땅이 그 위에 자주 내리는 비를 흡수하여 밭 가는 자들이 쓰기에 합당한 채소를 내면 하나님께 복을 받고 만일 가시와 엉겅퀴를 내면 버림을 당하고 저주함에 가까워 그 마지막은 불사름이 되리라"(히 6:7-8). 결국 예수님의 말씀은 가시나무나 엉겅퀴는 포도나 무화과처럼 사람에게 쓸모 있는 열매를 맺지 못한다는 뜻이다.

그런 다음 예수님은 이 사실을 하나의 일반적인 원리로 제시하셨다. "이와 같이 좋은 나무마다 아름다운 열매를 맺고 못된 나무가 나쁜 열매를 맺나니 좋은 나무가 나쁜 열매를 맺을 수 없고 못된 나무가 아름다운 열매를 맺을 수 없느니라"(마 7:17-18). 이 말씀에서 강조된 것은 나무와 열매가 갖는 불가분의 관계다. 두 가지 점에서 그렇다. 먼저 17절에서 "마다"라는 말은 예외가 없음을 의미한다. "이와 같이 좋은 나무마다 아름다운 열매를 맺고." 이 말은 좋은 나무가 아름다운 열매를 맺지 않는 경우는 없다는 뜻이다. 이것은 나무와 열매가 불가분의 관계에 있음을 나타낸다. 또 18절에서 "맺을 수 없고"도 마찬가지다. 이 말은 좋은 나무가 나쁜 열매를 맺거나 못된 나무가 아름다운 열매를 맺는 것은 불가능하다는 것이다. 이것은 역시 나무와 열매가 불가분의 관계에 있음을 나타낸다. 이처럼 나무와 열매는 불가분의 관계에 있기에 나무는 열매로 알게 된다. 마찬가지로 거짓 선지자들도 그들의 열매로 알게 된다.

행실의 열매

그러면 여기서 말하는 열매는 무엇을 가리킬까? 그것은 행실 또는 삶을 가리킨다. 마태복음에서 예수님이 사용하신 열매는 행실이나 삶을 가리키기 때문이다.

1. "요한이 많은 바리새인들과 사두개인들이 세례 베푸는 데로 오는 것을 보고 이르되 독사의 자식들아 누가 너희를 가르쳐 임박한 진노를 피하라 하더냐 그러므로 회개에 합당한 열매를 맺고"(마 3:7-8). 여기서 열매는 회개를 나타내는 행실을 가리킨다.

2. "나무도 좋고 열매도 좋다 하든지 나무도 좋지 않고 열매도 좋지 않다 하든지 하라 그 열매로 나무를 아느니라 독사의 자식들아 너희는 악하니 어떻게 선한 말을 할 수 있느냐 이는 마음에 가득한 것을 입으로 말함이라"(마 12:33-34). 여기서 열매는 마음에 가득한 것을 드러내는 말을 가리킨다.

3. "더러는 좋은 땅에 떨어지매 어떤 것은 백 배, 어떤 것은 육십 배,

어떤 것은 삼십 배의 결실을 하였느니라 … 좋은 땅에 뿌려졌다는 것은 말씀을 듣고 깨닫는 자니 결실하여 어떤 것은 백 배, 어떤 것은 육십 배, 어떤 것은 삼십 배가 되느니라 하시더라"(마 13:8, 23). 여기서 열매(결실)는 말씀을 듣고 깨달은 결과로 나타나는 삶을 가리킨다.

4. "다른 한 비유를 들으라 한 집 주인이 포도원을 만들어 산울타리로 두르고 거기에 즙 짜는 틀을 만들고 망대를 짓고 농부들에게 세로 주고 타국에 갔더니 열매 거둘 때가 가까우매 그 열매를 받으려고 자기 종들을 농부들에게 보내니 농부들이 종들을 잡아 하나는 심히 때리고 하나는 죽이고 하나는 돌로 쳤거늘 다시 다른 종들을 처음보다 많이 보내니 그들에게도 그렇게 하였는지라 후에 자기 아들을 보내며 이르되 그들이 내 아들은 존대하리라 하였더니 농부들이 그 아들을 보고 서로 말하되 이는 상속자니 자 죽이고 그의 유산을 차지하자 하고 이에 잡아 포도원 밖에 내쫓아 죽였느니라 그러면 포도원 주인이 올 때에 그 농부들을 어떻게 하겠느냐 그들이 말하되 그 악한 자들을 진멸하고 포도원은 제 때에 열매를 바칠 만한 다른 농부들에게 세로 줄지니이다 예수께서 이르시되 너희가 성경에 건축자들이 버린 돌이 모퉁이의 머릿돌이 되었나니 이것은 주로 말미암아 된 것이요 우리 눈에 기이하도다 함을 읽어 본 일이 없느냐 그러므로 내가 너희에게 이르노니 하나님의 나라를 너희는 빼앗기고 그 나라의 열매 맺는 백성이 받으리라"(마 21:33-43). 여기서 열매는 포도원 주인이 세 준 농부들에게 요구하는 것이듯, 하나님이 그의 백성에게 요구하는 삶(충성)이다.

이처럼 마태복음에서 예수님이 사용하신 열매는 행실 또는 삶을 가리킨다. 따라서 본문에서도 열매는 거짓 선지자들의 행실이나 삶을 가리킨다. 이 사실은 예수님이 열매에 대해 사용하신 수식어를 통해서도 나타난다. 예수님은 본문에서 열매에 대해 나무와는 다른 수식어를 사용하셨다. 예수님은 나무에 대해서는 "좋은"(아가토스) 또는 "못된"(사프로스)이라는 말을 사용하셨다. 그런데 열매에 대해서는 "아름다운"(칼로스) 또는 "나쁜"(포네이로스)이라는 말을 사용하셨다. 이것은 주목할 만한 변화다. 마태가 다른 곳에 기록한 예수님의 말씀에서는 나무와 열매에 같은 수식어가 사용되었기 때문이다. "나무도 좋고(칼로스) 열매도 좋다(칼로스) 하든지 나무도 좋지 않고(사프로스) 열매도 좋지 않다(사프로스) 하든지 하라 그 열매로 나무를 아느니라"(마 12:33). 이 점은 누가의 기록에서도 마찬가지다. "못된(사프로스) 열매 맺는 좋은(칼로스) 나무가 없고 또 좋은(칼로스) 열매 맺는 못된(사프로스) 나무가 없느니라"(눅 6:43).

우선 본문에서 예수님은 나무에 대해서는 "좋은"(아가토스)이라는 말을 사용하시면서 열매에 대해서는 "아름다운"(칼로스)이라는 말을 사용하셨다. 이것은 예수님이 앞에서 같은 말을 사용하신 적이 있기 때문이다. "이같이 너희 빛이 사람 앞에 비치게 하여 그들로 너희 착한 행실을 보고 하늘에 계신 너희 아버지께 영광을 돌리게 하라"(마 5:16). 여기 "착한 행실"에서 "착한"은 '아름다운'과 같은 말이다(칼로스). 따라서 예수님이 "아름다운 열매"라고 하셨을 때 "열매"는 행실을 가리킨다.

그다음 본문에서 예수님은 나무에 대해 "못된"(사프로스)이라는 말을 사용하시면서 열매에 대해서는 "나쁜"(포네이로스)이라는 말로 바꾸셨다. 이것은 예수님이 앞에서 "못된"(사프로스)이라는 말이 아닌 "나쁜"(포네이로스)이라는 말을 행실에 대해 윤리적 의미로 사용하셨기 때문이다. 예를 들면, "나로 말미암아 너희를 욕하고 박해하고 거짓으로 너희를 거슬러 모든 악한(포네이로스) 말을 할 때에는 너희에게 복이 있나니"(마 5:11). 따라서 예수님이 "나쁜 열매"라고 하셨을 때 "열매"는 행실을 가리킨다.

이처럼 예수님은 열매에 대해 윤리적 의미를 갖는 "아름다운"(칼로스) 또는 "나쁜"(포네이로스)이라는 수식어를 사용하셨다. 그것은 예수님이 사용하신 "열매"라는 말이 행실이나 삶을 가리키는 것임을 보여준다. 그러므로 거짓 선지자들은 그들의 열매, 즉 그들의 행실로 알게 된다. 이것이 본문에서 예수님이 말씀하신 지침이다. 예수님은 이 지침을 본문 마지막에 다시 언급함으로써 강조하셨다. "이러므로 그들의 열매로 그들을 알리라"(마 7:20).

나무는 잎이나 꽃으로 아는 게 아니라 열매로 안다. 마찬가지로 거짓 선지자들(선생들)은 그들의 말이나 유창한 언변이나 감화력 있는 표현이나 열정이나 눈물이나 놀라운 체험이나 기적을 행하는 능력으로 아는 게 아니라 그들의 열매, 즉 그들의 행실로 안다.

거짓 선생들도 바른말을 할 수 있다. "서기관들과 바리새인들이 모세의 자리에 앉았으니 그러므로 무엇이든지 그들이 말하는 바는 행하고 지키되 그들이 하는 행위는 본받지 말라 그들은 말만 하고 행하지 아니하며 또 무거운 짐을 묶어 사람의 어깨에 지우되 자기는 이것을 한 손가락으로도 움직이려 하지 아니하며 그들의 모든 행위를 사람에게 보이고자 하나니 "(마 23:2-5상). 또 거짓 선지자들도 능력을 나타낼 수 있다. "거짓 그리스도들과 거짓 선지자들이 일어나 큰 표적과 기사를 보여 할 수만 있으면 택하신 자들도 미혹하리라"(마 24:24, 막 13:22 참조).

그러나 거짓 선지자들(선생들)에게 참된 열매, 즉 거룩한 행실은 없다. 믿음과 행실은 나뉠 수 없기 때문이다. 거짓 선지자들(선생들)은 잘못된 믿음을 갖고 있기에 행실도 잘못될 수밖에 없다. "그러나 백성 가운데 또한 거짓 선지자들이 일어났었나니 이와 같이 너희 중에도 거짓 선생들이 있으리라 그들은 멸망하게 할 이단을 가만히 끌어들여 자기들을 사신 주를 부인하고 임박한 멸망을 스스로 취하는 자들이라 여럿이 그들의 호색하는 것을 따르리니 이로 말미암아 진리의 도가 비방을 받을 것이요 그들이 탐심으로써 지어낸 말을 가지고 너희로 이득을 삼으니 그들의 심판은 옛적부터 지체하지 아니하며 그들의 멸망은 잠들지 아니하느니라"(벧후 2:1-3). "여호와의 말씀이니라 선지자와 제사장이 다 사악한지라 내가 내 집에서도 그들의 악을 발견하였노라 … 내가 사마리아 선지자들 가운데 우매함을 보았나니 그들은 바알을 의지하고 예언하여 내 백성 이스라엘을 그릇되게 하였고 내가 예루살렘 선지자들 가운데도 가증한 일을 보았나니 그들은 간음을 행하며 거짓을 말하며 악을 행하는 자의 손을 강하게 하여 사람으로 그 악에서 돌이킴이 없게 하였은즉 그들은 다 내 앞에서 소돔과 다름이 없고 그 주민은 고모라와 다름이 없느니라 … 만군의 여호와께서 이와 같이 말씀하시되 너희에게 예언하는 선지자들의 말을 듣지 말라 그들은 너희에게 헛된 것을 가르치나니 그들이 말한 묵시는 자기 마음으로 말미암은 것이요 여호와의 입에서 나온 것이 아니니라"(렘 23:11, 13-14, 16).

그래서 성경은 선생 된 자들에게 참된 열매, 즉 거룩한 행실을 요구한다. 사도 바울은 디모데에게 이렇게 말했다. "너는 진리의 말씀을 옳게 분별하며 부끄러울 것이 없는 일꾼으로 인정된 자로 자신을 하나님 앞에 드리기를 힘쓰라"(딤후 2:15). 또 성도들은 선생 된 자들에 대해 그들의 믿음뿐 아니라 그들의 행실도 살펴야 한다. "하나님의 말씀을 너희에게 일러 주고 너희를 인도하던 자들을 생각하며 그들의 행실의 결

말을 주의하여 보고 그들의 믿음을 본받으라"(히 13:7). 그러므로 우리
는 거짓 선지자들(선생들)을 그들의 행실로 분별해야 한다.

심판에 대한 경고

그런데 마태는 본문에 거짓 선지자들을 분별하는 법과 상관없는
내용을 추가했다. "아름다운 열매를 맺지 아니하는 나무마다 찍혀 불
에 던져지느니라"(마 7:19). 이 내용은 일찍이 세례 요한이 많은 바리새
인과 사두개인에게 했던 경고와 같다. "이미 도끼가 나무 뿌리에 놓였
으니 좋은 열매를 맺지 아니하는 나무마다 찍혀 불에 던져지리라"(마
3:10). 이것은 심판에 대한 경고다. 불은 심판을 상징한다. "손에 키를
들고 자기의 타작 마당을 정하게 하사 알곡은 모아 곳간에 들이고 쭉
정이는 꺼지지 않는 불에 태우시리라"(마 3:12). 주목할 것은 나무의 성
격을 열매로 규정한 점이다. 예수님은 못된 나무 대신에 "아름다운 열
매를 맺지 아니하는 나무"라고 하셨다. 나무가 좋은 나무인지 못된 나
무인지는 그 열매로 알 수 있기 때문이다.

본문에서 이 경고는 거짓 선지자들에게만 해당하는 것이 아니다. 이
경고는 제자들에게도 똑같이 해당한다. 중요한 것은 불로 상징되는 심
판에 대한 경고가 열매, 즉 행실과 관련된 점이다. 이 점은 마태가 지속
적으로 강조하는 사실이다. "나는 너희에게 이르노니 형제에게 노하는
자마다 심판을 받게 되고 형제를 대하여 라가라 하는 자는 공회에 잡
혀가게 되고 미련한 놈이라 하는 자는 지옥 불에 들어가게 되리라"(마
5:22). "그런즉 가라지를 거두어 불에 사르는 것 같이 세상 끝에도 그러

하리라 인자가 그 천사들을 보내리니 그들이 그 나라에서 모든 넘어지게 하는 것과 또 불법을 행하는 자들을 거두어 내어 풀무 불에 던져 넣으리니 거기서 울며 이를 갈게 되리라"(마 13:40-42). "세상 끝에도 이러하리라 천사들이 와서 의인 중에서 악인을 갈라 내어 풀무 불에 던져 넣으리니 거기서 울며 이를 갈리라"(마 13:49-50). "만일 네 손이나 네 발이 너를 범죄하게 하거든 찍어 내버리라 장애인이나 다리 저는 자로 영생에 들어가는 것이 두 손과 두 발을 가지고 영원한 불에 던져지는 것보다 나으니라 만일 네 눈이 너를 범죄하게 하거든 빼어 내버리라 한 눈으로 영생에 들어가는 것이 두 눈을 가지고 지옥 불에 던져지는 것보다 나으니라"(마 18:8-9). "또 왼편에 있는 자들에게 이르시되 저주를 받은 자들아 나를 떠나 마귀와 그 사자들을 위하여 예비된 영원한 불에 들어가라 내가 주릴 때에 너희가 먹을 것을 주지 아니하였고 목마를 때에 마시게 하지 아니하였고 나그네 되었을 때에 영접하지 아니하였고 헐벗었을 때에 옷 입히지 아니하였고 병들었을 때와 옥에 갇혔을 때에 돌보지 아니하였느니라 하시니"(마 25:41-43).

이처럼 하나님이 심판하실 때 판단의 기준은 행실이 될 것이다. 이것은 성경이 일관되게 보여주는 사실이다. "그러나 너희가 이르기를 주의 길이 바르지 아니하다 하는도다 이스라엘 족속아 나는 너희가 각기 행한 대로 심판하리라 하시니라"(겔 33:20). "인자가 아버지의 영광으로 그 천사들과 함께 오리니 그 때에 각 사람이 행한 대로 갚으리라"(마 16:27). "이를 놀랍게 여기지 말라 무덤 속에 있는 자가 다 그의 음성을 들을 때가 오나니 선한 일을 행한 자는 생명의 부활로, 악한 일을 행한 자는 심판의 부활로 나오리라"(요 5:28-29). "하나님께서 각 사람에게 그 행한 대로 보응하시되"(롬 2:6). "이는 우리가 다 반드시 그리스도의 심판대 앞에 나타나게 되어 각각 선악간에 그 몸으로 행한 것을 따라 받으려 함이라"(고후 5:10). "외모로 보시지 않고 각 사람의 행위대로 심판하시는 이를 너희가 아버지라 부른즉 너희가 나그네로 있을 때를 두려움으로 지내라"(벧전 1:17). "또 내가 사망으로 그의 자녀를 죽이리니 모든 교회가 나는 사람의 뜻과 마음을 살피는 자인 줄 알지라 내가 너희 각 사람의 행위대로 갚아 주리라"(계 2:23). "또 내가 보니 죽은 자들이 큰 자나 작은 자나 그 보좌 앞에 서 있는데 책들이 펴 있고 또 다른 책이 펴졌으니 곧 생명책이라 죽은 자들이 자기 행위를 따라 책들에 기록된 대로 심판을 받으니 바다가 그 가운데에서 죽은 자들을 내주고 또 사망과 음부도 그 가운데에서 죽은 자들을 내주매 각 사람이 자기의 행위대로 심판을 받고"(계 20:12-13). 그러나 선한 행실이 공로가 될 수는 없다. 선한 행실은 믿음의 결과일 뿐이다.

이처럼 예수님은 "아름다운 열매를 맺지 아니하는 나무"를 향해 경고하신다. 우리에게는 착한 행실이라는 아름다운 열매가 있는가? 하나님께서 우리를 판단하시는 기준은 우리의 말이나 체험이나 능력이나 열정이 아니라 오직 우리의 열매, 즉 행실이다.

55

하늘에 계신 내 아버지의 뜻대로 행하는 자

**나더러 주여 주여 하는 자마다 다 천국에 들어갈 것이 아니요
다만 하늘에 계신 내 아버지의 뜻대로 행하는 자라야 들어가리라**

_마 7:21

산상수훈은 네 개의 경고로 끝난다. 이 가운데 본문은 세 번째 경고의 말씀이다. 이 경고의 핵심은 예수님께 주여 주여 하는 자라고 해서 다 천국에 들어가는 것은 아니라는 것이다.

여기서 "천국에 들어갈 것이 아니요"는 종말의 사건을 말한다. 그래서 마태는 '들어가다'는 말을 미래형으로 사용했다. 이것은 바로 뒤에 나오는 "그 날" 즉 심판의 날과 연결되어 종말을 가리킨다. 물론 마태복음에는 천국에 들어가는 것이 현재의 사건을 말하는 경우도 있다. "화 있을진저 외식하는 서기관들과 바리새인들이여 너희는 천국 문을 사람들 앞에서 닫고 너희도 들어가지 않고 들어가려 하는 자도 들어가지 못하게 하는도다"(마 23:13). 여기서 마태는 '들어가다'를 현재형으로 사용했다.

그런데 이 경우를 제외하면 마태복음에서 천국에 들어가는 것은 종말의 사건을 말한다. "내가 너희에게 이르노니 너희 의가 서기관과 바리새인보다 더 낫지 못하면 결코 천국에 들어가지 못하리라"(마 5:20). 이것은 미래의 일을 말한 19절과 연결된다. "그러므로 누구든지 이 계

명 중의 지극히 작은 것 하나라도 버리고 또 그같이 사람을 가르치는 자는 천국에서 지극히 작다 일컬음을 받을 것이요 누구든지 이를 행하며 가르치는 자는 천국에서 크다 일컬음을 받으리라." 따라서 여기서 천국에 들어가는 것은 미래의 사건(종말의 사건)을 말한다. "이르시되 진실로 너희에게 이르노니 너희가 돌이켜 어린 아이들과 같이 되지 아니하면 결단코 천국에 들어가지 못하리라"(마 18:3). 여기서 천국에 들어가는 것은 영생에 들어가는 것(8, 9절)과 연결된다. 그런데 영생에 들어가는 것은 영원한[지옥] 불에 던지우는 것과 대조를 이룬다. 따라서 여기서 천국에 들어가는 것은 종말의 사건을 말한다. "예수께서 제자들에게 이르시되 내가 진실로 너희에게 이르노니 부자는 천국에 들어가기가 어려우니라"(마 19:23). 여기서도 마태는 '들어가다'를 미래형으로 사용했다. 이처럼 본문에서도 천국에 들어가는 것은 종말의 사건을 말한다.

나더러 주여 주여 하는 자

그러면 "나더러 주여 주여 하는 자"는 어떤 사람을 가리킬까? 우선 주목할 것은 마태가 여기서 처음 예수님께 "주"(퀴리오스)라는 말을 사용한 점이다. 그 후로 마태는 예수님께 이 단어를 빈번히 사용한다. 그 대부분은 본문에서처럼 예수님을 "주여"(퀴리에)라고 부를 때다. 그러면 예수님을 "주여"라고 부른 것은 무슨 뜻일까? 그것은 단지 예수님을 자신보다 높여 부른 것일까?

여기서 중요한 것은 문맥이다. 본문을 보면, 예수님은 자신에 대해

"주"라는 말을 사용하시면서 동시에 하나님께 "하늘에 계신 내 아버지"라고 하셨다. 이것은 마태가 처음 예수님께 "주"라는 말을 사용한 것인 동시에 처음 하나님께 "하늘에 계신 내 아버지"라는 말을 사용한 것이다. 그동안 산상수훈에서 예수님은 하나님을 제자들의 아버지로 말씀하셨다. 그래서 "하늘에 계신 너희 아버지" "하늘에 계신 우리 아버지" "너희 아버지" "네 아버지" 등으로 부르셨다. 그런데 본문에서 예수님은 처음 하나님을 자신의 아버지로 "하늘에 계신 내 아버지"라 부르신다. 그 후로 마태는 하나님께 "하늘에 계신 내 아버지" 또는 "내 아버지"라는 말을 빈번히 사용한다.

그런데 예수님이 사용하신 "하늘에 계신 내 아버지"는 그분이 하나님의 아들이심을 나타낸다. 이처럼 본문은 마태복음에서 예수님이 자신을 하나님의 아들로 처음 드러내신 경우다. 이런 맥락에서 마태는 예수님께 "주"라는 말을 처음 사용한 것이다. 따라서 본문에서 예수님을 "주여"라고 부른 것은 단지 그분을 자신보다 높여 부른 것이 아니다. 이것은 예수님을 하나님의 아들로서 부른 것이다. 여기에는 예수님의 신성에 대한 인식이 들어 있다.

이 사실은 예수님을 "주여"라고 부른 것이 하나님께 대한 기대와 연결된 점에서도 드러난다. 본문에서 예수님을 "주여 주여"라고 부르는 것은 천국에 들어가는 것과 연결된다. 또 바로 다음 구절에서 그것은 선지자 노릇하며, 귀신을 쫓아내며, 많은 권능을 행하는 것과 연결된다. 이 모든 것이 하나님께 대한 기대를 나타낸다. 마태복음에는 이런 예가 많다. "한 나병환자가 나아와 절하며 이르되 주여 원하시면 저를 깨끗하게 하실 수 있나이다 하거늘"(마 8:2). 여기서 나병환자가 예수님을 "주여"라고 부른 것은 자신을 깨끗하게 하실 거라는 기대와 연결된다. 구약성경에 따르면, 문둥병자를 깨끗하게 하는 것은 하나님만이 하실 수 있다. 따라서 문둥병자가 예수님을 "주여"라고 부른 것은 예수님을 하나님으로 인식했음을 나타낸다. 또 "예수께서 가버나움에 들어가시니 한 백부장이 나아와 간구하여 이르되 주여 내 하인이 중풍병으로 집에 누워 몹시 괴로워하나이다"(마 8:5-6). 여기서 백부장이 예수님을 "주여"라고 부른 것은 그의 하인을 고쳐주실 거라는 기대와 연결된다. 이것은 백부장이 예수님을 하나님으로 인식했음을 나타낸다.

이와 함께 마태복음에는 예수님이 하나님이심을 나타내기 위해 "주"라는 말을 사용한 경우가 있다.

1. "그는 선지자 이사야를 통하여 말씀하신 자라 일렀으되 광야에 외치는 자의 소리가 있어 이르되 너희는 주의 길을 준비하라 그가 오실 길을 곧게 하라 하였느니라"(마 3:3). 이것은 마태가 세례 요한에 대해 이사야 40장 3절을 인용한 것이다. 이때 "주의 길"에서 "주"는 예수님을 가리킨다. 그런데 주의 길을 이사야는 "여호와의 길"이라고 말했다. 따라서 마태는 예수님께 여호와를 가리키는 "주"라는 말을 사용한 것이다.

2. "인자는 안식일의 주인이니라 하시니라"(마 12:8). 창세기 2장 3절에 근거해 안식일을 제정하신 분은 하나님이다. "안식일을 기억하여 거룩하게 지키라 … 이는 엿새 동안에 나 여호와가 하늘과 땅과 바다와 그 가운데 모든 것을 만들고 일곱째 날에 쉬었음이라 그러므로 나 여호와가 안식일을 복되게 하여 그 날을 거룩하게 하였느니라"(출 20:8, 11). 따라서 "인자는 안식일의 주인이니라"는 말씀은 예수님이 하나님과 동등임을 나타낸다.

3. "이르시되 그러면 다윗이 성령에 감동되어 어찌 그리스도를 주라

칭하여 말하되 주께서 내 주께 이르시되 내가 네 원수를 네 발 아래에 둘 때까지 내 우편에 앉아 있으라 하셨도다 하였느냐 다윗이 그리스도를 주라 칭하였은즉 어찌 그의 자손이 되겠느냐 하시니"(마 22:43-45). 다윗이 그리스도를 "주"라 칭한 것은 그리스도가 다윗의 자손보다 높은 분임을 나타낸다. 이것은 예수 그리스도께서 단지 인간의 아들만이 아닌 하나님의 아들임도 의미한다.

그렇다면 본문에서 예수님 자신에 대해 사용된 "주여"라는 말은 단순한 존칭이 아니다. 그 말은 그분의 신성을 의식한 것이다. 그러므로 "나더러 주여 주여 하는 자"는 예수님에 대해 그분의 신성을 고백하는 사람들을 가리킨다. 예수님에 대해 그분의 신성을 고백하는 것은 그리스도인의 신앙고백이라고 할 수 있다. "시몬 베드로가 대답하여 이르되 주는 그리스도시요 살아 계신 하나님의 아들이시니이다"(마 16:16). "누구든지 예수를 하나님의 아들이라 시인하면 하나님이 그의 안에 거하시고 그도 하나님 안에 거하느니라"(요일 4:15). "네가 만일 네 입으로 예수를 주로 시인하며 또 하나님께서 그를 죽은 자 가운데서 살리신 것을 네 마음에 믿으면 구원을 받으리라"(롬 10:9). "그러므로 내가 너희에게 알리노니 하나님의 영으로 말하는 자는 누구든지 예수를 저주할 자라 하지 아니하고 또 성령으로 아니하고는 누구든지 예수를 주시라 할 수 없느니라"(고전 12:3).

따라서 "나더러 주여 주여 하는 자"는 교회 안에 있는 사람들을 가리킨다. 그들은 정통적인 신앙을 고백하는 사람들이다. 그런데 예수님은 그들에게 경고하셨다. "나더러 주여 주여 하는 자마다 다 천국에 들어갈 것이 아니요."

마태복음 25장에는 이 사실을 보여주는 예가 있다. 하나는 열 처녀 비유다. 이것은 그리스도의 재림 때에 관한 비유다. 그때 등을 들고 신랑을 맞으러 나간 열 처녀가 있었다. 그들 가운데 슬기로운 다섯 처녀는 기름을 준비해 갔지만, 미련한 다섯 처녀는 기름을 준비해 가지 않았다. 그래서 신랑이 올 때 미련한 다섯 처녀는 꺼져가는 등불을 위해 기름을 사러 가야 했다. 그 사이 신랑이 왔고 슬기로운 다섯 처녀는 함께 혼인 잔치에 들어가고 문은 닫히고 말았다. 그러면 나머지 다섯 처녀는 어떻게 되었을까? "그 후에 남은 처녀들이 와서 이르되 주여 주여 우리에게 열어 주소서 대답하여 이르되 진실로 너희에게 이르노니 내가 너희를 알지 못하노라 하였느니라"(마 25:11-12). 여기서 "주여 주여"라는 말과 함께 혼인 잔치에 들어가기 위한 호소가 뒤따른다. 그러나 그러한 호소에도 불구하고 그들은 거절당하고 만다. 이것은 "나더러 주여 주여 하는 자마다 다 천국에 들어갈 것이 아니라"는 것을 보여주는 그림이다.

또 하나는 양과 염소 비유다. 이것 역시 그리스도의 재림 때에 관한 비유다. 여기서 예수님은 심판주로서 나타난다. 이때 양과 염소, 즉 오른편에 있는 자들과 왼편에 있는 자들은 모두 예수님을 주라 부른다. "이에 의인들이 대답하여 이르되 주여 우리가 어느 때에 주께서 주리신 것을 보고 음식을 대접하였으며 목마르신 것을 보고 마시게 하였나이까 … 그들도 대답하여 이르되 주여 우리가 어느 때에 주께서 주리신 것이나 목마르신 것이나 나그네 되신 것이나 헐벗으신 것이나 병드신 것이나 옥에 갇히신 것을 보고 공양하지 아니하더이까"(마 25:37, 44). 그런 다음 이 비유는 예수님의 이런 말씀으로 끝난다. "그들은 영벌에, 의인들은 영생에 들어가리라"(46절). 이것은 예수님을 주라 부르는 사람이라고 해서 다 영생에 들어가는 것이 아님을 보여준다. "나더러 주여 주여 하는 자마다 다 천국에 들어갈 것이 아니요."

하나님의 뜻대로 행하는 것

이처럼 정통적인 신앙고백은 중요하지만, 그것이 천국에 들어가는 것을 보장하지는 않는다. 그러면 천국에 들어가는 것을 보장하는 것은 무엇일까? 이에 대해 예수님은 이렇게 말씀하셨다. "다만 하늘에 계신 내 아버지의 뜻대로 행하는 자라야 들어가리라." 천국에 들어가는 것을 보장하는 것은 정통적인 신앙고백이 아니라 하나님의 뜻대로 행하는 것이다.

마태복음 21장에 나오는 두 아들의 비유가 이 점을 잘 보여준다. 이 비유는 예수님이 대제사장들과 백성의 장로들에게 말씀하신 것이다. "그러나 너희 생각에는 어떠하냐 어떤 사람에게 두 아들이 있는데 맏아들에게 가서 이르되 얘 오늘 포도원에 가서 일하라 하니 대답하여 이르되 아버지 가겠나이다 하더니 가지 아니하고 둘째 아들에게 가서 또 그와 같이 말하니 대답하여 이르되 싫소이다 하였다가 그 후에 뉘우치고 갔으니 그 둘 중의 누가 아버지의 뜻대로 하였느냐?"(28-31절상). 이 물음에 대제사장들과 백성의 장로들이 대답했다. "둘째 아들이니이다"(31절중). 그러자 예수님이 그들에게 말씀하셨다. "내가 진실로 너희에게 이르노니 세리들과 창녀들이 너희보다 먼저 하나님의 나라에 들어가리라 요한이 의의 도로 너희에게 왔거늘 너희는 그를 믿지 아니하였으되 세리와 창녀는 믿었으며 너희는 이것을 보고도 끝내 뉘우쳐 믿지 아니하였도다"(31하-32절). 이 비유에서 예수님은 아버지의 뜻대로 하겠다고 말로만 고백한 맏아들과 아버지의 뜻대로 한 둘째 아들을 대조시키신다. 맏아들이 대제사장들과 백성의 장로들을 가리킨다면, 둘째 아들은 세리와 창기를 가리킨다. 예수님의 교훈은 이것이다. 하나님의 나라에 들어가기 위해서 하나님의 뜻대로 하겠다고 말로만 고백하는 것은 부족하다. 하나님의 나라에 들어가려면 실제로 하나님의 뜻대로 하는 것이 필요하다.

우리는 정통적인 신앙고백으로 만족해서는 안 된다. 우리의 정통적인 신앙고백이 우리가 천국에 들어갈 자임을 증명하는 것은 아니기 때문이다. 우리가 천국에 들어갈 자임을 증명하는 것은 하나님의 뜻대로 행하는 것뿐이다. 우리에게 정통적인 신앙고백이 있다고 해도 하나님의 뜻대로 행하는 것이 없으면, 그 신앙고백은 소용이 없다. 우리의 신앙고백은 하나님의 뜻대로 행하는 것을 통해 입증되기 때문이다.

우리가 예수님을 주라 부르는 것은 우리와 그분의 특별한 관계를 나타낸다. 그런데 이러한 관계는 우리가 하나님의 뜻대로 행하는 것을 통해 입증된다. 하나님은 예수 그리스도의 아버지시며 또 우리의 아버지시기 때문이다. 예수님과 우리는 같은 아버지를 모시고 있다. 부활하신 예수님이 막달라 마리아에게 하신 말씀과 같다. "예수께서 이르시되 나를 붙들지 말라 내가 아직 아버지께로 올라가지 아니하였노라 너는 내 형제들에게 가서 이르되 내가 내 아버지 곧 너희 아버지, 내 하나님 곧 너희 하나님께로 올라간다 하라 하시니"(요 20:17).

우리가 아는 대로, 예수님은 아버지의 뜻대로 행하셨다. "다시 두 번째 나아가 기도하여 이르시되 내 아버지여 만일 내가 마시지 않고는 이 잔이 내게서 지나갈 수 없거든 아버지의 원대로 되기를 원하나이다 하시고"(마 26:42). "예수께서 이르시되 나의 양식은 나를 보내신 이의

뜻을 행하며 그의 일을 온전히 이루는 이것이니라"(요 4:34). "내가 아무
것도 스스로 할 수 없노라 듣는 대로 심판하노니 나는 나의 뜻대로 하
려 하지 않고 나를 보내신 이의 뜻대로 하려 하므로 내 심판은 의로우
니라"(요 5:30). "내가 하늘에서 내려온 것은 내 뜻을 행하려 함이 아니
요 나를 보내신 이의 뜻을 행하려 함이니라 나를 보내신 이의 뜻은 내
게 주신 자 중에 내가 하나도 잃어버리지 아니하고 마지막 날에 다시
살리는 이것이니라"(요 6:38-39). "그리스도께서 하나님 곧 우리 아버지
의 뜻을 따라 이 악한 세대에서 우리를 건지시려고 우리 죄를 대속하
기 위하여 자기 몸을 주셨으니"(갈 1:4). "이에 내가 말하기를 하나님이
여 보시옵소서 두루마리 책에 나를 가리켜 기록된 것과 같이 하나님의
뜻을 행하러 왔나이다 하셨느니라 … 이 뜻을 따라 예수 그리스도의
몸을 단번에 드리심으로 말미암아 우리가 거룩함을 얻었노라"(히 10:7,
10).

따라서 우리도 아버지의 뜻대로 행한다면, 우리도 하나님을 같은 아
버지로 모시고 있음을 의미한다. 여기서 우리와 예수님의 관계가 입증
된다. 마태복음 12장에는 이에 대한 중요한 말씀이 있다. "예수께서 무
리에게 말씀하실 때에 그의 어머니와 동생들이 예수께 말하려고 밖에
섰더니 한 사람이 예수께 여짜오되 보소서 당신의 어머니와 동생들이
당신께 말하려고 밖에 서 있나이다 하니 말하던 사람에게 대답하여 이
르시되 누가 내 어머니이며 내 동생들이냐 하시고 손을 내밀어 제자들
을 가리켜 이르시되 나의 어머니와 나의 동생들을 보라 누구든지 하늘
에 계신 내 아버지의 뜻대로 하는 자가 내 형제요 자매요 어머니이니
라 하시더라"(마 12:46-50). 이 말씀에 따르면, 우리와 예수님의 관계(신
분, 정체성)는 "하늘에 계신 내 아버지의 뜻대로 하는" 것을 통해 입증된

다. 우리와 예수님이 같은 아버지의 뜻을 행함으로써 자녀 된 서로의 관계가 드러나기 때문이다. 이처럼 우리와 예수님의 특별한 관계는 우리가 예수님처럼 하나님 아버지의 뜻대로 행함으로써 확인된다.

그러면 예수님이 여기서 말씀하신 "하늘에 계신 내 아버지의 뜻"은 무엇일까? 이것은 산상수훈에서 천국에 들어가는 것에 대해 말한 두 구절을 비교해 보면 알 수 있다. 5장 20절에서 천국에 들어가기 위해 요구되는 것은 서기관과 바리새인보다 더 나은 의다. 그에 비해 본문에서 천국에 들어가기 위해 요구되는 것은 하늘에 계신 내 아버지의 뜻대로 행하는 것이다. 그렇다면 "하늘에 계신 내 아버지의 뜻"은 산상수훈에서 예수님이 제자들의 의에 대해 설명하신 부분(마 5:17-7:12)에 나타나 있다고 보아야 한다. "너희는 나를 불러 주여 주여 하면서도 어찌하여 내가 말하는 것을 행하지 아니하느냐"(눅 6:46). 여기 "내가 말하는 것"이 "하늘에 계신 내 아버지의 뜻"이다. 그것은 사실상 산상수훈의 내용을 가리킨다.

56

불법을 행하는 자들아

그 날에 많은 사람이 나더러 이르되 주여 주여 우리가 주의 이름으로 선지자 노릇 하며
주의 이름으로 귀신을 쫓아 내며 주의 이름으로 많은 권능을 행하지 아니하였나이까
하리니 그 때에 내가 그들에게 밝히 말하되 내가 너희를 도무지 알지 못하니
불법을 행하는 자들아 내게서 떠나가라 하리라

_마 7:22-23

산상수훈은 네 개의 경고로 끝난다. 첫 경고는 "좁은 문으로 들어가라"(13절), 두 번째 경고는 "거짓 선지자들을 삼가라"(15절), 세 번째 경고는 "나더러 주여 주여 하는 자마다 다 천국에 들어갈 것이 아니요"(21절상)다. 이것은 정통적인 신앙고백을 하는 사람이라고 해서 다 천국에 들어갈 것은 아니라는 경고다. 이때 "천국에 들어갈 것이 아니요"는 미래의 사건을 가리킨다.

여기서 예수님은 이 사건에 대한 구체적인 설명을 추가하신다. 그것이 본문의 내용이다. "그 날에 많은 사람이 나더러 이르되 주여 주여 우리가 주의 이름으로 선지자 노릇하며 주의 이름으로 귀신을 쫓아내며 주의 이름으로 많은 권능을 행하지 아니하였나이까 하리니 그 때에 내가 그들에게 밝히 말하되 내가 너희를 도무지 알지 못하니 불법을 행하는 자들아 내게서 떠나가라 하리라"(마 7:22-23).

여기서 "그 날에"는 최후 심판의 날을 말한다. 이 사실은 미래형으로 쓰인 "천국에 들어갈 것이 아니요"에 암시되어 있다. 그런데 여기서 미래는 심판의 날과 연결된다. 왜냐하면 예수님은 이미 앞에서 심판에 관

해 말씀하셨기 때문이다. "아름다운 열매를 맺지 아니하는 나무마다 찍혀 불에 던져지느니라"(19절). 이 내용은 일찍이 세례 요한이 많은 바리새인과 사두개인에게 했던 심판에 대한 경고와 같다. "이미 도끼가 나무 뿌리에 놓였으니 좋은 열매를 맺지 아니하는 나무마다 찍혀 불에 던져지리라"(마 3:10).

심판자 예수님

그러면 최후 심판의 날에 어떤 일이 벌어질까? 예수님은 이렇게 말씀하셨다. "그 날에 많은 사람이 나더러 이르되 주여 주여 우리가 주의 이름으로 선지자 노릇 하며 주의 이름으로 귀신을 쫓아내며 주의 이름으로 많은 권능을 행하지 아니하였나이까 하리니 그 때에 내가 그들에게 밝히 말하되 내가 너희를 도무지 알지 못하니 불법을 행하는 자들아 내게서 떠나가라 하리라." 이 말씀 가운데 예수님은 자신을 심판자로서 말씀하셨다. "그 날에 많은 사람이 나더러 이르되 … 그 때에 내가 그들에게 밝히 말하되."

예수님이 심판자가 되신다는 사실은 세례 요한이 이미 말한 내용이다. "손에 키를 들고 자기의 타작마당을 정하게 하사 알곡은 모아 곳간에 들이고 쭉정이는 꺼지지 않는 불에 태우시리라"(마 3:12). 그런데 산상수훈의 경고 가운데 예수님은 자신을 심판자로 말씀하셨다. 그 후로 마태복음에서 예수님은 자신을 심판자로서 거듭 말씀하셨다. 이 점에서 마태는 예수님이 심판자가 되신다는 사실을 누구보다 강조한다. "그런즉 가라지를 거두어 불에 사르는 것 같이 세상 끝에도 그러하리라 인자가 그 천사들을 보내리니 그들이 그 나라에서 모든 넘어지게 하는 것과 또 불법을 행하는 자들을 거두어 내어 풀무 불에 던져 넣으리니 거기서 울며 이를 갈게 되리라"(마 13:40-42). "인자가 아버지의 영광으로 그 천사들과 함께 오리니 그 때에 각 사람이 행한 대로 갚으리라"(마 16:27). "예수께서 이르시되 내가 진실로 너희에게 이르노니 세상이 새롭게 되어 인자가 자기 영광의 보좌에 앉을 때에 나를 따르는 너희도 열두 보좌에 앉아 이스라엘 열두 지파를 심판하리라"(마 19:28). "그 때에 인자의 징조가 하늘에서 보이겠고 그 때에 땅의 모든 족속들이 통곡하며 그들이 인자가 구름을 타고 능력과 큰 영광으로 오는 것을 보리라 그가 큰 나팔소리와 함께 천사들을 보내리니 그들이 그의 택하신 자들을 하늘 이 끝에서 저 끝까지 사방에서 모으리라"(마 24:30-31). "인자가 자기 영광으로 모든 천사와 함께 올 때에 자기 영광의 보좌에 앉으리니 모든 민족을 그 앞에 모으고 각각 구분하기를 목자가 양과 염소를 구분하는 것 같이 하여 양은 그 오른편에 염소는 왼편에 두리라"(마 25:31-33).

자신을 심판자로서 드러내신 예수님의 말씀은 요한복음에도 나타난다. "아버지께서 아무도 심판하지 아니하시고 심판을 다 아들에게 맡기셨으니"(요 5:22). "또 인자됨으로 말미암아 심판하는 권한을 주셨느니라 이를 놀랍게 여기지 말라 무덤 속에 있는 자가 다 그의 음성을 들을 때가 오나니 선한 일을 행한 자는 생명의 부활로, 악한 일을 행한 자는 심판의 부활로 나오리라"(요 5:27-29).

그래서 사도 베드로도 심판자이신 예수님에 대해 증언했다. "우리에게 명하사 백성에게 전도하되 하나님이 살아 있는 자와 죽은 자의 재판장으로 정하신 자가 곧 이 사람인 것을 증언하게 하셨고"(행 10:42).

사도 바울 역시 심판자이신 예수님에 대해 증언했다. "이는 정하신 사람으로 하여금 천하를 공의로 심판할 날을 작정하시고 이에 그를 죽은 자 가운데서 다시 살리신 것으로 모든 사람에게 믿을 만한 증거를 주셨음이니라 하니라"(행 17:31). "곧 나의 복음에 이른 바와 같이 하나님이 예수 그리스도로 말미암아 사람들의 은밀한 것을 심판하시는 그 날이라"(롬 2:16). "이는 우리가 다 반드시 그리스도의 심판대 앞에 나타나게 되어 각각 선악간에 그 몸으로 행한 것을 따라 받으려 함이라"(고후 5:10). "하나님 앞과 살아 있는 자와 죽은 자를 심판하실 그리스도 예수 앞에서 그가 나타나실 것과 그의 나라를 두고 엄히 명하노니"(딤후 4:1). "이제 후로는 나를 위하여 의의 면류관이 예비되었으므로 주 곧 의로우신 재판장이 그 날에 내게 주실 것이며 내게만 아니라 주의 나타나심을 사모하는 모든 자에게도니라"(딤후 4:8). 사도 요한 역시 심판자이신 예수님에 대해 증언했다. "또 내가 하늘이 열린 것을 보니 보라 백마와 그것을 탄 자가 있으니 그 이름은 충신과 진실이라 그가 공의로 심판하며 싸우더라 … 그의 입에서 예리한 검이 나오니 그것으로 만국을 치겠고 친히 그들을 철장으로 다스리며 또 친히 하나님 곧 전능하신 이의 맹렬한 진노의 포도주 틀을 밟겠고"(계 19:11, 15).

이처럼 신약성경은 예수 그리스도께서 심판자이심을 증언한다. 그런데 구약성경에서 심판자는 바로 하나님이다. 아브라함은 소돔을 심판하시려는 여호와 하나님께 이렇게 말했다. "주께서 이같이 하사 의인을 악인과 함께 죽이심은 부당하오며 의인과 악인을 같이 하심도 부당하니이다 세상을 심판하시는 이가 정의를 행하실 것이 아니니이까"(창 18:25). 또 이런 말씀도 있다. "여호와께서 영원히 앉으심이여 심판을 위하여 보좌를 준비하셨도다 공의로 세계를 심판하심이여 정직으로 만민에게 판결을 내리시리로다"(시 9:7-8). 그렇다면 본문에서 예수님이 자신을 심판자로 말씀하신 것은 그분의 신성을 드러낸 것이다.

이것은 바로 앞에 나온 "하늘에 계신 내 아버지"라는 말과 함께 예수님이 누구인지를 나타낸다. 여기서 주목할 사실이 있다. 예수님이 세 번째 경고를 말씀하시면서부터 1인칭 단수 대명사를 반복적으로 사용하셨다는 사실이다. "나더러 주여 주여 하는 자마다 다 천국에 들어갈 것이 아니요 다만 하늘에 계신 내 아버지의 뜻대로 행하는 자라야 들어가리라 그 날에 많은 사람이 나더러 이르되 주여 주여 우리가 주의 이름으로 선지자 노릇하며 주의 이름으로 귀신을 쫓아내며 주의 이름으로 많은 권능을 행하지 아니하였나이까 하리니 그 때에 내가 그들에게 밝히 말하되 내가 너희를 도무지 알지 못하니 불법을 행하는 자들아 내게서 떠나가라 하리라 그러므로 누구든지 나의 이 말을 듣고 행하는 자는 그 집을 반석 위에 지은 지혜로운 사람 같으리니 … 나의 이 말을 듣고 행하지 아니하는 자는 그 집을 모래 위에 지은 어리석은 사람 같으리니." 예수님은 이 대목에서 제자들의 관심을 자신에게 돌리게 하신다. 그러면서 자신이 바로 하나님임을 분명히 드러내셨다. 이처럼 본문에서 경고하는 분은 하나님의 권위와 위엄을 가지신 분이다. 그런 만큼 그분의 경고는 어떤 사람의 말보다 더 엄중하다!

우리는 예수님의 이 경고를 회피하려고 해서는 안 된다. 또 이 경고를 결코 가볍게 여겨서도 안 된다. 두렵고 떨리는 마음으로 이 경고에 귀를 기울여야 한다.

천국에 들어가지 못하는 이유

그러면 본문에서 예수님이 경고하신 내용을 살펴보자. 우선 최후 심판의 날에 많은 사람이 심판자이신 예수님께 이렇게 말할 것이다. "주여 주여 우리가 주의 이름으로 선지자 노릇하며 주의 이름으로 귀신을 쫓아내며 주의 이름으로 많은 권능을 행하지 아니하였나이까." 여기서 "주여 주여"는 문맥에 비추어 볼 때 예수님의 신성을 의식한 표현이다. 그러니까 예수님이 말씀하신 많은 사람은 정통적인 신앙고백을 하는 사람들이다. 게다가 그들은 심판자이신 예수님께 자신들의 활동을 말할 것이다. 그것은 선지자 노릇하며, 귀신을 쫓아내며, 많은 권능을 행한 것이다.

마태복음에서 선지자 노릇하는 것은 구약의 선지자처럼 미래의 일을 예언하거나 초자연적인 지식을 소유하는 일을 말한다. 또 귀신을 쫓아내는 것은 예수님이 직접 행하시거나 열두 제자에게 행하도록 하신 초자연적인 일이다. 권능을 행하는 것 역시 예수님이 행하신 초자연적인 일이다. 이처럼 많은 사람이 심판자이신 예수님께 말할 내용은 누구나 할 수 있는 일이 아니다. 그것은 특별한 사람만이 할 수 있는 초자연적인 일이다. 이때 "주의 이름으로"(당신의 이름으로)라는 말을 반복해서 쓴 것은 그들의 활동이 지닌 진정성을 나타낸다. 따라서 예수님이 하신 말씀은 이런 뜻이다. 심판의 날에 많은 사람이 자신의 초자연적인 활동을 근거로 천국에 들어가게 해달라고 요청할 것이다.

그런데 예수님의 반응은 이렇다. "그 때에 내가 그들에게 밝히 말하되 내가 너희를 도무지 알지 못하니 불법을 행하는 자들아 내게서 떠나가라 하리라." 이 말씀에 따르면, 예수님은 많은 사람이 말한 내용에 대해 아무런 언급도 하지 않으실 것이다. 예수님은 그들의 말에 반박하거나 문제를 제기하지 않으실 것이다. 그 대신 이렇게 말씀하실 것이다. "내가 너희를 도무지 알지 못하니 불법을 행하는 자들아 내게서 떠나가라."

이 사실에서 두 가지를 알 수 있다. 첫째, 많은 사람이 심판자이신 예수님께 말할 내용은 그들이 천국에 들어갈 근거가 되지 못한다. 다시 말하면, 선지자 노릇하며 귀신을 쫓아내며 많은 권능을 행한 것이 천국에 들어가도록 보장하는 것은 아니다. 여기에는 중요한 이유가 있다. 그것은 이러한 초자연적 활동이 구원을 얻는 자들에게만 국한된 것이 아니기 때문이다.

우선 선지자 노릇하는 것은 구원을 얻는 자들에게만 국한된 것이 아니다. 이 사실은 거짓 선지자에 대한 말씀을 보면 알 수 있다. "거짓 선지자들을 삼가라 양의 옷을 입고 너희에게 나아오나 속에는 노략질하는 이리라"(마 7:15). "거짓 선지자가 많이 일어나 많은 사람을 미혹하겠으며"(마 24:11).

이런 거짓 선지자의 대표적인 예가 구약성경에 등장하는 발람이다. 그는 실제로 메시아에 대해 놀라운 예언을 했던 선지자다. 그런데 베드로는 그에 대해 이렇게 말했다. "그들이 바른 길을 떠나 미혹되어 브올의 아들 발람의 길을 따르는도다 그는 불의의 삯을 사랑하다가 자기의 불법으로 말미암아 책망을 받되 말하지 못하는 나귀가 사람의 소리로 말하여 이 선지자의 미친 행동을 저지하였느니라"(벧후 2:15-16).

또 귀신을 쫓아내는 것도 구원을 얻는 자들에게만 국한된 것이 아니다. 예를 들면, 예수님을 판 가룟 유다에게도 귀신을 쫓아내는 권능이 있었다. "예수께서 그의 열두 제자를 부르사 더러운 귀신을 쫓아내며 모든 병과 모든 약한 것을 고치는 권능을 주시니라 열두 사도의 이름은 이러하니 베드로라 하는 시몬을 비롯하여 … 가룟 유다 곧 예수를 판 자라"(마 10:1-2, 4). 그래서 예수님은 칠십 인이 기뻐 돌아와 "주여 주의 이름이면 귀신들도 우리에게 항복하더이다"라고 말했을 때 그들에게 말씀하셨다. "그러나 귀신들이 너희에게 항복하는 것으로 기뻐하지 말고 너희 이름이 하늘에 기록된 것으로 기뻐하라"(눅 10:20).

또 권능을 행하는 것도 구원을 얻는 자들에게만 국한된 것이 아니다. 사도 바울은 여기에 대한 예를 제시해 준다. "악한 자의 나타남은 사탄의 활동을 따라 모든 능력(=권능)과 표적과 거짓 기적과 불의의 모든 속임으로 멸망하는 자들에게 있으리니 이는 그들이 진리의 사랑을 받지 아니하여 구원함을 받지 못함이라"(살후 2:9-10). 마태복음에도 이런 예가 나온다. "거짓 그리스도들과 거짓 선지자들이 일어나 큰 표적과 기사를 보여 할 수만 있으면 택하신 자들도 미혹하리라"(마 24:24).

이처럼 선지자 노릇하며, 귀신을 쫓아내며, 많은 권능을 행한 것은 구원을 얻는 자들에게만 국한된 활동이 아니다. 그래서 사도 바울은 이렇게 말했다. "내가 사람의 방언과 천사의 말을 할지라도 사랑이 없으면 소리 나는 구리와 울리는 꽹과리가 되고 내가 예언하는 능력이 있어 모든 비밀과 모든 지식을 알고 또 산을 옮길 만한 모든 믿음이 있을지라도 사랑이 없으면 내가 아무 것도 아니요"(고전 13:1-2). 이런 점에서 그러한 초자연적 활동이 천국에 들어가는 것을 보장해 주지 못한다.

둘째, 우리가 천국에 들어가는 것을 보장해 주는 것은 심판자이신 예수님과의 관계뿐이다. 예수님이 이렇게 말씀하셨기 때문이다. "내가 너희를 도무지 알지 못하니 불법을 행하는 자들아 내게서 떠나가라."

"내가 너희를 도무지 알지 못하니"는 단지 인식을 못한다(알아보지 못한다)는 뜻이 아니다. 이 말은 아무 관계가 없다는 뜻이다. '알다'는 인식의 차원이 아니라 관계의 차원을 나타내기 때문이다. 예를 들어보자. "대답하여 이르되 진실로 너희에게 이르노니 내가 너희를 알지 못하노라 하였느니라"(마 25:12). 열 처녀 비유에 나오는 이 말은 신랑이 신부와의 관계를 부인하는 말이다. 또 다른 예를 들어보자. "베드로가 모든 사람 앞에서 부인하여 이르되 나는 네가 무슨 말을 하는지 알지 못하겠노라 하며 … 베드로가 맹세하고 또 부인하여 이르되 나는 그 사람을 알지 못하노라 하더라 … 그가 저주하며 맹세하여 이르되 나는 그 사람을 알지 못하노라 하니 곧 닭이 울더라"(마 26:70, 72, 74). 베드로의 말은 자신이 예수님을 알아볼 수 없다는 뜻이 아니다. 그의 말은 자신이 예수님과 아무 관계가 없다는 뜻이다. 마찬가지로 본문에서도 관계를 부인하는 말이다. 이처럼 천국에 들어가는 것을 좌우하는 것은 심판자이신 예수님과의 관계다.

그런데 이 관계를 결정하는 것은 사람들의 윤리적 상태다. 예수님은 자신과 아무 관계가 없는 자들에게 이렇게 말씀하실 것이기 때문이다. "불법을 행하는 자들아 내게서 떠나가라." 여기서 불법은 외적이든 내적이든 윤리적으로 실패한 상태를 가리킨다. "인자가 그 천사들을 보내리니 그들이 그 나라에서 모든 넘어지게 하는 것과 또 불법을 행하는 자들을 거두어 내어 풀무 불에 던져 넣으리니 거기서 울며 이를 갈게 되리라"(마 13:41-42). "화 있을진저 외식하는 서기관들과 바리새인들이여 회칠한 무덤 같으니 겉으로는 아름답게 보이나 그 안에는 죽은 사람의 뼈와 모든 더러운 것이 가득하도다 이와 같이 너희도 겉으로는 사람에게 옳게 보이되 안으로는 외식과 불법이 가득하도다"(마 23:27-28). "그 때에 많은 사람이 실족하게 되어 서로 잡아 주고 서로 미워하겠으며 거짓 선지자가 많이 일어나 많은 사람을 미혹하겠으며 불법이 성하므로 많은 사람의 사랑이 식어지리라 그러나 끝까지 견디는 자는 구원을 얻으리라"(마 24:10-13). 이처럼 천국에 들어가지 못하는 이유는 윤리적 실패가 보여주듯 예수님과 아무 관계가 없기 때문이다.

우리가 천국에 들어가는 것을 보장해 주는 것은 심판자이신 예수님과의 관계다. 이것은 우리가 행한 초자연적인 활동이 아닌 우리의 윤리적 상태로 결정된다. 우리는 하나님의 뜻대로 행하는 자인가, 아니면 불법을 행하는 자인가?

심판과 행함

그러므로 누구든지 나의 이 말을 듣고 행하는 자는 그 집을 반석 위에 지은
지혜로운 사람 같으리니 비가 내리고 창수가 나고 바람이 불어 그 집에 부딪치되
무너지지 아니하나니 이는 주추를 반석 위에 놓은 까닭이요 나의 이 말을 듣고
행하지 아니하는 자는 그 집을 모래 위에 지은 어리석은 사람 같으리니
비가 내리고 창수가 나고 바람이 불어 그 집에 부딪치매 무너져 그 무너짐이 심하니라

_마 7:24-27

산상수훈의 경고 네 개 중 마지막 경고다. 그런데 이것은 마지막 경
고인 동시에 산상수훈 전체의 결론이기도 하다. 이 사실은 같은 내용
에 대한 누가의 기록과 비교할 때 분명해진다. 누가는 이렇게 기록했
다. "내게 나아와 내 말을 듣고 행하는 자마다 누구와 같은 것을 너희에
게 보이리라 집을 짓되 깊이 파고 주추를 반석 위에 놓은 사람과 같으
니 큰 물이 나서 탁류가 그 집에 부딪치되 잘 지었기 때문에 능히 요동
하지 못하게 하였거니와 듣고 행하지 아니하는 자는 주추 없이 흙 위
에 집 지은 사람과 같으니 탁류가 부딪치매 집이 곧 무너져 파괴됨이
심하니라 하시니라"(눅 6:47-49).

마태와 누가의 기록은 몇 가지 점에서 차이가 있다. 이 가운데 주목
할 것은 두 가지다. 첫째, 마태는 누가와 달리 본문을 "그러므로"라는
말로 시작했다. 이것은 본문이 앞에 나온 내용과 연결됨을 나타낸다.
둘째, 마태는 누가와 달리 "나의 이 말"이라고 기록했다. "이"(복수)라는
지시대명사를 추가한 것이다. 이 말이 가리키는 것은 앞에 나온 산상수

훈 전체다. 따라서 마태는 본문을 산상수훈 전체에 대한 예수님의 결론으로 기록한 것이다.

산상수훈의 핵심요소

산상수훈의 결론은 두 종류의 사람에 대한 대조를 통해 주어진다. 그것은 "누구든지 나의 이 말을 듣고 행하는 자"와 "(누구든지) 나의 이 말을 듣고 행하지 아니하는 자"의 대조다. 이 대조를 통해 예수님은 산상수훈의 말씀을 들은 사람들에게 결론적으로 경고하신다. 그것은 산상수훈의 말씀을 듣는 데서 그치지 말고 말씀대로 행하라는 것이다.

사실 행함은 산상수훈에서 핵심요소다. 산상수훈에서 예수님이 강조하신 것은 믿음도 아니고 신앙고백도 아니고 행함이다. 예수님은 제자들의 의에 대해 설명하실 때 행함을 강조하셨다. 예수님이 제자들의 의에 대해 설명하신 부분은 마태복음 5장 17절부터 7장 12절까지다. 이 부분은 율법과 선지자에 대한 언급으로 시작되고 끝난다. 여기서 예수님은 행함을 처음과 마지막에 언급하심으로써 강조하셨다. "누구든지 이를 행하며 가르치는 자는 천국에서 크다 일컬음을 받으리라 … 그러므로 무엇이든지 남에게 대접을 받고자 하는 대로 너희도 남을 대접하라(직역하면. 사람들이 너희에게 행하기를 바라는 대로 너희도 그들에게 행하라)"(마 5:19하; 7:12상).

또 예수님은 제자들에게 경고하실 때 행함을 강조하셨다. "이와 같이 좋은 나무마다 아름다운 열매를 맺고(포이에오) 못된 나무가 나쁜 열매를 맺나니 좋은 나무가 나쁜 열매를 맺을 수 없고 못된 나무가 아름다운 열매를 맺을 수 없느니라 아름다운 열매를 맺지 아니하는 나무마다 찍혀 불에 던져지느니라 … 나더러 주여 주여 하는 자마다 다 천국에 들어갈 것이 아니요 다만 하늘에 계신 내 아버지의 뜻대로 행하는(포이에오) 자라야 들어가리라"(마 7:17-18, 21).

이처럼 행함은 산상수훈의 핵심요소다. 예수님은 산상수훈의 결론으로서 '산상수훈의 말씀을 듣는 데서 그치지 말고 말씀대로 행하라'는 마지막 경고를 통해서 행함을 강조하셨다.

행함에 따른 결말의 차이

그러면 예수님이 이렇게 행함을 강조하신 이유는 무엇일까? 바로 행함이 있는 사람과 행함이 없는 사람의 결말이 다르기 때문이다. 먼저 행함이 있는 사람의 결말에 대해 예수님은 이렇게 말씀하셨다. "그 집을 반석 위에 지은 지혜로운 사람 같으리니 비가 내리고 창수가 나고 바람이 불어 그 집에 부딪치되 무너지지 아니하나니 이는 주추를 반석 위에 놓은 까닭이요." 그다음 행함이 없는 사람의 결말에 대해서는 이렇게 말씀하셨다. "그 집을 모래 위에 지은 어리석은 사람 같으리니 비가 내리고 창수가 나고 바람이 불어 그 집에 부딪치매 무너져 그 무너짐이 심하니라." 예수님은 행함이 있는 사람과 없는 사람의 결말을 폭풍우 앞에서 무너지지 않는 집과 무너지는 집에 비유해 말씀하셨다.

그런데 여기서도 마태의 기록은 누가의 기록과 주목할 만한 차이가 있다. 누가는 시험을 통해 현재 나타난 결말을 기록했다면, 마태는 심판을 통해 미래에 나타날 결말을 기록했다. 그래서 누가는 현재에 나타난 결말을 기록한 반면, 마태는 미래에 나타날 결말을 기록했다. 누가는 이렇게 기록했다. "집을 짓되 깊이 파고 주추를 반석 위에 놓은 사람과 같으니(현재) … 주추 없이 흙 위에 집 지은 사람과 같으니"(눅 6:48-49). 그에 비해 마태는 이렇게 기록했다. "그 집을 반석 위에 지은 지혜로운 사람 같으리니(미래) … 그 집을 모래 위에 지은 어리석은 사람 같으리니."

마태가 이렇게 미래에 나타날 결말을 기록한 것은 앞에 나온 종말의 심판과 관련된 것이다. "나더러 주여 주여 하는 자마다 다 천국에 들어갈 것이 아니요 다만 하늘에 계신 내 아버지의 뜻대로 행하는 자라야 들어가리라 그 날에 많은 사람이 나더러 이르되 주여 주여 우리가 주의 이름으로 선지자 노릇하며 주의 이름으로 귀신을 쫓아내며 주의 이름으로 많은 권능을 행하지 아니하였나이까 하리니 그 때에 내가 그들에게 밝히 말하되 내가 너희를 도무지 알지 못하니 불법을 행하는 자들아 내게서 떠나가라 하리라"(21-23절). 이러한 관련성은 예수님이 종말의 심판을 말할 때 1인칭 단수 대명사를 사용하신 것처럼 본문에서도 그렇게 하신 것에서 입증된다. "그러므로 누구든지 나의 이 말을 듣고 행하는 자는 그 집을 반석 위에 지은 지혜로운 사람 같으리니 … 나의 이 말을 듣고 행하지 아니하는 자는 그 집을 모래 위에 지은 어리석은 사람 같으리니."

이와 함께 마태가 미래의 심판이 가져올 결말에 대해 기록한 것을 보여주는 내용이 있다. 그것은 마태가 누가와 달리 "지혜로운 사람"과 "어리석은 사람"의 대조를 기록한 점이다. "그러므로 누구든지 나의 이 말을 듣고 행하는 자는 그 집을 반석 위에 지은 지혜로운 사람 같으리니 … 나의 이 말을 듣고 행하지 아니하는 자는 그 집을 모래 위에 지은 어리석은 사람 같으리니."

그런데 마태는 이러한 대조를 한 번 더 기록했다. 바로 예수님이 말씀하신 열 처녀 비유(마 25:1-13)에서다. 이 비유는 종말의 심판에 관한 것이다. "그 후에 남은 처녀들이 와서 이르되 주여 주여 우리에게 열어 주소서 대답하여 이르되 진실로 너희에게 이르노니 내가 너희를 알지 못하노라 하였느니라"(마 25:11-12). 이 내용은 예수님이 산상수훈에서 종말의 심판에 관해 말씀하신 것과 비슷하다. "그 날에 많은 사람이 나더러 이르되 주여 주여 우리가 주의 이름으로 선지자 노릇하며 주의 이름으로 귀신을 쫓아내며 주의 이름으로 많은 권능을 행하지 아니하였나이까 하리니 그 때에 내가 그들에게 밝히 말하되 내가 너희를 도무지 알지 못하니 불법을 행하는 자들아 내게서 떠나가라 하리라"(마 7:22-23).

종말의 심판에 관한 이 비유에서 "미련한 자들"(어리석은 사람)과 "슬기 있는 자들"(지혜로운 사람)의 대조가 나타난다. "그 중의 다섯은 미련하고 다섯은 슬기 있는 자라 미련한 자들은 등을 가지되 기름을 가지지 아니하고 슬기 있는 자들은 그릇에 기름을 담아 등과 함께 가져갔더니 … 미련한 자들이 슬기 있는 자들에게 이르되 우리 등불이 꺼져 가니 너희 기름을 좀 나눠 달라 하거늘 슬기 있는 자들이 대답하여 이르되 우리와 너희가 쓰기에 다 부족할까 하노니 차라리 파는 자들에게 가서 너희 쓸 것을 사라 하니"(마 25:2-4, 8-9). 여기서 "슬기 있는 자들"과 "미련한 자들"의 구분은 신랑이 올 때를 대비해 기름을 예비했는지 안 했는지에 따른 것이다. 즉 종말의 심판을 대비한 자들이 슬기 있는 자들이고 그렇지 못한 자들이 미련한 자들이다.

따라서 마태가 본문에서 누가와 달리 지혜로운 사람과 어리석은 사람의 대조를 기록한 것은 그가 종말의 심판에 대해 기록한 것임을 보여준다. 이처럼 마태가 기록한 것은 행함이 있는 사람과 행함이 없는 사람에게 미래의 심판이 가져올 결말의 차이다. 예수님은 그 차이를 폭풍우에도 무너지지 않는 집과 폭풍우로 무너지는 집으로 비유하셨다. "비가 내리고 창수가 나고 바람이 불어 그 집에 부딪치되 무너지지 아니하나니 … 비가 내리고 창수가 나고 바람이 불어 그 집에 부딪치매 무너져." 여기서 예수님이 묘사하신 폭풍우는 성경에서 종종 하나님의 진노의 심판을 가리킨다. 예를 들면 이런 말씀이 있다. "그러므로 나 주 여호와가 말하노라 내가 분노하여 폭풍을 퍼붓고 내가 진노하여 폭우를 내리고 분노하여 큰 우박덩어리로 무너뜨리리라 회칠한 담을 내가 이렇게 허물어서 땅에 넘어뜨리고 그 기초를 드러낼 것이라 담이 무너진즉 너희가 그 가운데에서 망하리니 나를 여호와인 줄 알리라 이와 같이 내가 내 노를 담과 회칠한 자에게 모두 이루고 또 너희에게 말하기를 담도 없어지고 칠한 자들도 없어졌다 하리니 이들은 예루살렘에 대하여 예언하기를 평강이 없으나 평강의 묵시를 보았다고 하는 이스라엘의 선지자들이니라 주 여호와의 말씀이니라"(겔 13:13-16).

심판을 대비하는 지혜로운 사람

이처럼 본문에서 예수님은 종말의 심판을 염두에 두신 것이 분명하다. 산상수훈의 말씀을 듣고 행하는 자와 그 말씀을 듣기만 하고 행하지 않는 자는 종말의 심판에서 서로 다른 결말을 맞을 것이다. 그러면 그 차이는 어디서 비롯된 것일까? 예수님은 그 차이가 집의 기초에서 비롯된다고 말씀하셨다. "그러므로 누구든지 나의 이 말을 듣고 행하는 자는 그 집을 반석 위에 지은 지혜로운 사람 같으리니 … 나의 이 말을 듣고 행하지 아니하는 자는 그 집을 모래 위에 지은 어리석은 사람 같으리니." 결국 집의 기초를 어디에 두는지에 따라 다른 결말을 보게 될 것이다. "반석 위에" 지은 집은 폭풍우에도 무너지지 않을 것이지만, "모래 위에" 지은 집은 폭풍우로 무너질 것이다.

여기서 예수님이 강조해서 말씀하신 것에 주목할 필요가 있다. 예수님은 폭풍우에도 무너지지 않는 집에 대해 말씀하시면서 그 이유를 강조하셨다. "그러므로 누구든지 나의 이 말을 듣고 행하는 자는 그 집을 반석 위에 지은 지혜로운 사람 같으리니 비가 내리고 창수가 나고 바람이 불어 그 집에 부딪치되 무너지지 아니하나니 이는 주추를 반석 위에 놓은 까닭이요." 여기서 지혜로운 사람은 집을 지을 때 기초를 반석 위에 놓았다. 그렇게 한 이유는 언젠가 비가 와서 홍수가 나고 폭풍이 불 때를 내다보았기 때문이다. 현재만을 생각하지 않고 미래를 대비한 것이다. 이 점에서 현재만 생각하고 앞을 내다보지 못한 어리석은 사람과 달랐다.

이 점은 열 처녀 비유에 나오는 슬기 있는 자들(지혜로운 사람)과 같다. 그들은 신랑을 맞으러 나갈 때 당장 필요한 등만 가지지 않고 신랑이 올 때를 대비해 기름을 예비했다. 이처럼 마태는 현재만 생각하지 않고 미래(종말)를 대비한다는 점에서 지혜롭다는 말을 쓴다. 마태복음 24장에서 예수님은 재림에 대해 말씀하시는 가운데 이런 비유를 드셨다. "충성되고 지혜 있는 종이 되어 주인에게 그 집 사람들을 맡아 때를 따라 양식을 나눠 줄 자가 누구냐 주인이 올 때에 그 종이 이렇게 하는 것을 보면 그 종이 복이 있으리로다 내가 진실로 너희에게 이르노니 주인이 그의 모든 소유를 그에게 맡기리라 만일 그 악한 종이 마음에 생각하기를 주인이 더디 오리라 하여 동료들을 때리며 술친구들과 더불어 먹고 마시게 되면 생각하지 않은 날 알지 못하는 시각에 그 종의 주인이 이르러 엄히 때리고 외식하는 자가 받는 벌에 처하리니 거기서 슬피 울며 이를 갈리라"(마 24:45-51). 여기 "충성되고 지혜 있는 종"이 나온다.

그가 주인에게 충성된 것은 지혜 있는 종이기 때문이다. 이때 '지혜 있다'는 말은 그가 주인이 올 때를 대비한다는 의미다. 그에 비해 "악한 종"은 주인이 올 때를 대비하지 않기에 동료들을 때리며 술친구들과 더불어 먹고 마신 것이다.

이런 의미에서 예수님은 우리에게 지혜로운 사람이 될 것을 말씀하셨다. 이것은 종말의 심판을 대비해 산상수훈의 말씀을 듣고 행하는 자가 되라는 권고다. 이처럼 행함을 강조할 때 심판과 연결하는 것은 산상수훈에서 두드러진 방식이다. "나는 너희에게 이르노니 형제에게 노하는 자마다 심판을 받게 되고 형제를 대하여 라가라 하는 자는 공회에 잡혀가게 되고 미련한 놈이라 하는 자는 지옥 불에 들어가게 되리라"(마 5:22). "만일 네 오른 눈이 너로 실족하게 하거든 빼어 내버리라 네 백체 중 하나가 없어지고 온 몸이 지옥에 던져지지 않는 것이 유익하며 또한 만일 네 오른손이 너로 실족하게 하거든 찍어 내버리라 네 백체 중 하나가 없어지고 온 몸이 지옥에 던져지지 않는 것이 유익하니라"(마 5:29-30). "그들의 열매로 그들을 알지니 가시나무에서 포도를, 또는 엉겅퀴에서 무화과를 따겠느냐 이와 같이 좋은 나무마다 아름다운 열매를 맺고 못된 나무가 나쁜 열매를 맺나니 좋은 나무가 나쁜 열매를 맺을 수 없고 못된 나무가 아름다운 열매를 맺을 수 없느니라 아름다운 열매를 맺지 아니하는 나무마다 찍혀 불에 던져지느니라 이러므로 그들의 열매로 그들을 알리라"(마 7:16-20).

이처럼 지혜로운 사람은 종말의 심판을 대비해 산상수훈의 말씀을 듣고 행한다. 다시 말하면, 그는 집을 지을 때 주추를 반석 위에 놓는 것이다. 바울 서신에는 여기에 대한 좋은 예가 나온다. "네가 이 세대에서 부한 자들을 명하여 마음을 높이지 말고 정함이 없는 재물에 소망을 두지 말고 오직 우리에게 모든 것을 후히 주사 누리게 하시는 하나님께 두며 선을 행하고 선한 사업을 많이 하고 나누어 주기를 좋아하며 너그러운 자가 되게 하라 이것이 장래에 자기를 위하여 좋은 터를 쌓아 참된 생명을 취하는 것이니라"(딤전 6:17-19). 이 내용은 산상수훈 가운데 예수님의 이 말씀과 통한다. "너희가 하나님과 재물을 겸하여 섬기지 못하느니라"(마 6:24하). 이때 사용된 "터"는 본문에 사용된 '주추를 놓다'의 명사형이다. 사도 바울은 부한 자들이 행해야 할 것을 말했다. 그러면서 그들이 행하는 것을 장래에 자기를 위하여 좋은 터를 쌓는 것으로 비유했다. 그것은 장래에 닥칠 폭풍우를 대비해 주추를 반석 위에 놓은 것과 마찬가지다. 바울이 말한 대로 행하기 위해 부한 자들에게 필요한 것은 종말의 심판을 대비하는 자세다.

예수님은 산상수훈의 결론으로서 우리에게 말씀하신다. 종말의 심판을 대비해 산상수훈의 말씀을 듣고 행하라. 여기서 조심할 것은 산상수훈의 말씀을 듣기만 하고 행하지 않는 것이다. 과거 이스라엘 백성이 그랬다. "백성이 모이는 것 같이 네게 나아오며 내 백성처럼 네 앞에 앉아서 네 말을 들으나 그대로 행하지 아니하니 이는 그 입으로는 사랑을 나타내어도 마음으로는 이익을 따름이라 그들은 네가 고운 음성으로 사랑의 노래를 하며 음악을 잘하는 자 같이 여겼나니 네 말을 듣고

도 행하지 아니하거니와 그 말이 응하리니 응할 때에는 그들이 한 선지자가 자기 가운데에 있었음을 알리라"(겔 33:31-33). 우리도 그렇게 될 위험이 있다.

성경이 여러 곳에서 하나님의 말씀을 듣고 행하는 자가 복이 있다고 말하는 것을 잊지 말라. "이스라엘아 듣고 삼가 그것을 행하라 그리하면 네가 복을 받고 네 조상들의 하나님 여호와께서 네게 허락하심 같이 젖과 꿀이 흐르는 땅에서 네가 크게 번성하리라"(신 6:3). "내가 네게 명령하는 이 모든 말을 너는 듣고 지키라 네 하나님 여호와의 목전에 선과 의를 행하면 너와 네 후손에게 영구히 복이 있으리라"(신 12:28). "네가 네 하나님 여호와의 말씀을 삼가 듣고 내가 오늘 네게 명령하는 그의 모든 명령을 지켜 행하면 네 하나님 여호와께서 너를 세계 모든 민족 위에 뛰어나게 하실 것이라 … 네가 만일 네 하나님 여호와의 말씀을 순종하지 아니하여 내가 오늘 네게 명령하는 그의 모든 명령과 규례를 지켜 행하지 아니하면 이 모든 저주가 네게 임하며 네게 이를 것이니"(신 28:1, 15). "예수께서 대답하여 이르시되 내 어머니와 내 동생들은 곧 하나님의 말씀을 듣고 행하는 이 사람들이라 하시니라"(눅 8:21). "너희는 말씀을 행하는 자가 되고 듣기만 하여 자신을 속이는 자가 되지 말라 누구든지 말씀을 듣고 행하지 아니하면 그는 거울로 자기의 생긴 얼굴을 보는 사람과 같아서 제 자신을 보고 가서 그 모습이 어떠했는지를 곧 잊어버리거니와 자유롭게 하는 온전한 율법을 들여다보고 있는 자는 듣고 잊어버리는 자가 아니요 실천하는 자니 이 사람은 그 행하는 일에 복을 받으리라"(약 1:22-25). "이 예언의 말씀을 읽는 자와 듣는 자와 그 가운데에 기록한 것을 지키는 자는 복이 있나니 때가 가까움이라"(계 1:3).

58

마지막 격려와 경고

그러므로 누구든지 나의 이 말을 듣고 행하는 자는 그 집을 반석 위에 지은
지혜로운 사람 같으리니 비가 내리고 창수가 나고 바람이 불어 그 집에 부딪치되
무너지지 아니하나니 이는 주추를 반석 위에 놓은 까닭이요 나의 이 말을 듣고
행하지 아니하는 자는 그 집을 모래 위에 지은 어리석은 사람 같으리니
비가 내리고 창수가 나고 바람이 불어 그 집에 부딪치매 무너져 그 무너짐이 심하니라

_ 마 7:24-27

본문은 산상수훈 전체의 결론이다. 이 결론을 요약하면, 종말의 심판을 대비해 산상수훈을 듣는 데서 그치지 말고 행하라는 것이다. 예수님은 이 결론을 "나의 이 말을 듣고 행하는 자"와 "나의 이 말을 듣고 행하지 아니하는 자"의 대조를 통해 보여주신다.

동시에 본문은 산상수훈의 가르침을 들은 제자들에 대한 격려인 동시에 경고다. 본문에 예수님이 특별히 강조하신 부분이 있기 때문이다. 우선 예수님은 "나의 이 말을 듣고 행하는 자"에 대해 이렇게 말씀하신다. "그러므로 누구든지 나의 이 말을 듣고 행하는 자는 그 집을 반석 위에 지은 지혜로운 사람 같으리니 비가 내리고 창수가 나고 바람이 불어 그 집에 부딪치되 무너지지 아니하나니 이는 주추를 반석 위에 놓은 까닭이요"(마 7:24-25). 이때 예수님이 강조하신 것은 그 집이 무너지지 않는 이유다. "이는 주추를 반석 위에 놓은 까닭이요."

그런 다음 예수님은 "나의 이 말을 듣고 행하지 아니하는 자"에 대해 이렇게 말씀하셨다. "나의 이 말을 듣고 행하지 아니하는 자는 그 집

을 모래 위에 지은 어리석은 사람 같으리니 비가 내리고 창수가 나고 바람이 불어 그 집에 부딪치매 무너져 그 무너짐이 심하니라"(마 7:26-27). 이때 예수님이 강조하신 것은 그 집이 무너지는 정도다. "그 무너짐이 심하니라."

이처럼 각각의 경우에 예수님이 강조하신 것이 다르다. 이는 각각의 경우에 예수님이 말씀하시는 의도가 다르기 때문이다.

듣고 행하는 자에 대한 격려

먼저 "나의 이 말을 듣고 행하는 자"의 경우를 살펴보자. 이 경우 예수님은 그 집이 폭풍우에도 무너지지 않는 이유를 강조하셨다. "이는 주추를 반석 위에 놓은 까닭이요." 그러면 예수님이 이 점을 강조하신 의도는 무엇일까? 그것은 산상수훈을 듣고 행하는 자들을 격려하시려는 것이다. "주추를 반석 위에 놓은" 것은 그 집이 장차 폭풍우에도 무너지지 않으리라는 확신을 갖게 한다. 다시 말하면, 산상수훈을 듣고 행하는 것은 그 사람이 장차 심판을 받아 멸망에 이르지 않으리라는 확신을 갖게 한다. 예수님은 산상수훈을 듣고 행하는 자들이 이러한 확신을 갖도록 격려하려는 의도에서, 반석 위에 지은 집이 무너지지 않는 이유를 강조하신 것이다.

이렇게 제자들을 격려하려는 예수님의 의도는 다른 경고에서도 나타난다.

1. 좁은 문으로 들어가는(13절) 것은 산상수훈의 가르침대로 행하는 것을 의미한다. 좁은 문은 사실상 앞에 나온 산상수훈의 가르침을 가리

키기 때문이다. 그런데 좁은 문으로 들어가는 것은 장차 생명에 이르리라는 확신을 갖게 한다. 생명으로 인도하는 문은 좁다고 했기 때문이다. 따라서 좁은 문으로 들어가라는 예수님의 말씀에는 산상수훈의 가르침대로 행하는 자들이 장래의 구원에 대한 확신을 갖도록 격려하려는 의도가 들어 있다.

2. 아름다운 열매를 맺는(17절) 것은 산상수훈의 가르침대로 행하는 것을 의미한다. "아름다운 열매"는 앞에 나온 "착한 행실"(마 5:16)을 가리키고, 산상수훈은 이것에 대한 가르침이기 때문이다. 그런데 아름다운 열매를 맺는 것은 장차 심판에 이르지 않으리라는 확신을 갖게 한다. 왜냐하면 "아름다운 열매를 맺지 아니하는 나무마다 찍혀 불에 던져지느니라"고 했기 때문이다. 따라서 예수님의 이 말씀에는 산상수훈의 가르침대로 행하는 자들이 구원의 확신을 갖도록 격려하려는 의도가 들어 있다.

3. "하늘에 계신 내 아버지의 뜻대로 행하는"(21절) 것은 산상수훈의 가르침대로 행하는 것을 의미한다. "하늘에 계신 내 아버지의 뜻"은 앞에 나온 서기관과 바리새인의 의보다 더 나은 제자들의 의(마 5:20)를 가리키고, 산상수훈은 이것에 대한 가르침이기 때문이다. 그런데 하늘에 계신 내 아버지의 뜻대로 행하는 것은 장차 천국에 들어가리라는 확신을 갖게 한다. 예수님이 이렇게 말씀하셨기 때문이다. "나더러 주여 주여 하는 자마다 다 천국에 들어갈 것이 아니요 다만 하늘에 계신 내 아버지의 뜻대로 행하는 자라야 들어가리라." 따라서 예수님의 이 말씀에는 산상수훈의 가르침대로 행하는 자들이 구원의 확신을 갖도록 격려하려는 의도가 들어 있다.

이처럼 예수님은 산상수훈을 듣고 행하는 자들이 구원의 확신을 갖도록 격려하려는 의도에서, 반석 위에 지은 집이 무너지지 않는 이유를 강조하셨다. 따라서 우리도 주추를 반석 위에 놓는다면, 즉 산상수훈을 듣고 행한다면 이러한 구원의 확신을 갖게 될 것이다. 도르트신경은 견인의 확신(최종적 구원의 확신)에 대해 이렇게 말한다.

> 이 확신은 말씀을 넘어서나 말씀 밖에서 어떤 사적인 계시로부터 생기는 것이 아니고, 하나님께서 우리의 위로를 위해 그분의 말씀에서 아주 풍성하게 계시하신 그분의 약속들에 대한 믿음과 우리 영으로 더불어 우리가 하나님의 자녀이며 상속자인 것을 증거하시는 성령의 증거(롬 8:16-17)와 마지막으로 깨끗한 양심과 선한 일에 대한 진지하고 거룩한 추구로부터 생긴다.

여기서 제시된 확신의 근거에는 약속에 대한 믿음과 성령의 증거뿐 아니라 선행의 추구도 있다.

듣고 행하지 아니하는 자에 대한 경고

그다음 "나의 이 말을 듣고 행하지 아니하는 자"의 경우를 살펴보자. 이 경우 예수님은 그 집이 폭풍우로 인해 무너지는 정도를 강조하신다. "그 무너짐이 심하니라." 이것은 그 집이 복구할 수 없을 정도로 파괴됨을 의미한다. 그래서 누가는 이렇게 기록했다. "듣고 행하지 아니하는 자는 주추 없이 흙 위에 집 지은 사람과 같으니 탁류가 부딪치매 집이 곧 무너져 파괴됨이 심하니라"(눅 6:49). 예수님은 산상수훈을 듣고 행치 않는 자에게 닥칠 결말의 심각성을 강조하신 것이다.

그러면 예수님이 그렇게 하신 의도는 무엇일까? 그것은 산상수훈을 듣고 행치 않는 자들에게 경고하시려는 것이다. "그 무너짐이 심하니라"는 그 집이 장차 폭풍우로 인해 심각하게 파괴될 것이라는 두려움을 갖게 한다. 다시 말하면, 산상수훈을 듣고 행치 않는 것은 그 사람이 장차 받을 심판에 대한 두려움을 갖게 한다. 예수님은 산상수훈을 듣고 행치 않는 자들이 이러한 두려움을 갖도록 경고하려는 의도에서 모래 위에 지은 집이 무너지는 정도를 강조하신 것이다.

이렇게 제자들에게 경고하려는 예수님의 의도는 다른 경고에서도 나타난다.

1. 좁은 문으로 들어가지 않고 큰 문으로 들어가는 자들은 위험하다. 그 마지막은 멸망으로 끝날 것이기 때문이다. "좁은 문으로 들어가라 멸망으로 인도하는 문은 크고 그 길이 넓어 그리로 들어가는 자가 많고"(마 7:13).

2. 아름다운 열매를 맺지 못하는, 즉 착한 행실을 보여주지 못하는 거짓 선지자들은 위험하다. 그들에게 심판이 닥칠 것이기 때문이다. "아름다운 열매를 맺지 아니하는 나무마다 찍혀 불에 던져지느니라"(마 7:19).

3. 하나님의 뜻대로 행하지 않고 불법을 행하는 자들은 위험하다. 장차 심판자이신 예수님이 그들에게 이렇게 선고하실 것이기 때문이다. "내가 너희를 도무지 알지 못하니 불법을 행하는 자들아 내게서 떠나가라"(마 7:23).

이처럼 산상수훈을 듣고 행치 않는 자들은 위험하다. 그들에게 닥칠 심각한 결말, 즉 종말의 심판 때문이다. "나의 이 말을 듣고 행하지 아니하는 자는 그 집을 모래 위에 지은 어리석은 사람 같으리니 비가 내리고 창수가 나고 바람이 불어 그 집에 부딪치매 무너져 그 무너짐이 심하니라." 그러므로 우리는 예수님의 이 경고를 무시하거나 가볍게 여기지 말아야 한다. 산상수훈을 듣기만 하고 행하지 않는 것을 두려워해야 한다.

한 가지 중요한 문제

그런데 우리는 산상수훈을 듣고 행하지 않으면서도 우리에게 닥칠 심각한 결말, 즉 종말의 심판을 두려워하지 않는 경향이 있다. 여기에는 한 가지 중요한 문제가 놓여 있다. 바로 우리가 겉으로 드러난 것에 속기 쉽다는 점이다.

본문에서 모래 위에 지은 집을 생각해 보자. 이 집의 기초는 겉으로 드러난 게 아니다. 그래서 이 집은 폭풍우가 오기 전에는 반석 위에 지은 집과 구분되지 않는다. 이처럼 산상수훈을 듣고 행치 않는 자는 심판이 있기 전에는 산상수훈을 듣고 행하는 자와 구분되지 않는다. 그래서 산상수훈을 듣고 행치 않는 자는 스스로 속기 쉽다. 그는 현재만을 생각하고 미래의 심판을 생각하지 않는 것이다. 이 점에서 그는 어리석은 사람이다.

그러기에 예수님은 그런 사람에게 미래에 닥칠 심각한 결말을 강조하셨다. 그것은 미래의 심판을 잊지 말고 경각심을 갖게 하기 위함이다. 이처럼 예수님의 경고에서 드러난 문제는 사람들이 겉으로 드러난 것에 속기 쉽다는 것이다. 이 점은 다른 경고에서도 마찬가지다.

1. 예수님은 "좁은 문으로 들어가라"고 경고하셨다. 그러면서 그 이유를 이렇게 말씀하셨다. "멸망으로 인도하는 문은 크고 그 길이 넓어 그리로 들어가는 자가 많고 생명으로 인도하는 문은 좁고 길이 협착하여 찾는 자가 적음이라"(마 7:13-14). 이 말씀에 따르면, 멸망에 이르는 사람은 생명에 이르는 사람보다 상대적으로 많다. 사람들이 겉으로 드러난 것에 속기 때문이다. 멸망으로 인도하는 문으로 들어가는 자가 많은 것은 그 문이 크고 그 길이 넓기 때문이다. 이것은 본능적으로 쉽고 편한 삶의 방식을 의미한다. 반대로 생명으로 인도하는 문으로 들어가는 자가 적은 것은 그 문이 좁고 길이 협착하기 때문이다. 이것은 본능을 거스르는, 다시 말하면 죄로 부패한 인간의 욕망을 버리는 삶의 방식을 의미한다. 여기서 사람들은 속기 쉽다. 겉으로 보기에 큰 문으로 들어가는 것이 좁은 문으로 들어가는 것보다 더 좋기 때문이다. 그러나 큰 문으로 들어가는 것은 멸망으로 끝나고, 좁은 문으로 들어가는 것은 생명으로 끝난다. 이처럼 멸망으로 인도하는 문은 크고 그 길이 넓기 때문에 사람들이 속기 쉽다.

2. 예수님은 "거짓 선지자들을 삼가라"는 경고를 주셨다. 그러면서 그 이유를 이렇게 말씀하셨다. "양의 옷을 입고 너희에게 나아오나 속에는 노략질하는 이리라." 거짓 선지자들은 속은 노략질하는 이리지만 양의 옷을 입고 나아오기 때문에 사람들이 속기 쉽다. 이것은 그들이 제자들에게 악의와 반감을 품고 있으면서도 마치 제자들인 양 행세하는 것을 의미한다. 그렇기 때문에 사람들은 겉으로 드러난 그들의 모습만 보고 속기 쉽다.

그래서 예수님은 거짓 선지자들을 식별하기 위한 지침을 주셨다. 그들의 열매로 그들을 알리라는 것이다. 이와 함께 예수님은 아름다운 열매를 맺지 않는 사람들이 심판받을 것도 말씀하셨다. "아름다운 열매를 맺지 아니하는 나무마다 찍혀 불에 던져지느니라." 아름다운 열매를 맺지 않는, 즉 착한 행실을 보여주지 못하는 거짓 선지자들은 결국 심판받게 될 것이다. 그렇지만 거짓 선지자들은 양의 옷을 입고 나아오기 때문에 사람들이 속기 쉽다.

3. 예수님은 "나더러 주여 주여 하는 자마다 다 천국에 들어갈 것이 아니요"라고 경고하셨다. 여기서 "나더러 주여 주여 하는 자"는 현재 교회 안에 있는 사람들이고, 정통적인 신앙을 고백하는 사람들이다. 그래서 겉으로 드러난 자신의 모습을 보고 스스로 속기 쉽다. 그들은 자신이 당연히 천국에 들어갈 수 있을 거라고 생각한다. 그러나 예수님은 그들이 "다 천국에 들어갈 것이 아니요"라고 말씀하셨다. 그들 중에는 천국에 들어가지 못할 자들이 있을 거라는 의미다.

예수님은 이것을 심판 날에 벌어질 사건을 예로 들어 설명하셨다. 그날에 많은 사람이 예수님께 "주여 주여 우리가 주의 이름으로 선지자 노릇하며 주의 이름으로 귀신을 쫓아내며 주의 이름으로 많은 권능을 행하지 아니하였나이까"라고 말할 것이다. 이들은 겉으로 드러난 자신의 활동 때문에 당연히 천국에 들어갈 줄로 생각한 것이다. 그러나 예수님은 이렇게 선고하실 것이다("밝히 말하되"). "내가 너희를 도무지 알지 못하니 불법을 행하는 자들아 내게서 떠나가라." 심판 날 많은 사람이 겉으로 드러난 자신들의 활동 때문에 스스로 속은 줄 알게 될 것이다. 이처럼 예수님의 경고에서 드러난 문제는, 사람들이 겉으로 드러난 것에 속기 쉽다는 것이다.

우리는 산상수훈을 듣고 행하지 않으면서도 우리에게 닥칠 심각한 결말, 즉 종말의 심판을 두려워하지 않는 경향이 있다. 그러므로 겉으로 드러난 것에 속아 장래의 심판을 잊지 않도록 조심해야 한다. 그것은 남에 대해서나 자신에 대해서도 마찬가지다. 우리가 속지 않고 심판의 위험을 기억하는 길은 하나뿐이다. 예수님이 가르치신 산상수훈대로 행하는 것이다. 위험을 경고할 때 경고를 무시하면 위험이 닥치고 만다. 심판을 경고할 때 경고를 무시하면 심판이 닥치고 만다. 산상수훈의 가르침을 듣기만 하고 행하지 않는 사람은 위험하다. 왜냐하면 그에게 언젠가 심판이 닥칠 것이기 때문이다.

"산상수훈 전체의 결론은 종말의 심판을 대비해
산상수훈을 듣는 데서 그치지 말고 행하라는 것이다.
산상수훈의 가르침을 듣기만 하고 행하지 않는 사람은 위험하다.
언젠가 그에게 심판이 닥칠 것이기 때문이다."

Sermon on the Mount

V
나가며

59
예수의 권위

예수께서 이 말씀을 마치시매 무리들이 그의 가르치심에 놀라니
이는 그 가르치시는 것이 권위 있는 자와 같고 그들의 서기관들과 같지 아니함일러라

_ 마 7:28-29

마태는 예수님의 산상수훈을 기록할 때 처음과 마지막에 자신의 설명을 달았다. 그가 처음에 단 설명은 이렇다. "예수께서(그가) 무리를 보시고 산에 올라가 앉으시니 제자들이 나아온지라 입을 열어 가르쳐 이르시되"(마 5:1-2). 여기서 초점은 제자들에게 맞추어져 있다. 마태는 예수님이 가르치신 대상을 일차적으로 무리가 아닌 제자들로 규정한다.

그에 비해 마태가 마지막에 단 설명은 이렇다. "예수께서 이 말씀을 마치시매 무리들이 그의 가르치심에 놀라니 이는 그 가르치시는 것이 권위 있는 자와 같고 그들의 서기관들과 같지 아니함일러라"(마 7:28-29). 여기서 초점은 무리에게 맞추어져 있다. 마태는 예수님의 가르침을 옆에서 들은 무리의 반응을 말한 것이다.

예수는 누구일까

이것은 마태가 기록한 방식으로 볼 때 특별한 것이다. 그 뜻은 이렇

다. 마태복음에는 예수님이 행하신 다섯 개의 주요 설교가 나온다(5-7, 10, 13, 18, 24-25장). 그리고 각각의 설교 뒤에는 '예수께서 마치시다'라는 일정한 공식이 나타난다(7:28; 11:1; 13:53; 19:1; 26:1). 그런데 다른 경우에 이 공식은 다음 장면에 대한 설명으로 바로 이어진다. 예를 들면, "예수께서 열두 제자에게 명하기를 마치시고 이에 그들의 여러 동네에서 가르치시며 전도하시려고 거기를 떠나 가시니라"(마 11:1) 같은 형식이다. 그런데 본문에서는 그렇지 않다. "예수께서 이 말씀을 마치시매"라는 말은 다음 장면에 대한 설명으로 바로 이어지지 않는다. 다음 장면에 대한 설명은 8장 1절에 가서 나온다. "예수께서 산에서 내려오시니 수많은 무리가 따르니라." 그 전에 마태는 예수님의 말씀에 대한 무리의 반응을 기록했다. "무리들이 그의 가르치심에 놀라니 이는 그 가르치시는 것이 권위 있는 자와 같고 그들의 서기관들과 같지 아니함일러라." 이처럼 무리의 반응에 대한 마태의 언급은 특별하다.

마태가 언급한 무리의 반응은 이렇다. "무리들이 그의 가르치심에 놀라니." 여기서 '놀라다'는 예수님의 가르침에 대한 사람들의 반응을 묘사한다. 그런데 이 말은 놀란 사람에게 일어난 변화를 수반한다. "고향으로 돌아가사 그들의 회당에서 가르치시니 그들이 놀라 이르되 이 사람의 이 지혜와 이런 능력이 어디서 났느냐 이는 그 목수의 아들이 아니냐 그 어머니는 마리아, 그 형제들은 야고보, 요셉, 시몬, 유다라 하지 않느냐 그 누이들은 다 우리와 함께 있지 아니하냐 그런즉 이 사람의 이 모든 것이 어디서 났느냐 하고 예수를 배척한지라"(마 13:54-57). "제자들이 듣고 몹시 놀라 이르되 그렇다면 누가 구원을 얻을 수 있으리이까"(마 19:25). "무리가 듣고 그의 가르치심에 놀라더라 예수께서 사두개인들로 대답할 수 없게 하셨다 함을 바리새인들이 듣고 모였는데"(마 22:33-34).

그러면 본문에서 놀란 무리에게 일어난 변화는 무엇일까? 그것은 그들이 놀란 이유에서 잘 나타난다. 마태는 그들이 놀란 이유를 이렇게 말했다. "이는 그 가르치시는 것이 권위 있는 자와 같고 그들의 서기관들과 같지 아니함일러라." 무리가 놀랐을 때, 그들에게는 한 가지 물음이 떠올랐다. '이 예수는 누구일까?'라는 물음이다. 여기서 마태는 예수라는 이름을 산상수훈과 관련해서 처음 사용한다.

이처럼 산상수훈은 단지 예수님의 윤리적 가르침을 모아놓은 게 아니다. 예수님은 산상수훈에서 제자들이 어떻게 살아야 하는지에 대해서만 말씀하시지 않는다. 그것과 함께 예수님 자신이 누구인지를 드러내신다. 마태는 산상수훈에 대한 무리의 반응을 통해 이 점을 강조한다. 예수님은 기적뿐 아니라 가르침을 통해서도 자신이 누구인지 드러내신다. 헤르만 리델보스는 이렇게 말했다. "예수님의 말씀과 행위는 절대적이며 초자연적이고 신적인 특성을 지녔음을 계시한다. 그래서 복음서 저자들은 이것을 보거나 들은 군중이 그것을 감지하지 않을 수 없었다는 점을 알리기를 원한다."[46] 그래서 마태는 산상수훈의 내용뿐 아니라 그것을 가르치신 분에도 주목하기를 원한다. 따라서 우리는 산상수훈을 통해서 예수님의 가르침뿐 아니라 예수님이 누구인지를 놓치면 안 된다.

---

46 Herman Ridderbos, *The Coming of the Kingdom*, 『하나님 나라』, 오광만 역(서울: 솔로몬, 2009), p.127.

산상수훈에 나타난 예수의 권위

산상수훈을 들은 무리가 놀란 것은 예수님의 가르침에 나타난 그분의 권위 때문이다. 이러한 경우는 마가나 누가의 기록에도 나타난다. "그들이 가버나움에 들어가니라 예수께서 곧 안식일에 회당에 들어가 가르치시매 뭇 사람이 그의 교훈에 놀라니 이는 그가 가르치시는 것이 권위 있는 자와 같고 서기관들과 같지 아니함일러라"(막 1:21-22). "갈릴리의 가버나움 동네에 내려오사 안식일에 가르치시매 그들이 그 가르치심에 놀라니 이는 그 말씀이 권위가 있음이러라"(눅 4:31-32).

여기서 마태가 예수님을 권위 있는 자로서 서기관들과 비교한 것은 중요하다. 서기관들 역시 권위 있는 자들이기 때문이다. 예수님은 그들이 가진 권위를 이런 말로 표현하셨다. "서기관들과 바리새인들이 모세의 자리에 앉았으니"(마 23:2). 서기관들은 모세의 전통을 계승한 자들로서 모세의 권위를 빙자하여 가르쳤다. 그런데 무리를 놀라게 한 예수님의 권위는 서기관들의 권위와 달랐다. 그것은 리델보스의 말대로 "절대적이며 초자연적이고 신적인 특성을 지닌" 권위였기 때문이다. 그래서 마태는 산상수훈을 옆에서 들은 무리도 그것을 인식하지 않을 수 없었다는 점을 밝힌 것이다.

이러한 예수님의 권위는 산상수훈에서 크게 세 번에 걸쳐 나타난다. 그것은 예수님이 강조해서 사용하신 1인칭 단수 대명사를 통해서다. 첫 번째 경우는 예수님이 제자들에게 그들이 받을 박해에 대해 말씀하신 때다. "나로 말미암아 너희를 욕하고 박해하고 거짓으로 너희를 거슬러 모든 악한 말을 할 때에는 너희에게 복이 있나니"(마 5:11). 이 말씀은 팔복의 마지막 말씀과 관련된 것이다. "의를 위하여 박해를 받은 자는 복이 있나니 천국이 그들의 것임이라"(마 5:10). 이때 의는 제자들의 독특한 생활양식을 말한다.

여기서 주목할 것은 예수님이 말씀하신 박해의 이유다. 앞에서는 "의를 위하여"라고 한 것을 뒤에서는 "나로 말미암아"라고 바꾸었다. 이것은 "의"를 "나"로 바꾼 것일 뿐 형식은 똑같다("위하여"와 "말미암아"는 헬라어로 같은 단어다). 그러면 예수님이 이렇게 바꿔서 말씀하신 것은 무엇을 보여주는 것일까? 그것은 의가 단순한 윤리적 요구가 아닌 예수님 자신의 요구라는 것이다. 프랑스는 "나로 말미암아"에 대해 "이 설교가 단지 도덕적 행실에 대한 요구가 아니라 예수님 자신의 독특한 권위와 근본적 요구에 바탕을 둔 것임을 분명히 하는 표현"[47]이라는 설명을 달았다. 따라서 예수님은 제자들에게 세상 사람들과 구별된 삶("의")을 요구할 권위를 가진 분이다. 그분은 제자들의 주님이시다.

산상수훈이 보여주는 예수님은 우리에게 제자의 삶을 요구할 권위를 가진 주님이시다. 제자는 예수님을 단지 선생으로 모시는 자들이 아니다. 제자는 예수님을 선생뿐 아니라 주님으로 모시고 따르는 자들이다. 이 점에서 제자는 무리와 다르다. 우리는 산상수훈에서 예수님의 가르침을 들을 때 주님의 음성으로 들어야 한다.

산상수훈에서 예수님의 권위가 나타난 두 번째 경우는 예수님이 제자들에게 율법의 계명을 설명해 주실 때다. 예수님은 5장 20절에서 제자들에게 이렇게 말씀하셨다. "내가 너희에게 이르노니 너희 의가 서기관과 바리새인보다 더 낫지 못하면 결코 천국에 들어가지 못하리라." 이것은 서기관과 바리새인의 의가 천국에 들어가기에 불충분하므로

---

47 France, *The Gospel of Matthew (NICNT)*, 172.

제자들에게는 그것보다 더 나은 의가 요구된다는 말씀이다. 그런 다음 예수님은 계명에 대한 서기관과 바리새인의 가르침과 자신의 가르침을 대조해 말씀하신다. 서기관과 바리새인의 의는 계명에 대한 그들의 가르침과 무관하지 않기 때문이다.

이때 예수님은 먼저 서기관들의 가르침을 소개하고 나중에 자신의 가르침을 제시하는 일정한 형식을 사용하신다. 여기서 예수님은 여섯 번에 걸쳐 '나'라는 말을 강조해서 사용하신다. "옛사람에게 말한 바 … 하였다는 것을 너희가 들었으나 나는 너희에게 이르노니"(마 5:21-22, 33-34). "하였다는 것을 너희가 들었으나 나는 너희에게 이르노니"(마 5:27-28, 38-39, 43-44). "일렀으되 … 하였으나 나는 너희에게 이르노니"(마 5:31-32).

여기서 예수님은 서기관들과 다른 권위로써 율법의 계명을 설명하신다. 예수님이 율법의 계명을 설명하기 전에 이렇게 말씀하셨기 때문이다. "내가 율법이나 선지자를 폐하러 온 줄로 생각하지 말라 폐하러 온 것이 아니요 완전하게 하려 함이라"(마 5:17). 예수님은 율법과 선지자(구약성경)를 완전하게 하려고 오셨다. 여기서 예수님은 자신을 구약성경의 목표로 제시하셨다. 구약성경은 예수님을 통해서만 그 목표에 이른다. 이것은 예수님이 자신을 메시아, 즉 그리스도로 제시하셨음을 뜻한다. 그리고 이 점에서 예수님은 구약성경에 대하여 궁극적인 권위를 갖는다. 바로 이 권위로써 예수님은 율법의 계명을 설명하셨다. 무리가 서기관들에게서 볼 수 없었던 것이 바로 이러한 예수님의 권위다.

산상수훈이 보여주는 예수님은 구약성경에 대하여 궁극적인 권위를 갖는 그리스도시다. 그러기에 예수님만이 율법에 대한 진정한 해석자다. 예수님은 "내가 너희에게 이르노니"라는 말로써 서기관들과 달리 율법에 대한 참 해석을 제시하셨다. 그러므로 우리는 이 권위 있는 해석에 따라 율법을 이해하고 지켜야 한다. 중요한 것은, 우리가 예수님을 그리스도로 믿고 고백하는 것이다. "이르시되 너희는 나를 누구라 하느냐 시몬 베드로가 대답하여 이르되 주는 그리스도시요 살아 계신 하나님의 아들이시니이다"(마 16:15-16).

산상수훈에서 예수님의 권위가 나타난 세 번째 경우는 예수님이 제자들에게 경고하실 때다. 예수님은 이때 반복적으로 1인칭 단수 대명사를 강조해서 사용하신다. "나더러 주여 주여 하는 자마다 다 천국에 들어갈 것이 아니요 다만 하늘에 계신 내 아버지의 뜻대로 행하는 자라야 들어가리라 그 날에 많은 사람이 나더러 이르되 주여 주여 우리가 주의 이름으로 선지자 노릇 하며 주의 이름으로 귀신을 쫓아내며 주의 이름으로 많은 권능을 행하지 아니하였나이까 하리니 그 때에 내가 그들에게 밝히 말하되 내가 너희를 도무지 알지 못하니 불법을 행하는 자들아 내게서 떠나가라 하리라 그러므로 누구든지 나의 이 말을 듣고 행하는 자는 그 집을 반석 위에 지은 지혜로운 사람 같으리니 … 나의 이 말을 듣고 행하지 아니하는 자는 그 집을 모래 위에 지은 어리석은 사람 같으리니."

여기서 드러난 예수님의 권위는 두 가지다. 하나는 하나님의 아들로서의 권위다. 예수님은 산상수훈에서 마지막으로 하나님을 언급하실 때 "하늘에 계신 내 아버지"라고 말씀하셨다. "나더러 주여 주여 하는 자마다 다 천국에 들어갈 것이 아니요 다만 하늘에 계신 내 아버지의 뜻대로 행하는 자라야 들어가리라." 여기서 예수님은 자신을 하나님의 아들로 드러내신다.

또 하나는 심판자로서의 권위다. 예수님은 최후 심판의 날에 벌어질 일을 이렇게 말씀하셨다. "그 날에 많은 사람이 나더러 이르되 주여 주여 우리가 주의 이름으로 선지자 노릇 하며 주의 이름으로 귀신을 쫓아내며 주의 이름으로 많은 권능을 행하지 아니하였나이까 하리니 그 때에 내가 그들에게 밝히 말하되 내가 너희를 도무지 알지 못하니 불법을 행하는 자들아 내게서 떠나가라 하리라." 여기서 예수님은 자신을 심판자로서 드러내셨다. 이것은 하나님의 아들이라는 사실과 함께 예수님이 하나님이심을 의미한다.

따라서 예수님은 제자들에게 경고하실 때 하나님의 권위와 위엄으로써 말씀하셨다. 또 산상수훈의 마지막 결론에서 제자들을 격려하시고 동시에 그들에게 경고하실 때도 하나님의 권위로써 말씀하셨다. "그러므로 누구든지 나의 이 말을 듣고 행하는 자는 그 집을 반석 위에 지은 지혜로운 사람 같으리니 비가 내리고 창수가 나고 바람이 불어 그 집에 부딪치되 무너지지 아니하나니 이는 주추를 반석 위에 놓은 까닭이요 나의 이 말을 듣고 행하지 아니하는 자는 그 집을 모래 위에 지은 어리석은 사람 같으리니 비가 내리고 창수가 나고 바람이 불어 그 집에 부딪치매 무너져 그 무너짐이 심하니라"(마 7:24-27). 이것은 제자들에게 경각심을 불러일으키기 위함이다.

산상수훈에서 우리에게 경고하는 예수님은 하나님의 아들로서 심판하시는 분이다. 그분은 하나님과 동등하시다. 예수님을 하나님으로서 공경하는가? 한 번은 유대인들이 "하나님을 자기의 친아버지라 하여 자기를 하나님과 동등으로 삼으신" 예수님을 죽이려 했다. 그때 예수님은 이런 말씀을 하셨다. "아버지께서 아무도 심판하지 아니하시고 심판을 다 아들에게 맡기셨으니 이는 모든 사람으로 아버지를 공경하는 것 같이 아들을 공경하게 하려 하심이라 아들을 공경하지 아니하는 자는 그를 보내신 아버지도 공경하지 아니하느니라"(요 5:22-23).

하나님을 공경하듯 예수님을 공경하는가? 만일 그렇다면 그분의 경고를 가장 엄중하게 받아들이지 않으면 안 된다. "너희는 삼가 말씀하신 이를 거역하지 말라 땅에서 경고하신 이를 거역한 그들이 피하지 못하였거든 하물며 하늘로부터 경고하신 이를 배반하는 우리일까보냐"(히 12:25).

60
제자도와 주기도

그러므로 너희는 이렇게 기도하라
하늘에 계신 우리 아버지여 이름이 거룩히 여김을 받으시오며
나라가 임하시오며 뜻이 하늘에서 이루어진 것 같이 땅에서도 이루어지이다
오늘 우리에게 일용할 양식을 주시옵고
우리가 우리에게 죄 지은 자를 사하여 준 것 같이 우리 죄를 사하여 주시옵고
우리를 시험에 들게 하지 마시옵고 다만 악에서 구하시옵소서
나라와 권세와 영광이 아버지께 영원히 있사옵나이다 아멘

_ 마 6:9-13

──

산상수훈은 예수님이 제자들에게 주신 가르침이다. 산상수훈의 초
두에서 마태는 이 점을 분명히 한다. '그리고 무리를 보시고 그가 산에
올라가셨다. 그리고 그가 앉으시니 그의 제자들이 그에게 나아왔다. 그
리고 그의 입을 열어 그들을 가르쳐 이르시되.' 마태가 이렇게 쓴 이유
가 있다. 제자들만이 천국 복음을 듣고 회개한 자들로서 예수님의 가르
침에 순종할 수 있기 때문이다. 따라서 산상수훈은 천국 복음을 듣고
회개한 사람이 어떻게 살아야 하는지에 대한 것이다. 이런 점에서 산상
수훈은 단순한 윤리가 아니라 천국의 윤리를 말한다. 다시 말하면, 산상
수훈은 하나님의 통치를 받는 삶이 어떠해야 하는지를 보여준다. 그러
므로 산상수훈의 목적은 제자들이 그 가르침대로 살게 하려는 것이다.

제자도

이처럼 산상수훈에는 제자의 삶이 어떠해야 하는지에 대한 총체적 설명이 들어 있다. 우리는 산상수훈을 통해 예수님을 따르는 삶(제자도)을 확립할 수 있다. 어떤 상황에서든 그리스도인다운 삶을 고민할 때마다 산상수훈으로 돌아가야 한다.

산상수훈의 내용은 크게 세 부분으로 나뉜다. 마치 서론, 본론, 결론으로 이루어진 한 편의 설교와 같다. 그런데 각 부분을 이해하는 열쇠는 '천국'이다. 첫째 부분은 5장 3절부터 16절까지로 제자들의 특성(정체성과 사명)을 다룬다. 여기서 제자들은 천국을 이미 소유한 자들로 나타난다. "심령이 가난한 자는 복이 있나니 천국이 그들의 것임이요 … 의를 위하여 박해를 받은 자는 복이 있나니 천국이 그들의 것임이라"(마 5:3, 10).

둘째 부분은 5장 17절부터 7장 12절까지로 제자들의 행실을 다룬다. 여기서 제자들은 장차 들어갈 천국에서 받게 될 평가와, 천국에 들어가기 위해 그들에게 요구되는 의에 대해 듣는다. "그러므로 누구든지 이 계명 중의 지극히 작은 것 하나라도 버리고 또 그같이 사람을 가르치는 자는 천국에서 지극히 작다 일컬음을 받을 것이요 누구든지 이를 행하며 가르치는 자는 천국에서 크다 일컬음을 받으리라 내가 너희에게 이르노니 너희 의가 서기관과 바리새인보다 더 낫지 못하면 결코 천국에 들어가지 못하리라"(마 5:19-20).

셋째 부분은 7장 13절부터 27절까지로 제자들에게 주는 경고를 다룬다. 여기서 제자들은 누가 천국에 들어갈지에 대해 듣는다. "나더러 주여 주여 하는 자마다 다 천국에 들어갈 것이 아니요 다만 하늘에 계신 내 아버지의 뜻대로 행하는 자라야 들어가리라"(마 7:21).

이러한 산상수훈의 내용을 한 단어로 집약해 놓은 말이 의다. 산상수훈에는 이 말이 다섯 번 나온다. 예수님은 이 말을 다섯 번 모두 윤리적 의미로 사용하셨다. 의는 사람의 행실을 가리키며, 하나님의 뜻대로 행하는 삶을 의미한다. 그래서 산상수훈에서 의는 이러한 제자들의 삶을 가리키는 용어다.

1. 예수님은 팔복 말씀 가운데 네 번째와 여덟 번째 말씀에서 의를 언급하셨다. "의에 주리고 목마른 자는 복이 있나니 그들이 배부를 것임이요"(마 5:6). "의를 위하여 박해를 받은 자는 복이 있나니 천국이 그들의 것임이라"(마 5:10). 이것은 제자들의 긍정적인 특성을 말한 첫 번째와 마지막 경우다. 여기서 두드러진 사실은 천국을 소유한 제자들의 특징이 바로 의라는 것이다(팔복에서 "복이 있나니"와 "하나님" 외에 두 번 사용된 용어는 "천국"과 "의" 둘뿐이다). 제자들은 의에 주리고 목마른 자들이며, 의를 위하여 박해받은 자들이다. 이처럼 의는 제자들을 특징짓는 아주 중요한 요소다.

2. 또 예수님은 제자들의 행실에 대해 말씀하실 때도 요소마다 의를 언급하셨다. 우선 계명을 다룬 5장 후반부와 외식을 다룬 6장 전반부를 살펴보자. 이 둘의 구조가 비슷하다. 각각은 먼저 일반적 원리를 말한 다음, 그에 대한 구체적 예들을 소개한다. 마태복음 5장 20절은 일반적 원리를 말한 것이다. "내가 너희에게 이르노니 너희 의가 서기관과 바리새인보다 더 낫지 못하면 결코 천국에 들어가지 못하리라." 그런 다음 5장 21-48절에 여섯 개의 구체적인 예가 언급된다. 여기에는 살인, 간음, 이혼, 맹세, 보복, 사랑이 포함된다.

마찬가지로 마태복음 6장 1절은 일반적 원리를 말한 것이다. "사람에게 보이려고 그들 앞에서 너희 의를 행하지 않도록 주의하라 그리하지 아니하면 하늘에 계신 너희 아버지께 상을 받지 못하느니라." 그런 다음 6장 2-18절에 구체적인 예 세 개를 언급한다. 여기에는 구제, 기도, 금식이 포함된다.

이처럼 일반적 원리를 말할 때면 "너희 의"라는 말이 공통으로 등장한다. 그것은 5장 후반부와 6장 전반부의 주제가 의라는 것을 나타낸다. 그다음 재물과 염려를 다룬 6장 후반부에도 의가 등장한다. "그런즉 너희는 먼저 그의 나라와 그의 의를 구하라 그리하면 이 모든 것을 너희에게 더하시리라"(마 6:33). 이 말씀에 따르면, 제자들은 삶의 목적을 하나님의 나라와 그의 의에 두어야 한다. 그럴 때 염려하지 않을 수 있다. 이 점에서 제자들은 삶의 목적을 물질적 필요(또는 자기)에 두는 세상 사람들과 달라야 한다.

3. 예수님이 제자들에게 주신 경고에는 '의'라는 말이 사용되지 않았다. 그런데 여기에는 앞에서 말했듯 제자들의 의를 가리키는 다양한 표현이 나타난다. 그것은 '좁은 문으로 들어가는 것' '아름다운 열매를 맺는 것' '하늘에 계신 내 아버지의 뜻대로 행하는 것' '나의 이 말을 듣고 행하는 것' 등이다. 이처럼 산상수훈의 내용은 의로 집약된다. 이 의는 천국을 이미 소유한 자로서 제자들의 특징이며, 동시에 천국에 장차 들어갈 자로서 제자들에게 요구되는 것이다.

우리는 천국을 이미 소유한 자로서 의에 주리고 목마른가? 우리는 산상수훈에서 예수님이 가르치신 대로 살고자 하는가? 천국을 이미 소유한 자로서 의 때문에 핍박을 받은 적이 있는가? 산상수훈에서 예수님이 가르치신 대로 살려고 하다가, 조롱을 당하거나 손해를 보거나 고난을 겪은 적이 있는가?

우리는 천국에 장차 들어갈 자로서 의를 실천하는가? 산상수훈에서 예수님이 가르치신 대로 살고 있는가? 천국에 장차 들어갈 자로서 삶의 목적을 의에 두고 있는가? 우리는 이 점에서 삶의 목적을 물질적 필요(또는 자기)에 두는 세상 사람들과 구별되는가?

제자도와 하나님의 은혜

그러면 어떻게 이러한 삶을 살 수 있을까? 그것은 우리 자신의 결심과 노력으로만 얻을 수 있는 것이 아니다. 산상수훈에서 예수님은 어떻게 이러한 삶을 살 수 있는지 말씀해 주셨다. 그것은 하나님의 은혜로써 가능하다. 예수님은 이 점을 일관되게 보여주셨다. 먼저 마태복음 5장 6절을 보자. "의에 주리고 목마른 자는 복이 있나니 그들이 배부를 것임이요." 여기서 "배부를 것임이요"는 수동태다. 의에 대한 굶주림과 목마름은 제자들이 스스로 채울 수 있는 게 아니다. 하나님이 채워주시는 것이다. 산상수훈이 말하는 의는 하나님의 은혜로 주어지는 것이다.

그다음 마태복음 6장 33절을 보자. "그런즉 너희는 먼저 그의 나라와 그의 의를 구하라 그리하면 이 모든 것을 너희에게 더하시리라." 여기서 예수님은 "그의 나라와 그의 의"라고 말씀하셨다. 이것은 "그의 의"가 "그의 나라"에 의해서 주어지는 것이기 때문이다. 즉 그의 의는 하나님의 통치에 복종함으로써 주어지는 의다. 따라서 그의 의는 하나님의 속성으로서 의가 아니라 하나님으로부터 나오는 의를 말한다. 제자들이 구해야 하는 의는 그들 자신에게서 나오는 것이 아니라, 복음이 가능하게 하는 것이고, 하나님의 나라가 산출하는 것이고, 하나님에게서 나오는 것이다. 여기서도 의는 하나님의 은혜로 주어지는 것이다.

마지막으로 이 의가 하나님의 은혜로써 가능한 것임을 보여주는 결정적인 내용이 있다. 그것은 예수님이 제자들의 행실에 대한 내용 가운데 결론적으로 말씀하신 것이다. 예수님은 5장 17절부터 7장 12절까지 제자들의 행실에 대해 설명하셨다. 이 부분은 율법과 선지자에 대한 언급으로 시작되고 끝난다. 그런데 예수님은 이 설명 끝에 어떻게 그러한 행실(의)을 얻을 수 있는지 말씀하셨다. "구하라 그리하면 너희에게 주실 것이요 찾으라 그리하면 찾아낼 것이요 문을 두드리라 그리하면 너희에게 열릴 것이니 구하는 이마다 받을 것이요 찾는 이는 찾아낼 것이요 두드리는 이에게는 열릴 것이니라 너희 중에 누가 아들이 떡을 달라 하는데(=구하는데) 돌을 주며 생선을 달라 하는데 뱀을 줄 사람이 있겠느냐 너희가 악한 자라도 좋은 것으로 자식에게 줄 줄 알거든 하물며 하늘에 계신 너희 아버지께서 구하는 자에게 좋은 것으로 주시지 않겠느냐"(마 7:7-11). 이것은 요약하면 하나님께 구하는 자가 좋은 것을 얻게 될 거라는 내용이다. 이때 좋은 것은 물질적 필요에 국한되지 않고 착한 행실(의)도 포함한다. 따라서 제자들의 의는 제자들 자신이 획득하는 것이 아니다. 제자들의 의는 그들이 구할 때 하나님께서 주시는 것이다.

이처럼 예수님이 산상수훈에서 가르치신 제자의 삶(의, 제자도)은 하나님의 은혜로써 가능하다. 우리는 기도로써 하나님을 의지할 때 제자다운 삶을 살 수 있다. 우리가 제자의 삶을 살려고 한다면 기도해야 한다.

만일 제자의 삶을 살지 못한다면, 그 이유는 하나님께 구하지 않기 때문이다. 우리는 물질적 필요를 구하는 데 치중하는 경향이 있다. 우리는 대개의 경우 산상수훈의 가르침대로 살게 해달라고 하나님께 구하지 않는다. 따라서 제자다운 삶을 살기 위해서는 우리의 기도가 달라져야 한다. 이 점에서 예수님이 산상수훈에서 가르치신 기도는 매우 중요하다.

주기도

우리가 주기도라고 부르는 이 기도는 제자의 삶에 초점이 맞추어져 있다. 그래서 주기도의 내용은 제자의 삶에 대해 설명한 산상수훈 전체의 내용과 연결된다. 주기도의 첫 번째 내용은 하나님의 이름에 관한 것이다. "(당신의) 이름이 거룩히 여김을 받으시오며." 이것은 하나님의 영광을 구하는 기도다. 하나님의 이름이 거룩히 여김을 받으시는 것은 그분이 영광을 얻으시는 것을 의미하기 때문이다. 아론의 아들 나답과 아비후가 다른 불로 분향하다가 죽었을 때, 모세는 아론에게 이렇게 말했다. "이는 여호와의 말씀이라 이르시기를 나는 나를 가까이 하는 자 중에서 내 거룩함을 나타내겠고 온 백성 앞에서 내 영광을 나타내리라 하셨느니라"(레 10:3). 또 이사야는 환상 중에 스랍들이 서로 불러 이렇게 말하는 것을 보았다. "거룩하다 거룩하다 거룩하다 만군의 여호와여 그의 영광이 온 땅에 충만하도다"(사 6:3).

이처럼 하나님의 이름이 거룩히 여김을 받으시기를 구하는 것은 그분의 영광을 구하는 것이다. 이것은 착한 행실로 하나님께 영광을 돌리라는 가르침과 연결된다. "이같이 너희 빛이 사람 앞에 비치게 하여 그들로 너희 착한 행실을 보고 하늘에 계신 너희 아버지께 영광을 돌리게 하라"(마 5:16). 동시에 이것은 주의 이름으로 놀라운 일을 했음에도 불법을 행한 사람들에 대한 경고와 연결된다. 그들은 이러한 행실로 하나님께 영광을 돌릴 수 없었다. "그 날에 많은 사람이 나더러 이르되 주여 주여 우리가 주의 이름으로 선지자 노릇하며 주의 이름으로 귀신을 쫓아내며 주의 이름으로 많은 권능을 행하지 아니하였나이까 하리니 그 때에 내가 그들에게 밝히 말하되 내가 너희를 도무지 알지 못하니 불법을 행하는 자들아 내게서 떠나가라 하리라"(마 7:22-23).

그러면 제자들은 어떻게 남들에게 착한 행실을 나타낼 수 있을까? 그것은 하나님의 통치에 복종함으로써 나타낼 수 있다. 그래서 주기도의 두 번째 내용은 "(당신의) 나라가 임하시오며"다. "(당신의) 나라가 임하시오며"는 사람들이 하나님의 통치에 복종하기를 구하는 기도다. 제자들은 하나님의 통치에 복종함으로써 남들에게 착한 행실을 나타내게 된다.

따라서 주기도의 두 번째 내용은 "너희는 먼저 그의 나라와 그의 의를 구하라"(마 6:33)는 가르침과 연결된다. 여기서 그의 의는 그의 나라에 의해서 주어지는 것이다. 즉 그의 의는 하나님의 통치에 복종함으로써 주어지는 의를 말한다. 제자들이 구하는 삶은 하나님의 통치에 복종함으로써 가능한 삶이다.

그러면 제자들이 하나님의 통치에 복종할 때 그들의 삶은 어떤 모습일까? 이것이 주기도의 세 번째 내용이다. "(당신의) 뜻이 하늘에서 이루어진 것 같이 땅에서도 이루어지이다." 제자들이 하나님의 통치에 복종할 때 그들의 삶은 하나님의 뜻을 행하는 것으로 나타난다.

이것은 예수님이 산상수훈에서 제자들에게 주신 경고와 연결된다. "나더러 주여 주여 하는 자마다 다 천국에 들어갈 것이 아니요 다만 하늘에 계신 내 아버지의 뜻대로 행하는 자라야 들어가리라"(마 7:21).

그런 다음 주기도의 내용은 우리의 필요에 대한 간구로 이어진다. 그 첫 번째 간구는 물질적 필요에 대한 것이다. "오늘 우리에게 (우리의) 일용할 양식을 주시옵고." 일용할 양식은 제자의 삶을 위해 부수적으로 필요한 것이다. 이것은 제자의 삶과 물질적 필요의 우선순위를 보여주는 가르침과 연결된다. "그런즉 너희는 먼저 그의 나라와 그의 의를 구하라 그리하면 이 모든 것을 너희에게 더하시리라"(마 6:33).

그다음 우리의 필요에 대한 두 번째 간구는 지은 죄의 용서에 대한 것이다. "우리가 우리에게 죄 지은 자를 사하여 준 것 같이 우리 죄를 사하여 주시옵고." 여기에는 주기도에서 유일하게 제자의 삶을 직접 언급한 내용이 들어 있다. 이것은 남을 용서하라는 가르침과 연결된다. "너희가 사람의 잘못을 용서하면 너희 하늘 아버지께서도 너희 잘못을 용서하시려니와 너희가 사람의 잘못을 용서하지 아니하면 너희 아버지께서도 너희 잘못을 용서하지 아니하시리라"(마 6:14-15).

마지막으로 우리의 필요에 대한 세 번째 간구는 앞으로 지을 죄로부터의 보호에 대한 것이다. "우리를 시험에 들게 하지 마시옵고 다만 악에서 (우리를) 구하시옵소서." 이것은 예수님이 계명을 설명하시면서 주신 살인, 간음, 이혼, 맹세, 보복, 사랑에 대한 가르침(마 5:21-48)과 연결된다. 이러한 연결은 베드로의 경우를 통해 확인된다. 예수님은 잡히시기 전에 베드로에게 말씀하셨다. "시험에 들지 않게 깨어 기도하라 마음에는 원이로되 육신이 약하도다"(마 26:41). 그런데 베드로는 기도하지 않았고 시험에 들고 말았다. 그는 무리가 검과 몽치를 가지고 예수님을 잡으러 왔을 때, 검을 빼어 대제사장의 종을 쳐 그 귀를 떨어뜨렸다. 그는 "악한 자를 대적하지 말라"(마 5:39)는 가르침대로 행동하지 못했다. 또 그는 여종의 말을 듣고 예수님을 모른다고 맹세하며 부인했다. "도무지 맹세하지 말지니"(마 5:34)라는 가르침을 따르지 못했다.

이처럼 주기도의 내용은 제자의 삶에 대해 가르치신 산상수훈 전체의 내용과 연결된다. 주기도의 초점은 제자의 삶에 맞추어져 있고, 제자가 가져야 할 태도와 정신을 담고 있다. 주님은 우리가 주기도를 통해 제자의 삶으로 변화되고 성숙해 가기를 원하신다.

산상수훈 재조명

초판 1쇄 발행 2024년 7월 12일

지은이   도지원

펴낸이   곽성종
기획편집   방재경
디자인   투에스북디자인

펴낸곳   (주)아가페출판사
등록   제21-754호(1995. 4. 12)
주소   (08806) 서울시 관악구 남부순환로 2082-33
전화   584-4835(본사) 522-5148(편집부)
팩스   586-3078(본사) 586-3088(편집부)
홈페이지   www.agape25.com
판권   ⓒ도지원 2024
ISBN   978-89-537-9679-9 (03230)

아가페 출판사